Anthony Pagden

[美]安东尼 · 帕戈登 著　方宇 译

后浪出版公司

The 2,500-Year Struggle between East & West

Worlds at War

两个世界的战争

2500年来东方与西方的竞逐

民主与建设出版社
· 北京 ·

致 谢

我非常感谢我的妻子朱莉亚·西萨（Giulia Sissa）。这不仅仅是因为她为本书提供了最初的灵感，并且对与古典时代历史相关的段落给予了悉心指导，还因为我们长时间就世界各地进行交谈，她帮助我形成了关于许多其他议题的观点。对于她的智慧，她的学识，她的敏锐才智，她的慷慨——最重要的，她的爱——我将永难报答。

斯特罗布·塔尔波特在运营布鲁金斯学会、写作一本与本书主题相关的关于世界政府的重要著作之余，花费了宝贵的时间阅读了本书的几乎全部手稿。如果没有他耐心地提出的广泛的建议，本书将会失色很多。我的代理人安德鲁·怀利（Andrew Wylie）做了很多工作，令本书的最初构想得以成型，在我创作的每一个阶段，都给予了孜孜不倦的鼓励。两位不知名的读者迫使我对原初手稿中有关伊斯兰教的部分做了大幅修改，我非常感激他们以及他们的建议。然而，对于本书中仍然存在的缺点，我将负全责，与他人无关。我还想感谢牛津大学出版社的马修·科顿（Mathew Cotton）以及兰登书屋的威尔·墨菲（Will Murphy），经过他们的修改，原本不时显得松散和啰嗦的手稿变得更为精炼，我希望也能变得更为吸引人。我还要感谢凯特·欣德（Kate Hind）和玛丽·佩恩（Mary Payne），在帮助我整理手稿交付出版社时，他们付出了辛苦的劳动，而我的儿子菲利克斯·亚历山大·帕戈登-拉特克里夫（Felix Alexander Pagden-Ratcliffe）为我提供了一些建议，使某些句子的措辞更为严谨。

前　言

1

我们生活在一个联系越来越紧密的世界上。曾经分割着不同民族的界线正在逐步消失；过去存在于部落和家庭、村庄和教区，甚至国家间的古老边界，随处都在瓦解。自 17 世纪以来，大部分欧洲民族生活在民族国家之中，这种国家形态很可能还会继续存在很长一段时间。但是人们已经越来越难以将它视为适合未来的政治秩序了。在过去数千年间，很少有人能到离出生地 48 公里以外的地方（这个数字是根据《福音书》中出现的地名算出来的，这差不多是耶稣基督离家最远的距离，至少在这一点上，他并不特殊）。不到一个世纪之前仍被人们视为遥远、难以到达和危险的地方，今天不过是观光景点。现在，西方世界的大多数人在寿命大幅延长的一生中，旅行距离通常会达到几百甚至几千英里。在这个过程中，我们不可避免地会遇到其他民族的人，他们有不同的信仰、穿戴不同的服饰、秉持不同的观点。大约在三百年前，当现在被我们称为“全球化”的进程刚刚开始时，人们希望不同族群间的接触会迫使人们承认世界上存在着种种差异的事实，从而磨平大多数人在年轻时形成的棱角，使他们在这个过程中变得更加“优雅”和“斯文”（这是 18 世纪的说法），更加熟悉他人的喜好，对他人的信仰和妄想更加包容，这样不同的人就可以更加和谐地在一起生活。

这种想法已经部分实现了。在过去半个世纪里，国家边界和民族感情逐渐萎缩，这已经导致了一些重要的变化，并且带来了一些切实的利益。在20世纪曾经两次撕裂欧洲（在之前的数个世纪中这种情况已经发生过无数次）的由来已久的仇恨和对立没有再次出现，我们只能企盼它们永远不会复苏。19世纪时在很多方面主导了西方人对其他民族看法的贻害无穷的种族主义可能尚未消逝，但无疑已经萎缩。老式的帝国主义无以为继，尽管它所造成的创伤还没有痊愈。民族主义在大部分地区已经成了贬义词。反犹主义仍然潜伏在我们的身旁，但是现在已经很少有哪个地方会像不到一个世纪之前那样不假思索地接受它了。宗教还没有安静地消失（至少在欧洲如此），这和很多人早先的预期相悖。不过可以肯定的是，它不会再像过去那样导致为祸惨烈的宗教战争（即使是在16、17世纪宗教战争的最后哨所北爱尔兰，争端正一步步得到解决，而且相较于宗教，它们经常与地方政治和民族认同问题关系更大）。

但是在过去几个世纪分割着不同民族的几条断裂带，现在仍然伴随着我们存在。其中之一是亚洲和欧洲的区别与对立，当上述两个词语开始失去它们在地理上的重要性之后，人们开始用“东方”和“西方”代替亚洲和欧洲。

二者的区分由来已久，它经常是虚构的，总是带有隐喻的性质，但是直到现在仍然非常有影响力。“East（东方）”和“West（西方）”当然是西方的说法，不过最早区分二者的很可能是一支东方民族，也就是大约活跃于公元前二千纪的古亚述人，他们用Ereb或irib表示“日落之地”，用Asu表示“日出之地”，即亚洲。不过在他们的眼里，并不存在可以区隔二者的自然边界，而且他们也没有给这种划分赋予任何特别的意义。不过现在我们说到东方和西方时，并不只是意味着世界上的两个不同的地区，而且还意味着居住在两个区域的不同的民族，他们的文化不同，崇拜的神祇不同，最关键的是，他们对于什么是最好的生活的看法也迥然相异，最先产生这样的想法的不是亚洲民族，而是欧洲的希腊人。在公元前5世纪进行创作的希腊历史学家希罗多德是第一个停下来提出“是什么将欧洲和亚洲区别开”，以及“为什么在很多方面非常相似的两个民族会在这么长的时间里相互敌视”的问题的人。

希罗多德所知悉的东方，位于欧洲和恒河之间，这里居住着许多不同的民族，他非常热情地花了很大篇幅详细描述他们奇特的习俗。不过虽然他们人数众多且风俗各异，他们似乎也有一些共同之处，这些共同点把他们和欧洲，也就是西方的诸民族区别开来。那里土地肥沃，城市繁荣。他们非常富有，贫穷的希腊人完全无法与其相提并论，而且他们的行为举止也可以非常优雅。与此同时，他们在战场上是狂热、野蛮和难以战胜的对手，所有希腊人都对这一点敬佩有加。但是尽管如此，他们最大的特点却是盲从和缺乏反抗精神。他们敬畏自己的统治者，并不将他看成是和自己一样的区区人类，而把他当作神。

希腊人认为（亚述人也持相同的观点），西方位于世界的外缘。在希腊神话里，夜神希赫斯珀洛斯的女儿赫斯珀里得斯姐妹生活在这里，她们住在大洋河的岸边，负责守卫一颗金苹果树，它是大地女神给众神之父宙斯的妻子赫拉的结婚礼物。生活在这片区域的各个民族同样千差万别，经常出现纷争，但是他们也有着某些共同之处：他们热爱自由超过生命，他们服膺法律，而非人，更不是神的统治。[1]

随着时间的流逝，欧洲诸民族以及到海外拓殖的人口（这些人居住的地方就是现在我们一般理解的“西方”）开始认为自己拥有某种共同的身份。从古至今，人们对“这种身份是什么”“该如何理解它”的认识，发生了剧烈的变化。不过同样明显的是，无论这种共同遗产和共有历史的纽带有多强，它并没有使从中获益良多的各个民族避免血腥且代价惨重的冲突。1945 年以后，这类冲突可能已经减少了，而且正如最近围绕着美国领导的入侵伊拉克的战争是否正当而展开的争论所显示的那样，现在对立双方经常通过暴力之外的手段来解决分歧，但是暴力并没有完全消失。况且，就算欧洲内部的古老敌意能够消解，那么在连为一体的欧洲和美利坚合众国之间的裂隙已经开始显露。

“东方”这个词曾经被，而且现在仍然经常被用来形容喜马拉雅山以西的亚洲地区。在欧洲强权于 19 世纪和 20 世纪占领亚洲大片土地之前，显然没有亚洲人会真的认为这片区域里的众多国家有多少共同之处（或者可以说，几乎没有任何共同之处）。和所有的地理标识一样，东方和西方明显也是相对而言的。如果你住在德黑兰，那么你的西方可能是巴格达。将亚洲分为近东、中东和远东的现行习惯做法源自19世纪，它的着眼点是英属印度。近东或是中东位于欧洲和印度之间，而远东则在这个区域之外。[2]但是对于这个区域的居民而言，这种分类法显然没有任何意义。

在18世纪，人们开始用一个相对较新的词“东方（Orient）”来形容从地中海东岸一直到中国沿海的全部地域。这也是西方人创造出来的一个共有的（如果不是单一的）身份。20世纪70年代，当我在牛津大学学习波斯语和阿拉伯语时，我的教室在一栋名为东方研究所的建筑里，而这里也是学习波斯语、梵文、突厥语、希伯来文、朝鲜语和汉语（更不用说印地语、藏语、亚美尼亚语和科普特文）的地方。向东走过两条街，所有教授欧洲语言的教室都被安排在（向东）两条街之外的一座名为泰勒研究所的建筑里，这栋楼有着令人印象深刻的新古典主义风格。这些欧洲语言从过去到现在一直被称为“现代语言”，这个称谓明确地将它们确认为古典世界的语言——希腊语和拉丁语（研究这两种语言的地方在另一座大楼里，该学科被简单地称为“人文学”）——的真正继承者。

欧亚分野最开始完全是文化上的。波斯人和帕提亚人这两个古代世界伟大而“野蛮”的亚洲民族，明显带着某些后来被称为“民族性”的特质。但是从族源上看，他们和希腊人非常近，而且有保留地说，将传说中的祖先追溯到特洛伊人的罗马人最初也是一支亚洲民族。但是到了稍晚的时期，大部分欧洲人皈依基督教，并且开始从《圣经》里探寻人类历史的起源，大洪水后世界人口的再度繁衍导致了人类最初分化的说法，成了人们普遍接受的解释。诺亚的儿子们从亚拉拉特山下来，然后分别来到三块不同的大陆，于是“洪水以后，它们在地上分为邦国”（后来相继发现的两块更远的大陆美洲和大洋洲，给这种说法带来了极大的威胁，不过如同所有圣经释义一样，巧妙的解读克服了这个难题）。根据记载，诺亚的儿子闪去了亚洲（因此在随后的分类中，犹太人和阿拉伯人被称为“闪米特人”），雅弗去了欧洲，而含去了非洲。

到了19世纪，这种对人类前史的叙述在某些地区仍然很有市场，主要是因为它潜藏着种族主义的根基。不过，虽然它看上去提供了一种很有道理的（至少从基督徒的观点来看是这样的）说法来解释为什么欧洲民族和亚洲民族会有如此显著的区别（更不用说和非洲民族的差异），但是这种解释的重要性从来都远远不及另一种观点，即欧亚大陆之间的区别并不是因为人类起源的不同，和种族更没有什么关系，真正的原因在于二者对人和神的世界有着完全不同的构想。

实际上，欧洲甚至不是一块单独的大陆，而是亚洲的一个半岛。18世纪伟大的法国诗人、剧作家、历史学家和哲学家弗朗索瓦-马利·阿鲁埃（人们更熟悉他的笔名伏尔泰）曾经评论道，如果你假想自己位于克里米亚东面亚述海附近的某个地方，你根本无法分清哪里是亚洲的终点，哪里是欧洲的起点。他由此得出结论，最好不要再使用这两个词。[3]现在流行的词语“欧亚大陆（Eurasia）”，即使不是要抛弃它们，也是在尝试着使它们融合。这个词不仅抓住了一个明显的地理事实，而且从更广泛的意义上说，也揭示了一个文化上的真相。

在希腊神话里，欧洲民族起源于一位亚洲公主。希腊科学（接下来是整个欧洲科学）源自亚洲，希腊人非常清楚这一点。他们的异教信仰同时带着欧洲（或者是我们现在所说的印欧语系）和亚洲的特点。希罗多德的困惑恰恰就来源于此。我们将会看到，他给出了一种在很长时间里都非常有力的解释。但是，血腥的战争在差别很小的欧亚民族（至少在17世纪之前如此）之间持续了如此长的时间，这可能需要用西格蒙德·弗洛伊德通过观察得出的著名结论来解释了：人类之间最严重的冲突源自他所谓的“对细小差别的自恋”。我们憎恨和害怕那些和我们最相似的人，程度远超过我们不熟悉，或是和我们距离非常遥远的人。

东方和西方的区分在地理上也是不稳定的。对亚述人而言，“西方”指的不过是“那边的土地”，而希腊人因为自己的神话而使用的“欧罗巴”一词，最开始也不过是指希腊中部，然后指希腊本土，最后到了希罗多德进行创作的时代，已经扩大到它背后的大陆块了。但是它仍然是个模糊的区域，在很长时间里，不过是广阔的亚洲大陆的一个狭小、重要性相对较低的半岛，它的西面只有无边无际的大洋河，也就是传说中环绕着三片大陆的汪洋。英文中的“西方（West）”最初是个方向副词。

它的实际意思是“更向下、更远”。到了中世纪，欧洲人已经开始使用这个词来指代欧洲了，而到了 16 世纪后期，它开始和进步、青春、精力充沛等词一起使用，而最终当欧洲向西扩张时，它成了“文明”的同义词。[4] 从 18 世纪开始，这个词不仅指欧洲，也指欧洲人在海外的殖民地，也就是更为广阔的欧洲世界。

自古典时代以来，为了确立欧洲和亚洲之间有意义的分界线，欧洲的地理学家绞尽了脑汁。其中一处是赫勒斯滂，也就是现代的达达尼尔海峡，它是位于黑海入海口的狭窄水域，从古代开始，海峡两边的不同民族都将其看作神，负责将两片大陆分开。这种看法在很大程度上流传到了现在，尤其是那些反对现代土耳其将自己定义为欧洲国家的人，更是经常引述这种观点。然而，从此向北，这条界线就愈发模糊，难以确定。最初这条线划在了顿河，这实际上就直接把现代俄罗斯的大部分地区划到了“东方”。但是到了 15 世纪末，它前进到了伏尔加河畔；16 世纪末，它到达了鄂毕河；19 世纪，是乌拉尔河和乌拉尔山；20 世纪，它最终停在了恩巴河畔和刻赤海峡。

然而，当我们今天说到西方或东方时，和古人一样，我们谈论的也不仅仅是地理概念。我们谈论的是文化特性、差异极大的人类群体的目标和雄心。当然，还有经常被人提及，但很少被深入讨论的“西方价值”，它大体上包括人权、民主、宽容、多样性、个人自由、尊重法治和根本的世俗主义。2006 年 9 月，教皇本尼迪克特十六世做了一个不太符合一般外交辞令的评论之后，基地组织的反应是，发誓要继续进行“圣战”，直到“西方被彻底摧毁”，他们头脑中的“西方”绝不是所有或多或少尊重上述价值的地方。[5] 因为如果是那样的话，他们口中的“西方”现在必须要包括很大一批传统上属于“东方”的国家，如日本和印度，甚至包括土耳其。

基地组织和西方的战争不过是旷日持久的东西方对抗的最新表现而已，双方的冲突经年累月，其起始之日已不可考，只能归入传说的范畴。冲突很可能始于历史上最著名的一场战争，对阵双方分别是阿卡亚人（即伯罗奔尼撒半岛东北部的希腊人）和属于半神话的小亚细亚民族特洛伊人，战争的起因是斯巴达国王墨涅拉俄斯的尊严受辱，他的妻子海伦被一个名为帕里斯的放荡的特洛伊花花公子拐走了。

对希罗多德同时代的希腊人而言，特洛伊战争，或者更准确地说，荷马在《伊利亚特》中描述的特洛伊战争，是对希腊（后来是欧洲）的诞生和它对亚洲的胜利的歌颂。但荷马本人并不是这样看待的。他笔下的希腊人和特洛伊人享有相同的价值观，而且他们明显说着相同的语言。他们给相同的神敬献祭品，而不同的神根据自己的好恶选择加入不同的阵营，他们甚至会出现在战场上。战争是因愤怒而且不受控制的人类而起，但是背后真正的原因在于，大地女神向众神之父宙斯抱怨，人类太多了，她已经不堪重负。

但是在后来那些通过荷马的诗歌构建自己的身份认同和文化归属感的世代看来，特洛伊的陷落标志着两个民族争夺霸权的斗争的历史的开始，而且随着时间的流逝，他们之间的区别变得越来越明显。公元前334年，当亚历山大大帝入侵强大的波斯帝国时，他戏剧性地、准确地再现了希腊人远征特洛伊的事迹，而他自己则扮演了希腊最伟大的英雄阿喀琉斯。对古人和他们的继承者而言，从此以后，两块大陆的民族之间的区分变成了无法改变的自然而然的事实。“整个自然界，”公元1世纪的罗马学者瓦罗非常直白地说道，“被分为大地和天空，正如大地被分为亚洲和欧洲。”[6]

特洛伊、亚历山大和罗马只不过是开端。在罗马帝国灭亡后的几个世纪里，欧洲和亚洲的文化、政治和宗教版图，因为具有新的身份认同的陌生民族（西方是游牧的日耳曼部落；东方是蒙古、突厥和阿拉伯人）的闯入而发生了改变。但是每一次，当迁徙的浪潮逐渐平息之后，经历剧变的西方和同样经历了动荡的东方之间由来已久的争斗都会重新开始。在特洛伊燃起的战火，在随后的世纪里继续燃烧，特洛伊人的继承者是波斯人，腓尼基人继承了波斯人，帕提亚人又继承了腓尼基人，萨珊人继承了帕提亚人，阿拉伯人继承了萨珊人，奥斯曼土耳其人继承了阿拉伯人。

1453年，奥斯曼苏丹穆罕默德二世攻陷了希腊人的拜占庭帝国的首都君士坦丁堡，他非常清楚上面提到的历史。1462 年，在访问假定的特洛伊战争古战场时，他站在希腊入侵者停靠战船的海岸，宣称通过自己的努力，那些相同的希腊人的后裔已经“因为那一次，以及后来多次对我们亚洲人的不公待遇，在经过漫长的时间之后，受到了应受的惩罚”。在大约 500 年后的 1918 年，英国和意大利的军队进驻伊斯坦布尔。联军在那里待了不到五年，但是当时有很多人歌颂他们的占领犹如第二次“君士坦丁堡”的陷落，是双方长达诸多世纪之久的冲突的巅峰，给希罗多德所说的欧洲和亚洲之间的“永恒的敌意”画上了休止符。

欧洲和亚洲的不同文明之间的斗争历史悠久。但它并不是连续而没有中断的。虽然希腊罗马文化和基督教逐渐在中东消失，但是拜占庭帝国和奥斯曼世界的边疆仍然能够保持着不太稳定的和平。来自北非的所谓的摩尔人、柏柏尔人和阿拉伯人在 8 世纪占据着伊比利亚半岛的大部分地区，他们和他们的基督教臣民以一种不太安定的状态相互合作，在一起生活了几个世纪（人们用一个非常有名，但不太准确的词 *convivencia* 来形容他们的关系，这个词的意思是“共同居住”），虽然与此同时，他们仍然处在正式的战争状态之中。16 世纪后期，奥斯曼人、西班牙人、威尼斯人和热那亚人在地中海东部维持着脆弱的合作关系，奥斯曼的军舰曾经不止一次卷入基督徒的战争。法国瓦卢瓦王朝和西班牙哈布斯堡王朝的君主们，在他们自己那似乎永不止歇的斗争中，竞相寻求奥斯曼人和萨法维人的帮助。

但是这些约定总是不确定的、暂时的。古老的敌意，关于自然和神明对人类的希冀的不同看法，以及对由来已久的敌对关系的记忆，通过双方一代又一代的历史学家、诗人和传教士的精心滋养，总是能为重启战端提供充足的理由，正如波斯阿契美尼德王朝的皇帝薛西斯在公元前 5 世纪末准备发动远征时所意识到的，“（要么主动进攻，要么被动挨打，）折中的道路是没有的”。[7]

战线随着时间的推移不停移动，对阵双方的身份也经常变化。但是双方对于是什么在更为宏观的层面上将他们区别开来的理解，依赖于积累的历史记忆（所有这样的理解都是如此），其中一些相当准确，另外一些完全是虚假的。本书试图写下那些历史，既包括真实的，也包括虚构杜撰的；此外，本书还将尝试解释它们为何会被以那样的方式呈现出来。尽管我不想假装只是在讲一个故事，也不准备隐藏我对启蒙的、自由的世俗社会的偏爱，而且也不打算掩盖我认为一神教（实际上是所有的宗教）造成的持久伤害比其他任何单一信仰都要大的看法，但是本书并不是另一本关于西方如何主宰东方以及已知世界大部分地区的历史书。如果在这个故事里，基督教的遭遇看起来要比伊斯兰教稍好一些，那只是因为（正如我将在第八章给出的解释）基督教更无力抵御因为自身的内部矛盾而释放出来的毁灭力量，因此它无法阻止几种形式的世俗化运动，到 18 世纪末，它差不多已经被从西方的市民生活和政治生活中排除出去了。当然，很多欧洲人（还有更多的美国人）继续宣称自己是基督徒，其中一些人显然确实如此。而且也很少会有人否认，基督教仍然是形塑西方历史的重要文化要素之一（不过吉斯卡尔·德斯坦想把它引入时运不济的欧盟宪法，作为“欧洲性”的定义之一的尝试遭到了拒绝）。但是正如一任又一任的教皇、牧首和主教痛苦地悲叹那样，无论人们的个人宗教信仰是什么，在过去三百年间甚至更长的时间里，西方国家的市民和政治的发展已经沿着自己的轨迹一路而来，仿佛任何宗教都不曾存在过。

“我们需要历史，”伟大的德国哲学家弗里德里希·尼采曾经说过，“为了生活和行动……只有在历史服务于生活的前提下，我们才服务于历史。”[8] 我希望这本历史著作也能够以它自己的方式为生活服务，虽然只能用浮光掠影的方式说明，现在由于一些西方强权试图按照自己的想象重组一片传统上属于“东方”的重要区域而引发的悲剧性战争，实际上只是源远流长的历史的一部分，而且很可能会造成更大的灾难，远超人们对此所拥有的十分模糊的认识。

2

每一本书的写作都始于偶然。某日清晨吃过早饭后，我的妻子、古典学者朱莉亚·西萨盯着《纽约时报》上一幅一群伊朗人跪下祈祷的照片，评论道："真是讽刺！这正是那种古波斯人下跪的习惯，令古希腊人感到十分震惊。""或许，"她补充道，"你可以考虑写本书，讨论一下希罗多德所说的欧洲和亚洲之间的'永恒的敌意'。"于是，我这样做了。这本书的灵感、谋篇布局和大部分章节的标题都要归功于她。

不过所有的偶然都有自己的前因。20世纪60年代后期，我正等着上大学，没有正式工作，只能靠临时做翻译的收入勉强度日。整个夏天，我和我的姐姐住在一起，她的丈夫当时正在驻塞浦路斯的英国高级专员公署工作。我当时在翻译一本有点枯燥的保罗·塞尚的传记。不工作的时候，我会去参观古迹，或是跟在姐姐和姐夫身后参加大使馆的聚会，抑或是在尼科西亚的土耳其人聚居区闲逛，我对这种之前完全没有接触过的文化非常着迷。

塞浦路斯恰好位于从古典时代开始就将欧洲大陆和亚洲大陆分开的断裂带上，相传它是维纳斯的诞生地，据说几位从特洛伊战争中得胜归来的希腊英雄选择在这里定居。埃及人、波斯人、马其顿人和罗马人依次来到这里，而逃亡的十字军国王吕西尼昂的居伊选择这里作为自己的避难所，接着来的是威尼斯人和奥斯曼人，最后是英国人。1878年，这座岛被奥斯曼苏丹割让给英国。1960年，经过艰苦的独立战争，塞浦路斯共和国成立了，希腊人和土耳其人一起组成了议会。但是三年后，总统马卡里奥斯大主教的政府垮台了，议会中的土耳其议员实际上无法继续行使他们的职权，这座岛也分裂成土耳其区和希腊区（至今如此），两个区域之间的分界线把岛分成南北两部分。希腊区非常繁荣，欧洲国家承认它是合法的塞浦路斯共和国（实际上，世界上几乎所有国家都承认它）。土耳其区则是一块贫穷、处境艰难、自治的飞地，从那时起到现在，只得到土耳其的承认。

当我在那里的时候，两片区域间弯弯曲曲的分界线恣意地将村庄和城镇一分为二，而在之前的帝国统治者（英国人和奥斯曼人）治下，人们相对和谐地（或被迫）生活在一起。现在边界的一侧是希腊人，他们将自己形容为西方最古老文明的继承者，不过我当时觉得这种说法很荒谬，因为从这些人的外表上来看，他们和伯里克利或柏拉图完全不同（尽管经常用他们的名字给自己取名）。边界的另一侧是土耳其人，他们背负着另一种历史重担。和大英帝国相似，他们的帝国过往也还是相对较新的记忆。对于很多人来说，他们的奥斯曼先祖是其骄傲的源泉。对另一些人来说，这段历史非常尴尬，是他们期望成为现代欧洲民族的路上的绊脚石。我必须承认，在那个时候，我更同情和喜欢土耳其人，对他们的好感胜过希腊人。

和 1989 年之前的柏林一样，首都尼科西亚也被一条叫做“绿线”的狭窄条状地带一分为二，一群看起来无精打采的联合国维和部队士兵正在那里巡逻。没有人因为穿过这条界线被拦下来，很多土耳其人定期到希腊区买东西，有些人甚至在那边工作。但是希腊人很少会冒险进入土耳其区，他们相信，如果过去就绝不可能活着回来。一次又一次地，我会坐下来和一个名叫凯末尔·鲁斯塔姆的人一起喝香甜的土耳其茶，他有一爿小店，卖书和赃货古董（这是土耳其人的新兴产业，对于他们来说，这个岛上的希腊罗马历史毫无意义），而且他还是土耳其人的政府和希腊人的政府间非正式的联络人。我从他那里听到了不少故事，间接了解了生活在边界，特别是这里的边界，是一种怎样的体验。他是定期前往希腊区的众多土耳其人中的一员，当我的侄子受洗时，他也来了，这个微笑着的、看起来有些讽刺的、不太虔诚的穆斯林混在一大群同样不太虔诚的基督徒中间。类似这样的日常生活的简单经验，使那些自独立以来就让整座岛屿陷入分裂，甚至自那时起就开始让整个中东陷入纷争的可怕的宗教和民族力量看起来非常遥远、荒诞和愚蠢。

塞浦路斯的经历使我开始了解奥斯曼史和伊斯兰教。它也向我展示了欧洲和亚洲由来已久的对立是多么根深蒂固，让我更想知道这种分歧是如何形塑双方的历史的。

翌年，我前往牛津大学学习波斯语和阿拉伯语，制订了一个粗略的论文写作计划，准备研究 17 世纪伊朗萨法维朝统治者和葡萄牙人之间的关系。这份写作计划最终没能完成，我的兴趣转移到了西班牙和美洲的西班牙帝国。虽然波斯淡出了我的视野（至少部分如此），但是任何一个研究西班牙历史的某个方面的学者，即使只是那些研究它最西边的疆域，都无法完全无视伊斯兰教的存在，或是忽略它在现代欧洲诞生过程中起到的作用。

同样地，土耳其人也仍然在我的脑海中占据着一席之地。20 世纪 70 年代中期，我有点一时冲动地前往土耳其东部，也就是被随意贴上“库尔德斯坦”标签的地区，它位于凡湖和土耳其、伊拉克、伊朗三国边界之间。和现在一样，当时库尔德人正在对遥远的位于伊斯坦布尔的主人施压，要求独立。虽然我去的时候该地区对外国人开放，不过就在不久之前，它曾一度处于戒严中，而且所有的一切都暗示，很快会再次宣布戒严（后来情况确实如此）。我有个朋友在安卡拉的英国大使馆工作，他在土耳其人和库尔德人中间都能找到可以帮得上忙的关系，他一直想去东部访问，想找一个能陪他一起旅行的同伴。这听起来绝对是一个不容错过的好机会。

由于在凡城染上了副伤寒，我没能走多远。不过我还是成功地到了亚拉拉特山脚下，在塔凡城外和警察署长一起朝满不在乎的鹰徒劳地开了几枪，在穆什附近的一条浅河里炸鱼，当穆斯托伐·巴尔札尼的库尔德武装穿过伊拉克边境向这边缓慢移动时，我和他掉队的手下交谈了一番。我还和一伙季节性迁徙放牧的牧羊人一起，睡在寒冷的安纳托利亚的夜空下，我在那里亲身体验到了古老的好客传统，还了解了一些“传统”生活方式的可怕之处，对妇女来说尤其如此，而一些对此一无所知却又多愁善感的西方人常常在哀叹它们的消失。

那些画面，以及像我这样一个既没有任何合理理由可以待在那里，也没有什么靠得住的关系的人，却受到了非常殷勤的招待，这些我从来没有忘记过。但是令我印象深刻，而且直到现在仍然可以栩栩如生地回想起来的，是我在旅程行将结束时看到的场景。

一天早晨，我发现自己站在现代城镇凡城城外的一座山丘上，衣衫褴褛，疲惫不堪，正望着山下一座城市的废墟。它几乎完全是用经过日晒的泥巴制成的砖砌成的，在这个地方被遗弃后，严冬的雨水缓慢侵蚀着它，现在保存下来的只有两到三英尺高的外墙遗址。这一幕令人难忘。

目之所及，只有一排排过去的房屋、店铺、广场、市集的痕迹，而一种更高、保存更好的石头遗址则遍布在各处。乍看上去，它和1945年2月毁于轰炸的德国城市德累斯顿没什么区别。

但是几乎将这座城市夷为平地的并不是炸弹，而是忽视和天气。开车把我带到那里的土耳其人解释说，这个地方非常古老，已经被废弃了几个世纪。我问他曾经住在这里的是什么人。“古代民族，”他答道，这意味着他们至少是前伊斯兰教时代的人了，“非常古老的民族。”他们有名字吗？没有，他答道，没人知道他们的名字。他又补充道，这些都是他在学校里听到的。对于其他人来说，这个地方是个谜，而且和所有其他遗迹一样，只有外国人对它们感兴趣。他看起来确定无疑，而且非常真诚。

但是我知道，我们正望着的那个幽灵般的地方，曾经是亚美尼亚首都凡城的一部分，而且绝不是“在很久以前”被废弃的，它的住民实际上死于1915年6月针对亚美尼亚人的屠杀，除了土耳其政府之外，所有人都将这起事件称为“亚美尼亚大屠杀”。从1894年到1896年，奥斯曼军队曾经有计划地摧毁和掠夺了亚美尼亚人的村庄，很多人认为他们杀害了20万人，《纽约时报》将其称为“另一起亚美尼亚大屠杀”（它可能是第一个使用这个名称的）。亚美尼亚人之所以惨遭杀害，很大程度上是因为他们被视为基督教的第五纵队，为了争取自身的独立，和奥斯曼帝国的敌人串通。第一次世界大战爆发后，他们向帝国最棘手的仇敌俄罗斯人寻求帮助，1915年5月，他们在俄罗斯人的帮助下建立了一个独立的亚美尼亚国家。它存在的时间不到一个月。这件事的后果是，关于胜利的亚美尼亚和俄罗斯军队屠杀土耳其人和库尔德人的传言四起（这点必须提及），伊斯坦布尔政权在这种情况下，为了报复，将所有亚美尼亚人都驱逐到东南的安纳托利亚地区。在驱逐的过程中，数千人死于非命、受到有组织的酷刑折磨，他们的住宅和财物被毁坏或抢走，他们的教堂受到亵渎，他们古老的首都被清空，最后关于他们存在过的所有记忆都被抹去了（关于这一点，我的土耳其导游显然就是很有说服力的证人，即使他自己并不知情）。[9]

那天的见闻使我认识到了族群冲突的残暴和现在仍然存在于东西方之间的巨大分歧，在西方世界过着舒适安全生活的人是从未想象过的，至少在 2001 年 9 月 11 日之前是这样的。

当我最终坐下来写这本书时，我的脑海中浮现出两个场景：匍匐在地的波斯人和城市的断壁残垣。这两个瞬间处于一个既没有明确的开始，至少在现在看来也不会有可预见的结局的历史之中。

安东尼·帕戈登

洛杉矶 – 巴黎 – 威尼斯，2006 年

目 录

第一章

永恒的敌意

1

所有一切都始于一次诱拐。女孩名叫欧罗巴，是西顿海岸提尔城（现黎巴嫩境内）国王阿革诺耳的女儿。金发白肤的她正坐在水边，把风信子、紫罗兰、玫瑰和百里香编成花环，众神之父宙斯化身白牛从海里走出来，“呼吸间带着藏红花的香气”。侍女们纷纷逃走，只有她留了下来。罗马诗人奥维德这样讲述接下来的故事：

> 渐渐地，她不再害怕，
> 他突起自己的胸膛让她抚摸，
> 让她把花环套在自己的犄角上。[1]

丘比特现出身形，拍着翅膀在她的身边飞来飞去，温柔地把她扶上牛背。宙斯载着她漂洋过海，渡过分开两个世界的海峡，到了克里特岛。他们在戈提那草地上一棵高大的梧桐树的树荫里做爱。[2]

她将在那里生下三个儿子：弥诺斯、拉达曼提斯和萨耳珀冬，那片大陆也将以她的名字命名。后来，宙斯厌倦了，和他对所有的人类伴侣所做的一样，他把她嫁给克里特国王阿斯忒里俄斯，后者收养了她半神的儿子。

这就是诱拐欧罗巴的故事。多个世纪以来，它一直是欧洲民族和“西方”的起源神话。不过，正如故事里欧罗巴的故乡本来在亚洲，它也意味着这个“西方”是出自“东方”的。“那么，这个欧洲到底是什么呢？”20世纪伟大的法国诗人保尔·瓦雷里问道，“是旧大陆的海岬，亚洲的附属吗?”是的，他答道，但是它“自然而然地望向西方”。[3]

不过，和所有的神话一样，这个故事还有一个略为平淡、更为世俗的版本。它首先出现在希腊历史学家希罗多德的著作里，后来被3世纪的基督教神学家拉克坦提乌斯引用，后者致力于批判和驳斥所有从异教世界流传下来的令人想入非非、与性有关的奇闻逸事。在这个希罗多德声称是从波斯人那里听来的版本中，诱拐欧罗巴是对腓尼基水手抢走阿戈斯国王伊那科斯的女儿伊娥的报复。希罗多德写道，伊娥被抢走后，“一些希腊人，他们的名字没有被波斯人记录下来”(他们实际上是克里特人，以举止如“爱达山的野猪”般粗鲁而闻名)，进入腓尼基人的港口城市提尔，“带走了国王的女儿欧罗巴，以此作为报复”。拉克坦提乌斯为了解释宙斯化身白牛的传说，说这些克里特人有一艘公牛形状的船，而欧罗巴被当作礼物献给了克里特国王阿斯忒里俄斯。数百年后，意大利作家薄伽丘把故事里克里特统治者的名字改为朱庇特，从而为这个已经过于复杂的故事添加了自己演绎的部分。[4]

诱拐事件继续发生。克里特人是希罗多德所说的“欧洲人”，而欧罗巴则是亚洲女性，所有亚洲人都将她的诱拐视为对自己的冒犯。后来，另一个欧洲人伊阿宋乘船驶入黑海，把科耳喀斯国王埃厄忒斯的女儿美狄亚拐走，并且在她的帮助下偷走了金羊毛。再后来，小亚细亚的特洛伊人为了报复，带走了并非完全不情愿的斯巴达国王墨奈劳斯的妻子海伦，把她带回特洛伊。随后，墨奈劳斯的兄弟阿伽门农组织起一支大军，渡海围攻名城特洛伊，战争持续了十年。

被罗马法学家马库斯·图留斯·西塞罗称为“历史之父”的希罗多德，绞尽脑汁想要解答一个问题：为什么“这两个民族——希腊和波斯——会发生战争”?上述所有故事都声称已经给出了答案，但实际上并没有。希罗多德在希腊人和波斯人的敌意中长大成人，亲身品尝了它的恶果。他于公元前490年左右出生在哈利卡纳苏斯，也就是现在的土耳其港口城市博德鲁姆，波斯国王大流士一世正是在他出生的那一年对欧洲发起全面进攻，这是亚洲强国第一次尝试要征服整个欧洲。哈利卡纳苏斯是一座希腊城市，不过在希罗多德出生和成长的年代，它受波斯人统治。希罗多德生活在两个世界之间，它们虽然并不总能融洽相处，但当时显然正处在和平时期。他想知道，两个民族曾经维持着的相对的友好，如何逐渐演变成长期的痛苦仇恨。为了找到答案，他余生的所有时间和全部的创造力，都被用来讲述亚洲和欧洲之间发生的一次重要对抗，也就是后世所说的"希波战争"，它指的是从公元前 490 年到前 479 年间断断续续发生的一系列冲突。

希罗多德知道，伊娥和欧罗巴的传说以及特洛伊的故事不过是借口。这些近于神话的冲突是在诸神的摆布下进行的，当时几乎没有人认为人类是在按照自己的意志行事。希罗多德是最早认为人类要为自己的行为负责的作家之一。在他的作品里，神仍然存在，只是隐于暗处。他们只能通过神迹、预兆和不大可靠、暧昧不清的神谕发声，但是不会让任何事情发生。现在，主宰和控制世界的是人类。

和特洛伊战争一样，希波战争也是欧洲和亚洲之间的大战。但是此时的战争已经属于历史的范畴，而不再是神话，它们有着明确的起因和结果。希罗多德在为自己的《历史》（他简单地称其为"探究"）搜集资料的过程中，曾经亲自和很多参加过这场战争的战士谈过话，他显然对所有战士都抱有同情心，无论他们出身于哪个民族。尽管从未学过波斯语（例如，他似乎认为所有波斯人的名字都以"s"结尾），不过他宣称自己占有一些只可能从波斯人那里得到的资料；尽管有时和后来希腊人对"东方人"的刻板印象一致，不过与大多数后世作家相比，他对波斯人的看法更为微妙。

纵然如此，他的立场必然是希腊式的，而且由于他的著作是我们仅有的对那场战争的详细叙述，因此一直以来，我们都是从他的视角来理解当时发生了什么和它们为什么会发生。现代考古学为我们描述的阿契美尼德人——他们是现在通常所说的波斯帝国的统治集团——的崛起过程、他们统治下的社会的面貌，有时与希罗多德的记述截然不同。从这个新角度看，希罗多德似乎不仅是历史之父，也是"谎言之父"（罗马时期的希腊哲学家和传记作者普鲁塔克曾经这样称呼他）。[5] 不过真正重要的并不是他的故事是否完全准确。《历史》这本书不仅要重述一系列战争的经过，它也想描述希腊世界的文化、政治和（某种程度上）心理的起源。尽管他抱怨自己无法理解“为什么明明是一块大陆，却要有三个名字，而且还是女人的名字［欧罗巴、亚细亚和阿非利加］”，[6]不过希罗多德显然很清楚欧洲和亚洲的区别。他显然也很清楚“希腊性”是什么，而且用一个术语 *to hellenikon* 来描述它。用他的话说，它意味着“共同的血缘、语言、宗教和习俗”。这就是欧洲——也就是“西方”——意义上的特殊性的起源。但他同时也承认光有某种特殊性是不完整的，希腊——以及欧洲——从自己几个世纪以来的宿敌身上学到过很多东西。

“希腊性”可能是一个人们已经耳熟能详的概念了。不过希罗多德清楚地知道，尽管古代希腊各城邦在很多方面非常相似，但是它们实际上却是千差万别的社会。虽然所有人都敬拜相同的神祇，操同一种语言，有着共同的血源（这多少有些疑问），但他们的习俗肯定是迥然各异的。当希罗多德在叙述是什么将希腊人和他们的亚洲敌人区别开来的时候，他想到的通常是雅典人的价值观，尤其是民主的价值观。

希罗多德时代的希腊人在散布于地中海沿岸——从西西里岛一直到塞浦路斯岛和爱琴海沿岸的小亚细亚地区——的小城市里居住。除了那些受波斯人统治的城市，它们都是自治的政治共同体，也就是今天我们所说的城邦。尽管这里的所有人都是“希腊人”，但他们绝不是和平相处的。在标志着古希腊世界被马其顿的腓力终结的喀罗尼亚之战于公元前338 年 8 月爆发之前，它的内部实际上一直存在着不断变动的联盟关系。在希罗多德的书里，波斯人常常提到，希腊人很难团结起来一致对外御敌。当时欧洲和亚洲的边界实际上也非常容易通过。希腊城邦在波斯人的统治下兴旺发达，有影响力的希腊人常常为了躲避自己同胞的怒火而逃到波斯宫廷避难。

希罗多德对这些事实既没有视而不见，也没有加以掩饰。他想要表达的是，波斯人和希腊人，或者说亚洲人和欧洲人之间的区别，要比这些琐屑的政治差异深刻得多；他们的区别在于世界观的不同，二者对于人是什么、该怎样生活之类的问题，有着全然不同的理解。虽然每个希腊城邦都有各自的特点（从比较宽泛的角度来看，欧洲城市也是如此），有时甚至会发展出截然不同的社会，而且希腊人为了自身的利益会毫不犹豫地相互欺骗，但是他们对上述根本问题的看法却基本一致。他们能够区分自由和奴役，而且全都接受我们今天所说的个人主义的人性观。

伟大的雅典剧作家埃斯库罗斯非常清楚这一点。他亲身经历过公元前 480 年秋著名的萨拉米斯战役，这是欧洲历史上的第一次大规模海战，希腊人的最终胜利同时决定了自己和欧洲的未来命运。[7] 在埃斯库罗斯的戏剧《波斯人》（它是现存最早的一个剧本）里，当薛西斯的舰队在萨拉米斯被全歼时，波斯国王大流士的遗孀，同时也是继任国王薛西斯的母亲的阿托莎做了一个梦。这部戏剧多次提到梦境。大流士的前任居鲁士在梦里见到大流士的肩上长出一对翅膀，一只盖住欧洲，另一只遮住亚洲；在薛西斯为了实现祖先的预言出征时，他梦到了自己的垮台。[8]

阿托莎梦见了自己儿子的失利。她也在梦里看到了导致现在的冲突的历史根源。她说：

> 我从未见过如此清晰的梦境，昨夜之所见，我这就相告。我梦见两个衣着漂亮的女子，其中一个身着波斯华丽的长袍，另一个穿着朴素的希腊短衣。凑近一看，她们两人的身材比现今的人高出很多，貌美无瑕，是同宗姐妹。她们的祖国和家园，一个在希腊，另一个在异邦。

在这个梦里，希腊和波斯——也就是欧洲和亚洲——是姐妹。和所有的姐妹一样，她们也彼此不同。差异在于一个奢侈、另一个简朴，这将会成为两个民族长期形象中最为显著的特征之一。两姐妹很快发生了争吵，而薛西斯试图“劝阻安慰”，把她们双双驾于轭下。其中一个，象征亚洲的女子，

> 以这种处境为荣耀，听从缰辔的约束，沉默不语。

而另一个，象征希腊的女子，

> 极力挣扎，用双手折断了驾车的辕具，拖着大车迅跑，挣脱了辔头，把辕轭折成两截。他被摔下车来，吾儿被摔下车来。[9]

这个梦预示着，希腊——欧洲——不会向任何人低头。那些试图给她“套上笼头”的人，到头来只是在自寻死路。观众们——其中不乏像这出戏的作者那样参加过萨拉米斯之战的老兵——十分清楚，这正是薛西斯的下场。

《波斯人》给我们留下了一份——很可能是唯一一份——萨拉米斯战役目击者的证词。尽管如此，它仍然是一部戏剧，是虚构作品，而且和希罗多德的《历史》类似，它要探讨的问题同样是到底是什么使希腊人成为希腊人，他们为什么和波斯人如此不同。和希罗多德一样，埃斯库罗斯同样深知，二者各自的特征是在冲突中，特别是欧洲和亚洲的冲突中被创造出来并一直流传下去的，而萨拉米斯将会是毁灭性的最后一幕。

2

从公元前 6 世纪中期开始，一直到前 330 年亚历山大大帝烧毁波斯首都波斯波利斯为止，波斯帝国的阴影一直笼罩着希腊。[10] 它是古代世界领土最广、实力最强的国家。不过按照古代的标准，它可以算是“其兴也勃焉，其亡也忽焉”。我们所说的波斯人最初不过是一个小部落，居住在位于波斯湾和伊朗中央沙漠之间的地区，该地在古代被称为波西斯（现代的法尔），波斯人的名字即由此而来。在很长的时间里，波斯人臣服于强盛的米底帝国，向他们称臣纳贡。大约在前 550 年或前 549 年，波斯人中的帕萨尔加德部落阿契美尼德家族首领居鲁士起兵反叛米底。他成功击败了米底国王阿斯提阿格斯，然后将两个民族并入一个王国。在居鲁士叛乱前的几年里，米底已经向东扩张到了安纳托利亚，他们和首都位于萨第斯的吕底亚人发生了激烈的冲突，这座城市在波斯随后的历史上将会发挥重要作用。

前 585 年，两国曾签下和约，同意以哈利斯河为界。但是到了前 547 年，富甲一方的吕底亚国王克罗伊斯（有一句谚语是“富比克罗伊斯”）渡过哈利斯河，入侵卡帕多西亚。经过几场无关大局的战役之后，冬天到来，克罗伊斯退回萨第斯，希望能够得到埃及人和爱奥尼亚盟友的帮助，明年春天再战。安纳托利亚的冬天非常寒冷，几乎没有任何将领敢尝试在凛冽的寒风和大雪中开战。但是居鲁士却尾随克罗伊斯的军队，一直跟到萨第斯。经过 14 天的围攻，城市陷落，君主被擒。

控制了吕底亚之后，居鲁士立刻派出两名米底将军玛扎列斯和哈尔帕哥斯前去攻下爱奥尼亚、卡瑞亚、利西亚和弗里吉亚的城邦，他自己则准备进攻巴比伦人、巴克特里亚人、萨卡人（斯泰基人），最后是埃及人。前 539 年 10 月，他进入巴比伦，显然受到了当地惶惑不安的民众的欢迎，他们在他行进的道路上撒满了绿色的枝条（两个世纪后，亚历山大大帝也会受到同样规格的礼遇），而“城市恢复了和平”。居鲁士成了巴比伦诸王的继承人，从新月沃地到埃及边界的所有民族都对他宣誓效忠。[11]

前 538 年，他颁布敕令，允许被尼布甲尼撒迁徙到巴比伦的犹太人重返故土。他也因此被先知以赛亚称赞为“我耶和华所膏的”。和此后的很多统治者一样，现在他宣称自己是（他所知的）整个世界的主人。“我是世界之王居鲁士，”一份铭文这样写道，“伟大之王、正统之王、巴比伦之王、苏美尔和阿卡德之王、天下四方之王”“世界诸宗教之王”。[12] 在他之后的波斯统治者将会继承类似的头衔。所有波斯国王都称自己为“伟大之王”或“万王之王”，之前的米底人和更早的亚述人很可能已经采用这一头衔，而它的现代波斯语形式 Shahanshah 将会被前后相继的几个朝代的伊朗君主使用，直到 1979 年巴列维王朝被推翻为止。

在希腊人看来，这些浮夸的称号恰恰代表了他们对波斯人最为恐惧、也最为鄙视的地方：他们信奉的帝国主义。对公元前 5 世纪的希腊人而言，政治活动不出城邦之外，在亚历山大大帝之前，任何希腊人都不会声称自己是外族合法的统治者。后来成了欧洲扩张主义的核心特征的普世主义，和欧洲文化的许多其他因素一样，起源于亚洲。

不过，和未来每一位将要成为世界统治者的人一样，居鲁士也一直为自己帝国的边缘地带头疼不已。游牧、半游牧的部落一直在侵袭边境地区，这是波斯以及其后大多数帝国不得不面对的问题。游牧民族和农耕民族之间的冲突，也就是该隐和亚伯的后裔们的对抗，贯穿着整个人类文明史，它将会导致塞尔柱的巴格达陷落、中国的首都易主，罗马和拜占庭因此毁灭。居鲁士的劲敌是马萨格泰人，那是一个居住在里海东岸、崇拜太阳、用马献祭的民族。前530年夏，居鲁士挥师东进。他遇到了马萨格泰人的女主托米丽司。开始时，居鲁士试图劝她和自己联姻，但是遭到拒绝。随后他打算在将两军隔开的阿拉斯河上建几个渡口和浮桥，他的后继者们为了渡过达达尼尔海峡，曾两次使用相同的办法。

当他建桥时，托米丽司送来口信，后来不断有人用类似的说辞批评过度扩张的帝国。“米底之王，”她说，“我建议你放弃你的计划，因为没有人知道它最终是否会给你带来好处。做你自己人的国王吧，也请容忍我统治我自己的人。”和她预料的一样，居鲁士对她的建议置之不理，率军前来。在希罗多德看来，随后的战役“比其他所有国家间的战争都要血腥”。战斗结束后，波斯军队几乎被全歼，居鲁士也战死沙场。[13]据说托米丽司割下他的头，把它扔到一个盛满了他自己的鲜血的盘子里。她说：“你靠别人的血活了这么久，现在喝个饱吧。”

继承居鲁士王位的是他的儿子冈比西斯，五年后他入侵埃及，成为第二十七王朝的法老。希腊作者把他的统治说得一无是处，希罗多德称他暗杀了自己的兄弟司美尔迪斯后，“暴虐异常”，后来更是明显精神失常了。[14]在希罗多德看来，除非一个外邦统治者疯了，否则他绝不会“嘲笑圣所和传统习俗”。与绝大多数希腊人和波斯人一样，希罗多德坚信所有的宗教和习俗都应该得到尊重。冈比西斯发疯的征兆之一（也可能是导致他发疯的原因），是他想要杀死一头被埃及人视为阿匹斯神化身的神圣的牛犊（不过他并没有成功，反而捅伤了自己的大腿）。[15]前522年，他不小心再次刺到原来的伤口，然后因坏疽而死。两个玛哥斯僧占据了波斯的王位，他们出身于一个具有米底血统的专门担任祭司的部落，实际上“术士（magician）”这个词就源自他们的名字（Magi），而且他们在琐罗亚斯德教向阿契美尼德帝国全境传播的过程中，起了关键性的作用

（他们的三个后人，也就是“东方三博士”，将会前往耶路撒冷，拜见刚出生的耶稣基督）。不过玛哥斯僧的统治时间很短。次年，七个有名的波斯人刺杀了这两名祭司，随后杀掉了所有他们能找到的玛哥斯僧，“如果不是因为夜幕降临而使屠杀终止，那么这个部落将会灭绝”。[16]

五天后，兴奋之情褪去，七名同伙聚到一起，商量下一步要怎么做。现在，他们中间的哪一个将会成为波斯国王？接下来发生的是一场非常有名但几乎可以肯定是虚构的三人辩论，争论的主题是“哪一种政体最好”。这场辩论一般被称为“政体辩论”，和古代所有类似的政治辩论一样，他们讨论的三种政体分别是民主制、寡头制和君主制。这一次，希罗多德的著作又成了我们唯一的资料来源。他说：“一些希腊人坚决不相信它［指辩论］是真实的，不过它确确实实发生了。”希罗多德还进一步说，参与辩论的欧塔涅斯提出的建议完全不符合希腊人对波斯君主、波斯社会和波斯文化的总体印象，而希腊人对长久以来的敌人——和与他们截然不同的自己——已经有了根深蒂固的看法。

希罗多德的希腊同胞的怀疑十有八九是正确的。讨论什么是最好的政体的传统，是希腊政治生活的特征，他们将其传给了罗马人，罗马人把它作为遗产赠送给了文艺复兴和随后的现代欧洲。[17]在希腊人看来，波斯并不是一个可能讨论应该以什么方式统治民众的地方（这意味着他们有选择的余地，而且可以有自己的观点）；在那里，任何形式的讨论都不会产生实质性的作用。在埃斯库罗斯笔下形象鲜明的两姐妹中，象征着亚洲的那个一直“乖乖听从（专制政府的）缰辔的约束”。[18]

没错，没有任何独立的史料可以证明，波斯人有类似希腊人那样的讨论政治的传统，他们对君主制的合法性和必要性更不可能产生什么异议。大流士是辩论的参与者之一，也是最终的胜利者，他的说辞听起来像是他的自传，而且完全没有提到有关继承权的争议（这可能不太令人意外）。“很久以来，我们都是国王，”他说道，“很久以来，我们的家族就是王族。我的家族中曾出过八位国王，我是第九个，两系九王。”[19]希罗多德描写的桥段很可能是虚构的，或许正因如此他才反复强调它的真实性。不过，它最重要的部分不是讲古代波斯人的政治生活的地方，而是它道出希腊人对他们自己和波斯人的看法的部分。

在煽动反对玛哥斯僧的叛乱中扮演重要角色的欧塔涅斯第一个发言。他主张波斯人应该放弃传统的君主制，选择民主制，“它有最美好的名字：*isonomia*，即‘政治权利平等的原则’”。[20] 尽管此时波斯人和希腊人之间的战争还没有爆发，不过希罗多德的读者们非常清楚欧塔涅斯的意思，他认为采纳希腊人的政体会让波斯受益，该政体使希腊人在古代世界独树一帜。“我认为，”欧塔涅斯这样开头，“我们中间的任何一个人都不应该掌握绝对权力，这样的时代已经过去了。君主制既不受人欢迎，也没什么好处。”

欧塔涅斯提出的理由显然是希腊人认同的。除了自己，君主无须对任何人负责。“君主制如何能和一个健全的道德体系并行不悖？”他问道，“它允许一个人随心所欲地行事，而不需要他负任何责任，不受任何控制。”君主归根结底也只是人，和所有其他人一样，他们也会嫉妒和自大。但是和其他人不同，君主总会因为周边的阿谀奉迎而相信自己是世间最伟大的人，这种虚妄的想法势必导致他们“行为狂悖，残忍异常”，冈比西斯和玛哥斯僧的例子就是明证，欧塔涅斯如此提醒自己的听众。君意无常，他们希望被臣下尊重，但同时又鄙视那些“佞臣”。他们嫉妒品行高洁和才华出众的臣民，常伴左右的大多是无耻无能之辈。他们随时都想听到各种歌功颂德的谎言。最令人发指的是，他们“破坏了自古以来的传统和法律，强迫女人取悦自己，未经审判就将人处死”。

为了解决这些问题，他要求由人民来统治。“首先它有最美好的名声：法律面前人人平等。”行政长官由抽签决定（这是雅典人的做法），“所有问题都要被提出来公开辩论”。因此，欧塔涅斯得出结论，“（让我们）抛弃君主制，将权力交给人民，因为人民是最重要的”。[21] 这正是雅典民主制的主导原则：公开、负责、法治。在为数不少讨论政治的本质的希腊著作中，有很多对民主制的批判，真正明确表示支持的倒很少。因此，颇有些讽刺意味的是，最为人所熟知的民主辩护词中的一篇，竟出自一个波斯人之口。

在所有波斯人里，只有欧塔涅斯认为统治并不仅仅意味着掌握权力。

也只有他主张（虽然波斯人对他的话无动于衷），政治也和正义以及希腊人所说的“良好的生活”息息相关，政治终究不能和道德分离。这二者（也就是正义和追求过符合道德标准的生活）是希腊人根本的美德，而如同希罗多德所说，波斯人将会一次又一次地遇到并且质疑它们。最终，正是因为这些德行，而非军队的数量、武器或单纯的勇气，希腊才没有沦为强大的波斯帝国的另一个行省。

继欧塔涅斯之后登场的是美伽比佐斯，他主张的是传统的中庸之道：不是由一个人，也不是由大多数人，而是由少数几个人来统治。他同意欧塔涅斯的看法，君主制当然要废除。不过把权力交给大众也不妥当，因为“所谓的民众只不过是群乌合之众，你再也找不出比他们更加无知、不负责任和崇尚暴力的群体了”。他们缺乏思考能力，“盲目地闯入政治领域，好像河水泛滥”。“我们摆脱了恣意妄为的嗜血君主，却又要陷入同样反复无常的暴民的残酷统治”，这是绝不能容忍的。更好的方法是选出几个“最优秀的人”（即希腊语中的*aristoi*，后来的“贵族［aristocracy］”一词就来源于此），将处理国政的重任交付给他们，这是唯一符合“最好的人会带来最好的政治”这一理念的制度。

最后一个发言的是大流士，他主张实行君主制。显然，他是当天的获胜者，这很大程度上是因为他提到了古代希腊世界挥之不去的梦魇：内战。大流士争辩道，无论民主制还是寡头制，都会不可避免地陷入个人冲突之中。假以时日，这些冲突势必“导致内战，之后就是流血；而摆脱这种状态的唯一方法是重新实行君主制，这充分证明君主制是最好的制度”。君主制是必然的选择，所有民族迟早都会意识到这一点。君主制也是波斯传统的统治形式（该主张同样被认为是大流士能够获胜的原因），“我们应该避免改变那些已经使我们获益良多的古道，这对我们不会有任何好处”。

最终，所有参与密谋的人都投票支持君主制。欧塔涅斯的回应是放弃王位的竞争。“我无意统治，”他说，“也不想被统治。”他只要求保证自己和子孙后代不要被迫服从任何君主的统治。其他人同意了这个条件，希罗多德说：“自此之后，欧塔涅斯家族是波斯唯一自由的家族。”

在波斯历史上的这一刻，他们本来有可能走上与公元前6世纪末的雅典人相同的道路，当时克利斯提尼将多数人的统治引入希腊。希罗多德的作品本来有可能是一部记述民主制如何战胜君主制的历史著作，他给了他们机会，但是他们却拒绝了。做出这一选择的原因很多。欧塔涅斯对民主制的称赞不太引人瞩目，他的论据主要是君主制的缺点。他没有给出一个吸引人的多数人统治的愿景，没有说明自由和自决可能会给他们带来什么。但是在一个缺乏政治思考和政治辩论传统的社会里，他又怎么可能描述出这样的未来呢？

不过，欧塔涅斯的失败主要不是因为他的演说效果不佳，而是因为这个民族（以及所有亚洲民族）的本质和形象，希罗多德为自己的希腊读者刻画的波斯人对任何个人或私人的活动都疑心重重，这符合绝大多数希腊人心中的印象。例如，波斯人据说是一支虔诚的民族，但是进献牺牲的人却“不允许为个人或私人祈福，他们只能为国王或自己所属群体的整体利益祈祷”。[22] 在希罗多德的《历史》里，他多次在叙述的同时夹杂了一些轶事和旁白，以此来说明，虽然波斯人看似勇猛、凶残，但实际上却贪婪、奴性重、讲尊卑、思维狭隘，缺乏个体能动性，与其说他们是一个民族，倒不如说他们只是一个牧群。[23]

例如，斯巴达人给居鲁士大帝送去口信，警告他不要危害任何爱奥尼亚的希腊城邦，否则必将后悔，居鲁士的回答是：“斯巴达人是些什么人，人数多少，他们怎么敢对我发号施令。”在得到答案后，他回答道：“到目前为止，我还从未怕过那些在城市中心设有特别集会场所的人，那是他们胡乱发誓和相互欺骗的地方。如果我要有所行动，那他们应该担心的就是他们自己，而不是爱奥尼亚了。”[24] 类似的场景在希波战争中一再上演，居鲁士的继承者们将会多次犯下同样的错误，他们将兵力的多寡和军事技能混为一谈，视争论为弱点，他们和居鲁士一样，都想当然地认为争论必定会带来不和，有时甚至会发展成残酷的内战，而这将会阻止他们团结起来抵御共同的敌人。

在普拉提亚战役前不久（此时希波战争已经接近尾声），当波斯的军队在将军马铎尼斯的指挥下，想要救出仍然留在希腊的波斯残军时，在战争的这个阶段站在波斯一边的忒拜人邀请波斯高级将领参加宴会。宴席上，一位波斯将领告诉他的希腊朋友（希罗多德称他为忒耳珊得耳），他完全清楚和自己一起参加宴会的波斯人以及驻扎在河对岸的波斯军队不久以后都会被消灭。当这个波斯人被问到他为何不想办法做些应对之策时，他回答道："我的朋友，神决定的事情，没有人可以阻止。我们中的很多人都知道我说的是真的，但是我们别无选择，我们要继续听命于我们的统帅。"[25] 希罗多德称这段对话是忒耳珊得耳亲口告诉他的，他对此印象深刻。这体现了波斯人在面对无法改变的事情时的被动心态，也表现出了在必须要告诉国王或将领令人不快的真相和需要采取行动时，波斯人怯于直面权威。我们会看到，这将是波斯人和在他们之后的所有亚洲人的长期形象。

在"政体辩论"中，君主制获胜的原因并不是人们渴望或需要正义，也不是它作为一种政府形式所具有的内在优点。它之所以获胜，正如大流士指出的那样，是因为波斯帝国是由一位君主所建，因此君主制是波斯人的"古道"。它获胜的原因是，尽管波斯人可能会很高兴地接受"异族的方式"，但这只限于米底或埃及的服式，甚或是"从希腊人那里学到的断袖之癖"，如果要放弃自己的传统，他们则会愤愤不平。他们一直认为自己是最优秀的民族。而在希罗多德看来，正是这种种族中心主义使他们异常脆弱，无法接受外界任何形式的批评，看不到自己的传统和习俗中的缺点，也无法改变或适应环境，这将成为他们最终毁灭的原因。

希腊人选择了 *isonomia*，后世将会把它和民主制画等号。希腊人之所以这么做，是因为只有他们有能力做此选择（不过希罗多德并没有对此做出深入探讨）。尊重法治、当权威错误时愿意对其提出挑战，以及对自己的城市、家庭、神祇和信仰保持忠诚，虽然这些品质根植于每个人的本性之中，而且人人都可以理解，但是只有希腊人能够接受它们。忒耳珊得耳的故事清楚地说明了波斯人拒绝欧塔涅斯的原因：他们别无选择。对波斯人而言，支持民主制会使他们变成另外一个民族，会使他们实际上成为希腊人。希罗多德记录下来的辩论（无论它或其他类似的辩论是否真的发生过），是东方民族历史上第一次面对来自内部的“西方化”建议，它最终遭到拒绝。这是第一次，不过不会是最后一次。

辩论结束，欧塔涅斯离开，剩下的问题是，哪一位密谋者将会成为新的波斯国王。接下来决定王位归属的方法是有史以来最荒谬的方法之一。人们只能假设，不管希罗多德依据的资料为何，他希望让那些在阅读了自己的政治理论后可能感到疲倦的雅典读者，能够对这里记载的波斯人显然非常荒唐的做法付之一笑。尽管这些人可以严肃地思考什么是最好的政府形式，他们却轻易地受骗上当。

事情的经过是这样的。

六名密谋者商量好，天亮后，他们全都骑马到城郊，在那里谁的马最先嘶鸣，那个人就将继承王位。大流士耍了个聪明的诡计赢得了这场比赛，单从这一点来看，他无疑是六个人中最狡猾的。他的马夫欧伊巴雷司从马厩里牵出一匹母马，把它拴在城外。然后，他牵着大流士的公马在被拴着的母马旁边反复转圈，直到它开始烦躁不安，发出鼻响，最后他允许公马和母马交配。次日早晨，六个人骑马出城。大流士的马刚刚接近前一天晚上拴着那头母马的地方就开始向那里奔去，并发出嘶鸣。“与此同时，万里无云的晴空突起闪电、雷声隆隆，仿佛是上天的预兆。大流士确定是国王了，其他五名贵族翻身下马，拜倒在他的脚下。”[26]

大流士一世，即“大流士大帝”，利用诡计取得权力。这倒非常符合他的个性，根据希罗多德的记载，波斯人形容大流士是“一个商人……只到能够给自己带来利益的地方去”，而他是被一匹马选为国王的。[27]

但是不管大流士是不是一个商人，他肯定是一个伟大的帝国缔造者和伟大的立法者。他最先采用了一种为纪念他而被称为“大流克”的金银币通货（他也是有史以来第一个将自己的头像刻在货币上的统治者）。他在全帝国范围内引进了一种新的法律体系。“承蒙阿胡拉·马兹达的眷顾，”他写道，“这些地区遵守我的法律。凡我给他们的命令，他们都照行不误。”这段铭文暗示，可能正是他将琐罗亚斯德教确立为波斯精英阶层的主要宗教。毫无疑问的是，他宣称自己重建了在之前的战争中被毁掉的琐罗亚斯德圣所。今天，琐罗亚斯德教在很大程度上和印度的帕西人联系在一起，被认为是一种本质上和平的宗教。它当然没有希腊异教、基督教或伊斯兰教本身所带有的作恶的可能性。但是它的教义带着很强的二元对立色彩，认为世界受到两大主神——光明的主宰阿胡拉·马兹达和黑暗的主宰安格拉·曼纽——的支配，二者处于永不停息的争斗之中。尽管几乎没有证据可以证明，阿契美尼德王朝发起过类似于后来一神教之间的那种意识形态战争，不过在琐罗亚斯德教的教义中，并没有什么可以阻止他们这么做。[28]

大流士也建立起了一个能够与他的帝国的规模和权势相符的首都。阿契美尼德王朝的故都在苏萨。不过苏萨曾经是埃兰人的城市，被其他民族占领过很长时间。大流士在平定了因为自己的继位而不可避免的叛乱后，开始着手兴建新都，这座城市要能够配得上他自己和他的王朝所取得的成就。新都的地址选在"慈悲山"脚下的米底河畔的平原上，被命名为帕萨。希腊人最初称其为"Persai"，也就是"波斯人"的意思。稍后，它被称为波斯波利斯（Persepolis），即"波斯人的城市"（埃斯库罗斯将其错译为 Perseptolis，意思是"城市毁灭者"），此后这就成了它的名字。[29] 大流士继位后，阿契美尼德王朝的势力逐渐达到顶点。

3

随着大流士登基，波斯人和希腊人开始发生冲突，它也标志着亚洲专制君主意图统一欧亚大陆的野心的开端。在希罗多德看来，这体现了波斯君主不可一世的傲慢态度。在希罗多德的《历史》里，希波战争被描写为一部两幕的戏剧，其内容是：实力明显比对手强得多的波斯人同相对弱小但能力和美德远胜自己的西方民族开战，最终波斯人输掉了战争。两幕均以从亚洲渡海前往欧洲的场景开始，也就意味着将军队运过博斯普鲁斯海峡，在双方看来，这一行动往好里说也是鲁莽无谋之举，甚至可能是不自然、不合理的。两幕都以希腊人克服种种不利条件彻底击溃占据优势的波斯军队结束，先是在马拉松平原，然后是在萨拉米斯。

希腊人和波斯人的第一次冲突始于公元前 499 年左右。当时爱奥尼亚人（住在亚洲的希腊人，居鲁士在击败克罗伊斯之后征服了他们）和塞浦路斯的希腊人、安纳托利亚的卡里亚人一起，反抗他们的波斯主人。次年，雅典人被米利都的阿里斯塔格拉斯说动，相信亚洲有无穷无尽的财富，而波斯人很容易就可以被打败（因为——或者说他这么想的理由是——波斯人既没有盾牌，也没有长矛），决定介入叛乱，派出 20 艘船前往爱奥尼亚。正如希罗多德所说，这是“希腊人和蛮族的灾祸的开端”。[30]

雅典舰队得到了埃雷特里亚 5 艘三桨座战船的支援，驶往以弗所。希腊人在这里登陆，然后向内陆进发，来到了克罗伊斯的故都萨第斯。他们攻陷这座城市后，将其烧毁。在这个过程中，他们摧毁了“受到当地人崇拜的女神”西布莉的神庙。夷平一座城市不过是战争的恶果，但是夷平一座神庙则违背了当时希腊人和波斯人共同遵守的一条准则。这是对神灵的冒犯，因此绝不能被忘记，更不能不受任何惩罚。当大流士听说了雅典人的亵渎行为后（这是第一次，后来会有很多次），他发誓要报复希腊人。他向天空射出一支箭，与此同时吟诵道：“神啊，请允许我向雅典人复仇。”然后命令一个仆人每天在他坐下来吃饭前对他重复说三次“主人，千万要记住雅典人”。

摧毁萨第斯后，雅典人没能像预想的那样从亚洲找到财富，他们撤了回去，拒绝继续介入爱奥尼亚叛乱。不过大流士既没有忘记，也没有原谅他们。从希腊人（通常是指雅典人）的立场来说，远征是为了解放处于蛮族霸权统治之下的希腊同胞，以及为他们复仇的一次尝试。而波斯人的看法肯定非常不同。亚洲的希腊城市是希腊世界中最富裕、人口最多、最文雅的地方。说它们急需雅典人的解放，无疑是非常荒谬的。实际上，在大流士的眼里，反倒是位于海峡对岸欧洲的狭小、独立、贫穷且内部冲突不断的希腊人的领土迟早会落入波斯人之手。

现在，大流士开始从所有向他宣誓效忠的民族中征集起一支大军。他也对自己治下的希腊城邦采取了新的策略。爱奥尼亚叛乱刚被平息，大流士马上废掉统治那里的僭主，根据相对较新而略显粗糙的雅典统治模式民主制，重组了他们的政府。希罗多德认为如此突然的解放是为了反驳“那些不相信欧塔涅斯曾经向其他六名密谋者提议波斯应该实行民主政体的希腊人”。[31] 不过大流士的政策很可能是出于更为直接的原因。

民主制是一项非常晚近的创举。公元前 510 年，僭主希庇亚斯（他在雅典人和波斯人随后的对决中扮演了重要角色）被雅典流放，在斯巴达人的帮助下建立的寡头制也随之崩溃，此后雅典政治家克利斯提尼改革了雅典宪制，打破了富有家族对权力的垄断，几个世纪以来，这些家族之间的世仇一直折磨着这座城市。他根据完全虚构的血缘关系将阿提卡的居民重组为十个新部落，以此大大削弱了稍早的部落和家族忠诚。随后，他建立起一个被称为“五百人会议”的机构，其职能是为更大的公民大会做准备，同时也负责管理财政和外交事务。每个部落每年通过抽签选出 50 名成员。大约在公元前 500 年左右，公民大会（*ekklesia*）的场所被确定下来，它是从位于可以俯视全城的普尼克斯山上的岩石中开凿出来的。此后，该机构定期开会，制定城邦的大政方针。公民大会向全体男性公民开放，出席的人数超过了 6000。尽管它非常原始，而且很容易被贿赂和操纵，但是克利斯提尼创造的政府为后来的民主政体奠定了基础。

通过在爱奥尼亚设立与此类似的政府机构，大流士希望得到的可能不仅仅是当自己向欧洲进军时有一个安全的后方，他也想向部分欧洲的希腊人展示，他们可以在外来帝国的保护下摆脱当地的僭主，享受自由。这里，我们只能再次通过希罗多德的叙述进行推测，不过大流士似乎采取了一项后来欧洲帝国的缔造者们竞相效仿的做法：他不仅保证臣服于自己的民族可以免遭他们的仇敌的侵害，也允许他们保留自己独特的生活方式。作为交换，他要求得到这些民族在战时的效忠和支持。

如果大流士的目的确实如此，那么可以说他取得了一些初步的胜利。公元前 491 年，他的信使被派往希腊本土，奉万王之王的命令向各个城邦索取土和水（表示臣服的传统象征）。前往雅典和斯巴达的不幸使者被扔进井里，被告知自己去取土和水。不过大多数城邦都立即屈服了。

公元前 490 年，大流士的军队在阿提卡沿岸登陆，他们的指挥官达提斯宣示了自己主人的意图，要占领埃雷特里亚和雅典。埃雷特里亚抵抗了六天，然后因为内部分裂而首先陷落，叛徒是两个民主派人士欧福耳玻斯和披拉格罗斯。波斯人掠夺并且烧毁了神庙，以此来报复雅典人在萨第斯的渎神行径，当地所有居民都成了奴隶。[32]向阿提卡前进的波斯大军“自信满满，认为可以用同样的方法对付雅典人”。被废黜的僭主希庇亚斯也在波斯人的队伍中，希望能借助他们的力量重掌权柄。他指引波斯军队来到马拉松平原，希罗多德告诉了我们原因，这里“最适合骑兵驰骋”。

雅典人匆忙迎战，同时派出传令官斐里庇得斯去请求斯巴达人驰援，理由是现在不仅雅典身处险境，全体希腊人都是如此。斯巴达人很有礼貌地接待了他，但是告诉他，虽然自己很乐意帮忙，不过现在实在无能为力，因为此时刚好是这个月的第九天，根据斯巴达的习俗，他们不能在满月前出战。[33]可怜的斐里庇得斯跑了一个昼夜，奔跑的距离将近145英里。

只从普拉提亚得到了少量援军的雅典人把阵型伸展到极限，虽然他们的两翼仍然足够强大，但是中军兵力薄弱。尽管人数上处于劣势，但是他们毫不动摇，一个世纪后的演说家安多基德斯说他们“把自己置于全体希腊人之前，如一座堡垒，向蛮族移动……相信单靠自己的勇气就可以抵挡住敌人的千军万马”。[34]经过最初的牺牲之后（它似乎带来了胜利的希望），雅典人快速冲向波斯人，希望在强大的波斯弓箭手做好准备之前拉近距离。

波斯人完全没有防备，他们似乎不相信人数这么少的一支部队在缺少弓箭手和骑兵的情况下，竟然敢对自己发起进攻。类似的错误他们将一犯再犯。战斗持续了整整一天，最后波斯军队崩溃了，士兵尽其所能逃回到自己的船上。一切都结束了，大约有6400名波斯人战死，而雅典只损失了162个人。[35]满月之后，2000名斯巴达人赶来，看到遍地的尸体，想弄清楚自己错过了怎样的一场大屠杀。与十年后的萨拉米斯战役一样，民主的雅典人将整个希腊世界从奴役中拯救了出来。

马拉松战役标志着第一次希波战争的结束。希罗多德以欧洲和亚洲、希腊人和蛮族的冲突为主题的伟大悲剧的第一幕到此落下了帷幕。从那一天开始，马拉松战役一直被视为希腊历史和后来的欧洲历史的转折点。正是在这一刻，民主制这种特殊的政体和希腊人充满自信的特殊信念——自由——所具有的弹性，成功地接受了检验。19 世纪的英国自由主义哲学家约翰·斯图尔特·密尔曾经说过，这场战役在英国历史上的重要性超过黑斯廷斯之战。正如密尔所认识到的，英国的历史是一个崇尚自由的民族为了保卫自己珍视的价值，与海外敌人（最近是拿破仑的法国）和国内有可能成为专制君主的国王之间长达数个世纪之久的斗争，而英国人所珍视的价值同样被公元前 4 世纪的雅典人珍视。

对后世而言，马拉松这个名字可以唤起处于外邦专制君主统治下的民族的希望和热情。波斯帝国灭亡很久以后，马拉松之战的记忆仍将激励希腊人起来反抗另一个亚洲的游牧民族：奥斯曼土耳其人。1818 年，拜伦勋爵如此写道，当时他正凝视着古战场：

起伏的山峦望着马拉松，
马拉松望着茫茫的海波；
我独自在那里冥想一刻钟，
梦想希腊仍旧自由而欢乐；
因为，当我在波斯墓上站立，
我不能想象自己是个奴隶。

然而，对于大流士来说，马拉松战役绝不是冲突的终点。实际上，他似乎只是将其视为完成一项更为宏大的事业的途中暂时遇到的挫折，他的目标不仅是希腊本土，还有爱琴海上的所有岛屿。[36] 雅典出人意料的胜利只是使这位波斯国王更加生气，让他进一步下定决心，要惩罚两次羞辱自己的希腊人。他为此开始准备另一次入侵。不过计划完成之前，他于公元前 486 年 11 月去世了。[37] 他留下了广袤的领土，从地中海和巴尔干半岛东岸延伸到印度河谷，从黑海延伸到里海、尼罗河和阿拉伯半岛。现在，这片丰富多样的辽阔领土的统治权被传给了他的儿子薛西斯，他的名字 *Xsayarsa* 在古波斯语里的意思是“统治众英雄的人”。考虑到他后来的事业，这个名字充满了讽刺。

即位伊始，薛西斯似乎并不想继续执行大流士的希腊政策，他更想平定埃及的叛乱，埃及人反对他们的阿契美尼德统治者的叛乱已经持续了一段时间。公元前 485 年，薛西斯派一支军队前往埃及平定了叛乱，埃及人——用希罗多德的话来说——“陷入比之前统治的任何时候都更为糟糕的奴役状态”。此时，薛西斯的表兄弟野心勃勃的马铎尼斯说服他将注意力转向欧洲。“雅典人曾经给我们带来巨大伤害。”马铎尼斯提醒薛西斯。“消灭他们，”他继续说道，“您的大名将会被全世界传颂。”除此之外，他狡猾地补充道，欧洲是“一个非常美丽的地方，有各式各样的园林树木。其他土地上出产的东西都能在那里找到。简而言之，除了波斯国王，没有人配得上拥有它”。这完全翻转了人们对欧洲和亚洲的传统认识。

在征召所需的大军投入另一场欧洲远征之前，薛西斯召开了一次会议。他宣称，纵观本国历史，波斯人“从未止步不前”，而他也不希望“逊于先王”。现在，他找到了一个大大扩张自己的帝国的方法，他可以吞并一个与自身领土面积和富裕程度相当的国家（实际上更为辽阔、更加富有），这样“既能得到满足，又可以报一箭之仇”。“我将在达达尼尔海峡上架起一座桥，”他说道，“让我的军队经由欧洲进入希腊，以惩罚曾经对我的父亲和我们犯下暴行的雅典人。”他继续说道，我们应该“让波斯的边界与神之空域相接，这样凡是阳光普照之地，皆是我们的领土。在你们的帮助下，我将踏平整个欧洲，把它合并成一国”。[38]

薛西斯将会完成神话中伊娥、欧罗巴和海伦没有走完的旅程。在波斯的统治下，可以一直追溯到时间起点的敌意将会被治愈。整个世界，或者更准确地说，薛西斯所知的世界将会被统一。而且如他所构想的那样，世界上的所有人都将自然而然地臣服于这位万王之王。一个世纪以后，希腊人马其顿的亚历山大将会集结起一支大军，其规模甚至超过薛西斯的军队，他将会沿着与薛西斯相反的方向，自西而东行进，希望能够实现完全一样的目标。

随后，马铎尼斯起身说出了自己对希腊人的看法。他说，希腊人过于好斗，随时随地都可能临时起意挑起一场争端，没有任何理性和判断力。他们虽然操着同一种语言，但实际上却是一个四分五裂的民族，遇到纠纷时，永远也想不到比互相争斗更好的解决办法，“比如说，谈判或彼此交换意见”。这样的民族永远不可能抵挡得住权威集于一身的波斯君主的力量。波斯人又一次表现得非常容易轻信，他们似乎很单纯地认为，陷入内斗的民族即使在紧急情况下也不可能团结起来。不过希罗多德和他的读者们都知道，希腊人正是因为可以自由地争论、每个人在法律面前都是平等的，因此才能够成为优秀的战士。克利斯提尼解放了他们，按照希罗多德的说法，他们享有的自由使他们强大起来，并且证明（如果需要证据的话）：

> 法律面前的平等是多么高贵的一件事，并不单单是在某一个方面如此，在所有方面都是这样。受僭主压迫的雅典人，在战争中并没有取得比他们的邻人更大的成功；然而一旦摆脱了束缚，他们就成了世界上最优秀的战士。

奴隶总是“逃避自己在战场上的责任”，因为他们只是在违背自己的意志和利益的情况下为他人而战。与此相反，自由人即使是在为他们的城市而战时，实际上仍然只是在为他们自己而战。[39] 自由在西方之所以不断成长，是因为它服务于权力的利益。[40]

而马铎尼斯和薛西斯将自己的命运完全押在了军队的数量和波斯统治的专制属性之上。“我的主人啊，”他问道，“当您以亚洲的百万人和整支波斯舰队为后盾兴兵征讨时，谁敢抗拒不降？”薛西斯受人尊敬的叔叔阿塔巴鲁斯反对正在策划中的入侵，他的理由是，“如果没有举行双方都可以充分表达自己意见的辩论，那就不可能选出更好的方案”，这听起来太像希腊人的看法。他提醒薛西斯，雅典人毕竟曾经在马拉松战役中克服万难消灭了波斯军队。听到这些，薛西斯勃然大怒：“你是我父亲的兄弟，这是我不因为你的那些蠢话而处罚你的唯一理由。”阿塔巴鲁斯被命令和妇人们一起留在波斯。有理有据的反对意见再一次被欧塔涅斯眼中君主制的最大弱点所压制：君主不能听取其他人的声音，除非他们说的是他想听的。

不过尽管是在蛮横地发脾气，薛西斯的话里却包含一个很有说服力的观点。他提醒自己的叔叔，现阶段的冲突是由希腊人挑起的，是他们侵入亚洲，烧毁了波斯在萨第斯的首府。现在，波斯人只有两个选择，或是入侵希腊为大流士的部队报仇，或是安静等待希腊人的入侵。“或者是把我们拥有的一切都交给希腊人，”薛西斯说道，“或者是把他们拥有的都交给波斯人。这就是我们需要面对的选择，因为我们之间的对立是容不下任何中间立场的。”[41]

薛西斯现在开始征召一支足以征服整个希腊的大军，据希罗多德所说，它的规模超过此前任何一支军队，甚至超过了荷马史诗中阿伽门农和墨奈劳斯围攻特洛伊的军队。其规模之大，即使是在此后的世纪里，也仍旧被视为一个奇迹。公元 2 世纪中叶，一个年轻的希腊修辞学家埃利乌斯·雅里斯底德（我们在后面还会见到他）为了彰显罗马的荣耀，在罗马听众面前说道：“这支军队的规模如此惊人，甚至可以同薛西斯的军队相提并论。”[42]

这次远征，至少按照最终获胜的希腊人的说法，并不仅仅是为了报复亵渎神庙的恶行，更不是对叛乱者的盟友们施加的惩罚。西征是为了让摧毁第一座亚洲城市的半人半神的英雄们的东征相形见绌。

公元前 480 年春，薛西斯离开萨第斯，经由凯科斯河谷进入密细亚，然后穿过西贝平原，最后到达富有传奇色彩的伊利昂。薛西斯登上特洛伊最后一位统治者普里阿摩斯的卫城，向特洛伊的雅典娜神庙献祭了 1000 头牛。薛西斯来自亚洲，他的使命是将特洛伊战争继续下去。欧洲和亚洲之间的仇恨循环将再次开启。[43]

不过薛西斯需要的并不仅仅是一支军队，他还要想办法让军队渡过达达尼尔海峡，进入欧洲。为此，他命人在将两块大陆分开的狭窄水域上搭起一座浮桥。然而浮桥还没建好，就被突如其来的风暴摧毁了。薛西斯因为这次挫折大怒，下令将修桥的工匠全部斩首，似乎恶劣的天气也要由他们负责。

即使这样，薛西斯仍不满意，他又做了另外一件事。在希腊人眼里，这件事不仅代表着他个人的暴虐，也象征着存在于他统治的那个世界里的专制。暴跳如雷的薛西斯将自己的怒气发泄到达达尼尔海峡身上。和古代绝大多数民族一样，希腊人与波斯人也相信河流和其他更广阔的水域都是神圣的存在，河神和水神的愤怒可以通过安抚来平息。但是只有薛西斯似乎相信，他们也应该因为违背人类的意志而受到惩罚。他下令将一副镣铐投入水中，再用鞭子抽打。薛西斯的部下接到命令，他们在完成这项毫无意义且荒谬至极的任务时，还要"说着粗野、放肆的话：'你这又咸又苦的水，你的主人之所以惩罚你，是因为他从未伤害过你，你反倒来伤害他。薛西斯国王一定会从你的身上通过，不管你允许与否。'"[44] 在我们看来，这听起来似乎只是薛西斯在乱发脾气。但是对希罗多德的希腊读者来说，它进一步证明了薛西斯的自大，他既不尊重自己的臣民，同样也不尊重神明。

波斯人将 600 艘各式各样的船连在一起，在原来旧桥的位置建起了两座新桥。桥上撒满香桃木，还焚起了香。薛西斯坐在附近山上的白色王座上，用金杯将酒倒入海里，面向冉冉升起的太阳祈祷。然后大军开始渡河。他们整整花了七天时间，中间没有任何停顿，按照希罗多德的说法，军队"在鞭子的驱使下过桥"。根据在温泉关出土的当时的一份铭文的记载，军队由 300 万名士兵组成，这肯定是夸张。不过根据雅典演说家利西阿斯的评论，薛西斯"在海上建起一条大路，让自己的舰队驶过陆地"，后来这句话经常被用来形容狂妄自大的行为。[45]

当军队过桥时，一支由 1207 艘三桨座战船组成的舰队集合起来，接受薛西斯的检阅。[46] 尽管蛮族部队的兵力惊人，尽管他们的盔甲在旭日下闪闪发光，尽管在他们行进时大地都为之颤抖，但是在希腊人眼里，这支庞大的军队恰恰显示出波斯国王最大的弱点。希腊人人数有限，而且总是各自为政，但是他们从根本上认同所谓的"希腊性"，这使他们成为一个民族，至少能在短时期内同仇敌忾。而薛西斯的军队不过是一群乌合之众，他们不是因为共同的身份或是为了共同的目的走到一起的，而是因为他们都害怕薛西斯的怒火和鞭子。在希腊人看来，这些人不是战士，而是奴隶。至少从字面意思上说，他们是正确的。波斯国王的臣民并不具备奴隶身份之外的法律地位，这源自巴比伦王国对臣民的定义，

他们不过是君主的 *ardu*，也就是君主的财产或奴隶。一个多世纪以后，伟大的雅典修辞学家伊索克拉底问道：“按照他们这种生活方式，怎么可能培养出有能力的将军或是优秀的士兵？他们中的绝大多数不过是暴民……被训练得比我们的奴隶更适合被奴役。”[47]

此时，薛西斯派人去找随波斯军队一起行动的斯巴达人狄马拉图斯，他因为遭到同胞的放逐而渴望复仇。这正是希罗多德多次描写的希腊人和波斯人、亚洲人和欧洲人对决的场景之一，他以二人的对话来提醒我们，是什么将二者区分开，以及他们为什么别无选择，只能相互厮杀，直到其中的一方最终彻底摧毁另一方为止。薛西斯站在自己的大军之前询问狄马拉图斯，希腊人是否胆敢和自己一战。“我的看法是，”薛西斯说道，“所有的希腊人和所有其他的西方民族加在一起也不足以抵挡我的军队。”

狄马拉图斯的回答是，尽管贫穷是希腊“从古代继承下来的遗产”，但是它却得到了智慧和法律的力量，从而摆脱了贫穷和暴政的困扰。当古代人说到两块大陆的长期对立时，亚洲的财富和欧洲的贫穷将会是一直被讨论的主题之一。在伊索克拉底等作家看来，它是嫉妒的源泉，也是马其顿的腓力和他的儿子亚历山大逆转与强大的阿契美尼德王朝的关系，入侵波斯的合理借口。不过在希罗多德笔下的希腊人看来，贫穷是骄傲的源泉。希腊人可能缺乏波斯人的经济实力，但是他们有着富裕的波斯人明显缺乏的东西：自由带来的力量和勇气。即使斯巴达人（狄马拉图斯此时说的正是他们）现在只剩千人，这一千人也绝不会屈服于波斯大军。听到这些，薛西斯大笑：

> 狄马拉图斯，说得真好啊！让我尽可能理性地表达我的看法。不要说一千人、一万人，哪怕是五万人，也不可能抵抗得住如此规模的军队。更何况他们还不是听命于同一个主人。

波斯人可以被驱赶着上战场，也会因为恐惧将领的惩罚而被迫战斗。但是希腊人呢？他们可以自由自在地做自己想做的事。既然这样，他们为什么要打这种毫无胜算的仗呢？

狄马拉图斯的回答道出了希腊力量的本质。他说，希腊人确实是自由的，“但并不是完全自由的。他们有一个主人，那个主人就是法律。他们对法律的敬畏更甚于您的臣民对您的敬畏”。薛西斯笑了笑，和颜悦色地让他走了。[48]

在这个时候，薛西斯有足够的理由保持自信。他的军队的兵力比之前任何统治者的都要多，而他的敌人甚至连组织起一个对抗他的联盟都困难重重。希腊人可能确实敬畏法律，但是薛西斯的观察也没有错，他们的自主使得内部争吵不断、派系重重，不愿意原谅过去受到的委屈，即使是为了共同的利益也是如此。薛西斯一个接一个地征服了自己前进道路上遇到的弱小的希腊城邦，几乎未遇抵抗。最后，只剩下斯巴达、科林斯和雅典等几个城邦仍然没有投降。

到了 8 月，为了将波斯军队赶出希腊，斯巴达国王列奥尼达斯亲率 7000 人左右的军队在温泉关发起攻势，不过和波斯大军相比，他的兵力微不足道。他们成功地将薛西斯的军队牵制了几天，直到一个希腊叛徒说出了通过山岭的秘密通道。薛西斯的精锐部队“不死军”的一支小部队从后方偷袭了列奥尼达斯。希腊人作战勇猛，他们不仅成功地歼灭了很多不死军士兵，而且还杀死了薛西斯的两个兄弟。不过这支小部队最终还是被打败。列奥尼达斯濒临死亡，身上插满长矛，但在倒下之前，他还是成功地抢走了薛西斯的王冠。当他死后，蛮族的国王挖出了他的心脏，发现上面覆盖着毛。[49]

温泉关之战只是让薛西斯耽误了几天时间。但是对后世而言，它成了为注定要失败的事业奋斗的代名词，例如，它被用来赞扬 1836 年在阿拉莫抵御墨西哥将军圣安纳的战争；而在第二次世界大战末，阿道夫·希特勒的第三帝国开始解体时，它也被用来激励未成年人加入德国国防军。[50]

波斯人在温泉关取得的胜利为他们打开了通向希腊中部的大门。在渡过达达尼尔海峡四个月后，薛西斯来到阿提卡。他发现雅典几乎成了一座空城，只剩下一些“管理神庙的人和贫民”。他们试图用木栅栏将雅典卫城围住，以抵御入侵者，不过他们的抵抗没有持续太久。波斯人爬上雅典卫城前陡峭的墙，突然打开雅典娜神庙的大门，杀死了里面所有的人，劫走了神庙全部财产，然后放火将其烧为平地。现在，薛西斯成了亵渎神庙的人，他和他的继承人大流士三世将会为此后悔不已。他也让自己成了雅典独一无二的主人，虽然时间短暂。[51]

其他雅典人逃到了萨拉米斯岛，联盟的舰队正在那里等候，要把他们转移到安全的地方。大约有 380 艘船挤在萨拉米斯和今天的比雷埃夫斯港之间的狭窄水域里。在海峡之外的宽阔海面上，规模大得多的波斯舰队正以逸待劳等它们出航。存活下来的唯一希望似乎是直接逃走。此时，雅典统帅地米斯托克利主张，希腊人应该待在狭窄区域战斗，而不是冒着被全歼的风险驶到开阔的水域去，如果选择后者，那就必定会失去萨拉米斯和伯罗奔尼撒平原上尚未被波斯人征服的城市。

通过威胁、贿赂和诡计，地米斯托克利的主张得到支持，舰队开始准备作战。不过它实际上陷于重围之中。据我们所知（我们对其知之甚少），以现代的标准来看，古代的战船很小，长度刚过 100 英尺，宽度不超过 15 英尺，船的每一侧有三层桨，170 名桨手。这种船非常脆弱，内部过于拥挤，难以操控。薛西斯只需要坐等希腊人精疲力竭、耗尽给养，而希腊内部各个派系紧张的敌对关系将会瓦解地米斯托克利努力使他们达成的共识。然后薛西斯就可以轻松歼灭希腊舰队了。不过他并没有这么做，反而选择了进攻。

当天是公元前 480 年 9 月 22 日。薛西斯坐在埃伽列欧斯山上的银足王座上俯视海峡，等待着唾手可得的胜利。他的书记官坐在旁边，记录着他的臣民们的表现，防止有人叛变。

到了破晓时分，希腊舰队驶出海峡，与波斯舰队开战。“首先我们听到希腊人的高声呐喊。”在埃斯库罗斯的《波斯人》里，将失败的信息带到苏萨的信使说道。实际上这是埃斯库罗斯自己对当天的回忆。

> 所有人一起唱歌，愉悦地高声呼喊
> 岛上的岩石发出冲天的回响，
> 每一个波斯人心中充满了恐慌。

我们茫然不知所措
希腊人没有逃跑，
反而唱起了令人心生恐惧的胜利之歌
仿佛人们期待战斗
他们坚信自己将会获胜。[52]

战斗开始时，波斯人占据上风，殿后的战船因为希望能“在国王的眼前取得些战绩”，挤着冲上前去。但是当雅典舰队发起反击后，它们发现自己和从前线向后撤退的战舰撞到了一起。波斯舰队规模庞大，缺乏清晰的作战计划，现在这些被证明是致命的弱点。“希腊舰队精诚合作，仿佛一个整体，”希罗多德满意地评论道，“而波斯舰队则阵型大乱，不能再按照任何计划作战。”信使如此说道：

起初波斯舰队的溪流般阵线
尚能坚持，但当狭窄的海面
挤满了船只时，便无法互相救援，
且自己的战船的包铜船首撞击起
自己的船舰，把整个桡架撞毁。
希腊船舰清楚地看出了时机，
围住我们攻打，一条条船舰
被仰面撞翻，大海看不见水面，
飘满了破船碎片和人的尸体。

到了这个时候，波斯人全都溃逃了，陷入绝望的混乱中。那些仍然试图作战的战船受到雅典舰船的撞击，而一支厄基那人的分舰队停在海峡外，等着那些想要逃跑的波斯战舰。传令官大声恸哭，

我们成了金枪鱼或网中鱼，
他们继续着，刺戳、砍杀我们

用折断的船桨或破碎的船板，
呻吟和哀号声
响彻整个海面，
直到黑夜降临，遮住一切。[53]

多达200艘波斯船只被消灭，占整个舰队的三分之一。薛西斯的亲兄弟阿里阿比格涅斯连同数百名波斯及其盟友的水手葬身海底，因为他们不像希腊人一样会游泳。他们的长袍进一步妨碍了他们的行动，以至于和自己船只的残骸缠在一起，他们的身体“往下沉，不停挣扎，直到死亡”。波斯舰队剩下的船只缓慢驶回受波斯军队保护的帕列隆，迎接它们的是薛西斯的怒气。[54]拜伦写道：

一个国王高高坐在石山顶，
瞭望着萨拉米斯挺立于海外；
千万只船舶在山下靠停，
还有多少队伍全由他统率！
他在天亮时把他们数了数，
但日落的时候他们都在何处？

这是古代史上最重要的海战，也是一场由雅典人指挥、绝大部分战船来自雅典、依靠雅典人的海战技巧取得的胜利。因此它可以被理解为雅典的伟大胜利。正是雅典及其独特的政体民主制，最终拯救了所有希腊人，使他们不必成为波斯国王的奴隶。在萨拉米斯之后，雅典人将会以希腊世界强大城邦的姿态进入人们的视野。

有两件事加强了人们对萨拉米斯战役不仅是希腊的伟大胜利，也是民主的伟大胜利的印象。首先，它在很大程度上可以被视为一个与雅典“激进”民主派过从甚密的人的杰作。地米斯托克利后来被怀疑叛国，然后被缺席宣判死刑，最为讽刺的是，他最终逃到薛西斯那里寻求庇护，而且据我们所知，他是少数会波斯语的希腊人。不过在大众的印象里，特别是在伟大的雅典历史学家修昔底德的笔下，他将一直是把希腊从奴役中拯救出来的英雄。[55]

其次，萨拉米斯战役是一场海战。取得胜利的是水手，而非士兵。和有足够财产负担自己装备的重步兵、特别是久负盛名的希腊重装步兵不同，水手（桨手）通常是从穷人中招募的（这就是理想破灭的贵族柏拉图认为萨拉米斯海战的重要性不如马拉松战役的原因，因为后者是由贵族组成的希腊重装步兵赢得的胜利[56]）。萨拉米斯战役的意义在于，那些从民主制中受益最多的人成功地为全欧洲抵挡住了来自东方的专制君主。它也将使雅典成为称霸地中海的海上强权，为后来所谓的“雅典帝国”奠定了基础。

这必将永远改变希腊世界的性质，以及欧洲与亚洲的关系、欧洲的未来。1830 年，德国哲学家黑格尔写道：

> 世界历史的利益岌岌可危，一方是东方专制主义（整个世界统一在单一元首之下），另一方是分立的城邦（规模和资源极其有限，但是因为是自由的个人而士气高昂），双方面对面在战场上相见。在历史上，精神力量对规模数量的优越……从未如此明显。[57]

战役结束后，希腊人做好了迎接他们认为波斯会从陆地发起的另一次进攻的准备。不过什么都没有发生。薛西斯唯一的举动是以怯战为由处决了自己手下的腓尼基船长。其余的腓尼基人愤怒地返回故乡，紧随其后的是埃及人，这实际上相当于夺去了薛西斯的海军。波斯国王害怕此时希腊人的舰队会驶向达达尼尔海峡摧毁浮桥，切断自己的退路，于是将部队的指挥权交给马铎尼斯，而他自己则返回了苏萨。[58]

薛西斯的陆军在马铎尼斯的指挥下留在后面，但是士气低落而且内部不和，他们先是于公元前 479 年在普拉提亚战败，然后又于同年春天在米卡里战败。马铎尼斯麾下的 6 支波斯军队中，2 支被全歼，1 支被召回镇压西亚的乱党，剩下的竭尽全力勉强回到波斯。正如后来埃利乌斯·雅里斯底德对罗马皇帝安东尼·庇护所说的那样，薛西斯“令人惊叹的不是他自身的伟大，而是他伟大的失败”。[59] 随着他的战败，希波战争看上去要结束了。希腊联盟为了庆祝最后一战，在德尔菲立起一座雕像，由三条纠缠在一起的铜蛇组成，上面刻下了抵抗波斯人的 31 个城邦的名字。几个世纪后，罗马皇帝君士坦丁把它移到了自己东方的新首都君士坦丁堡。它的底座至今仍然可以在位于伊斯坦布尔中央的大竞技场里看到，具有讽刺意味的是，几个世纪以来，这里已经成了亚洲的新主人奥斯曼土耳其人的首都。

正如后来利西阿斯评论的那样，温泉关、马拉松和萨拉米斯战役“确保了欧洲永远的自由”。[60] 如果取胜的是薛西斯，那么波斯人将占领整个希腊本土，然后把希腊城邦变成波斯帝国的行省，如果希腊的民主被消灭了，那么就不会有希腊的戏剧，也不会有希腊的科学，没有柏拉图、亚里士多德，也没有索福克勒斯和埃斯库罗斯。而为后来的欧洲奠定基础的、在公元前 5 世纪到前 4 世纪涌现出的那股不可思议的创造性热潮，也永远不会出现。没有人知道，在波斯统治下的希腊会发生什么事。不过有一件事是确定的：公元前 490 年到前 479 年间，整个欧洲世界的未来命悬一线。

第二章

亚历山大的影响

1

希波战争的结局从根本上改变了欧洲和亚洲的关系。希罗多德的故事讲的是两种文明、两种对政治权威的理解、两种生活方式，以及最根本的，两种人性观之间的冲突。但是希罗多德笔下的波斯人绝不是我们今天所谓的“他者”（这个词现在已被滥用）。尽管存在着诸多差异，他笔下的希腊人和波斯人属于相同的人种，这使他们有别于希罗多德笔下的那些生活在其他地方的更为古怪的种族，如洛托法戈伊人，也就是神奇的“食莲人”，他们只吃莲的果实；或是阿塔兰提司人，他们没有名字，咒骂太阳。[1]这些人是确定无疑的“他者”。但是波斯人不是。尽管希罗多德憎恶薛西斯的专制，但是他对波斯人的勇气赞赏有加。他甚至能够欣赏波斯人的排场，尽管它们和希腊人自矜的简朴迥然不同。他还记录了波斯人坚持说真话，这和狡猾的希腊人截然相反，他对此充满敬意。

但是希波战争强化了希腊人与其他所有人——也就是可居世界的“蛮族”——不同的观念。在很长时间里，“蛮族（*barbaros*）”这个词深深影响着欧洲人对非欧洲世界的理解，它本来只是指那些不说希腊语的人，因为这些人使用的很多语言在希腊人听来似乎只是低声发出的“吧啊吧啊（bar bar）”的声音。

不过，后世将会以一种更为刻薄的方式来解读这个词可能的含义。由于在希腊人看来清晰的言辞是具有理性（*logos*）的证据，因此其他民族的语无伦次和口齿不清可以被用来证明只有希腊人是具有理性的存在，因此只有希腊人才是真正的人类。在哲学家和医师看来，这种差别反映了人性的不同。自柏拉图和后来的亚里士多德开始，一直到 17 世纪前，精神（psyche）一直被分为两个部分：位于大脑的理性部分；包含所有激情和感情的非理性部分，它位于身体某处，有时在肝脏，有时在肠子和生殖器官，不过大多数时间在心脏。这两部分不停地斗争。在真正的文明人，也就是希腊人体内，理性即使不能总是取得胜利，也可以大体上胜过非理性。在蛮族体内，情况则常常相反。

这基本上就是亚里士多德所理解的理性和非理性的区别。他似乎认为蛮族很可能是“天生的奴隶”（尽管他一直都不是十分确定），他们不讲道德，也没有独立做出判断的能力，不过他们的智力足够理解主人的命令，也有强健的身体来完成任务。他因此引用希腊悲剧作家欧里庇得斯的说法说：“希腊人统治蛮族是理所当然的。”[2]

如果普鲁塔克说的是事实，那么当亚历山大准备征服亚洲时，亚里士多德曾对他的这位学生说，只需要把希腊人当作人类，其他被征服的民族皆可被视为动物或植物。普鲁塔克说，亚历山大明智地拒绝采纳这条建议，如果他听从了自己导师的意见，那么他就将会“让自己的国家充满流亡者和伺机而动的叛徒”。[3]我们不知道希腊人在多大程度上接受了这种对“蛮族”的看法。不过可以肯定的是，写作时间稍早于亚里士多德的柏拉图在他的对话录《政治家篇》中，让主要的发言人——来自爱利亚（意大利南部的城镇）的陌生人——抱怨道：

> 在这个国家里，他们把希腊人和其他所有的民族分开。尽管所有其他民族的人数无法计算，相互之间也没有血缘关系，却被希腊人统称为“蛮族”；然后又因为这个单一的名字，希腊人认为他们属于同一类别。[4]

在后世的很多欧洲人眼里，希腊人具有极端的种族优越感，直到今天仍有很多人这么认为。18 世纪的著名哲学家伊曼努尔·康德认为，希腊人倾向于把所有其他人放在一起统称为“蛮族”的做法，是“解释希腊城邦衰败的最好原因”。[5]然而康德的观点是错误的。希腊人当然是种族中心主义的。实际上，所有民族都是如此。而且在所有民族中，希腊人是程度最轻的民族之一。他们毕竟还有一个词 *anthropos* 可以用来表示所有人类，而不单指希腊人。其他民族可能也有类似的词语，不过它们不容易被找出来。正如伟大的法国人类学家克洛德·列维-斯特劳斯观察到的，“在很多原始部落的语言中，‘人’这个词指的是他们自己，这说明在他们眼里，人的基本特征在部落之外就消失不见了”。[6]

希腊人并没有这么极端。不过尽管他们对外部世界有强烈的好奇心（用他们自己的话来说，希腊人是“极端的旅行者［*poluplanês*］”），在希波战争结束后，“我们”和“他们”，也就是希腊人和“蛮族”（实际上意味着希腊人和亚洲人）之间的区别在很大程度上固化了。

希波战争也在其他方面改变了欧洲对亚洲的印象。在很多人（甚至包括埃斯库罗斯）看来，希腊人在萨拉米斯海战中取得令人难以置信的胜利似乎出自神意。在戏剧《波斯人》里，信使告诉阿托莎，希腊人并非因为人数上的优势或者他们的狡诈，抑或是勇气而获胜的。让他们取得胜利的是，

> 某种力量
> 某种非人的力量
> 让命运的天平倾斜
> 让我们的军队毁灭。[7]

“宙斯严厉惩罚傲慢的人，”大流士的鬼魂稍后将提醒读者，“他是悬在你头上的无情判官。”[8]

不过在希罗多德笔下，尽管神明一直在幕后若隐若现，但是他们并没有直接介入人类事务。萨拉米斯战役和之前的马拉松战役的胜利被描述为人类的胜利，他们凭借的是自身的勇气，以及更重要的，他们耳濡目染的民主政治文化背景。[9]对将这一点传递给了下一代人的修昔底德而言，神在其中没有扮演任何角色。从此以后，人类将是自身命运的主宰，要为自己的行为负责。诸神，以及后来的上帝，或许会提供帮助、指引人类的行为，但是除了那些最为离奇的事件之外，他们不会再积极干预

人类活动。这类似于我们在后来（实际上是很久以后）将会看到的，宗教与社会、世俗统治者与神职人员的权威的分离，而这些在古人眼里仍旧是天方夜谭。我们也将会看到，它们最终会被证明是在形塑和捍卫“西方”的身份认同的过程中最为强大的力量。

2

但是薛西斯的战败并不等于波斯的威胁消失了。为了解决此前在面对波斯人入侵时几乎导致灾难的缺乏团结的问题，希腊人于公元前478/477年成立了一个联盟。“其目的是蹂躏波斯国王的土地，以此来报复他的恶行造成的伤害。”修昔底德写道。[10]联盟的成员包括位于小亚细亚西海岸、达达尼尔海峡和马尔马拉海海岸的爱奥尼亚诸城邦，因为各成员同意在神圣的提洛岛会面、制定政策，而且联盟的金库也设在该岛，因此现在我们称其为提洛同盟。虽然联盟内各城邦拥有平等的地位，不过实际上雅典是其中最强大的。联盟在成立初期非常成功。波斯驻军被赶出色雷斯和克尔索涅斯，希腊人重新控制了小亚细亚西岸和南岸。

不过希腊人的控制意味着雅典人越来越强的控制。公元前462年，萨索斯试图退出联盟，但是两年后战败，不得不重新加入。纳克索斯在公元前467年左右试图退出，后来也被迫重新加入。很多其他城市也在违背自身意愿的情况下被“欢迎”加入联盟。最后一步发生在公元前454年，联盟金库被从提洛岛转移到雅典，对外宣称的理由是要确保其安全，但是所有人都清楚这意味着什么。提洛联盟已经名存实亡，它成了雅典帝国。和绝大多数帝国一样，它给某些人带来利益，却让另外一些人痛苦。在修昔底德和很多推崇雅典的人看来，这是情有可原的，毕竟雅典需要继续从蛮族入侵者持续不断的威胁下保卫希腊。[11]

公元前466年，雅典指挥官西蒙在欧利米登河口击退了波斯军队的一次水陆并进的攻势。这是一场大胜，而且和萨拉米斯战役一样，这场胜利是在雅典人的指挥下取得的，因此雅典人的权力进一步得到加强。

公元前450年左右，另一位雅典指挥官，西蒙的连襟卡里阿斯和薛西斯的继承人阿塔薛西斯缔结长期和约。波斯新国王同意将波斯人的活动限制在法塞利斯以东、黑海以外的地区。希腊人同意撤出塞浦路斯岛和埃及东部。尽管波斯人似乎多次违反条约中与小亚细亚相关的条款，不过现在他们不再对希腊本土和爱琴海构成威胁，至少在一段时间之内似乎是这样的。雅典人可以肆无忌惮地加强对自己的“盟友”的控制，后者现在更常被称为“雅典人统治的城邦”。

雅典经过非常简单的步骤变身为帝国，类似的事件在世界史上多次出现。在提洛联盟和另一支由斯巴达主导的联盟之间爆发伯罗奔尼撒战争前夕，一位雅典使节告诉斯巴达人，雅典人“不得不扩张自己的帝国，超出自然的秩序，这么做主要是因为恐惧，其次是为了荣誉，最后是为了利益”。[12] 恐惧、荣誉和利益，雅典人将其引入欧洲，此后它们将按照这番顺序一直成为驱使新的支配力量做出决策的动机，直至今日。

伯罗奔尼撒战争断断续续地从公元前431年一直进行到前404年。斯巴达和它的联盟获得了胜利。不过战争结束时，双方都已经精疲力竭，整个希腊城邦世界因此陷入崩溃。内战刚刚结束，希腊人和波斯人之间的战争旋即爆发。它一直持续到公元前387/386年，波斯国王阿塔薛西斯二世成功地强加了所谓的“国王的和平”，重新确立了波斯对小亚细亚的希腊城邦的控制。不过到了公元前4世纪末，阿契美尼德帝国的实力因为埃及和塞浦路斯的叛乱而受到极大损耗，他们没有尝试大规模入侵欧洲大陆。公元前361年，亚洲沿岸城市的波斯总督（satraps，意思是“掌握权力的人”）起身反叛他们的国王，而在同一时间，埃及人也对阿塔薛西斯宣战，这场战争一直持续到公元前342年。[13]

阿契美尼德帝国渡过了危机，阿塔薛西斯三世（公元前358—前338年在位）成功地平定了小亚细亚的叛乱，甚至还收复了埃及。不过他的成功基本上只是镜花水月。庞大的波斯帝国此时明显已经处于其可能达到的权力巅峰，此后开始慢慢瓦解。不过希腊城邦也无法好好利用这种局势。伯罗奔尼撒战争严重地削弱了所有参战者的实力。直到公元前346

年，伊索克拉底仍然称忒拜、阿戈斯、斯巴达和雅典是“一片废墟”。[14] 另一种夸张的说法是，尽管雅典仍很强大，而且仍然保持着在地中海上的优势，忒拜和阿戈斯已经陷入无政府状态，即使是曾经强盛一时的斯巴达也损失惨重，此时城中成年男性市民不足千人。

内部不和并没有使希腊人向薛西斯屈服。不过波斯国王终究还是正确地断言，有朝一日，希腊人将会在无尽的内部纷争中耗尽自己的能量。“这就是古代希腊人的情形，他们彼此争吵不休，希望摧毁那些看上去占优势的城邦，希腊因此疲惫不堪。”受到罗马世界庇护的历史学家与低级官吏希罗第安如此写道。[15]

虽然雅典和伯罗奔尼撒与阿提卡的城邦衰落了，但是一支完全不同的新的希腊势力从北方崛起。马其顿是一个多山的地区，它从西南方的奥林波斯山山脚开始，沿着塞尔迈湾的海岸，直到东北方的色雷斯，连接着巴尔干半岛和希腊半岛，长久以来一直位于希腊世界的边缘。尽管马其顿人讲的是古希腊语的一种方言，和其他希腊人崇拜相同的神祇，也享有很多共同的文化习俗，但是他们仍然普遍受到轻视，被视为游牧的蛮族，喜欢狩猎、打仗和饮酒。

马其顿的制度也和绝大多数其他希腊城邦不同，实行的是君主制。它人口众多，有变富的潜力，而且从波斯人自公元前 512 年到前 476 年间的统治中受益良多。只是由于王朝世仇和外邦干涉，它才无法在希腊世界扮演任何重要角色。公元前 359 年，一位魅力非凡且冷酷无情的国王腓力二世即位后，这一切发生了变化。在他统治的 23 年间，腓力将马其顿变成了希腊世界最强大的势力。也正是他，缔造了似乎战无不胜的马其顿军队。公元前 338 年 8 月，马其顿在忒拜西北维奥蒂亚的喀罗尼亚彻底击溃了由雅典和忒拜领导的希腊南部城邦组成的联军。他们建造了一个巨大的石狮子以庆祝这场胜利，直到今天人们仍然可以在那里看到它。喀罗尼亚之战使腓力成了希腊世界实际的主人，而马其顿则成了一个无人可以挑战的强权。它以猛兽的形象出现在《旧约》先知但以理的梦中，“甚是可怕，极其强壮，大有力量。有大铁牙，吞吃嚼碎，所剩下的用脚践踏”。[16]

伊索克拉底不厌其烦地敦促腓力，现在正是重启希腊人和波斯人之间由来已久的敌对关系的大好时机，他说道：

> 我们对他们的仇恨已经根深蒂固，甚至连我们最喜欢的故事，也是关于特洛伊战争和希波战争的……甚至连荷马的诗歌，都因为称赞与蛮族对抗的英雄而赢得了更高的赞誉；正因如此，我们的祖先决定在音乐竞赛中给予他们的技艺以荣耀的地位，用它来教育我们的年轻人，希望他们通过一遍又一遍地聆听他的诗，能够将我们和他们之间由来已久的敌意牢牢记在心里。[17]

最终，如伊索克拉底所愿，腓力对波斯帝国宣战。他宣称战争的目的是为了报复薛西斯在雅典卫城的雅典娜神庙里犯下的渎神罪行；此外，还要再一次从外邦统治者手中解放小亚细亚的希腊城邦。

但是这一次不仅仅是试探性的远征，也不单纯是解放战争。这是一场消耗战，不是以马其顿，而是以全希腊的名义发起的。这场战争将会永久性地终结波斯的霸权。公元前 336 年春，腓力率领一支由 1 万名左右的马其顿人及其盟友组成的远征军，渡过了达达尼尔海峡。不过他们并没有走多远。腓力在当年秋天被刺客刺杀，他的大军在他生前没有和波斯军队发生任何有重要意义的接触，在他死后撤回了希腊本土。[18]

此时继承腓力王位的是他的儿子亚历山大三世，他在历史上以亚历山大大帝的名字为人们所熟知。父亲去世两年后，他集合起一支大军，包括 4.3 万名装备了 6 米长的可怕长矛的步兵以及 5500 名骑兵。这是有史以来从希腊出发的规模最大的军队。再一次，一位希腊将领准备逆着薛西斯走过的路，自西向东进军。为了彰显自己的意图，亚历山大先是到了加利波利半岛最南端的埃莱欧斯。从这里可以前往特罗亚，即小亚细亚多山的西北角，位于达达尼尔海峡的侧面，在第一次泛希腊入侵亚洲战争中，阿伽门农统帅的希腊联军正是从这里进攻特洛伊的。

传说中第一个在特洛伊登陆的希腊人，同时也是特洛伊战争第一个牺牲者普罗泰西劳斯的坟墓也在埃莱欧斯。特罗亚崇拜雅典娜，她的神庙曾经被薛西斯的部下亵渎，正如公元前480年一支小规模的波斯军队洗劫了普罗泰西劳斯的墓冢。现在，亚历山大向普罗泰西劳斯的墓献上丰厚的祭品。当他的军队到达海峡中间时，他向海神波塞冬和涅瑞伊得斯敬献祭品，然后将酒洒入海中。没有人会误解这些行为所代表的意义。亚历山大有义务为了报复对全体希腊人和他们的神祇犯下的暴行而起兵征讨。这位自称是赫拉克勒斯、阿喀琉斯和埃阿斯的后裔的人，据说总是随身带着由亚里士多德注释的荷马史诗，他将会再现自己的祖先，也就是《伊利亚特》里的英雄们的事迹，只是现在他要面对的敌人甚至比那时的更加危险。他对自己行军途中遇到的各地的神明毕恭毕敬，从某些方面来说，这确实是当时的传统。不过他的这些行为和薛西斯那令人记忆犹新的残害、奴役希腊世界的企图之间形成了鲜明的对比。

渡过海峡之后，亚历山大效仿普罗泰西劳斯的先例，第一个登上海岸。他披盔戴甲站在部队的最前面，向沙滩上掷出一支仪式用矛，这意味着神已经将亚洲作为“由矛赢得的”领地赐给了他。然后，他庄严地祈祷道：“那些土地不会不希望我成为他们的国王。”[19]亚历山大不仅想要征服，还想要统治。他从波斯人和希腊人的长期斗争中得到教训，统治有赖于被统治者的同意，即使他们只是勉强如此。

为了达到这个目的，他不仅向希腊诸神祈祷，还向亚洲的神明祈祷。他祈求的对象肯定不会是新近流行的阿胡拉·马兹达，而是特洛伊的雅典娜，他拜访了其位于伊利昂的神庙。据普鲁塔克记载，亚历山大和扈从们全身赤裸，绕着据说代表阿喀琉斯坟墓的柱子赛跑，“如习俗要求的那样”，以此来表达对特洛伊战争中的英雄们的崇敬之心。随后，他用自己的全副盔甲交换了神庙中的遗物。此后，每逢作战，亚历山大总会将他所认为的荷马时代的先祖们的武器置于阵前。

到目前为止，他的每一步都将自己的战争刻画为复仇之战，与特洛伊战争类似。但是亚历山大的抱负比阿伽门农及其追随者们的更大。他的军队不仅是来征服，也是来使二者和谐和统一的；他们来到这里，并不是为了要延续希罗多德所说的欧洲和亚洲之间永恒的敌意，而是要将其终结。

为了纪念被俘的特洛伊公主安德洛玛刻，亚历山大赠给伊利昂居民奢华的礼物，向特洛伊的末代国王普里阿摩斯献祭，希望以此为杀害他的阿喀琉斯之子涅俄普托勒摩斯（也就是亚历山大自认的祖先）赎罪。

现在正在上演的是舞台剧的最后一幕，它以几个世纪之前亚洲的一位王子诱拐斯巴达王后海伦开场，以希腊征服亚洲告终。

波斯和马其顿的军队于公元前 334 年 5 月在格拉尼库斯河（现在的科贾巴斯）第一次交锋。亚历山大现在已经渐渐熟悉了自己作为新阿喀琉斯的角色。他身披从伊利昂的雅典娜神庙得到的铠甲，头戴一顶两边各有一只巨大白色翅膀、不符合荷马时代风格的古怪头盔，身先士卒冲向敌军。他同时向两名波斯贵族罗沙克斯和斯皮瑞达提斯发起攻击，不过没有注意到第三名贵族的剑，差点被斩于马下，所幸亚历山大保姆的兄弟、作战经验丰富的克利图斯（被称为“黑发的克利图斯”）将其挡开。在接下来的战斗中，人数上占据极大优势的波斯军队几乎被全歼，这主要归功于亚历山大鲁莽而新颖的战术。大流士失去了自己的女婿米特罗布赞斯、儿子阿布帕里斯、妻舅法纳西斯，以及很多其他波斯贵族。此战过后，波斯高级指挥官的数量严重不足。通向亚洲的道路顿时变得开阔。亚里士多德的侄子希腊人卡利斯蒂尼作为官方历史学家参加了这次远征，他将这次战役的地点和希腊的复仇女神涅墨西斯联系到一起，宣称战役的时间和特洛伊的陷落刚好在同一个月份。[20]

亚历山大将战死者下葬，命令著名的雕塑家利西普斯雕刻一座青铜塑像来纪念这场战役，还将 300 副波斯人的盔甲送到帕特农神庙，敬献给雅典娜。他在祭辞中说道，这些只是他的复仇之战的第一批果实。效命于大流士的希腊佣兵中的幸存者，那些曾经和希腊人作战的希腊人被送回马其顿，余生在农田里耕作劳动，这比战死沙场耻辱得多，可能也要糟糕得多。

一项意在使波斯贵族“并非不情愿”接受亚历山大作为他们真正的统治者的和解政策开始浮出水面。在格拉尼库斯战役中丧生的波斯将领得到妥当的安葬，他们被埋在希腊人旁边。军队被告知不得按照惯例抢劫战败的亚洲城市。那些从山上下来，表示愿意成为新主人的奴隶的农民反倒被赐予自由民的身份，“每个人得到了属于自己的地产”。[21]

现在，从萨第斯、以弗所、米利都、法塞利斯（位于利西亚）、阿斯班都（位于潘菲利亚）、切兰纳到戈迪安，阿契美尼德帝国的城市一个接一个向看起来不可战胜的年轻国王投降。在戈迪安逗留期间，亚历山大做了一件象征意义十足的事，即使是在他的征服事业已经被人遗忘之后，这些事迹仍然会被人记住。

在宙斯的神庙里，有人向他展示了据说是弗里吉亚王朝创建者戈尔迪的车子。车轭被用山茱萸树皮制成的线绳系在柱子上，绳结非常复杂，完全看不到绳头，因此几乎不可能被解开。有一则古老的预言说，能够解开“戈尔迪之结”的人将成为亚洲的主人。亚历山大在属下和一群弗里吉亚与马其顿围观者的簇拥下登上卫城。他花了些时间，试图找到解开绳结的办法。他肯定清楚地知道，如果在这么多兴致勃勃的看客面前失败，那将会是一场灾难。最后，据说愤怒而充满挫折感的亚历山大说：“我无论用什么方法解开它，会有什么不同？”然后，他拔出剑，砍断了绳结。当天夜里，狂风大作，亚历山大和他的占卜者将其视为得到宙斯认可的迹象，随后他马上做出第一次的公开声明，宣布自己是全亚洲合法的统治者。对于后世的历史学家来说，这一幕意味着神认可这场战争，直到今天，“斩断戈尔迪之结”仍然被用来比喻采取大胆而粗暴的行动来解决一个过于复杂的问题。[22]

公元前333年初冬，亚历山大在西里西亚的伊苏斯击败了一支人数极为占优的波斯军队，这使他取得了远至幼发拉底河的如今的近东的控制权。他还俘虏了大流士的妻子斯姐忒拉、她的母亲西希刚比斯和一众王室的公主。亚历山大俘获波斯妇女成了传说故事的主题，在很久以后文艺复兴时期以神话为主题的绘画中也常常能够见到。在这类艺术品中，这些王家女性虽然仍很高傲，不过俯身在地，对她们的新主人表示顺从。亚历山大没有让她们以奴隶的身份或是更糟的方式终老一生。相反，年轻的国王走下宝座，向斯姐忒拉伸出手来。亚历山大告诉她们，自己并不是来毁灭她们的，而是来进行“一场争夺亚洲统治权的合法战争”。这一幕被用来体现征服者的胸襟，真正的英雄知道如何在胜利时表现得大度。

他的目的达到了。不过亚历山大的雅量只是其更加宏大的计划的一部分。他没有按照当时的一般做法用这些妇女勒索赎金。相反，他把她们留在身边。在此之前，他肯定从自己的老师亚里士多德那里知悉了许多波斯习俗，而且通过后来的举动可以清楚地看出，他肯定知道阿契美尼德的王权可以通过王室女性传承。[23] 此外，通过实际上将大流士的家人当作自己的家人，亚历山大同时夺取了波斯国王的王国和他的身份，等到恰当的时机，亚历山大自己就可以取而代之。亚历山大甚至称呼大流士之母西希刚比斯为“母亲”，据说她为自己的新“儿子”感动至极，十年后，当亚历山大去世时，她痛不欲生，绝食而死。

亚历山大向大流士家族的每一位成员（甚至包括他年幼的儿子）保证，他们将保留过往的头衔和职位，大流士的女儿们可以得到符合王室身份的嫁妆，而当公元前331年斯妲忒拉去世时，她被葬在王家陵寝中。这样的例子还有很多。当年晚些时候，亚历山大领军离开西里西亚和叙利亚北部，前往腓尼基。不过，他把王室的公主们留在了苏萨，下令让她们接受希腊语教育。她们注定要在其一统欧亚的大业中扮演重要的象征性角色。

亚历山大还得到了大流士的一个金匣，被他用来装《伊利亚特》的抄本（现在这些抄本被称为“巾箱本”），此后他睡觉时都将这个金匣和一把匕首放在床下。

马其顿军队沿着叙利亚海岸向南前进。亚历山大在今天的阿姆里特接见了大流士的使臣。对于波斯国王多少有些诚意不足的议和，亚历山大的回答是，自己的目的并不仅仅是要报复波斯人的恶行，大流士只是波斯王位的非法篡夺者，他自己才是现在整个亚洲真正的统治者，而那些被他争取过去的波斯贵族很高兴地承认了他的权威。大流士可以得到和平，只是他必须要准备好承认亚历山大是主人。亚历山大开始将一场征服和复仇的战争慢慢转变为一个新帝国的奠基之战，他要以此实现阿契美尼德王朝曾经的野心，将已知世界的两半合二为一。只是现在，它将不会是主人和奴隶的统一，而是如同亚历山大对每一个投降的城市所宣称的那样，所有人都是平等的自由民，他们都在同一个统治者之下，只不过那个统治者自此之后将会是希腊人，而非波斯人。

大流士不出意料地拒绝了这个条件。亚历山大随即进入埃及，埃及人一直是波斯国王反复无常的臣民。他在那里被当作解放者受到欢迎，人们给他戴上法老之冠。公元前 331 年 9 月 30 日或 10 月 1 日，在高加米拉平原靠近现在伊拉克北部伊利比尔的地方，希腊人击败了大流士集合起来对抗他们的第二支大军。这是一场决定性的战役。现在，亚历山大已经占领了大流士在扎格罗斯山以西的全部土地。他立即宣布自己是波斯国王，通知所有亚洲的希腊城邦，“所有的暴政现在都被推翻；从此以后，人们可以按照自己的法律生活”。[24] 公元前 331 年冬到前 330 年，巴比伦未经抵抗就投降了，那里的居民在路上撒满花瓣，焚香欢迎他，重现了居鲁士在公元前 539 年入城时的场景。和居鲁士一样，亚历山大也宣称自己到这里来是为了“施与”和平；和居鲁士一样，他也接受了古巴比伦王国正式的头衔，而且打算把这座城市作为自己的亚洲领地的新首都。

现在，亚历山大将注意力转移到帝国的心脏地带，波斯人自己的城市。公元前 330 年 1 月，他进入了伟大的波斯首都波斯波利斯。

在整个战役期间，亚历山大在处理自己的手下败将时相对节制，至少在处理他们的财产时如此。当富裕的波斯城市的财产接连进入亚历山大的金库时，他的部下一直听之任之。但是现在他们越来越不耐烦。为了避免潜在的哗变，波斯波利斯被交给胜利的军队。亚历山大鼓励自己的部下杀死所有他们遇到的成年男子，“认为这将对自己有利”。

整整一天，贵族的宅邸被劫掠一空，妇女沦为奴隶，所有不能被带走的物品都被毁掉。与此同时，亚历山大自己正在检视波斯国王的金库，里面保存了自居鲁士大帝以来积累的不少于 12 万塔兰特的财富。亚历山大留下这笔巨大财富中的一小部分，把剩下的送到苏萨和埃克巴坦那。为此，他不得不征用军队中的所有驮兽，还动用了不少于 3000 匹的骆驼。计算这笔财富在今天的价值没有任何意义，不过有人估算它大约是雅典帝国在鼎盛的公元前 5 世纪时的岁入的 300 倍！[25]

波斯国王宏伟的宫殿和神庙、薛西斯宽敞的接见厅和百柱宫，以及各式各样的建筑群，构成了帝国的精神中心，蔓延开来如同安放在拉马特山前平地上的巨大舞台，所有这些，单单是其遗址已经让人窒息，它们虽然暂时幸免于难，但是并没有保存多久。亚历山大可能是在等待波斯新年的到来，希望胆怯的波斯贵族不久后会承认他是新国王和阿胡拉·马兹达在尘世的化身。如果他有这样的打算，那就只能失望了。到了 5 月，已经太迟了。新年来了又去，波斯的祭司们却始终无动于衷。在亚历山大的心中，波斯波利斯成了“亚洲最令其痛恨的城市”，而且还是有可能发生叛乱的地方。

5 月下旬，为了庆祝最近取得的胜利，他在王宫进献祭品，举行宴会。故事的经过是，他喝得酩酊大醉（据说他经常如此）。泰依丝，一个有名的雅典交际花，同时也是他手下将领托勒密的情人，说了一段鼓动的话，让亚历山大想起自己曾经发誓要报复薛西斯烧毁雅典帕特农神庙的蛮行。有什么复仇方法会比烧掉薛西斯宏伟的宫殿更好呢？亚历山大亲自领着泰依丝摇摇晃晃地登上台阶，而这个时候歌妓们正在为贵宾吹奏笛子。据说在做出这项古代史上最恶劣的破坏行为之前，亚历山大在大殿入口处犹豫了片刻。但也只是片刻而已。随后，他第一个将火把扔向薛西斯的宫殿。屋顶处巨大的杉木椽子和墙壁上的杉木嵌板很快烧了起来，直到 20 世纪 50 年代，人们还可以见到它的遗址。看到火光的军队情绪激昂，他们抢劫、破坏了所有没被大火吞噬的东西。亚历山大没有搜刮到的钱币、金器和珠宝，都落入他们的囊中。他们闯入军械库，带走了刀剑和匕首，不过给后来的考古学家们留下了数以千计的铜制或铁制的箭头。他们毁掉了所有无法轻易带走的东西，砸碎雕像，损坏浮雕。[26]

宫殿一直处于废墟状态，只有强盗（后来是考古学家）才会偶尔到访。不过在 1971 年，伊朗最后一位国王穆罕默德·礼萨·巴列维为了安抚日渐不满的民众，举办仪式庆祝阿契美尼德王朝 2500 年纪念日时，宫殿得到部分修复。巴列维国王是一名军官的儿子，其父于 1925 年发动军事政变夺取政权，并以一种较古老的波斯语为自己的王朝命名。典礼为期一周，来自世界各地的名流品尝着配有鹅肝的烤孔雀肉，喝掉了 2.5 万瓶巴黎马克西姆香槟（整个活动据说花费了2亿多美元，这在20世纪70年代是很大一笔钱）。

在典礼的最高潮，伊朗国王在打扮成阿契美尼德战士形象的卫兵的簇拥下，宣称自己是大流士和薛西斯的继承人。他对自己的宾客说：

> 伟大的王、万王之王居鲁士，请接受身为伊朗国王的我和我的人民的致意。……此时此刻，我们在这里重申伊朗对历史的承诺，见证全民族对您这位不朽的历史功臣、世界最古老帝国的建立者、有史以来最伟大的解放者，以及全人类最有价值的子嗣的无限感激之情。[27]

五年后，他用古代琐罗亚斯德教的一种“帝国”阳历代替了伊斯兰教的阴历，新的日历以假想的25个世纪之前阿契美尼德王朝建立的日期为起始时间。伊斯兰历的1396年（1976年）现在成了2535年。从结果上看，所有这些都没达到预期的效果。1979年，一个名为霍梅尼的心怀不满的神职人员在巴黎策划了一场革命，推翻了伊朗国王。伊朗君主国就这样被伊斯兰共和国取代了（这是伊斯兰神权国家第一次公开采用西方异教徒的政治体制的名称，不过它并不接受其政治实践）。伊朗的新主人没有把时间浪费在“波斯”的乡愁上，波斯波利斯的遗址险些被霍梅尼的亲信阿亚图拉萨迪克·哈勒哈利铲平，最终勉强保存了下来。

在薛西斯准备征服欧洲之时，希罗多德借他之口说出了这样的话：“或者是将我们所拥有的东西全都交给希腊人，或者是将他们所拥有的全都交给波斯人。”后来的亚历山大显然知道这句话。[28]在这场戏剧的最后一幕，波斯人拥有的一切确实都转移到了希腊人的手上。波斯国王先是被自己的部下抛弃，然后被人用金链捆住，囚禁在镀金牢笼里，最后被刺死。不久后，在离现代的曲密斯城不远的地方，亚历山大得到了他的尸身。[29]现在，复仇之战正式结束了。和人们预想的一样，亚历山大以应有的礼仪对待自己的手下败将。他公开处决了杀害波斯国王的凶手，把大流士三世的遗体运回波斯波利斯，为其举行了王家葬礼。

随后，马其顿人继续东进，以巩固对波斯帝国剩余部分的统治。在一次战役中，亚历山大俘获了著名的罗克珊娜，她是伊朗－巴克特里亚贵族奥克夏特斯的女儿，当时的人称她是“闪耀的小星”，以亚洲最美貌的女子之名享誉四方。不久之后，亚历山大娶她为妻。几个世纪以来，这场婚姻在诗歌和绘画中一直被描绘为爱情的典范，在安东尼和克里奥帕特拉的故事出现之前的 300 年间，他们一直被认为是欧洲人和亚洲人之间最有名的结合。不过它也是波斯人和他们的西方征服者之间大量政治婚姻中的第一次，在 19 世纪伟大的历史学家约翰・古斯塔夫・德罗伊森看来，这很清楚地证明，亚历山大的目的不仅是要统一希腊和波斯，他还要将两个种族“融合”在一起，用我们今天的说法就是，将欧洲和亚洲构建成一个“多元文化”的社会。[30]

不过即使是和美丽的罗克珊娜结姻也没有让亚历山大驻足太久。他越过今天伊朗的东部和阿富汗的西部，穿过印度兴都库什山脉，入侵巴克特利亚（今天的阿富汗）。公元前 326 年春，尽管是第一次面对力量非凡的战象，他还是在海达斯佩斯河会战中击败了印度的统治者波拉斯。他在那里建了两座新城尼西亚和布西发拉，以此来纪念自己著名的坐骑布西发拉斯，它在战役之后力竭而死。然后，他继续前进。[31]但是此时季风袭来，当他到达将自己与恒河平原隔开的比亚斯河时，大雨连续不断下了 70 天。最终，他的部队拒绝继续前行。

与自己最喜爱的《荷马史诗》中的英雄阿喀琉斯一样，亚历山大也回到了自己的帐篷。他花了三天时间平息怒气，等待士兵们回心转意。但是毫无结果，军队拒绝前行。为了挽回颜面，他采取了最后措施。他像往常一样向河中投入祭品，得到的预兆“恰巧”是最为不利的。这样他就可以将撤军解读为服从神的旨意，而并不是遵从自己部下的意愿，因此他同意返回。亚历山大回到了波斯波利斯，然后前往巴比伦。在他离开之后，印度的传奇英雄旃陀罗笈多赶走了亚历山大留下来驻守的部队，收复了亚历山大占领的旁遮普。从此以后，在超过 1000 年的时间里，印度诸民族都没有受到外人的干扰，直到 1526 年一支以波斯语名字莫卧儿（意思是蒙古人）为人所熟知的突厥民族，从相同的方向再度袭来。被亚历山大任命为阿拉霍西亚和格德罗西亚总督的历史学家麦加斯梯尼曾经警告自己的读者，永远不要相信从印度人那里听到的任何事情，因为他们是从未被征服的民族，在希腊人看来，未被征服的民族等于未知的民族。[32]

公元前 324 年，亚历山大回到苏萨，七年前被他留在这里的波斯王室女性正在等待他的到来。他为她们举行了一场盛大的婚礼，即著名的"苏萨集体婚礼"。他和自己的 91 名部下同时迎娶贵族出身的波斯女子为妻，举行波斯式的婚礼。庆祝仪式持续了五天五夜，乐师、舞者和演员从整个希腊世界来到这里。同自己的父亲一样，亚历山大也娶了很多妻子。尽管已经和罗克珊娜成婚，他又娶了两位夫人，分别是大流士的长女和阿塔薛西斯三世最小的女儿。通过婚姻，他和两位阿契美尼德先王联系到了一起。亚历山大这时确实成了"最后的阿契美尼德人"。和他们一样，他也宣称自己是世界的主宰，而在此之前没有任何一个希腊人曾这样做过。不久之后，他将集结起一支新的军队征服印度，一旦达成这个目标，他将会把注意力转移到西方，远至大西洋沿岸。

这些野心无果而终。公元前 323 年 5 月末，他出席了一场宴会，如果传统的说法可信，那么他就是狂饮而死。当宴会到达高潮时，人们相互敬酒，据说亚历山大将 12 品脱未掺水的酒一饮而尽。他浑身抽搐，然后陷入昏厥，医生们束手无策。当时他 32 岁零 10 个月，没有明确指定继承人。据说他在弥留之际将自己的王国赠送给"最强者"。这注定要掀起腥风血雨，而灾难也如期而至。他死后不久，一系列内战沿着种族和部落的分界线爆发了。雅典起来反抗它眼中的马其顿暴政，而亚里士多德害怕自己会落得和苏格拉底相同的下场，宣称自己不想让这座城市有机会对哲学犯下另一桩罪行，出逃了。

亚历山大征服的全部疆土都被他以前的将军们瓜分了。托勒密占据埃及，他将亚历山大的遗体从巴比伦盗出，先将其运到孟菲斯，然后又运到亚历山大港。几个世纪后，另一位世界征服者罗马皇帝奥古斯都将会为亚历山大的雕像戴上一顶金冠。希腊诸城邦及其北部地区先后落入不同的马其顿将军之手。面积最大的西亚落入曾为腓力效力、资历很深的独眼安提柯的手中，随后又被前持盾兵首领塞琉古占据，后者的继承人将会建立一个帝国，在其鼎盛时期，它的疆域从色雷斯延伸至印度边界，面积几乎等同于阿契美尼德帝国全部领土的总和。[33]

3

这就是亚历山大的故事。几个世纪以来，他被视为典型的帝国缔造者。几个世纪以来，围绕着对他的评价，或多或少一直会有些争执。他到底是金童、天才的征服者，还是像罗马哲学家塞涅卡所说的，只是一介残暴的莽夫，“超出人类限度的自大狂”，纵欲、酗酒且举止粗野；以莫须有的叛国罪，砍下了父亲最信任的将军、70 岁高龄的帕曼纽和他的儿子菲罗塔斯的头；因为醉酒发狂而刺死了在格拉尼库斯河战役中救过自己的克利图斯。[34] 他确实让亚洲陷入死亡和混乱的恐惧之中，从公元前 331 年到前 326 年，他在阿富汗和巴克特利亚最早施行了某种类似于我们今天所说的“种族清洗”的屠杀。

然而，虽然时常会有暴戾之举（有的时候恰恰是因为他的暴行），他很快成了尤里乌斯・恺撒、庞培、马克・安东尼、图拉真皇帝和拿破仑等人试图追随和超越的榜样。毫无疑问，除了他们之外，还有不计其数的其他潜在的帝国主义者意欲效仿他。但是亚历山大的帝国和所有这些人所理解的真的一样吗？还是像一位现代历史学家所形容的，它只是“某种欧洲大陆上的黎巴嫩”，由互相竞争的部族体系和缺乏怜悯心的军阀共同构成的混乱之地，而在阿契美尼德的统治下，那些地方多少还算是一个和谐的世界。[35]

亚历山大之所以被称为“大帝”，并不仅仅因为他令人头晕目眩的军事成就。对后世而言，他的地位远远超过极具才干的军事统帅，他是第一个真正具有世界野心的希腊人和欧洲人。他不仅要征服世界，也要让世界的面貌大大不同。公元 1 世纪时，饶舌的拉丁语小说家阿普列乌斯满怀热情地称亚历山大是“人类记忆里唯一一位建立起世界帝国的征服者”。[36] 这曾经是，而且现在依然是一个为大众所接受的观点。大流士一世和随后的薛西斯进入欧洲的目的只是要奴役欧洲民族，而亚历山大的成就不仅在于击垮了强大的波斯帝国，而且还让欧洲和亚洲、希腊人和蛮族成为一体。

这样，他就将普世主义的野心引入希腊，随后又带到整个欧洲，而这将会决定这块大陆未来的命运，直到它于20世纪中叶最终崩溃时为止。也有人主张，它漂过大西洋被带到了美国。1926年，英国法学家和历史学家W.W.塔恩这样描述亚历山大：“他将文明世界从原来的槽中拔起，放到另一个里面。他开启了一个新时代，所有的一切都与以往不同……（带有排他主义色彩的）特殊神宠论让位于‘可居世界’由文明人共享的新理念。”[37] 在塔恩写作的年代，国联刚刚成立不久，当时涌现的希望是，引起第一次世界大战的敌意将会被永久性的世界和平所取代。国联以及后继的联合国都宣扬人类之间的兄弟情谊。在塔恩看来，正是亚历山大使这样的理想成为可能。

之所以说亚历山大的野心即使不是“一统全人类”，也是要统一欧洲和亚洲，部分原因在于他的行动：他坚称自己是波斯真正合法的继承人；招纳外邦人进入自己的军队和管理体系；在苏萨举行集体婚礼；精疲力竭的军队哗变后，他在欧皮斯举行的宴会上祈祷“马其顿人和波斯人治下的和谐和友谊”。他也试图在此前广阔的波斯世界推行希腊化政策，而这项政策比他长寿得多。强大的塞琉古帝国是一个希腊化的君主国，由操希腊语的马其顿贵族统治，从亚历山大死后到被罗马人于公元前190至前64年征服之前，它一直很繁荣。

在亚历山大构想的统一的欧洲和亚洲里，欧洲毫无疑问将会占据主导地位。但是和他那个时候的大多数希腊人一样，亚历山大对亚洲的轻视态度，充其量也只能说是暧昧不明的。和他的导师亚里士多德一样，他显然欣赏波斯君主政体，而且还将它的许多特征引入希腊。他在生前扩大了宫廷的规模，增加了侍卫、嫔妃和宦官，这是传统希腊城邦中完全没有的。他任命波斯将军担任最高级别的军事和行政官员。他把波斯士兵纳入之前排外的马其顿军团，同时创建了完全由亚洲人组成的新军团。他将类似于“同胞（Kinsman）”这样的尊贵的亚洲头衔同时赐给亚洲和希腊部下。[38] 他发明了一种部分为马其顿风格、部分为波斯风格的国王印绶，让自己的妃子穿紫衣，并且采纳了一种改良了的阿契美尼德风格的服饰，甚至试图引进最令人痛恨的波斯习俗——不过没有获得多长时间的成功——让他的希腊追随者在统治者面前行跪拜礼。后来的罗马皇帝们接过了他的衣钵，他们不仅效仿他的服饰风格，也接受了他从亚洲引入欧洲的皇帝统治的礼仪和礼服。

他也尝试在希腊和波斯的宗教信仰之间牵线搭桥。亚历山大从来没能成功调和希腊异教和崇拜阿胡拉·马兹达的信仰，虽然他身穿波斯服饰，使用波斯的名号，娶波斯女子为妻，但他绝不会成为琐罗亚斯德教徒（实际上有人传言正是亚历山大毁掉了琐罗亚斯德的《阿维斯陀》原始手稿，它写在 12000 张牛皮上，用金字写成，保存在伊斯塔克尔的王家图书馆里）。

不过虽然他没有皈依万王之王的宗教，却做了差不多的事情。和古代世界的大多数统治者一样，亚历山大同样相信自己是半人半神的后裔，从他的母亲一系可以追溯到安德洛玛刻和阿喀琉斯，从他的父亲一系可以追溯到赫拉克勒斯。不过一个人可以给自己的最高荣誉是神本身。亚里士多德曾经教导过他，一个真正的国王是众人之中的神祇，因此他将成为神。在一次前往利比亚绿洲锡瓦的阿蒙神庙的访问过程中，亚历山大告诉编年史作者凯利斯尼兹，神已经同意收他为子，要求他死后将尸身葬在锡瓦。阿蒙可能起源于利比亚，但是埃及人认为他是公羊神阿蒙，而在附近的昔兰尼定居的希腊人认为他是宙斯。在公开场合，亚历山大穿着紫袍，戴着山羊的角，打扮成阿蒙的样子，著名的雅典画家阿佩莱斯在一幅为以弗所的阿尔忒弥斯神庙所作的画中，把他描绘成携带宙斯的闪电的样子。[39] 通过选择阿蒙 / 宙斯作为自己的神之父，亚历山大选中的并不仅仅是珀耳修斯和赫拉克勒斯的父亲，也是同时属于两种文化——波斯和希腊，也就是亚洲和欧洲的文化——的神祇。

亚历山大将自己的血统追溯到神系，暗示神认可了自己的统治，他因此将一种对统治权的全新理解引入欧洲。希腊人总是选择他们中间最优秀的人（*aristoi*）做统治者，他可以而且常常作为个体宣称自己是神的后裔。但是在和其他人打交道时，他们仍然完全是人的身份。而王权神授是阿契美尼德统治的一大特色，至少从居鲁士开始一直如此，这一直是希腊人眼中的波斯专制主义的一部分。“他们让自己的灵魂处于卑下和谄媚的恐惧之中，”伊索克拉底写道，“在皇宫门口列队，匍匐在地……在一个凡人面前屈膝，称他为神，把神看得比人还低。”[40]

但是即使亚历山大并不想让他的臣民们处于悲惨和谄媚的恐惧中，他也清楚地知道，任何一个相信自己注定将成为世界主人的统治者只能是神，至少也要是受到眷顾的神的代理人。希腊王权由于亚历山大成了神权，罗马皇帝继承了这个传统。尤利乌斯·恺撒是第一个试图宣称自己是神的，但只是在他遇刺之后，于公元前 42 年才被封神。此后，罗马皇帝全都同样自封为神。因为拥有神格，他们开始有别于仅仅拥有世俗统治权力的罗马元老院，他们行使的皇权成了只有他们才能够掌握的近乎神秘的权力。3 世纪时，皇帝奥勒留将波斯人对无敌太阳神的崇拜带回罗马，戴克里先开始认为自己是朱庇特在尘世的化身焦维乌斯。自共和国初期开始，统一全人类就是罗马的野心，如塔恩所说，“（这种野心）最终在官方对罗马皇帝的崇拜行为中得到满足，而这正是源自亚历山大死后被奉为神”。[41]

亚历山大死后，有关他的传说在欧洲和亚洲各地到处流传。亚历山大成了文明的捍卫者，他修建了一堵墙，以此来挡住巨人双胞胎歌革和玛各，他们是狂暴的非人生物，以蝎子、小动物、流产的胎儿和人肉为食。他们在不同的时期有着不同的身份，先是被认定为斯基泰人，在罗马陷落之后被认为是哥特人。只是到了末后之时，随着敌基督的到来，这两个生物才成功地打破了亚历山大的墙，吞噬了饱受煎熬的世界。今天，希腊渔民向亚历山大祈祷，埃及科普特教会把他当作圣徒来崇拜。[42]

作为人类的守卫者和统一者的亚历山大，不单单是一个希腊、罗马或欧洲的传说。甚至在原来的阿契美尼德领土被（另一个）外来宗教伊斯兰教占领之后，亚历山大（在阿拉伯语里是艾斯坎达）继续为有着类似的神学倾向和征服世界的野心的新势力提供合法性的来源。在《古兰经》里，他以左勒盖尔奈英（意思是“有两个犄角的人”，可能是因为他著名的头盔）的身份出现，在世界的边缘建了一道铜墙，以此从歌革和玛各的手里保护整个“文明”，这里是指整个伊斯兰世界。在波斯人、印度人和后来的奥斯曼人对他的生平的叙述中，他成了先知、预言者和寻求永生的人。对于几代信仰伊斯兰教的波斯君主来说，亚历山大（艾斯坎达）一直是世界统治者的理想形象，他以简朴、智慧，以及有朝一日将会包括整个世界的伊斯兰普世国度的先驱者的身份而闻名。从 1502 年持续到 1736 年的萨法维王朝的创建者在他所作的一首自我吹嘘的诗里如此写道：

> 我是国王伊斯玛仪，
> 我是现世的赫迪尔［伊斯兰教的智者］和圣母之子耶稣，
> 我是当代的亚历山大。

最重要的是，亚历山大将希腊文明的价值观念、尊重个人自由和自治的概念带到了亚洲，亚历山大最终给波斯人带去了“法律面前人人平等”的观念，欧塔涅斯曾经提议过，却遭到他们的拒绝。普鲁塔克说，亚历山大曾经希望自己完全不是以征服者的身份，而是以“诸神派到世间的寰宇调解者和仲裁者”的身份被人记住。正是他，“用武力让那些无法被说服的人团结起来……血缘和秩序大相径庭的人被统一在一起……所有人都视可居世界为自己的祖国……他告诉他们希腊精神立足于德性，而野蛮主义则依赖恶行”。[43]

亚历山大教育索格代亚纳人要赡养自己年长的父母，而不是把他们杀掉；告诉斯基泰人要埋葬死者；教阿拉霍西亚人如何耕种；禁止波斯人娶自己的母亲。如果哲学家的任务是驯化人性中粗野的部分，启蒙不受教化、难以驾驭的人，那么“改变了无数部落野蛮性质”的亚历山大，无疑“可以被视为一个伟大的哲学家”。

在普鲁塔克笔下，亚历山大实现了斯多葛派哲学家芝诺所构想的只有“一个共同体、一种政策”的大同世界。正是亚历山大使“他们［人类］将整个可居世界视为自己的祖国”。[44] 这个祖国将是一个涵盖整个世界的君主国，但是它将按照希腊政治美德所重视的法律面前人人平等、自由和个人主义的原则进行统治。没错，腓力和随后的亚历山大要为最终抹掉了希腊城邦原有的民主文化负责。但是希罗多德的 *isonomia* 至少是被部分保存了下来。希腊现在的统治者可能是君主，但是他们仍然尊重法律，仍然视臣民为不可被奴役的个人。他们可能渴望统治整个可居世界，但是他们仍然知道如何尊重差异性，承认个人的价值。正是因为这个原因，“现代社会学之父”孟德斯鸠于 1748 年在其名著《论法的精神》中花了整整一节讨论亚历山大的作为。

他说，亚历山大拒绝了以亚里士多德为代表的那些人的主张，他们要求亚历山大将希腊人视为主人，而将波斯人当作奴隶。因为他“只是考虑使两个民族合二为一，消除征服者和战败者之间的差异”。他“接受了波斯人的习俗，只是为了让他们在接受希腊人的习俗时，不会感到沮丧”。他是一个善于调和的征服者，“他尊重各民族旧有的传统观念以及所有涉及荣誉或者民族自豪感的文物古迹和纪念物”，这样，亚历山大“在征服后，不过成了每个民族特殊身份的君主，每座城市的第一公民而已”。[45]

亚历山大的这一形象和其他很多形象一样，都不大可能是真实的，但是它却演绎出不同的版本，流传了很长时间，直到今天仍有其拥趸。2003 年，伊朗法学家希林·艾巴迪在接受诺贝尔和平奖时说，作为伊朗人，她是亚历山大大帝的后人，后者以自己的方式成为历史上第一个人权捍卫者。她的话倒是呼应了另一则流传已久的无稽之谈：道路崎岖难行，皆因大流士已死。

我们之所以会认为亚历山大是文明的传播者和一统东西方的形象（这些在达达尼尔海峡两岸都成了传说的素材），主要是因为普鲁塔克，他是公元 1 世纪的希腊人，生活在罗马人的统治之下，并对其赞赏有加。这当然是因为罗马将会改进和传播亚历山大助力创造的文化，而且罗马人取得的成就甚至远远超出了亚历山大的想象。“希腊教给罗马的是，”塔恩写道，“亚历山大的希腊化世界。在现代学者重构出伯利克里的雅典之前，古代希腊的重要性微乎其微。仅就现代世界的文明源自希腊这一点来说，很大程度上要归功于亚历山大使它有了这样的机会。”[46]因此，现在我们必须将视线转向罗马。

第三章

公民的世界

1

年轻的修辞学家埃利乌斯·雅里斯底德来自小亚细亚密西亚行省的一座希腊小城。公元143或144年春的某一天，他在位于罗马城中心的宏伟的雅典娜学校里，以这座永恒之城的“庄严和雄伟”为题，发表了长篇演说。[1]在古代世界，修辞学家和职业公共演说家的演讲是公众喜闻乐见的娱乐形式，至少在受过教育的阶层那里是如此。雅里斯底德尤以才华横溢著称，据说他的演说精彩到可以让皇帝马可·奥勒留心甘情愿地等上几个小时。这一次，他（用希腊语）演说的主题是罗马和罗马帝国的创建及其荣光。台下座无虚席，听众中可能还有皇帝安敦尼·庇护。[2]雅里斯底德的《罗马演说》在很多方面和关于这个主题的其他数不胜数的演说辞大同小异，它们都是在重复着早已为人所熟知的希腊作者柏拉图、伊索克拉底、波里比阿和普鲁塔克等人的作品。对于现代读者来说，这篇演说词乍看起来似乎不过是一个出身行省、野心勃勃的年轻人意料之中的溜须拍马之作，不过他在阐述罗马和罗马世界的意义时，抓住了当时普遍流行，而且即使在帝国瓦解之后，仍然流行了很长时间的一种世界观。雅里斯底德热爱希腊，同时也是代表罗马人管理希腊城市的统治精英中的一员。他称赞罗马的伟大的颂词的核心，是一个非常典型的希腊式问题。

由罗马人来主宰西方世界最伟大文明的命运，而后者所取得的成就加起来实际上比罗马的还多，这公平吗？他问台下的听众，也就是现在统治着他和他的希腊同胞的罗马人。罗马人真的值得亚里士多德和柏拉图、伯利克里和亚历山大的后人们服从，甚至尊敬吗？雅里斯底德给出的是确定无疑的肯定答案。因为从结果上看，罗马人和罗马军团不仅使希腊人避免再次陷入类似伯罗奔尼撒战争那种毁灭性的内战，而且还使他们免受东方宿敌的威胁。[3]

很多希腊人清楚地知道，他们的安全需要仰仗罗马军团的保护，而他们的事业也需要罗马人的庇护，雅里斯底德只是其中之一。伟大的罗马将军小西庇阿的密友历史学家波里比阿、历史学家和元老院议员卡西乌斯·狄奥、幽默的讽刺作家琉善，他们每个人都怀着与3世纪出生于埃及亚历山大港的诗人克劳狄安相似的情结。在克劳狄安看来，罗马绝不是征服者，与其说她是女皇，倒不如说是一位母亲，她称“所有服从她、被她纳入宽广而善意的怀抱的人为‘公民’”。[4]

当雅里斯底德于公元2世纪中叶到达罗马时，它正处于黄金时代。117年，皇帝图拉真在现在的罗马尼亚打败了达契亚人，随后吞并了阿拉伯半岛、美索不达米亚和亚美尼亚，此时帝国的疆域达到了历史上的巅峰。现在，它南抵阿特拉斯山脉，北达苏格兰，东至印度河谷，西迄大西洋，面积约500万平方英里（美国本土面积刚过350万平方英里），人口估计在5500万左右。正如雅里斯底德所说，它是一个日不落帝国，而这一表达方式在未来将会被多次使用。[5]和平和法治在过去更多的是一种理念，而非事实；现在它们似乎已经真的降临到罗马大地上。对大多数罗马人而言，罗马世界等同于全世界，也就是*oikoumene*，希罗多德是第一个使用这个希腊单词的人，雅里斯底德也曾用过，它的意思是“可居世界”。

“现在，一种明确、普遍的免于所有恐惧的自由，已经被赐予全世界和居住在世界上的人们。”雅里斯底德兴奋地高呼。[6]自由得以实现，借助的是被欧洲人普遍视为最佳政体形式的混合宪制，它兼具民主制、寡头制和君主制的要素，允许所有人对统治他们的政府施加影响。根据雅里斯底德的说法，罗马“创造了　种和其他所有民族都迥然不同的政体”。其他民族“或是因为自己的选择，或是因为偶然因素”，总是被君主、贵族或民选官员统治。而只有罗马人能够在世界范围内传播一种政体，“集所有其他政体之大成，而又摒弃了它们的缺点”。希罗多德的政体之争在罗马找到了完美的解决方法。雅里斯底德称安敦尼和他的祖先们是“独一无二的统治者……根据人的本性（统治）”，这不会让人感到突兀，而且也不会觉得只是逢迎之词。[7]

在安敦尼王朝的时代，在所谓的“五贤帝”（涅尔瓦，96—98 年在位；图拉真，98—117 年在位；哈德良，117—138 年在位；安敦尼·庇护，138—161 年在位；马可·奥勒留，161—180 年在位）的年代，罗马从各方面来说都处于黄金年代。十几个世纪后，伟大的英国历史学家爱德华·吉本重新检视了马可·奥勒留死后灾难频仍的帝国，他的结论是：“如果有人被要求说出人类生活最幸福、最繁荣的时代，那他必定毫不犹豫地选择从图密善死后（96 年）到康茂德继位前（180 年）的这一段时间。”这是“罗马帝国统治着世界上最好的土地和最文明的人类”的时期，他补充道。[8]

2

当然，情况不是一开始就是这样的。

和欧洲一样，罗马也有一个起源神话。这则神话有很多不同版本，内容既有不同之处，也有不少相互重叠的部分。不过在一个为皇帝奥古斯都精心炮制的版本中，罗马只是欧洲和亚洲的另一次融合和欧洲对亚洲取得另一次虚构的胜利的结果。希腊人攻陷特洛伊后，特洛伊王子，同时也是女神阿佛洛狄忒之子的埃涅阿斯，背着自己年迈的父亲安喀塞斯，带着儿子阿斯卡尼俄斯从特洛伊的大火里逃出。此后，他一路向西，最终到达了位于现代意大利中部的拉丁姆的海岸。

经过和当地的土著拉丁人展开长期的战争，他建起了罗马城。罗马将会成为“欧洲”和“西方”的真正奠基者。不过埃涅阿斯是特洛伊人，因此拥有亚洲血统（和神的血统），这意味着，同欧洲一样，罗马由起源神话构建起来的身份也不得不追溯回亚洲。这个故事的作者是伟大的罗马诗人维吉尔，他的诗作《埃涅阿斯纪》被称为罗马人的荷马史诗，是最伟大的拉丁语诗歌之一。

不过，随着时间的流逝（维吉尔的《埃涅阿斯纪》创作于公元前 1 世纪），尽管罗马人仍然为自己传说中的地中海东部血统感到自豪（奥古斯都甚至宣称自己是埃涅阿斯的直系后裔），他们对亚洲民族越来越不信任，更加强烈地主张自己的种族、语言和文化独特性。此时，如果与一支亚洲民族的关系过于密切，将被视为对祖国罗马正直品德的威胁。因此在诗歌的第 12 卷，也就是最后一卷里，维吉尔让诸神做出决定，终止埃涅阿斯率领的特洛伊入侵者和当地的拉丁人之间的战争。支持拉丁人的女神朱诺同意让这两个民族通婚，由此创造出了一个新民族。不过她坚持新民族的外貌、服饰和语言必须和拉丁人相似，他们的习俗和道德观念必须和拉丁人相同。他们保留下来的只有祖先的神祇，因为他们的神同样也是希腊人的神，是所有人类共同的财产。[9] 正如拉丁人吸收特洛伊人从而创造出新民族一样，罗马人也将有机会吸纳从不列颠到叙利亚的“全世界”所有民族。这些民族很快就和特洛伊人一样，成了拉丁人。他们接受了拉丁人的习俗、文化、法律和宗教，也经常用拉丁语交流。

但是《埃涅阿斯纪》是虚构作品。历史上的罗马起源于公元前 8 世纪，最初只是一个位于台伯河下游的小城邦，面积不过几平方英里，居住着一些农夫和商人，和它效仿的对象希腊城邦没有什么不同。从那里起步的罗马，以缓慢却不可阻挡的步伐，一点点蚕食自己的邻邦，这也和希腊人的例子很像。从公元前 4 世纪后期开始，古典时代的两个不同民族踏上了非常相似的发展道路。公元前 338 年，大概是在腓力和之后的亚历山大率领说希腊语的军队进军亚洲的同时，维系着意大利各民族间脆弱平衡的所谓拉丁同盟崩溃了。

随后经过与萨莫奈人、伊特鲁里亚人、凯尔特人和希腊人之间长达半个世纪的战争，罗马占领并且最终消灭了半岛上绝大多数其他文明。公元前 264 年，罗马军队进入当时还是希腊人殖民地的西西里岛。到这个时候，罗马已经成了希腊世界边缘一支不容小觑的势力。甚至有一则故事说，当亚历山大在波斯作战时，罗马向他派出一个使团，亚历山大看到罗马使节的穿着、他们的勤奋以及对自由由衷的热爱后，详细询问了罗马的政治体制，预言未来这个新国家必将会有一番作为。从此以后，希腊和罗马文明将会融合成现在所说的“希腊－罗马世界”，并且将会奠定我们今天所说的“西方”的文化和政治基础。

到了公元前168年，罗马人将希腊变成自己的一个行省。不过不仅他们的政治模式源自希腊，他们大部分的文化、艺术、科学、文学风格、神祇，甚至连罗马女人的发式，都是模仿希腊发展起来的。“被征服的希腊，”诗人贺拉斯写道，“征服了她野蛮的征服者，把她的艺术带进粗鄙的拉丁姆。”[10]罗马人以钦佩之心看待希腊文化，以至于公元17年，奥古斯都在主持为了庆祝进入帝制的新时代而举行的盛大典礼时，同时朗诵了拉丁文和希腊文的颂诗。[11]

在帝国的黄金时代创作并且流传下来的那些辞藻华丽、引人入胜的演说辞中，最出类拔萃的无疑是雅里斯底德的《罗马演说》，它是由一个操希腊语的希腊人写成，这件事本身就证明罗马文明从它的希腊前辈身上获益匪浅。[12]雅里斯底德说希腊人是罗马的“养父母”，从某种意义上说，确实如此。[13]帝国中只有说希腊语的地区没有改说拉丁语。不仅如此，希腊教师穿梭于罗马世界的各个地区，教罗马贵族学习希腊语。据说皇帝克劳狄乌斯在听到一个来访的“蛮族”同时用希腊语和拉丁语和他对话时，如此回答：“既然你会说我们的两种语言……”[14]甚至连庞贝奴隶市场上售卖的男孩和女孩的名单和绰号都是双语的。

不过和各种形式的文化交流一样，这一次也不是完全没有争议的。单是模仿就会带来一定程度的不安。美国人进口欧洲古董，雇佣欧洲厨师，那些财力充裕的人还会把自己的房子装饰成奢华的欧洲风格，但是他们并没有因此稍稍降低自己对欧洲人的狡诈、欧洲人的“世故”，或者用19世纪末时亨利·詹姆斯的话来说，欧洲人的堕落和腐朽的戒心。

罗马人对希腊的迷恋也有类似的两个面向。对罗马人而言，他们的区别在于希腊人位于欧洲（至少是意大利）和亚洲之间。小亚细亚的希腊城市特别令人生疑，早在希罗多德的年代，那里就混居着不同的民族，一些是真正的希腊人，一些是波斯人。公元前88年，本都国王、希腊化的波斯人米特拉达特斯六世下令屠杀居住在亚洲希腊城市里的罗马人，这给罗马人留下了深刻的印象，他们认为这些民族非常狡诈、有“东方人的”特点。一些城市可能意识到它们未来会被并入帝国，因此想方设法为自己脱罪。特雷莱斯的住民甚至雇用了一个土生土长的波斯人来替他们杀害意大利人。但是在其他城市，比如以弗所和帕加马这样重要的宗教场所，意大利人被从圣殿和神庙里赶出来，上千人遭到屠杀。

这些事件使希腊人善于欺骗、不值得信任的印象在罗马人的脑海里挥之不去。甚至就连受希腊影响最深的罗马智者西塞罗，显然也对他眼中的希腊人的性格深恶痛绝。“对他们来说，”他写道，“欺骗是第二天性。”

> 我可以这么说整个希腊民族。我承认他们的文学成就，我承认他们在诸多技艺上的造诣，我也不否认他们演说的魅力、他们的智者的洞察力和语言表达的丰富性……但是那个民族从不重视在作证时的诚实和荣誉，他们不知道这件事的意义、重要性和价值所在。有一句俗语：“你帮我作证，我就帮你作证。”这句话是从哪来的？人们不会觉得它出自高卢或西班牙，不是吗？这完完全全是希腊的，甚至连那些不懂希腊语的人都认出这句话里的希腊单词。[15]

换句话说就是，聪明反被聪明误，用它来说谎和骗人。罗马人称其为“希腊人的信誉（*Graeca fides*）”。“小心希腊人和他们带来的礼物。”维吉尔借正在检查希腊人留下的木马的特洛伊高级祭司拉奥孔之口说出了这句名言。希腊人像奥德修斯一样狡诈，而且为人轻浮，过于放纵，他们把太多时间用来和妓女厮混，饮酒宴乐。罗马人有一个词来形容这样的行为：*pergraecari*，其字面意思是“像希腊人一样玩乐”。希腊男人把过多的兴趣放在男童身上，在西塞罗看来，他们要为这种习俗像传染病一样在罗马传播负责。[16]

罗马人的普遍看法是，希腊人从他们真正的“东方”邻居那里吸收了太多东西。亚历山大大帝可能成功地希腊化了亚洲很大一部分区域，但是在这一过程中，希腊人自己也被东方化了。罗马历史学家李维经过认真思考后得出结论，假使亚历山大按计划挥师西进，并且在战场上遭遇罗马人，得胜的必定是后者，因为到了那时，亚历山大肯定因为在波斯驻足而被腐化。[17]

罗马人害怕希腊会是另一种特洛伊木马，现在藏在它腹中的不再是武士，而是各式各样的邪恶和引人堕落的诱惑。希腊可能为罗马奠定了文化和宗教的基础，但是到了西塞罗的年代，大多数罗马人已经相信，现在罗马才是欧洲价值的真正承载者。

在他们看来，所有这些价值都可以用一个有感召力却也很容易引起争议的词来表达：*virtus*，也就是“美德”。今天，我们所说的美德是基督教的基本道德信条：正直、诚实、忠诚、谦逊、慷慨，等等。罗马人也很看重这些品质。但是我们对这个词的理解很大程度上来自5世纪的基督教哲学家波伊提乌的解释，他的解释更符合早期基督徒对道德的看法，与罗马人对这个词的本来理解相比，“有人打你的右脸，连左脸也转过来由他打”的意味更强。这个词源自拉丁文中表示“男性”的*vir*，英语里“virile（刚健的、有生殖力的）”这个词毫无疑问来源于此。实际上，*virtus*只是“男子汉气概”的意思，在罗马人眼里，这意味着真正的战士应该拥有的品质，包括英勇、毅力、恒心和自尊自重（*maiestas* and *gravitas*）。他应该表现得仁慈（斯多葛派哲学家和戏剧作家塞涅卡为此写过整整一篇论文）、温和（如果有必要的话）和宽宏大量。[18]最重要的是（在这一点上，他和他的基督徒继承者们的看法大体相同），他必须重视诚信，这代表了希望维持正直的人际关系的意志；尊重契约；与此同时，对皇帝和神祇保持恰如其分的忠诚。[19]在罗马人看来，从总体上说，只有他们自己才是真正具有美德的民族。世界上其他地方则充斥着希腊人所说的“蛮族”，或是西塞罗所说的“行省人”。[20]

罗马人对这些民族的看法不可避免地受到了之前以此为主题的希腊作品的影响，西塞罗便是典型的例子。不过他们的看法也来自亲身经历。随着罗马帝国的领土向东一直扩展到印度边界，向西经德意志扩张到不列颠，向北进入斯基泰人、萨尔马提亚人、阿兰人以及后来的匈人活动的草原，向南延伸到非洲沿岸，罗马人理解的“蛮族”的范畴发生了变化。到了公元前1世纪，至少已经有了一个粗略的二分法，不仅将罗马人和蛮族区别开，蛮族自身也被分成了不同的类别：一类是在北欧和西欧的日耳曼人、哥特人和高卢人，另外一类是东边的努米底亚人、埃及人、叙利亚人、波斯人和“柔弱的阿拉比亚人”（诗人克劳狄安的说法），其中最重要的是帕提亚人。

几个世纪以来，罗马人和这两类人的接触都很多。他们能够压制其中的一些，而另外一些，特别是西欧民族，他们将其征召入伍，很多人因此被同化成罗马公民。这些西方的蛮族尽管有很多奇怪的特征，但是并不完全和罗马人所认可的美德格格不入。高卢人和日耳曼人凶暴但也很有勇气，残忍却也诚实。他们尊重自己的神明和家族，而且和以前的罗马人非常相似，他们时刻准备着要为祖国的利益献身。

与此相反，可能除了某些华而不实的艺术才能，“东方人”没什么值得称道的地方，和希罗多德的看法一样，他们既软弱又残忍，喜好奢华，淫荡的男人娶自己的姐妹或母亲为妻，他们不知道如何恰当地埋葬死者，对病患置之不理。尽管有时表现得很粗野，但是他们显然也过于花哨、女气十足。“我不敢把话说得太明白，泄露我们终遭毁灭的命运，”1世纪的讽刺诗人佩特罗尼乌斯如此写道（他是尼禄的宠臣，因此知道自己在说什么），“从接受了波斯人生活方式的柔弱男孩那里”

> 他们学会了沉迷于勾栏瓦肆，
> 走路如女子般扭扭捏捏，
> 新发式和新衣服时时变换，
> 总而言之，追求一切迷人心窍的东西。[21]

所有这些行为都可以用一个拉丁词来形容：*vanitas*。它的意涵比单纯的“vanity（虚荣）”要丰富得多。它的意思是重视外表，而在罗马人看来，矫揉造作的举止和过于奢华的服装只是掩饰了单调而平庸的内在人格。它意味着空洞、贫乏、轻率、巧言令色和某种空洞、虚伪的本质。最重要的是，它意味着反复无常。东方是*vanitas*之地，频频出现暴君，因为尽管这些蛮族可能是强健的敌人，但是他们却非常容易受仪式和习俗的左右，他们的内心空虚，只看得到眼前权力的诱惑，却意识不到背后支撑着它的美德。希罗多德对波斯人的一般印象是，如奴隶般顺从、缺乏自由；现在，罗马人将其拓展到所有亚洲民族的身上。公元 1 世纪的罗马史诗诗人卢坎嘲笑道，亚洲人永远都无法知悉丧失自由的痛苦，因为他们从未拥有过自由。“让叙利亚人成为奴隶吧，”他补充道，“还有亚洲人和东方人，他们早已习惯了国王的统治。”[22] 罗马人中间有一种错误但流传甚广的偏见，他们认为帝国内所有被贩卖的奴隶都来自东方，这又进一步加深了他们脑海中东方人奴性十足的形象。[23]

帝国扩张到亚洲后，被罗马人视为根本的价值观持续受到威胁。和所有建立帝国的民族一样，他们也害怕自己会被自己的帝国腐蚀，担心会受到其他风俗的吸引，也害怕如后来英国人所说的“入乡随俗”的诱惑。和所有创建帝国的民族一样，他们似乎相信自己秉持的价值观，特别是“男子汉气概”和简朴（共和国正是在此基础上建立起来的），必定要优于其他所有民族，不过它们正不断受到侵蚀和腐化。亚洲人、希腊人、安纳托利亚人和叙利亚人不再是边界之外遥远而模糊的威胁。尤维纳尔抗议道，来自东方各地的移民是“逢迎、虚伪、好色、淫荡的大师”，渗透到罗马世界的中心。在他看来，叙利亚奥伦提斯河的河水现在似乎已经“流入台伯河已久，随之而来的是叙利亚的风俗，它的长笛和竖琴的嘈杂声”。[24] 这同样也是公元前 1 世纪中期的历史学家撒鲁斯特批评罗马扩张到欧洲之外将会给自身的正直品德带来威胁的一个原因。[25]

亚洲热切地追求财富和奢侈品，它的柔弱伴随着看上去毫无意义的残忍行径和有争议的性行为，也导致了所有神秘主义的或强调肉欲的宗教的诞生，其中最具代表性的是源自犹太人、叙利亚人和埃及人的“迷信”：伊西斯崇拜、围绕西比拉神谕产生的秘密团体、密特拉教，最后，其中影响最大的基督教传遍了从亚洲到苏格兰边境的所有地区。很少有人会不清楚，为什么最残暴、最荒淫的皇帝卡利古拉和后来的尼禄会对亚洲着迷，醉心于它的神祇、艺术和各式各样的宗教。据说尼禄鄙视所有的罗马神明，独尊叙利亚女神伊什塔尔。帕提亚国王提里达提斯拜访他时，称他是密特拉神的化身，作为回应，尼禄转而信奉“玛哥斯僧的宗教”，而提里达提斯亲自为其举行了入教仪式。

罗马在成为世界主宰的发轫期，曾经和一支亚洲强权迦太基有过一次灾难性的、近乎致命的遭遇。迦太基是腓尼基人在非洲海岸的殖民地，大抵包括了今天突尼斯的北部和中部、撒丁岛的南部和西部，以及西班牙南方的部分地区。它寻求控制大部分通向西方的航路。自从腓尼基人第一次出现在《伊利亚特》和《奥德赛》里时，他们就有着某些“东方人”的特征。多少知道些骗人伎俩的奥德赛，称呼他们为说谎者和骗子，说他们狡诈、“诡计多端”。[26] 在西塞罗看来，他们要为将奢华风气和贪欲带到希腊，最终使希腊人失掉男子汉气概负相当大的责任。[27]

迦太基人与伊特鲁里亚人和希腊人的冲突持续了几个世纪之久。公元前 264 年，当罗马人的势力扩张到西西里岛时，他们发现自己不得不加入一场决定地中海未来霸权的竞争中。迦太基的一切都令他们感到震惊。他们的头发和胡子不自然地卷曲，他们的衣着女气十足，男人和女人显然都对香水有着无法满足的热情。他们文身、化妆，身上佩戴着精致的珠宝：项链、手链、护身符、耳环和鼻环。他们行为夸张，社会地位低的人要在地位高的人面前下跪，希腊人正是因为这种风俗对波斯人深恶痛绝。他们的语言有奇怪的喉音，罗马喜剧作家普劳图斯将他们的对话比作野兽间的交流。

腓尼基人的宗教同样怪异。令人望而生畏的万神殿里有巴尔哈蒙、他的伴侣月神坦尼特和提尔城守护神麦勒卡特，他们以人献祭，定期杀死儿童作为祭品，有求于神的人必须遵守荒唐的饮食禁忌。他们的神庙丑陋、零乱，虽然迦太基人不需要在血腥的神明前下跪，不过他们崇拜圣石和下流、荒谬的家庭守护神。腓尼基人的城市是高大的阶梯状要塞，装饰风格非常华丽、混乱，和经过精心规划的希腊－罗马定居地完全不同。甚至连受到亚里士多德高度赞赏的迦太基人的治理体系（实际与罗马人的并没有太大不同），看起来也过于复杂，完全是为追求贸易和利润而设计的：罗马人认为贸易是必要的，但并不合乎美德的标准。“腓尼基人的信誉”成了类似“希腊人的信誉”的流行语，意思是欺骗、说谎和违反协议。[28]

与此相反，罗马人当然是一如既往的直接、诚实、直来直去。这样，在罗马人看来，和意大利半岛隔海相望、距离很近的地方的文化，似乎体现了东方所有的恶习：腐败而不讲道德、傲慢且自私自利、善于欺骗又盲目狂热，和希罗多德时代希腊人眼中波斯人的形象完全相同。

公元前 264 年，两大强权爆发战争，史称第一次布匿战争。战争一直持续到公元前 241 年，此时罗马已经巩固了对西西里岛的统治，占领了撒丁岛和科西嘉岛。作为因应之策，迦太基人着手在西班牙建立一个新帝国，组建一支足以击败罗马人的军队。公元前 218 年，迦太基将领汉尼拔（他的父亲哈米尔卡在其 9 岁时就让他发誓，要永远与罗马为敌）率领一支从罗马所有蛮族仇敌中征召来的大军翻过阿尔卑斯山，其中还有一支由 38 头战象组成的传奇部队，不过它们的实际威力可能并没有看上去那么大。自此，第二次布匿战争开始，一直持续到公元前 201 年才结束，用李维的话来说，罗马人在这 17 年间“绝口不提和平二字”。[29]

公元前 218 年，汉尼拔在提基努斯河击败了一支由普布里乌斯·科涅利乌斯·西庇阿率领的部队，西庇阿出身于罗马一个富有传奇色彩的将军世家。下一年，在特拉西梅诺湖畔，罗马又吃了败仗。公元前 216 年 8 月 2 日，在著名的坎尼会战中（发生在现在的坎尼山），[30] 意大利所有可以调动的军团被消灭殆尽。自从登陆意大利之后，汉尼拔杀死或俘虏了 10 万名左右的军团士兵、数百名元老院议员和贵族，其中还有两名执政官。在 24 个月的时间里，罗马前线部队中三分之一的士兵或死或伤，或被俘虏。这很可能是共和国的末日。[31] 一天夜里，普布里乌斯·科涅利乌斯·西庇阿正在帐中睡觉，他梦到自亚洲而来的

> 穿着铜质胸甲的战士和国王组成同盟，所有民族一起与欧洲为敌，马的嘶鸣声和长矛刺出的声音，血腥的屠杀和可怕的抢劫，高塔化为废墟，城墙夷为平地，各地受到无法言说的破坏。[32]

和马拉松战役前一样，亚洲再一次准备要奴役欧洲。汉尼拔的军队在距罗马城墙不到 3 英里的地方安营。罗马引颈就戮，等待着最后的屠杀。但是此时的迦太基军队已是强弩之末，筋疲力尽，当一支罗马军队

从侧翼进军迦太基时，汉尼拔返回故乡。然而，在一段时间内，亚洲的“铜甲部队”看起来确实要攻陷这座永恒之城了，如果他们能够成功，几乎没有什么力量可以阻止他们横扫欧洲大陆。

公元前 202 年，罗马展开攻势。在扎马战役中（发生在今天突尼斯的萨齐亚特·西迪·优素福附近），迦太基军队被大西庇阿彻底击溃。迦太基又设法延续了五十多年。但是到了公元前 149 年，经过六天的巷战之后，它被另一个西庇阿——小西庇阿——率领的军队洗劫一空，然后被摧毁。屠杀令人震惊。当屠杀结束后，西庇阿仪式性地诅咒这片土地，将盐耕入土壤，发誓绝不让这里再立起一座房屋或长出一株庄稼。根据当时就站在他身边的希腊历史学家波里比阿的记载，西庇阿攥紧拳头说道：“这是光荣的。但是我预言我的国家也会遭受相同的命运。”[33] 迦太基最主要的图书馆被象征性地赠送给努米底亚国王，这是毁灭行动的最后一步，最终，迦太基文化也随之灭绝。[34]

随着死敌的灭亡，罗马人使整个地中海地区避免了，或者说似乎避免了“东方化”。迦太基是唯一有足够实力阻止罗马扩张的强权。在它灭亡之后，再也没有什么可以阻挡罗马军队的了。罗马的城市、罗马的法律、罗马的政体和拉丁语紧随罗马军队逐渐传遍整个地中海地区。到了公元前 1 世纪，地中海成了“我们的海（mare nostrum）”。

接着，罗马进入亚洲。塞琉古帝国曾经一度占领了从安纳托利亚经叙利亚和巴比伦到伊朗直至中亚的广袤领土，现在落入了罗马人的手中。尽管塞琉古人本来是马其顿人而非伊朗人，而且他们是亚历山大大帝事实上的合法继承人，罗马人仍将其视为堕落、蛮横、虚弱的存在，和真正的“东方人”没有任何区别。马其顿人的运气也没有好多少。罗马人没有忘记马其顿国王腓力五世曾经和迦太基人结盟，公元前 168 年的皮德纳战役之后，腓力和亚历山大庞大的王国的最后部分也落入罗马人手中。

不过对于稍晚的罗马世界来说，代表了亚洲所有恶习的民族是帕提亚人。他们源自赫卡尼亚北部达依联盟中的帕尼部落，以铁甲骑兵和骑射手著称，他们培育的尼萨马很有名，声名远播至东方的中国。公元前 3 世纪，帕提亚人的首领阿萨息斯将塞琉古人赶出了现在的叙利亚和伊拉克。

与迦太基人一样，帕提亚人在罗马人眼里同样有亚洲典型的野蛮作风。尽管他们对罗马军团取得了可观的战绩，而且很多作者，比如希腊地理学家斯特拉波，将帕提亚帝国视为罗马唯一的对手，但是他们给人留下的主要印象仍然是地方对中央政权的持续叛乱，王室内部狂热而血腥的阴谋，杀父、弑母、手足相残（几乎没有罗马人会注意不到他们和朱里亚·克劳狄王朝的相似性）。“他们的民族性是，”历史学家和动物学家庞培乌斯·特罗古斯总结道，“浮躁、粗暴、狡诈和傲慢无礼……他们之所以服从自己的首领，是出于恐惧，而非敬意。他们的性行为毫无节制……他们说的话或做出的承诺没有任何可信性。”[35] 在罗马人眼前的是一连串残忍、荒唐、奢侈、迷信的暴君：阿尔达班、瓦尔达内斯、戈塔尔泽斯、沃诺奈斯，阿契美尼德人的奢华和虚荣与帕提亚人的残暴结合起来，从而创造了“另一个世界（*orbis alius*）”，刚好与罗马世界和罗马人的美德形成鲜明的对照。[36]

这些描述中令人瞩目的地方是，亚洲人缺乏自由的看法再次出现。同他们的阿契美尼德前辈一样（他们也认为自己和阿契美尼德人关系密切），帕提亚人被视为一个仅仅由恐惧驱使的民族，无法自由做出选择。“你用恐惧控制你的臣民，”塞涅卡对帕提亚国王说，“他们不允许你片刻松开你的弓；他们才是你不共戴天的敌人，易于被贿赂，盼望有新主人出现。”[37]

这又是一群乌合之众，一伙暴徒，而非一个民族。薛西斯的军队已经证明，即使乌合之众也可能取得辉煌的战绩，很多罗马人认可帕提亚人的军事技能、他们的勇气，更不用说他们的凶残本性。但最终绝大多数人像希罗多德一样，坚信自由人是最好的战士，帕提亚帝国总有一天会踏上和所有东方专制政权相同的道路。事实确实如此，它先是在198年被塞普蒂米乌斯·塞维鲁率领的罗马军队击败，然后被萨珊人摧毁。他们因为自己的恶习而衰落，受到奴隶般的无能的驱使而使自己徒具民族的外形，他们天生是西塞罗眼中的“行省人”，为了他们自己和其他人的利益，这些人理所当然应该被置于罗马明智的监护之下。

和之前的希腊人一样，罗马人之所以认为东方专制主义归根结底是脆弱的，并不仅仅因为他们据说是“天生”热爱自由的，而是出于一种更为具体的理由，也就是对一种特殊政治体制的信心。正如雅里斯底德所指出的，让罗马成为希腊世界合法统治者的是它“集所有其他政体之大成，而又摒弃了它们的缺点”的政体，换句话说，就是罗马的共和主义。

3

在罗马一步步吞并亚洲大片土地的整个过程中，它曾经是一个共和国（*respublica*，其字面意义是“公共事务”，老式英语词汇“commonwealth”可能是它最恰当的翻译）。它并不必然施行雅典的民主制度，不过它肯定是一个其宪制依赖于维持一般民众和掌握元老院的贵族之间的平衡的国家。至少从名义上讲，帝国直到灭亡的一刻仍然是由“罗马元老院和人民（*Senatus Populus Que Romani*，SPQR）”统治的“罗马人民的帝国”。SPQR 的标志被所有军团带上战场，被装饰在每一座公共建筑上，直到今天仍然可以在罗马城的井盖上看到。

人民一直拥有巨大的权力，只是他们常常也很盲目。控制罗马经常等同于控制民众，而受欢迎的将军总能通过煽动大众来对付自己的政敌。公元前 184 年，保民官奈维乌斯指控颇具人望的扎马之战胜利者大西庇阿收受塞琉古皇帝安条克的贿赂，受贿地点在现代的叙利亚。西庇阿完全没有反驳针对自己的指控（毕竟他很可能确有其罪）。相反，他对前来旁听自己受审的庞大人群说：“今天是我在阿非利加的土地上击败你们的帝国最危险的敌人，迦太基人汉尼拔的伟大战役的周年纪念日。”他指着奈维乌斯继续说道：“我们不要忘记众神的恩惠。不要理会那个可怜的人，向朱庇特致谢吧。”随后他向朱庇特神殿走去，人群跟着他离开，奈维乌斯发现自己孤身一人，被彻底打败。[38] 所有军事将领都知道，为了控制罗马，他们必须得到人民的爱戴。

对罗马人而言，人民和贵族非常相似，帝国和共和国实为一体。今天，我们太过经常地认为帝国总是君主国，充其量是以一种或另一种形式进行伪装。但事实并不总是这样的。如同我们已经看到的，民主的雅典创造了一个事实上的帝国。15、16 世纪的威尼斯共和国和 19 世纪的美国也是如此（时至今日，仍然有很多人认为它是一个帝国）。古罗马也是这样。

随后发生的事情在共和国里已经是司空见惯的了。罗马将军的权力过大，越来越不愿意听从元老院的命令。公元前 48 年，两名执政官尤利乌斯·恺撒和庞培之间的斗争以后者在法萨罗之战中的失利告终，他随后在埃及被杀，这使恺撒事实上控制了整个帝国。

恺撒是一位才华出众的军事将领、拉丁语大师、善于蛊惑人心的演说家、有名的花花公子（他发明了一种精美的有褶边的托加长袍）、四处拈花惹草的浪荡子和癫痫病人。他的野心极强。现在，他宣布自己为独裁官（该官职通常只在危机时设立，任期受到限制）、终身执政官，死后成功地让自己被宣布为神。经过这些步骤，共和国空有其名，实际上已经与君主国无异。恺撒也热切地希望能成为国王。罗马很久之前曾经有过国王，这一头衔特别能唤起人们对共和国建立之前那段无序和压抑的日子的回忆。

更善于拍马溜须的追随者们显然已经在散布谣言，他们称《西卜林神谕集》预言，除非成为君主国，否则罗马将永远无法摆脱自己最久远、最凶残的敌人帕提亚人的梦魇。[39] 随后的发展是，人民代表最终不情愿地将王冠献给他，恺撒以不堪此重任为由拒绝了，心里却期待人们会再次推戴。不过并没有发生第二次推戴。愤怒的恺撒宣布辞职，但是由于他曾经说过的话，现在束手无策。

普鲁塔克声称这个伎俩使普通民众“公开而极端地”憎恨他，而且为“那些很久以来一直恨他，但是到目前为止都伪装起自己感情的人”提供了“有用的借口”。

不管是不是国王，由于恺撒在元老院的所作所为，很多人认为他已经威胁到了共和国的自由。公元前 44 年 3 月 15 日，他在元老院的台阶上遇刺身亡，凶手是一群愤愤不平的共和派和前庞培派成员，领头的是恺撒的好友布鲁图斯和卡西乌斯。不过让这群刺客大失所望的是，恺撒之死对共和国的复兴没有任何帮助。相反，它使罗马陷入一连串的内战中，几乎葬送了帝国和整个罗马世界，后世的罗马人永远不会忘记这段历史。

内战成了罗马和整个西方历史上的决定性时刻。不仅是罗马人自相残杀，甚至连帝国也面临着永久分裂成东、西两部分的威胁。胜利者宣称，内战代表着东西方斗争中最新的重要阶段，罗马人和欧洲人的美德将会永远统治虚弱、腐败和纵欲的东方。

在尤利乌斯·恺撒被刺杀之后，有两个人成了帝国潜在的继承人，一个是恺撒的侄子和指定继承人屋大维，另一个是恺撒手下最成功、最有权势的将军马克·安东尼。公元前 43 年 11 月，元老院为了避免两人发生冲突，任命安东尼、屋大维和埃米利乌斯·雷必达为“重建国家的三头联盟”，任期五年。他们分享了帝国的统治权，而马克·安东尼得到其他两人的同意，肩负起重组东方的任务。

公元前41年，安东尼召埃及女王克利奥帕特拉七世到塔尔苏斯见他。这是一个致命的决定。克利奥帕特拉以妩媚动人著称，她已经意识到可以利用自己的魅力有效地守护自己的王国。六年前，尤利乌斯·恺撒攻下了亚历山大港，不过却反过来被克利奥帕特拉吸引，她给他生了一个儿子，说服他让自己保有女王的头衔。虽然她的王国受罗马辖治，但实际上仍然相当于是独立的。

安东尼到来后，她决定使用相同的策略。用普鲁塔克的话来说，她“正处于一个女人容貌最美丽、智力也最成熟的年龄”（她当时 28 岁），正因如此，她完全有理由相信自己会成功。安东尼几次要求她前来，都遭到了拒绝。最终她还是来了，不过是按照她的条件，在她选定的时间来的。

她来了，乘一艘船尾镀金的人船溯西德奴斯河而上，“紫色的船帆在风中鼓起，银色的船桨轻抚水面，配着由笛子吹奏的乐曲”。克利奥帕特拉躺在船尾处由金线织成的华盖下，打扮成维纳斯的样子，“和我们在画里看到的一模一样”，普鲁塔克评价道，两旁各站着一个穿得像丘比特的男孩，为她摇扇扇风。操控船只的不是船员，而是她最漂亮的侍女，穿得像海洋神女和美惠女神一般，有些在掌舵，其他的在操纵缆绳，与此同时，多得数不清的香炉发出一股难以形容的浓郁香气，从船上飘到河边。

最后，当这群人上岸后来到坐在市场上“执政官的宝座里”的安东尼面前时，市井街头流传着一句话：“维纳斯为了亚洲的福祉来和酒神巴克斯狂欢了。”[40]

这种东方式的奢华取得了意料中的效果，安东尼堕入爱河。这也给了17世纪法国学者布莱兹·帕斯卡灵感，他对偶然性在人类历史中发挥的作用做出了著名的评论：“倘若克利奥帕特拉的鼻子稍短一些，地球的面貌将会大为不同。”我们不知道到底是她的鼻子，还是像很多人认为的那样，是她的谈话技巧（所有人都承认她是一个聪明的女人）让安东尼堕入爱河。无论是哪一个，克利奥帕特拉都给安东尼带来了惊人的影响。“柏拉图提到过四种恭维人的方法，而克利奥帕特拉却知道一千种。”普鲁塔克诙谐地说道。她使尽浑身解数讨好他，而且时刻也不离其左右。

接下来的冬天，安东尼陪她待在埃及首都亚历山大港，一年后她产下一对双胞胎，分别取名为亚历山大·赫利俄斯（“太阳”）和克利奥帕特拉·塞勒涅（“月亮”），所有史料记载都说他们继承了母亲的外貌、魅力和充沛的精力。不过在那时就已经可以清楚地看出，安东尼希望能保有东部帝国，他或是想将其作为自己的领地，或是想以此为跳板，从屋大维手里夺取罗马。公元前39年，他访问了雅典，在那里受到热情的欢迎，并被宣布为酒神狄俄尼索斯在现世的化身。现在，他和克利奥帕特拉成了两位埃及神祇奥西里斯和伊西斯的化身，为了亚洲的繁荣而神圣结合。公元前36年，克利奥帕特拉生下了另一个儿子，取名为托勒密·费拉德尔甫斯（“手足之爱”）。

公元前34年，安东尼吞并了亚美尼亚，绑着国王阿尔塔瓦斯德斯返回埃及，让他跟着凯旋游行队列穿过亚历山大港的街道。这种行为没有先例，因为按照惯例，凯旋式都要在罗马举行，并且要向罗马的守护神朱庇特·卡庇托林努斯献祭。在亚历山大港庆祝一场胜利意味着现在这里成了帝国的首都。更糟糕的是，在随后安东尼举办的大型庆祝仪式上，克利奥帕特拉坐在银制的王座上（安东尼的宝座是黄金的），打扮得如同被称为“生命之家的女主人”的埃及女神伊西斯。在随后所谓的“亚历山大港奉献”里，安东尼宣布克利奥帕特拉和她与尤利乌斯·恺撒的儿子恺撒里昂为“万王之女王和万王之王”，埃及、塞浦路斯、利比亚和叙利亚的主人。这样，克利奥帕特拉的儿子实际上对屋大维作为恺撒继承人的身份提出了严重的挑战。王国的其他地区以幼发拉底河为界，被分给亚历山大·赫利俄斯（此时他穿着米底人的服装，佩戴着帕提亚人的三重冠）和托勒密·费拉德尔甫斯（穿的是马其顿人的装束）。克利奥帕特拉·塞勒涅被封为昔兰尼女王。

至少在象征意义上，罗马帝国现在被分为东、西两个部分。或者更准确地说，至少在消息传到罗马时，人们是这样理解的。“人们把这视为自大和做作的举动，”普鲁塔克写道，“似乎暗示了他憎恨自己的国家。”[41] 在后世的历史学家看来（其中绝大多数偏向屋大维及其继承人），安东尼因为对一个女子的爱，把自己变成了东方行省的总督。

塞涅卡鄙视所有东方的事物，甚至连亚历山大大帝也受到牵连。他声称虽然自己相信安东尼毫无疑问曾经是“伟人和智者”，但是他要为允许“外邦习俗和罗马人一无所知的恶习进入帝国”负责。纵欲、不节制、酗酒，他已经成了一个东方女人肆意操弄的工具。“从那以后，没有人认为他是罗马公民，”半个世纪后的元老院议员希腊人卡西乌斯·狄奥鄙夷地说道，“他更像一个埃及人。我们不要叫他安东尼，干脆叫他萨拉匹斯［奥西里斯］；也不要想起他曾经担任过执政官和军队统帅，只需要知道他当过亚历山大港的体育官。”

回到罗马，屋大维发起了诋毁安东尼的宣传攻势，甚至在屋大维去世很久之后，它还在继续进行。公元前 32 年，他成功地迫使安东尼在罗马的大部分支持者逃出了城。随后，他得到了安东尼的遗嘱并将其公之于众，由于安东尼把它交给了维斯塔贞女，因此屋大维的做法是一种半亵渎的行为。据说安东尼在遗嘱里将帝国留给他和克利奥帕特拉的孩子们，还要求将自己葬在亚历山大港。在此之前，已经有传言说他想把帝国的首都从意大利迁到埃及，而这条遗嘱进一步增加了传言的可信性。

现在，屋大维促使元老院正式收回了安东尼剩下的权力，并且对克利奥帕特拉宣战，这实际上把安东尼变成了叛国者，除非他立即抛弃她，而屋大维知道他绝不会这么做。随后，屋大维开始着手准备对付自己的政敌。在希腊西部经过长时间的战斗之后，主要因为屋大维的部下阿格里帕将军的作战技巧，安东尼最初的优势慢慢消失。公元前 31 年 9 月 2 日，两军在希腊西北安布拉基亚湾入口处的亚克兴角遭遇。双方都有 4 万左右的军团士兵。除了意大利人之外，屋大维的军队里还有日耳曼人、高卢人和达契亚人。对面是安东尼从埃及、利比亚、埃塞俄比亚和阿拉伯半岛征召来的士兵。据说屋大维对自己的军队发表了一次典型的诋毁敌人的演说。他对他们说："亚历山大港人和埃及人将爬虫和动物当作神来崇拜，把他们自己的身体做成木乃伊，让自己看起来像是不朽的；他们的厚颜无耻无人可及，却缺乏勇气；最为恶劣的是，他们是一个女人，而不是男人的奴隶"，他们在战场上绝不是真正罗马人的对手。[42]

在《埃涅阿斯纪》的第 8 卷里，埃涅阿斯的母亲维纳斯给了他一块盾牌，他可以在其表面看到未来奥古斯都的罗马取得最终胜利的景象。在这个说法中，安东尼的军队和舰队的构成是，

> 蛮族的援军、东方国王的部队；
> 有近处的阿拉伯人，还有远处的巴克特里亚人，
> 说着嘈杂不同的语言，
> 穿着杂乱花哨的长袍，
> 他的厄运紧随其后——那个埃及妻子！[43]

从最后一行里，我们几乎可以听到作者厌恶的嘘声，几行后描写克利奥帕特拉最终毁灭的诗句里也能读出类似的厌恶之情。

安东尼军队的总兵力比屋大维的多很多。他的战船数量是屋大维的两倍，而且更重、更大、装备更好。后面还有克利奥帕特拉提供的 60 艘战船，而她则待在另一艘镀金的大平底船上，等待着胜利的消息。

刚开始，海战似乎朝着对安东尼有利的方向发展。不过在意识到敌人真正的弱点之后，阿格里帕迫使安东尼展开阵型，然后从空隙处突入，转而攻击克利奥帕特拉的战船。这个策略成功了。克利奥帕特拉不谙战事，她的战船没有包围阿格里帕的小舰队，反而惊慌失措地逃开，顺着风冲向安东尼的船队，造成安东尼剩余的战船阵型大乱。普鲁塔克说，在那个时候，安东尼的行为“证明了一句曾被当作玩笑话的俗语是真实的，一个爱人的灵魂栖身在另一个爱人体内”。他没有重新组织自己的舰队，而是直接抛弃了它，登上一艘五层桨座的大船，“紧跟在那个已经让他堕落，而且不久将会彻底毁掉他的女人的身后”。[44]

夜幕降临，群龙无首的舰队或是向阿格里帕投降，或是被击沉。安东尼的部队在岸边等了整整一个星期，他们的统帅也没有回来，于是他们向屋大维投降。随着战役结束，安东尼想要把罗马变为一个东方的专制君主国的企图也宣告失败，更准确地说，至少这是胜利者给我们留下的说法。

十几个世纪后，拜伦勋爵望着同一片大海，悲伤地回忆起这场失利：

> 请看这可爱、无害的安布拉西亚海湾，
> 有人在这里抛却江山，只为一个女人！
> 在那波澜起伏的海湾，从前有一天，
> 许多个罗马的将军和亚洲的君王，
> 开来大批舰队，胜败不明地杀戮一场。
> 请看恺撒第二记功碑的地点，
> 它们，和兴建者一样，已经永远消亡。
> 称孤道寡的蟊贼呀！你们害人不浅！
> 上帝啊！你的地球难道必须做他们赌博的本钱？[45]

克利奥帕特拉和她的爱人设法带着60艘战船和安东尼的财产向东逃到亚历山大港。屋大维一年后才追上他们，不过到了这个时候，反抗已经明显没有任何希望了。当胜利的罗马军队进城时，两人自杀身亡。在这个历史上最有名的自杀故事中，她选择的死法是让毒蛇咬她“雪白的胸部”。根据历史学家苏维托尼乌斯的记载，屋大维显然由于担心无法把她带回罗马、无法让她出现在凯旋式上，他甚至让普塞利舞蛇人将蛇毒从她的伤口中吸出，但是已经无济于事。他不得不让克利奥帕特拉·塞勒涅做替代品，后者在他回到罗马时带着镣铐跟在他的战车后面。现在，如同他的赞美者在散文和诗歌中一遍又一遍重复的那样，他成了全世界的主人。

在离开亚历山大港之前，屋大维将亚历山大的木乃伊从神庙中移出。对着它看了许久之后，他为干瘪的头颅戴上金冠，给尸体撒上花。当陵寝的看守问他，现在想不想去看看托勒密家族的木乃伊时，他答道：“我是来看一位国王的，而不是来看一排尸体的。”

屋大维让自己成了整个罗马世界的主人，而且至少在一段时间之内，让来自东方的威胁消失了。现在，埃及步马其顿的后尘，成了罗马的一个行省，所有与它的希腊化时代和法老相关的记忆都将被抹掉。[46] 在后文我们将会看到，十几个世纪后，拿破仑·波拿巴将会在相同的海岸登陆，宣称自己是新的亚历山大，发誓要纠正所有由屋大维造成的伤害。

马克·安东尼的“东方主义”很大程度上是后来奥古斯都一派的捏造，并且得到了罗马诗人卢坎和其后的普鲁塔克的积极支持。可以确定的事实是，他将大本营设在埃及，在克利奥帕特拉的帮助下，而且毫无疑问是在她的要求下，扩张了她的王国的势力，不过他拒绝吞并犹太王希律的土地，而克利奥帕特拉显然提出过这样的要求。但是安东尼的“东方性”与波斯人的东方性相去甚远，甚至不及法老治下的埃及。自从亚历山大麾下的将军、被称为“救世主”的马其顿人托勒密一世（公元前 367—前 282 年）占领埃及以来，它一直是一个希腊化王国。托勒密家族确实被同时视为埃及法老和希腊君主。他们支持本土教派，和下埃及孟菲斯权势熏天的祭司合作，而且在托勒密五世即位后，开始举行古埃及风格的加冕仪式。他们甚至创造了一个希腊版的埃及神祇奥西里斯，取名为萨拉匹斯，当作自己的希腊 - 埃及守护神。不过这样的融合在古代世界非常普遍，它们都是为政治目的服务的，这对罗马人来说没有什么难以理解的。

托勒密家族本身仍然是希腊人，他们按照希腊习俗生活，遵守希腊法律。据说克利奥帕特拉精通埃及语（如果普鲁塔克说的是事实，那么她也通晓米底语、埃塞俄比亚语、希伯来语、阿拉伯语、帕提亚语和穴居人语），不过她是托勒密家族中第一个会埃及语的人。安东尼可能将大本营设在亚历山大港，他可能和埃及女王有三个孩子，但是没有多少证据可以证明他娶了她，看起来十分清楚的是，他的最终目的并不是成为一个东方的君主，而是全罗马的皇帝和恺撒。实际上，除了不足为凭的和奥西里斯的联系，安东尼对罗马礼仪最严重的冒犯似乎是穿着轻薄的希腊便鞋，而不是得体厚重的罗马式鞋子。

但是人们很容易对历史记录置之不理。在后来有关屋大维和安东尼的命运之战的叙述中，屋大维在内战中的胜利及其成为元首，象征着将东方主义的污迹从罗马世界中清洗干净，将安东尼在埃及宫廷虚度时光和他接受埃及神祇的事实所代表的 *vanitas* 清洗干净。亚克兴战役的胜利导致埃及王国被吞并，随后亚洲的大片领土被划入罗马的版图。和之前的萨拉米斯战役一样，亚克兴战役同样是一场海战，它们都确保了自由、品德高尚的西方没有亡于专制、腐败的东方。

4

在这些妖魔化安东尼的企图背后，有着更深层次的不安。看到舅爷恺撒耻辱的失败后，屋大维不愿意接受国王的头衔，而是给了自己统帅（*Imperator*，也译为“皇帝”）的封号。公元前 27 年，他采纳了另一个头衔奥古斯都（“可敬者”），建立了一人统治的新帝国，其统治者现在被称为元首（principate）。

奥古斯都坚持认为，与其说自己是在共和国的废墟上创造出一个新的国家，不如说是在重建所谓的“人民的事业”。虽然罗马现在实际上已经是君主制的帝国，但在其官方宣传中，是人民把他们的“权威与权力”（*imperium et potestas*）赋予皇帝的。[47] 在奥古斯都的传记《神圣的奥古斯都功业录》中（他下令将其刻在铜柱上，竖立在帝国的每一个主要城市里），奥古斯都宣称自己“解放了被一个派系的统治权压迫的共和国”。

甚至晚至公元4世纪，罗马帝国最后一位伟大的拉丁语历史学家阿米亚努斯·玛尔塞利努斯仍然能将罗马皇帝形容为共和国的仆人，“（共和国）将管理其遗产的责任托付给恺撒们，就如同托付给自己的子嗣一样”。确实，罗马皇帝的头衔总有些暧昧的地方。单单是被所有后继者采用的“奥古斯都”头衔，就暗示了从希腊化王国的君主们那里继承来的半神圣的权力。“第一公民”至少暗示了还有其他与他相似的人；统帅则意味着“行使统治权的人”，只是用来描述所有罗马官吏拥有的行政权力的范围。

尽管如此，尽管元老院仍然拥有政治权力，而且直到罗马灭亡前夕，“罗马元老院和人民（SPQR）”仍有人提及，奥古斯都的新元首头衔很快成了一个门面，在其背后一种新型的寡头政体逐渐成形。虽然平等和公民自由至少幸存了一段时间，但是为共和国带来成功的旧有的权力分享机制消失了，它们消失得如此彻底，以至于到了公元3世纪初，法学家盖尤斯和乌尔比安可以在不用担心自我矛盾的情况下大胆宣称，现在所谓的“皇帝”的统治权已经吸收了罗马人民的统治权。

尽管奥古斯都的新秩序标志着在共和国时代受到高度赞扬的那些自由被一点点侵蚀，但它似乎确实给这个无可比拟的强国提供了繁荣：军队看起来战无不胜，罗马人民安享经济无限增长。伴随着新的繁荣和安定局面，拉丁文学进入黄金时代，这是史诗诗人维吉尔的年代；是诗人奥维德的年代，尽管他可能由于卷入皇室的丑闻而被奥古斯都放逐到黑海的托米斯城，他的作品对后世欧洲文学的影响可能超过了所有其他古典作家；是诗人贺拉斯、提布鲁斯和普罗佩提乌斯的年代；也是李维的年代，他可能是最伟大的罗马历史学家。他们以各自不同的方式，同时庆祝着罗马在新秩序下取得的成就，过去的、现在的和未来的成就：罗马真的成了李维所说的“世界首领（*caput orbis terrarium*）”；罗马的军队和法律在全世界范围内实现了罗马式和平（the *Pax romana*）。[48]

但是奥古斯都的统治所带来的好处只维持了很短的时间。在他死后，帝国落入一连串腐败无能的统治者之手，他们都有些或远或近的血缘关系，因此形成了一个王朝，通常被称为朱里亚·克劳狄王朝。尽管皇帝有着绝对、独一无二的权力，但是帝国本身直到其灭亡之日仍然还是代表着人民。这就意味着，困扰着所有君主国的政权世代交接的问题永远无法得到解决。罗马皇帝从来不是像后来的欧洲统治者那样的“国王”，也就是有继承权的君主，后者自身及其职位都被认为受到某种神意的约束。一位皇帝的决定永远无法构成对其继承人的约束。之前在共和国时期，由于元老贵族阶层的存在而得到保证的政策的连续性，开始变得摇摆不定，随后彻底消失；奥古斯都时代的寡头制在他的继任者那里变得像是僭主制，最终，在很多罗马人看来，已经非常接近东方的君主制了。

朱里亚·克劳狄王朝统治下的罗马成了不计其数的流行小说和电影里罗马帝国的形象：酗酒狂欢、残忍而怪异的性行为、角斗士的厮杀，因为琐事冒犯政权而遭到杀戮的无辜受害者，而这一切都要归咎于堕落而纵欲的皇帝，他们心甘情愿地把自己庞大领土的统治权交给腐败、谄媚的臣下。和很多流行作品中的形象类似，上述内容也有不少是彻头彻尾的幻想（而且通常和性有关）；即使不是捏造的，很多也被其最主要的受害者基督徒添油加醋了一番，不过绝不可能都是幻想。有人主张，其中一些是由于铅中毒而导致的。环绕罗马的 11 根水管每天要为城市提供 25 万加仑的水，然后通过铅管流入各个家庭。体质人类学家发现，这一时期发掘出的骨头的铅含量常常是正常值的 10 倍。如此高浓度的铅对饮水者会产生怎样的影响，我们只能猜测。

不管是因为铅中毒、遗传性精神病，还是其他较轻的病症，在奥古斯都到涅尔瓦之间的皇帝很少有人受到称赞。其中的第一个是提比略，他在罗马赢得酒鬼和淫棍的名声后，隐居到卡布里岛，在那里为自己修建了一座大别墅。它的遗址现在仍然保存在海岸边的悬崖上，他曾经从那里观看那些冒犯自己的人在“经过长时间的折磨后”，被扔到下面的海水里。他还在那里建了一座被历史学家苏维托尼乌斯称为“私人妓院”

的建筑，来自帝国各地的男孩和女孩充斥其中，纵情于“不自然的性爱”，以激起皇帝日渐消退的欲望。而国家事务则被交给无能的禁卫军首领塞扬努斯。西班牙和叙利亚一连几年没有总督。帕提亚人侵占亚美尼亚，达契亚人和萨尔马提亚人肆虐默西亚，日耳曼人攻入高卢。

继承提比略的是绰号卡利古拉（意思是“小靴子”）的盖尤斯，一个暴躁、敏感的虐待狂，有乱伦的癖好（他在奢华的宴会上公然与自己的三个姊妹轮流做爱，而他的妻子、助纣为虐的米隆尼亚·卡桑妮亚在阳台上观看这一切）。甚至连提比略也意识到自己的继承人将会是怎样的统治者。他有一次声称：“我在为罗马人民养一条毒蛇。”他的预言完全成真。卡利古拉喜欢观看酷刑和斩首，因此组织了大量此类的行刑。他任命自己的一匹马为元老院议员，以此来表示对元老院的蔑视。据说他曾大声咆哮道，希望所有罗马人（他以他们的名义实施统治）只有一个喉咙，这样他一次就能将其割断。最后，和很多其他脾气暴躁的皇帝一样，他被宫廷卫兵刺杀，他的妻子和女儿也一起遇害。

继卡利古拉成为皇帝的是他的叔叔克劳狄乌斯，一个软弱而多病的人，很可能得过小儿麻痹。由于他的双手颤抖不停，而且说话吐字不清，因此在他的侄子统治时，成了无数恶作剧的对象。不过尽管年轻时受过这么多的侮辱，克劳狄乌斯实际上是一个博学而且精明的人，多少算得上是历史学家和文法学家。他可以说流利的希腊语，而且发明了三个新的拉丁字母，不过它们的使用时间不长。[49] 虽然在刚刚得到权力时，他看起来和前任一样残忍嗜血，不过事实证明，虽然他的施政常常毫无章法，但是他是这个王朝唯一一位勤勉处理政事的皇帝，而且也正是他将罗马公民权扩展到帝国行省。克劳狄乌斯的错误是，他娶了两个恶毒的妻子，先是有名的梅萨利纳，然后是阿格里皮娜，后者更是将毒蘑菇混入皇帝最喜爱的蘑菇菜肴里，把他毒死。

这为尼禄——所有皇帝中最危险的一个——开辟了道路。他杀掉了自己的母亲和姨妈，以莫须有的通奸罪处死了自己的妻子奥克塔维亚。尼禄自认为是诗人、音乐家和运动员，他参加戏剧比赛和马车竞赛（都获得了优胜）。这些虽然能够取悦人民，却让元老院耿耿于怀。他也被指控（很可能并不是事实）在公元 64 年著名的罗马大火期间，坐在位于昂提乌姆的别墅里演奏自己的里拉琴，用历史学家塔西佗的话来说，在罗马被焚烧时，他“唱起特洛伊毁灭的歌，将现在的不幸比作古代的灾难”。随后，受灾的城市中心有 125 英亩的土地被清空，用来建造一座宏伟、奢华的宫殿，里面堆满黄金和珠宝等“庸俗的奢侈品”，塔西佗鄙夷地说道，它的名字“金屋（*Domus Aurea*）”倒是恰如其分。[50] 后来，皇帝图拉真难掩对它的厌恶之情，用土丘将其掩埋，它的遗址保存至今，其中一部分已经被发掘出来，对公众开放。

尼禄并不满足于在曾经是自己的公民居住的地方修筑新建筑，至少根据爱说闲话的苏维托尼乌斯的记录，他还“做出了种种下流行径”，并且几乎玷污了“自己的身体的每一个部分”。他为了把一个名为斯波鲁斯的不幸男孩变成女孩，把他阉割掉，然后娶他为妻，“嫁妆、婚纱一应俱全”，把他带到皇宫，当成自己的妻子。一名元老院议员语带讥讽地评论道，如果尼禄的父亲多米提乌斯娶的也是这样的新娘，那罗马会幸福得多。

元老院终于忍无可忍。议员们极其罕见地一致同意宣布尼禄为公敌。尼禄逃到自己的获释奴法昂的别墅。但是他很清楚，只要外出一步就会被刺杀，因此选择自我了断。如果苏维托尼乌斯说的是真的，他临死前的遗言是：“一个多么伟大的艺术家就要死了！”

尼禄死后，罗马的大街小巷“充满了欢声笑语”，而随着他的死，朱里亚·克劳狄王朝也寿终正寝。尼禄的继承人，从伽尔巴（68—69 年）到图密善（81—96 年），在和元老院的不断斗争与罗马军团的内部纷争中起起伏伏。在极其有名的公元 69 年，罗马帝国有不少于四位的皇帝。这个令人悲伤的故事结束于公元 98 年，图拉真在这一年继位，他不仅是共和国之后第一个为帝国开辟大量疆土的皇帝，也在一定程度上维持了其广袤领土大部分地方的和平和安定。

138 年，随着安敦尼·庇护登基，在经过了几个世纪的争斗和没有间歇的内战之后，罗马似乎要进入安定期了。人们相信它的疆域已经达到极限，即使不是完全意义上的“可居世界”，也是文明可能存在的世界，它终于实现了共和国初期就已经存在的梦想，成了“神圣和谐的化身”。用雅里斯底德的比喻来说，它给人类带来了“普遍的秩序……如一缕强光照耀着人类的公私领域”，众神之父宙斯曾将其赐予自然界，而在这个新黎明，“一种明确而普遍的免于所有恐惧的自由，已经被赐予全世界和居住在其中的人们”。[51]

在雅里斯底德看来，在一连串的帝国中，罗马不仅是所有文明中最伟大的文明，也是最后、最持久的帝国。至少在他看来，第一个帝国是阿契美尼德帝国，然后是亚历山大的帝国。不过尽管幅员辽阔，它们的辉煌终究是建在沙土之上的。亚历山大可能最终“摧毁了波斯人的统治，但是他自己从未统治过”。[52] 最后是罗马，它吞并了之前帝国的全部领土，而且将会永存（或者说，雅里斯底德是这样认为的）。和很多同时代的人一样，雅里斯底德知道时间是前进的，从古代一直前进到现在这一时刻，而现在也将会同样如此地投射到未来。这个世界在各个方面都代表了人类可能达到的至善境界，在任何有意义的方面都无法再前进一步。技术可能会出现改良，虽然实际上自公元前 5 世纪开始就已经很少出现了，但是无法想象还会有不同的政治秩序、不同的风俗习惯，或者另一种宗教有一天将会取代现在的一切。更难以想象的是，会有什么比现在的这些更好。雅里斯底德和罗马世界绝大多数受过教育的人可能是第一批持这种不明智，最终也难以置信的观点的人，不过他们肯定不是最后一批。

如果罗马是最后一个世界帝国，如果它已经终结了历史，那么罗马必定也已经囊括了全球。罗马帝国在某种程度上等同于“世界”的想法至少在共和国时代就已经开始形成。到了公元前 75 年，罗马的硬币上刻着权杖、地球、花环和船舵的图案，象征着罗马的权力遍及世界上所有的陆地和海洋。[53] 20 年后，西塞罗说：“我们的民族已经掌握了整个世界。”[54] 到了奥古斯都掌权的时代，“世界（*orbis terrarum*）”和帝国成为一体，用维吉尔的话说，环绕在这个世界帝国之外的只有大洋河，它被想象成海洋女神俄刻阿诺斯化身为一条大河包围着亚洲、欧洲和非洲大陆。

如果罗马真的如同写出过古代世界最伟大的自然史著作的老普林尼

所说的那样，是被神选中的“所有土地的看护者和母亲”，“将人性带给人类，成为世界所有民族独一无二的故乡”，那么是什么让它成为这样的呢？[55]部分原因在于其军事实力，再加上在古代世界中前所未有的动员和组织能力。罗马帝国可以提供的技术便利是显而易见的：罗马建筑、罗马浴场、从远处高山引来干净的水或是为在诺森伯兰荒地的别墅中镶有大理石的房间供暖，等等。事实证明，所有这些再加上其他方面是无法被拒绝的硬通货。几个世纪以来，它们说服了从非洲一直到苏格兰的罗马之外的地方贵族形成对帝国的认同。[56]但是除此之外总还有些什么，那就是一种被西塞罗称为“我们明智地抓住了一个事实”的生活方式。[57]

当然，这样笼统的断言无疑是浮夸的，但是只要人们仍然认为罗马符合自身总是被夸张的形象，这些宣传之辞就依然非常有效。正如雅里斯底德所设想的那样，罗马是一个不仅许诺了进步的可能性，而且从根本上确保了人们的安全的世界，在军团到来之前，各地是“派系纷争不断和无序的”，现在位于罗马边界之外的蛮荒之地仍然如此。罗马国富兵强。罗马华丽堂皇。但是“众城之母”罗马也意味着爱。甚至连这座城市的名字 *Roma* 本身，都可以被重新排列成单词 *Amor*，也就是“爱”。公元 3 世纪时，圣母玛利亚大教堂的墙壁上刻着三个拉丁语单词：*Roma summus amor*（罗马至爱）。[58]

5

因为罗马人已经知道，如果一个帝国想要比它的创建者存活得更久，想要抵挡住入侵者，那么它就必须能得到被统治者的爱，即使不能如此，至少也要激起被征服民族出于自利的忠诚心。没有人能够低估罗马军事机器彻头彻尾的无情、残忍和高效。罗马对欧洲的征服是所有欧洲强权建立殖民地过程中最血腥的。无论是荷南·科尔蒂斯在墨西哥的屠杀，还是 16 世纪时皮萨罗在秘鲁的屠杀，抑或是 19 世纪塞西尔·罗兹在马塔贝莱兰的屠杀，都无法与之相比。在尤利乌斯·恺撒征服高卢的最后几年里，100万高卢人丧命，100万沦为奴隶，整整一代人被消灭，其残暴程度或许超出了罗马绝大多数的暴行，但也不是独一无二的。但是如果军事力量就是全部的话，那么罗马毁灭的速度应该会和它崛起的速度一样快。“一个帝国能够一直强盛，”历史学家李维说道，“只要它的臣民仍然感到愉快。”[59] 为了生存，帝国必须要有朋友，而不能只有奴隶。它必须要说服被征服民族，他们在征服者的世界里的生活最终一定会比以前的好得多。罗马人也知道，如果想要在他们所认为的整个世界里维持和平，想要让那些曾经使希腊人和波斯人、希腊人和蛮族对立的致命的敌意在他们构建的世界里平息，就只能保持单一的统治和单一的文化。当然，这也曾经是亚历山大的野心。但是亚历山大活得不够久，而他的继承者们的能力不足以将这一远见转化为现实。

雅里斯底德没有任何怀疑，正是罗马的美德，特别是罗马的统治理念成就了罗马的伟大。和曾经的希罗多德一样，雅里斯底德对自己的听众说，波斯人“不知道应该如何统治，他们的臣民不愿意合作，因为如果统治者是邪恶的，那就绝不可能有好臣民”。波斯国王视那些为自己服务的人为奴隶，看不起他们，“而把那些享有自由的人当作敌人，施以惩罚。结果他们的一生都在给予和接受仇恨”。[60]

与此相反，罗马人“统治着自由人……处理整个文明世界的公共事务如同在处理一个城邦的事务”。[61] 罗马因此将世间所有最好、最有用的事物，所有手工制品、艺术品和建筑，所有的作物、纺织品、珍贵的装饰物揽入怀中，“这样，如果有人想要观赏它们，他或是走遍整个文明世界，或是来到这座城市”。[62] 它这样做是因为，正如雅里斯底德一次又一次重复的那样，帝国的各个民族是自由的，所有人都按照自己应得的权利受到管理，他们被尊敬，被保护。所有人都忠心耿耿，他们在说自己是弗里吉亚人、埃及人或高卢人的同时，也骄傲地说自己是罗马人，而这一身份可能是他们最为重视的。“为了这个帝国长续久存，”雅里斯底德说，“整个文明世界都在祈祷。”

一直以来，罗马不仅仅是一个帝国。对于那些受其吸引的人来说，它更是罗马人所说的“*civitas*”，很久以后出现的含义更为模糊的现代词语“文明（civilization）”就源自于此。它指的是一个社会，尽管它以罗马为基础，但并没有任何固定的地理位置。实际上，终有一天，所有人都会聚集到西塞罗所说的“神与人”的单一共同体。这样，从实践的角度来说，它依赖于调和和同化的过程。既然罗马人已经知道，他们的统治，以及由此而生的特定的身份认同，如果要像雅里斯底德所说的那样，持续到“海枯石烂、树木不再在春天发芽”的那一天，那就必须说服从属于自己的民族，包括东方和西方的“蛮族”，接受公元 2 世纪基督教神学家德尔图良所说的 *romanitas*，也就是“罗马精神”。

他们也确实接受了。从不列颠北部到北非，从西班牙到现在的叙利亚和伊拉克，各地的精英都采纳了罗马的生活方式。对于最有能力、最富有的臣民来说，帝国成了一个巨大的宝库，它可以提供的资源远超他们自己的狭小群体所能提供的。住着罗马别墅，穿着罗马服饰，按照罗马的习俗生活，说着拉丁语，他们渐渐开始认为自己是罗马人。在几乎每一个罗马行省里，都能找到来自全帝国各个民族的人。在共和国末期，罗马本身就已经是一个巨大的世界性都市，很像巅峰时的伦敦、巴黎或纽约。

在公元 2 世纪和 3 世纪之后，至少从出生地来看，皇帝本身有时都不是罗马人，甚至也不是意大利人。图拉真出生在西班牙，198 年成为皇帝的塞普蒂米乌斯·塞维鲁是不久前才罗马化的有迦太基血统的大莱普提斯人（位于现在的利比亚），所有的资料都说，他的拉丁语带有很重的口音。3 世纪伟大的改革皇帝戴克里先是一个出身于达尔马提亚的获释奴隶的儿子，他的继任者伽列里乌斯早年在喀尔巴阡山放牛。所有这些人，以及罗马帝国许多地位稍低的官员，都精通拉丁语（或希腊语），在以罗马人的身份为傲的同时，也以自己的出身为荣。塞普蒂米乌斯·塞维鲁甚至重建了罗马史上最凶恶、最成功的敌人汉尼拔的陵墓，以此来纪念自己（假定的）迦太基祖先。[63]

到雅里斯底德来到罗马时，以希腊文和拉丁文为标志的罗马文化传遍从底格里斯河到大西洋、从尼罗河上游的埃利潘蒂尼岛到不列颠北部的哈德良长城的广大地区。驻扎在不列颠的军团的军官们，在苏格兰格兰屏山对面建起意大利式别墅和一座罗马式城镇，里面有露天剧场、图书馆和古典时代哲学家的雕像，与阿尔及利亚南部提姆加德的荷德纳山脉的罗马城镇遥相呼应。[64]

我们不知道，经过罗马化之后，罗马时代之前的更古老的世界还有多少东西遗留了下来。但引人注目的是我们不知道这一情况本身。现在几乎找不到帝国心脏地带——地中海西岸、欧洲西北部和欧洲中部——前罗马时代的文学作品的任何踪迹，无论是口口相传的还是诉诸文字的，也找不到前罗马时代生活在这片地区的民族的任何历史记录。在城市贵族阶层之外，稍早的生活方式和语言必定遗留了下来。在罗马占领不列颠的将近四个世纪的时间里，几种凯尔特语言肯定得到了继续使用，其中一些的某种形式一直流传至今。但是即便如此，也没有留下任何文字记录。[65] 罗马在北非殖民地的情况也是如此。在罗马化的过程中，唯一幸存的语言是希腊语，而希腊语是帝国的第二语言，每一位有教养的罗马贵族都懂得这门语言，在公元 3 世纪后期，戴克里先将帝国一分为二之后，希腊语成了东部的官方语言。

这一文化如此有力，流传如此之广，即使经历了罗马帝国慢慢衰落、瓦解，直至最终演变成漫长而痛苦的垂死挣扎的过程之后，它仍然幸存了下来。在西罗马帝国崩溃一个多世纪后，东罗马帝国法学家莫迪斯蒂努斯仍然可以宣称“罗马是我们所有人共同的祖国（*patria*）”，纵然有些许落寞，但丝毫不认为罗马此时已不再是众城之王。[66] 莫迪斯蒂努斯从未到过罗马，但是对他来说，罗马的意义已经超出了单纯的地理范畴，它已经成了一种生活之道、一种文明。

没有人希望看到它的末日。导致罗马灭亡的原因很多，但各臣服民族对遥远的帝国主人的那种恨意很难被归入其中。那些最终摧毁帝国的“蛮族”本身已经居住在帝国边界之内。与其说他们想要终结罗马的统治，倒不如说他们想将其中的很大一部分据为己有。当 410 年 8 月西哥特的阿拉里克最终攻陷并洗劫罗马城时，他们原本的目的也不是要摧毁这座伟大的城市，他们之所以这么做，只是因为皇帝不允许他们在罗马境内定居。

即使被打败，罗马的魅力似乎仍然无法被拒绝。在 5 世纪末，当西罗马帝国落到“蛮族”手里之后，东哥特国王狄奥多里克（统治时期493—526年）回忆道：“一个有能力的哥特人想要像罗马人一样，只有低劣的罗马人才想要像哥特人。”[67] 如同1790年詹姆斯·威尔逊在沉思被称为西方世界的新罗马的美国可能的未来时所评论的那样，“可以说，并不是罗马人要扩张到全世界，而是全世界的居民扑到罗马人的怀里”。[68] 后来的事实证明，他对罗马的评论真的成了对美国的预言。

这并不是说我们要把修辞学家的所有话都当真，也不是要对表面之下仅隔数尺的残忍暴行置若罔闻。罗马的权力经常是为了罗马文明的利益而存在的。那种权力有时会让现代人（但不仅仅是现代人）感到恐怖至极。

首先是那些臭名昭著的竞技比赛、角斗士的搏斗和类似献祭一般让野兽杀死男女囚徒。公元1世纪下半叶，皇帝图密善规定这些活动只能在罗马城举行，而在此之前，帝国各地为了庆祝胜利、婚姻或是为了哀悼一位（男性）亲属的死亡，都会举办这样的表演。在共和国终结前，这已经成了出钱组织表演的人赢得民心的一种手段；实行元首制之后，它的范围更广、花销更大，也更加血腥。在罗马，权力太过轻易地从被雅里斯底德称赞的崇高理念，堕落为向躁动的暴民提供恐怖的娱乐和面包之类的琐屑小事。

其次，罗马和希腊一样，也是建立在奴隶劳动的基础之上的。一群不自由的人在田地里辛勤耕作，建起雄伟的建筑，时至今日，它们的遗迹仍然令人震惊。他们充当舰队的桨手，从矿山中开采金银，从事对技艺要求极高的行业，成了制作从鞋子到刀剑等这类手工品的匠人。当然，他们也会参与贵族和大量不那么富裕的家庭的生活的各个方面。有人计算出，单单在公元前1世纪的意大利，就存在着200万名左右的奴隶，这意味着奴隶和自由民的比例大约是3:1。他们的活动也深入到国家的日常行政管理中。希腊奴隶充当教师和管家，深受西塞罗信任的秘书泰罗是一个奴隶，他发明了一种以自己名字命名的速记法。甚至连医生也可能是奴隶，他们可以期待获得与自己的服务相符的报酬，法律正是这样规定的。[69]

这些男男女女，在很多方面可能比15到19世纪成百上千被用船运过大西洋，送到美洲烟草和蔗糖种植园劳作的非洲人受到的待遇要好。他们的主人的行为要受到法律的约束，他们甚至可以向法庭申诉。但是他们仍然是奴隶，仍然是别人的财产，也就是法律上规定的“物品”，而非人。

帝国必须提供的便利可能已经由征服者和被征服者共享，或者说，至少其中很多人都可以享用。但是这并不总是让生活变得像很多人希望的那样，更少意外、更为平静，或更加安全。饶舌的1世纪罗马百科全书编纂家奥鲁斯·格利乌斯讲过一个故事，生动地说明了在罗马统治下的行省里，没有背景、白手起家的人的生活可能变得多么危险。公元前123年，一位执政官（他是所有罗马官员中职位最高的）正式访问罗马南部拉丁姆的提南·西底辛南（Teanum Sidicinium）。他的妻子想在男浴池里沐浴（男浴池通常比女浴池更加豪华）。他找来当地的财务官（quaestor）马库斯·马里乌斯，命令后者让正在洗浴的男人们穿好衣服，离开浴池。马里乌斯匆忙赶去执行命令。但是执政官的妻子还是嫌他的速度不够快，向丈夫抱怨说，自己不得不在外面等候，而当她最终进到浴池里时，发现那里也不够干净，不能让她满意。执政官命人在广场中间立起一根木桩。这个不幸的财务官——“他的城市里最显赫的人”——被绑在上面，衣服被剥光，在全体市民面前受到杖责。考虑到无论是公开还是私下，肉刑几乎只用在奴隶身上，遭受这样的处罚意味着这个可怜人的一生都被毁掉了，而这一切都只是由于执政官妻子的突发奇想。[70]这样专横的行为并非个案。在邻近的费伦提努姆（Ferentinum），当地的财务官为了避免类似的羞辱，从城墙上纵身跳下，另外一个则抛弃自己的家庭逃亡了。[71]

确实，这些事都发生在较早的时期，当时拉丁人还是罗马文明的正式盟友，而非罗马公民。但是在整个罗马统治期间，人们总是非常忌惮国家高官如此蛮横的行为。罗马吞并了世界，它将自己的法律和制度推广到各地。罗马的官员是其权力的化身，如果他们希望得到什么（或者显然是他们的妻子希望的），人们很难拒绝。

但是即使罗马统治下的真实生活并不像雅里斯底德描述得那么美好，我们也必须记住，奴隶在古代世界是普遍存在的。它至少起源于史前时代，即使不是全部罗马人和希腊人，但对于其中大多数人来说，它是自然秩序的一部分。

相比之下，角斗士搏斗之类的竞技比赛则是罗马独特的消遣活动。虽然它们出乎想象的残忍，但无疑非常流行。罗马的帝国统治当然可以很残暴，但却不是独一无二的。罗马的官吏经常随心所欲、独断专行，但是很难说程度比后来很多国家，甚至包括一些民主国家的官员还要严重。虽说他们的现代同僚不得不采用更加柔和的手段，而且只能偷偷摸摸地利用自己的职务取悦妻子，但是他们对个人生活造成的伤害，有时甚至不亚于罗马官员。在古代世界，根本没有比罗马更加人道、更少不安定性的社会，而残忍得多、也更加独裁的国家则比比皆是。罗马提供的是包容和安全，是一种生活方式，使雅里斯底德那样的人有机会摆脱本地的小圈子到遥远的地方得到充分的发展，假使生在古代世界的任何其他社会里，他必定会受到限制。

位于公民身份（*civitas*）核心的是公民权（citizenship），正是前者从根本上限定了后者，并给予了名称。现代形式的公民权是罗马的产物，在塑造西方世界的市民价值观的过程中，它的作用几乎超过其他所有要素。212年，皇帝卡拉卡拉颁布敕令，给予帝国境内所有自由民以罗马公民权。"我将［罗马人的］公民权赐予全世界。"敕令如此写道。[72]《卡拉卡拉敕令》（或者说《安敦尼努敕令》，这是它真正的名字）当时被誉为非凡的慷慨之举，此后被视为罗马普世主义的至高境界。当时脾气暴躁的神学家德尔图良警告那些倾向于以自己的信仰为理由成为政治异见者的基督徒，"你服务的这个帝国，权力是归公民所有的，而非僭政"。[73]

《卡拉卡拉敕令》将公民权赐予整个帝国，或者用差不多的意思来说，是赐予整个世界。不过卡拉卡拉在212年实际所做的只是正式确定了一项实行已久的政策，至少在共和国早期，它就已经是使罗马强大的源泉之一。相较于古代世界的其他国家，罗马对外邦人总是更加开放。历史学家塔西佗记下皇帝克劳狄乌斯在公元40年如何提出将某些特定的高卢人纳入元老院，从而尝试将公民权拓展到传统的意大利边界之外。元老院里年龄较大、也更为保守的议员对此怨声载道。一名议员抱怨说："我们自己的公民曾经都是具有我们的血统的人……现在，可以这么说，我们被迫要接受一群外邦人，一支俘虏的大军。”

克劳狄乌斯是这样答复的：

> 斯巴达和雅典致命的弱点是什么？不是他们的军事实力，而是他们的政策对被征服者极为冷淡，视其为外人。不过我们自己的始祖罗慕努斯（在这方面）却很睿智，他有几次在同一天打败并且归化了一个民族。[74]

皇帝的主张在当天赢得了胜利，这并不仅仅因为他皇帝的身份，也因为克劳狄乌斯知道，他的主张符合一项与这座城市的历史同样古老的传统。

随着117年皇帝哈德良继位，帝国的统一政策进一步强化，它更强调罗马的统治惠及万民，致力于缩小文化和阶级差异，突出每个人和皇帝之间关系的相似性。无论在哪里，罗马公民都能看到或亲身体验到帝国统治的象征：里程碑、皇帝画像、军旗、假日和四通八达的罗马大道。[75]罗马本身也经常被描述为仲裁者，这种说法比统治者和总督温和得多，更接近于监督者或主管。罗马式的帝国主义并不被视为一个民族攫占了其他民族的土地、财物和人民的压迫，而是一种仁慈的统治，它并非征服，而是提供庇护。正如西塞罗提到自己效力的宛如帝国的共和国时所说的那样，“有人说我们是世界的帝国，保护人这个头衔更符合实际”。[76]或者如后来的皇帝安敦尼·庇护所形容的，“我是世界的护卫”。

这正是雅里斯底德所说的“神奇的公民权”，他对此的评论是：“在所有人类的历史记录中，再也找不到这样的东西”，它将“世界上更优秀的那群人的才华、勇气和领导力”汇聚起来。即使是最古老、最激烈的欧洲和亚洲之间的分歧最终也消解了。他继续说道：

> 无论是海洋，还是其间的大陆，都不会成为公民权的障碍，亚洲和欧洲也不会受到区别对待。在你们的帝国里，每一条路对所有

人开放。值得统治或信赖的人，不会继续保持外邦人的身份，全世界文明的群体组成了一个自由的共和国，由一个人统治，他是最适合守护秩序的统治者和导师；所有人聚集在一起，仿佛进入一个共同的文明中心；每个人都会得到自己应得的。[77]

和罗马世界的很多其他事物一样，公民权也有希腊的先例。不过希腊的公民（*polites*）指的是城邦（*polis*）的一员。随着时间的推移，后面这个词的含义更接近现代语言中的“国家（state）”，而“政治的（political）”这个词显然就源自于它。但是它最原始的含义是“要塞、根据地（citadel）”。因此，希腊的公民权是以一个特殊的地理空间，也就是城邦为基础的，它在城墙之外毫无意义。当犬儒派哲学家第欧根尼被问及他是哪里的公民时，他回答道：“我是世界的公民（*cosmopolites*）。”他的本意是要讽刺提问的人，要侮辱所有形式的文明，而并没有普世主义的含义。如果琉善这部将世界主义者描写成一个可笑角色的哲学讽刺诗靠得住，那么迟至公元 1 世纪，对希腊人来说，一个不属于任何城邦的公民仍然是不可想象的。

相比之下，拉丁语里公民（*civis*）这个词来自印欧语的词根，本身就有家庭的意涵，特别是指接纳外人，也就是客人进入的家庭。和它的意思最接近的词很可能不是“公民”，而是“同胞”。这个单词本身就带有血缘社会的意味，但是它总是对外来者敞开大门。[78] 因为文明并不是指某个特定的地点，而是指公民的一组权利和义务，因此它可以被拓展到任何地方。罗马不仅统一了亚洲和欧洲，它也将二者转变成单一的文明体。也正是由于公民指的不是某个特定的地理位置、种族或民族，因此无论高卢人、西班牙人，还是埃及人，都可以说出那个有名的句子：“我是罗马公民（*civis Romanus sum*）。”在任何时候都不需要进一步说明自己其他的地方身份。

无论身处何处，任何罗马公民只要在没有得到公正审判的情况下面临受罚的威胁，他都可以“诉诸人民”，而皇帝正是其代表。在古代世界，只有罗马公民享有类似于人身保护令的保护，他们可以免受帝国高级官吏武断裁决的伤害。没有人比一直让罗马东部当局头疼不已的圣保罗能更清楚地证明它的存在及其力量。

有一次，在耶路撒冷，为自己的新宗教布完道的保罗不得不在士兵的保护下才逃脱愤怒的群众。快要被带进营楼的时候，保罗用希腊语问千夫长："我对你说句话，可以不可以?""你懂希腊语?"保民官多少有些吃惊，"你莫非是从前作乱，带领四千凶徒，往旷野去的那埃及人?""我本是犹太人，生在西里西亚的塔尔苏斯，并不是无名小城的人。"[79]被带入营楼后，千夫长命人鞭打他，直到他说出实情，为什么人群要"向他这样喧嚷"。此时保罗使出了撒手锏。

> 刚用皮条捆上，保罗对旁边站着的百夫长说："人是罗马人，又没有定罪，你们就鞭打他，有这个例吗?"百夫长听见这话，就去见千夫长，告诉他说："你要作什么。这人是罗马人。"千夫长就来问保罗说："你告诉我，你是罗马人吗?"保罗说："是。"千夫长说："我用许多银子，才入了罗马的民籍。"保罗说："我生来就是。"于是那些要拷问保罗的人就离开他去了。千夫长既知道他是罗马人，又因为捆绑了他，也害怕了。[80]

保罗随后被带到凯撒里亚，接受犹地亚的地方总督腓力斯的审问。腓力斯对保罗似乎还算友善，以某种形式的软禁将他关了两年，目的是避免冒犯犹太人，不过并没有采取进一步的行动。但是腓力斯的继任者波求·非斯都却没有这么仁慈。耶路撒冷的犹太人被他们中间的这位麻烦的神学怪人激怒而再次陈情，"将许多重大的事控告他，都是不能证实的"，非斯都决定审判他，他的经历和之前基督的经历没什么不同，保罗很可能落得和自己的主人相同的结局。不过保罗并不是出身拿撒勒的木匠，他严肃地对非斯都说：

> "我站在恺撒的堂前，这就是我应当受审的地方，我向犹太人并没有行过什么不义的事，这也是你明明知道的。我若行了不义的事，

> 犯了什么该死的罪，就是死，我也不辞。他们所告我的事若都不实，就没有人可以把我交给他们。我要上告于恺撒。”非斯都咨询过议会后，答道：“你既上告于恺撒，可以往恺撒那里去。”[81]

审判被中止了，保罗在军队的护送下被带到罗马。他在那里受审，被判刑，最终被斩首。[82]他虽然无法逃脱厄运，但是某种勉强算得上的公正是被实现了的。

6

保罗将会成为一种新的普世主义思想的承载者，他要求的权利远超恺撒的司法审判权，但是没有谁比他更清楚罗马公民权所能提供的保护和尊严。也很少有人能更清楚地意识到，新的、没有边界的基督教秩序观念在多大程度上正是来自西塞罗所说的“全世界的共和国”的公民愿景。

保罗的例子清楚地表明，公民权主要是一种法律地位，只有创造出一个广泛、复杂、无所不包的法律体系，它才可以存在。在某种明显的历史意义上，是罗马创造了今天西方所说的“法治”（这个术语常常被滥用）。希腊人当然也受法律的限制。狄马拉图斯曾经警告薛西斯，希腊人视法律、也仅仅视法律为主人，他们敬畏法律，“更甚于薛西斯的臣民对他的恐惧”。但是罗马人的法律不仅仅是约束的手段，也不仅仅是如希罗多德所理解的平等的保障。罗马世界的不同民族正是因为法律才团结在一起的。

在法律上，罗马公民身份是对一种统一的身份的普遍要求。它相当于我们今天所说的权利。法律面前人人平等当然是希腊人自由和正义的基础，这正是希腊人区别于波斯人以及所有其他蛮族的地方。但是权利（它可能是西方世界所有政治和法律词汇中最重要的一个）的概念归根结底是罗马人发明的。罗马人从自己长期管理一个有别于希腊联盟、被构想为一个共同祖国的庞大帝国的经验出发，演化出一套复杂的法律体系。随着帝国的扩张，它成了全欧洲的法律，虽然 5 世纪蹂躏帝国的日耳曼部落根据自己的法律惯例对其做出了大幅度的修订，但直到今天，它仍然是我们所理解的法律的基础。这是罗马人伟大的智识成就，可与希腊人曾经在道德哲学和自然科学领域的成就相提并论。

罗马法的历史据说始于公元前 451 年到前 450 年间制定的十二铜表法，目的是使祭司和贵族不能再操弄法律。其实际效果在于，自此之后，所有习惯法都需要有立法基础，以成文法典的形式颁布。它也确保了，在罗马世界和后来从英国到美国的所有西方国家里，法律是世俗而且独立的，尽管后来曾多次发生以神的名义对这一原则进行干涉。不同于亚洲绝大多数民族的法律，比如伊斯兰世界的教法和中国皇帝的诏书，罗马法虽然受到尊重，但并不是神圣而不可更改的。它可以被修改，可以根据不断变化的环境做出调整，其原因被后来罗马的法学家不厌其烦地一再重复：法律源自事实。法律的基础是习惯和实践。如同谚语所说的，人民的声音即神的声音（*vox populi, vox dei*），而不是用神的声音对人民说话。它的基础不是理论，而是“事物的经验”。正因如此，它是不可简化的存在。[83]

随着罗马世界和它的需求的扩大，习惯法的内容也不断增多。后来的罗马法学家试图把所有这些汇总到一起，从而编纂出了一系列的法典，其中使用时间最长的，是由东罗马帝国皇帝查士丁尼在 6 世纪时下令编纂的。查士丁尼下令编纂的法典分为四卷，分别是《法典》《学说汇纂》《法学总论》和《新律》，字数超过百万。在此之前，罗马法同所有的普通法和习惯法一样，很少或只是部分地被编纂过。查士丁尼浩大的工程是让时间停步的尝试，他像大多数伟大的立法者一样，希望自己制定的法律在未来也会被证明是足够权威的，不需要任何律师再做解释，不留下他所说的“后人无谓争论”的空间。[84] 当然，结果证明他是错的。他的法典只是后来大量出现的注释和解释的开端，在 11 世纪以后，它们成了全欧洲所有法律教育和司法管理的基础。“查士丁尼赢得的虚名已归于尘土，”吉本评论道，“立法者的头衔却被永远刻在雄伟的纪念碑上……罗马人的公共理性默默地，或有意地融入欧洲的国内制度，查士丁尼的法律得到各独立民族的尊敬和服从。”[85]

“公共理性”确实准确地说明了罗马法的本质：民法。换句话说，就是以习惯法为基础，通过理性推演形成的法律。民法最初只适用于罗马人，随着罗马的扩张，它也适用于整个帝国。不过罗马也创造了一个被称为“万民法”的法律类别。在实践上，它是罗马民法中同时适用于罗马公民和外邦人的部分，但是从更为宽泛的意义上说，它也是如2世纪的法学家盖尤斯所说的“所有民族都要遵守的法律”。这个概念对此后所有欧洲法律思想都产生了深远的影响。随着欧洲强权的势力向外扩张到地球的其他地区（其中很多超出了罗马人的想象），它成了我们现在所说的“国际公法”的基础，从理论上来说（即使事实上并不总是如此），它在管理着“国际社会”所有的行为。

第一个发明用法律来规范战争行为和确定战争合法性的也是罗马人。对希腊人而言（实际上几乎所有古代民族都是如此），战争只是为了满足自身的需求和保证自身的生存而发生的简单事实。亚历山大为了使自己的征服合理化而做出的最大努力是，向敌人的领土投掷一根长矛，然后宣称这片土地归自己所有，不需要任何法律依据。然而，罗马人发展出了一个此后所有西方民族都遵循的观念，他们认为所有战争从某种意义上说，都必须是防御性的。[86] 至少从理论上来说，战争总是最后才诉诸的手段，这就意味着，只有为了报复某些侵略罗马人或者其盟友的行为，才能发动战争。“最好的国家，”西塞罗评论道，“只有在为了保护自己的信念或安全时，才会发动战争。”[87] 这样，战争成了只是为了惩罚入侵者或是弥补其造成的伤害的手段。从这一基本假设出发，他们发展出了一种直到今天仍具道德力量的“正义战争”理论。对侵略者发动的战争是正当的，这被称为诉诸战争权（*ius ad bellum*）。战争本身要遵守一系列协议，它们规定了战争如何进行，胜利者可以从中得到多少利益。这被称为战时法（*ius in bello*）。

包括西塞罗在内的绝大多数罗马人完全清楚，单纯是为了“防御”那些或真实或想象的敌人夺取自己的领土，罗马（以及后来的美国和20世纪50、60年代的苏联）常常要用到代理人。虽然战争法的条文经常被以不正当的方式回避掉，而且现在依然如此，但这丝毫没有降低其存在本身所具有的重要意义。这要归功于罗马。

但是在罗马法学家看来，法律不仅仅是以之为依据来治理公民的一系列规定，它也是人类理性的最高表现。西塞罗写道：

> 无论我们如何定义人类，有一个定义是通用的……所有从神那里得到理性这一礼物的生物，也得到了正确的理性，因此他们也得到了法律这一赠品。……如果他们得到了法律，他们也就得到了正义。现在所有人都具有理性，因此所有人都接受正义。[88]

西塞罗说的是“所有人”，也就是说不仅仅局限于真正的罗马公民，而可以被解读为全人类，即他所谓的“全世界的共和国（*respublica totius orbis*，这一说法将会被其基督教继承者们一再引用）”的全部居民。对于西塞罗来说，这个囊括全世界的人类的共和国是适用于所有人的普世法律的具体体现。[89]和西方思想中很多其他概念一样，这个概念最初由柏拉图提出，后来由亚里士多德加以完善。从某种意义上说，至少在安敦尼王朝时期，西塞罗的“全世界的共和国”已经成了罗马帝国的意识形态，不过他对这个概念的理解并不是来自柏拉图和亚里士多德，而是采纳了另一个哲学学派创造的形式，这个学派由于在开放的廊苑聚会而被称为斯多葛派。

斯多葛主义可能是发挥影响力的时间最为久远的古代哲学流派。它肯定是对西方文化影响最为深远的哲学派别。尽管它本来是在公元前4世纪初由基提翁的芝诺创立的一个严密的哲学体系，不过和大多数这样的体系一样，随着时间的流逝，不同的人对其产生了不同的理解。人们最熟悉的是斯多葛派的智者形象，他将所有的痛苦（和绝大多数并非来自纯粹智力活动的快乐）视为外在于自己的事物，潜心修炼内在的平和，让自己可以超脱外人加在他的肉体上的伤害。这就是希腊人所说的“心神安宁”（*ataraxia*），即从焦虑和担忧中得到解脱，获得自由。今天，当我们用斯多葛这个词形容某人时，我们想要表达的基本就是这个意思。（当我们说某人是“哲学的”，我们基本上也是在表达相同的意思，从这里就可以看出斯多葛主义是西方理解“哲学”概念的核心。）

但是斯多葛思想并不是单纯的听天由命，它也包含了如下的观念：自然世界是一个和谐的整体，有着明确而超验的目的。该信念的核心是，无论文化与信仰有什么差别，所有人都共享着人的身份。它最初表现为舐犊之爱，但在真正的智者那里，马上就会向外倾注，首先包括家人和朋友，然后是同胞，最终是全人类。正如西塞罗所说：“人们从［舐犊之爱］产生出了一种对其他人自然而然的关心，单单依据他也是人的事实，就不应该认为他与别人有什么不同。”[90] 正是这种情感（希腊斯多葛派哲学家称其为“熟知自身”［*oikeiosis*］）使斯多葛派无法接受人类应该由偶然获得的血统或所处的社会来定义，我们应该视所有人为一个整体。这大体上就是今天所说的“世界主义”。

最能体现上述思想的说法，是由罗马最有名的斯多葛派人物中的一位，即皇帝马可·奥勒留提出的。在一系列以希腊语记下的写给自己的随感——以《沉思录》的名字流传至今——中，他想到

> 作为皇帝，罗马是我的城市和我的国家；但身为人，我是世界的公民……亚洲和欧洲不过是世界的角落，大洋河不过是一滴水，阿索斯山不过是宇宙的一粒沙。和永恒相比，现在只是一瞬间。[91]

芝诺自己已经以类似的方式阐述过人类真正的目的。他对自己的追随者说：

> 我们全都应该不再居住在城市和部落里，它们被不同的正义规则分开；我们应该把所有人都视为同一个部落的成员和同胞。世界上应该只有一种身份和一种秩序（*koinos*），像是生活在同一片草原上的单一牧群。

从表面上看，这是对普世性的大力提倡。所有人都应该生活在一起，完全不需要考虑他们的种族、出生地或国籍。这成了基督构想的新教会

的基础，英国最早翻译福音书的译者有意无意地回应了芝诺，在《约翰福音》里，基督说道："合成一群，归一个牧人。"（10: 16）

不过除此之外，关于这种情感还有另一种不那么普世的理解。我们之所以能看到芝诺的话，只是因为它被普鲁塔克记了下来。普鲁塔克不厌其烦地重复它，只是因为，如我们已经看到的那样，他认为亚历山大大帝正在实现芝诺的"梦想，或者说一个模糊的愿景：一个有序的、哲学的社会"。[92] 如果所有人都结合成一个共同体，那么正如现代的世界主义者坚持的那样，人类就不会拒绝属于任何国家的想法。而人类不应该属于很多不同的国家，只应该属于一个。对于芝诺（可能如此）和普鲁塔克（肯定如此）来说，那个国家就是亚历山大的帝国。对于罗马人来说，它显然只能是罗马，或者更准确地说是罗马文明。

雅里斯底德充分意识到了这一点：

> 你打开文明世界所有的大门，让那些有热切愿望的人可以自己去看世界；你为所有人制定了普通法，让他们脱离了之前的境况，如果把它们描述出来会很有意思，但是从理性的角度来看，是无法容忍的；你使世界上的各个民族在任何地方都可以结婚，你将所有的文明世界统合成一个家庭。[93]

通过将所有这些礼物赠送给整个可居世界，罗马不仅带来了和平、繁荣、秩序和正义，至少在雅里斯底德看来，它也让人性自身发生了变化。如同英国政治哲学家厄恩斯特·巴克在 1923 年（也就是在 20 世纪 30 年代，即"卑下虚伪的十年"将欧洲和世界卷入人类有史以来最惨烈的冲突之前）宣称的那样："罗马人酝酿出来的最好的思想，是一种世界国家（World-State）的思想，所有人都遵守普世的自然法，每个人都是平等的兄弟。"[94]

在演讲的最后，雅里斯底德用夸张的笔触对比了罗马崛起之前和之后的世界面貌。在罗马崛起之前，世界就像宙斯建立秩序之前的宇宙，"到处都处在冲突、混乱和无序的状态"。现在，在罗马的统治下，一直徘徊在“黑铁时代”的人类终于迈步向前了。现在，“城市焕发着光彩，散发着魅力，整个地球美得像一座花园。烟从平原升起，烽火已是朋友到来的信号；敌人尽数消失，他们仿佛被一口气吹走，吹到陆地和海洋之外”。曾经在海上横冲直撞的战船被商船取代。诸神得到了应得的祭品，因此“友好地帮助你们的帝国取得成就，确保它为你们所有”。[95] 现在，条条大路通罗马。港口里挤满了船。货物从遥远的印度和阿拉伯半岛运来。“这里拥有一切，贸易、航运、农业和冶金的产品，所有的艺术品和工艺品，所有在地球上生产或出产的东西。在这里看不到的，只有过去没有、现在也不存在的东西。”[96]

安敦尼王朝创造了一个斯多葛式的帝国，前无古人，后无来者。雅里斯底德站在雅典娜学校里演讲的时代，罗马从各个方面来说都是一个兼容并包的社会，对所有愿意接受诸恺撒统治的人敞开大门。它基本不在乎习俗的不同，不理会宗教的差异，只要这些不会干扰到对皇帝表达适当的敬意。不过和所有的黄金年代一样，这一次的也很快结束了。公元 180 年继位的康茂德重新为所有月份命名，甚至还在一段时间内以自己的名字改了罗马的名字，他沉迷于扮演角斗士（不过不会对他造成任何直接的威胁），朱里亚・克劳狄王朝最糟糕的日子再一次到来。

192 年 12 月，康茂德被勒死，元老院立即通过了对他的除忆诅咒（*Damnatio memoriae*）。但是在所有重要方面，帝国再也没能恢复元气。在继康茂德为帝的塞普蒂米乌斯・塞维鲁执政的 18 年间，帝国恢复了秩序，维持了和平。当他于 211 年 2 月在不列颠去世时，临死前他告诉自己的儿子们：“不要不同意我的话，把钱分给士兵，不要理会其他人。”这则遗言愚蠢短视，而且从根本上说，也不可能以此来维系一个期待远超单纯的军事实力来维持统一的世界；它以自己的方式，成了雅里斯底德《罗马演说》悲伤的墓志铭。甚至连这则遗言也被忽视了。军队掌握了国家的实际权力，从 211 年到 284 年戴克里先继位的几十年间，有 70 多人角逐帝位。“这种从农舍到皇宫，从皇宫到坟墓永远不停的迅速转移，可能会让一个冷漠的哲学家感到有趣，”吉本写道，“如果哲学家身处人类普遍的大灾难时，仍能保持漠不关心。”[97]

260 年，皇帝瓦勒良和他的所有将领都被萨珊皇帝沙普尔一世俘获。加利努斯手下一个名字恰好是马库斯·卡夏尼乌斯·波斯杜穆斯的将军在高卢、不列颠和西班牙建立了独立的“高卢帝国”。富有传奇色彩的女王芝诺比娅建立了另一个国家，定都于绿洲城市帕尔米拉（位于现代的叙利亚），她从 267 年到 272 年控制了小亚细亚的大部分地区。帕尔米拉是一座亚美尼亚城市，不过城中的居民来自亚洲各地，在罗马人看来，这些人太像波斯人了。无疑带有东方风格、被称为“万王之王的母亲”的芝诺比娅，看上去只是阿契美尼德王朝的另一个继承者。芝诺比娅从没有打算将帕尔米拉从罗马分离出去。270 年奥勒良继承帝位后，她的企图是承认奥勒良为西部帝国的皇帝，而东部帝国则交给自己的儿子瓦巴拉特（罗马人称其为塞普提米乌斯·瓦巴拉图斯）。272 年初，奥勒良东征，在安条克击败了芝诺比娅。随后她撤往南方，宣布自己的儿子是唯一的皇帝和奥古斯都。不过到了夏天，帕尔米拉落到了胜利的罗马军队的手里，芝诺比娅也被俘，当时她正在寻求可怕的波斯人的援助。[98]

奥勒良是一个成功而且高效的统治者，他统一了帝国，但是他的改革并没有取得太大的效果。直到 312 年，罗马文明才在君士坦丁大帝的铁腕下从快速衰弱的噩梦中醒来。但在此时，它的领土缩小了，而且被分而治之。虽然此后它又成功地在西方延续了近一个世纪，在东方维持了一千多年，但那几乎已经是一个完全不同的世界了。

不过尽管如此，在安敦尼王朝时期体现得最为充分的普世公民权的梦想却存活了下来。东方的萨珊帝国的崛起没有将其消灭，和帕提亚人一样，萨珊波斯人也自认为是阿契美尼德王朝的继承人，他们希望能够完成由薛西斯开启的大业。匈人、西哥特人、东哥特人、汪达尔人和蒙古人的武力也没有让它消失。即使在西罗马帝国解体之后，它仍然没有消失，并且保存到今天，成为欧洲文明——也就是“西方”文明——最有力、最持久的特征之一。但是最终把它从罗马帝国带到各个分裂、无序的国家，并且从文化上继承了“全世界的共和国”的衣钵的，是一种和本书中提到过的很多其他内容一样来自亚洲的新宗教：基督教。

第四章

得胜的教会

1

公元413年，一位59岁的基督教主教坐在位于北非海岸的罗马城镇希波（位于现在的阿尔及利亚）的书房里。他正在写一本书，这本书很可能是继福音书和保罗书信之后，最有影响力的基督教文本。主教的名字是奥古斯丁，这部被他自己形容为“鸿篇巨制”的著作的名字是《上帝之城》。它的目的是要反驳异教徒大声而尖刻的指责，那些异教徒声称罗马最近遭受的灾难是由古老的神祇降下的惩罚，因为罗马人允许一种源自犹地亚的肤浅、迷信的邪教取代他们的位置。

在奥古斯丁开始着手写作这本书的三年前，无法想象的事情发生了：西哥特国王阿拉里克的大军攻陷了罗马，这仿佛是在重现他14年前攻陷雅典的一幕。在诗人克劳狄安看来，这似乎意味着新汉尼拔再次将灾异带到文明世界。[1]连续三天，阿拉里克军队的所作所为和传统观念中哥特人的作为并无二致：他们抢劫、掠夺、奸淫、杀戮。尽管这座伟大的城市在很长时间里一直受到蛮族的侵扰，过去两年中甚至两度处于人相食的窘境，但同这个8月酷热难耐的三天里发生的事情相比，已经不算什么了。[2]从不列颠远道而来的修士伯拉纠见证了这一切，他写道：“哥特人嘹亮的号声和震天的吼声”响彻云霄，而罗马，“世界的女主人，因恐惧而战栗、崩溃”。几个世纪以来，罗马一直充当着世间一切自然法则的终极守护者，这些法则确定了高低贵贱、维持着等级与地位、维系着家庭、确保时间不停息地流动，但是它们在短短三天之内就彻底消失了。野蛮已经渗入文明世界的心脏地带。“尊卑之间确定而清晰的界线到哪里去了？”伯拉纠悲叹道，“所有人聚集在一起，因恐惧而动摇，每个家庭都沉浸在悲痛之中，无处不在的恐怖让每一个人心惊胆战。奴隶和贵族没有任何区别。死亡的幽灵徘徊在我们所有人面前。”[3]

罗马沦陷后的几个月里，数以千计的难民涌向南方。其中很多人，大部分是愤怒而充满仇恨的贵族，来到北非，要求有人出来为这场灾难给出一个解释。圣奥古斯丁准备为他们提供一个。和很多基督徒的想法不同，他主张上帝并不是因为仍有不少罗马居民崇拜古老的异教神祇而将怒火发泄到罗马身上；同样地，他也不同意很多异教徒的看法，他们认为罗马是因为抛弃了古老的神明而受到他们的惩罚。罗马陷入如此境地当然是因为自身的罪，不过总有一天，全人类都将如此。奥古斯丁说，罗马已经“被动摇了，但它还是罗马”，这在“以基督之名传教之前的其他时代”已经发生过了。正因如此，他安慰自己的读者，“现在没必要对它的重建感到绝望”。[4]罗马可能已经落入蛮族（奥古斯丁很明显把他们视为所有人类中最微不足道的一群）的手里，但是它将会幸存下来。罗马是永恒的，而且也必须如此，因为它现在已经等同于基督教本身。

对奥古斯丁和绝大多数基督徒而言，文明世界已经不可阻挡地从希腊转移到异教的罗马，再转移到基督教。每一次，它都变得更加具有普遍性；每一次，它不仅更加接近唯一、真正的宗教价值观，而且更加符合一种独一无二、高洁、可持续、正义的生活方式。在雅里斯底德看来，安敦尼王朝时期的罗马世界已经代表了稳步发展的文明的最高水平。帝国的传承由东向西，从阿契美尼德王朝的波斯到希腊，再到罗马，最终在台伯河的岸边停下了脚步。但是在奥古斯丁看来，这段历史只不过是由基督拉开帷幕的普世王国的序曲，从此以后，时间将会不停地流逝，直到基督第二次，也是最后一次，降临人间。

既然上帝派自己的独生子在第一个真正的皇帝奥古斯都统治时降临尘世，那么上帝一定是要让罗马帝国和自己创造的万物持续同样长的时间。基督徒不厌其烦地指出，先知但以理已经对此做过预言。但以理在梦里见到的四头怪兽代表了四位将会统治世界的皇帝：长着鹰翼的狮子、熊、豹，以及一头有着巨大的铁牙和十个角的怪兽，他们将一个接一个地出现，直到“天堂的上帝建起永远不灭的国度”。[5]那个王国，基督在世间的信众的王国，被奥古斯丁称为“上帝之城”，现在它即将到来。

尽管当时很少有人承认，不过实际上基督教本来是犹太教的异端。因此，与很多其他被视为西方世界一部分的要素一样，它也起源于东方。福音书中无处不在的基督，在很多方面都是典型的东方圣人的形象，而基督教信仰中一些生命力最强的信条，包括圣子之死、处女生子和道成肉身，它们的亚洲色彩更浓。尽管随后教会试图掩盖其创建者的出身，但是基督的亚洲性去而复来，一直萦绕着教会。即使过了很久，到了 17 世纪中叶，对欧洲历史进程有着独特而古怪看法的欧洲航海探险编年史作者塞缪尔·珀切斯仍然会说：“作为‘道路、真理和生命’的耶稣基督，很早就和他的出生地，也就是不知感恩的亚洲，以及他的避难地非洲分道扬镳，几乎成了彻头彻尾的欧洲人。”[6]

不过基督自己的门徒，特别是罗马公民圣保罗，竭尽全力想要将一个以一位四处传教的先知为中心、否定现世的教派，转变成前后相继的一连串世界帝国的国家宗教。他们热切地寻求帝国的政治保护，并且支持它们的世界野心，希望能够将其转变为实现自己目的的工具。在异教徒普林尼看来，是异教神祇的引导使罗马努力“使人变得更有人性”。而在基督徒看来，这要归于上帝的意志（*voluntas*）。

4 世纪的基督教诗人奥勒留·普鲁登提乌斯写道：

> 上帝教导世间所有民族服从相同的法律，所有人都要成为罗马人……共同的法律让他们平等，受同一个名字约束；尽管他们是被征服的，但他们都成了兄弟。我们虽然住在可以想到的任何地方，却和住在同一座城市、同一片土地、同一道城墙之内的同胞几乎没有差别。[7]

到奥古斯丁坐下来同时对异教徒和基督徒解释，为什么上帝会允许永恒之城落入冷酷无情的阿拉里克之手时，罗马在绝大多数方面已经是一个基督教帝国，而且这样的状况已经持续了一个多世纪之久。在基督徒看来，所有能够被希腊语里教化（*paideia*）这个单词描述的事物，例如古代知识、古典哲学、柏拉图和亚里士多德的伦理学（这些已经被用来补充《新约》里略显单薄的道德教诲），只能借助罗马世界的力量保存下来，而且只可能存在于其边界之内。如同奥古斯丁在408年对自己的朋友诺拉的保林所说的，基督徒在上帝之城里，“不会只是过客或仅仅具有居住资格的外邦人，而会是享有全部权利的公民”。罗马人所说的公民权现在甚至被拓展到了神的国度。[8] 这是真正的、最后的“帝国的转化”，也是雅里斯底德永远无法预见的。

不过，奥古斯丁知道，自己正在回顾的是解释起来困难重重的至少两个世纪的历史。因为虽然基督徒表示愿意支持罗马，罗马却不愿意接受他们。基督教是无根的，它是货真价实的普世宗教，不崇拜祖先，没有固定的、地方性的联系，没有“祖国”，这些特点让绝大多数异教徒错愕不已。和所有一神教一样，基督教也是一个不宽容的宗教。上帝是独一无二的，崇拜上帝的方法只有一个，人类在上帝创造中居于何种地位，也只能有单一的理解。相比之下，信仰异教的罗马人可以容忍各式各样的宗教，只要它们没有直接冒犯罗马的神祇。

对罗马皇帝的崇拜是另一个问题。崇拜被神化的奥古斯都，基本上相当于对国家宣誓效忠。但在基督徒看来，这是对上帝的亵渎，他们绝不会屈从。此外，基督徒闻殉教而喜的态度也让异教徒反感。不管有多少基督徒可能会选择将其解读为“存在于我们体内的具有神奇力量的伟大美德”的证据，在绝大多数罗马人和异教徒看来，它只显示出基督徒的无情，他们丝毫没有顾及自己的妻子、孩子、父母和朋友。“毫无意义的白痴行为。”琉善这样评价它。[9] 但是尽管受到迫害（虽然从没有像基督教护教士经常宣称的那么多），尽管基督教和异教之间的道德和文化鸿沟不断加深，皈依新宗教的人不断增多。[10]

不过仍然有一个难以解释的地方。基督教坚持“有人打你的右脸，连左脸也转过来由他打”，强调克己和谅解，坚信弱者和穷人终将战胜有权有势和成功的人，这使它看上去并不那么容易取得胜利。确实，它许诺信徒可以立即得到重生，可以通过某种途径接近上帝，这是异教完全没有的内容。不过在这方面，它并不是独一无二的。它最主要的对手是密特拉教，一个属于波斯－希腊传统的神秘教派。到公元 2 世纪中叶时，它已经越过帕提亚帝国的边界，几乎传遍了从黑海到不列颠、从埃及到多瑙河的罗马帝国的各个角落。主神密特拉重视契约和忠诚，因此对罗马精英尤其有吸引力，不过他们似乎从来没有动用公共资金来支持它。它也和阿波罗神与“无敌太阳神（*Sol invictus*）”联系紧密，如同我们将会看到的那样，二者都受到过君士坦丁大帝的崇拜，而且即使是在他引人注目地皈依基督教之后，仍然允许这两位神祇继续受到崇拜。密特拉教和琐罗亚斯德教的关系也很明显。从表面上看，它的吸引力显然应该比基督教大得多。它的神有很多形态，足以吸引那些没有多少时间或口味来欣赏一神教的异教徒；它狂热地支持皇帝具有神性的理念；它和基督教一样都是神秘宗教，也就是说任何人只要愿意就可以加入，但是必须要经过某些仪式，入教仪式使新信徒与众不同；它赋予男性和女性（这一点尤为关键）精英资格。

2

有一个可能的原因，如果无法解释基督教的胜利，至少可以解释异教为什么会消亡。在基督教传播初期，世界正处于缓慢但却无法挽回的瓦解之中。雅里斯底德曾经确信历史已经终结，但是现在他所处的黄金年代已然远去。公元 200 年时，地中海地区已经出现了严重的贸易衰退。在该世纪中叶，罗马军团先后惨败于萨珊人、高卢人和其他日耳曼部落，内战更是使帝国的行政体系处于崩溃的边缘。[11]“我的国不属这世界。”基督这样说过。随着这个世界上最强大的国家，看上去坚不可摧、永存不灭的罗马帝国变得支离破碎，承诺为彼岸生活提供神圣乐土的另一种形式的王国显然有着巨大的吸引力，特别是在异教对这一点鲜少提及的情况下。

到了世纪末，曾经强大无比、疆土辽阔的罗马帝国再也无法维持统一。为了保住剩下尚完整的部分，皇帝戴克里先做了最后一次尝试，他将帝国分为东、西两部分，然后在西部任命了两位共治皇帝马克西米安和君士坦提乌斯。公元 306 年，君士坦提乌斯在艾波罗肯（今约克）去世，他的儿子君士坦丁被军团拥立继承了帝位。但是在一系列眼花缭乱的权力倾轧之后，马克西米安的儿子马克森提乌斯控制了包括帝国首都在内的意大利大部分地区。

312 年，认为自己的继承权受到侵害的君士坦丁出兵意大利。他先后在靠近都灵的地方和维罗纳打败马克森提乌斯的前哨部队，然后继续向南进逼罗马。马克森提乌斯亲率一支规模远超君士坦丁的大军，准备与其一决雌雄。10 月 28 日，两军在跨过台伯河而将弗拉米尼亚大道和罗马北部连接起来的米尔维安桥（现在被称为米尔维奥桥）附近的萨克沙卢拉扎营。

很多年后，君士坦丁对自己的传记作者凯撒利亚的优西比乌发誓说，他在策划同马克森提乌斯的战役时，突然非常担心自己的对手真的会如传言所说的那样，拥有巫师的能力（君士坦丁非常迷信）。当时，君士坦丁将太阳神阿波罗当作自己的守护神，此外也信奉无敌太阳神的宗教。他急切地向这些神祈祷，祈求他们帮助自己。一个下午，当他在训练自己的士兵时，他看到天空中两道交叉的光在太阳上闪耀，四周出现“以此标帜你将胜利”的文字。[12] 君士坦丁曾经向太阳祈祷，而太阳给他展示了一个符号，这是当时仍然声名狼藉的基督教的标志。几年前，他从阿波罗那里得到过一条类似的启示，后者给了他一顶桂冠，保证他将统治 30 年。无论新的异象意味着基督教的上帝是阿波罗的化身，还是太阳象征着基督行使的权力，事到如今，已无关紧要了。可以确定的是，基督徒的上帝向他保证，他将会取得胜利。和古代世界的其他许多指挥官一样，君士坦丁在战役前夕又做了一个预言梦。在梦里，基督亲自现身，为他澄清所有的疑惑。基督向君士坦丁展示了一个符号，命令他记住，把它制成军旗，带上战场。这就是著名的拉布兰旗。优西比乌对其做过描述，它由一根很长的杆子、一个镀金的横梁和希腊语里基督名字前两个字母 Chi 和 Ro（ χ 和 ρ ）组成。为了增强魔力，君士坦丁还把这个符号画在士兵们的盾牌和自己的头盔上。

次日两军交锋，尽管马克森提乌斯的军队在人数上占优势，而且他还拥有魔法力量，但他们还是被全歼。杀戮极其可怕，包括马克森提乌斯自己在内的惊慌失措的败兵试图过桥逃到相对安全的城市。在混乱中，马克森提乌斯被推下桥，淹死在台伯河浑浊的河水里。胜利的君士坦丁进入罗马，从污泥中找到马克森提乌斯的尸体，砍下他的首级，用一根长矛挑着游街示众。见风使舵的元老院通过了对前僭主的除忆诅咒，不久就选举君士坦丁为地位更高的奥古斯都。从此以后，他被所有基督教护教士尊为“君士坦丁大帝”。

君士坦丁成了西罗马帝国的主人，他感谢基督徒的上帝信守诺言，马上开始赏赐他的追随者。313 年，和当时东部帝国的奥古斯都李锡尼一起，他在米兰颁布敕令，所有在前朝时断时续的迫害中遭到破坏或被没收的建筑物都要修复归还给基督徒。这就是通常所说的《米兰敕令》，它以直白的语言宣布，从今往后将会实行普世的宗教自由政策：“无论何人，均不得被拒绝拥有信仰基督教或是他认为最适合的宗教的自由。”尽管《米兰敕令》规定了普遍的宗教宽容，但是当时人们已经清楚地认识到，基督教将要接管罗马帝国，圣保罗终于得偿所愿。当这成为现实之后，敕令中确保每个人都可以自由选择信仰的后半部分永远不会有人理会了。

在随后的几年里，君士坦丁向教士授予特权，对教会非常慷慨。他在罗马禁卫军兵营的旧址上，为教皇修建了一座宏伟的巴西利卡（basilica，意为“王家大厅”），而未来成为（西方）基督教世界中心的圣彼得大教堂正是在它的基础上建立起来的；他修建了拉特兰圣约翰大教堂；在安条克建了一座巨大的金顶巴西利卡，在耶路撒冷建了圣墓教堂。基督徒对这个新政权的热情不难理解，各个行省的主教纷纷和宫廷建立起联系。古老异教最激烈的批评者之一神学家拉克坦提乌斯成了君士坦丁之子克里斯普斯的导师。凯撒利亚的优西比乌不仅被皇帝指定为自己的传记作者，而且也是最早的教会史学家，他对这个在雅里斯底德的年代之后无与伦比的罗马世界充满热情。

▲ 提香 · 韦切利奥:《劫掠欧罗巴》，1562 年。这幅画表现的诱拐欧罗巴的故事，很长时间内一直是欧洲民族和“西方”的起源神话。

▲ 威廉 · 冯 · 考尔巴赫:《萨拉米斯海战》，1868 年。萨拉米斯海战是欧洲历史上的第一次大规模海战，希腊人的最终胜利同时决定了自己和欧洲的未来命运。

◀ 居鲁士大帝浮雕拓片。在先后打败米底、吕底亚和巴比伦之后，居鲁士建立了将会长期对西方产生影响的东方帝国——波斯帝国。

▶ 西布莉与乐师雕像，公元前 6 世纪中叶。西布莉是掌管丰饶的地母神。在希腊人和波斯人第一次发生冲突时，希腊人摧毁了一座西布莉的神庙，这激怒了波斯国王大流士，他发誓要向希腊人复仇。

▲《第欧根尼与亚历山大大帝》浮雕，公元 1 世纪。在希腊传记作家普鲁塔克和第欧根尼·拉尔修的笔下，据说世界征服者亚历山大想要成为犬儒哲学家第欧根尼那样的人。

▲ 波斯波利斯宫殿遗址。亚历山大在一次醉酒后将波斯国王宏伟的宫殿付之一炬。

▲《艾斯坎达建墙封隔雅朱者和马朱者》，16 世纪。艾斯坎达、雅朱者、马朱者分别是亚历山大、歌革、玛各在阿拉伯语中的称呼。

▲ 恺撒铸造的一枚第纳尔银币，银币上的图案颂扬了埃涅阿斯背负父亲安喀塞斯从特洛伊大火中逃走的神话。

▲ 劳伦斯·阿尔玛－塔德玛爵士：《安东尼和克利奥帕特拉》，1884 年。在屋大维发起的诋毁安东尼的宣传攻势中，安东尼已经被“东方”的化身克利奥帕特拉腐化。

▲ 卢多维西石棺上的浮雕，3 世纪。浮雕展现的是罗马人与西哥特人作战的场面，反映了罗马帝国的“三世纪危机”。

◀ 桑德罗 · 波提切利：《希波的圣奥古斯丁》，1480 年。奥古斯丁对“上帝之城”和“俗世之城”的区分，为西方后世的政教分离理念埋下了伏笔。

▶ 早期基督教象征符号浮雕。图案中的 chi-rho 是希腊文“基督”的头两个字母，Alpha 和 Omega 是希腊文字母表的第一个和最后一个字母，表示上帝始终存在。

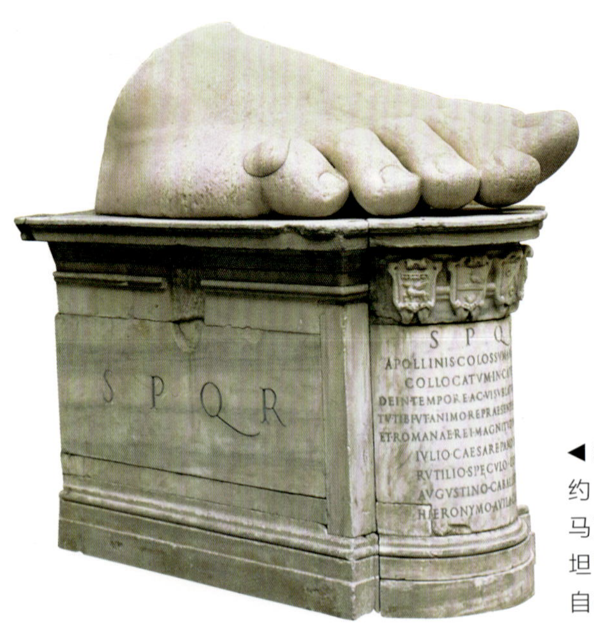

◀君士坦丁大帝大理石像残部，约 312 年。该雕像起初可能是马克森提乌斯像，312 年君士坦丁占领罗马后将头像换成了自己的。

君士坦丁的皈依和后来很多基督徒描述的大为不同，和很多人原本期待的也相去甚远。他可能公开承认自己是基督徒，但是他从来没有对基督教的道德规范、生活方式和信仰形式表现出丝毫兴趣，或者可以说，他实际上对任何记载在福音书里的内容都漠不关心。他禁止将犯人钉死在十字架上，也不允许公开在俘虏脸上打下烙印，因为这违背了基督徒身体完整性的观念，他甚至可能还终止了异教的祭祀。他肯定禁止任何献祭的受害者诋毁对神格化的皇帝的崇拜，这在他改宗后依然存在，不过只是被当作王朝的世俗庆典。[13]

对于君士坦丁来说，基督教最重要的作用是充当将分崩离析的世界重新统合在一起的工具，有一个并非不重要的事实可以说明这一点。324年，他在写给东罗马诸民族的一封信里，将其简单地称为“律法”。[14] 他只是在临死前才接受洗礼，不过这在当时并不算罕见。他肯定从未像绝大多数受了几个世纪迫害、现在急于报复的基督徒期待的那样，大力压制异教。他从雅典公民那里接受了异教的头衔。他为一名希望访问埃及异教纪念碑的祭司提供路费，并且欢迎与一位异教哲学家共事。在战胜马克森提乌斯三年后，他在罗马建起一座凯旋门来纪念这场胜利。君士坦丁凯旋门是现在这座城市里保存最好的凯旋门之一，但是上面完全找不到任何与基督教有关的痕迹。321 年 3 月，君士坦丁下令，所有法庭和店铺都必须在“神圣的太阳日”关门，所有城市居民都必须在这一天休息，他似乎仍然无法确定无敌太阳神和基督教的上帝之间的关系（在今天的英语和德语里，他为了表达自己的虔诚而规定的休息日仍然被称为“太阳之日”）。

不过尽管如此，君士坦丁并不仅仅是“敬神的皇帝”，他所做的不仅仅是允许基督教自由传播，时而召唤一些基督教教士到宫廷来，一如在他之前的皇帝所做的那样。他是真正的“加冕的基督教护教士”。[15] 为了让所有人都明白这一点，在米尔维安桥战役后不久，他在罗马为自己树起一座雕像，雕像的右手握着一个十字架。根据尤西比乌的记载，底座上刻有下列文字：“正是凭着这个救赎的符号、真正象征勇气的标志，我拯救了你们的城市，将其从暴君的奴役中解放出来；此外，我还解放了元老院和罗马人民，使他们得以重拾古老的荣耀。”碑文的前一部分将基督和军人的勇气联系在一起，这听起来很明显是异教的口吻，但是后一部分强调的内容，将会被后世当作理解人类历史唯一可能的途径：基督教复兴了罗马，然后以罗马为基础，传遍全世界。[16] 君士坦丁声称，自己的皈依拯救了帝国。他的皈依也如拉克坦提乌斯和尤西比乌强烈主张的那样，使基督教从实践和理论上都成了古典秩序在一个新世界里的唯一守护者。西塞罗曾经设想的“全世界的共和国”现在变成了“神圣共和国”（这个说法是由教皇大格里高利在 6 世纪时创造的）。

然而，君士坦丁严令古老的信仰不得受到干扰。“让那些犯错的人都能安享太平，”324 年他向异教徒保证，“每个人都应维持自己灵魂所渴望的，任何人都不应使其他人痛苦。”[17] 他信守自己的承诺，直到 410 年之前，异教一直是罗马帝国西部生活中心有影响力的存在，不过其影响力日渐萎缩。

在罗马帝国东部，它可以更直接地从其希腊源头获得灵感，因此一直受到一批坚定的学者和官员信奉，直到 6 世纪末，罗马法伟大的设计师皇帝查士丁尼才开始让所有剩余的异教徒和犹太教徒皈依基督教。异教信徒迫害基督徒、基督徒迫害基督徒、基督徒迫害犹太教徒、基督徒迫害穆斯林和穆斯林迫害基督徒都很少会产生深远的影响，而在 6 世纪结束时，异教实际上已经从之前的整个罗马世界，包括西部和东部，完全消失了，这可以被视为罗马帝国晚期的宗教宽容 - 劝导政策的结果。

公元 324 年，君士坦丁迫使李锡尼退位。这样他就重新统一了罗马帝国。它仍然由罗马统治，也仍然是一个拉丁帝国。但是无法回避的事实是，从起源上看，基督教是亚洲宗教，而且到 4 世纪为止，它已经深深扎根于古希腊的哲学文化（现代有一种说法，基督教不过是“希腊化的犹太教”，这不无道理）。君士坦丁可能正是因为意识到这一点，再加上虽然战胜了马克森提乌斯，他在罗马的地位仍不稳定，因此开始着手兴建一座新城，一座“新罗马”。他选择位于古老的欧亚分界处博斯普鲁斯海峡附近的希腊城镇拜占庭作为新城的地址，用希腊语将其重新命名为君士坦丁堡，意思是“君士坦丁的城市”。他效仿罗马的大竞技场重建了原来的竞技场，而且正如圣杰罗姆充满讽刺意味的评论，为了装饰它的街道和广场，君士坦丁拿走了帝国其他城市所有的雕像。330 年 5 月 11 日，所有一切尘埃落定，君士坦丁发行金币以示纪念。他恰如其分地以亚历山大大帝之姿出现在金币上。一位新的希腊君主挺身而出，保卫文明世界不受敌人的侵扰，而且（再一次）统一了欧洲和亚洲。

君士坦丁视基督教为可以让这个高度分裂的国家团结在一起的工具，他因此成了基督徒。不过他对于信仰的选择可以说是很奇怪的，至少显示出他完全不清楚，不容异己、党同伐异的基督徒能做出怎样的事情。在自己的任期内，他试图调节教会和两个分裂团体多纳图派和阿里乌派之间的分歧，不过只取得了短暂的成功。多纳图派是由北非一个遵守严格的清规戒律的圣徒教会的成员组成的，而阿里乌派则是由亚历山大港的神职人员阿里乌的追随者组成的。阿里乌主张，因为耶稣是上帝之子，他必定和圣父上帝不同。上帝是永恒不灭的存在，而耶稣的降生是有确切的时间和地点的，因此一定有“他不存在的时间”。对于教会内部的很多人来说，阿里乌之争导致了极大的不安，它直指三位一体概念中一些严重的逻辑缺陷，因此不能视而不见。但是在君士坦丁看来，分裂新宗教的道德和神学争论根本是无关紧要的细枝末节，真正重要的是，教会应该保持一体，而且应该和国家保持一致，国家应当是其毋庸置疑的主人。325 年，他召集教会的主教们到尼西亚召开宗教会议。这是第一次大公会议。不过和后来不同的地方是，它是由皇帝而非教士主持的。这次会议颁布了第一份正式的信仰宣言，通常被称为《尼西亚信经》，从而在教会范围内确立了正统教义，它也对阿里乌对《圣经》似乎无法辩驳的解读做出了一些回答，并且谴责阿里乌派为异端。通过召开由教会领袖们参加的宗教会议并确定他们的教义，君士坦丁将自己塑造成教会的最高权威。他宣称自己有权仲裁教会事务，召集主教参加大公会议；宣称自己有权驱逐教士，将教堂充公，如果宗教会议有可能造成分裂，他有权禁止其召开。他让自己成了教会的领袖，而他的宗教将会在未来成为与罗马类似的普世帝国，和罗马一样，它也将是永恒的。[18] 从此以后，先是和亚历山大的帝国，然后和罗马帝国联系在一起的“西方文明”的概念，从某种共通的但也经常变化的价值观念，发展成一种信条。

3

不管是在基督那支离破碎、不明确的教义里，还是在圣保罗对基督教的神学和社会意涵做出的更加有力和成体系的解释中，教会明显都应该是一体的和普世的。不过保罗的普世主义（保罗才是大公教会真正的创建者）并不特别依赖于某一种特定的关于未来应该如何的政治观点。基督教的“新人”是真正的世界主义者。信徒可以居住在任何地方，受任何类型统治者的支配。把他和同伴们联系在一起的并不是共同的习俗或法律，而是在基督里的团契生活。基督教将斯多葛派的世界大同梦想（全世界只有一种秩序）精神化，或者说具象化了。在新秩序下，人为造成的差异将会因为所有人对圣子（他也是人之子）共同的爱而消失。这个“重生的人”，圣保罗告诉小亚细亚西部里卡斯河河边歌罗西城的居民：

> 在此并不分希利尼人、犹太人、受割礼的、未受割礼的、化外人、西古提人、为奴的、自主的。惟有基督是包括一切、又住在各人之内。（《歌罗西书》3：11）

普世主义曾经一度凭借罗马公民权的概念得以实现，现在则体现在基督教所有信徒组成的共同体的理念里。但是由于现在承载所有人的可居世界变成了精神性的，因此圣保罗否认基督教新人将会获得任何政治或社会的新身份。步入教堂并不会改变新信徒实际的地位。在这个世界，农奴仍然是农奴，而自由人仍然享有自由。

甚至连极端体现社会差异的奴隶制，在基督教里也不会有所变化。奥古斯丁主张，奴隶制显然是对某些罪的惩罚。那些发现自己成了奴隶的基督徒可能并不很清楚自己做了什么，但是成为奴隶这件事本身，就足以证明他确实做了某些事情，没有什么可以将其改变，奴隶因此甚至不能为了试图让自己得到解放而主张拥有自然权利。

所有这些不同的种族、宗教和文化的群体，包括斯基泰人、犹太人、希腊人、蛮族和罗马人将会一起生活在一个完全不同、层次更高的世界。保罗曾经是罗马优秀的公民，基督是顺从的罗马臣民。他们都不曾选择拒绝罗马的权力，也不认为自己的教义有朝一日会传到罗马之外。两人也都在教会和国家，即精神的国度和世俗的国度之间做出了明确的区分。

耶稣曾被法利赛人问及，犹太人是否要向罗马帝国交税，他们希望他会自相矛盾。耶稣要他们拿出一个罗马硬币。有人给了他一个，上面有神化的提比略的肖像。“这像和这号是谁的？”他问道。“恺撒的。”他们回答。然后他反驳道：“恺撒的归恺撒，上帝的归上帝。”（《马太福音》22：21）这是一个聪明的答案。它让耶稣摆脱了一个潜在的不怀好意的陷阱。但它同时也是福音书中最重要的观点之一。基督以此清楚地说明自己的王国并不属于“这世界”。他无须与恺撒发生争执，因为恺撒并没有主张在他的灵魂的国度里拥有权威。耶稣自己，或是任何说出这些话的人，完全不会想到以耶稣之名创造的宗教将会变成什么样子。当然，他也没能预测到如此简单的一句话会对未来产生怎样的影响。

在奥古斯丁看来，真正重要的是精神的国度。基督徒终结了由希腊人开启的历史进程。由此，他们显然也改变了它。希腊和罗马的异教徒同样是具有美德的人类，但是他们却不具备精神的德性，因此尽管很多人没犯任何错，他们仍然不会得到耶稣的救赎。他们是只属于一个世界的公民。不过随着基督降世，世界不再是一个，而是两个，或者用奥古斯丁的话来说，存在着两座城市。一座是尘世之城，由该隐所建，所有人都不得不在这里过他们的生活；除此之外，还有一座“上帝之城”，也就是这世界上基督的教会及其成员。

城市（*civitas*）这个词可以同时表达上述两层含义。其他语言没有类似的单词可以准确地描述上帝的受膏者身上前定的合一。但是在奥古斯丁看来，至少在第二次降临消解人类全部历史之前，虽然尘世和精神世界不可避免地纠缠在一起，它们也是无可救药地相互分离的。而以罗马帝国为最佳代表的“俗世之城”，尽管最终注定要灭亡，仍有其存在的必要，否则世界就将会因为人类的原罪而充斥着无情的暴力，秩序将不复存在。和雅里斯底德充满热情的主张不同，在奥古斯丁看来，罗马帝国不会永存不灭，永恒的只有上帝之城。不过虽然它具有人类的弱点，脆弱而且转瞬即逝，但仍然是比之前更好的政治形态，只要能够保持城市赖以建立的美德，它就会继续存在下去。按照他的说法，罗马人已经得到了“俗世的光荣，他们的帝国无人可及”，这是为了奖励

> 他们的美德，他们选择了一条艰难的道路，最终给他们带来了这样的荣耀。他们为了公共财富，不顾个人财产。他们面对贪欲态度坚定，给自己的国家提建议时毫不动摇，不会触犯任何法律，也没有任何非法的欲望。[19]

相比之下，上帝之城是永恒的，“没有人在那里出生，因为没有人死亡。会有这真正的幸福不是因为美德，而是因为上帝的恩泽……在那座城里，太阳不会同时照耀着‘善人和恶人’，‘公义的日头’只会给善人带来光明”。奥古斯丁只关心这两座城市所代表的价值，而不在乎它们在各自领域内的司法管辖权。不过通过对人类的内在和外在生活做出如此明确的区分（异教世界对此几乎是一无所知的），《上帝之城》在世俗世界和精神世界之间制造了裂痕，这将会在两座城市假定的继承人——教皇和皇帝——之间激烈而漫长的斗争中得到具体体现。战争的结局是，欧洲的世俗统治者们成功地从教会手里夺回了自己领地的权力。我们将会看到，二者的对立在随后西方与另一支来自亚洲的恐怖的新力量对抗时，将会产生极其深远的影响。

当奥古斯丁坐下来撰写《上帝之城》时，他目睹了罗马帝国在西方覆灭的开端。他也意识到了另一种分歧，也就是上帝之城内部的分歧，只是他永远都不可能预见到它会造成怎样的后果。395 年，由君士坦丁统一的罗马帝国再次分裂，而这次是永久的分裂。首都位于拜占庭的东部帝国后来被称为“拜占庭帝国”。它更加富裕，实力更强，疆域也更为

广阔，而且和经常陷入无政府状态的西方相比，它存在的时间要长得多。与拜占庭帝国形成对照的是，西方将会逐渐衰落，分裂成一系列纷争不断、落后的小王国。

等到阿拉里克的哥特人出现在西罗马帝国边境的时候，君士坦丁堡已经是名副其实的新罗马了，它是中国以西最大的城市，人口达 50 万，为了保障粮食供给，城市修建了 1.5 英里长的码头，以停靠运送谷物的船只。即使是拜占庭帝国内稍逊于君士坦丁堡的安条克和亚历山大港，此时也已经和罗马规模相当。与西方混乱拥挤的城市不同，君士坦丁堡到处是林荫大道和宽阔的广场，在罗马还未被居民住宅填满各个角落时，也曾有过这样的景象。君士坦丁堡的皇宫和罗马大多数宫殿不同，不是已经部分损毁的老旧建筑，而是恢宏的新建筑，有拱顶和廊柱，里面有花园和喷泉。城里的居民和城市的建筑一样雍容华贵。“希腊人有的是黄金和宝石，”稍后到来的一位阿拉伯访客用明显惊叹的语气写道，“他们的衣服用丝绸制成，金丝玉刺绣镶边。看他们穿的衣服和骑的马，人们一定觉得他们都是王子。”[20]

这样，东部帝国的文化不可避免地与同一时间拉丁西方缓慢出现的文化越来越不同。虽然在 1453 年败于奥斯曼土耳其人之前，拜占庭帝国总是将自己视为罗马帝国，而其臣民也自认为是罗马人，但是希腊语在它的宫廷和宗教用语中占比越来越高（不过法律用语仍然以拉丁语为主），整个社会也变得越来越希腊化。拜占庭的皇帝（*basileus*）与西方的君主截然不同，他们更接近希腊或波斯王国的祭司兼国王。结果，在皇帝身边出现了一个庞大、复杂的宫廷，随着时间的推移，那些更粗俗、更简朴、更“野蛮”的西方人几乎看不出它和亚洲君主令人叹为观止的宫廷有什么区别，它们同样奢侈、华丽、精致。

不仅如此，从地理上来说，拜占庭很大一部分领土自古以来就被认为是属于亚洲的。它的东方近邻是古代晚期的另一个强权：萨珊波斯帝国。和所有的邻国一样，不管它们如何敌视对方，通过两国变化不定的边界，仍会有大量的交通往来。直到 7 世纪早期，东方的很多基督徒实际上居住在现在的伊拉克境内，因此需要服从萨珊帝国的“万王之王”

的政治权威。在那些住在遥远的西方的拉丁人看来，希腊人和他们以前的敌人之间的共同之处，甚至比和博斯普鲁斯海峡以外的“野蛮的”同信仰者要多得多。在现代语言中，“拜占庭”这个词并不偏重于特指属于拜占庭的某物或某人，它更多的是指难解的、扭曲的、过于复杂的，很可能也是虚假的事物。

东西方的基督教很快就开始产生差异。二者的不同之处甚多，其中最为显著的、在随后几个世纪里会对东西方所有文化与政治图景产生影响的是教会与国家，也就是神圣的国度和世俗的国度之间的关系。

对君士坦丁大帝来说，基督教理所当然要成为与异教以及所有形式的宗教相同的统治工具。和之前的希腊人一样，罗马人一直以来也很清楚这一点。不管他们自己对神的实际看法如何，不论他们的信仰是真是假，虔诚既是宗教责任，也是政治义务，这就是为什么维吉尔将罗马英雄奠基者埃涅阿斯形容为“英勇无双、虔诚无比”。早期的罗马基督教国家认为没有任何理由要改变这一点。异教的皇帝本身就是神，尽管他们不得不等到死后才会获得正式的封号。他们的统治权和罗马元老院曾经拥有的不同，并不是单纯的世俗权力，而是由他们所独享的半神秘的权力，只是不管是君士坦丁，还是他的继承者，都无法宣称自己是这样的神（尽管主教们不得不经常提醒他们这一点）。不过即使他们从来都不是不朽的，他们也已经超出了单纯的人的范畴。即便他们无法将自己封为神，他们仍可以做到仅次于此的事：使自己成为神在大地上的代表。

异教的皇帝们总是保有“大祭司（*Pontifex Maximus*）”的头衔，甚至连君士坦丁也继承了这个名号。在基督教取得最终胜利之后，这个头衔也被废弃了，不过拜占庭的皇帝继续视自己为可居世界的统治者，而且也得到了教会的承认，只不过可居世界这个词现在成了基督教世界的同义词，皇帝也因此成了上帝在现世的总督。[21] 皇帝由自己挑选的牧首为自己加冕。和其他人不同，他可以进入圣堂。在宗教改革运动兴起之前，基督教世界的其他人在圣餐礼中只能分领基督的身体，而皇帝则可以同时分领基督的身体和血（和被按立的牧师一样，不过他并不是牧师）。在某些特定的节日上，他会在圣智大教堂，也就是圣索菲亚大教堂布道。正如神在地球上有自己的宫殿，皇帝亦如此。在 438 年狄奥多西二世颁布的《狄奥多西法典》中，整个皇宫，包括皇帝的马厩，都被宣布是神圣的。皇帝也成了法律唯一的来源。按照查士丁尼充满敬意的说法，他是“不受束缚的立法者”，法律总是体现了他“直白的良好意愿”。法律既是国家事务，也是宗教事务。

这并不意味着在教会和国家、牧首和皇帝之间不存在紧张关系。和西方一样，拜占庭的教会保持着独立。也因为教会解释上帝的律法，以上帝的名义介入俗世，因此和西方一样，绝大多数神职人员认为教会的权威只能在国家的权威之上。“皇帝的权力是一回事，”圣约翰·克里索斯托直言不讳地说道，“教会的权力是另一回事；后者高于前者。”[22] 至少在理论上，拜占庭是由双重权威统治的，这经常被比作人由灵魂和身体两部分组成。皇帝选择牧首，但是牧首可以在加冕前要求皇帝保证信奉正统教义，他们也确实是这么做的。牧首也可以绝罚皇帝。906 年，利奥六世被逐出教会；1262 年，米哈伊尔·帕列奥列格同样被逐出教会。但是即使如此，在拜占庭，恺撒的王国和基督的王国的关系比在西方更加和谐。直到帝国迎来自己悲惨的结局之前，教会一直维持着自身的独立和对平信徒的权威。

4

在西方，教会和残存的罗马帝国此后踏上了完全不同的历史发展道路。到阿拉里克的哥特人进入罗马时，帝国早已分崩离析，而且明显衰弱不堪。城陷之后，残破的罗马曾迎来过短暂的复兴，但是 476 年日耳曼人奥多亚克废掉末代皇帝罗慕路斯（他被轻蔑地称为奥古斯图卢斯，也就是“小皇帝”），西部帝国寿终正寝。之前的罗马世界逐渐变成了一系列的采邑、王国、公国、城市国家和主教区。虽然它们信奉的教派经常起冲突，但是在名义上，它们都属于基督教世界；虽然时而发生短暂的叛乱，但至少在精神领域，它们都必须服从教皇，后者是现存唯一重要的国际势力。教皇凭借自身的权利成为君主，他是一个在意大利南部和中部占有大片土地的世俗国家名义上的首领。不过他也是一个宣称有朝一日将传遍全世界的宗教团体的领袖，也正因如此，古代罗马帝国的统治权仅存的身份象征不牢靠地依附在他的身上。

在 5 世纪和 6 世纪的大部分时间里，欧洲一直处于混乱状态之中。后来从 771 年到 778 年间，法兰克人和伦巴底人的国王查理一世，也就是后世所说的查理大帝或“查理曼”，统一了分裂的法兰克人，征服了位于意大利北部的伦巴底王国，降服了居住在今天的下萨克森和威斯特伐利亚的部落，并且让他们皈依基督教。800 年，教皇利奥三世以罗马人民和罗马城的名义，授予他“皇帝”的头衔。这样，西罗马帝国复活了，重要的是，它是通过属灵的祝福而复活的。

在地中海尽头的君士坦丁堡，这一单方面的加冕行为被视为有意试图摧毁统一的基督教世界的举动。自从 300 多年前罗慕路斯·奥古斯图卢斯退位后，只存在一位皇帝，他住在君士坦丁堡。查理大帝的加冕打破了始于君士坦丁大帝的帝系传承。为了解决这个问题，拜占庭朝廷不情愿地承认查理大帝是共治皇帝，这就在事实上重建了由戴克里先开创的东西分治体系。但是随着查理大帝加冕，基督教世界东西两半已经酝酿了一些时日的矛盾，现在公开化了。

加冕之后，查理大帝就成了西方理想皇帝的标准形象，他“将帝国一直扩张到耶路撒冷”，这在后来将会成为十字军东征的主要灵感。“虔诚的查理”，11 世纪时，马斯特里赫特的乔孔多写道，“为了祖国和教会，不惧死亡，周游全世界和基督的敌人战斗”，而且他也遵守基督教正义战争的理念，只有在“无法用基督的语言说服他们”的时候，才会“用剑”征服他们。[23]

不过事实上，查理大帝不仅没有周游全世界，也没有征服过耶路撒冷，甚至都不曾和基督的敌人打过多少仗，他离重新收复曾经属于罗马帝国的领土的目标也相去甚远，甚至没能恢复罗马在欧洲传统疆界之内的土地。他的胜利维持的时间也很短暂。到了 924 年，由他所建的帝国只剩下意大利一地，法兰克和德意志在此过程中逐渐变成独立的王国。

这股后来被归为具有典型“个人主义”特征的力量，最终将会导致所谓的“万国的欧洲”的形成。当时它已经蓬勃发展了起来，任何其他无论多强的单一势力都无法长久地阻止它的步伐。到了 12 世纪中期，每一个欧洲国王都声称是“自己王国的皇帝”，皇帝的领土被慢慢限制在今天的德国、奥地利、匈牙利、荷兰和捷克共和国这些地区。

查理大帝可能没有建立起一个新罗马帝国，但是他帮助重建了曾经和罗马紧密相连的普世主义。新皇帝和曾经的君士坦丁一样，也是教会的捍卫者。他是全基督教世界的“第二把剑”（教皇挥舞着第一把）。1157 年，当时的皇帝腓特烈一世为了表示自己将担负起这项任务，在他的头衔里加入了“神圣（*sacrum*）”这个词，这样他的帝国就不仅是罗马的，同时也是“神圣的”。这个古代罗马帝国的遗物，正如伏尔泰在 18 世纪时不无讽刺地评论的那样，“既不神圣，也非罗马，更非帝国”，但是它却拥有相当大的国际声望，将会继续存在近 700 年，直到 1806 年，最终被拿破仑所灭。

西方的皇帝理论上是基督教世界正式的捍卫者，以武力守护教皇。不过实际上，查理大帝的加冕造成教皇和皇帝、世俗的王国和神圣的王国间长达几个世纪之久的斗争。我们已经看到，基督教的一大优势是，它能够清楚区分恺撒和上帝各自的职责，允许政治和社会秩序不受神的注视。但是面对权势日隆的教会，坚持二者的区别并不容易。保罗可能曾经是罗马帝国忠诚的臣民，但他的继承人们则只承认自己是上帝的子民，除此之外，再无其他。而且他们越来越相信基督教世界的世俗统治者应该服从他们。在帝国东部，皇帝寻求盗用教会权力；而在西部，教皇试图行使皇帝的权力。

1075 年 3 月，教皇格里高利·七世公布了 27 项提议，它们被统称为《教皇敕令》，使形势濒临危急关头。《教皇敕令》规定，教皇在整个基督教世界享有至高无上的立法权和司法权。它还更进一步规定教皇有废黜不论教俗的君王贵族的权力。第十二条规定：“教皇可以废黜皇帝。”第二十条规定：“对于已向教皇提出上诉的人，任何人都不得作出判罚。”

而对政治产生最深远影响的是最后一条：“教皇有权解除臣民对不义的主人所做的效忠宣誓。”[24]实际上，尽管教皇可能并没有主张统治教会所属土地之外领土的权力，但是他必须要拥有决定由谁，以何种方式统治的权力。这就是后来所谓的“教皇的扩权”，而教会律师很快将其扩展到所有统治者和臣民的身上，无论他们是不是基督徒。教皇成了“全世界的主人”或“宇宙的守护者”，正如1世纪中叶安东尼·庇护以后的罗马皇帝声称的那样。当然，他也因此危险地几乎将恺撒的和基督的混为一谈。

格里高利的敕令对欧洲所有君主构成了直接的挑战，其中受到最直接威胁的是亨利四世，他是基督教世界最重要的世俗统治者，至少在名义上是，因为他是皇帝。后世所谓的“叙任权斗争”就此拉开序幕。当时表面上的问题是皇帝“叙任”，也就是任命帝国内主教区的主教的权利，但是冲突的真实原因在于，如同格里高利的敕令再明白不过的宣示的那样，到底该由谁来掌握基督教世界的绝对权力，是教皇还是皇帝。

亨利对格里高利敕令的回应直接而强烈。1076年1月，在德意志城市沃尔姆斯举行的帝国会议上，他命令帝国的主教们将格列高利革出教门，斥责他“不再是教皇，而只是一个冒牌的修士”。“我，亨利，受上帝恩赐的国王，”他不明智地宣布道，“同我们全体主教一道对你说，下台，下台，你将永远被诅咒。”教皇的对策是，对皇帝施以绝罚，而根据教皇敕令的条文，皇帝的臣民现在不需要再对他效忠了。长久以来，德意志贵族们的野心一直受到帝国的压制，他们迅速抓住这个机会摆脱了对帝国的誓言，随后的内战被称为“萨克逊大叛乱”。

现在，亨利发现自己力不从心，无法平定叛乱，认定只有悔罪才有可能保住帝位。他带着妻子和孩子在隆冬时节穿过阿尔卑斯山的塞尼山口，到意大利北部的卡诺萨城堡面见教皇。接下来的故事是，他穿着粗毛衬衣和忏悔者的长袍，光脚在城堡外的雪地上站了三天。格里高利在第三天允许他觐见。1077年1月，他解除了对亨利的绝罚，条件是亨利许诺会遵守《教皇敕令》的条款。

双方的和解极具戏剧性，不过维持的时间很短。1081年，叛乱的贵族刚被消灭，亨利就带着一支军队前往罗马，决意废掉格里高利，代之以更加顺从的教皇。格里高利招来意大利南部的诺曼人来帮忙。他们成功地击退了亨利，不过反过来自己攻陷了罗马。气愤的罗马人选择靠自己来解决问题，他们迫使教皇逃到南部，他于1086年在那里去世。

尽管在这一次和后来多次的斗争中都败给了没有耐心的世俗统治者，但是在接下来的六个世纪里，教皇将会继续——虽然是时断时续的——尝试实现自己所主张的对全世界拥有的主权。基督可能已经在自己的王国和尘世的王国之间做了区分，但是根据《马太福音》，他也宣称“天上地下所有的权柄，都赐给我了”，而这正如13世纪伟大的神学家圣托马斯·阿奎那和其他人所总结的那样，意味着基督自己才是货真价实的“全世界的主人”，皇帝奥古斯都只是代其统治的摄政而已。

不过，虽然有这么直白的权利声索，教皇却再未给国家的权威带来任何严重的威胁。国王和君主尽其所能让自己看起来像是在按照基督教规定的方式生活，如同后来马基雅维利所评论的，“（君主）必须要看起来具备一切品质”。每一位臣民都期待君主笃信守义、诚实正直，但是君主真正遵守的法律只能是完全世俗的。[25]国家有自己的特殊国情，教会对国家的所作所为基本不会过问，而且会继续如此。这经常使教会处于令人难懂的道德立场上，令人印象深刻的是，它在面对纳粹和法西斯迫害犹太人时的消极态度，以及它对西班牙佛朗哥将军的政权的公开支持。而最极端、最容易引起质疑的例子之一，肯定是教会宣称国家的法律独立于教会法，甚至包括直接来自上帝的律法。1956年，教皇庇护十二世宣布，基督徒不能以良知为由，拒绝为自己的国家服兵役。“一个天主教徒，”他宣称，“不能以自己的良心为由拒服法定的兵役。”即使那些法律看起来并不符合神圣的词句：“受到良心的束缚”。[26]

对于所有主张教会不能直接介入世俗事务的人来说，这给了国家强有力的意识形态上的支持。通过曲解曾经是罗马普世文明概念核心的斯多葛式的世界公民的概念，基督教使正在崛起的欧洲君主产生了可能拥有无限权力并且成为全世界主人的憧憬。早在公元5世纪前后，教皇大利奥宣布罗马人所说的“世界（*orbis terrarum*）”已经成了“基督教世界”。一个世纪后，圣格里高利一世将会把这种说法翻译成“神圣共和国”。

这样，教会就为西班牙、法兰西和葡萄牙巨大的海外帝国提供了意识形态方面的支持。葡萄牙人庄严地宣布，他们已经开始从事非洲西海岸的奴隶贸易，成为奴隶的人因此得以摆脱异教神祇的奴役和不洁的（宗教）行为，他们确信这必然会“拯救那些已经堕落的灵魂”。[27] 这是桩不错的买卖，不过应该是上帝的工作。为了让信仰传遍世界，西班牙的军队一路来到中国的门口，以此来为耶稣第二次降临做好准备。法国传教士跟着皮毛商来到加拿大的荒地，希望能使印第安人皈依基督教，从而成为法国的臣民。当然，所有这些强权在为上帝服务的同时，在经济和政治上的受益也颇为丰厚。不过二者之间并不存在任何内在的冲突。1624 年，英国的清教徒爱德华·温斯勒满意地说，异教徒的土地是“宗教和利润完全一致”的地方。[28]

宗教和利润、宗教和世俗国家之所以可能以这种方式媾和，是因为基督教强调个人的终极自由。上帝为人类定下律法，不仅是基督徒，所有人都必须遵守。他将其中十条传达给摩西。更多的是由上帝之子耶稣转达给众人的，其中绝大多数是含糊的道德要求。不过所有其他的都被记录在所谓的“自然之书”里，而阅读那本书唯一的方法是运用上帝赋予人类的理性力量。

只有最狭隘、完全不经思考的基督教基要主义者才会声称，上帝已经将获得幸福和福祉的方法口述给了由他创造的人类。大部分人的看法与此相反，他们认为上帝创造的世界的运行方式是，如果人们可以自由地运用理性，那么他就会清楚地知道以何种方法才能实现希腊人所说的 *eudaimonia*，也就是幸福和人类的成就。从根本上说，真正重要的是理性和自由意志、个人选择的权利和能力，而非神的命令。基督教区别了世俗的和神圣的，也就是归恺撒的和归上帝的事物，而无论是犹太教还是古代的异教都没有类似的区分法。多少有些自相矛盾的是，正因如此，两个本质上是世俗的、异教的概念一直存在于基督教的核心位置，它们分别是包含全人类的普世主义和个体的尊严与自主。

基督教吸收并重新诠释了之前的异教，虽然它也确实粗暴地排斥过它，不过即使所有古代的神祇都只是污秽的、使人败坏的迷信，其崇拜者所创造的文化却被普遍认为是世界最伟大的，甚至连奥古斯丁也持有这样的看法。今天，在罗马的大街小巷，很多原来的异教建筑和纪念碑只是加上了十字架或圣徒的形象，就被转化成基督教建筑和教堂。

在罗马斗兽场附近有图拉真柱。它是为了纪念皇帝图拉真在 113 年战胜达契亚人，也就是现代的罗马尼亚人而立的。精致的浮雕以螺旋状环绕柱身，上面描绘着被击败的蛮族的形象，他们一路往上走，而在柱子的最顶端，原本立的是皇帝的塑像。在罗马皈依基督教以后，图拉真的雕像被移走，取而代之的是同样威严的圣保罗的雕塑。今天，柱子上步履蹒跚的蛮族看起来似乎不仅是被吸纳进罗马文明世界，同时也要被吸纳进基督的教会，只是他们自己和他们的征服者对此都毫不知情。这是我所知道的最能表现“得胜的教会”的形象。

不过尽管它有着向外延伸的权力和不和谐的地方，西方的基督教会一直饱受内部纷争的困扰。到了 16 世纪早期，它最终分裂，先是分成两个，然后又分成多个，这种状态一直持续到今天。这些分裂有些是因为神学争论，另外一些则是因为对某些行为的不满。一些是因为担忧如何维护原本是使徒的教会，使其不受有权有势的世俗或宗教霸主的侵害，后者假装在完成基督的使命，实际上只是为自己通常问题重重的目标服务。

在那些严重撕裂着基督教世界的长期冲突中，有一个承自其古老的亚洲源头，而且也是让所有一神教最感到头疼的难题之一。根据基督教的教义，精神世界有善恶、天使和恶魔之分，然而所有这些都源自唯一而不可分的上帝。这被称为“恶的问题”，一直无法得到解决。人们发明了一些理论，如原罪、拒绝接受上帝的救赎恩典、人类的自由意志，从而将责任从造物主转嫁到他的创造物身上。但是它们并不能一劳永逸地解决问题。

唯一显而易见但非常不好的解决方法是采用二元论的形式。上帝（或其他的神）是世间所有善的源泉，而站在其对立面的是魔鬼（或另一个神），它为世间所有的恶负责。二者的冲突永不停息。古代世界最具影响力、传播最广的二元论宗教与伊朗先知琐罗亚斯德紧密联系在一起，其发展的巅峰很可能是在公元前660年到前583年间，大概和居鲁士大帝建立帝国同期。琐罗亚斯德借鉴了一些伊朗更早的信仰的要素，不过我们不知道他到底借鉴了多少。神有一个标志性的倾向，喜欢重复自己说过的话。在琐罗亚斯德教的经典《阿维斯陀》最古老的部分《伽泰》里，琐罗亚斯德被描述为“掌握圣言的人”，换句话说，他是众先知中唯一真正有资格的。不管是不是由他最先创造，琐罗亚斯德的教义吸引了为数众多的信徒，而在公元前552年大流士一世继位后，琐罗亚斯德教也渐渐成了阿契美尼德帝国半官方的宗教。

琐罗亚斯德将宇宙划分为代表光明的神阿胡拉·马兹达统治的领域和代表黑暗的神安格拉·曼纽统治的领域。两尊神以宇宙为战场，将会一直缠斗到时间的尽头，每个人都有责任尽自己所能为对抗安格拉·曼纽的永恒之战贡献力量，他们可以在遇到他的造物（例如蝎子）时杀死它；他们要一直走在善之路上，这在很大程度上意味着要毫无保留地说实话（这可能是希罗多德认为波斯人非常诚实的原因之一）。琐罗亚斯德也主张元素（气、土、水、火）是神圣的。因此，琐罗亚斯德教徒将死者放在被称为“寂静之塔”的高高的木台上，任由秃鹫把尸体的肉啄得一干二净，这样他就不会污染任何元素。它挺过了伊朗遭到的一次又一次的入侵，直到今天，仍然是流亡到印度马哈拉施特拉邦和古吉拉特邦的帕西人的信仰，在绝大多数一神教信徒的眼里，琐罗亚斯德教是令人不安的多神教。

241年，另一位伊朗先知摩尼得到神启，他和后来的穆罕默德一样，相信这是最后的启示。他一路远游到印度，赢得了大批信徒。和之前的琐罗亚斯德一样，摩尼试图将恶置于善和神之外；和琐罗亚斯德一样，他也将宇宙分为由两个主宰“伟大之父（明尊）”和“黑暗之王（魔王）”分别统治的领域。不过除此之外，他又在琐罗亚斯德教原有的基础上，添加了从《新约》和《旧约》借鉴来的要素：生命之母（善母佛）和她的儿子初人（先意佛）。安格拉·曼纽是物质世界的主宰，因此所有事物都是堕落的，但是光明照耀着世界的每一个角落。为了解救自创世以来就被困在物质世界的亚当，神派出了一连串的先知，包括耶稣、佛陀和琐罗亚斯德。摩尼认为最后一位先知正是他自己。他是“众先知的封印”，这个头衔稍后会出现在《古兰经》里，指的是穆罕默德。[29]开始时凭借着萨珊国王沙普尔一世的保护，摩尼取得了极大的成功。不过琐罗亚斯德教的祭司视他为威胁，强烈反对他。276 年，他被瓦赫兰一世投入监狱，并死在那里。摩尼将大量不同的宗教惊人地融合在一起，这使他的宗教在一个基督徒、琐罗亚斯德教徒、佛教徒和诺斯替教派信徒经常相互斗争、偶尔也会合作的地区很有吸引力。如同奥古斯丁所评论的，尽管在正统基督徒看来，这些人“的罪孽过于深重，不听主的教诲”，不过他们“和我们一样，承认福音书的权威”。[30]

和所有的二元论宗教一样，摩尼教基本上也是一个静态的宗教，也就是说它只要求信徒们举行若干仪式，然后就是等待末日的到来。“我从中没有任何收获。”奥古斯丁评论道。最终让他对其深恶痛绝的，正是它的僵化，完全不涉及人类境况的复杂性，没有基督徒主张的宽恕和救赎。[31]它是典型的波斯宗教，因此也是“东方的”宗教，乏味、呆板、仪式化、冷漠无情。297 年，戴克里先发布敕令禁止摩尼教传教，他的理由非常简单，它是由“我们的敌人波斯人”开创的。

摩尼教虽然在萨珊帝国和基督教世界都受到迫害，但回鹘人皈依了它，它一度成为回鹘国教，一路渗透进中国，直到 14 世纪仍然存在。它依附于若干强大但相对来说短命的基督教派，如 7 世纪亚美尼亚的保罗派、10 至 15 世纪巴尔干的波各米勒派。不过最重要的是 12、13 世纪法国的清洁派，也被称为阿尔比派。它向教会宣战，而支持它的国王在山顶上为其信徒建了大量城堡，其遗址仍然零星分布在今天朗格多克岩石较多的地区。

随着清洁派的灭亡，正式的摩尼教的痕迹从西欧彻底消失。但是在东方，它以一种全新的形式卷土重来，后来事实证明，它对西方的威胁比阿契美尼德帝国、帕提亚帝国或萨珊帝国更大、更持久，这就是伊斯兰教。

第五章

伊斯兰教到来

1

628 年，一个身穿阿拉伯长袍，自称迪亚·本·哈利法·阿－卡勒比的人在耶路撒冷觐见拜占庭皇帝希拉克略。拜占庭人已经通过和雇佣兵以及贩卖毛皮、皮革、纯净黄油和毛织品的商人接触，对这个“羊和骆驼的民族”有了些了解，但完全谈不上尊敬。在基督徒眼里，他们是亚伯拉罕和奴隶夏甲所生的儿子以实玛利的后裔，因此永远处于人类世界的边缘。这个自称阿－卡勒比的人带来一封信，里面有他的主人先知穆罕默德简短的口信，穆罕默德是阿拉伯半岛某个不知名群落自封的领袖。信里写道，如果皇帝接受这位先知的宗教，也就是“伊斯兰”（这个词在阿拉伯语里表示“顺从”），他和他的王国将会平安无事，神会给他“双倍的报酬”。信里还补充说道，如果他同意支付人头税，那也可以避免和阿拉伯人开战；如果他拒绝支付，就将会被消灭。[1]

希拉克略如何回应这一冒犯之举，我们不得而知。穆罕默德的传记作者称，皇帝私下里承认穆罕默德是先知，“我们的福音书提到过他的名字”，但是因为担心自己人民的反应，因此不敢有所行动。这不太可能是真的。波斯皇帝库思老二世也收到了类似的信，他愤怒地把它撕成碎片。埃塞俄比亚的国王收到了第三封信，立即皈依伊斯兰教，不过他派去将这一喜讯传达给穆罕默德的六十名信使全都淹死在海里。[2]

如果这些信真的有被送出去过（整个故事可能是虚构的），拜占庭和波斯的皇帝以及埃塞俄比亚的国王很可能都不太清楚这个穆罕默德到底是什么人。几个世纪以来，阿拉伯半岛一直是遥远、贫瘠的地方，居住在那里的民族，自亚述时期就以强大的军事力量为人所熟知。和他们同族的其他人散居在波斯和拜占庭的边境地区，以及叙利亚沙漠的边缘地带；同绝大多数边境民族（例如今天住在约旦的阿拉伯人）类似，他们赶着骆驼群，同时和边境两边的国家做生意，作为雇佣军为他们打仗。用拉丁语写作的历史学家阿米亚努斯·玛尔塞利努斯在4世纪末时写道："他们在荒凉而广阔的土地上四处漂泊，居无定所，也没有固定的法律。"语气中明显带着文明的城市居住者对游牧民的反感。"他们迁徙的范围太广，以至于女人在一个地方结婚，在另一个地方生子，在更远的地方抚养他们长大。"[3]

拜占庭帝国之所以没有遭到这些猛禽的大肆劫掠，是因为它受到一个名为加萨尼的毗邻国家的保护，加萨尼人是信基督教的阿拉伯人，他们每年会因为自己的服务获得酬劳。古典世界后期的另一个强权萨珊帝国，其边界同样受到一个名为希拉的属国的保护，他们也是由信基督教的阿拉伯人建立的。住在半岛上的阿拉伯人正是从这些人身上学到了一些军事技术，并将其用在无休止的部落战争中。此外，他们也因此知道了纺织品的用途，养成了饮酒的习惯（他们喝掉了太多的酒，以至于后来穆罕默德彻底禁酒），可能还学会了书写。而且通过往来于边境的消息，阿拉伯人也获得了宝贵的军事情报，知悉了拜占庭和萨珊帝国的军事部署和战略。但是不管是君士坦丁堡还是波斯首都泰西封，都不了解这个突然冒出来的先知，而且拜占庭人和波斯人都认为，他保证新宗教将会取代受到国家极力保护的正教和琐罗亚斯德教的说法十分荒谬。

我们知道的反而比他们更多。但是因为我们所了解的穆罕默德的生平与耶稣的生平一样，都是由他们虔诚的追随者写下来的，而且有些事情是在发生之后很久才被记录下来，因此大部分内容充其量也只能达到存疑的程度。根据被普遍接受的先知传记（*Sîra*）的记载，穆罕默德于570年到580年间的"象年"在麦加出生，那是一座繁荣的商业城市，位于阿拉伯半岛西北的汉志地区。

他的父亲出自阿拉伯北部较有权势的古莱氏部落的哈希姆家族，这个家族受人尊敬，但算不上显赫。关于他的母亲的记载不多，我们只知道她被称为阿米娜（"有信仰的女人"）·宾特·瓦赫卜，出身于祖赫拉家族。在穆罕默德快要降世时，她在梦里看到他发出一道光，顺着光的方向，她可以看到位于遥远的叙利亚的布斯拉宫殿。她因此知道，他肯定不会是一个普通的孩子。不过在穆罕默德很小的时候，他的双亲俱亡，他的伯父艾布·塔利卜将其抚养成人。父母双亡、家徒四壁，先知们的早年生涯惊人的相似。年轻时，他以诚实著称，当地人如果发生争吵，有时会找他充当仲裁者，他因此得到了艾敏的绰号，艾敏的意思是“诚实者”。在25岁时，他娶了一个比自己年长很多的富裕寡妇，名叫赫蒂彻·宾特·胡韦利德。这次的好运气让他生活无虞，而且获得了一定的社会地位。

610年，在40岁生日前后的一天夜里，当时斋月马上要结束了，他正在希拉山的一个山洞里睡觉，突然被天使的声音唤醒，天使告诉他，他是神的使者。穆罕默德非常害怕，跑到妻子那里大喊：“救我，救我。”那个声音再次响起，自称是天使吉卜利勒，命令穆罕默德“宣读”。“我该宣读些什么呢？”他问道。天使没有回答他的问题，反而抱住他，让一贯深奥难懂的神的话从他的口中说出：“你应当奉你的创造主的名义而宣读，他曾用血块创造人。你应当宣读，你的主是最尊严的，他曾教人用笔写字，他曾教人知道自己所不知道的东西。”（《古兰经》第96章，第1–5节）

穆罕默德无法确定他所经历的到底是神还是魔鬼的显现。有一份记录称，一个名为巴希拉的基督教修士看出他的经历和摩西的经历非常相似，最后成功说服穆罕默德相信，他看到的是神。

自此之后，直到去世前为止，他继续定期从天使吉卜利勒那里收到神的启示。他还曾有过一次广为人知的天堂之旅。一天晚上，他被吉卜利勒用长着翅膀的马带到耶路撒冷。他在那里遇见了亚伯拉罕、摩西和耶稣（他继承并取代了这三位先知），领着他们祈祷。然后他又登上一座“比他见过的所有梯子都好”的梯子，进入天堂。在那里，他看到了火狱栩栩如生的幻象，短暂地与耶稣、约瑟、亚伦和摩西相遇，还得到了一瞥伊甸园的机会，不过除了一个“暗红嘴唇的少女”之外，就看不清其他的东西了。[4]

650 年，也就是穆罕默德去世 18 年后，这些各式各样的启示被收集起来，由穆罕默德的弟子栽德·本·萨比特加以记录和整理，这就是《古兰经》。“古兰（Qur’an）”这个词的意思是“读”或“背诵”，它被认为是对神的话语的如实记录。而它们刚好是阿拉伯语的。“我确已把它降示成阿拉伯文的《古兰经》，以便你们了解。”第 12 章里有这样的话。[5] 神用阿拉伯语给穆罕默德降下启示，这不仅创造了一部新的神圣的文本，也创造了一种新的神圣的语言（即使是对现在看起来已经显得过时的第一次誊写时的拼写方法稍做更改，也会被认为是一种亵渎）。不过尽管穆罕默德是以这种方式（在某个确定的时间，用某一种特殊的语言）得到启示的，信徒们仍然认为启示是非受造的、永恒的、神圣的和不可改变的。

《古兰经》被分成长度不同的节，内容涉及法律、祈祷、凶兆、禁忌，以及对天堂、火狱和最后审判日的描述、如何对待妻子、祈祷前如何沐浴（“你们当洗脸和手，洗至于两肘，当摸头，当洗脚，洗至两踝”）、朝圣时的行为和如何处理遗产、自杀、盗窃，等等。其中最重要的内容是神是唯一的，通过一系列先知将自己的启示传达给世人，穆罕默德是最后、最伟大的一位。他是“众先知的封印”，是安拉（神）的使者，因此他的话就等同于神的话。

《古兰经》中有一类内容声称要为人类未来的行为提供指导，这与《旧约》和《新约》一样。由于其中有的地方令人费解、很不完整，而且以律法的标准来看，很多地方含混不清，因此在穆罕默德死后，人们很快就开始意识到，必须用其他资源对其加以补充。

基督徒也曾遇到过类似的问题。福音书并不比《古兰经》更适于应对快速变化的世界里的偶然事件。基督徒为解决这个难题，转而从古代异教世界的政治、道德著作中寻找解决与神学无关的事务的方法。但在穆斯林看来，没有什么事是与神学无关的，因此他们不能简单地重复基督徒的做法（不过一个很晚才出现的伊斯兰学派确实引用了大量古典资料）。所有权威性的东西都必须以某种方式直接来自神最后的、真正的代理人，也就是安拉的使者本身。

在穆罕默德死后的几个世代里，记载了先知言行的篇幅很长的《圣训》开始扮演这个角色。《圣训》的每一条都被写成转述一连串权威说法的形式（被称为“赛乃德”），例如“我听某某说，他听某某说，那个人听某某说，……（最后一个人）听先知这么说，或看到他这么做”。其中有些明显是虚假的，一些没那么明显，但是所有的都不太靠得住。为了确定哪些可以被相信，哪些不能，一种被称为“去伪存真（*al-jarh wa'l-ta'dil*）”的批判方法逐渐发展起来。总体说来，它主要是检验权威转述链条的可信性。

即使不是生活在没有文字、以口口相授的方法传递信息的社会里的人也一定知道，这充其量只是一种明知故昧的处理方法。（不过，声称福音书里的文字都是耶稣曾经说过的话的做法无疑同样糟糕，福音书是在耶稣死后的世代里，为了意识形态的目的而被记录下来的，它遭到过严重的篡改。）官方版的《圣训》并不存在，现在被普遍接受的权威版本，只有成书于 9 世纪和 10 世纪早期的六部圣训集。

绝大多数的麦加居民信仰多神教。和大多数异教徒类似，他们对其他人的信仰似乎很宽容。按照其中一个人的说法，人没有理由不选择自己喜欢的宗教，也就是说，如果他希望，也可以创造一个。开始时，他们容忍穆罕默德在阿拉伯人中间传播吉卜利勒的启示，不过很多人认为它过于强调神的唯一性、偶像崇拜的邪恶和神的审判迫在眉睫。只是当穆罕默德开始对异教的神祇不敬之后，他们才感到被冒犯，嘲弄地向他提出建议：或是拥戴他成为国王，或是找人治好他的疯病。不过，和贫穷一样，嘲笑也是所有先知必须经历的仪式。“你之前，有许多使者，确已被人嘲笑，但嘲笑者所嘲笑的（刑罚），已降临他们了。”（《古兰经》第 6 章，第 10 节）

麦加人在经济和宗教上都有需要警惕穆罕默德和新的一神论的理由。麦加是一座朝圣者的城市。在市中心矗立着卡巴神殿（现在仍然在那里），它是一座黑色的神庙，在成为伊斯兰圣地之前，那里供奉着胡巴尔神的圣像。在其东边的角落里，有一块黑色的石头（*al-hajar al-aswad*），很可能是陨石，被嵌入墙壁中，受人崇拜。统治麦加的贵族们从朝圣客身上获益不菲，尽管穆罕默德从未反对过朝圣，但是他们仍然担心（并不是没有理由的），他狂热的一神教信仰最终将会损害他们的生计。随后，他们开始迫害他。穆罕默德自己相对安全，这要感谢他信异教的叔叔艾布·塔利卜，不过他的追随者们（现在他们自称“穆斯林”，即“顺从真主者”）的处境更加危险，过了一段时间，穆罕默德让其中一部分人到埃塞俄比亚避难。

622年，穆罕默德已经有了足够多的追随者，可以自立门户。他迁徙到位于麦加以北280英里的一座绿洲城市，当时那里的名字是叶斯里卜。70名左右的同伴陪在他的身边，他们被称为迁士，其子孙在后来的伊斯兰历史上一直享有特权。这次迁徙或者说“希吉拉”的日期，是穆罕默德一生和伊斯兰教早期历史中第一个没有出现争议的日期，这也成了伊斯兰阴历的元年。[6]它同时标志着先知羽翼渐丰的宗教史上的一次革命。穆罕默德在麦加不过是一个稍有知名度和重要性的一般市民。在麦地那（原来的叶斯里卜，此时被重新命名），也就是“先知之城”，他成了一个群体的主要仲裁者。在麦加，他四处宣扬伊斯兰教；在麦地那，他开始将其作为这座城市的宗教。正是在麦地那，未来伊斯兰教独特的政教合一的政权形式——乌玛——开始慢慢形成。穆罕默德在这里发布了《麦地那宪章》，不过这个名字是后来才出现的，而且可能会让人产生误解。与其说它是宪法，倒不如说是由若干盟约组合而成的，在很多方面，它不过是对传统阿拉伯社会中规范财产、婚姻和其他关系的习俗的再确认。乌玛真正的新颖之处，而且不仅是对伊斯兰社会，最终对全世界都产生了长期影响的地方是他们对虔诚的强调。和其他地区一样，阿拉伯的部落也是由血统定义的，这就意味着它们的规模必然是有限的。与此不同，乌玛是由信仰定义的，这就意味着，如其字面意思所示，它可以是无限的。

穆罕默德因此创造了一个单一的政治－宗教共同体，中世纪的法学家使用“宗教与国家（*din wa dawla*）”这个说法指代它。和基督一样，他也使一个普世的共同体成为可能；即使不是他，他的追随者们也会在未来将其理解为包括全人类在内的共同体。尽管事实上，他们的政策，特别是继承穆罕默德的哈里发们的政策，更关心阿拉伯世界及其近邻，而不是整个世界，但是穆罕默德充满普世主义意味的启示，仍然是其权力和吸引力的来源之一，这是无法回避的。它一直存在到今天，而且不可避免地导致了穆斯林和基督徒长达十几个世纪之久的激烈冲突。

基督徒不得不接受，世界可能永远都不会像预言所说的那样，所有人都皈依基督教，然后迎来末世。今天，绝大多数穆斯林可能也接受了《圣训》里描述的世界末日的景象——耶稣将会穿着盔甲重新降临，在巴勒斯坦的利达之门消灭敌基督，杀死所有的猪，毁掉所有基督徒的十字架——不会很快到来，而且或许也可以把这部分内容默默忽略掉了。[7]不过二者都没有正式放弃宣称只有自己才是唯一真正的信仰，它们继续谴责所有抱有其他信仰的人，诅咒他们永遭天谴。在古代世界的帝国全部灭亡后的几个世纪里，二者都从犹太教那里继承了普世主义，这也是它们之间的冲突最鲜明的特征。

不过，基督教和伊斯兰教在这方面有一个很大的区别。如我们所见，对基督而言（甚至对圣保罗来说也是如此），教会虽然是普世的，但是它不能声称具有普世的社会或政治权威。基督的必须归基督，不过它的前提条件是恺撒的要归恺撒（实际上也只有如此，前面的话才有可能成立）。即使是不信教的人制订的法律，不管它多么不公平，仍然对处于其管辖范围内的基督徒适用。

不过，穆罕默德走了一条不同的路。在麦地那，他只有一个办法才能确保新信仰生存下去，他不仅创造了一个自治的宗教社会，而且也创造了与其并行的政治权威。这样，他实际上成了一个新部落的酋长。不过之前的酋长和大多数武士社会的首领一样，权力非常有限，他们权威的来源只是因为得到了所属群体的任命，可以被取代。与此相反，穆罕默德声称自己的权力直接来自于神。“不论何时有争端发生，它都应该交由神和穆罕默德处理。”《麦地那宪章》有这样的规定。[8]先知有无上的权威，不接受任何人的仲裁，没有人可以挑战他。神让他说：“人啊！我确是真主的使者，他派我来教化你们全体。”（《古兰经》第 7 章，第 158 节）

每个穆斯林都有责任“劝善戒恶”，他或她的幸福主要来自完成宗教责任，而真主相应地要求绝对的服从。《古兰经》称赞了这样的人："他们中当有一部分人，导人于至善，并劝善戒恶；这等人，确是成功的。"（《古兰经》第 3 章，第 104 节）[9] 这样，在伊斯兰社会里，宗教和政治是纠缠在一起的。恰恰是穆罕默德成就了皇帝君士坦丁在尼西亚大公会议上渴望实现但最终失败了的设想：世俗领域和精神领域的完全合一，君主随之成为接受天命、受神支配的存在。有人评论道，伊斯兰教的创始人"使自己成了君士坦丁"。[10]

因此，伊斯兰教里只能有一部法律。它被称为"沙里亚（*Shari'a*）"，这个词的本义是"通向水源之路"，也就是在伊斯兰教诞生的沙漠里，最多人寻找、受到最多人祝福的地方。伊斯兰教法是神意的直接体现，它是由被称为乌里玛的伊斯兰学者以《古兰经》和《圣训》为依据整理而成的。它涉及神对所有人类活动的指示。它的内容包括了穆斯林在宗教、政治、社会、家庭和个人生活等方面的全部责任。它实际上是由乌里玛创造的，不过尽管如此，和所有可以将源头追溯到穆罕默德的事物一样，它仍然可以说是源自神的。在穆斯林看来，像西方那样，可能有另外一部世俗法律存在，而且因为这部法律是依靠人类的智慧而非神的意志创造的，因此它不仅可以被更改（至少在与时效有关的范围内如此），也可以被废除，这种想法非常荒唐，没有任何意义。

因为教法是神的法律，它被认为是永存的，因此也是不变的。不过这并不意味着它不可以接受理性的评价。"费格赫"（确定应该如何在具体的案例中应用伊斯兰教法的科学）被分为两个不同的部分：伊巴达提（*ibadat*），与功修有关，包括对祈祷、斋戒、朝圣的指导；麦阿麦拉提（*muamalat*），用于处理社会关系。大约自 8 世纪末始，后一部分渐渐成为独立的司法学，和西方的法学类似，它也在很大程度上依赖类比推理（*qiyâs*）和众人的意见（*ijmâ*）。

因为最终的问题都要被归结到对一些有时晦涩难懂的文本的解读，几个著名的法律学派（被称为麦兹海布［*madhhab*］）发展了起来，这和西方的情况一样。不过到 9 世纪时，其中的四个——每个都是由一位伟大的法学家（*fuqahâ*）建立的——成功地排除了其他学派。他们分别是哈乃斐学派（创始人阿布·哈尼法，767 年去世）、马立克学派（创始人马立克，795 年去世）、沙斐仪学派（创始人沙斐仪，820 年去世）和罕百里学派（创始人伊本·罕百勒，855 年去世）。

在西方，法律自古以来就被视为为了满足人类需要而由人类创造出来的。法律是世俗的，是与人类的存在相关的，是以事实为依据的。因为事实和存在的性质可能改变，因此它可以被修改，而且实际上必须要修改。教法虽然也是人类的产物，但是和西方不同，它依据的并不是成文的习惯法，而是假定的神的话语。因此，它很难被修改。神，特别是一神教里的神，不习惯改变想法。

乌玛是政教合一的政权。这在穆罕默德出生的世界是不同寻常的。没有任何一个穆罕默德熟悉的民族如此，位于阿拉伯半岛两侧的大帝国拜占庭和波斯的政体也都不是神权政治，尽管它们的统治者都声称在一定程度上得到了神的支持，而且坚称他们的命令和神的命令密不可分。基督和琐罗亚斯德都明确承认教会和国家之间的区别，只是后者比前者更暧昧。古代近东和中东的所有民族中，据说只有苏美尔人的历史始于国王兼任祭司的神权政治。但是即使这是事实，那也是很久以前的事了，而且到了穆罕默德出生的年代，没有人还记得它。不过，穆罕默德的启示以及他在麦地那建立的政权的不同寻常之处，基本上没有引起注意。

穆罕默德很快证明自己既是政治谋略家，也是合格的战争领袖。乌玛在麦地那安全地建立起来后不久，他立即将注意力转到了自己的出生地。624 年 3 月，一支穆斯林的队伍在白德尔袭击了一支满载货物的麦加驼队。驼队侥幸逃掉了，但是麦加派出去保护它的军队被 300 名穆斯林消灭了，据说他们得到了一支肉眼看不见的天使军队的帮助。这次行动的成功和天使的出现，被视为受神眷顾的征兆。“白德尔之役，你们是无势力的，而真主确已援助了你们。”（《古兰经》第 3 章，第 123 节）

白德尔的胜利大大提高了穆斯林的声望和权威，穆罕默德也因此取得了对麦地那毫无争议的统治权。他现在足够强大，开始着手对付最后剩下的两个独立的群体：犹太教徒和基督徒。开始时，穆罕默德希望可以轻松地让这些人皈依伊斯兰教，他似乎相信他们之间在神学上的差异是微不足道的，甚或是没有差异的。他这两点都是错的。基督徒有自己的先知，而且他还是神之子，他们不会为了区区一个人类的主张而轻易地抛弃他的神性；犹太教徒则厌恶这样的想法，也就是他们的神，以色列真神，会从阿拉伯人中选出最后的也是最伟大的先知。

现在，穆罕默德开始指责两个宗教团体篡改经文，删掉了包含有“封印的先知”将要到来的内容的预言。对穆罕默德而言，耶稣（在《古兰经》里被称为尔萨）是真正的先知，他确实如福音书所说，施行过若干神迹（《古兰经》第 2 章，第 253 节），根据《古兰经》中的一节，他甚至要升入天堂（《古兰经》第 3 章，第 55 节）。但是基督徒对这些可以证明神的认可的迹象仍不满足，把他变成了神，而且奇怪地坚持认为他被钉死在十字架上，从而扭曲了他的遗产。

对犹太教徒的指责与此相似。穆罕默德承认亚伯拉罕是“崇信正教、归顺真主的人”（《古兰经》第 3 章，第 67 节），这样亚伯拉罕就成了所有三个一神教信仰最终的来源。尽管犹太人并没有采取反对穆斯林的行动，但是他们的顽固是不容于“先知之城”的。625 年，在挑战穆罕默德的权威无果后，盖奴卡部落被驱逐出去，它是居住在麦地那的三个犹太部落中的一个。不久之后，另一个犹太部落纳迪尔部落被指责试图暗杀先知，同样被驱逐出城。他们都投奔到犹太人在麦加以北数百英里远的位于海白尔的定居地。第三个部落古莱扎部落则没有那么幸运。627 年春，麦加人的军队包围麦地那后，由于有人指控他们给麦加人提供情报，因而遭到屠杀，男人被杀光，女人和孩子被卖为奴隶。后来，穆罕默德和海白尔的犹太人缔结和约，一如他同奈季兰的基督徒所做的。但是这只是暂时的平静，穆斯林同犹太人和基督徒之间的仇恨将永远持续下去。“犹太人说：‘欧宰尔是真主的儿子。’基督教徒说：‘麦西哈是真主的儿子。’这是他们信口开河，仿效从前不信道者的口吻。愿真主诅咒他们。他们怎么如此放荡呢！”（《古兰经》第 9 章，第 30 节）

随着之前从别处借鉴的内容被一点点清除，伊斯兰教不再是以犹太教和基督教为基础，对之前的一神教信仰的修正，它变成了一个全新的宗教，有朝一日将会从阿拉伯一直传播到印度尼西亚和非洲西海岸，把人种和语言差异悬殊的各个民族统一到自己的旗下。

630 年 1 月，古莱氏和穆罕默德的代表间进行的一系列谈判最终宣告破裂，一支穆斯林军队攻击并最终占领了麦加。古莱氏几乎没有反抗就投降了。除了那些被指控对先知及其追随者犯下罪行的人，其他麦加人保全了性命和财产，这座城市也从异教徒的朝圣地变成了伊斯兰教的圣地。穆罕默德仪式性地清除了卡巴神殿四周的 360 个偶像，它们全都被用棍棒砸碎。他还宣布卡巴神殿是朝圣的目的地，每一个穆斯林在其一生中都有义务至少拜访这里一次并绕建筑走七圈，如果可能，要触摸或亲吻那块黑色的石头。

伊斯兰教部分依赖于在它之前的两个一神教，但和它们相比，伊斯兰教是一个简单的信仰，这肯定是其成功的原因之一。对于外人来说，伊斯兰教很少会有智识上的障碍，信徒需要做的只是在一开始时要相信神，其次要相信神在某时某地给了某个人启示，然后就不再言语了。不过这是当时所有一神教，实际上是绝大多数有某种形式圣书的宗教都会遇到的问题。伊斯兰教神学是存在的，但是它不像基督教神学那样，存在着内在的矛盾和明显不能自圆其说的地方。和基督教一样，伊斯兰教内部存在着不同的教派，有唯灵论、神秘主义和禁欲主义的形式。但是和创立之初就受到教派分裂威胁，在 16 世纪最终分裂为两个不可调和的阵营的基督教不同，伊斯兰教内部并没有这么严重的教派纷争。逊尼派和什叶派的分裂（稍后我会提到）有一些类似的特点，但是和加尔文派与天主教会的对立比较起来，它们的分歧没有那么明显，它们的冲突总体说来也没有那么激烈。

伊斯兰教派分歧的影响，也不像 16 世纪围绕着忏悔问题而展开的纷争对很多基督徒的影响那么大，信徒没有理由相信分歧实际上可能是因为教义本身存在着某些不合理和不一致的地方而导致的。伊斯兰教也没有基督教的那些复杂的仪式和神职人员的等级制度。仪式和典礼是存在的，但是作为宗教组织的教会并不存在。清真寺很多，但是不存在类似于天主教教堂的等级划分。有乌里玛（在波斯语里是毛拉），但是不存在得到认可的神和人的中介者，也没有像天主教认可的那种由于上帝授予的权力不同而导致的等级差异。每个清真寺都有的伊玛目只是带领信徒祈祷的人。奥斯曼帝国的伊斯兰教法典说明官穆夫提（*Mufti*），以及更晚出现在伊朗的穆智台希德（*Mujtahid*）和阿亚图拉（*Ayatollah*），他们的地位和教会的神职人员有些相似。但即使是伊朗的教士（他们经常被这样称呼），也不具有像按立的基督教牧师那样的宗教权威。

没有任何太过复杂的仪式或礼拜方式，皈依伊斯兰教是一件异乎寻常的简单和直接的事。所有新教徒需要做的只是在两个穆斯林面前重复一次作证言（*shaha'dah*），意味着表白了信仰。作证言是："我作证：除真主之外绝无应受崇拜的主宰，他独一无二；我又作证：穆罕默德是真主的仆人和使者。"这句话现在已经变得非常有名。说完之后，信徒（穆斯林）被要求只遵从真主的意志，也就意味着要遵守伊斯兰教法，他还要遵守神通过启示加在所有穆斯林头上的伊斯兰教五功的剩余四个：礼拜（*salât*），每天要祈祷五次；缴纳天课、施济（*zakât* 或 *sadaqa*）；在斋月从日出到日落严守斋戒（*sawm*）；最后是到麦加朝觐（*hajj*），所有有办法或能力的人，一生中至少要朝觐一次。

上述任何一项都不会让非穆斯林感到困难，或是觉得受到了冒犯。只是他们需要肩负起若干共同的责任，其中最重要的，也是现在最让人头痛的是吉哈德（*jihad*）。这个词在阿拉伯语里的本意是"努力"、"奋斗"或"抗争"的意思，后面通常会接"遵循真主之路"。一些人，尤其是古典的什叶派神学家，以及更为现代的改革者为了能让它和西方相容，将其解释成精神或道德上的斗争。正如可以说每个真正的基督徒都有责任说服非基督徒皈依基督教（不过这并不包含在信仰的条文中），因此每个穆斯林都有责任说服非穆斯林接受伊斯兰教。

不过穆罕默德自己对这件事和很多其他事的看法，都带有浓厚的摩尼教色彩。由《古兰经》传达的神的旨意，常常是晦涩难懂的。不过在这个问题上，它说得非常清楚：你或者信奉它，或者反对它。"正邪确已分明了，"第 2 章写道，"真主是信道的人的保佑者，使他们从重重黑暗走入光明；不信道的人的保佑者是恶魔，使他们从光明走入重重黑暗。"

（《古兰经》第 2 章，第 256–257 节）如果不信者不愿意放弃他信仰的偶像（恶魔），那么必须用武力强迫他放弃。“先知啊！你应当鼓励信士们奋勇抗战，如果你们中有二十个坚忍的人，就能战胜二百个敌人；如果你们中有一百个人，就能战胜一千个不信道的人；因为不信道者是不精明的民众。”（《古兰经》第 8 章，第 65 节）不过下一节对人数没这么乐观。因此，占压倒性多数的法学家将吉哈德解释为军事责任。“学会射箭，”《圣训》有这样一条，“因为射手和目标之间的空间，是天堂的乐园之一。”“没有参加任何战斗而死的人，”另一条这样说道，“是以一种不虔诚的方式死去。”[11]

传统上，世界被分为两个部分：伊斯兰之境（*dar al-Islam*）和战争之境（*dar al-harb*），后者是所有非穆斯林居住的地方。在全世界都接受穆罕默德的启示之前，二者处于永久的战争之中。而这场战争就是吉哈德，也就是讨伐异教徒的圣战。举例来说，奥斯曼人声称位于他们和基督教世界对抗前线的贝尔格莱德为“吉哈德之境”。吉哈德是真主的战争。至于这到底是什么意思，不同的人可以有不同的观点。但是有一件事是确定的。吉哈德永远不会停止。从法律的角度来说，两个世界之间不可能达成任何和平协议，只有不超过十年的停战协议是例外。但是在最终的胜利到来之前，战争是永远不能结束的，而对于虔诚的穆斯林来说，胜利是必然的。

尽管在预定的神的时间到来之前，所有非穆斯林都必定是伊斯兰教的敌人，但是他们可以被改变信仰，或者至少被置于穆斯林的统治之下。不过并不是所有的非穆斯林都是一样的，有一个群体格外显眼，他们被称为“有经人（*ahl al-kitâb*）”，指的是犹太人和基督徒。和单纯的异教徒或偶像崇拜者有所不同，他们的神和将《古兰经》启示给穆罕默德的神是同一个，因此从某种意义上来说，他们信奉的是被承认的宗教。伊斯兰教对这些人做了若干影响深远的理论让步，虽然实践上并不总是如此。在伊斯兰教法里，他们被授予“被保护民族（*ahl al-dhimmah*）”的地位。他们被允许根据自己的习惯，由他们自己的统治者管理。这成了在奥斯曼帝国行政体系中扮演重要角色的米利特制度（*millet*）的基础。

不过“被保护民族”很像今天说的“二等公民”。他们不得不每年支付人头税（*jizya*），以此来换取保持自己的宗教信仰的权利。尽管如此，他们也不能过于显眼，比如不能敲钟或在公开场合祈祷。他们也不得兴建任何新的神圣建筑，或者试图引诱任何穆斯林脱离真正的信仰、侮辱伊斯兰教，后两种行为是最严重的罪行，犯人会被处以死刑。按照法律，他们不得骑马，住宅的高度不得超过他们的穆斯林邻居的房子，不能拥有穆斯林奴隶。他们也被要求“所穿的衣服不得与穆斯林相同，必须佩戴徽章在为识别”，他们佩戴的徽章被称为 *zunnar*。在某些情况下，“被保护民族”的身份也会被授予琐罗亚斯德教徒，而在莫卧儿王朝统治下的印度，它也会被授予印度教教徒（哈乃斐学派和马立克学派走得更远，他们认为所有非穆斯林都可以被给予这个身份）。这些规定的实际执行情况差别很大，早期阿拔斯王朝的哈里发很宽容，而在像穆塔瓦基勒（847—861 年任哈里发）和哈基姆（996—1021 年任哈里发）这样的统治者执政时，迫害极为严重。

在很多现代西方人、大部分的世俗学者，甚至也包括一些穆斯林的眼中，这些就是伊斯兰教容忍其他信仰的实际限度。同这些人经常假定的不同，这并不意味着承认其他人对神的意图的解读同样合法。在这里，它的意思是容忍那些你确定知道是错误的解读的存在。[12] 不过在 17 世纪之前，这远远超出了大多数基督教团体可以接受的范围。尽管有这些对生活的限制，但对于被保护民族中的一些基督徒群体，特别是受到君士坦丁堡政府骚扰和迫害的从希腊教会分裂出来的聂斯脱利派和一性派教徒来说，即使是在穆斯林君主统治下受到种种束缚的生活，也要优于在正教会下的生活。而犹太教徒在穆斯林统治下受到的待遇基本上也要比在 19 世纪末之前的任何一个基督教国家更好。

2

伊斯兰教的政教合一，以及在神的旨意外不能存在另一部法律的观念，使桀骜难驯的阿拉伯部落实现了历史上的第一次统一。穆罕默德借鉴了同为一神教的犹太教和基督教的要素，将其转化为彻彻底底的阿拉伯宗教。这样，他就创造了作为民族的阿拉伯人此前从未享有过的单一文化认同，它不会永远长存，但在其存在之时，阿拉伯部落成了一支强大无比的征服力量。在希腊人和他们的罗马继承者看来，古代的欧亚之争是对生活方式的不同看法的斗争，伊斯兰教的到来使其成了信仰的斗争。

占领麦加之后，穆罕默德控制了阿拉伯半岛最繁荣的绿洲和市场。该地区其他部落的首领需要他的支持，在他于 632 年 6 月 8 日逝世之前，已经有很多贵族向他宣誓效忠，其中一些皈依了伊斯兰教。但是穆罕默德之死给乌玛带来了严重问题，原因在于与继承人相关的规定付之阙如。在穆罕默德生前，麦地那没有政府，不存在行政体系和政治机构，只有先知自己。“封印先知”怎么可能会有继承人？很多沙漠部落持与此类似的观点：他们宣誓效忠的是一个人，而不是一个机构；随着他的死亡，忠诚也不复存在。

不过有一件事是清楚的：不管伊斯兰教未来的统治者是谁，和其创始人一样，他的权威也来自神的明白的旨意，即使需要打些折扣。这意味着他或多或少必须和先知的家族有些关系。经过可能的候选人之间的内斗之后，陪伴穆罕默德迁徙到麦地那的迁士艾布·伯克尔获得了胜利，他也是穆罕默德众多妻子中的一位（阿伊莎）的父亲。艾布·伯克尔被任命为哈里发（*khalîfa*），也就是“继承人”的意思。他可能也自称“安拉的使者的继承人（*khalîfat rasûl Allâh*）”。[13]

艾布·伯克尔的第一个任务是用武力让那些在穆罕默德死后背叛的部落回心转意，这导致了“叛教者之战”。633 年，当战争宣告结束时，新哈里发发现自己已经掌握了一支不可战胜的军队，却无事可做。阿拉伯人现在处于和平之中，但是和平从来都不是阿拉伯历史经验的一部分。在最后一次拜访麦加的那一年里，据说穆罕默德曾经说过：“穆斯林皆兄弟，应该避免他们的内斗。”然后他又补充道：“穆斯林应该和所有人战斗，直到他们说出：‘万物非主，唯有真主。’”[14] 如果说在此之前阿拉伯人遵循了前一条命令，那么从现在开始他们要认真执行后一条了。这样，他们就将注意力从不适合居住的沙漠荒原移开，转而盯上了富裕得多的战利品，他们知道它存在于自己的北方和东方。

在 7 世纪中期，整个中东被拜占庭和萨珊帝国瓜分，北非历史学家，也是世界最伟大的历史学者之一的伊本·赫勒敦称它们是“当时世界上最强大的国家”。[15] 这两大强权在某些方面非常相似，都带着超级强国常有的特征，都能看到亚历山大的遗产的痕迹。不过拜占庭是一个希腊化的基督教国家，而萨珊帝国在 226 年取代帕提亚人后，尽其所能地恢复被亚历山大及其继承者们毁掉的阿契美尼德王朝的遗产。他们将先知琐罗亚斯德多少有些松散的信仰发展成正式的崇拜阿胡拉·马兹达的宗教。从阿契美尼德人到帕提亚人再到萨珊人，他们一直和西方的邻居缠斗不已，先是和希腊，然后是罗马，现在是拜占庭。

从 602 年到 628 年，拜占庭和波斯之间爆发了一连串的战争，最终导致两个国家全都精疲力竭。615 年，一支波斯军队在库思老二世的率领下攻占耶路撒冷，将真十字架带回泰西封。619 年，波斯人进入埃及，占领亚历山大港。到此为止，曾经的阿契美尼德帝国实际上得到了重建。不过这并没有持续多久。628 年，拜占庭皇帝希拉克略率军出征，一路推进到达斯特卡尔特，占领了库思老在那里的宫殿，夺回了真十字架。同年，两个国家最终达成和平协议。但是在萨珊贵族看来，自己的帝国现在已经处于分裂和衰弱的状态之中。扩张主义者的野心使他们不再对宫廷效忠，而这是保持帝国统一的唯一手段。现在，虚弱且不占地利的萨珊人绝不是正在一步步蚕食着它的穆斯林军队的对手。

到 635 年初，阿拉伯人已经吞并了希拉，并将波斯人逼退到幼发拉底河的另一侧。9 月，一支胜利的、士气高扬的阿拉伯军队进入拜占庭城市大马士革。一年后，希拉克略放弃了叙利亚，阿拉伯人迅速占领了主要城市安条克和阿勒颇。

无论在哪里，胜利的阿拉伯军队都会提出投降条件，这将成为未来所有伊斯兰征服的常态。当地人只要投降，就不会有进一步行动；只要他们答应交人头税，就可以不受干扰地继续信仰自己的宗教，如同征服大马士革的哈立德·伊本·瓦利德对那里的基督徒住民所说的，他们将会接受“安拉的契约，以及先知、哈里发和信士们的保护”。[16] 到了636年底，希腊－罗马长达千年的统治被9世纪叙利亚的一个基督徒所说的“地球上最卑微、最可鄙的民族”终结了。[17]

637年，萨珊新王雅兹底格德三世决定发起进攻，他希望能够一劳永逸地把那些他眼里难以驾驭的野蛮人赶出自己的领土。其麾下最有能力的将军鲁斯塔姆建议他待在幼发拉底河东岸的安全地带，把阿拉伯人引出沙漠。阿拉伯人在沙漠里占据绝对优势，但是一旦渡过幼发拉底河，进入运河纵横交错的平原，他们就不得不在完全不熟悉的地方战斗，而且也完全没有撤退的可能，这样他们就成了瓮中之鳖。

不过雅兹底格德对此毫不在意。在他看来，阿拉伯人不过是一个无足轻重的民族，坐等他们前来，是对自己帝王威仪的侮辱。因此，在637年初，一支2万人左右的波斯军队渡过幼发拉底河，进入沙漠，在现在的纳杰夫以南的卡迪西亚遇到了一支人数比自己少得多的阿拉伯军队。战况正如鲁斯塔姆所预言的那样，阿拉伯人充分利用在沙漠作战的优势，三天后即歼灭了波斯军队。这次失败不仅意味着萨珊帝国统治即将结束，也意味着伊斯兰教开始进入波斯。这场战役在阿拉伯历史上具有高度的象征意义，至今仍是如此。因为它不仅是伊斯兰教对异教取得的胜利，在阿拉伯人看来，它也是对曾经强大无比、经常表现得冷酷无情的敌人的最终胜利。它也意味着波斯人被从其荒谬的宗教和他们的国王长期的奴役中解放了出来。“我们阿拉伯人是平等的，”一个阿拉伯人告诉波斯人，“我们不会互相奴役，除非我们相互之间正在打仗。”[18]

十几个世纪后，这场战役的名字和它所代表的意涵，仍然能够有力地唤起人们的记忆。1980年，萨达姆·侯赛因对伊朗发动的战争被阿拉伯复兴社会党的宣传机器描述为一场有德的、“平等的”（这在萨达姆的伊拉克仍然是不可能的）阿拉伯人和邪恶的伊朗人之间的战争，它被描述成“萨达姆的卡迪西亚之战”或“第二次卡迪西亚之战”。在战争爆发前不久，关于这场战役的一部几乎和好莱坞制作水准持平的史诗电影，开始在巴格达城外大量取景。伊拉克革命指挥委员会副主席解释了拍摄这部电影的目的：要把过去的历史活灵活现地表现出来，激励伊拉克年轻人为国家和整个阿拉伯世界献身，正如他们想象的祖先1400年前在面对完全相同的军队时所做的那样。在历史上的卡迪西亚之战中，波斯军队的兵力超过了阿拉伯军队，他们的装备也更好，但是阿拉伯人受到神的眷顾，他们的战斗技能更出色，更加勇敢和坚定，最终赢得了战役的胜利。因此，在接下来的几个月里，萨达姆的军队将会摧毁新的"波斯"军队。来自卡迪西亚的八个盲人出现在伊拉克人的军队里，这也是在效仿激动人心的先例，据说当时有一个盲眼的阿拉伯人挥舞着一面旗帜出现在战场上。

波斯人的看法当然与此大相径庭。伊斯兰教可能给他们带来了真理，阿拉伯人也可能将他们从奴役中解放了出来，但是一个有着十几个世纪历史的文明被彻底摧毁。大约在战役结束四个世纪后，伊朗民族史诗《列王纪》的作者、伟大的波斯诗人菲尔多西这样描写这场战役：

> 这该死的世界，这该死的时机，这该死的命运。
> 野蛮的阿拉伯人，
> 使我成了穆斯林。
> 你的勇士和祭司何在，
> 你的狩猎宴大军和你的战功何在？
> 你的尚武的风采何在？
> 摧毁我们的敌人的大军何在？
> 波斯已是一片废墟，正如狮子和猎豹的巢穴。
> 看看现在，万念俱灰。

随后，未开化的阿拉伯人渡过幼发拉底河，攻陷泰西封。城中的财富被献给欧麦尔，他是在634年伯克尔死后继位的新哈里发。据说他在麦加的卡巴神殿展出了库思老的王冠。现在，伊斯兰对世界的征服似乎是势不可挡的。成书于这一时期的《圣训》里充满了肯定的言辞。"你必将攻陷君士坦丁堡，"其中一条写道，"出色的埃米尔和军队将会占领它。"在另一条里，先知继续预言，不仅君士坦丁堡将要陷落，军队甚至会占领罗马。[19]

萨珊帝国的新主人哈里发欧麦尔是一个留着大胡子、身材高大的人，他模仿先知穿着朴素衣衫，据说他会在麦地那的街上四处行走，随身带着一条皮鞭，一旦看到任何违背教法的人，就会去鞭打他们。他因此受到尊敬，但是并不受人欢迎。644 年，他被一个心怀愤恨的波斯奴隶刺杀。他的继承人是奥斯曼，属于麦加的倭马亚部落，是穆罕默德的女婿。奥斯曼将日渐膨胀的阿拉伯领土向西扩张到埃及和利比亚，向东扩张到呼罗珊，向北进入高加索，一直到现在的第比利斯。不过在这个时候，这个基本上只是靠信仰的力量和劫掠的欲望结合到一起的松散联盟的内部裂痕开始浮上表面。由于新近皈依圣教的穆斯林已经开始在征服的领土上掌权，驻守在麦地那的迁士家族越来越感到不安，并且滋生了一种贵族式的厌恶，而阿拉伯地区中心地带的居民则看着他们的权势慢慢北移，逐渐集中在更加富裕、人口更多的叙利亚和伊拉克地区。

奥斯曼是被一个由古莱氏组成的小团体选中的，在麦地那人看来，这太像是麦加人的争权夺势。他也因为裙带主义、任人唯亲，以及引入与《古兰经》和《圣训》的内容相抵触的新仪式和财政管理的新方法而受到普遍质疑。与此同时，获胜的穆斯林战士（他们现在来自伊斯兰世界的各个地方）不得不眼睁睁看着自己在战场上赢得的大量财富被运回麦加和麦地那让那里的贵族变得富裕。

反对奥斯曼的势力开始成长起来。其中一名领导人是很早就皈依的阿里·伊本·阿比·塔里布，他是穆罕默德的侄子和穆罕默德的女儿法蒂玛的丈夫，因此是公认的哈里发候选人，而且根据大多数记述，自先知死后，他就在幕后不耐烦地等着继承大位。最终，在 656 年 6 月 17 日，一群来自麦地那和埃及的叛兵，其中包括伯克尔的儿子，在奥斯曼坐着阅读《古兰经》的时候杀害了他。随后，阿里在伊拉克的库法自立为哈里发。但在此时，和奥斯曼同样出自倭马亚家族的叙利亚总督穆阿维叶在大马士革集合起另一群叛乱者。660 年 5 月，他以阿里不适任为由，宣布自己是哈里发。次年 1 月，当阿里准备向大马士革进军时，他在库法的清真寺遇刺身亡。阿里的儿子哈桑被说服放弃继承哈里发大位，这样穆阿维叶就成了唯一的哈里发。与奥斯曼不同，他宣称自己拥有建立王朝的权利，因此他被普遍视为倭马亚王朝第一任哈里发。

现在，大多数穆斯林接受穆阿维叶作为穆罕默德的继承人，但不是所有人都是如此。阿里和穆阿维叶之争导致了伊斯兰教内部永久的分裂。追随穆阿维叶的大多数人成了逊尼派，意思是遵循先知之道的人。那些仍旧效忠阿里的人随后演变成了一个宗教–政治派别，被称为“阿里什叶”（意为“阿里的党派”），也就是后来的什叶派。什叶派和逊尼派的分歧最开始只是权力斗争，并不涉及教义。但是在681年，倭马亚哈里发叶齐德一世在伊拉克杀死了阿里最后一个儿子侯赛因及其家族所有成员。这场屠杀成了什叶派历史上具有决定性意义的时刻。侯赛因成了殉道者，和耶稣之死类似，他的牺牲也为人类升入天堂铺平了道路。自此以后，本来是政治派系的什叶派，实际上成了一个教派。

什叶派的教义对阿拉伯以外的穆斯林非常有吸引力，不过它也不排斥阿拉伯人。穆罕默德创造了一个至少在理论上普世的宗教。一个人一旦成了穆斯林，他就立即获得了和其他穆斯林相同的地位。但是在实务上，特别是在行政和财政管理上，直到750年倭马亚王朝崩溃时为止，伊斯兰教都一直严重依赖阿拉伯的部落联盟。包括波斯人、亚美尼亚人、埃及人和柏柏尔人等在内的所有非阿拉伯的穆斯林都被归为麦瓦利，这个词的本义是获释奴隶。他们也被贬低为“真主赐予我们的战利品，连同（他们的）土地”，如果他们不是穆斯林，而是“被保护的宗教”的信徒，还要缴纳人头税。他们从什叶派的教义里看到一种反抗统治精英的手段，而什叶派也在伊朗和柏柏尔人的北非找到了自己最忠诚的信徒。969年，一个敌对的什叶派哈里发国在开罗建立。

鉴于皈依后的麦瓦利不可避免地会将之前的一些宗教传统带进伊斯兰教，什叶派吸收了一些幸存下来的前伊斯兰时代的信仰的要素，慢慢发展出了一些和正统教义差别很大的信条。对什叶派而言，伊玛目才是伊斯兰教唯一合法的统治者，他是阿里（和先知的女儿法蒂玛）的直系后裔。只有他有能力对《古兰经》和《圣训》做出确定无疑的解释，因为他依靠的并不是人类的智慧，而是神不可思议的引导（*ta'yid*）。这给伊斯兰教带来了一条全新的、前所未有的教义，启示的经文不仅有字面的意思（*zâhir*），也有隐藏的含义（*bâtin*）。因为伊玛目是唯一的，而且他的力量是真主赐予的，因此他既没有罪，也不会犯错（在这一点上，他和教皇非常类似）。几个世纪以来，人们不可避免地就这个人究竟是谁的问题展开了争论。但是当9世纪阿里一系最终全部消失之后，出现了一种“隐遁的”或隐藏的伊玛目的概念。按照这种说法，第12位，也就是最后一位可能的伊玛目候选人穆罕默德·马赫迪虽然在874年年仅5岁时失踪了，但他并没有死，而是被神藏了起来，当世界堕落到无法挽回的那一天，他将再次出现，带领义人取得胜利。当他出现时，他将成为救世主马赫迪，也就是弥赛亚，“正确引导的人”。他将带领伊斯兰世界取得对战争之境的胜利（不过马赫迪的概念在伊斯兰教的两个教派里都很普遍，只是什叶派的概念更加具体）。

随着穆阿维叶的继位，哈里发国的统治中心从阿拉伯半岛转移到了叙利亚和伊拉克，此后再也没有回去过。随着地理位置的转移，权力的基础经历了一次剧烈的变化。随着时间的推移，最初的阿拉伯军队被多民族的常规军取代。哈里发演变成了近东的君主，从拜占庭和波斯的先例那里学会了建立宫廷，也学到了很多其他事物。部落忠诚渐渐被政治集团所取代，一个根基仍有些不稳的帝国开始慢慢成形。

与定居在罗马帝国西部境内的哥特部落和中国境内的蒙古游牧民一样，阿拉伯人在侵入文化高度发达的古代世界的内部之后，同样过着多少有些不自在的生活。不过哥特人和蒙古人由于其本来的文化底蕴不深，因此很快适应了新的文化环境，哥特人被罗马化了，蒙古人被中国化了。但是阿拉伯人有自己的宗教，他们对于应该如何生活才能安抚真主有着自己的理解，并且决心将其加诸整个世界，无论是通过说服，还是通过武力。

3

705年，瓦利德成为哈里发，在他的统治下，此前经历了五十年内战的阿拉伯人重新开始扩张。倭马亚的军队渡过阿姆河，占领了布哈拉和撒马尔罕，而另一支阿拉伯军队占领了印度的信德省。很多北非柏柏尔部落皈依伊斯兰教，非洲西北部绝大部分地区被置于穆斯林的统治之下。但是从未来伊斯兰之境和基督教世界的关系的角度来看，最重要的行动是入侵西班牙。

711 年，统治西班牙的西哥特王朝发生危机，阿拉伯将军、丹吉尔总督塔里克·伊本·齐亚德趁机率领一支军队渡过将北非和欧洲分开的狭窄海峡，在后来被称为塔里克之山的地方（今天的直布罗陀）登陆。他从那里向西班牙内陆进军，可能是在瓜达尔雷特河击溃了一支西哥特军队，杀死了罗德里戈，后者注定将成为最后一任西哥特人的国王。西哥特人几乎未做抵抗（即使有，也完全没有效果）。住在乡间的农奴和逃跑的奴隶成群结队投奔入侵者。曾于 616 年遭受了残酷迫害的犹太人知道他们在穆斯林的统治下生活会更好，向塔里克交出了托莱多。塔里克和他的绝大多数战士是柏柏尔人，他们在欧洲开始被称为“摩尔人”。这个词最早指所有居住在北非和西非的人，不管他们的宗教和肤色如何，不过慢慢地它专门被用来形容穆斯林人口，在“穆斯林”“突厥人”“摩尔人”，甚至包括“黑人”这几词之间造成了令人困惑的省略。

入侵西班牙使基督教的地中海世界处于伊斯兰国家的包围之中。“从此以后，我们的海的沿岸地区存在着两种全然不同且相互敌对的文明，”1935 年，伟大的比利时历史学家亨利·皮朗写道，“虽然在今天，欧洲人制服了亚洲人，但欧洲人并没有将其同化。至那时为止，曾经是基督教中心的地中海成了它的边疆前线。”[20]

传说穆斯林入侵西班牙是由某个“朱利安伯爵”策划的，他是基督徒，出身于西班牙在北非海岸的戍防城镇休达，此时此地前景黯淡。朱利安似乎曾经是一位非常成功的指挥官，直到公元 700 年还在休达抵御穆斯林的占领，然后由于暧昧不清的理由，他转换了阵营。传说他将自己的女儿送到当时西班牙的首都托莱多的宫廷学校学习。在那里，罗德里戈的前任国王维帝沙（根据不同的说法，也可能是罗德里戈自己）看到她在河里洗澡，当他向她求爱时，这位正直的女士拒绝了他，于是他按照哥特风俗强奸了她。清楚哥特人防线漏洞的朱利安为了报复，前去面见穆斯林北非的总督穆萨·伊本·努赛尔，告诉他如何蹂躏这个国家。在随后的世纪里，这个故事成了西班牙游吟诗人非常喜爱的主题。

唐·罗德里戈，如果你还在酣睡，
请醒过来。
看看你的恶报，
看看你最后的邪恶的时日。
你将看到你的人民死去，
你的战士屡战屡败；
你将看到你的城镇，
毁于一旦。
另一个主人现在
掌握着你的城堡和要塞。
如果你问我，这是谁干的？
我很乐意告诉你：
是伯爵朱利安，
为了他心爱的女儿。
因为你侮辱了她，
她失去了一切。
从那以后，他诅咒你，
你命不久矣。[21]

这个故事几乎可以肯定是一个传说。但是它确实有助于向那些突然发现自己处于穆斯林统治下的困惑不已的基督徒解释，上帝为什么会抛弃他们。维帝沙或罗德里戈是有罪的，得到了某种形式的报应。因为统治者的恣意妄为而使民众受到这样的对待，可能有些残酷，但是基督徒的上帝从来都不是一个民主主义者。伊斯兰编年史作者也提到了维帝沙或罗德里戈的好色，连同他们的残忍、不虔诚和贪婪，成了西哥特人崩溃的主要原因。在随后的几个世纪里，对于西班牙的基督徒来说，伊斯兰征服一直被当成某种警告，向人们展示上帝能够给顽固、罪孽深重的群体施加怎样的惩罚。1552 年，著名的“印第安人捍卫者”巴托洛梅·德·拉斯卡萨斯愤怒地抗议西班牙殖民者对美洲的劫掠，他写道：“（西班牙）已经被摩尔人摧毁过一次……现在我们听到许多人说：‘愿上帝不要因为我们听到的在西印度群岛犯下的诸多恶行，再毁灭它一次。’”[22]

上帝看起来确实偏爱“摩尔人”。到了 720 年，伊比利亚半岛绝大多数地区都已经落入穆斯林之手。过去的西哥特王国只剩下半岛西北和东北部，在与后来的法兰克人查理的帝国南部接壤的多山地区还存在着几个分裂的王国。在塔里克最初入侵的七年后，基督徒发起了第一次反击，首领名叫彼拉耀，他曾经是罗德里戈的侍卫。这次反击看起来意义不大，阿拉伯语资料中只有寥寥数语，而且并没有说派去镇压彼拉耀的军队被击败，只是简单地说他们回家了，把那些基督徒留在山里自生自灭。“那些栖息在岩石上的三十蛮族会如何呢？”一个人问道，“他们必死无疑。”[23]

这又是一个故事。彼拉耀肯定是真实的人物，但是他的实际成就被淹没在无穷无尽的传说中，其中绝大多数始于 10 世纪。但是在接下来的七个世纪里，那些所谓的“三十蛮族”的后裔逐渐将“摩尔人”往南赶。在西班牙历史中，这次的移民几乎从一开始就被称为“收复失地运动”（*la Reconquista*）。大多数历史标签都是有意的误导，这个也不例外。它假定基督徒是整个西班牙合法的所有者。但是在这个不停发生移民和驱逐的征服和再征服的世界里，所有权并不属于第一个到那里的人，而是能够在那里留驻时间最长的人。西哥特人从罗马人那里夺取了这片土地，而罗马人是从古代的伊比利亚人那里夺取的，没人知道伊比利亚人是从哪支更早的游牧部落手里夺取的，如果刨根问底的话，最终应该可以归结到第一支走出非洲的现代人类。从 720 年开始，直到 1492 年 1 月 6 日天主教君主费迪南德和伊莎贝拉的胜利之师最终消灭了奈斯尔王朝为止，席卷现在的西班牙和葡萄牙地域的各个阿拉伯王朝，占据半岛的时间要远远超过之前的西哥特人。在超过 700 年的时间里，伊斯兰化的伊比利亚半岛，也就是所谓的安达卢斯，和叙利亚或波斯一样，是伊斯兰之境的一部分。

720 年创建于奥维耶多山地附近的王国成了信奉基督教的阿斯图里亚斯王国。在下一个世纪里，阿方索三世将首都迁到原来的罗马城市莱昂，阿斯图里亚斯王国也在 9 世纪初成了莱昂王国，而且还得到了一个非常重要的守护圣徒。一天早晨，在现在的加利西亚被雨水浸透的海岸上，一座石棺在罗马城镇伊里亚－弗拉维亚附近被冲上岸。人们打开石棺后，发现里面盛着使徒大雅各无头的尸体，奇迹般地从耶路撒冷漂流到这里，而他的头颅是几个世纪前被希律王亚基帕二世在那里砍下的。

和现在不同，圣雅各当时并不是全西班牙（那时还没有这样的地方）的守护圣徒，而是逐渐成为收复失地运动的守护圣徒的。在 844 年的克拉维约之战中，骑着白色战马的圣徒在空中现身，引导着（胜利的）基督徒走上战场。从那以后，他得到了“摩尔人杀戮者（*Matamoros*）”的绰号。他的形象一成不变，骑在马上，手持利剑，一个露出恐惧表情的包着头巾的摩尔人死在他的马蹄之下。“圣雅各，把他们赶出西班牙”成了节节得胜的基督教王国部队的战斗口号，收复失地运动伴随着它稳步向南推进。每个收复的教堂的房椽上都会悬挂一个用蜡和马鬃制成的摩尔人头颅，它看起来面貌凶恶、龇牙咧嘴、戴着头巾、满脸胡须。直到 20 世纪 60 年代，它们还在那里，后来因为佛朗哥将军希望和信奉伊斯兰教的摩洛哥王国建立贸易关系，因此下令将它们取了下来。

为了保存圣雅各的遗骸而修建的圣地亚哥·德·孔波斯特拉教堂成了整个基督教世界最重要的朝圣地之一，直到现在仍然如此。996 年，哈里发希沙姆二世的维齐曼苏尔意识到，圣雅各在基督徒对抗伊斯兰教的过程中发挥着越来越重要的作用，因此攻陷了孔波斯特拉，不过并没有破坏圣骸。如果这次进攻的目的是要削弱“摩尔人杀戮者”的号召力，那么非常戏剧性的是，它适得其反。城市的沦陷不但没有引起恐慌，让人们不再迷信圣雅各，反而激起了整个基督教世界的愤怒，从而让圣雅各从一个地方性的伊比利亚圣徒一举成为全世界对抗伊斯兰势力的象征。

此时，连接整个欧洲的完整的道路系统已经建立起来，来自德意志、意大利和法兰西的人穿过比利牛斯山脉的隘口，通过起始于那里的著名的圣地亚哥朝圣路，小心翼翼地靠近危险的伊斯兰势力边界，经过纳瓦拉、卡斯蒂利亚、莱昂和阿斯图里亚斯，最后抵达圣地亚哥。路上有一些小的神殿、旅馆和慈善组织，它们的功能是为旅人提供住宿，照顾朝圣客（路上并不少见剪径的强盗）。在 11 世纪，朝圣路的控制权掌握在勃艮地克吕尼修道院的本笃会僧侣手里，他们的院长是狂热的奥迪罗（他的敌人称其为“国王奥迪罗”），他们自己和修道院因此变得非常富有。由于这些财富，克吕尼成了基督教学术复兴的中心之一，不过颇具讽刺意味的是，基督教学术的复兴导致很多人尝试从穆斯林的角度理解（或批驳）伊斯兰教，《古兰经》也是在这个时期第一次被全文翻译成拉丁文的。

西班牙不仅是长期的战场。它也是最终的边境，与其他任何地方相比，将这里视为伊斯兰教世界和基督教世界、欧洲和亚洲的交界都更为合适。在中世纪早期，和国家间的边界相似，宗教间的边界也经常是相互渗透的。在穆斯林统治西班牙的几个世纪的绝大多数时间里，这里必然会有很多人皈依伊斯兰教。男人和女人也可能为了爱情改变自己的宗教信仰，穆斯林和基督徒间的婚姻并不罕见。不过直到最后，或许是因为更靠近基督教的欧洲，或许是因为相较于东方征服的地区移民到此的穆斯林更少，西班牙大部分人仍然顽固地坚守着基督教信仰。[24]

因此，西班牙的基督徒和穆斯林不得不找出一种共同生活的模式，这与伊斯兰世界其他地方的情况截然不同。这种生活方式后来被称为“共存（*convivencia*）”。19 世纪后期，那些想要把自己的祖国重新塑造成理想的多元文化社会的民族主义西班牙历史学家对此着墨甚多，他们认为这样的社会早在这个词被捏造出来很久之前就已存在，早在任何人看到它的必要性之前就已存在。不过共存并不全然是浪漫的思乡病的产物。穆斯林和基督徒的文化界线甚至比宗教和政治界线更加易变，有一种被称为穆瓦涉赫（*Muwashshah*）的诗歌，它是用西班牙语创作的，不过是用阿拉伯字母，有时是用希伯来语的字母写成的。从那时开始，西班牙语里就有了大量的阿拉伯借字，至今仍是如此。很多西班牙基督徒会说两种语言，他们受阿拉伯文化影响甚深。9 世纪时，一个名为阿尔瓦罗的科尔多瓦基督徒抱怨道：

> 很多我的同信仰者阅读阿拉伯人的诗歌和故事，学习伊斯兰神学家和哲学家的著作，不是为了反驳他们，而是为了能用阿拉伯文更加准确和优雅地表达自己的意思……数千人中找不出一个可以给朋友写出通顺的拉丁文句子的人，但是会说阿拉伯语的人不计其数，他们用那种语言创作诗歌的技艺甚至比阿拉伯人自己还要高超。[25]

基督徒穿着阿拉伯人的服装，接受了阿拉伯人的饮食习惯。他们使用阿拉伯人的化妆品，学会了训练猎鹰（这本是阿拉伯人的消遣方式）、阿拉伯骑术和阿拉伯的室内装饰。他们有时甚至会定期沐浴。捷克贵族罗日米塔尔的利奥曾经在1466年拜访过卡斯蒂利亚国王恩里克四世（他被称为“无能者恩里克”），他吃惊地发现“甚至连国王都以异教徒的方式吃喝、穿戴和祈祷”，当他进入宫廷后发现，“国王和王后并排坐在地上”。[26]

在将近三个世纪的时间里，在安达卢斯大多数地方，基督徒和犹太人的日常生活相对轻松。很多“穆萨拉布”（受穆斯林统治的基督徒）被提拔到了显赫的地位，一些人甚至到了地中海的另一端，在哈里发国的大城市里找到了工作。723年，来自离伊斯兰之境极远之地的盎格鲁－撒克逊王国威塞克斯的威利巴带着一群英国朝圣客前往圣地，他们在叙利亚被当作间谍逮捕。那群基督徒被投入监狱后，有一个人来看他们，“一个来自西班牙的人……他有一个兄弟是撒拉森国王的侍从［可能是维齐］”。[27] 在维齐的干涉下，这群基督徒获释，并且得到允许继续他们的朝圣之旅。我们不知道这对兄弟是什么人，威利巴只是简单地称他们为“西班牙人”，不过他们一定是基督徒，至少原先一定是基督徒。因为如果他们是犹太人或穆斯林，他会直接说出来。根据中世纪编年史家的写作习惯，只有基督徒会被提到所属的国家。

威利巴记录的西班牙人绝不是个案，不过也不能说是司空见惯。能力稍弱或没有那么幸运的穆萨拉布生活在一个被他们视为外来的、渎神的，而且将会是暂时的（或者说他们希望如此）政权的统治之下。他们遭受痛苦，而且并不总是默默忍受，等待着势必会到来的拯救。953年，作为德意志国王奥托一世的使节，一个来自高兹的莱茵兰修道院的修士约翰前往当时安达卢斯的首都科尔多瓦，拜访阿卜杜·拉曼三世。他在那里见到了一位与他同名的西班牙主教，后者向他解释了自己的信众不得不在怎样的环境里生存下去。他以此开头：

> 我们因为自己的罪落入如此的境地，不得不接受异教徒的统治。我们因为使徒的话而无法抗拒政权。在如此深重的灾难之中，我们只剩下一个慰藉，他们并没有禁止我们实践自己的信仰……在目前暂时的境况下，我们遵循下述忠告：只要不伤害我们的宗教，我们就都要服从；只要不影响我们的信仰，我们就要完全听命。

高兹的约翰似乎被这种合作姿态激怒了。“这样的说法如果出自其他人，而不是您，一位主教之口，可能更为恰当。”他如此驳斥自己的教友。“您是宣扬信仰的人，”他继续说道，“您的高位应该使您成为它的捍卫者。”对这种顺从充满疑心的约翰指责穆萨拉布实行割礼，“为了和穆斯林保持良好关系而拒绝食用某些食物”。然而，如科尔多瓦的约翰哀叹的那样，“恺撒的归恺撒”这条命令使得与当权者合作成了道德义务。“否则的话，”他心虚地向盛气凌人的德意志人抗议道，“我们根本没有办法在他们中间生活。”[28]

9 世纪 50 年代，一些穆萨拉布为了成为殉道者，公开侮辱伊斯兰教，因此被处决。他们被称为“科尔多瓦殉道者”，在整个基督教世界受到尊敬，他们成了在“撒拉森人”野蛮专制统治的土地上真正信仰的见证者（希腊语“殉道者”这个词的本义就是“证人”）。但是甚至连安达卢斯大主教塞维利亚的雷卡弗雷德也批评他们的行为，因为他们是有意为之。他为此遭到非议。但是和主教约翰一样，他也要对自己的教众负责，他知道过于夸张地表示虔诚，最终只会导致比之前更严厉的宗教迫害。至少对于约翰来说，共存不是一种选择，而是一种生存条件。

像约翰和雷卡弗雷德这样的人，耐心等待着上帝原谅自己犯下的罪

（不管它到底是什么）以及伊斯兰教不可避免的最终灭亡。实际上，尽管当时不可能有人知道，阿拉伯穆斯林对基督教世界的征服在占领西班牙后不久就终止了。在基督教世界的编年史记载中，两场著名的战役成了转折点，一次发生在东方，另一次在西方。二者可能都没有后世认为的那么重要，不过同所有伟大的胜利一样，它们给当时处境艰难的世人带来了某种希望，如果战役的结果不同，未来很可能会朝着不同的方向发展。

717 年 8 月，哈里发苏莱曼率领一支 8 万人左右的阿拉伯大军和由 1800 艘战船组成的舰队进军君士坦丁堡，围城时间长达一年。守城者在金角湾入口处拉起了一条铁链，将阿拉伯人的舰队挡在金角湾之外。阿拉伯人的陆军同样毫无进展，而且在“希腊火”的攻击下损失惨重。希腊火是由石脑油、高硫石油和生石灰混合而成的，它可燃且无法扑灭，呈黏稠状，威力强大，类似后世战争中使用的燃烧弹。718 年春，拜占庭皇帝伊索里亚的利奥说服保加尔人的特尔维尔汗从后方进攻阿拉伯人。718 年 8 月 15 日，苏莱曼的继承人欧麦尔二世放弃攻城，带着残兵败将退回叙利亚。这是伊斯兰军队遭受的最沉重的打击，直到 13 世纪奥斯曼土耳其人开始从小亚细亚向西推进之前，他们没有继续蚕食拜占庭领土。

在 14 年后的 732 年 10 月 25 日，一支法兰克军队在查理大帝的祖父查理·马特，也就是“铁锤查理”的率领下，在图尔和普瓦捷之间离法国中部的维埃纳省和克勒兹省交界处数公里远的地方，大胜阿拉伯军队。普瓦捷之战的实际意义比胜利者及法兰克人和教廷后来宣称的要小得多。基督徒的对手并不像后来西方描述这场战役经常所说的那样人多势众。尽管阿卜杜·拉曼指挥的阿拉伯军队在遇到查理的军队之前成功地击败了阿奎坦公爵的军队，占领了波尔多，但它充其量不过是一大支突袭部队，其首要目的不是征服，而是抢劫以富有著称的图尔圣马丁修道院。中世纪阿拉伯历史学家伊本·艾西尔（1160—1233 年）对战役的描述是“到法兰克人的领地‘打谷草’”，也就是说是一次突袭。虽然他后来提到了穆斯林的失败，但是并不认为它具有划时代的意义。伊斯兰势力的北部边界在纳博讷，位于战役地点以南 700 公里的地方，不过那已经是摩尔人的军事力量所能达到的极限了，而且他们也十分清楚这一点。甚至有传言说，纳博讷城里有一座雕像，上面刻着“转身回去，以实玛利之子，你只能走到这里。如果你问我，我会回答你；如果不离开，你将遭受挫败，直到复活之日到来”。[29]

不过不管当天到底发生了什么，在随后的以与穆斯林对抗为主题的西方历史著作中，普瓦捷之战都被描述成另一场马拉松战役。它毕竟是一场和一支人数不算少的穆斯林军队的重要遭遇战，而此前常常战败的基督教军队这一次确确实实赢得了胜利。在这一刻，整个基督教世界受到了鼓舞。可能正是出于这个原因，8 世纪中期一个不具名的托莱多教士称胜利的法兰克人为“欧洲人”。查理的军队是否认为自己具有这样的身份，是非常值得怀疑的，不过对后世来说，普瓦捷之战显然是西方历史的一个重要阶段，它意味着整个欧洲被从想要永远吞噬它的蛮族手里解救了出来。比如，爱德华·吉本就是这样认为的：

> 胜利的队伍从直布罗陀巨岩到罗亚尔河岸绵延超过千里，如果他们再行进相同的距离，就可以到达波兰边境或苏格兰高地；莱茵河并不比尼罗河或幼发拉底河更难渡过，阿拉伯人的舰队或许不需要经过战斗就可以到达泰晤士河口。牛津大学或许现在还要教授解读《古兰经》的课程，而她的学生们可能要对这个行割礼的民族宣扬穆罕默德天启的神圣真理。

“将基督教世界从这样的灾难中解救出来的，”吉本继续写道，“是一个男人的才能和运气。”[30]

不过普瓦捷之战并没有完全终结阿拉伯人对南欧的入侵。734 年，一支阿拉伯军队占领了阿维尼翁，攻陷了阿尔勒。三年后，阿拉伯人的另一次袭击导致勃艮第受到攻击，很多人沦为奴隶。827 年，阿拉伯人入侵西西里，直到 1091 年才被诺曼人赶走。有一段时间他们在意大利南部的巴里和塔兰托建立了据点。846 年，他们甚至洗劫了罗马的圣彼得大教堂。881 年，又洗劫了卡西诺山顶的本笃会修道院。

尽管与史实不符，不过吉本的想象并不完全是凭空而来的。在普瓦捷之战后，尽管穆斯林军队多次袭击意大利和西班牙的港口，但是他们无法在纳博讷以北建立长期的据点，到了759年，甚至连那里也被基督徒占领，交给了法兰克国王丕平。

4

先后在君士坦丁堡和普瓦捷遭受失利的哈里发国在随后的几年里发生了巨大的变化。哈里发马尔万二世在位时，实力日增的反倭马亚势力发起叛乱，领导者是先知的叔叔阿拔斯·伊本·阿卜杜勒·穆塔里卜的后裔。750年，马尔万二世的军队最终在大杰河被打败，自称“屠夫”的阿布·阿拔斯·萨法赫被他的兄弟达乌德在库法清真寺讲经台的台阶上宣布为哈里发。

新的统治家族被称为阿拔斯家族，他们在阿拉伯和穆斯林社会中发起的革命和法国大革命或俄国革命相比，其重要性可能相差无几。阿拔斯家族之所以能够掌握权力，部分原因在于他们得到了波斯军队的帮助，同时也在一定程度上得到了什叶派的支持。穆罕默德·伊本·阿里被认为是家族的创始人，他是先知的叔叔和阿拔斯的曾祖父，早在718年欧麦尔二世统治期间，就开始向波斯派遣使者，试图在那些最有理由憎恨倭马亚哈里发的人群中间培植起敌对势力。阿拔斯王朝也采纳了与波斯弥赛亚运动有关的黑旗，甚至连中国都将其称为“黑衣大食”。

在倭马亚王朝统治时期，主导政治活动的阿拉伯部落的重要性降低了。现在，权力被转移到哈里发和哈里发的亲信手上，后者通常出身低微。慢慢地，阿拉伯人和非阿拉伯人之间的区别不再重要。伊斯兰教取代阿拉伯主义成了真正的身份标志，乌玛开始发展成真正普世的共同体。

阿拔斯哈里发也将一套家族和部落联盟体系转变成强有力的绝对君主制。他们有意效仿萨珊帝国的例子，改进自己的管理体系。他们创制了政府机构“迪万”，该机构受权力极大的一个维齐管辖，维齐这个职位似乎是他们首创的，它在伊斯兰世界里非常重要。[31]军队对被称为马穆鲁克的受训的奴隶兵的依赖程度越来越高，绝大多数马穆鲁克是来自中亚的突厥人，这项创新对随后的各个伊斯兰王朝都有着意想不到的深远影响，尤其是奥斯曼土耳其人。

最重要的举措，可能要数750年萨法赫的继承人曼苏尔将帝国的首都从叙利亚迁到伊拉克。12年后，他在肥沃的平原上建起一座新城巴格达，地址选在距离底格里斯河和幼发拉底河不到40公里的地方，并且兴建多条运河把它们连接起来。新城非常接近中东信奉伊斯兰教地区的正中心。根据伟大的地理学家穆卡达西的说法，当地人告诉曼苏尔，如果选择他们的城市，他所处的地方“商队将会从沙漠而来，各国商品应有尽有，中国的通过海路而来，希腊的［拜占庭帝国］和摩苏尔的通过底格里斯河而来”。[32]巴格达将会像之前的君士坦丁堡一样，成为一座新的帝国首都，它的建立标志着一个新国家的诞生。曼苏尔将这里建成了自己的皇家城堡。新城呈圆形，被命名为“和平之城”。它成了一个奢华的宫廷的所在地，在1258年被蒙古人灭亡之前，阿拔斯家族在这里统治着一个疆域从意大利南部一直延伸到中国和印度边境的帝国。

阿拔斯王朝的建立不仅改变了阿拉伯人的国家，也为从9世纪开始一直持续到11世纪的伊斯兰文化繁荣期创造了条件。正是在阿拔斯王朝统治期间，出现了通常被认为是——至少西方这么认为——伊斯兰文化伟大成就的时代，这一时期与曼苏尔（754—775年在位）、哈伦·拉希德（786—809年在位）和马蒙（813—833年在位）的统治期几乎重合。

不过在此之间，有一个地方一直受倭马亚家族的统治超过500年的时间。755年，侥幸逃脱灭门惨祸的倭马亚王子阿卜杜勒·拉赫曼带着一支由倭马亚支持者组成的军队，在西班牙海岸的阿尔穆涅卡尔登陆。他很快打败了承认阿拔斯统治的总督，次年成功进入科尔多瓦。他在那里建立了一个独立的埃米尔国，921年成了一个和阿拔斯对立的哈里发国，直到1031年灭亡。不过在阿卜杜勒·拉赫曼二世统治时（822—852年），安达卢斯被重新归入阿拔斯家族的世系，西班牙和东方的哈里发国之间的文化和政治联系得以重建。

在阿拔斯王朝统治初期，与西方粗俗简陋的基督教王国相比，伊斯兰之境在所有可以想到的生活的各个方面无疑都更为成熟、宽容、开放和富裕。伊斯兰世界是一个城市化、商业化的世界，充满了城市孕育出的高雅文化气息。而在基督教的欧洲，除了几个明显的例外（大部分在意大利），基本上是由乡村和设防的村落（欧洲人称其为“城镇”）组成的世界，以农业经济为主。原来的罗马世界和它的财富、井井有条的管理体系、罗马大道、宏伟的别墅和驻守的士兵一并彻底消失或沦为废墟。罗马式火炕和引水管，除了少数被保存下来，剩下的都被破坏或废弃不用。雄伟的罗马建筑成了装饰粗糙、冰冷、凌乱的城堡的材料，不通文字、尚武的贵族蛮横地管理着周边的乡村。即使是统治着意大利、法兰西和今天的下萨克森与威斯特伐利亚的查理曼帝国的面积，和当时的哈里发哈伦·拉希德统治的帝国相比也是微不足道的。加洛林王朝治下的欧洲，几乎没有能与哈里发国相比的那种控制着远为广袤、分散的领土的复杂管理体系。位于亚琛的帝国首都，以当时西方的标准来看，无疑是非常奢华的，这并非自夸。但是和巴格达或大马士革相比，它充其量不过是个小村庄。

西班牙同样如此，这也是一个伟大的文化复兴的年代。在西哥特人统治时，伊比利亚半岛是一个混乱、贫穷和落后的王国，远不如罗马时代繁荣的西班牙行省，这里是皇帝图拉真的出生地，其他两个皇帝哈德良和马可·奥勒留的祖先都曾在这里居住过，它也是一些罗马最伟大的作家，如塞涅卡、科路美拉、昆体良和马提亚尔的故乡。“这里曾经英才辈出，”一位早期编年史作者写道，“现在只剩下他们的名字还在流传。”[33]

摩尔人改变了一切。他们重建了马拉加、科尔多瓦、格拉纳达和塞维利亚，为这些城市提供饮用水，用豪华的宫殿和庭院装饰它们。他们引进科学的灌溉系统和若干新作物，包括柑橘（有名的塞维利亚橘子）、棉花和甘蔗。在 1492 年西班牙的伊斯兰势力最终灭亡之前，安达卢斯成了欧洲很多地方蔗糖的主要产地。他们在科尔多瓦、马拉加和阿尔梅里亚创建了纺织工厂，在马拉加和瓦伦西亚创建了陶器厂，在科尔多瓦和托莱多建立了兵工厂。在后来的几个世纪里，镶着花纹、镀金的“托莱多剑”的拙劣仿制品仍然可以在托莱多的旅游市场上见到。皮革在科尔多瓦生产，毛毯在贝扎和卡尔塞纳生产。8 世纪时，阿拉伯人将中国的造纸术引入欧洲，札帝瓦和瓦伦西亚设立了造纸厂。到 10 世纪末，首都设在科尔多瓦的安达卢斯穆斯林埃米尔国进入黄金时代，成了欧洲最繁荣、最稳定、最富有、文化气息最浓的国家。

然而这个由共同信仰和共同语言（至少是在教士阶层中如此）统合在一起的庞大的伊斯兰世界，对西方战争之境的居民几乎毫无兴趣，对他们知之甚少。那片区域虽然存在，但不过是在等待最终被并入伊斯兰之境的那一天的到来。把阿拉伯人和伊朗人、柏柏尔人、富拉尼人、西非的塞内加尔人，以及世界上无数其他民族统一到一起的，不是文化、语言或对一种“文明”的更为模糊的理解，而是因为所有人都尊敬经由先知传递给世人的真主的话语。

这带来了一定的后果。穆斯林很少有机会接触所谓的“法兰克人的领地”的语言。除了伊斯兰世界的官方语言阿拉伯语、波斯语以及后来的土耳其语，其他语言都被认为是不必要的，甚至可能是不虔诚的。无法想象一个穆斯林会把《圣经》翻译成阿拉伯语。18 世纪以前，没有任何一位穆斯林学者对欧洲语言表现出哪怕一点点的兴趣，这和后来被称为“东方研究”的学科在西方稳定发展的情况不可同日而语。在 16 和 17 世纪，牛津、剑桥、巴黎和莱顿都设立了阿拉伯语教席。更不用说，早在 15 世纪，塞戈维亚的约翰就已经将《圣经》翻译成阿拉伯语和卡斯蒂利亚语的版本（不过不得不承认，萨拉曼卡大学的教授们对这部杰作的兴趣似乎不大，他们受托保管这本书，却把它弄丢了，再也没有找到）。穆斯林和“法兰克人”确实有接触，不过只在外交和商业领域，而且需要非穆斯林做中间人，这些人一般会说阿拉伯语，或者是一种被称为“法兰克人的语言”的泛地中海地区通用语，它包含了葡萄牙语和意大利语的一些语法和单词，还随意地夹杂了一些阿拉伯语的成分。

906 年，法兰克人的王后托斯卡纳的伯莎派遣大使带着一封拉丁文信件前往巴格达，信中的内容显然是提议伯莎和哈里发联姻，哈里发的宫廷里竟然没有一个人能读懂这封信。他们甚至不知道信是由哪种文字写成的。当时的一个阿拉伯人说它使用的字体“和希腊文很像，只是更加工整”。最后，一个在服装店工作的法兰克人被带来面见哈里发穆克塔菲。“他读了信，把拉丁字母转写成希腊字母。然后胡那因·伊本·伊沙克被招入宫中，他把希腊文翻译成阿拉伯文。”[34] 这个说法显然有些问题。很难想象，将拉丁字母转写成希腊字母怎么会帮到胡那因·伊本·伊沙克。他是来自波斯贡德沙普尔的基督徒，翻译过希波克拉底和盖伦的著作。伊沙克通晓希腊语，但是不懂拉丁语，他是如何将拉丁语的信件翻译成阿拉伯语的？而且一个法兰克人为什么会同时懂得拉丁字母和希腊字母？不过这个故事可以说明一件事，对于巴格达的哈里发来说，拉丁西方甚至比中国还要遥远。[35]（接下来的故事是，哈里发拒绝了伯莎的联姻提议，不过他是如何将这条信息传达给她的，我们不得而知。）

法兰克人被视为一个勇敢的、常常很粗野的种族，不注意个人卫生。“法兰克人”本来有可能成为一个伟大的民族，17 世纪时南亚的一个穆斯林说道：“但是他们有三个缺点：首先，他们是不虔诚的民族；其次，他们吃猪肉；第三，他们不清洗那些将腹中多余之物排出体外的器官。”[36] 至于这些“法兰克人”的领土，10 世纪时的地理学家伊本·豪卡尔的说法非常典型，流行了几个世纪。他说，“法兰克人的领地”是很好的奴隶来源地。他能说的只有这一句。[37]

但是在对西方的作品和民族的普遍漠视中，仍然存在着一个明显的例外，尽管和所有这种例外一样，它最终也只是确认了这种漠视。穆斯林学者可能确实对西方文化不感兴趣，对基督徒的哲学、神学和他们可能掌握的少得可怜的科学更是不感兴趣。但是和当时的基督徒一样，他们被古代希腊世界巨大的智识宝库所吸引。它确实是异教的，但那时还没有伊斯兰教，因此远远谈不上有害。而且很少有希腊作品，或者说，至少是阿拉伯人接触到的那些，直接涉及宗教的议题。和西方一样，古代作品得到了发掘，因为它们很好地诠释了自然运行的法则。亚里士多德显然主张神是存在的，所有的运动必定都源自一个“不动的推动者”，这既符合穆斯林的神学思想，也符合基督徒的。

在曼苏尔及其继承人哈伦·拉希德和马蒙统治时期，翻译希腊语、叙利亚语、科普特语著作的工作不仅受人尊敬，而且还直接得到哈里发的资助（不过绝大多数译员是基督徒）。马蒙走得更远，他在巴格达建了一所翻译学校，有固定的职员和单独的图书馆。为了寻找手抄本，哈里发派学者远赴拜占庭。现在，一些希腊作品只能通过这一时期翻译的阿拉伯语译本才能一探究竟。当时翻译的书籍绝大多数属于科学和哲学领域，尤以柏拉图和亚里士多德的作品为最，此外还有一些神秘学、诺斯替派和新柏拉图主义学者在医学、天文学和占星术、炼金术、化学、物理学和数学方面的研究成果。

这一时期的翻译活动引发了一个希腊化的哲学、法学和医学学派的崛起，其成员绝大多数是波斯人，包括物理学家和炼金术士阿尔拉齐，他在西方被称为“雷西斯”；外科医生阿布尔·卡西姆·扎哈拉维，他的拉丁语名字是“阿尔布卡西斯”；数学家和天文学家穆罕默德·伊本·穆萨·花剌子模（现在月球背面的一座环形山就以他的名字命名的），天文学家塔比特·伊本·库拉；肯迪（这几个人中唯一的阿拉伯人）和阿布·纳斯尔·法拉比，后者不仅要将伊斯兰和希腊哲学结合在一起，而且要将柏拉图“哲学－王”的概念转化为“伊玛目－哲学家”，这个身份完美地将宗教与“沉思的生活”结合在一起。在法拉比看来，希腊人的“幸福”观只有在某些特殊的共同体里才能实现，在这个例子里是希腊的城邦（亚里士多德有一句名言，“城邦之外，非神即兽”），而穆斯林恰好有一种与之相对应的说法：只有在先知的乌玛中，才能得到救赎（基督徒也发现了自己的对应物：基督教会）。[38]

其中最伟大的人物可能要属穆罕默德·伊本·艾哈迈德·比鲁尼，他无疑是当时兴趣最广泛、成果最多的学者。他是医生、天文学家、数学家、物理学家、化学家、地理学家和历史学家。1018 年，他用自创的工具计算出地球的半径和周长，和今天测量的数值分别只差 15 公里和 200 公里。1022 年以后，他随阿富汗伽色尼王朝统治者马哈茂德的军队到了印度北部。他在那里学会了梵文，写了题目为《印度之书》的论文，尽管不太欣赏印度的多神教，但是他对印度文化，特别是印度哲学的态度非常友善。

不过在西方最有名的是被称为“阿维森纳”的伊本·西纳。他是波斯人，公元980年在布哈拉出生。阿维森纳在自己的《治愈无知之书》里，试图将亚里士多德、柏拉图和新柏拉图主义的思想融合到一起。不过他影响最深远的贡献是编纂了一部《医典》，囊括了当时能从亚里士多德、希波克拉底、盖伦等人的著作中找到的所有古代希腊世界的医学知识，然后又用其他材料——最重要的是波斯和印度的医书——对其加以补充。这部著作不仅成为后来所有阿拉伯医师的参考书，在基督教欧洲的医学研究人员中也非常流行，直到17世纪临床医学的试验方法发展之后才被取代。

西班牙也有自己的法学家、神学家和哲学家，哲学家的作品在西方广为人知，而且受人尊敬。拉丁名为“阿布巴塞”的伊本·图菲勒写过一部哲学小说，为丹尼尔·笛福的《鲁滨孙漂流记》提供了灵感。[39]拉丁名为“阿芬帕斯”的伊本·巴哲发展出一种“有德之人”的哲学概念，它指的是虽然命中注定要生活在一个不道德、不完善的世界里，但不与其同流合污的离群索居的人，这在西方的具体表现就是修道院生活。不过最伟大的西班牙哲学家，而且肯定是最有影响力的穆斯林希腊学家，是穆罕默德·伊本·路世德，也就是拉丁读者所说的“阿威罗伊”。1126年，他在科尔多瓦出生。他对亚里士多德著作的注释被基督教世界推崇备至，他被简单地称呼为“注释者”，就如同亚里士多德被称为“哲学家”一样，他也出现在罗马西斯廷教堂里拉斐尔的著名壁画《雅典学派》上。但丁把他和阿维森纳放置在地狱里。但是他把他们放在相对舒服的第一圈，和一些志趣相投的人待在一起，包括“博学者的主人”亚里士多德自己，还有苏格拉底、柏拉图、西塞罗和塞涅卡，他们都是“具有美德的异教徒”，他们在那里不是因为自身的罪，而是因为他们没有受过洗：

> 他们因为生在耶稣基督之前，
> 没有合乎正道尊敬上帝。
> 因为这一个缺点，
> 并没有别种错处，我们就派在这里。

我们唯一的悲哀是生活于
愿望之中而没有希望。[40]

不过但丁并没有说这群人里的两个穆斯林在干什么。

直到16世纪末，阿威罗伊的注释，特别是对构成了希腊自然科学和人文科学的基础的亚里士多德的《物理学》《形而上学》《论天》《论灵魂》的注释，一直是欧洲大学课程的核心部分。大约从1230年到1600年，将哲学的理性主义引入基督教西方的正是阿威罗伊（连同亚里士多德）。他的论文《论宗教与哲学的和谐》引发了争论，甚至连“神学界之王”“普世教会博士”圣托马斯·阿奎那这么重要的人士也参与其中。阿威罗伊主张，哲学（他指的是三段论逻辑）受到神的律法的青睐，甚至可以说是必不可少的，因为人有责任“通过实证的方法，了解神和神创造的万物”。[41] 有三种方法可以达此目的，哲学是其中之一，另外两个分别是辩证法和修辞学。每个人必须选择自己的方式，因为《古兰经》第16章第125节写道：“你应凭智慧和善言而劝人遵循主道，你应当以最优秀的态度与人辩论。”只有那些被阿威罗伊鄙夷地称为“一小撮冥顽不灵的教条主义者”的人，才会否认这一点，他们很容易“被神示经文中最明确的问题驳倒”。[42]

更加正统的穆斯林（而非“一小撮冥顽不灵的教条主义者”）对运用世俗理性的看法非常不同。肯迪、法拉比和阿维森纳的作品影响深远。但是很多神学家对他们即使不是充满敌意，也是疑心重重（和基督教神学家对阿奎那转向亚里士多德的最初反应相同，神学家习惯上对创新，特别是源自世俗的和异教的创新，抱有怀疑态度）。对哲学家最有力、也是最有名的攻击来自阿布·哈迈德·安萨里（1058—1111年，在西方被称为“阿尔加惹尔”）。他的《哲学家的矛盾》指责古人的作品“语无伦次”，因为它们与神启示的智慧抵牾，而所有的真理必定来自神。他口中的“哲学家”（也是他主要的抨击对象）将神的知识限定为普遍的概念，因此与《古兰经》（和《圣经》）中描述的神关心并且了解自己创造的每一种生物相悖。没有先知们从神那里得到的指引，人类的智慧无法直接获得真正的知识。在面对很多人眼里的人对神的话语发起的赤裸裸的挑战时，安萨里的观点强化了教条（他被称为“伊斯兰教的证据”，可算名副其实）。但是应该说，他是从对所有人类知识的彻底怀疑出发得出自己的结论的，而这本身就属于哲学的看法，就算不是受到希腊哲学的启发，从起源上说也是属于希腊的（在 17 世纪，类似的怀疑主义将引导欧洲彻底放弃世界由神控制的想法）。

这次“阿拉伯文艺复兴”显然非常伟大，至少西方人是这样认为的，不过它持续的时间并不长。尽管其主要成果至少幸存了 500 年的时间，对后来的伊斯兰教思想也产生了深远影响（直到 20 世纪，他们的著作仍在被引用和批判），但是这次运动在 12 世纪末时就基本上结束了。阿威罗伊不仅是最伟大的阿拉伯穆斯林学者、最重要的穆斯林哲学家，而且可能也是最后一位伟大的穆斯林哲学家。1198 年，他在流亡地摩洛哥去世，当时他已经沦为整个伊斯兰世界对“哲学”及其追随者发起的战争的受害者。随着他的辞世，“阿拉伯文艺复兴”也宣告终结。

这次哲学、法律和科学创新热潮的爆发，给后世很多穆斯林或非穆斯林学者带来了一些难以回答的问题，特别是在 18、19 世纪伊斯兰势力明显衰落之后。伊斯兰社会如果曾经一度创造和维持了一种在各个方面都要优于欧洲的文化，那么它为何无以为继，而西方又为何能实现反超？更令人好奇的问题可能是，既然伊斯兰世界曾经取得过如此高的智识成就，那么它是否有可能再次达到？换句话说，很多西方人得出的伊斯兰文化不适合现代化的结论，是否下得过于匆忙？

号称知道这些问题的答案的人中，有一位是伟大的法国神学家、历史学家、能言善辩的欧内斯特·勒南。1883 年 3 月，勒南在巴黎索邦大学的大礼堂讲授一门主题为“伊斯兰教和科学”的课程。勒南想要说明的是，不仅是伊斯兰教，所有一神教都不能和现代科学的发展相容。但是当时的基督教世界已经取得了极大的进步，而任何一个到“东方”或非洲游历过的人，都不可能不为那里的落后与腐化感到震惊。

勒南对犹太教的两个继承者之间的巨大差距的解释，现在已经为人所熟知。在他看来，伊斯兰教和基督教世界的分流，不是因为它们的信仰存在着本质上的差别，而是由于伊斯兰教成功地让自己成为全部市民生活和政治生活的主人，而基督教则没能做到这一点。“伊斯兰教使精神世界和现实世界成了无法分离的统一体，”勒南声称，“它是教义的王国，人类从未肩负过如此沉重的负担。”它如同“紧箍咒”一般套在真正的信徒的头上，“让他与科学绝缘，不能学习任何新知识，无法接受任何新观点”。

只有在伊斯兰国家和教皇国，宗教才“这样主导着市民生活”。不过在教皇国，只有很少一些人受到压制，而伊斯兰教则压制了“地球上很大一部分人口，他们仍然维持着和进步观念最不相容的看法：国家建立在假定的启示的基础上，用神学管理社会”。只有在西班牙，基督教神学才成功地压制着人类精神，那里有“可怕的压迫制度，让科学的精神窒息”。（他像先知一样预告，别担心，“那个高贵的国度”用不了多久就会遭到报复。）不过在每一个被伊斯兰教征服的国家，“现代精神”荡然无存。

那要如何解释所谓的“阿拉伯文艺复兴”呢？勒南的答案非常简单。他说，如果一个人按照时间顺序，观察从 775 年到 13 世纪中叶的“各个世纪的东方文明”，他会得出怎样的结论？阿拉伯世界享有的“瞬间的优势”只是幻觉，和阿拉伯人完全无关，不应该说它是由于伊斯兰教而出现，更恰当的说法是，尽管有伊斯兰教的存在，它仍然出现了。按照他的看法，如果近距离观察的话，并不存在“伊斯兰文艺复兴”。他说，早期的阿拉伯人是诗人和战士，他们很淳朴，因为自身的信仰而无法进行任何形式的理性探求。

贝都因人既是“最富有文学气息的人”，也是最少反省的人。和人们普遍相信的不同，哈里发欧麦尔并没有烧掉亚历山大港的图书馆。在他于 642 年到达埃及之前，图书馆已经荒废很久。但是即使它当时没有荒废，也必定无法逃脱欧麦尔之手。他所代表的全部，他帮助向已知世界传播的全部，只是“破坏学术研究，摧毁各种脑力劳动的成果”。不过，虽然这些原始的部落民相对单纯，他们也较为宽容，或者说，至少是因为过于缺乏组织，而没有能力造成太大的悲剧。不过在伊斯兰教传播的“第二阶段”，即伊斯兰教随鞑靼人和柏柏尔人向外扩张时，“沉重的、无情的、死气沉沉的”“绝对教条”的统治“其不公不义的时间和程度，仅次于西班牙的异端审判所”。[43]

750年，萨珊波斯落入新的阿拔斯军队之手，此后伊斯兰教的中心转移到了底格里斯河和幼发拉底河沿岸地区。它在这里被残存的萨珊帝王复杂精致的宫廷文化驯化，特别是信仰琐罗亚斯德教的伟大国王库思老二世。当哲学“被赶出君士坦丁堡”时，库思老在波斯给了它一个家。他命人翻译梵文书籍，他的成就很大一部分被基督徒继承，尤其是聂斯脱利派难民。叙利亚的哈兰在古代是祭拜月之女神辛的主要场所，早期的基督教教父称其为“异教徒的城市”，虽然它没能将异教传承下去，不过成功地保住了自己在异教时代的传统，即使是在信仰基督教的罗马皇帝们的统治下也未受影响，因此“保全了古代希腊的全部科学传统”。

阿拔斯王朝的哈里发周边聚集着波斯辅臣和波斯军队，这使得库思老二世的丰功伟绩得以部分复兴。“（哈里发）最亲近的幕僚，王子们的导师，”勒南声称，“以及主要的大臣全都出自一个古老而开明的波斯望族巴梅塞家族，他们仍然信仰波斯国教琐罗亚斯德教，皈依伊斯兰教的时间很晚，而且也算不上虔诚。”（不过上述这些似乎都不是事实，阿拔斯王朝第一批维齐中的哈立德·巴梅塞是一个伊斯兰化的中亚人，他的家族原先是佛教徒，而非琐罗亚斯德教徒。）按照勒南的解读，阿拔斯的巴格达成了一个混杂的社会，尽管说阿拉伯语的穆斯林占多数，但是它的文化是由波斯人和基督徒支撑的。在勒南看来，与查理大帝同时代的所有伟大的哈里发（曼苏尔、哈伦·拉希德和马蒙）“很难称得上是穆斯林，尽管从外表上看，他们实践着以自己为领袖的宗教，如果愿意，也可以称他们为教皇，但实际上，他们的精神归属在别处”。他们甚至很难称得上是阿拉伯人，而是“复生的萨珊人”。为了安抚那些更严格遵守教规的臣民，这些人有时有义务表现得像虔诚的穆斯林，狂热、不宽容、不计后果。他们可能会把一些不虔诚的朋友和自由思想者献祭给忠诚的信徒，然后“哈里发会重新召集起聪明人和玩伴，再次开始自由的生活”。在勒南看来，只有这样才能解释像《一千零一夜》这样“由官方的严格和私下的放纵拼凑起来的怪异组合”的文本的存在。正是在这些人的庇护下，12 世纪时，文化在从巴格达一直到科尔多瓦的伊斯兰世界蓬勃发展。

盖伦、亚里士多德、欧几里得和托勒密的著作被翻译成阿拉伯文。像肯迪这样的人开始探索那些“从来没有人能够解决的永恒难题”，换句话说，他们开始思考某些非穆斯林的哲学问题，因为在穆斯林看来，所有问题都能在《古兰经》里找到答案。有两个人，法拉比和阿维森纳，“可以被归入古往今来最伟大的思想家之列”。

这些作品都被冠上“阿拉伯的”这个形容词，因为它们是用阿拉伯语写成的，也正因如此，人们会认为它们也是穆斯林的。但是实际上，它们是“希腊－萨珊的”；它们的作者在名义上是穆斯林、基督徒或犹太教徒，但是和所有真正的智力活动一样，他们完全不受任何宗教信仰的影响。[44]“阿拉伯文艺复兴”就像是无尽黑夜中瞬间的光明，此后再也没有出现。随着阿威罗伊去世，“阿拉伯哲学失去了它最后的代表，在其后的 600 年间，《古兰经》确定无疑地战胜了思想自由”。[45]“我们能为穆斯林做出的最大贡献，”勒南在台下热烈的掌声中总结道，“是将他们从伊斯兰教中解放出来。”欧洲科学的复兴是以反基督教的形式出现的。与此类似，如果现代性要传到东方，就不得不反对伊斯兰教。所有宗教都应该被当作各式各样的“人类精神的表现”来对待，但是永远不能允许它们的信徒控制市民社会。他挑衅性的攻击的目标，并不仅限于对人类理性的进步产生可怕影响的伊斯兰教，他的目标是所有启示宗教。勒南的观点一直受到质疑，不过至少在最后一点上，不能说他错得离谱。

尽管所有伟大的穆斯林学者的著作最终都遭到伊斯兰世界的摒弃，不过它们对西方基督教科学的发展做出了持久的贡献。英国翻译家莫利的丹尼尔称巴格达译员的译著是新的“对埃及人的洗劫”，如同摩西带领犹太人渡过红海时随身带走的法老的文学宝库。“让我们遵从主的命令，接受他的帮助，”他写道，“好好利用这些异教徒的财产，它会让我们的信仰更加丰富。”[46]

他们确实对此善加利用。11 世纪时，从希腊文和叙利亚文翻译成阿拉伯文的书籍，开始被从阿拉伯文翻译为拉丁文，而基督徒更感兴趣的是肯迪、法拉比等阿拉伯希腊主义者的著作，以及阿威罗伊的医药学专著。

不得不承认，翻译过程非常复杂，失误在所难免。希腊语文献先被译成古叙利亚语（一种阿拉米语方言），再从叙利亚语到阿拉伯语，然后从阿拉伯语到西班牙语，最后从西班牙语到拉丁语。不过这样的四手翻译虽然看起来很笨拙，经常不准确，有时错得离谱，但是很多本来无人知晓的古典资料，如欧几里得、亚里士多德、盖伦和托勒密的作品，因此被保存下来，为西方所用。

在随后的几个世纪里，学者们开始尝试直接翻译希腊语文献。在1286年去世之前，佛兰德多明我会修士穆尔贝克的威廉以希腊文本为基础，翻译出了亚里士多德大部分重要作品的相对值得信赖的译本。圣托马斯·阿奎那将会用它们改变欧洲神学和哲学的整个景观。12世纪和13世纪的西方学者的科学、文学和哲学活动，最终在编辑和翻译所有可以找到的古代世界的科学、哲学和文学作品的尝试中达到顶峰。正是这些为15、16世纪的欧洲文艺复兴打下了基础。

5

穆斯林对基督教世界的存在反应冷淡、漠不关心，而西方基督徒对伊斯兰教崛起的第一反应是惊恐不安。恐惧、好奇和憎恶是绝大多数欧洲人在面对各个信奉伊斯兰教的民族时的感觉，先是阿拉伯人，然后是蒙古人、奥斯曼土耳其人、伊朗萨法维人和印度莫卧儿人，直到他们在18世纪开始表现出衰弱的迹象。21世纪的人可能很难想象有过西方社会不占优势的时期。不过在将近1000年的时间里，欧洲人，甚至包括那些住在遥远的英格兰的居民，都不敢确信自己或者下一代或者孙辈不会被迫生活在穆斯林的统治之下。对吉本而言，他笔下竖起宣礼塔的牛津大学只是想象而已。不过对于他那些还不算太远的祖辈来说，这种景象有时看起来完全可能成为现实。

不过在刚开始时，基督教西方并不知道这些蛮族入侵者是什么人。他们并不称其为阿拉伯人，而总是称之为以实玛利人，即《创世记》中提到的“野人”、亚伯拉罕的儿子以实玛利的后裔，“他的手要攻打人，人的手也要攻打他”。更常见的名字是“撒拉森人”，意思是亚伯拉罕的一个妻子撒拉的后裔。但是无论他们被给予怎样的出身，他们总是被视为被放逐的人，是圣经里记载的对文明世界的鞭笞。634 年至 640 年间，亚历山大港的“忏悔者”马克西姆斯写道，与看着“一个来自沙漠的野蛮民族摧残另一片土地，仿佛那是他们自己的，看见我们的文明被一群粗野、未经驯化、只是在外表上像人类的野兽变成废墟”相比，“还有什么更可怕的”？[47]

他们同样无法理解伊斯兰教。在中世纪早期欧洲的酒馆和修道院里流传着一些对听众产生误导的故事。据说穆斯林认为穆罕默德是神，更有甚者，他们认为他是万神殿里的神，而且有时会把《古兰经》也一起列入万神殿。他的同伴有朱攀、阿波连和特尔瓦冈，全都是古代神明名字的变体。他是——或者说，助祭尼古拉斯认为他是——尼哥拉党的创建者，尼哥拉党是一个无足轻重的小派别，圣约翰在《启示录》里曾谴责过它。而圣依勒内则认为他的生活“毫无约束，恣意放纵”。[48] 甚至还有人说他是一个因为被教皇忽视而心怀不满的枢机主教，在沙漠里创立了自己的宗教。[49]

这些故事流传到了 12 世纪及更晚的时代。不过随着伊斯兰势力的边界慢慢向西推进，基督徒和穆斯林之间的直接接触愈发频繁，可资利用的信息也越来越多。通过这些消息，基督徒很快明白，穆斯林和基督徒一样，都信一个神；而且他们信仰的很可能是同一个神。显然，穆斯林的神和《旧约》的神看起来有一些相同的特点。

安拉是战士，是善妒的神明，睚眦必报，吹毛求疵。耶和华同样如此。但他也是“至仁至慈的”，和《新约》的上帝一样。这里没有任何神学意义上的差别。穆斯林同样承认《旧约》的族长、先知和诸王。他们承认耶稣（或尔撒）是穆罕默德之前的最后一位先知，尊敬他的母亲玛利亚，《古兰经》整个第 19 章全都是献给她的。至少在一些人看来，两种信仰之间的相似性似乎暗示了，在它们之间做出某种形式的调和应该是可能的。1076 年，教皇格里高利七世写信给阿尔及利亚的穆斯林统治者纳绥尔，信中有如下内容：

> 我们之间的善意应该远远超过其他民族，因为我们都承认独一无二的神，尽管方法各不相同；我们都赞美和崇拜他，他是造物主和世界的统治者。[50]

教皇有自己的理由寻求同纳绥尔和解，这和信仰的具体内容关系不大，更主要的是他想要保护在北非日渐凋零的基督徒群体，他们仍然承认他的权威。不过，清楚的是，在对神的本质的理解上，真正重要的是必须承认神的唯一性，以及他既是独一无二的造物主，也是所有权威唯一的来源。在这一点上，基督教和伊斯兰教是一致的。将二者明显区分开的，是基督教的一些核心教义。在穆斯林看来，三位一体的说法（圣父、圣子、圣灵三者各不相同，但又是不可分的）似乎更像是多神教的特征（这并非完全没有道理），而基督教护教士故意避重就轻。道成肉身的说法被视为基督徒把他们的先知变成了神，而复活则从未发生过。耶稣不是基督，从未被钉在十字架上。（受难的神，甚或只是受难的神之子的概念，对穆斯林和其他宗教的信徒来说，都是难以理解的。神不会遭受痛苦，他们只会施与痛苦。）耶稣甚至没有死。相反，他被直接送入天堂（双方都同意这一点）。因此他不需要复活。

基督徒在理解穆斯林的信仰时，并不是没有碰到类似的问题。但是因为伊斯兰教中没有“奥秘”，而且因为基督徒更容易从穆斯林崇拜的神里认出自己的上帝，因此他们将疑问集中到先知的身上。一开始，伊斯兰教似乎只不过是另一个异端。穆罕默德只是另一个假先知，和摩尼没什么区别（他们之间确实有很多相似之处）。教会博士、最后一位希腊教父大马士革的圣约翰认为，“（穆罕默德）随意接触了一些《旧约》和《新约》的内容，据说他遇到了一名阿里乌派修士，从而形成了自己的异端学说”。[51]

后来对伊斯兰教及其创建者的叙述，很多都属于这种类型，部分误解，部分扭曲，还有一部分是如圣约翰宣称一个穆斯林可以有“4 个妻子和 1000 名侍妾，如果有能力，他可以在 4 个妻子之外，拥有尽可能多的侍妾”之类的简单描述。相较于基督徒认为自己的习俗是神为所有人定下的规范，它们显得荒诞不经。[52]

第一次试图理解伊斯兰教的内容，而非只是与其有关的传说的尝试，可能要数最早的《古兰经》拉丁语全译本的翻译工作。1142 年，克吕尼本笃会修道院院长“尊者”彼得开始巡视从巴黎到圣地亚哥的朝圣路上的克吕尼据点，莱昂－卡斯蒂利亚国王阿方索七世还曾与他结伴出游。在旅途中，他似乎第一次意识到伊斯兰教的存在，更令人不安的可能是，很多西班牙的教士着迷于阿拉伯文化。他因此决定发起一场战争，不是用到此时为止已经被证明非常不成功的武力，而是用言辞。“我找来了一些阿拉伯语的专家（源自阿拉伯的致命毒药已经荼毒了大半个世界），”他后来回忆道，“说服他们……把那个该被谴责的灵魂［指穆罕默德］的出身、生平、教谕和法律，也就是《古兰经》，从阿拉伯语翻译成拉丁文。”[53] 一年以后，一个名为凯顿的罗伯特的英国人完成了《古兰经》的翻译。确实，考虑到他的资助人的目的，这很难说是客观公正的译本。罗伯特宣称整本著作证明了基督教的卓越和神圣，为了证明这一点，罗伯特添加了注释，里面重复了很多早期作者荒诞的不实之词（它也被保存在克吕尼的大图书馆里，几乎无人问津，直到 16 世纪时才被再次发现，并印刷出版）。

彼得的译员、注释者和他们的后继者将伊斯兰教塑造成一种异端的形象，实际上是所有异端中最伟大的一个。“只有把自基督时代以后 1100 年间所有出自邪恶的灵魂的异端加在一起，它们的重量才能和这一个齐平。”彼得对克勒窝的圣伯尔纳说（他要为发起第二次十字军东征负部分责任）。[54] 尽管认为伊斯兰教显然是最为邪恶的，不过在基督徒看来，它在神学上不过是已经遭到谴责的阿里乌教义的一个特别恶劣的变体，而 325 年的尼西亚大公会议已经要彻底清除阿里乌派。

他们认为穆罕默德显然是个假先知。“真先知的征兆，”11 世纪皈依基督教的犹太人佩德罗·德·阿方索写道，“是毕生的正直诚实，能行真正的神迹，所有言语皆真实。”[55]穆罕默德在这三方面明显都有所不足。他生前从未行过神迹，不过他有很好的理由，因为和耶稣不同，他并未宣称自己可以这么做。但是对于绝大多数基督徒来说，这被视为穆罕默德亲口承认自己是骗子的证据。穆罕默德自命为“封印先知”，是摩西和耶稣基督的继承人，甚至比他们更加伟大。但是摩西和耶稣都从上帝那里得到了行神迹的能力。那么这种能力为什么没有被赐予穆罕默德呢？尽管他否认自己有这样的能力，不过有些狂热过头的穆斯林仍然把一些奇迹归到他们先知的身上，比如说，一头会说话的牛，一棵向先知致敬的无花果树，当先知叫它时，它到了先知身边；月亮被劈成两半，然后又恢复原状；一条被下了毒的羊腿警告穆罕默德不要吃它。毫无疑问，在基督徒眼里，这些都很荒唐。至于《古兰经》，他们认为不过是编造之物，是《圣经》的赝品，充满了各式各样的奇谈怪论，大马士革的圣约翰称它们是“徒增笑料的空洞故事”，那里面明显没有任何真实的东西。

不过基督徒最恶毒的攻击主要针对的是穆罕默德的经历。因为穆斯林承认耶稣是真先知，因此他们很少批评基督徒试图把区区一个人塑造成神。不过当基督徒描述穆罕默德时，则没有类似的限制。

基督徒经常捏造不实之词诋毁穆罕默德，至少圣约翰非常清楚这一点。和伊本·曼苏尔一样，圣约翰在成年后基本上都是大马士革哈里发忠实的仆人，后来在位于耶路撒冷和死海之间的荒凉之地的圣撒巴修道院隐居。[56]但是对伊斯兰教的那些不实描述在很长时间里一直很有生命力。基督教世界道德高尚的圣骑士同恐怖的撒拉森游牧民之间的斗争，成了中世纪欧洲宗教作品和世俗文学中流行的主题。

基督教世界内部冲突不断，人数处于劣势，常常是弱小的一方，但总是品行高尚，总是高贵的，总是正确的，它陷入和强大却腐败、残忍的伊斯兰世界的永恒冲突之中。对此最为形象的描写是11世纪的法兰西史诗《罗兰之歌》，它是根据778年一次小规模冲突改编而成的。当时一群巴斯克人在比利牛斯山的龙塞沃袭击了查理大帝的殿后部队，因此它实际上是基督徒间的战争，改编后的故事成了基督教和伊斯兰教之间的大战。在这个版本的故事里，年龄比维吉尔或荷马更大的巴比伦“舰队司令”从匈牙利到非洲的东方各个角落集合起一支大军。入侵的穆斯林崇拜现在已为人所熟知的三大偶像：穆罕默德、阿波连和特尔瓦冈。“撒拉森人”用他们的形象装饰自己的旗帜，带着它们前赴战场。无须赘言，这些神在不可阻挡的基督徒军队面前被证明是软弱无力的。罗兰英勇地战死了，不过他在死前还有时间砍下撒拉森国王“马尔西勒”的右手。因其无畏的牺牲，但丁在天堂里为他安排了一个位置。不过即使没有他，已有 200 岁、长着浓密白胡子的查理大帝，也会在天使加百利的帮助下把穆斯林赶回萨拉戈萨。

虽然写成于 1095 年第一次十字军东征布道动员开始之前，但《罗兰之歌》是再明白不过的基督教沙文主义作品和十字军文本。不过即使是在这个对善恶之争的最极端的描述中，并不是所有的一切都如人们所预想的一般。即使在这个文本中，也有好的穆斯林，评判标准是他们符合西方人的英勇观念和骑士精神。“上帝啊，多么出色的骑士，”一个诗人赞叹道，“如果他是基督徒就好了。”[57]

这种暧昧的评判并不只存在于《罗兰之歌》之中。还有一些人，尽管他们从未忽视自己的基督教职责，试图给异端的穆斯林带去真理，但是他们仍然努力想要为两种宗教牵线搭桥，促进二者的相互理解。其中最著名的是马略卡人雷蒙·卢勒（1232—1315 年），他是一个学者、骑士、诗人、神秘主义小说作家、不辞辛劳且不惧危险的旅行家，创作了超过 2000 部的各式各样的作品。他办过一所大学，目的是培养以穆斯林为对象的传教士。1311 年，他在维也纳宗教大会上说服教皇在巴黎、牛津、博洛尼亚和萨拉曼卡建立学校，不仅教授阿拉伯语，而且以尽可能中立的方式教授伊斯兰教历史、神学和哲学。不过最终卢勒因为坚持尝试将自己的信念化为行动而死。他坚信理性的穆斯林听众会耐心听取他捍卫基督教的理由，1315 年在突尼斯被乱石砸死。

卢勒坚信两大信仰有可能礼貌地彼此交换意见，坚持“当我们祈祷时，让我们记住，异教徒［他在这里指的是穆斯林］和我们流着相同的血”的诫命，这从很多方面来说是来自边境社会的例外产物。但是他绝不是孤身一人。一个世纪后，伟大的德意志人文学者库萨的尼古拉写了一部名为《〈古兰经〉的筛分》（*Cribratio Alkorani*）的作品。最初他是受教皇庇护二世之托开始写作的，原来的目的是为了支持再次发起十字军运动。多少让教皇有所警惕的是，库萨主张如果《古兰经》被正确地翻译（即“筛分”），那么人们就会清楚地看到，它在最重要的方面都是与基督教教义相符的。库萨的尼古拉今天以他的《论有学识的无知》而出名，他在其中主张人类所有的知识都只能是大概的或猜想的，他相信宇宙中一定存在居住着其他人类的星球。或许正是因为其宽广的视野，他不仅愿意相信存在着多个世界，也相信它们最终是可以和睦相处的，他比其他基督徒更愿意从这另一个伟大的、被曲解了的犹太教版本中找出一些价值。

尽管雷蒙·卢勒和库萨的尼古拉耗费大量时间试图使伊斯兰教和基督教和解的例子非常罕见，但是在和伊斯兰教长期的接触，以及对穆斯林征服何时才会结束的担忧与日俱增的背景下，他们的所作所为合情合理。在战场上反复被击败的事实，至少让那些有学识的人想到，伊斯兰教可能不仅仅是一个不合常理、滑稽可笑的教派。《罗兰之歌》将穆斯林描述为乌合之众可能非常有趣、受欢迎，能够鼓舞士气低落的基督徒，但是如果想要生存下去，就必须更充分地了解伊斯兰教到底是什么，是什么激励着它的信徒取得如此惊人的战绩。正如几个世纪后，战场上的失败最终促使骄傲的穆斯林将目光转向西方，对在此之前被他们鄙夷的“法兰克人”做出更为均衡的评价。

同样是在这几年里，先是在西班牙，然后在地中海南部和北非，穆斯林和基督徒的力量对比开始发生变化。1031 年，科尔多瓦的哈里发国崩溃了，安达卢斯分裂成一系列小的泰法王国，更难抵抗基督徒的蚕食。

1085 年，与塞维利亚埃米尔结盟，并娶其女儿为妃的卡斯蒂尔 – 莱昂国王阿方索攻陷了托莱多。这是一场非常重要的胜利。托莱多是泰法诸国中最大、最有实力的，而且曾经是西哥特西班牙王国的首都。此后，阿方索自称“托莱多皇帝”和“西班牙皇帝”，至少根据伊斯兰史料的记载，他还称自己是“两个宗教的皇帝”。虽然缓慢且时有反复，不过基督徒的南进势头似乎不可阻挡。占领托莱多一年后，诺曼骑士占领了北非的哈迪亚，1091 年，他们又把阿拉伯人赶出西西里。1118 年，萨拉戈萨被阿拉贡的阿方索一世攻陷。1147 年，基督徒的军队攻下里斯本和阿尔梅里亚，次年又攻下了托尔托萨和莱里达。1212 年，一支由西班牙人、法兰西人和圣殿骑士团组成的联军被教皇英诺森三世正式指定为十字军，在距离安达卢斯的哈恩以北 40 英里处的纳瓦斯德托洛萨摧毁了一支穆斯林大军。它标志着绝大部分地区的穆斯林统治的终结，随着 1236 年攻下科尔多瓦和 1248 年攻下塞维利亚，基督徒占领了伊比利亚半岛的大部分地区。

不过穆斯林在西方仍然保有一个经济发达、文化繁荣的重要据点：格拉纳达的奈斯尔王国。它位于西班牙南部，国土从西边的直布罗陀延伸到东边的的卡塔赫纳，呈三角形。它的首都“石榴城”连同城中的空中花园和喷泉、被称为阿罕布拉宫的规模宏大的宫殿，以及它的清真寺和镀金的屋顶，是欧洲最迷人的奇观之一。1492 年 1 月 2 日，这座城市也被一支基督教军队攻陷。率领这支军队入城的是斐迪南和伊莎贝拉，他们是卡斯蒂尔 - 阿拉贡联合王国的“天主教君主”，在这种场合也毫不意外地穿着摩尔人的服饰。

占领格拉纳达被视为基督教和伊斯兰教长期斗争的转捩点，伊斯兰教最终撤回到几个世纪以来人们眼中的它和欧洲之间的自然疆界之内。当时人们的想法似乎正是如此，而天主教君主的教会宣传机器确保人们继续保持这样的看法，直到 19 世纪情况才有所变化。不过实际上，收复失地运动的最后一次重要战役发生在 1212 年，早在格拉纳达被征服一个多世纪之前，它就已经向卡斯蒂尔纳贡。奈斯尔王朝内斗不断、腐坏不堪，并不会对任何人构成真正的威胁。在两个王国的交界处发生战争是常事，因为双方都要把年轻人送上战场，否则他们待在家乡可能会闯祸。如同马基雅维利敏锐地观察到的那样，这种时断时续的战争提高了他们对自身身份的认同。格拉纳达也源源不断地为王后伊莎贝拉送去糖，她对甜食的喜好无人不知。

从 1474 年到 1479 年，斐迪南和伊莎贝拉进行了一场漫长而艰苦的内战，目的是确保伊莎贝拉继承卡斯蒂尔的王位，他们现在迫切需要土地，以奖励支持者，确保他们对自己的忠诚。他们也需要树立形象，通过做出一件可以用伟大来形容的事，来给自己依然脆弱的王室联姻带去一些亟须的合法性。伊莎贝拉是虔诚的基督徒、节俭的典范（除了与糖相关的方面），据说她把自己丈夫的紧身短上衣缝补了七次以上，命令过于奢侈的卡斯蒂尔宫廷人员穿上深色服饰。她也是一个有着敏锐判断力的女性，完全清楚信仰同一宗教可能会带来多么大的凝聚力。各种资料显示，斐迪南明显不那么虔诚，他是一个城府很深、善于操纵别人的精明的政治家。曾经近距离观察过他的马基雅维利在《君主论》里对他的描述是："总是将和平与虔诚的信仰挂在嘴边，对这二者却没有丝毫的敬意。"[58]但是斐迪南和马基雅维利一样，知道宣扬宗教正统性会带来潜在的政治利益。从此以后，西班牙将会变得纯洁。原先的"共存"意识形态（无论实际状况有多么不公）将会被弃如敝履。

格拉纳达被攻陷之后，最后一位穆斯林国王，被基督徒称为博阿布迪的阿布·阿卜杜拉·穆罕默德十二世和所有仍然效忠于他的人被暂时流放到阿尔普哈拉斯山，他们很快就被赶出已经完成统一而且信奉基督教的西班牙（那些拒绝皈依基督教的犹太人被直接放逐）。然后，斐迪南的宣传人员开始着手把他描绘成天命所托之人，上帝选择他给予西方的伊斯兰势力致命的最后一击，让真正的信仰复位。

有一个满怀希望但暂时失业的中年热那亚航海家在那里目睹了整个过程，对宣传内容深信不疑。他的名字是克里斯托弗·哥伦布，头上的红发已渐渐发白。根据他后来的记录，他见到了"陛下的旗帜凭借武力被安插在阿罕布拉宫的尖顶"，他将其视为征兆，预示着他自己的冒险，即带领一支基督徒的舰队向西航行，抵达"印度的土地和被称为大汗的君主的土地……去见那里的君王、民族和土地，他们的性情以及所有的一切，并且看看要如何才能让他们皈依我们神圣的信仰"，这将会借伊莎贝拉之手实现，而且最终必将收获应得的成功。[59]

在 18 世纪之前，攻陷格拉纳达一直是诗歌和戏剧喜闻乐见的主题。它被视为 1187 年失去耶路撒冷的拉丁王国和后来失去几乎所有东部基督教国家的补偿而得到颂扬。占领这座城市标志着穆斯林在西班牙统治的正式结束，不过在当时的穆斯林和基督徒看来，收复失地运动的意义不仅仅是重新夺取西班牙。实际上，它只是伊斯兰教和基督教持续时间更长的战争的一个部分，这场战争不仅在欧洲和地中海进行，也波及了地中海以东的君士坦丁堡和耶路撒冷。这就是十字军东征，基督教自己的圣战。

第六章

战争之境

1

1095年11月27日，在法国克勒芒，教皇乌尔班二世坐在高台上的宝座上，对着在场的大群主教、骑士和平民发表演说。他呼吁西方世界集合起一支军队前往东方，去解放（这是他常用的一个词）东方的教会和基督教的圣地，此时它们已经落入穆斯林之手。他说，这不是一场普通的战争，它将会是一次“朝圣之旅”，是响应“神的召唤”，是“背负十字架”前行，换句话说，是一场圣战。

乌尔班极有激情，而且感染力十足。[1]他的演说刚一结束，勒皮主教蒙泰伊的阿德马尔就走上前来，拜倒在教皇脚下，发誓要把十字架带到耶路撒冷。人群爆发出阵阵喊声，表示他们赞成教皇的意见。在教皇的激励下，他们开始高呼那句现在已经不甚光彩的话——“如上帝所愿（*Deus hoc vult*）”，直到十字军运动结束为止，十字军战士在战场上一直高喊这句话。一位红衣主教激动地浑身颤抖、瘫倒在地，然后开始带领人群朗诵忏悔祈祷文。在场的人争先恐后地报名参加十字军。

在演讲获得巨大成功之后，乌尔班开始进行胜利巡游，他穿梭于法国南部，鼓吹十字军运动。他给那些无法亲自见面的人寄去了不计其数的信。“野蛮人已经陷入疯狂之中，”他对佛兰德的骑士这样说道，敦促他们加入十字军，“他们已经侵入并且蹂躏了东部地区的教会。更糟糕的是，他们已经占领了由基督的受苦和复活装点的圣城，他们已经让她和她的教会成了可悲的奴隶，光是说出这样的话都是对她的亵渎。”[2]

此前已经有多位教皇号召发起十字军运动。但是还从来没有任何一位教皇宣布发动圣战，即广为人知的“上帝之道”（*via Dei*），以基督之名发起的战争。参加这场战争的部队是“上帝的军队”、“主的军队”，它的战士是“基督的士兵”（*milites Christi*）。[3] 之前的教皇从未清楚地说过，参与战争可以被视为一种美德。而乌尔班称它是“正确的牺牲方式（*Recta oblatio*）”，参战者的灵魂可以因此得到救赎。[4] 每一个战士都将会是一名朝圣者，发誓“为了上帝的爱而杀戮”，他的胸前将佩戴十字架，暗示了上帝的召唤，“如果有任何人愿意跟随我，让他舍弃自我，带上他的十字架跟着我”，现在它被赋予了一种似乎并不符合基督本意的全新意义。[5] 和之前完全不同，现在的教会背离了基督原谅敌人和“转过另一边的面颊”的教义。

这是欧洲人历史上第一次正式发起圣战。在某些方面，它刚好是伊斯兰教吉哈德的基督教对应物，而在另一些方面并非如此。十字军战士的目的是收复故土，在教会看来，这些地方已经是基督教世界不可分割的一部分。和参加吉哈德的穆斯林战士不同，他们并不打算最终征服全世界，也不想让所有人都皈依自己的宗教。不过考虑到他们的目的，以及他们坚信自己在完成上帝的工作，这些差别并不重要。基督教世界从没有过圣战士。它只有殉道者，他们选择死亡，全无抵抗，以此来“证明”自己的信仰是真理。现在，消极的受害者与马戈裹尸的英雄合二为一，同穆斯林的圣战士一样，他们也将直接升入天堂。“所有在胜利中进入天堂的人，”一名在围攻尼西亚时失去同伴的十字军战士写道，“身披殉道者的长袍，发出一种声音：‘复仇，主啊，我们的血为你而流，因为你是被祝福的，值得被人永远赞美。’”[6]

乌尔班的呼吁，以及远赴中东的毫无秩序可言的军队，也标志着西方对战争的理解发生了巨大的变化。到目前为止，教会总是视战争为一种手段，它本身总是有罪的，但是在某些特定的环境下是被允许的，因为自然世界、堕落的人类居住的世界必然是不完美的、混乱的，有时只能通过暴力来拨乱反正。如果战争的目的是正义的（纠正之前的错误），而且得到合法的政治权威的批准，那么它就是正义的。圣奥古斯丁写下的一段话，成了战争在整个中世纪最权威、最有说服力的定义：

> （战争）只有在必要时才能发起，只有当上帝可以通过它使人们

摆脱危机、维护和平时才能发动。寻求和平不是为了点燃战火，战争是为了维护和平……因此，在战场上消灭敌人，应该是出于必要，而非欲望。[7]

乌尔班的布道彻底改变了人们对战争的理解。从此以后，天主教徒将会屠杀清教徒，清教徒也会反过来屠杀天主教徒，他们会一起屠杀犹太人和穆斯林，并不是为了收复失去的土地，也不是为了报复受到的不公待遇，甚至不是因为单纯的王朝扩张的贪婪杀戮。他们之所以这样做，是因为他们相信，或自称相信，上帝希望他们这么做；如十字军战士常说的那样，他们是以上帝之名在打仗。欲望取代了必要性。稍后，随着第一次十字军东征取得了完全出乎意料的胜利，游吟诗人杜埃的格雷多瓦将会让十字架上的基督号召人们向当时尚不存在的穆斯林复仇。基督对第一个盗贼说：

朋友，那些尚未出生的人，
将会用他们的钢枪为我报仇。
他们会去杀掉无信仰的异教徒，
那些总是拒绝接受我的戒律的人。
神圣的基督教将受到他们的尊敬，
我的土地会被征服，我的国将得解放。[8]

仿佛是认识到未来将要发生可怕之事，乌尔班在巡游途中一直伴有警示性的预兆，包括流星雨、月食和环绕着太阳的可怕光晕。一场导致一连串的歉收和大规模饥馑的严重旱灾突然结束。到了次年 8 月末，乌尔班返回罗马。但是只要欧洲仍然在宣扬十字军运动，这些迹象就一直出现。1097 年秋，一颗彗星出现在天空中；次年 2 月，天空闪耀着红光，当年秋天，天空中出现强光，看上去像是着了火。12 月，发生了日食。1099 年 2 月，东方的天空出现了红色的极光。

受到这些显示上帝赞许的神秘迹象的鼓励，善于蛊惑人心的教士甚至比乌尔班走得更远。他们让它更加野蛮，更加歇斯底里。十字军运动将会是一场恐怖的战争，是对几个世纪以来穆斯林对基督教西方造成的破坏的报复。它将成为最终决战。从不列颠到意大利，整个欧洲“基督家庭的成员”被召集起来，“牢牢把那座城市——耶路撒冷——掌握在我们的手里”。“如果一个外人杀死你的亲属，你不会为自己的血亲报仇吗？”他们被问道，“你的上帝、父辈和兄弟备受羞辱，被从自己的土地上逐出，被钉在十字架上，你们该如何奉还？”[9]

血仇一直是中世纪欧洲生活的一个核心部分。不过几个世纪以来，教会对其大力压制。现在，它突然成了基督教正义战争概念的核心，为其赋予这样地位的并非普通人，而是教皇自己。[10]

无论所有这一切背后的神学理论多么混乱，它给正处在冲突和危机状态中的社会带来了立竿见影的影响。封建时代的欧洲，特别是法兰西，是一个不稳定、难以管理的地方。在加洛林帝国缓慢消亡之后，曾经护卫帝国的地方武装集团、骑士和封建贵族转而开始依赖自己的附庸人口，强迫他们生产越来越多的东西，这些人因此陷入贫困，很多人不得不落草为寇。

法兰西国王控制的领土只是现代法国的一小部分。伯爵、公爵和加洛林帝国的官吏们的子孙成了他们自己领地的实际统治者。十字军运动的目的之一，是让教会取代国王所剩无几、软弱的权威，将王国中较难驾驭的因素吸走，从而带来“上帝的和平”，这是教会乐观的称谓。人们希望十字军运动能够为欧洲各地大量年轻人提供一个发泄被压制的精力和受限制的野心的渠道。圣本笃修道院的编年史作者诺让的吉伯特写道：“在我们的时代发动圣战，骑士团和大众紧随其后，他们效仿古代异教徒彼此屠戮的先例，希望以此找到获得救赎的新方法。”[11] 如果只考虑这一点，十字军运动可以说是成功的。

2

1096 年春，由骑士、一些主要的德意志贵族、一群一无所有的穷人，以及跟在他们身后的妇孺组成的大军，在法国南部聚集。第一批人的首领是四处传教的隐士彼得，他声称基督亲自命令让他领导十字军，为了证明他的话是真的，他挥舞着一封所谓的上帝的亲笔信四处走动。伴随在他身边的是一群疯子、骗子和亡命之徒，其中之一是修道院长鲍德温，他在自己的前额烙下一个十字架的符号，宣称它是天使所赐，以此从轻信的人那里筹集资金；此外还有一个教派，其成员崇拜一只鹅，认为它的体内被圣灵充满。狂热的西方人就此踏上征程。

不过他们的第一个目标并不是穆斯林，而是犹太人。十字军战士对神学知识和宗教历史几乎一窍不通，没人读过经文，很可能也分不清形形色色的“基督的敌人”，他们只是从那些同样无知的教士那里听到了不少令人毛骨悚然的故事。正如一位稍晚的作者所指出的，十字军战士“将犹太人、希腊异教信徒和穆斯林混为一谈，他们都被称为上帝的敌人，同样可憎”。用一个目击者的话来说，他们使前进途中遇到的每一个非基督徒“了结生命或改宗”。

5 月 25 日到 29 日间，位于莱茵兰的美因茨的规模可观、繁荣的犹太人社区被摧毁，用德意志十字军战士的话来说，为前往耶路撒冷“清理了道路”。对自己的战果心满意足的军队似乎在此时分兵。一部分向北到了科隆。在此之前，犹太人已经离开城市，尽可能逃到郊区避难。从 6 月到 7 月，基督狂热的朝圣者紧追不舍，他们烧掉犹太教会堂，摧毁托拉经卷，不管到哪里都会亵渎当地的公墓。还有一部分向西南到达特里尔和梅斯，继续在那里屠杀。在雷根斯堡，另一支部队强迫整个社区受洗，他们很可能由隐士彼得亲自率领，因此比其他人多少要仁慈一些。

教会的高级神职人员拒绝原谅这样的行为，即使当地的教士肯定牵连其中。值得称赞的是，一些主教甚至在自己的教区里保护犹太人。在设防的地区，他们为犹太人提供庇护所；在施派尔、美因茨和科隆，则将他们分散到郊区。但是，标志着第一次十字军东征开始的犹太人大屠杀和由此唤起的反犹情绪，是有历史记载以来最为恶劣的，它留给欧洲犹太人社区的印记在此后几个世纪里一直挥之不去。在被后人称为“第一次犹太人大屠杀”（该称呼并无不当之处）的事件中，超过 8000 人丧生。时至今日，人们仍在犹太教会堂里吟唱纪念这些德意志殉道者的挽歌。

屠杀犹太人之后，十字军战士重新组织起来，向巴尔干半岛进军。此时的军队几乎不受约束，他们先是攻打泽蒙，然后又攻陷了贝尔格莱德。尽管很多人死于随后的报复行动中，不过一些小部队一直走到了塞尔柱人的城市尼西亚（现在的伊兹尼克），他们在那里被突厥人消灭。

到了 8 月，一支更有纪律的部队在包括下洛林公爵布永的戈弗雷、法国国王的兄弟佛蒙达的雨果、图卢兹伯爵圣吉尔的雷蒙德、佛兰德伯爵罗伯特和诺曼底公爵罗伯特等知名贵族的指挥下，开始了漫长而危险的旅途。他们穿过东欧前往君士坦丁堡，并于 1086 年 11 月到次年 5 月间分批抵达。他们饥饿、肮脏、疼痛、精疲力竭、士气低落。拜占庭皇帝阿历克修斯匆匆忙忙把这些人运过博斯普鲁斯海峡。“法兰克人”［穆斯林一直这么称呼所有欧洲人］、“一群苍蝇”、“没有翅膀的蚱蜢”、“狂吠的野狗”终于踏上了伊斯兰之境神圣的土地。[12]

1097 年夏，这支衣衫褴褛的军队出人意料地出现在一个正饱受自相残杀之苦的世界。塞尔柱突厥人统治着现在的伊拉克、叙利亚和巴勒斯坦地区，虽然他们曾于 1071 年在曼齐克特取得了对拜占庭皇帝罗曼努斯四世·狄奥吉尼斯的著名胜利，但是此时已经分裂成一些半独立的小国，尽管名义上仍然服从巴格达哈里发的权威，不过实际上彼此之间疑心重重。与所有合格的逊尼派穆斯林一样，他们也陷入同开罗法蒂玛王朝的什叶派哈里发之间的战争，战事从 1063 年一直持续到 1092 年。控制着圣地大部分领土的法蒂玛王朝虽然勉强幸存了下来，但是实力受到极大削弱。不过至少在刚开始时，对他们而言，混乱、装备不良的法兰克人的威胁看起来似乎比突厥人小得多。

十字军战士肯定从他们的希腊线人那里多少了解了一些当地的情况。无论如何，他们抓住穆斯林没有组织起有效抵抗的时机，快速而果断地前进。1097 年 6 月 19 日，位于原来通向东方的罗马大道上的一座重要城市尼西亚投降。一周后，全副武装、处于饥饿边缘的基督徒在炎炎烈日下开始向安条克进军。10 月底，他们出现在城门外，经过七个月的围城，并且成功击败两支援军后，他们于 1098 年 6 月 3 日入城。和拜占庭统治时期相比，安条克已经面目全非。但城中还保留着东方某些重要的教堂，而且它仍然控制着小亚细亚进入叙利亚的道路。

6月28日，另一支穆斯林部队来到这里。十字军战士成功地击溃了它，一些人声称一支由天使和圣徒组成的天国的军队同他们一起战斗，援军还包括他们死去的同伴的幽灵。即使在11世纪虔诚的基督徒眼里，这也过于夸张了，不过除此之外，没有其他理由可以解释他们为什么会取得成功。到了1月下旬，十字军战士再次出发。他们沿着海岸快速进入法蒂玛王朝控制的领土。1099年6月7日星期二，当夜幕降临时，他们已经抵达圣城耶路撒冷——“世界的中心”——的城下。

在军队不断向东推进的这段时间里，一直激励他们的上帝在前进的路上显示了一连串让人印象深刻的迹象，不过它们的含义多少有些含混。1097年10月初，夜空中划过一道彗星，彗尾的形状仿佛是一把剑（至少这不是幻觉，中国和朝鲜的史料里有详细的相关记载[13]）。随后在12月30日发生了地震；天空发红，出现了十字状的强光，和几个世纪之前出现在君士坦丁大帝面前的一模一样。1098年6月13日晚，一颗陨石从天而降，引人注目的原因是，它从西方的天空落到安条克城外的穆斯林军营。9月27日，出现了耀眼的极光，整个欧洲和亚洲都能看到。1099年6月5日，当疲惫不堪的十字军队伍快要抵达耶路撒冷时，月食发生了，这被解读为月亮代表的伊斯兰教的统治马上就要结束。

不过事实证明，耶路撒冷比尼西亚或安条克都要坚固。基督徒围攻了一个多月，发起过几次攻势，但毫无所获，这座城市看上去牢不可破。随后，由于担心埃及援军马上就会前来，再加上终于集合了足够的云梯和攻城武器，十字军于7月14日早晨从东面的城墙发起全面进攻。

来自意大利南部的诺曼人坦克雷德第一个入城，他的经历极具传奇色彩，成了后来很多十字军故事的主人公。城中的穆斯林逃走了，希望能在艾格撒清真寺里避难。经过短暂无功的抵抗后，他们向坦克雷德投降，后者表现出了真正的骑士风度，保证他们性命无虞。随后他在清真寺里竖起了自己的军旗，发誓这会使自己愤怒的教友手下留情。到了下午，情况已经非常清楚，守军大势已去。法蒂玛王朝总督伊夫提哈尔·达乌拉向圣吉尔的雷蒙德提议，交出城市和城中所有财物，以换取自己、自己的家人和贴身侍卫的性命。雷蒙德同意了，总督被护送出城，加入埃及人在岸边的阿斯卡隆的驻军。

他很幸运。其余人，无论男女老少都被屠杀殆尽。藏在艾格撒清真寺的穆斯林很快就发现，坦克雷德的军旗没有起到保护作用。他们被拉出来，剁成碎块。据说坦克雷德大发雷霆，不过主要不是因为屠杀，而是因为他的军旗没有受到尊重。犹太人躲进犹太教主会堂，“法兰克人将其付之一炬”。[14] 夜幕降临，屠杀结束，圣殿山尸体成堆，街道血流成河。[15]“从来没有人见过或听过这样的对异教徒的大屠杀，”一名目击的基督徒写道，“他们堆得像金字塔一样，没有人得救。天晓得那里有多少具尸体。”[16]

当胜利的消息传到拉丁西方时，人们感到震惊和喜悦。“主必定是重新降下过去的神迹。”教皇写道。他推测说，否则的话，这样一支指挥不力、毫无军纪、缺少补给、受非战斗人员严重拖累的队伍，怎么可能战胜看上去强大无比的穆斯林军队？[17]

攻占耶路撒冷后，西方基督教世界和东方伊斯兰世界，以及随后的东方基督教世界的关系不可逆转地发生了变化。十字军的领袖们瓜分了新占领的土地，作为自己的公国和领地。布洛涅的鲍德温得到了埃德萨，塔兰托的博希蒙德得到了安条克，图卢兹的雷蒙德得到了的黎波里。这些构成了黎凡特的十字军国家，或者如欧洲随后称谓的“海外领地”（Outremer）。耶路撒冷自己成了一个王国，从北面的贝鲁特起，沿着海岸到南面的加沙和戈兰高地。从 1099 年到 1187 年将近一个世纪的时间里，在伊斯兰之境的心脏地带存在着一个包括从安条克到阿卡的属国在内的拉丁基督教王国。

经过一段时间之后，这些国家的领袖，连同和他们一起作战的由武装修士组成的教团，如圣约翰骑士团（或称医院骑士团）和恶名昭著的圣殿骑士团，修建了一系列城堡，以保护自己的领地不受穆斯林邻居——经常也有基督徒邻居——的侵袭。其中很多留存到了现在，医院骑士团修建了马加特城堡、土耳其的阿曼努斯山的巴格拉斯城堡、叙利亚海岸的塔尔图斯城堡、立于约旦河谷边缘的贝尔沃城堡，以及最令人印象深刻的位于的黎波里腹地的骑士堡。当1909年T. E. 劳伦斯（阿拉伯的劳伦斯）见到骑士堡时，他称其为“世界上保存最好、最值得赞叹的城堡……如果拜巴尔［1271年围攻骑士堡的马穆鲁克苏丹］再世，他会认为它如当初一样牢不可破”。[18]

巨石城堡能够保护十字军国家，却不可能让它们与当地的多元文化和宗教隔绝。在这片地区的各个团体中，尽管欧洲人权力最大、装备最精良，但是他们的人数远远不如穆斯林、信基督教的叙利亚人和犹太人。叙利亚人顶多是对新主人感到不安，犹太人不仅没有因为主人的变化受益，反倒因此遭到很大损失。

“海外领地”直到消失一直是战争的前线。随着时间的推移，该地的罗马公教住民像西班牙的基督徒一样，同他们的穆斯林邻居越来越相似，与欧洲教友的差距逐渐加大。他们接受了穆斯林的饮食，经常穿着混杂了阿拉伯－突厥风格的怪异服饰，慢慢开始接受基督教西方闻所未闻的宗教宽容。一位叙利亚的穆斯林贵族乌萨马赫·伊本·蒙克夫访问耶路撒冷以前的艾格撒清真寺（现在落到圣殿骑士团的手里，被改建成基督教教堂），到那里祈祷。圣殿骑士们给他提供了旁边很小一块地方，让他可以放下自己的祷告毯在那里祈祷。乌萨马赫祈祷时当然是面向西方的麦加，不过有一天，“一个法兰克人跑到我面前，抓住我，把我的头转向东方，还一边说：‘你应该朝这边祈祷。’”圣殿骑士把那个人带走，并向乌萨马赫道歉，解释道：“这是新来的法兰克人。”这件事说明了一切。[19]

从印度和远东到欧洲的贸易路线需要经过大马士革到阿卡和提尔的港口，“海外领地”因此积累了大量财富，12世纪是其巅峰。不过尽管它奉行多元文化主义，而且非常富裕，它仍然被视为外来文明的前哨，是埋在伊斯兰世界侧翼的“战争之境”的一根长刺，迟早要用武力将其拔除。它成功地存活了近两个世纪，方法是保持当地各武装派系基本上势均力敌，如基督徒的耶路撒冷和穆斯林的大马士革、基督徒的安条克和穆斯林的阿勒颇，基督徒的的黎波里和一些较小的穆斯林城市。“海外领地”实际上被纳入叙利亚的政治体系，和包围着它的穆斯林军事首领也会形成联盟，如有必要，甚至会和自己的基督教同胞开战。这种局势必然是脆弱且不安定的，只有在当地的伊斯兰国家之间冲突不断的条件下，才能维持下去。

但是局势不可能不变。第一次冲击发生在1144年，具有讽刺意味的是，当时恰巧是圣诞夜。摩苏尔和阿勒颇的统治者伊玛丁·赞吉召集盟友发起针对基督徒入侵者的圣战，攻占了十字军城市埃德萨，杀死了所有法兰克人。“部队开始抢劫、杀人、掠人为奴、强奸、争夺战利品，”当时的一个阿拉伯人写道，“他们得到了大量的金钱、家具、贵重物品和奴隶，兴高采烈，心满意足。”[20]这个消息在整个伊斯兰世界激起波澜，尽管赞吉两年后遇刺身亡，没能巩固自己的成果，不过不管是穆斯林还是基督徒，所有人都清楚，穆斯林已经开始准备收复巴勒斯坦。

基督徒对此的反应是再次发动十字军东征。克勒窝的圣伯尔纳发表了言辞激烈的演说，受此鼓舞，一些重要人士带头出征，其中包括神圣罗马帝国皇帝康拉德三世和法王路易七世，他们的军队在1147年5月出发。结果证明，这是一场灾难。康拉德的士兵训练和供给均不足，他们一直到了多利留姆，但在10月25日受到攻击，几乎全军覆没。侥幸逃生的人加入另一支由路易率领的规模更大的军队，于次年夏天抵达叙利亚。

军队的将领们决定围攻大马士革。事实证明，这是一个代价极高的错误。围攻只持续了五天，由于赞吉的儿子，也是他的继承人努尔丁率援军赶来，十字军不得不撤围。法国国王和神圣罗马帝国皇帝成功逃脱，狼狈不堪地返回欧洲，受尽羞辱。“教会之子和那些算得上是基督徒的人殒命沙漠，”圣伯尔纳哀叹道，“或亡于剑下，或死于饥饿。”之所以会有这样的灾难，他只能归结于上帝对自己的信徒不满，至于上帝为何会不满，人们不应该询问，因为人类“（不应该）胆大妄为到对他们完全没有能力理解的事情做出判断”。[21]可能是因为受到这种想法的安慰，西方基督教王国在随后的40年里对“海外领地”和圣地的情况置若罔闻，将精力集中在内部敌人的身上。

努尔丁成功地巩固了其父的成果，逐步削弱位于海岸边狭长地带的安条克公国，他将它的统治者雷蒙德的头骨镶银，作为礼物送给巴格达的哈里发。但是最终使东方的十字军运动宣告失败的是努尔丁手下一位能力出众的将领——库尔德战士萨拉丁·优素福·伊本·阿尤布（意思是“忠于信仰的，阿尤布的儿子优素福”），也就是在西方声名赫赫的萨拉丁。

萨拉丁虽然是逊尼派穆斯林，不过他在1169年成了埃及法蒂玛王朝的苏丹。两年后，埃及承认巴格达哈里发的宗主权，没有多少人提出异议，什叶派对新月沃地以西地区的控制就此告终，直到今天也没有恢复。[22] 1174年，萨拉丁攻下大马士革，一年后成为叙利亚的正式统治者。他此时明显有意发动圣战，整合伊斯兰世界对抗基督教敌人。“为了伊斯兰教和它的人民的利益，”当大马士革的埃米尔要求萨拉丁以自己家族的利益为先时，他如此写信回应，“我们首要考虑的是，如何能将他们的力量联合起来，将他们统一到同一面旗帜下。”[23] 1183年，萨拉丁开始进攻卡拉克城堡，它控制着连接阿勒颇、大马士革和红海的商路。当萨拉丁的军队到来时，卡拉克城堡的主人沙蒂永的雷纳德正在为自己的女婿托伦的汉弗莱举行婚礼。萨拉丁的军队猛攻城墙，而宴会继续进行，新郎的母亲斯蒂芬妮夫人将婚宴的食物送到萨拉丁的帐篷，这是双方的中世纪编年史作者都很喜欢提及的互动之一。为了回应这种友好姿态，具有骑士精神的萨拉丁询问新婚夫妇将会在哪里渡过新婚夜，命令自己的军队避免攻击城墙的那一部分。不过他们的蜜月还没过完，萨拉丁的军队已经被来自耶路撒冷的援军击退了。

萨拉丁撤回大马士革，不过没有停留多久。现在，他已经控制了从尼罗河到幼发拉底河的伊斯兰世界，尽管有时被击败，但是东方十字军的日子显然已经屈指可数了。1187年初，雷纳德违反了萨拉丁和耶路撒冷著名的“麻风王”鲍德温四世之间的停战协定，袭击了一支从开罗到大马士革的商队，不仅缴获了大量战利品，还抓了很多俘虏，其中包括萨拉丁的一个妹妹。鲍德温试图维持和平，要求雷纳德道歉，但后者拒绝了。这正是萨拉丁梦寐以求的机会。他从埃及、大马士革、阿勒颇、美索不达米亚、摩苏尔和迪亚尔-伯克尔集合起自己的军队。和他对阵的十字军部队疲惫不堪，体力严重透支，还极度缺水。当时的天气酷热难耐，他们被团团围住，其中一人形容道：“连一只猫也别想逃出去。”[24] 7月3日，他们扎营后，有人听到的黎波里伯爵雷蒙德说：“上主啊，战役已经结束了。我们遭到背叛，丢掉性命。王国已完。”他是对的。次日，萨拉丁的军队在哈丁村附近消灭了十字军的部队。这是十字军运动中最重要的战役，不过除了历史学家之外，现在它已经被西方遗忘。在战胜基督教军队的瞬间，绝大多数穆斯林坚信，基督徒永远不会忘记此役，也永远无法原谅，这种想法一直存在于阿拉伯人的想象之中。

如同曾经承诺的那样，萨拉丁亲手处决了背信的沙蒂永的雷纳德，军队中200名圣殿骑士团和医院骑士团的成员被处死。其余世俗的骑士被标上赎金。普通士兵被贩卖为奴，他们的数量如此之多，以至于在随后几个月里，叙利亚奴隶市场供过于求。在此后的日子里，兵力薄弱的基督教据点阿卡、托伦、西顿、贝鲁特、拿撒勒、凯撒里亚、纳布卢斯、雅法和阿斯卡隆，一个接着一个落入萨拉丁和他的将军们的手里。诗人伊本·萨那·穆尔克吟唱道：

> 你拥有从东到西的土地，
> 你怀抱地平线、平原和草原
> 真主说：服从他；
> 我们听从主的话。[25]

9月，萨拉丁集合起所有军队，在耶路撒冷城下安营。这座城市现在听命于贝鲁特和塞浦路斯勋爵之子伊贝林的贝里昂，此时城中供给不足，挤满了难民，大部分是妇女和孩子。骑士的数量太少，贝里昂不得不征召所有16岁以上的男性，把剑放到他们的手里。

9月20日，攻城开始。守军坚持了六天，随后贝里昂同意投降，条件是允许基督徒住民以赎金换取性命。如果萨拉丁不同意的话，他说自己将会杀死城里所有的穆斯林，毁掉所有的穆斯林圣地。这个主张很有说服力。耶路撒冷的艾格撒清真寺是继麦加和麦地那之后伊斯兰世界居第三位重要的圣地，而且城中的穆斯林人口很多。萨拉丁没有别的选择，只能同意。

10月2日，他进入耶路撒冷，未遇抵抗，没有流血，没有破坏，没有劫掠。在此后的几个世纪里，很多基督徒和穆斯林都没有忘记指出，这和88年前基督徒入城时的情景形成鲜明对比。能够付得起赎金的人（包括无视即将沦为奴隶的贫苦大众，逃到提尔的牧首希拉克略）每人支付了10第纳尔，被允许离开。作为最后的宽宏之举，萨拉丁无条件释放了几千人。剩下的人被带到奴隶市场。信基督教的叙利亚人被允许保留他们的教堂，如果他们愿意，也可以留在耶路撒冷，实际上绝大多数人都选择留了下来。之前外逃的犹太人被鼓励回城，萨拉丁不久后和拜占庭皇帝伊萨克二世・安吉洛斯签订条约，城中的基督教圣地被交由希腊正教会管理。黎凡特的十字军国家现在只剩下提尔、的黎波里和安条克三个城市。

萨拉丁成了伊斯兰世界中的传奇人物，此后一直如此。所有人都称赞他是遵循阿拉伯传统、具有骑士精神的英雄，熟悉各种高雅的社会习俗（阿拉伯语称 *zarf*），所作所为符合《古兰经》提到的诚实和宽容（少有穆斯林统治者能够真正践行）、慷慨、守信，投身于伊斯兰教大业，将伊斯兰教的利益放在个人野心和家族利益之上。[26] 他善打马球，这项运动和欧洲的马上枪术比赛的旨趣大同小异。如果他的部下巴哈丁说的是事实，他也通过了由最好的博学之士和法学家主持的所有可能检验其信仰的测验，“这样他就能够以符合他们的水平的方式和他们交谈”。[27] 他对自己和伊斯兰教的野心，绝不是仅仅将可恨的基督徒赶出巴勒斯坦那么简单。1189年，他对自己的助手和传记作者伊本・沙达德说：“当全能的真主让我征服剩下的海岸，我将……渡海到他们［指基督徒］的岛屿，继续追击，直到地球上再无人不承认安拉；如若不然，我宁死。”[28] 不过同那个时候的其他伊斯兰教统治者一样，如有必要，他也会和基督教统治者结盟，与敌对的穆斯林军事首领作战，这些军事首领很少甚至可以说是没有人能轻易地被描述为“异端”。不过根据绝大多数记载，他确信自己的道德和智力远高于周围的乌合之众（无论是穆斯林阵营还是基督徒阵营的人）。[29]

在西方，他也得到了“值得尊敬的敌人”的声誉，经常出现在中世纪的基督教骑士传奇故事里。伏尔泰在很久之后称他“既是好人，也是英雄和哲学家”，不过“受欧洲身份所累的编年史作者”却很少能公正地评价他的作为。[30]“在宗教狂热的时代，”爱德华·吉本写道，“他也是一个狂热的人，使萨拉丁得到基督徒尊敬的是他的美德。”[31]后来，他成了浪漫主义作品里主人公的原型，富有骑士精神、英勇、大度，最重要的是投身于从一群动机和行为同样卑劣的匪徒手里保卫家乡的事业。“东方的历史上没有比他更伟大的人。”沃尔特·司各特爵士写道。[32]

1898 年，为了加强德国对奥斯曼帝国的影响力，德国皇帝威廉二世正式访问伊斯坦布尔和叙利亚。他来到大马士革，站在萨拉丁墓前，将耶路撒冷的解放者形容为“一位无畏无瑕的骑士，常常教育自己的对手如何正确践行骑士精神”。[33]随后威廉宣布自己是“300 万穆罕默德的追随者”的朋友，在萨拉丁的墓前竖起一面锦旗，并献上一个镀金的铜冠，上面刻着“一位伟大的皇帝向另一位致意”。1918 年 11 月，它们被当作战利品送到英国，护送其上路的不是别人，正是 T. S. 劳伦斯。它们现在正在伦敦帝国战争博物馆展出，附有劳伦斯手写的便签，解释了他将其带来的原因。既然耶路撒冷已经被从奥斯曼人手里解放，“萨拉丁不再需要它了”。[34]

今天，萨拉丁仍然是伊斯兰世界的英雄。1992 年，海湾战争爆发两年后，一座以市政府预算建成的巨大的骑马雕像出现在大马士革城堡前。雕像的姿势和服饰与 19 世纪西方叙述十字军东征的作品基本相同（不过当时伊斯兰世界并没有独立的立雕像的传统）。萨拉丁的战马两侧各站着两名步兵和一名苏非派信徒。在马的后面，有两个垂头丧气的十字军战士——耶路撒冷的居伊和沙蒂永的雷纳德。如同雕塑家阿卜杜拉·赛义德对自己的作品做出的解释，他不仅想要把萨拉丁塑造成战士，还要表现出领袖的气质，从他的身上能体会到大众对“法兰克人”的感受，而此时的“法兰克人”应该包括老布什和参与“沙漠风暴”行动的军人。苏非派信徒单纯代表人民的宗教（这多少有些不合适），步兵代表着谦逊的勇士在伊斯兰教的旗帜下聚集在他们的英雄身旁。[35]

耶路撒冷沦陷是一次沉重打击。但是基督教世界不会这么轻易被击败。1189年5月，当时年近七旬的神圣罗马帝国皇帝腓特烈·巴巴罗萨集合起一支规模空前的十字军，前往拜占庭。不过，他在6月10日尝试游过萨勒夫河时溺水身亡。尽管他麾下的多支部队到达了提尔，但士气消沉。萨拉丁突然得到了意料之外的喘息之机，将老皇帝的死看作神的功绩。但是喘息的时间并没有持续太久。次年7月，法王腓力·奥古斯都和所有十字军中最负盛名的英国"狮心王"理查召集起一支军队，乘船前往圣地。

从基督徒的角度看，虽然第三次十字军东征也没有达到目的，但比第二次有了进展。1191年7月，十字军战士成功收复阿卡，然后是雅法，次年又收复了阿斯卡隆。不过到此时为止，理查开始意识到允许"海外领地"维系如此长时间的外部条件已经消失了。现在基督教军队的规模不够大，战斗力也不够强，无法重新占领耶路撒冷，更不要说长时间抵挡住萨拉丁的军队。9月，理查和萨拉丁达成协议，允许基督徒留在最远到南方的雅法的海岸城市，随后理查退回阿卡，1192年10月9日乘船返回英格兰。

1203年，西方再次尝试收复耶路撒冷（至少最开始时是这样打算的）。第四次十字军东征的队伍于1202年离开威尼斯，先是停下来从匈牙利人手里收复曾经是威尼斯在亚得里亚海前哨的萨拉。被废的拜占庭皇子阿历克修斯一心要夺回帝位，他承诺只要十字军帮助他成为皇帝，就给他们20万银马克，并保证供养500名希腊骑士永远留守在圣地。十字军同意了。1203年6月24日，舰队驶入博斯普鲁斯海峡。次年1月，阿历克修斯被扶上皇位，但他违背了诺言，无法支付20万银马克。后来他被绞死，皇位得而复失。十字军被这座充满敌意的希腊城市激怒，他们不信任拜占庭人的宗教，现在下定决心要将腐败的东罗马帝国据为己有。4月13日，君士坦丁堡失陷，这是其漫长历史上的第一次。"仍然在使用君士坦丁的名号和罗马人的头衔的帝国，被拉丁朝圣者的军队颠覆了。"几个世纪后，爱德华·吉本这样写道。[36]

胜利的军队蹂躏了这座城市，杀死了他们见到的所有居民，洗劫了教堂，毁掉了在他们看来是渎神的圣像。索菲亚大教堂圣殿的帷幕被扯下，因为它镶着金边；镀金、镶着宝石的华美圣坛被砸得粉碎，碎片被士兵一抢而空。大门和讲道坛上的雕刻被剥下。一个妓女坐在牧首的宝座上，一边唱着被篡改过的正教赞美诗，一边手舞足蹈。

战利品非常丰厚。宝石、雕塑、绘画和手抄本在城陷后的数年间流到西方的欧洲，其中最著名的是大竞技场的四匹铜马，它们完成于公元前 3 世纪，如今被安放在威尼斯圣马可大教堂前。佛兰德伯爵鲍德温被威尼斯牧首正式加冕为皇帝，威尼斯人托马索·莫罗西尼被任命为牧首。拉丁人的君士坦丁堡王国被其统治者称为“罗马尼亚帝国”，它一直持续到 1261 年。这是一个基督教群体对另一个基督教群体最严重的背叛。“这样看来，基督徒从野蛮的十字军东征中唯一的收获，是他们屠戮了其他的基督徒。”伏尔泰冷淡地评论道。[37] 甚至连对自己的希腊对手素无好感的教皇也谴责了这种行为。基督教世界的东部和西部之间的裂痕永远不可能完全弥合了。

在 1219 年到 1270 年间，欧洲又发起过三次十字军东征。不过他们到达的距离圣地最近的地方是位于埃及或突尼斯的某处。1270 年，曾经从贫穷的最后一任拉丁“罗马尼亚帝国皇帝”的手里购买了君士坦丁堡大部分圣物的法国国王路易在突尼斯死于瘟疫，他后来被封为圣徒。1291 年，圣地最后一个基督教据点阿卡落入苏丹阿什拉夫·哈利勒之手，东方的十字军走到终点。尽管后来时而有一些发起新的十字军东征的尝试，不过皆以失败收场，在 19 世纪之前，基督教的军队再也没有回到伊斯兰世界的腹心之地。

3

无论是西方还是伊斯兰世界，都赋予了十字军东征巨大的历史意义，不过其中很多方面其实是后世的发明创造。在整个 16、17 世纪，一方面是教皇频频发动新的十字军运动，不过无人响应；另一方面，欧洲人仍然将十字军东征视为对抗整个欧洲基督教世界的共同敌人的英勇壮举，尽管结果不尽如人意。1574 年，托尔夸托·塔索脍炙人口的史诗《耶路撒冷的解放》将第一次十字军东征重新塑造成一个集爱情、骑士精神、魔幻、阴谋和至少是隐晦的性元素于一身的故事。身份高贵的基督教战士对抗凶残却同样高贵的“撒拉森人”。同给作者提供了灵感的《埃涅阿斯纪》一样，神的代理人，更准确地说是基督和撒旦的代理人，分别操纵着各自的勇士。撒旦通过大马士革的统治者巫师“伊德劳”将美丽的女巫阿尔米达派去挑起基督教阵营的不和，但她却因为爱上了“鲁莽而帅气的骑士”尤斯塔斯（布永的戈弗雷最年幼的弟弟）成了虔诚的基督徒。书中最有名的情节之一，也是 19 世纪之前的戏剧和歌剧里常见的桥段之一，是穆斯林公主克洛林达为了捍卫自己的信仰，像男人一样身披盔甲，发现和自己交手的是多愁善感的坦克雷德并偷偷爱上了他。坦克雷德给了她致命一击，她倒在他的怀里，死前接受了真正的信仰。还有一些诸如此类的情节。

随着奥斯曼土耳其人的威胁减轻，以及 18 世纪欧洲社会变得越来越世俗，十字军运动和整个“圣战”的概念被视为受人误导的宗教狂热的典型代表，受到绝大多数启蒙了的欧洲人的谴责。苏格兰哲学家大卫·休谟说，整个冒险活动是“在所有时期和所有国家中，人类做过的最大的、持续时间最久的蠢事”。[38] 他并不是唯一持此看法的人。“十字军运动的根本原理是野蛮的宗教狂热，”吉本写道，“最重要的成果一如其发起的原因。”通过十字军东征，他宣称教会变得更加迷信，“宗教裁判所的建立、各种僧侣修道会的创办、恩典和赦罪的滥用，以及偶像崇拜的最后发展，全都从圣战有毒的源泉中涌现出来”。[39] 这反映出一个先是改宗天主教然后又重新皈依新教的人的恐惧。

不过到了 19 世纪，曾经被视为“黑暗时代”、横亘在古典时代和文艺复兴之间的漫漫长夜的中世纪，却突然充满了浪漫故事、英雄主义事迹和无私的爱情。德国浪漫主义先驱——也有人会说是德国民族主义的先驱——约翰·哥特弗里德·冯·赫尔德认为十字军运动有着“庞大畸形的教士荣誉制机构、修道院和教团”。它们是深处更加黑暗的哥特结构的一部分，这种“哥特结构负担过重、令人压抑地黑暗、索然无味”，大地“似乎都沉到了它的下面”。但是尽管如此，它们也是“人类精神的奇迹，而且肯定是上帝的工具”。尽管启蒙主义已经把它置之脑后，认为它仅仅是站在“罗马人和我们自己之间”，但是赫尔德可以从中看到哥特风格表现出来的，也是他认为欧洲文明最有价值的“克服缺点，努力进步”的精神，看到“人类命运的进程向前迈出的一大步”。[40]

后来的法国人和德国人（有时甚至包括英国人）开始将十字军东征视为伟大的时刻，是 19 世纪伟大而光荣的创造物——民族——诞生的时刻。1807 年 10 月，外交家、国务大臣、19 世纪最伟大的法国作家之一夏多布里昂被册封为圣墓骑士，被授予宝剑和马刺（他错误地以为它们是布永的戈弗雷的宝剑和马刺）。“抚摸着由高贵的手挥舞过的长而重的铁剑，”他情不自禁夸张地自言自语起来，“我觉得这个仪式并不是彻底没有意义的。我是法国人。布永的戈弗雷是法国人；让我感动的是，他的古老的武器对我诉说着对我的祖国的荣誉越来越深的爱。”[41]

法国当然不是唯一参加十字军运动的国家，德国也参与了。1898 年 10 月，在向萨拉丁致敬两周后，德国皇帝威廉二世通过事先在耶路撒冷城墙凿好的缺口进入市内。他骑着一匹黑色的战马，穿着一件礼服，服装风格让人隐约想起中世纪的骑士，还炫耀式地戴着一顶插着羽毛的帽子。他宣布：“人们从耶路撒冷看到了德意志民族成长为一个伟大的、荣耀的民族的最初曙光，看到了日耳曼人将来的面貌，他们将在十字旗下前进。”[42] 英国讽刺杂志《笨拙》以一幅漫画调侃这件事，画中的德国皇帝穿得像圣殿骑士，带着一支长矛，长矛上有一面三角旗，写着“厨子的十字军东征”。

十字军运动给战争之境内外都留下了深刻的印象。1799 年，拿破仑在埃及推行的以失败告终的“文明使命”，被一些人视为试图要为十字军的失败复仇、在中东建立欧洲的长期殖民地。[43] 1915 年，在法国议会，以使叙利亚成为法国附属国为目标的所谓的“叙利亚派”的领袖皮埃尔－艾蒂安·弗朗丹发表了一份宣言，声称叙利亚和巴勒斯坦实际上是一个国家，自从十字军运动开始时就是“近东的法国”，现在法国应该履行自己的“历史使命”，即使不是在耶路撒冷重建一个拉丁王国，至少也要在当地恢复某种形式的主权。第一次世界大战结束后，相同的意见被再次提出。法国在巴黎和会上声称拥有在叙利亚委托统治的权利，至少部分原因可以归结到其在十字军运动中扮演的角色。埃米尔费萨尔竭力阻止西方盟友染指自己从奥斯曼人手里得到的利益，作为回应，他尖酸地问道：“请你告诉我，我们当中到底是谁打赢了十字军战争？”[44] 1931 年巴黎举行殖民展时，殖民地博物馆的第一展厅完全被用于展示十字军时代的叙利亚和塞浦路斯，也就是毫不足怪的了。

伊斯兰世界广泛分享着一种思想，即十字军运动只是尚未完结的历史进程的开端，而非终点。西方人基本只关注近期的历史。现代化保证了这一点，因为现代化要求某种形式的遗忘。如果法国仍然因为滑铁卢战役而憎恨英国，或者英国仍然因为闪电战而与德国针锋相对，那么，无论欧盟还是北大西洋公约组织都不可能实现。与此相反，伊斯兰世界的历史总是以另一种速度前进。通过一种连续却仍未终结的叙事，现在与过去联结到了一起，这个叙事即穆斯林为了最终实现征服全世界的目标而与“异教徒”斗争的故事。

因此，在穆斯林看来，十字军东征与欧洲帝国主义和西方是密不可分的，尤其是 1918 年以后，他们也确实有充足的理由这样认为。“十字军战争不仅是武力的较量，它首先是智识上的一种敌意。”埃及“穆斯林兄弟会”的理论家和很多现代“伊斯兰主义思想”的鼻祖赛义德·库特卜在 1948 年写道。库特卜坚信“每一个帝国主义国家”都曾经“敌视、压制这个宗教［伊斯兰教］长达几个世纪之久”。他声称这可以归结于各种原因：“盎格鲁 – 撒克逊人的狡诈”“犹太人对美国金融的影响力”和“东西方两大阵营的对抗”。

不过这些虽然都很重要，但却不是“真正重要的要素”，所谓的“真正重要的要素”是“所有西方人血液中流淌着的十字军精神”。正是这样的血统造就了“欧洲帝国主义利益”；库特卜声称，它使西方人永远不会忘记，“伊斯兰精神是抵抗帝国主义传播的堡垒，因此它一定要摧毁这个堡垒，至少要使其动摇”。考虑到他曾宣称阿拉伯人征服拜占庭和波斯两大帝国是伊斯兰教和所谓的“多神教信徒”——主要是基督徒和犹太人——之间的永恒斗争的巅峰，上面的说辞听起来可能有些奇怪和自相矛盾。但是这种修辞显然意味着，“十字军”和“帝国主义”是西方独自犯下的罪行。与此相反，穆斯林的征服是解放行动，将真正的信仰带给了愚昧的异教徒。（欧洲人当然也经常犯类似的双重标准的错误。“帝国主义”是只有其他人才会做的事。）[45]

鉴于人们认为自己在进行正义的战争时经常会轻率地使用“十字军”或“发动十字军”之类的说法，一直坚持只有欧洲人才是“十字军”的库特卜可能应该得到原谅。2001 年 9 月 16 日，世贸大厦被撞毁五天后，乔治·W. 布什鲁莽地宣布：“我们知道，美国人民知道，这场十字军战争，这场反恐战争，将会持续一段时间。”他其实并不是在暗示反恐战争和历史上的十字军东征有关。[46] 他只是想表达，这场战争是正义的和高尚的。但是对于伊斯兰世界的人们来说，听到他使用如此令人厌恶的词语，会觉得他在暗示要继续一场永恒的战争，从 10 世纪开始它就一直在进行，期间只有暂时的休战，它针对的不是难以定性的“恐怖主义”，而是伊斯兰教。[47]

考虑到后来布什政府将“反恐战争”同与此几乎毫不相干的针对伊拉克独裁者萨达姆·侯赛因的战争联系到一起，“十字军”这个词的使用格外不妥。因为萨达姆对十字军的历史也有自己的看法，如果说前后两个乔治·布什和布永的戈弗雷或沙蒂永的雷纳德多少有些让人怀疑的相似性，那么萨达姆无疑就是萨拉丁。1991 年海湾战争爆发时，伊拉克媒体立即将它比作哈丁战役。“我们嗅到了哈丁的味道，”一个人写道，“以及最隐秘的圣域之战的气息。”当萨达姆反复允诺将会在海湾战争这场“战争之母”（这是一个阿拉伯语里常见的说法，虽然西方人听起来会觉得很古怪）中杀光联军时，他暗指的就是哈丁战役。[48] 在战争进行得最激烈的时刻，伊拉克的《卡迪西亚日报》发表了一首诗，提醒读者是什么将哈丁之战和这场“战争之母”联系到一起的：

历史周而复始，

昨天的十字军战争，
今天的犹太复国主义者的攻势，
明天，胜利将至。

诗人在诗中所谓的“历史”是指这样的历史：十字军东征；1918 年西方占领奥斯曼帝国的领土；1948 年建立以色列国；在伊朗建立专制的、西方化的巴列维王朝，直到 1979 年阿亚图拉霍梅尼通过伊斯兰革命夺取权力；从 1991 年的海湾战争到 2001 年的阿富汗战争，然后是最近的伊拉克战争。所有这些都是“十字军战争”的不同阶段。

即使是相对世俗的利比亚领导人卡扎菲上校（相对于哈里发的生活，他似乎更喜欢贝都因人的原始生活），在 20 世纪 80 年代也将自己描绘成对抗“向伊斯兰教发起十字架攻势”的“美国十字军基督徒”的新吉哈德运动的领袖。对卡扎菲而言，战线仍然和 900 年前一样，在“伊斯兰教和基督教、东方和西方”之间。桀骜不驯的卡扎菲为了捍卫东方的伊斯兰世界，“发现了密谋者们，揭发了法西斯主义反动统治者们，号召发起真正的圣战”。[49] 人们很难想象一个西方的反抗组织会以这样的方式定义自己的目标。

十字军运动是基督教西方和伊斯兰教东方之间的斗争。但是在双方的历史记忆中，它只是一场持续时间更长、更加致命的角逐的一个阶段。1291 年收复阿卡可能使欧洲人彻底断掉在未来重新征服圣地的野心。不过在东方拉丁王国灭亡后不到十年的时间里，基督教世界和伊斯兰世界的斗争开始进入一个对西方来说更加危险的新阶段。

第七章

世界当下的恐怖

1

从10世纪末开始，哈里发国不断衰落。1258年2月10日，旭烈兀汗率蒙古大军攻陷巴格达。据说蒙古的征服方式是“不让一只可以为死者流泪的眼睛睁开”。巴格达也不例外。蒙古人摧毁了控制底格里斯河水利的堤坝系统，导致城市周边洪水泛滥，大批农民被淹死在自己的村子里。当城市最终陷落时，阿拔斯王朝最后一任哈里发穆斯台绥木被迫交出全部财产，十天后在城外被处死。蒙古人把他裹在毯子里，然后用马踩死。尽管是异教徒，旭烈兀显然对让皇族流血这件事非常迷信。蒙古人随后的所作所为符合他们的一贯风格，市民被屠杀殆尽，图书馆和学术机构——它们和蒙古人格格不入，因此被他们痛恨——被夷平，清真寺被烧毁。死于非命的人太多，他们的尸体散发出的臭味逼得旭烈兀汗不得不将自己的大帐移到城外，以免染上瘟疫。

蒙古人征服叙利亚和伊拉克的过程非常残忍，不过和他们的所有征服一样，只是昙花一现。不久后，由于在东方发生了汗位之争，旭烈兀不得不返回东方。1260年9月，一支蒙古军队在巴勒斯坦的艾因·贾鲁败给了由前突厥和高加索奴隶兵建立的马穆鲁克王朝。这场确定无疑地终结了蒙古人扩张的战役，后来成了伊斯兰历史上最重要的时刻之一，现代伊斯兰武装分子总会将其与哈丁之战和攻陷耶路撒冷相提并论。随着蒙古人的败退，曾经属于阿拔斯王朝的领土落到马穆鲁克手里。现在分属叙利亚、伊拉克、埃及、黎巴嫩和巴勒斯坦的整个地区，很快被纷争不断的突厥部落瓜分，其中没有任何一个可以给同样分裂、同样相互敌视的西方基督教国家带来真正的威胁。

不过到了 14 世纪初，一支新的突厥民族从安纳托利亚腹地崛起，他们最终将彻底消灭罗马帝国在东方的残余，并且将在随后的五百年里持续威胁着西欧和基督教世界自身的生存。他们是奥斯曼土耳其人。

奥斯曼人最初只是多个来自中亚的较为成功的土库曼部落中的一支，后来他们加入到争夺黑海、地中海、爱琴海和衰落的拜占庭帝国东方边境之间的土地的战争中。[1] 他们的名字来自颇具传奇色彩的王朝建立者奥斯曼。15 世纪初，有人为奥斯曼提供了一个虚构的正统世系，通过突厥乌古斯部落，他的祖先被上溯到诺亚，据说诺亚把整个东方留给了自己的儿子雅弗，这样奥斯曼的苏丹们就继承了东方的统治权。奥斯曼本人事实上很可能是一名农夫，不过他肯定有着出色的军事能力和极高的个人威望。到了 1301 年，他已经聚集了足够多的追随者，击败了距离君士坦丁堡仅数公里远的马尔马拉海南岸的一支拜占庭军队。这个最初的胜利给奥斯曼人带来了莫大的声望，到 1326 年奥斯曼去世为止，他们逐步巩固了对安纳托利亚西北大片土地的统治，这片土地夹在西边的拜占庭帝国和在这个阶段曾是奥斯曼的宗主国的罗姆苏丹国之间。

当第一次出现在历史记录里时，奥斯曼人已经是穆斯林了。奥斯曼的儿子奥尔罕自称“信仰的捍卫者”，到 14 世纪 30 年代后期，奥斯曼埃米尔开始采用“众加齐的苏丹”的头衔。加齐指的是参加“信仰之战”——等同于阿拉伯语的“吉哈德”——的人。不过，实际上绝大多数加齐更像匪徒，而非“圣战士”，其中还包括为数不少的叛教的基督徒，成员既有希腊人，也有阿拉伯人。和所有的“边界领主（marcher lord）”一样，在没有战事时，奥斯曼人和他们的邻居的关系相对友好，受他们统治的基督徒似乎可以自由地践行自己的信仰，通婚也不罕见。虽然奥斯曼人在西方基督教世界以残暴和专制著称，但是由于其族源，他们的帝国是所有伊斯兰帝国中最宽容和务实的，也是疆域最为辽阔的。他们经常和信仰基督教的敌人结盟，不管是东方的还是西方的，奥尔罕甚至娶拜占庭公主狄奥多拉为妻。

1326 年，奥尔罕攻陷了拜占庭城市布尔萨，它成了快速扩张的奥斯曼人的首都，即使是在 1362 年占领阿德里安堡，1453 年占领君士坦丁堡之后，皇室成员仍然被葬在这里。1331 年，经过长时间围攻后，尼西亚陷落，根据城破后不久到访的摩洛哥旅行家伊本·白图泰的记载，当时这里已经是“一片断壁残垣，除了少数苏丹的士兵，几乎无人居住”。[2]此时，拜占庭皇帝安德罗尼库斯已经清楚地意识到，除非和奥斯曼苏丹达成协议，否则自己的帝国将在数年内灰飞烟灭。为了达成这个目的，他于 1333 年卑躬屈膝地前去拜见奥尔罕，后者当时正在围攻尼科米底亚（现在的科贾埃利）。曾经非常强大的君士坦丁大帝的继承人同意支付贡金，作为回报，他被暂时允许继续保有安纳托利亚所剩无几的领土（不过尼科米底亚并未因此解围，四年后被迫投降）。在此后的 28 年间，安德罗尼库斯一直忐忑不安地支付贡金。但是在 1361 年，穆拉德一世占领了色雷斯城市阿德里安堡，也就是现在的埃迪尔内，拜占庭世界再次开始分崩离析。

奥斯曼人也开始一点点蚕食东方的其他土库曼人和穆斯林的埃米尔国。到 1362 年奥尔罕去世时，奥斯曼帝国的领土从色雷斯南部一直延伸到土耳其如今的首都安卡拉。它是一部强大的战争机器。其核心是耶尼切里，也就是“新军”，由奥尔罕的继承人穆拉德一世创建。新军的征兵制度被称为“德伍希尔迈”，即从基督徒社群带走年幼的男孩，通常只是婴儿，把他们培养成恪守教规的穆斯林，组成精英战士集团。此后，他们一直是奥斯曼军队的主力，直到 19 世纪，他们成了发展的障碍，最终在 1826 年被马哈茂德二世废除。

与此同时，拜占庭的皇帝们绝望地寻求拉丁西方的援助。这并不容易。至少从公元 800 年查理大帝加冕以来，东、西方的教会一直彼此仇视。希腊人指责拉丁人有犹太教倾向，因为他们在周六斋戒。他们坦陈，在看到剃掉胡子的拉丁神父时大为震惊，而且也不知道拉丁人为什么要禁止教士结婚。拉丁人刚发明不久的炼狱教义也令希腊人感到不安，它似乎暗示，区区人类竟然可以清楚地知道，在人死之后，上帝将如何处置有罪的灵魂。反过来，拉丁人发现希腊人的“上帝的元生动能”教义过于晦涩，难以理解。而希腊正教的仪式，同拜占庭生活的大多数方面类似，过于“东方”。

不过最激烈的争论是，举行圣餐礼时应该使用发酵面包还是不发酵面包。拉丁人坚持使用不发酵面包，这并非完全没有根据，因为基督自己在最后的晚餐时用的肯定是这种面包。希腊人非常憎恨这样的以历史为借口的行为，坚称使用不发酵面包是对圣灵的侮辱。只有最好的面包才配得上变成基督的肉。一个流行的贬低拉丁基督徒的希腊单词是“未发酵的人（*Azymites*）”，它不仅意味着他们吃的是劣等食物，也暗示了他们未被圣灵触摸过。

1054 年，教皇将君士坦丁堡牧首米恰尔·色路拉里乌斯逐出教会，而色路拉里乌斯则对教皇施以咒逐。从此以后，希腊正教会被拉丁西方打上教派分裂和异端的烙印。从历史的角度来看，这显然十分荒谬。基督教作为东方的、希腊的宗教的时间，比它作为拉丁西方的宗教要久。希腊正教会认为自己才是正统教会。尽管人们承认教皇的地位在所有其他牧首之上，但真正离经叛道的是罗马。

不过这些历史的细枝末节并不重要。教皇和牧首斗争的关键在于权威。每隔一段时间，教皇就会对正教会提出侮辱性的要求，让它放弃自身的独立性，与罗马统一，组成一个单一的、真正的“普世”教会，而教皇势必将成为整个基督教世界毋庸置疑的领袖。只要付得起相应的代价，拜占庭的皇帝们总是对这些要求视而不见。与西方的皇帝不同，拜占庭皇帝和君士坦丁大帝创建的教会关系密切。他秉承神意成了上帝在世间的总督，如果同意和罗马统一，他的政治权威会大大削弱。不仅如此，希腊人仍然对 1204 到 1261 年间拉丁人的占领记忆犹新，他们对不守规矩、掠夺成性的拉丁骑士接近自己的领土忧心忡忡。牧首甚至比皇帝更激烈地反对统一。和罗马统一不仅意味着他们最终将丧失自己的独立地位，也意味着正教会的彻底灭亡。如果他们不得不被外人统治，总体说来，他们更倾向于穆斯林，至少穆斯林不会对在圣餐礼上使用什么样的面包这种问题感兴趣，而且教会的圣品阶级也可以被完整保存下来。据说拜占庭最后一任大公卢卡斯·诺塔拉斯曾经说过：“与其选择枢机主教的教冠，还不如选择苏丹的头巾。”（讽刺的是，他在君士坦丁堡沦陷几个月后就被苏丹穆罕默德斩首，据说是因为他拒绝交出自己的儿子供苏丹“消遣”。）[3]

不过，随着奥斯曼人向西步步进逼，绝望的拜占庭皇帝约翰五世·帕里奥洛格斯——他的母亲是拉丁人，因此可能比前任们对罗马更有好感——向教皇求救，希望说服拉丁人帮助自己抵御共同的敌人。1355 年，他给英诺森六世写信，承诺如果教皇提供 5 艘战舰和 1000 名步兵，他将在六个月内让所有臣民改宗。他甚至提出要送自己的次子曼努埃尔到教廷接受教育，还承诺如果无法实现教会的统一，将任凭教皇处置。但是教皇既没有船，也没有军队。他能够派出的只是一名使节和自己的祝福。1364 年，约翰先是向同样信奉正教的塞尔维亚求援，失败后又转向匈牙利国王路易，同样无果而终。1369 年，绝望的皇帝亲自前往罗马，公开向教皇屈服。但是没有任何一名教士愿意效仿他，最后他只得无功而返。

两年后，塞尔维亚国王集结起一支军队，挥师东进，但是他在马里查河的切洛勉遭到奥斯曼军队袭击，损失惨重，以至于当时的战场后来被称为“塞尔维亚人的毁灭之地”。这场战役导致南方的塞尔维亚王国灭亡，塞尔维亚人和参加这次战争的三个保加利亚领主的属民一起成了奥斯曼人的附庸。

现在，马其顿和巴尔干半岛门户大开。不过奥斯曼人在 18 年后才开始利用这种优势。1389 年 6 月 15 日，穆拉德一世在科索沃盆地靠近普里什蒂纳的“黑鸟之原”击溃了一支塞尔维亚人、阿尔巴尼亚人和波兰人的联军，将整个马其顿并入奥斯曼帝国。科索沃之战后来被视为塞尔维亚历史的转折点，这是一个外来的东方伊斯兰势力占领一个即使严格说来不是西方的，也必定是欧洲的基督教王国的时刻。它从未被遗忘。在后来的塞尔维亚历史里，科索沃之战成了象征，它赋予所有塞尔维亚人反抗奥斯曼人和穆斯林的可憎奴役的职责，直到他们再次成为自由的民族。1814 年，民族主义诗人武克·卡拉季奇写道：

> 不管是谁，
> 如果不愿意在科索沃战斗，
> 他的播种就不会有收获，

田地里不长白麦，
他的山上也不长葡萄。

联军统帅拉扎尔被人们认定为圣徒，在19世纪和20世纪的绘画中甚至被描绘得像基督一样，12位骑士兼弟子围在身旁。在20世纪90年代南斯拉夫崩溃后的内战中，有人举着基督教君主拉扎尔的遗骨在科索沃巡游，随后信奉基督教的塞尔维亚人的暴行基本都是以世俗化的穆斯林少数族裔为对象，后者被塞尔维亚人贴上“土耳其化”的标签，塞尔维亚人的行为常常被称赞为是对拉扎尔的“殉道”和“塞尔维亚的各各他”的复仇。[4]

塞尔维亚人在“黑鸟之原”被击败，但是并非一无所获。一个叫米洛斯·奥比利克的人刺死了穆拉德，他后来被武克·卡拉季奇比喻为阿喀琉斯，成了未来所有塞尔维亚人的榜样。苏丹的死讯传到欧洲，法王查理六世令众人在巴黎圣母院唱赞美诗。不过如果查理认为苏丹的死会使奥斯曼人停下向欧洲进军的脚步，那么他就错了。穆拉德的继承人是他的儿子巴耶济德。1394年春，他亲自率军围攻君士坦丁堡。有一阵子，东罗马帝国的灭亡似乎只是时间问题。

不过时间恰恰是问题之所在。在火器时代到来之前，若想攻下君士坦丁堡这样坚固的城市（它有两道几乎不可能被攻破的高大陆墙），只能通过切断补给线来迫使它投降。虽然可以从陆地上封锁这座城市，但却很难阻止它从海上获得补给，即使是实力迅速增长的奥斯曼海军也无法完成如此艰巨的任务。巴耶济德绝不是第一个发现这一点的穆斯林统治者。在此之前，穆斯林已经尝试了不下11次，最早的一次是在650年，据说先知的一位同伴辅士安优布也参与其中。巴耶济德的军队围攻八年，仍然没有迫使这座城市屈服。如果不是因为君士坦丁堡意外得救，我们不知道他还会围城多久。拯救君士坦丁堡的不是守城的战士，而是一次从东方而来的意想不到的入侵，它几乎终结了奥斯曼人的统治。

1402年7月28日清晨，富有传奇色彩的突厥－蒙古首领帖木儿兰，也就是“跛子”帖木儿，在安卡拉外的平原上遇到了仓促召集起来的奥斯曼军队。帖木儿的战士骑着32头战象，将希腊火喷向奥斯曼人。到了晚上，巴耶济德的军队被消灭，他和他的儿子穆萨成了俘虏，他的嫔妃们被帖木儿囚禁在自己的后宫，巴耶济德耗费一生时间赢得的土地，在短短一天之内丧失殆尽。第二年三月，他在阿克谢希尔城镇死去，死因没有定论。

蒙古人得胜的消息传到欧洲，各地洋溢着喜悦之情。虽然帖木儿是穆斯林，和巴耶济德一样是基督教世界的敌人，但是现在他看起来像是一个拯救者，他战胜奥斯曼人的故事后来成了脍炙人口的话题。1597 年，克里斯托弗・马洛的戏剧《帖木儿大帝》在伦敦上演，马上就吸引了大批观众，此时距离战争结束已经有一个多世纪了，而且英国在三年前已经和奥斯曼建立起正式的通商关系。到了 1648 年，它仍然具有话题性，足以让法国剧作家让・路易・马侬创作出一个充满想象的版本，他给被俘的巴耶济德设置了一个妻子和一个女儿。1725 年，亨德尔根据这场战争写了歌剧《泰米拉露》；十年后，安东尼奥・维瓦尔第创作了另一部相关题材的歌剧《巴雅泽》。它们基本上只是作秀，不过是有趣的故事加上一些迎合 16、17 世纪观众口味的具有异国情调的舞台布景。它们和以古希腊和古罗马为主题的作品有相似之处，但情况还有所不同。只要奥斯曼苏丹国在欧洲人的想象视野中仍然是高度重要的主题，被视为欧洲人生存的威胁和东方专制主义的象征，关于它几近灭亡的故事就仍然能引起人们的兴趣。

安卡拉之役使拜占庭的君士坦丁堡又存活了半个世纪。不过事实证明，奥斯曼人看起来不可阻挡的崛起之势并没有因为这场战役而终结，反而巩固了他们的统治。1403 年，帖木儿向东撤退，两年后死在前往中国的路上。1415 年，持续了很长时间的继承战争结束，巴耶济德的继任者穆罕默德一世收复了此前奥斯曼人在安纳托利亚占有的大部分领土。在此期间，君士坦丁堡享受了十多年相对平静的时光，皇帝趁机摆脱了附庸的地位，赶走了住在城里的奥斯曼商人，拆掉了为他们建造的清真寺，现在它又一次受到了威胁。

不过直到 1421 年穆罕默德一世去世后，他的儿子穆拉德二世才再次尝试进攻这座城市。1422 年 8 月，他的工程师们沿着君士坦丁堡的陆墙建起一道巨大的石围，他的军队从那里用火炮猛轰城市。拜占庭皇帝向西方求援，这几乎已经成了惯例。和往常一样，没有援军到来。但是到了 9 月初，穆拉德不得不放弃攻城。虽然时间短暂，而且也不成功，不过它清楚地显示，火炮的使用大大改变了游戏规则。曾经非常有效的旧式围城战术已经不再是必要的。显然，现在只要囤积足够多的大炮，就足以攻破城墙。一旦奥斯曼人意识到这一点，君士坦丁堡的命运实际上就已经注定了，除非他们能够说服拉丁西方发动一场大型的持久战役来助防。拜占庭的皇帝们明白这一点，他们付出双倍努力，以求能从和自己拥有相同信仰的欧洲人那里得到一些保证。

他们获得了一些初步的成功。1439 年，拉丁和希腊教会延宕已久的统一终于在佛罗伦萨宗教大会上实现。双方花费几个月的时间讨论深奥难懂的神学问题，据说在此期间希腊代表没有得到足够的食物，居住条件也不算舒适，最终皇帝约翰八世向教皇屈服，答应了后者绝大多数要求，不过希腊正教会被允许继续使用发酵面包。但是在回到君士坦丁堡之后，他发现自己很难说服臣民们接受统一的条件。1448 年，疲惫不堪、心灰意冷的皇帝去世了，统一的协议实际上已经是一纸空文。他的继任者，同时也是东罗马最后一任皇帝的君士坦丁九世，并不企图强迫那些与他一直留守到 1453 年的臣民改宗，到那时，一切都为时已晚了。

到 14 世纪末为止，拜占庭在战略上已经没有任何重要性可言，而且肯定不会对奥斯曼的野心构成任何威胁。君士坦丁的伟大城市一直没有从 1204 年到 1261 年间拉丁人的占领中恢复过来，它成了行将解体的拜占庭帝国所剩无几的领土的一部分。1400 年，皇帝曼努埃尔二世抱着最后的希望拜访了英国的亨利四世，期望后者能集合起一支军队，保护自己快要消失的领地。律师斯克的亚当亲眼见到了他，对他的学识和一尘不染的白袍钦佩不已。亚当悲伤地回忆道："如此高贵的基督教君主受萨拉森人逼迫，不得不从遥远的东方来到这极西的岛屿寻求援助，这是多么可悲的事啊。""古罗马的荣耀如今安在？"他问道。[5]

到此时为止，曾经无限辉煌的古罗马、曾经强盛一时的拜占庭帝国，基本上只能控制君士坦丁堡以及紧邻的地区。这是一个悲哀的、垂死的地方。到13世纪末时，它的人口已经减少到刚过十万，而且还在继续减少。当14世纪中叶伊本·白图泰访问这座城市时，他数出城墙内十三个彼此相隔的类似于村庄的居民区，它们曾经是繁荣的城区。其中很多居民区，他写道，“可能让你觉得自己正置身于空旷的原野。春天，野玫瑰在栅篱上绽放，夜莺在灌木丛中欢唱”。[6]

但是不管它现在的境况如何，君士坦丁堡仍然是“金苹果（*kizil elma*）”，是古老的罗马帝国的首都，而穆斯林和基督徒都将罗马帝国视为有史以来最伟大的强权。对于穆拉德的继承人穆罕默德二世来说，尽管君士坦丁堡现在已经倾圮，但是它本身具有极大的价值，占领它意味着自己将成为世界的主人。他对自己的大臣说，如果他的帝国不包括君士坦丁堡，那么他毋宁放弃统治这个帝国。[7]

不过占领这座城市并不容易。尽管其人口日渐凋零，内部防御工事破败不堪，但是环绕城市的14英里长的城墙，即使在面对火炮时，仍然被认为是几乎不可攻破的。因此，穆罕默德在备战时非常慎重。1451年，他开始以惊人的速度在距城北5公里的地方修建城堡，它被称为博阿兹凯森堡垒，意为“海峡切割者”（也可以被翻译为“割喉者”，现在被重新命名为鲁梅利堡垒），目的是要把它作为前进的基地，以保护奥斯曼军队安全渡过博斯普鲁斯海峡。看到城堡在自己眼前渐渐成形，皇帝君士坦丁的回应是，将居住在君士坦丁堡的所有土耳其人囚禁起来，后来他意识到这充其量不过是一种姿态，不会有任何实际作用，因此又把他们释放了。随后，他向穆罕默德派出使团，希望能得到后者的保证，新城堡实际上不是为了它再明白不过的目的而建的。穆罕默德把使者投入监狱，然后又把他们斩首。该举动等同于宣战。

皇帝再次紧急向西方求援。再一次，他只得到了一些含糊不清、有附加条件的回应。英国、法国和勃艮第解释，自己需要动员所有兵力相互厮杀。海洋共和国热那亚和威尼斯不愿意因为帮助一个他们不信任的盟友而破坏和伊斯兰世界的贸易关系；无论如何，在他们看来，君士坦丁堡的命运已经是确定无疑的了。除了住在君士坦丁堡城内外的拉丁人（大部分是热那亚人和威尼斯人），希腊人能依靠的只有自己了。曾经在

1204 年背叛过他们的拉丁基督教世界，现在又一次背弃了他们。

1453 年 4 月 5 日，穆罕默德兵临城下。根据目睹他们到来的威尼斯商人尼科洛·巴尔巴罗所述，敌人的兵力在 16 万左右。不过这也只是猜测。根据其他人——全都是基督徒——的叙述，敌军的兵力在 20 万到 40 万之间。绝大多数士兵是来自奥斯曼帝国各地的穆斯林，此外还有一些期望获得丰厚战利品的基督教叛徒，包括拉丁人、塞尔维亚国王乔治·布兰科维奇麾下人数不少的部队，甚至还有一些希腊人。

穆罕默德自己在前线后方对着圣罗曼努斯门的地方扎营，等待着消息。

城中一片恐慌。人们举着圣母像游行，但是圣母像无缘无故地从抬着它的人的手里滑了下来，然后人们发现它变得非常重，“所有祈祷者花了很大气力，大喊大叫，才再次把它举起来”。第二天，大雾笼罩全城，希腊编年史作家克里斯托杜洛写道：“神明显已经放弃这里了。”种种不祥之兆所预示的很有可能变成现实。[8] 城里健康的成年男性的数量在 3 万左右，但是拜占庭政治家乔治·弗朗兹易斯估计，其中只有不到 5000 人有能力和意愿打仗。（后来的拉丁历史学家轻蔑地写道，希腊人宁愿讨论天使的性爱，也不愿打仗，即使这关系到自己的生死。[9]）城里还有少数拉丁人，大部分是从博斯普鲁斯海峡西岸的加拉塔殖民地来的热那亚人。此外还有传奇海盗乔瓦尼·古伊斯提尼亚尼麾下的 5000 名左右的援军。

穆罕默德运来了至少 14 门火炮，“狄奥多西之墙”的外城几乎都在大炮的射程之内。它们是投靠了奥斯曼人的匈牙利铸炮匠人乌尔班在埃迪尔内制造出来的，比之前基督徒见到过的任何火炮都要大得多。最大的炮可以将重达 1200 磅的炮弹射出 1 英里远（这在当时是非常远的距离），需要 20 对牛才能拉动，而当它在崎岖不平的地面上移动时，还需要 200 人稳定住炮架巨人的轮子。4 月 12 日，这些别名为“蛇怪”的庞然大物开始轰击城墙，旁边有很多人尽可能快地给它们填装炮弹。一天接着一天，巨石炮弹砸塌了大块的砖石，有时甚至是整座塔楼；一小时接着一小时，尽管城里所有人在夜间出动，尽其所能修补破碎的城墙，城市的防御仍然一点点被削弱。

5 月 12 日，奥斯曼军队发起第一波攻势。大约 5 万名士兵涌向阿德里安门和卡里加利亚门。经过一整天的战斗，道路上尸体成堆，无法通行，最后土耳其人撤退了。六天后，城墙前面出现了 4 个巨大的攻城塔，每个攻城塔的四面都用三层牛皮和骆驼皮覆盖，它们被称为“木城堡”（希腊人称其为“破城者”），可谓名副其实。不过这次攻势也被击退了。希腊人趁夜色出城袭击，烧掉了攻城塔。

和多个世纪前的薛西斯一样，穆罕默德原以为凭借军队数量上的绝对优势和自己的海军与炮兵，胜利唾手可得，更何况各方的报告均称君士坦丁堡的防守薄弱。现在，他开始怀疑自己得到的关于基督徒抵抗能力的情报质量不佳。习惯了轻松获胜的土耳其部队由于反复的失败和巨大的损失而士气不振，一支人数众多的基督教援军将要到来的流言很快传遍了军营。5 月 27 日，穆罕默德召开御前会议，讨论下一步计划。大维齐哈里尔帕夏倾向于用这座城市和基督徒展开贸易，他认为这对苏丹的益处更大，因此督促自己的主人放弃攻城。不过穆罕默德决定发起最后的全面进攻，如果仍然不能成功，就将撤兵。

次日，他在军前发表演说。他赞扬了士兵们的热情、虔诚和英勇，为了确保他们在最后的几个小时里不会畏缩不前，他赐给他们“金银、宝石和价格不菲的珍珠”。他激起了战士们的欲望，让他们想到自己将会生活在有花园和精美公共建筑的奢华住宅里，陪伴在他们身边的将会是“待字闺中的年轻貌美的处女，在此之前，没有任何一个男人看见过她们的脸”。此外，还有“很多俊美、出身高贵的男孩”，专为那些有特殊癖好的人准备。他向他们保证，“你们可以去掠夺”一座“伟大而繁荣的城市，古老的罗马人的首都，整个可居世界的中心”。[10]

所有这些都来自克里斯托杜洛的记录，他虽然没有亲历攻城战，但似乎访问过不少参加战役的人。他和穆罕默德可能也有些关系，被后者任命为爱琴海因博斯岛的总督。他记录下的土耳其人的贪婪形象听起来过于符合西方人的印象，特别是关于处女和男孩的部分，可以说是完全一致。不过它的主旨基本是真实的，特别是提到君士坦丁堡是“可居世界”的首都，不久之后“信仰者的统帅”穆罕默德和他的后人们将成为它的主人，一直到末日降临。

此时，穆罕默德向皇帝君士坦丁派出使团。“让我们把这件事交给神来处理，”他说，“你带着你的大小臣僚和所有财富离开这座城市，想去哪里都可以。这样你的臣民就不会受到我们两人的伤害。如果继续抵抗，那么你不仅会丢掉自己的生命和财产，你的大臣们的也无法保全，你忍心让自己的臣民成为土耳其人的奴隶，在世界各地流离失所吗？”

这是一项传统，每一个吉哈德战士在宣战前都必须向自己的敌人做出这样的提议。君士坦丁拒绝了。他提醒穆罕默德，他的胜利绝不是确定无疑的，无论如何，“不管是我，还是在此居住的市民，都无权将这座城市交给你，因为我们都甘愿为守城赴死，绝不会吝惜自己的生命”。[11]

5 月 29 日，星期二——直到现在，希腊人仍然认为每个星期中的这一天不吉利——黎明前三小时，穆罕默德下达总攻令。希腊人击退了前两次的攻势。但现在城市的外墙已经和废墟无异，剩下的部分也被乌尔班的大炮炸成齑粉，苏丹的精锐部队新军攻破科克波塔门，涌入城中。战斗惨烈无比，但是“在上午早些时候”，奥斯曼历史学家图尔松贝伊回忆道，“狂热的喧嚣声和战斗的尘土平息了下来”。[12] 拜占庭皇帝战死沙场，他是最后一个统治这座城市的“罗马人”，恰巧与这座城市的奠基者同名。没有人知道他是如何战死的，或死在哪里，后来征服者将一个头颅挂在奥古斯都广场的大理石柱上展示，声称那是他的首级，然后又在安纳托利亚、阿拉伯和波斯巡游，以宣示胜利。（不过他已经将皇帝头衔卖给了阿拉贡国王斐迪南，后来又被转卖给法国的查理八世，不过这两个统治者都不敢使用它。）

穆罕默德允许胜利的军队大掠三日。“这群人种族不同、民族各异，由于偶然的机会聚到一起，如凶残的野兽一般”扑向无力反抗的人，克里斯托杜洛哀叹道，“不管是男人、女人还是孩子，不分老幼和教俗，都遭到偷窃、抢劫、杀戮和侮辱，沦为奴隶；简言之，所有年龄和阶层的人都深受其害”。[13] 街道上洒满鲜血，“仿佛刚下过雨一样”，尼科洛·巴尔巴罗写道，“尸体被扔进海里，就像是在威尼斯把甜瓜扔进运河”。[14] 自

410 年阿拉里克的哥特大军攻陷罗马之后，基督教世界再也没有见过如此骇人的景象。当这一切都结束后，根据克里斯托杜洛的记载，包括平民在内的死者“多达四千人”。[15]（不过有些人不无讽刺地说道，不管穆罕默德的穆斯林士兵多么残暴，他们肯定比不上 1204 年的十字军骑士。可以肯定的是，虽然土耳其人带走的东西比拉丁人更多，但是他们造成的持续伤害更少。）

基辅的枢机主教伊西多参与了守城战，他是效命于教皇的希腊人。他在战斗中受伤，被土耳其人俘虏，但是设法逃脱了。随后他来到威尼斯在克里特岛的属地干地亚。他在那里给自己的希腊同胞枢机主教贝萨利昂写了一封信，以恐惧、绝望的语气描述了自己目睹的惨状：“街道、林荫路，甚至连胡同都洒满了血，尸体塞住了路。”他称穆罕默德是敌基督的先锋。同克里斯托杜洛和阿拉里克攻陷罗马时的伯拉纠一样，伊西多也因为入侵者完全不考虑社会阶层和性别的差异而深感不安。他抱怨掠夺者毫不顾及地位、性别和年龄的差别。他亲眼见到“身份高贵、出身良好的妇女被人在脖子上套上绳索，然后被从家里拖了出去”。这样的暴行再加上另一项亵渎之举，让人们更加深恶痛绝。伊西多回忆道：“他们很快就进入圣索菲亚大教堂（现在那里是一座土耳其人的清真寺），他们毁掉了基督像和圣徒的所有画像，砸碎了他们的雕塑。”[16] 最后，他痛哭道：“君士坦丁堡已经死了。”

城陷后第三天的下午，所有的东西几乎都被抢光，穆罕默德本人骑着白马进入“金苹果”君士坦丁堡。几个世纪前，普布里乌斯·科涅利利乌斯·西庇阿在梦里见到的亚洲的“穿着铜质胸甲的战士”，终于到来了。穆罕默德在土耳其新军的陪同下，骑马缓慢地穿过一片狼藉的街道，来到圣索菲亚大教堂。他在教堂门前下马，捧起一把土，把它撒在自己的头巾上，表达对给自己带来胜利的神的敬畏之情。然后，他穿过奥古斯都广场，在半毁的大皇宫里徘徊，据说还小声念着菲尔多西《列王纪》里的话：“蜘蛛在恺撒宫殿的布帘上结网，猫头鹰在阿甫拉昔牙卜的塔顶夜鸣。”[17]

718 年，哈里发欧麦尔二世的军队长期围攻君士坦丁堡不果，被迫撤军；自此以后，宣称这座伟大的城市和宿敌最后的堡垒有朝一日必将归入伊斯兰之境的预言就开始在伊斯兰世界流传。现在，在一位和先知同名的苏丹的统治下，预言终于成了现实。此后，不管穆斯林还是基督徒，都称穆罕默德二世为“征服者”。

对西方来说，君士坦丁堡的陷落是一场灾难。它标志着那片作为很多欧洲文化的起源地的亚洲地区被封闭了，在未来四个多世纪的时间里，东欧和欧洲其他部分也被分开。这不单单是一座伟大的基督教城市和君士坦丁的帝国在东方的最后堡垒的陷落，同时失去的还有现代欧洲和古代希腊世界最后的活纽带。“啊，声名赫赫的希腊，”教皇庇护二世在一篇流传很广的哀悼这座城市的文章中写道，“看看你的结局！有谁不为你难过。直到今日，君士坦丁堡里仍然保留着对你的智慧的回忆……但是既然土耳其人已经胜利了，已经掌握了希腊曾经拥有的权力，我相信希腊字母已经不会再被使用。”过去璀璨的光芒都被来自亚洲内陆的穆斯林蛮族扑灭了。[18]“一个野蛮的民族，”干地亚的威尼斯人郎洛·奎里尼——当时他正住在枢机主教贝萨利昂的宅邸——怒斥道，“一个蒙昧的民族，没有法律或固定的习俗，只有任意的、模糊的武断裁决，不守信用、阴险狡诈，用可耻的行为践踏了一支基督教民族。”在他看来，比杀戮更恶劣的是，他们满怀恶意地摧毁了整个文化。“希腊人的语言和文学，”他多少有些夸张地写道，“耗费了大量的精力才被发明出来，又经过了很长时间的完善，现在灭亡了。唉，灭亡了。”[19]

伟大的君士坦丁堡现在开始迅速变成“伊斯坦布尔”，它是对一个希腊语词组 *is tin polin*（“城在那边”）的误译，不过在 1930 年之前，它在土耳其官方的名称一直是君士坦丁尼亚，直到新法律规定它要改名。[20] 君士坦丁大帝修建的圣索菲亚大教堂被改建成清真寺。它被加上了尖顶，基督教的用品被移了出去，取而代之的是一个圣龛和一个讲坛。穆罕默德的军队入城时携带的旗帜被挂在墙上，祈祷用的跪垫——据说它们属于先知——被放到地上。543 年，一座 9 米高的手握黄金球的君士坦丁大帝的巨型雕像被立在一座 30 米高的柱子上，据说它将和拜占庭帝国共存亡，现在这座雕像被推倒了。它的一部分被放在托普卡帕宫，那是穆罕默德在古代拜占庭卫城上建立的宫殿。16 世纪 40 年代到过那里的法国人文学者皮埃尔·吉尔写道，查士丁尼雕像的腿比他自己还大，它的鼻子“长 9 英寸”。[21]

现在，除了东方令人不快的帖木儿帝国，穆罕默德成了全亚洲穆斯林的统治者。他可以宣称自己不仅是在传说或现实中建立和重建这座城市的一连串帝王——所罗门、君士坦丁和查士丁尼——的合法继承人，而且也部分实现了《圣训》里的预言：终有一天，一位穆斯林埃米尔将同时拥有君士坦丁堡和罗马。

克里特历史学家特拉布宗的乔治谄媚地对穆罕默德说：“没有人怀疑您是罗马人的皇帝。合法统治帝国首都的就是皇帝，罗马帝国的首都正是君士坦丁堡。”神圣罗马帝国的皇帝们永远都不会接受这种说法。不过随着“金苹果”的陷落，奥斯曼帝国成了欧洲之外唯一得到基督教世界的君主们承认的“帝国”。

现在，奥斯曼帝国是东方最主要的强权，虽然此时苏丹还没有正式采用哈里发的头衔，但是他已经自封伊斯兰世界的领袖，即“信仰者的统帅”。很少有人怀疑，穆罕默德将会和很多未来的世界征服者一样，把自己与亚历山大大帝联系起来；如果威尼斯历史学家尼可罗·塞昆迪诺说的是真的，那穆罕默德就曾经让人分别用希腊语和拉丁语给自己朗读希罗多德和李维的著作，他的图书馆里有《伊利亚特》和阿里安的《亚历山大远征记》。[22] 1462 年，在前去进攻当时还是威尼斯殖民地的莱斯博斯岛的途中，他效仿亚历山大，拜访了特洛伊的古战场，向特洛伊战争的英雄们致意。不过，穆罕默德自诩赫克托，而非阿喀琉斯。

根据克里斯托杜洛的记载，他说了下面的话：

> 希腊人、马其顿人、塞萨利人和伯罗奔尼撒人在很久以前曾经蹂躏过这里，现在由于我的努力，他们的子孙因为他们那时和后来对我们亚洲人犯下的罪行而受到了适当的惩罚。[23]

在一篇描写征服君士坦丁堡的虚构的拉丁文作品里，据说这位“伟大的土耳其人”在圣索菲亚大教堂里强奸了一名处女，他一边做一边大喊，自己在为被希腊人强奸的特洛伊国王普里阿摩斯的女儿卡珊德拉报仇。[24]

不过穆罕默德对他的新希腊臣民并不像那些逃到西方的人说的那么残暴。他决定要统治一个统一的、繁荣的——以及最重要的——服从的国家，他的决心可能比后来的任何一位苏丹都要强。1454 年 1 月，他把被囚禁在埃迪尔内的乔治·吉那迪乌斯·斯科拉利乌斯招来，任命他为君士坦丁堡牧首。据说他和吉那迪乌斯经常争论伊斯兰教和基督教各自的优点，吉那迪乌斯为此写了一篇简短、“客观”的文章，它被翻译成土耳其文。哲学家乔治·阿米罗特斯也给苏丹写了一本书，不仅解释了基督教和伊斯兰教众多的相似之处，甚至还建议将二者融合为一种宗教。他主张，《圣经》和《古兰经》的差异被拙劣的译员和犹太人夸大了。穆罕默德对这种大公主义的极端思想不感兴趣。不过他确实恢复了正教会的权力和它在拜占庭统治时的特权，也归还了一大部分财产。[25]

但是在达达尼尔海峡之外的地区看来，希腊正教世界已经彻底灭亡了。现在在那里的，是自薛西斯的时代以来对欧洲民族的自由威胁最大的势力。接下来会发生什么，整个基督教世界拭目以待。穆罕默德会停下脚步巩固战果，还是会进一步征服西方？每个人都清楚，君士坦丁堡是奥斯曼人追求的“金苹果”。但是西方的圣城当然是罗马，它的心脏仍然在跳动；据说穆罕默德曾经发誓，有朝一日罗马也将会被并入伊斯兰之境。

加拉塔的热那亚人社区的首领安吉洛·乔瓦尼·洛梅利诺在离金角湾不远的地方观察了事件的经过，他毫不怀疑接下来将会发生什么。在君士坦丁堡陷落的那一天，他写信给自己在热内瓦的兄弟，“现在，苏丹说，他只需两年就会到罗马”。[26] 基辅的伊西多同意他的看法。7 月，他给教皇尼古拉斯五世写信，警告他穆罕默德正在威胁要抹掉“基督徒这个名字”，如果真是那样的话，尼古拉斯不应该认为这对他不适用。伊西多补充说，苏丹的最终目的是“用武力攻占您的罗马城，基督教帝国的首都”。

1453 年 9 月 30 日，尼古拉斯给所有西方基督教君主发布谕令，号召他们和他们的臣民发起新的十字军东征，以对抗现在正盘踞在君士坦丁堡的敌基督。基督教世界的君主们——法国的查理七世、英国的亨利六世、阿拉贡国王阿方索和皇帝腓特烈三世——都以债台高筑或处理国内事务为由，礼貌地拒绝了。随后，教皇转向欧洲最富有的统治者——勃艮第公爵“好人”菲利普。1454 年 2 月，菲利普在列日举办了一场宴会，一只用宝石装饰的活雉鸡被放在桌子上，而一个穿着土耳其服饰的彪形大汉在屋子里趾高气扬地走来走去，手里拿着一头玩具象威胁客人，一个名叫奥利弗·拉什的年轻人——他在日记里记下了整件事——打扮成一名少女，象征着不幸的教会女士。所有人深受感动，发誓要共同组织十字军东征。不过这件事最后无果而终。没有一个发下“雉鸡之誓”——它后来被如此称呼——的人，离家上路。[27]

但是尼古拉斯的一位继承人对土耳其人的威胁念念不忘。1458 年成为教皇庇护二世的埃涅阿斯·贝卢斯科尼·皮克洛米尼是一个人文主义者、学者、诗人和拉丁语喜剧作家。在他看来，君士坦丁堡的陷落不仅意味着一座伟大的基督教城市的毁灭，更为重要的或许是它意味着“荷马和柏拉图的第二次死亡”。[28] 庇护二世不仅学识渊博，还非常精明，拜访过很多地方。对于基督教统一的可能性和必要性的问题，他比前任们更加高瞻远瞩。1459 年，他开始巡游意大利，然后在曼求亚会议上宣布发起新的十字军运动，以求收复君士坦丁堡。不过除了决议之外，这次会议没有取得任何成果。在各方的争吵中，四年过去了。“我们想要对土耳其人宣战”，庇护后来写道，但是“如果我们派出使节寻求君主们的帮助，他们只是一笑了之；如果我们让教士们缴纳什一税，他们就会要求召开宗教会议……人们认为我们唯一的目的是搜刮黄金。没有人相信我们的话”。[29]

1463 年 9 月 23 日，庇护再次对枢机主教团发表演说，呼吁在土耳其人最终在他们眼前横扫整个欧洲之前采取行动。10 月，他正式宣布发起新的十字军运动，并且将亲自出征。他抱着一丝的期待，希望一个病弱的基督的代理人独自前去对抗异教徒的场景能激起基督教世界的君主们的羞耻心，使他们最终能有所作为。次年 6 月，他离开罗马前往亚得里亚海的港口安科那，按照计划，基督教军队应该已经集结好准备起航。当他到达安科那后，发现那里空无一人。8 月 11 日，两艘威尼斯船只前来，但是已经太迟了。三天后，教皇去世了，临死前仍然希望舰队最终能将他送到东方。

庇护也尝试过使用外交和恭维的方法。他给苏丹写过一封长信（这封信后来被称为《致穆罕默德的信》，分送到基督教世界各国），不仅提出要承认穆罕默德主张的作为东罗马帝国统治者的权利，而且也准备将西方的统治权交给他，这与六个半世纪前利奥三世的行为如出一辙，后者给查理加冕，将西方的统治权从希腊人手里转交给法兰克人。苏丹需要做的，只是皈依基督教。无论如何，教皇以不太符合他的身份的口吻说道，以“几滴浸礼水”换取整个罗马帝国的统治权，何乐而不为呢？[30]这只是一个没有任何实际意义的空洞姿态，他肯定也知道这一点。

结果，穆罕默德始终都没有踏上罗马的土地。实际上，在剩下的统治时间里，他基本都在巩固巴尔干半岛的控制权和确保自己东方边境的安全。他于1481年5月3日去世，终年49岁；到去世时为止，他的帝国西起亚得里亚海，北讫多瑙河－萨瓦河，东部包括了安纳托利亚绝大部分地区。作为波兰、立陶宛、莫斯科公国和波斯等众多国家的贸易通路的黑海，实际上成了奥斯曼帝国的内湖。[31]地中海仍然是分裂的，不过在占领君士坦丁堡后，穆罕默德已经控制了它的东部。可以说，他实现了“统治两陆两海（拜占庭帝国和亚洲、地中海和黑海）”的古老的伊斯兰梦想。

1480年，在生命将尽之际，穆罕默德让威尼斯画家真蒂莱·贝利尼给自己画像，对于穆斯林统治者来说，这是一个多少有些异端色彩的举动。这幅画现在保存在伦敦的大英博物馆里，苏丹的半胸像占了画面的四分之三，他戴着头巾，留着胡子，衣领可能是用狼皮制成的，狼是奥斯曼人的图腾。画像底部的文字称他为“世界的皇帝（*imperator orbis*）”。他被凯旋拱门框住，左右两边各有三顶王冠，象征着他统治的王国的数量，前面的毯子上有四朵宝石组成的花，它们可能象征着王朝创建者奥斯曼的梦，这个梦预言奥斯曼人终将征服全世界；它们也可能象征着全世界都要服从君士坦丁堡，花瓣或红宝石代表大陆，黑白宝石代表黑海和地中海。[32]

不过，清楚的是，创作这幅画的人想要让观赏者知道，这是一位皇帝，是亚洲和欧洲所有统治者的继承人。他的尸体经过防腐处理后被放入棺材，上面有一座去世的苏丹的雕像。此前，没有一位穆斯林统治者以这种方式下葬，而在公元337年，皇帝君士坦丁大帝是这样被埋入地下的。穆罕默德不仅让自己成了另一个赫克托和亚历山大，他在去世时也让自己成了新君士坦丁。这个人，“敌基督的先锋，土耳其人的君主和主人”，现在站在西方基督教世界的大门口。[33]

虽然穆罕默德没能实现自己进军罗马的誓言，不过西方的恐惧并没有因此减轻，因为这成了他的继任者们的终极目标。自从1480年奥斯曼军队攻占意大利普利亚海岸的奥特兰托以来，土耳其海军在巴巴里海盗的帮助下，游弋于地中海的东岸和南岸，持续威胁着周边地区。意大利南部和西班牙沿岸地区的人们纷纷建起塔楼——其中很多仍然屹立在那里——不间断地观察着是否有掠夺者到来。直到今天，西班牙还有一句谚语“摩尔人登陆了”，意思是提醒人“留神小心”。人文学者和作家们经常呼吁发动新的十字军东征，呼唤新的帕萨尼亚斯（他是斯巴达国王，在普拉蒂亚战役里率领希腊联军将波斯人最终赶出希腊领土），或是新的大西庇阿来对付新汉尼拔。

恐惧并不局限在地中海地区或基督教世界的东部。如同一位匿名的英国观察家在1597年所说的，“现在单单是奥斯曼人的名字，就能让西方的国王和贵族们瑟瑟发抖；他们弱小、分裂、所剩无几的王国和采邑，在土耳其人战无不胜的大军面前战栗不已”。[34]他在夸大其词。并不是基督教世界所有的王国和庄园都像他想的那么虚弱和分裂。但是胆战心惊的人肯定不在少数，而且他们有充分的理由。甚至连远在冰岛的基督徒都在祈祷从“土耳其人的恐惧”中解脱出来。（他们的恐惧是有依据的。1627年，奥斯曼支持的海盗从北非进入北海，抓走了400名奴隶，把他们带到阿尔及利亚的奴隶市场贩卖。）英国历史学家理查德·诺尔斯所说的“土耳其人光荣的帝国”已经成了所有仍然生活在它的疆域之外的人的“世界当下的恐惧”。[35]

2

土耳其人每取得一次胜利，几乎都会有人呼吁发起新的十字军东征，此时的目的已经不是收复圣地，而是要把土耳其人赶出欧洲，赶出君士坦丁堡，可能的话，甚至要把他们赶出曾经属于拜占庭帝国的领土。1517 年，教皇利奥十世命令手下的枢机主教研究这个问题，他得到的报告称，奥斯曼人的目的肯定是要摧毁基督教世界，除了发起十字军别无选择。皇帝马克西米利安提议基督教国家停战五年，以便集中精力对付土耳其人，但是没有人响应他的号召。13 世纪末以后的（所谓的）十字军运动，主要的对象是被视为异端的分裂的基督教派，而不是穆斯林。[36]

教皇能做的几乎只是夸夸其谈和筹措一定的资金。若想发起新的十字军东征，就必须像以前那样，得到欧洲世俗统治者的人力和财政支持。这更需要外交，而非冲突。当领袖们忙着争吵时，基督徒们眼睁睁地看着奥斯曼人一点点蚕食欧洲。到 1461 年底，拜占庭世界残存的雅典公国、摩里亚君主国和特拉布宗帝国先后落入土耳其人的手里。1459 年，塞尔维亚投降，四年后波斯尼亚投降。1468 年，阿尔巴尼亚被征服。在多瑙河对岸，瓦拉几亚的特兰西瓦尼亚在臭名昭著的君主弗拉德・德古拉——他因为喜欢用木桩穿过自己的对手的身体而被称为“穿刺者”，他是布拉姆・斯托克笔下的吸血鬼“德古拉伯爵”的原型——的统治下，艰难地维持着自身的独立，但最终于 1462 年被占领。1504 年，相邻的摩尔达维亚公国灭亡。奥斯曼人征服的脚步仍然没有停下。1521 年，一支奥斯曼军队攻下了匈牙利的贝尔格莱德，此前他们曾于 1440 年和 1456 年两次在这里碰壁。随着贝尔格莱德的陷落，历史学家诺切拉主教保罗・乔维奥哀叹道：丢掉的“不仅是匈牙利的堡垒，也是基督教世界的堡垒”，现在整个文明世界都要听凭“土耳其蛮族”处置。[37]

1526 年 8 月，苏丹苏莱曼一世在莫哈奇的沼泽地击败了匈牙利和波西米亚国王路易二世，不幸的国王在摆脱追击的奥斯曼骑兵时埋身于泥沼之中。当时，莫哈奇之战似乎是奥斯曼人的一场大胜。不过从长远来看，却是得不偿失。路易死后，哈布斯堡家族的维也纳大公斐迪南二世继承了匈牙利王位，他是神圣罗马帝国皇帝查理五世的弟弟，后者统治着西班牙、西属美洲、意大利的一部分、尼德兰和中欧的大片领土。奥斯曼人现在第一次面对一个疆域广大而且更加统一的基督教强国。正如意大利诗人路德维克·阿里奥斯托形容的那样，现在天空中有“两个太阳”照耀着世界，两位统治者——西方的基督教皇帝和东方的穆斯林苏丹——在争夺世界的霸权。

苏莱曼一世在欧洲被称为“苏莱曼大帝”，欧洲人对他和他的王朝印象深刻，甚至超过了穆罕默德二世。他自诩亚历山大大帝的继承人、“最后的世界皇帝”，坚信自己必将摧毁对手查理五世，然后向西进军征服罗马。自登基的那一刻起，他就把自己塑造成绝对公正的统治者和伟大的立法者，奥斯曼法学家克纳勒扎德·阿里·切莱比——他可能不是一个完全公正的评论者——称赞他把“世间的美德之城”变成了现实。他在西方的边境建立起行政机构，至少在一段时间内，缓和了奥斯曼苏丹和行省总督间的紧张关系，而这曾经导致阿拔斯哈里发国解体。他作为正统逊尼派穆斯林的庇护者，同西方的神圣罗马帝国和东方的异端什叶派的萨法维帝国对抗。与西方的对手一样，苏莱曼也急切地希望看到自己成为天启的受益者，天启基本是以《但以理书》为依据而产生的预言，据说在快到16世纪的某个时刻，所谓的大年（the Great Year）将会开始，真正的宗教——对查理五世来说是天主教，对苏莱曼来说是逊尼派伊斯兰教——将会战胜其他所有信仰，地球上将只有一个帝国，一个人将统治全世界，即神指定的“末世的皇帝（*sahib-kiran*）”。

为了准备天启的到来，苏莱曼开始使用哈里发的头衔，只是他无法像之前所有的逊尼派哈里发那样，宣称自己是古莱氏的后裔。[38] 实际上，该举动在当时并没有太大的意义和收益。哈里发只是一个政治称号，鉴于苏莱曼统治着之前阿拔斯王朝除波斯以外的大部分领土，他有充足的理由使用他们的头衔。大维齐易卜拉欣帕夏要跪拜在苏丹脚下，不仅要称他为“神的影子（*zill Allah*）”（这是信仰者的统帅的一个传统的伊斯兰称号），而且还要称他为“世界的统治者和庇护者”和“可居世界的统治者”（这两个是新称号）。1560年，他在伊斯坦布尔修建大清真寺，苏莱曼命人在它的正门挂上匾额，上面有如下的文字：“在全能的神和他的得胜的军队的帮助下的陆地、海洋和西方世界的征服者，世界所有王国的所有者。”[39]

1529年，苏莱曼再度西征，现在他盯上了皇帝斐迪南的首都维也纳。

但是这一次，和之前之后的许多帝国统帅一样，他的扩张超出了自身能够承担的限度。由于奥斯曼国家中央集权的性质，它的整支部队必须从帝国各个行省征召，在伊斯坦布尔外集合，然后才能出发。由于大雨和洪水，大军花了四个月时间才抵达维也纳。到达后，军队士气低落，精疲力尽，供给品也消耗殆尽。仅仅过了三周，苏莱曼就放弃围攻，退回伊斯坦布尔。尽管和奥地利人相比，天气对奥斯曼军队的打击更大，但是在后来西方对这次战役的叙述中，它俨然成了另一场马拉松战役，一支人数不占优势的英勇的西方军队，挡住了从东方席卷而来的蛮族大潮。

不过守城胜利给焦虑的西方人带来的喜悦，被苏莱曼的大胆和他的军队的沿途破坏行为抵消了。如果苏丹的军队能越过地势险峻的山川河流，特别是多瑙河，深入基督教世界的心脏地带，那么如果他们想要占领另一座基督教首都，比如可以轻松从海路接近的罗马，不是更容易吗？为了避免可能的威胁，1534 年，教皇保罗三世委托建筑师安东尼奥·达·桑加罗沿着这座永恒之城建起一道防护墙和十八座以上的棱堡。尽管由于缺乏资金，他最终不得不放弃这项工程，但是对苏莱曼终有一天将会回来完成由穆罕默德开启的事业的恐惧之情始终挥之不去。

在苏莱曼看来，维也纳只是一个小挫折。1551 年，在奥斯曼帝国舰队和著名的海盗德拉古特的联合攻击下，医院骑士团为查理五世防守的的黎波里港沦陷了。同年，奥斯曼海军将领皮里雷斯攻陷了位于波斯湾入口的葡萄牙据点霍尔木兹岛。他曾经命人制作美洲的地图（现在保存在伊斯坦布尔的托普卡帕博物馆），这样他的主人就可以看到有待征服的新领域。欧洲人对此已经习以为常，基督徒先是取得一场很小的胜利，后面紧跟着的是严重得多的失利。1560 年，皇帝斐迪南驻奥斯曼大使布斯贝克男爵写道：

> 一想到未来，我就感到不安。我比较了土耳其人的体系和我们自己的体系；一支军队必定胜利，另一支将会被消灭，二者不可能相安无事。他们以一个强大的帝国的资源为后盾，实力没有被削弱，战斗经验丰富，能征惯战，攻无不克，吃苦耐劳，团结，守秩序，

> 纪律严明。我们则是用度不足，个人奢华，实力受损，精神不振，耐力和训练不足；我们的士兵不听号令，军官贪得无厌；对纪律嗤之以鼻；散漫、鲁莽、嗜酒、放荡之人随处可见；最重要的是，我们的敌人百战百胜，而我们则常常失败。结果不是已经一目了然了吗？[40]

布斯贝克的预言是正确的，奥斯曼人的扩张基本上势不可挡。1565年，一支奥斯曼舰队在进攻马耳他岛时失利了。不过基督徒的胜利只是暂时的。次年，奥斯曼舰队的目标转向希俄斯岛和纳克索斯岛。1571年8月，另一支奥斯曼军队从威尼斯人手里夺取了塞浦路斯，屠杀了法马古斯塔湾的基督徒。六年后，萨摩斯岛遭遇了相似的命运。地中海东部沮丧的基督徒评论道，无论在海上还是陆上，奥斯曼人现在似乎都是不可战胜的。

不过在塞浦路斯沦陷一个月后，基督教世界在纳夫帕克托斯附近，当时被称为勒班陀湾的地方，取得了对奥斯曼人最大的一场胜利。为了应对塞浦路斯的失陷，1571年5月，威尼斯、西班牙和教皇组成了一个多少有些不稳定的联盟，希望能够阻止奥斯曼在地中海进一步扩张。一支联合舰队仓促集合起来，由查理五世的私生子、西班牙的腓力二世的同父异母兄弟奥地利的堂胡安率领。舰队由170艘长度超过160英尺、宽30英尺、有多达20到40排船桨的威尼斯战舰组成，这是地中海上出现过的规模最大的基督教舰队。在前线还有6艘巨大的驳船式的加莱赛战船，它们是奥斯曼人闻所未闻的，每一艘船携带有将近50门火炮，携弹量是当时最大的加莱桨帆船的6倍。[41]

9月，堂胡安从西西里的墨西拿海峡向东航行。他原本打算收复塞浦路斯。但是10月7日星期天的早晨，他奇袭了一支停靠在科林斯湾入口处佩特雷湾的奥斯曼舰队。这次海战持续了一个多小时。

甚至在战役正式打响之前，加莱赛战船就已经使规模庞大的奥斯曼舰队中多达三分之一的战舰或者无法行动，或者被摧毁，或者失去联络。不久之后，堂胡安的旗舰“皇家”号成功地撞上了奥斯曼海军司令穆辛扎德·阿里帕夏的旗舰“苏丹娜”号。阿里帕夏头部中弹死亡。他被胜利的基督徒斩首，首级被挑在矛尖，在“皇家”号的甲板上展示。先知神圣的旗帜被从“苏丹娜”号的桅顶扯下，换上了教皇的三角旗。当剩余的奥斯曼海军意识到自己的指挥官已死，而且他的船也落入基督徒之手时，他们仓皇逃窜。还没到中午，战役已经结束。4万名左右的基督徒和穆斯林死亡，它因此成了欧洲战争史上最血腥的遭遇战之一。奥斯曼强大的舰队中，有三分之二的战舰或是被击沉，或是被付之一炬，或是落入堂胡安和他胜利的海军将领手里。

这场胜利是新萨拉米斯之战。甚至连对天主教和教皇的胜利有些担忧的未来的英国国王、新教君主詹姆斯一世，也为这场胜利亲自作诗一首，以示祝贺。一支欧洲基督徒的舰队击溃了东方的敌人，再一次将欧洲和它所代表的全部价值从暴君的奴役下解放出来。当然，这种类比是空洞的。堂胡安的军队既不代表希腊的民主自由，也不代表罗马文明。西班牙腓力二世的专制程度与奥斯曼帝国的苏丹几乎不相上下，在很多方面甚至有过之而无不及。在萨拉米斯战役中，驱动桨帆船作战的是为自己的城邦而战的自由人。而在勒班陀，双方驱动桨帆船的都是奴隶。

更有甚者，在奥斯曼人看来，勒班陀并不是如基督徒所宣称的那样的大胜。帝国舰队在一年内基本上就重建了。堂胡安于1572年再次起航，两支舰队在伯罗奔尼撒半岛外海发生了一些小冲突，不过双方都无法宣称自己取得了胜利。威尼斯接受了失去塞浦路斯的事实，甚至同意付给苏丹3万达卡特金币的赔偿。不久后，甚至连乐观的基督教观察家都清楚地意识到，尽管勒班陀确实是奥斯曼人的一次挫败，但也仅此而已。土耳其人仍然主导着地中海东部，仍然控制着匈牙利绝大部分的领土，明显既有决心又有能力对西方再次展开大规模的攻势。一切只是时间问题。“火势一点点蔓延，”1587年，法国胡格诺派首领之一、军事战略家弗朗索瓦·德·朗乌埃警告道，“它已经吞噬了欧洲的外围匈牙利和亚得里亚海岸。”[42]他声称，除非立即执行他的反击计划，这样可以拖延土耳其人四年时间，否则土耳其人将再次出现在维也纳城下，而这一次没有任何希望将他们击退。

不过朗乌埃预言的攻势直到一个世纪之后才成为现实。1574年塞利姆二世死后，奥斯曼人担心由于经年累月的动荡、宫廷阴谋和几位孱弱无能的苏丹使他们难以维持自己境内的和平，于是并不急于对西方发起进攻，无论是从陆地还是海洋。此外，还有波斯问题。逊尼派的奥斯曼帝国和什叶派的萨法维波斯之间的斗争在16、17世纪断断续续地进行。两个庞然大物的边境线从黑海一直延伸到波斯湾，长度超过1500英里。有一段时间，萨法维最伟大的统治者之一阿巴斯国王积极向西方寻求帮助。阿巴斯在伊斯法罕兴建起伟大的首都，17世纪晚期到过这里的英国旅行家说它的规模和富饶程度能和伦敦媲美。阿巴斯国王的提议激起了若干基督教君主不切实际的计划，他们想利用萨法维左右合击，一劳永逸地终结西方口中的“高门”（大维齐官署的门被称为“高门”，奥斯曼政府由此得名）。尽管波斯国王礼貌地拒绝了计划中的大部分内容，不过他在两名英国冒险家安东尼·雪利和罗伯特·雪利兄弟的帮助下（他们最开始受雇于腓力四世的西班牙），建起了一部实力强大且高度西方化的战争机器，不断骚扰自己西面的邻居。1603年，他攻占了奥斯曼的边城大不里士和埃里温。次年，它把奥斯曼的驻军赶出高加索和阿塞拜疆，将自己的权力扩张到亚美尼亚的卡尔斯。1622年，在罗伯特·雪利的大炮和若干英国军舰的帮助下，他成功地把葡萄牙人赶出了波斯湾以富有著称的霍尔木兹岛。

但是在1629年阿巴斯国王去世后，继承他的是一连串软弱、喜欢争吵的统治者，帝国迅速衰落了。由于不需要在东方的边界长期维持大量兵力，奥斯曼人重新开始在地中海地区展开攻势。1645年，奥斯曼舰队袭击了克里特岛。1646年，他们占领了威尼斯属达尔马提亚的部分地区，不过次年被威尼斯人收复。1665年，一支马耳他－威尼斯联合舰队在达达尼尔海峡外向奥斯曼人发起进攻，基督徒期待着这是另一场勒班陀战役。经过六个小时的战斗，奥斯曼人撤退了，不过他们大部分军力仍然完好无损。四年后，威尼斯人统治了四个半世纪的克里特岛向穆罕默德四世投降。

1682年8月26日，苏丹穆罕默德四世多少有些不太情愿地同意了大维齐卡拉·穆斯塔法帕夏的提议，后者坚持认为现在是对哈布斯堡家族展开大规模军事行动的大好时机。苏丹和皇帝利奥波德一世曾于1664年签订过停战协议，直到1684年才失效。但是在现代早期的世界，条约常常是非常脆弱的，特别是基督徒和穆斯林之间的条约。苏丹也得到了马扎尔叛军首领特克伊的支持，他承认后者是“中匈牙利国王”，将其置于奥斯曼的保护之下。一直以来，法国人和土耳其人的关系要好于和哈布斯堡家族的关系，他们承诺不会介入战争。另一个邻近奥斯曼的基督教国家莫斯科公国则急于维持和平。哈布斯堡看上去孤立无援。

10月，苏丹的马尾标出现在伊斯坦布尔的大皇宫外，这等于公开宣布他将离城。12月初，他到了阿德里安堡。穆罕默德在这里停留了四个月，他的军队从帝国各地赶来。3月30日，苏丹和规模越来越大的军队开始向西面的贝尔格莱德进发。军队有10万左右的士兵，根据一直在苏丹身边的哈布斯堡大使阿尔伯特·卡普拉拉估计，他们每天要消耗3.2万磅的肉和6万磅面包。行军非常艰苦。瓢泼大雨把道路变成沼泽，大批牛羊随军队一起前进，它们经常陷入泥水中，此外还有大量的马车和手推车，以及每次行军必不可少的妻子、情妇和妓女，她们沮丧地跟在后面。[43]随军出征的编年史作者穆罕默德阿加苦涩地抱怨着可怕的大雨，自从3月30日军队离开埃迪尔内的那一刻起，它就一直阻碍着行军。他尤其对为了随军的苏丹宠妃拉比雅、她的侍从和后宫八十名女性而在普罗夫迪夫附近的河上临时搭桥一事气愤不已。

5月3日，军队终于到达贝尔格莱德，在多瑙河右岸的泽蒙扎营。到了月底，他们再次行动。在行军途中，从阿尔巴尼亚、伊庇鲁斯、色萨利，甚至是埃及来的军队陆续加入进来。“国王”特克伊带来了一支相当有规模的部队，大约有8万名鞑靼人为了战利品而来。6月26日，军队进入敌境，到了哈布斯堡城市杰尔。卡普拉拉对这支规模庞大但人员组成杂乱无章、难以协调的军队没有信心。他写道，它的出众之处只有其“虚弱、无序和近于可笑的武器”。（至少在最后一点上他可能是正确的。一个土耳其观察家称他们只有60门火炮和臼炮。）苏丹只有2万名左右适合作战的士兵，其余皆为乌合之众。他的结论是，这样一支军队绝不可能击败“德意志人”。[44]

不过皇帝利奥波德并不是这么认为的。到目前为止，他无疑是苏丹的最终目标，7 月 7 日，他的宫廷离开维也纳，带着尽可能多的财物撤退到帕绍，他们受到鞑靼骑兵的追击。7 月 14 日，奥斯曼军队在城下搭起帐篷。一个奥斯曼使节出现在城门前，要求基督徒“接受伊斯兰教，在苏丹的统治下和平地生活”。留下来负责防守的欧内斯特·吕狄格·冯·施塔尔亨贝格打断了他的话。几个小时后，炮击开始了。土耳其人在两天内完全包围了城市，当时的人估计，他们离护城河外护墙最突出的角只有 2000 步远。大维齐卡拉·穆斯塔法帕夏在城外实际上相当于另一座城市的军营的中央搭起一座巨型帐篷（穆罕默德自己则待在贝尔格莱德）。在那里，一只鸵鸟和一只鹦鹉陪在他身边，他对最后的胜利信心满满，每天四次悠闲地视察土耳其人的战壕。城里的状况越来越令人绝望，饮用水减少，垃圾在街道上堆积如山，围城时常见的疾病——霍乱、伤寒、痢疾和败血病——逐渐出现。不过守城者成功地坚持了两个月。卡普拉拉的预言是正确的，土耳其人只有少量能够消耗城里的人力或损坏城中建筑的重炮，而它们对围住维也纳的高大城墙、堡垒、半月堡、堡垒前的斜坡、炮台、木栅、护城河外护墙和其他 17 世纪各种防御设施能造成的影响则极为有限。

与此同时，6 万人左右的救援部队在波兰国王约翰三世·索别斯基和皇帝的妹夫洛林的查理的指挥下慢慢接近被包围的城市。他们在图伦渡过多瑙河，然后经过维也纳森林，从西面向城市靠近。

维也纳森林是无人居住的山地，树木茂密，奥斯曼人认为不管援军的人数多寡，都不可能通过那里，因此没有派人防守。这是一个致命的失误。基督教联军进展缓慢，不过在 9 月 11 日星期六的晚上，联军士兵全部聚集在沿着山脊的森林边缘。次日清晨，他们冲向山下几乎没有防备的土耳其军营。到了傍晚，一切都结束了。索别斯基在给教皇的信中写道：“我们来，我们见，上帝征服。”这是在模仿恺撒占领不列颠后的名言：“我来，我见，我征服。”没被杀死或俘虏的土耳其人拼尽全力逃回贝尔格莱德。卡拉·穆斯塔法的鸵鸟死于战斗中，他的鹦鹉侥幸逃生，他自己成功地带回了先知的旗帜，让它毫无意义地在旗杆上飘扬，也带回了自己绝大多数的财产。不过这对他没有任何好处。他在两个月后被斩首，那些没能取悦苏丹的人常常落得这样的下场。维也纳市立博物馆收藏着一个据说是他的头盖骨，不过穆罕默德阿加声称穆罕默德出于尊敬或怜悯，最后把大维齐的头颅和尸身一齐送回伊斯坦布尔下葬。

一位绝望的奥斯曼历史学家写道，“自奥斯曼开国以来，从未有过”像维也纳之战这么惨痛的失败。[45] 他基本上是正确的（安卡拉之败的打击更为致命），不过，不管是他还是与他同时代的人（无论基督徒还是穆斯林）都不可能完全意识到，穆罕默德的失败将会是奥斯曼帝国缓慢但却不可避免的衰退的第一步（在此之前，不管基督徒还是穆斯林，都认为奥斯曼的扩张势头不可阻挡）。

维也纳之战后，基督教世界和伊斯兰世界的关系开始发生变化。几个世纪以来，基督徒一直试图削弱穆斯林的势力，如果可能，希望能够夺回失地，特别是巴勒斯坦，他们认为那里是自己的宗教的圣地。现在，随着奥斯曼势力明显衰退，人们不仅要阻止穆斯林扩张，也开始想象它最终的灭亡。

哈布斯堡很快就开始把自己的胜利转化为实际利益。1684 年 3 月，奥地利、威尼斯、波兰立陶宛王国、多斯加尼和马耳他大公国和教皇国形成了反抗“高门”的神圣联盟，这是一次不同寻常的展示团结的行动。两年后的 1686 年 9 月 2 日，他们取得了第一次重大胜利。自从 1526 年以来一直位于基督教世界和伊斯兰世界边界的匈牙利城市布达，落入攻城的哈布斯堡军队手里。城池的陷落给奥斯曼人造成了巨大的心理打击。没能攻下维也纳使强大的奥斯曼军队受到了一次羞辱，但是维也纳毕竟一直是欧洲基督教城市，在“战争之境”之内。与此相反，布达被视为一座穆斯林城市，是伊斯兰之境不可分割的一部分。

但是对奥斯曼帝国的生存构成真正威胁的并不是奥地利人，而是个新近崛起的基督教帝国：俄罗斯。988 年俄罗斯皈依基督教是希腊教会的一次胜利。当拜占庭帝国的领土被土耳其人一点点蚕食时，俄罗斯人正从之前的蒙古主人那里争夺土地，因为这是一场基督徒和穆斯林之间的长期斗争，因此也被基督徒视为一次“十字军运动”。对俄罗斯人而言，随着君士坦丁堡的陷落和东罗马帝国的灭亡，莫斯科成了正教唯一的载体，因此俄罗斯是罗马帝国真正的继承人，它由一个自称“沙皇”的君主统治，这是一个等同于罗马皇帝称号恺撒的正式头衔。“基督教帝国已经沦陷，”1512 年，修士菲洛修斯给莫斯科大公瓦西里三世的信中写道，“能替代它们的只有吾主的帝国……两个罗马已经灭亡了，但是第三个站了起来，不会再有第四个……您将成为世界上独一无二的基督教君主，所有虔诚的基督徒的主人。”[46] 现在，关于一支金发白肤的战士民族将从北方崛起并将穆斯林驱逐出去的预言，开始在东部基督教世界流传。1657 年，一位正教牧首鲁莽地预言伊斯兰教将会终结，得胜的教会将会归来，他因为自己坚定的乐观主义而被吊死。[47]

不过尽管如此，西欧人一直不知道该如何看待俄罗斯人。俄罗斯领土广袤，其中大部分地区在很长时间内被显然不属于欧洲民族的游牧民统治着，这使很多欧洲人认为它在正式的“文明”圈之外。它因此保留了很强的东方专制主义色彩，被德意志哲学家莱布尼茨称为“北方的土耳其”，被视为亚洲的一部分。但是自从 17 世纪 90 年代开始，兴建圣彼得堡的彼得大帝（孟德斯鸠称他“给一个欧洲强国带去了欧洲的习俗和礼仪”[48]）以及此后的沙皇们致力于俄罗斯的“现代化”；它的贵族们开始穿上真丝锦缎，用法语交谈，此前人们眼中落后的草原帝国慢慢地、不可避免地被视为欧洲帝国。1760 年，伏尔泰写了《彼得大帝统治下的俄国史》，其目的是要证明俄罗斯现在是欧洲文明的一部分。正是彼得，放弃了原来的名字“莫斯科公国”，取了更现代、更欧洲化的名字“俄罗斯帝国”；正是彼得，宣布俄罗斯现在“加入了‘政治民族国家’的行列”。[49]

当时很少有人会反对他的说法：俄罗斯可能不是欧洲优雅、成熟的组成部分，但确实属于欧洲。1791 年，为了限制沙皇日渐膨胀的势力，英国首相威廉·皮特提议派英军帮助土耳其人。伟大的爱尔兰演说家埃德蒙·伯克愤怒地问道：“这只会在他们之中散布战争、破坏和瘟疫，这和那些野蛮人对欧洲的所作所为有何区别？”他向下议院保证，俄罗斯属于欧洲，任何意在帮助苏丹的企图只会对被他称为“欧洲大块头的邻居”的完整和安全构成威胁。虽然多少有些遥远，并且带有异国特色，但俄罗斯将会一直是欧洲的一部分，至少在布尔什维克革命使其再次回归东方之前，很多西方人确实这样认为。

由彼得大帝开启的现代化（或“欧洲化”）不仅将一支亚洲民族转变为欧洲的核心民族，也大大增强了沙皇的军事能力。现在，俄罗斯开始向东攫取利益。

1696 年 8 月 6 日，彼得大帝占领了黑海的亚速港。土耳其人签下了史上第一份和约。10 月，双方的代表在沃伊沃迪那的卡洛维茨会面。1699 年 1 月 26 日，在英国和荷兰的调停下，奥斯曼人、俄罗斯人和神圣联盟的各个成员最终达成了协议。

《卡洛维茨条约》并非一边倒的屈服。但是它剥夺了奥斯曼人在东欧的领土，几乎包括了匈牙利和特兰西瓦尼亚的全部土地，它们被认为既不是欧洲的，也不是基督教的，而是伊斯兰世界的一部分。更严重的后果是，作为“信仰者的统帅”的苏丹，在历史上第一次被迫和自己的敌人签订和约。苏丹的这种做法实际上等于接受了西方意义上的国际法，虽然它确实还比较原始，还处在准备阶段。这是前所未有的举动。在政治和宗教文化上，每一个伊斯兰教统治者都必须肩负起对所有异教徒发动战争的责任，这项责任是永恒的。穆斯林可以和非穆斯林统治者签订协议，而且确实签过。出于方便，它们可以维持很长时间。但是没有任何一个穆斯林统治者可以接受和非伊斯兰国家签订永久性的条约，吉哈德的义务不允许他们承认这样的条约有存在的权利。

在卡洛维茨，伊斯兰世界的最高领袖苏丹至少是暗中违背了一条伊斯兰教法。它将永远改变奥斯曼的国家性质。当奥斯曼的军队处于优势时，似乎没有理由质疑已经建立起来的秩序。现在，质疑的理由出现了。穆罕默德二世可能可以接受拜占庭和拉丁人的头衔，让基督徒画家按照西方的方式创作他的肖像画。但是在穆斯塔法二世之前，没有任何一位苏丹有任何明显的理由，认为自己伟大的帝国不会一直存在下去，直到整个世界都皈依伊斯兰教。这种对未来的展望在《卡洛维茨条约》之后开始褪去，此后变得越来越暗淡。

相较于之前的任何一件事，《卡洛维茨条约》给奥斯曼帝国的打击更大，它不得不重新认识西方潜在的力量。它不得不承认，如果帝国想要继续生存下去，就必须采取新的方式和“战争之境”打交道，以外交取代单纯诉诸武力的圣战。它也标志着双方的命运确实发生了逆转。西方不再是无力阻止先后由穆罕默德和苏莱曼发起的进攻的一盘散沙的国家集合体，它已经从文化、宗教、政治和军事上彻底发生了改变。现在，西方将要发动攻势。从1699年到一支英国部队进入伊斯坦布尔的1918年，西方将会缓慢但坚定地将伊斯兰的边界往回推，直到它们实际上不复存在。

与此同时，另一种变化开始在基督教世界内部出现。在1945年法国解放之后前途未卜的日子里，伟大的法国历史学家吕西安·费弗尔曾经宣称，第一个阐述欧洲对亚洲占据优势的是另一位伟大的法国历史学家菲利普·科米纳（约1447—1511年）：“那个长久以来，用它的优势、它的力量、它的文化和它的才智粉碎了奉行野蛮主义的亚洲。”尽管有奥斯曼帝国的身影若隐若现，生活在路易十一统治时的法国的历史学家科米纳肯定提到了一种新的文化自信。费弗尔正确地把他视为一个现代作家，一个“脱离了基督教和基督信仰”的人（这不是说他不是一个虔诚的基督徒）。[50] 不过他并非唯一一个意识到“欧洲”具有某些特质的人。对希罗多德而言，欧洲等同于希腊。对罗马而言，“西方”曾经等同于深入亚洲腹地的文明世界。虽然大多数5世纪后的基督徒同时使用“西方”和“欧洲”，而且它们可以相互替代，但是他们认为自己生活的领域是“基督的国度”。一千年后，一种新的“西方”概念开始浮现。如科米纳所见，它的身份并不依赖宗教信仰，而是一种生活方式，在很久以后，它会被称为一种“文明”。使其成为可能的是欧洲国家在获取知识和理解世界的方式上发生的一次剧烈转变。

第八章

科学的跃升

1

在对抗伊斯兰教时，基督教世界有时可以团结一致；但自诞生之日起，其内部就因为争论而陷入分裂。伊斯兰教只有一部神圣的经典《古兰经》，人们认为它是由真主赐予一个人的，穆罕默德 632 年去世后大约 20 年，经过一定的编辑工作而被最终确定下来。与此相反，虽然基督徒的神圣文本被编纂成一部书，被称为《圣经》，但它实际上包含了几种不同的文本。该书的第一部分直接取材于犹太教，神话、历史、法律、诗歌、预言和奥尔德斯·赫胥黎所说的“令人毛骨悚然的军事史”共同构成了《旧约》。然后是《新约》，它包含四种不同版本的耶稣传记、使徒圣保罗和其他使徒的作品，以及一份关于世界末日和弥赛亚降临的预言《启示录》。最后，还有各种伪经，如诺斯替福音书，它很可能是源自一个前基督教时代的团体的作品，该团体认为灵魂只有通过半神秘的过程领悟到宇宙的奥秘之后才能获得拯救（诺斯替［Gnostics］一词来源于希腊语的“知识”［*gnosis*］）。这些差异极大的内容以不同的语言被记录下来，如希伯来语、希腊语和阿拉米语。更有甚者，虽然这些文本中最具权威性的《新约》记录了上帝之言，但它并没有声称这是由他口授的。因此，必须有人来解读它。解读势必会带来分裂和冲突。

几个世纪以来，基督教教会一直以《圣经》的拉丁文译本，即《拉丁通行本圣经》为官方认可的正统版本，它是由圣哲罗姆于 382 到 405 年间翻译完成的。到了 15 世纪，一批其他的文本也被基督徒视为经典或准经典，包括早期希腊神学家，即“教父”的作品；一些选定的圣徒，即“教会博士”的作品（到当时为止一共有 33 位教会博士）；还有若干

▲《法蒂玛》。蒙着面纱、身穿白色衣服的法蒂玛跪在穆罕默德的两个妻子旁边。

▲ 中世纪的西西里国王鲁杰罗二世也是奉行“共存”理念的统治者。在他的宫廷中，有希腊语、阿拉伯语和拉丁语的抄写员一起工作。

◄《“摩尔人杀戮者”圣雅各》，18 世纪。骑在马上、手持利剑、露出恐惧表情的包着头巾的摩尔人死在圣雅各的马蹄之下，这是描绘他的所有艺术品共通的元素。

▲《围攻耶路撒冷》，13 世纪。这幅中世纪手稿中的插画描绘的是布永的戈弗雷正在向耶路撒冷的守城法蒂玛王朝穆斯林士兵发起进攻。

◀ 理查一世的国玺。上面的铭文为“理查，诺曼底公爵、阿基坦公爵和安茹伯爵”。

▲ 阿卜杜拉·赛义德：《萨拉丁骑马雕像》，1992 年。这尊海湾战争爆发两年后在大马士革城堡前立起的萨拉丁骑马雕像充分说明了萨拉丁在伊斯兰世界中的英雄地位。

▲真蒂莱·贝利尼：《苏丹穆罕默德二世》，1480 年。这幅穆斯林统治者的画像用各种象征手法表现了穆罕默德二世征服世界的野心。

▲ 保罗・韦罗内塞：《勒班陀战役的寓意画》，约 1572 年。这场挫败奥斯曼人的战役被当时的西方人视为新萨拉米斯之战，画作充分表现了当时欧洲人所理解的这场战役中的宗教寓意。

▶ 奥斯曼海军将领皮里雷斯绘制的马耳他地图。

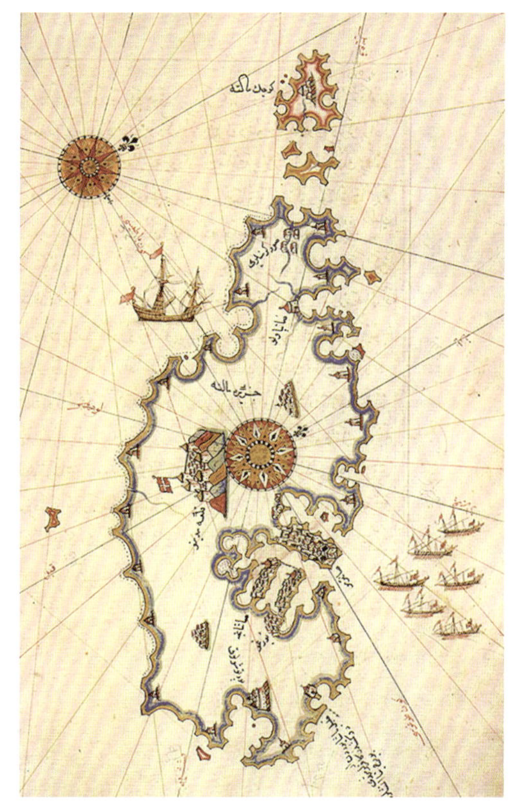

▼ 弗朗斯 · 格菲尔斯：《维也纳之围》，17 世纪。1683 年维也纳之战的失利，是奥斯曼帝国缓慢但却不可避免的衰退的第一步，但当时的人不可能完全意识到这一点。

▲《卡洛维茨条约》，1699 年。这是奥斯曼苏丹历史上第一次被迫和自己的敌人签订和约，斯曼帝国将会使整个世界皈依伊斯兰教这种对未来的展望在签订该条约之后开始褪去，此后得越来越暗淡。

被挑选出来的古典著作，在13世纪末以后最著名的是亚里士多德的作品。与此相反，《古兰经》自始至终都使用同一种语言：阿拉伯语。译本确实是存在的，但是没有哪一部能在伊斯兰世界获得官方的地位。而且正如我们已经看到的，虽然伊斯兰神学中包括对《古兰经》和《圣训》的解释，但它们受到严格的限制。

很少有人会怀疑，基督教世界内部没完没了的争论，包括很多非常激烈的争论，都是因为对这些令人困惑的说法的不同理解引起的。异端在早期基督徒中特别兴盛。其中一些非常刺耳的不和谐之音起源于纯粹的神学争论：基督是人，是神，还是半神半人？三位一体中的三个位格之间的关系如何？“上帝之子”可能意味着什么？上帝怎么可能同时是自己的儿子？既然上帝在圣子诞生之前和死后一直存在，那么三位一体说是不是谬论？圣灵是出于圣父，出于圣子，还是由圣父而发，藉圣子而遣？信徒在领圣餐时，是否应该同时领取两样，即基督的血和身体，抑或是俗人只能领取一样，而教士都可以领取？还有很多诸如此类的问题。一些问题明显是政治性的：教皇可以支配全人类，还是只能支配基督徒？教皇是否可以在纯世俗事务上号令基督教君主，他的权威是否应扩张到精神领域和与良知相关的事务上？世俗统治者是否有权力任命教士，或对教会财产课税？在东西方基督教世界，所有这些问题都会不时地导致流血冲突。与基督的人性相关的尖锐争论导致东方产生了两个分裂教会，一个是聂斯脱利派（其信徒主张基督既有人性又有神性），另一个是一性派（其信徒主张基督只有一性）。在欧洲，很多分裂团体蓬勃发展，包括清洁派、方济各会属灵派、华登派、塔波尔派、胡斯派和罗拉德派。它们都被教会指定为异端，最后都遭到镇压，在清洁派和胡斯派的例子里，还爆发了血腥的内战。

教会也因社会和政治议题而分裂，围绕着其作为一个机构应该在世界上扮演怎样的角色和占据怎样的地位的问题，信徒们产生了激烈的争论。自教会创立以来，它就处于两难境地。和所有圣徒，特别是东方的圣徒一样，教会的创建者对自己的信徒提出了不可能实现的要求。他说，如果你想追随我，就要放弃一切——家、房产、家庭成员和个人财产。

但是以他的名字创建的规模庞大的机构恰恰是以家、房产、家庭成员和个人财产为基础建立起来的。尽管保罗对《福音书》做出了聪明的解读，但是它几乎无法成为一个权力巨大的国家宗教的基础。在其最核心处，基督教一直是自相矛盾的。它能够在很长一段时间里成为欧洲权威唯一的来源，需要归功于早期教会神父和一系列极有权势的教皇。

但是到了 16 世纪初，该来的终于还是来了。1518 年，一位默默无闻的德意志修士马丁·路德坐在威滕堡修道院的塔楼里冥思苦想，挣扎着要找出解决个人危机的方法。在阅读圣保罗《罗马书》的第一章时，第 17 节里的一句话吸引了他的注意力，令他为之一颤，这句话是“义人必因信得生”。他非常好奇，这句话到底是什么意思？

路德身体壮硕、性格暴躁、容易冲动，会突然忧郁或愤怒，据说他的母亲玛格丽特“不止一次相信自己生的是一个火把”，但他绝不是一个会半途而废的人。[1] 在仔细思考保罗的话的含义时，同所有自称是真理传递者的人类似，他突然得到了启示。这次经历改变了他的生活，并且最终将会改变半数欧洲人的生活。他说自己“得到了新生”，并且被带入天堂。现在，路德明白保罗深奥的话到底是什么意思了。上帝并没有要求自己的创造物做任何事情来获得好处，它们是籍着上帝的恩典，通过基督的牺牲，被当作礼物赠给他们的。人类不需要做工以赢得上帝的青睐（这正是教会一直强调的），他只能通过信仰得到救赎。一个人只要拥有信仰，过正直、虔诚的生活，就可以成为上帝眼中的义人。他无须忏悔，无须花费大量金钱朝圣，无须崇拜所谓的圣徒遗物；他无须做出牺牲。最重要的是，他不需要购买教会兜售给被蒙骗的信徒的华而不实的物品，这是教会筹措资金的手段，它用这些钱发动战争，修建宏伟的建筑，购买绘画、雕塑、木雕、祭台屏风、黄金酒杯、银制洒水器和镶着宝石、绘有图案的存放圣徒遗骸的容器，它们均出自欧洲最好的、身价最高的艺术家之手。

这些都是路德亲眼所见。1510 年，他为了朝圣前往罗马，被那里的光景吓了一跳。就算在离开家乡时他还不是基要主义者，等到他回来后，肯定已经是了。此时的教皇是尤利乌斯二世，他是米开朗琪罗的赞助人，据说和祈祷相比，他更适合待在马背上。当时他正在将圣彼得大教堂扩建成如今规模恢宏的建筑。他需要金钱来完成这项工作，于是开始贩卖赎罪券。在路德看来，这相当于将基督教变成了商品。简单说来，或者说在路德眼里，赎罪券就是教会发布的证件，它承诺可以除掉人类的罪，因此可以以百万年为单位，减少忏悔者在炼狱里受苦的时间，而炼狱是每个人都不得不面对的，不管他生前的行为多么高洁。一个人付的钱越多，他获得允许进入天堂的时间就越快。

尽管赎罪券骇人听闻，而且非常虚伪，但它只是最后一根稻草。真正冒犯路德的，是我们的所作所为可能会影响上帝如何对待我们的这种想法，它同路德从保罗的话中领悟到的内容相抵触。对路德而言，公教关于“做工”的所有教义，关于我们只要向全能上帝在世间的代理人捐款就能得到他的偏爱的说法，甚至连行善事的同时内心却不悔改，都是最严重的亵渎。

1517 年 10 月 31 日，他做出了挑衅的举动，现在人们对这件事已是耳熟能详了。他给一些可能会同情自己的事业的朋友和主教们送去了《九十五条论纲》，上面列举了反对赎罪券的理由，还提到了教会的其他一些弊端。到了该年年底，它已经传播到莱比锡、纽伦堡和巴塞尔，路德同时得到了恶名和一批追随者（他把《九十五条论纲》钉在威滕堡城堡教堂大门上的说法并非事实）。此后，他开始一本接一本地发行宣传小册子，反对实际上属于教会核心教义的赎罪券，而他自己也是教会的一员。他一次又一次用直接而有力的语言宣称，教会已经不可挽回地腐化堕落了，元凶正是那些将基督在世间的会众——圣奥古斯丁的“上帝之城”——变成一个富裕而且势力庞大的政治机构的人。伟大的荷兰改革者伊拉斯谟——他是坚定的天主教徒，但不算正统——直言不讳地说马丁·路德的主要目标是要攻击“教皇的冠冕和修士的肚腹”。[2]

如果不是因为 16 世纪前期德意志动荡的政治形势，路德的反抗可能会重蹈此前所有异端的覆辙。在现代早期的欧洲，宗教和国家权力紧密相连。基督、圣保罗和后来神圣罗马帝国天主教会的权贵们，明确区分了什么应当归上帝，什么应当归恺撒。不过，在此过程中，教会权贵在每一个欧洲国家的心脏地带建立起了一连串实际上是分裂的、自治的权力中心，而且还在意大利中部建立了一个强大的独立国家，它的统治者和其他国家的统治者几乎没有什么不同，只不过他同时也是受膏的教皇。国家和教会可能是相互分离的权力中心，如同基督所说的那样，但是国王相信自己的权力由神所授。与国家为宗教服务的伊斯兰教不同，基督教常常和国家对立，17 世纪的英国哲学家约翰·洛克不无讽刺地将这种情况形容为“国家宗教”变成了“国家麻烦”。[3] 教会拒绝屈服于君主的权力，这导致急于和妻子离婚的英国国王亨利八世于 1532 年不再承认教皇的权威，而且自封“英格兰教会的保护者和最高首领”，他的继承人直到今天仍然保有这一头衔。

与伊斯兰教不同，基督教是在反抗既存秩序的基础上建立起来的，它是穷人的宗教，而且它的创建者的教义里充满了各种潜在的暗示革命的话语。《古兰经》和《圣训》里所有宣扬平等主义的说法，都不能和基督的“富人进入天堂，比骆驼穿过针眼还难”这令人不安的警告相提并论，更不用说《山上宝训》所描述的上下颠倒的世界，它宣称穷人有福了，虚心的人、受逼迫的人、受诽谤的人和殉教者有福了，温柔的人必将承受地土。《古兰经》和《圣训》不包含这样的内容，因此它们不需要被信徒们回避，不怕他们按字面意思理解。与此相反，福音书却是如此。

自从君士坦丁将基督教会和国家权力结合之日起，自从它开始享受种种特权，东西方的教会都尽可能避免使信徒们直接看到其创建者的颠覆性的语言。这正是《福音书》一直以圣哲罗姆的拉丁文译本（the Vulgate）为正统，使俗众（vulgar）难以接触的原因之一，结果普通的加利利渔夫绝不可能理解基督对他的信徒讲的话。和伊斯兰教不同，在基督教世界里，宗教信仰很容易变成政治上的意识形态，它出现的时间远早于“意识形态”这个词出现的 18 世纪后期。

在欧洲大多数地区，主教对手下教士的控制很严，国家维持着对主教遥远却坚定的控制。但是德意志的情况非常不同。当时的德意志、奥地利、波西米亚、匈牙利的一部分和捷克斯洛伐克最初都属于查理大帝的法兰克帝国，至少从理论上说，它是西罗马帝国的继承人。到了15世纪，它被称为“德意志民族神圣罗马帝国”，这个名称本身就矛盾重重。整个地区实际上分裂为一些不同的政治共同体，包括城镇、公国和君主－主教教区，在君主－主教教区里，教会统治者们以与世俗君主相同的方式统治着自己的领地，而且往往更加苛刻。君临这些较小的政治单位的是神圣罗马帝国的皇帝。皇帝的选举效法古代日耳曼的王权传统，理论上欧洲任意一位君主都有资格参选，由七位“选帝侯”——勃兰登堡、科隆、美因茨、普法尔茨、萨克森、特里尔和波西米亚的统治者——组成的小集团选举产生。不过帝国实际上已经被一个家族，也就是奥地利哈布斯堡家族控制。1438年以后的选举不过是走过场，没有任何实际意义。1519年，查理五世成为皇帝，由于王朝继承的好运气，他不仅得到了当时的奥地利、匈牙利、波西米亚、尼德兰、比利时和现在法国的部分领土，还得到了西班牙、意大利的大片土地，以及后来的西属美洲。

拥有皇帝的称号，意味着拥有恺撒和查理大帝的继承人的身份，它可以带来极高的声望，但也仅此而已。除了在名义上，皇帝甚至不是自己国家的绝对主人，他只是——用比较好听的话说——“平等同侪中的第一人”。几个世纪以来，皇帝们满足于为其好战的臣属仲裁，定期召集议会。但是查理的权力比前任皇帝们大得多，他决心要让德意志的贵族们听命于自己。在1521年的沃尔姆斯帝国议会上，他不再承认“平等同侪中的第一人”的理念，而是宣布“这个帝国应该只有一个皇帝”。不过贵族们并不打算默默接受。

路德当时也在沃尔姆斯。1520年秋，他收到了一道名为《主，请起》（*Exsurge domine*）的教皇谕令，谴责了路德著作中的41条论点，命令他改变论调，否则就会被逐出教会。12月10日，他在威滕堡的艾斯特门前公开焚烧教皇谕令，此外还有若干神学著作和教会法文本。这所大学的所有学生都被请来观看。路德烧完谕令后，学生们带着教皇的木偶和教皇谕令的赝品上街游行，然后烧掉了所有能够找到的路德的反对者们的著作。随后路德被逐出教会。皇帝命令他前来觐见，他被告知，这是回到羊圈的最后一个机会。

4月2日，他动身前往沃尔姆斯。他的旅程多少带着些凯旋游行的味道，他沿途在埃尔富特、哥达和埃森纳赫布道，每一次不仅要谴责贩卖赎罪券的行为，还谴责整个天主教关于“做工”的教义。4月16日，他到达沃尔姆斯，在热烈的掌声中入城。这肯定不是查理想要的。路德两次面见皇帝，每次都被要求改弦更张，但都被他拒绝了。他坚持认为，虽然教皇和宗教会议在所有涉及教义的事务上都是权威的，但到目前为止并不是一贯正确的，他们可能犯错。他的一句话将会被整个基督教世界反复引用，他说自己的良知“只服从圣灵本身”。拒绝圣灵在内心深处对自己所说的，将会永堕地狱。和永恒的烈焰相比，宗教审判官的火刑柱和柴堆又算得了什么？

离开议院后，他说：“我完蛋了。”查理随后发布了《沃尔姆斯敕令》，路德不再受法律保护，任何人都可以合法地杀死他和他的追随者，他的著作也被列入禁书。现在，他同时受到教会和国家的谴责。他很有可能被投入帝国地牢，然后烧死在火刑柱上。不过路德拥有强有力的支持者，其中最主要的是他所在地区的统治者萨克森选帝侯腓特烈，查理此时并不想和德意志贵族发生直接冲突。路德因此得到了一个受限制的安全通行证，这样他就有时间重新考虑自己的立场。他起身回家。不过腓特烈出于安全考量，派人在途中将其绑架，然后把他安置在埃森纳赫附近的瓦尔特堡城堡里。他在那里将《新约》翻译成德文，这是此类翻译中的第一次，它的文学成就斐然，对德语产生了深远影响，与詹姆斯国王版《圣经》对英语的影响类似。

宗教改革开始了，不过它并不是一场单一的运动，而是由多起运动共同构成的。它在欧洲点燃了一场大火，波及范围比路德预想的要广得多，也剧烈得多。路德认为在真正的教会里，每个人都必须直接面对上帝。自称拥有近乎超自然的权力、充当人和上帝的中介者的天主教神父被“牧师”取代，后者的任务是指导和帮助信徒，但他们和普通人没有区别。更加激进的加尔文主义者将会宣称：“信徒皆祭司。”这意味着牧师不再拥有将面包转化为圣餐的能力，更严重的是，他们不能再将不服从的人，例如没有缴纳什一税的人，驱逐出教会。不仅如此，路德还宣称，记录上帝话语的《圣经》不能只通过拉丁语传播给信徒，当时只有学识渊博的人才读得懂拉丁文。路德的译本逐渐取代了《拉丁通行本圣经》。现在，德意志人第一次可以用他们能够理解的语言，直接接触到上帝的话语。

宗教改革运动带来了破坏性的影响。1525 年，德意志农民起身反抗他们的领主，反抗过程变得越来越组织有序。“德意志农民战争”迅速从上士瓦本和黑森林地区发展到阿尔萨斯和提洛尔，然后又发展到图林根林山和萨克森。几个世纪以来，德意志农民饱受经济和社会压迫，在广受欢迎的传教士的煽风点火下（他们使路德和基督的话变得比作者的原意更加激进），他们被证明是不可阻挡的。德意志最重要的公国的统治者们都不得不接受他们的条件，先是富尔达修道院长、班贝克和维尔茨堡主教们，美因茨大主教最后在 5 月 7 日也接受了条件。其中最重要的一条是，如果不能从《圣经》里找到依据，引发民怨的社会和经济政策就必须废除。

尽管反抗非常激烈，它持续的时间并不长。几个月后，伴随着骇人听闻的暴行，叛乱结束了。路德并不想破坏已经占据主导地位的既存社会秩序，他被自己的观念可能带来的后果吓到了，愤怒地写下了名为《反对杀人越货的农民暴徒书》的小册子。他谴责叛乱是魔鬼的行为，号召君主们在惩罚叛徒时不要有任何怜悯之心。这篇文章不堪卒读。不过此时事情已经超出了路德能够控制的范围。其他更激进的改革者，如瑞士的慈运理、布塞尔、厄科兰帕迪乌斯、再浸礼派、门诺派、哈特莱特派和瑞士弟兄会，他们的主张甚至更加极端。其中最重要的、也是唯一有教义流传下来的是法国人道主义者约翰·加尔文，他在瑞士的日内瓦建立了一个新的政治社区。

路德的革命也加剧了德意志君主和皇帝间的对抗。到 1530 年为止，已经有 5 个君主和 14 座城镇宣称自己信仰新教，不过他们的改宗并不能被视为大幅改变心意。1531 年，他们为了对抗查理组建了施马尔卡尔登联盟。尽管次年联盟在米尔伯格战败，但它成功挑起了一连串的战争，最终导致基督教世界的分裂，而且永远都无法恢复。随着宗教改革运动的展开，越来越多的内部冲突随之爆发。从 16 世纪中期到 17 世纪中期，战火遍布欧洲各个角落，它们被简称为“宗教战争”。

从 1559 年到 1600 年，法国卷入了天主教君主和其通常不受约束的支持者们与加尔文派贵族间的一系列战争。几个世纪以来，尼德兰一直在哈布斯堡家族的统治下保持着自治，查理本人就出生于根特。1566 年，改宗新教的尼德兰贵族们起兵反叛他们专横的主人西班牙哈布斯堡家族的腓力二世。战争断断续续进行了 80 年。当时所有的“天主教君主国”都加入了“八十年战争”或西班牙人所说的“尼德兰叛乱”，从墨西哥湾到菲律宾的广大地区都受到战争的影响，有人因此主张这实际是第一次世界大战。战争结束后，现代的新教共和国荷兰在北方建立起来，它将掌握欧洲众多经济命脉，从而使自己成为一个影响力从非洲延伸到中国沿海的贸易帝国。

1618 年，最凶猛的大火袭来。5 月 23 日，三个人被从布拉格西拉金城堡的窗口扔了出去，这座城堡位于当时的波西米亚王国，也就是现在的捷克共和国。将人掷出窗外是捷克表达异议的传统方式。这三人掉到垃圾堆上（垃圾堆很可能是被故意放在那里的，将人扔出窗外的目的并不是要取其性命），粘着垃圾，满身臭气地离开了，不过都还活着。他们是神圣罗马帝国皇帝马蒂亚斯的摄政马丁尼茨和斯拉瓦塔，另外一人是他们的书记官。“布拉格掷出窗外事件”成了反叛的信号，叛乱最终导致马蒂亚斯被驱逐，新教国王普法尔茨的腓特烈五世成了新的统治者。它成了一连串战争的公开借口，战争无间歇地一直进行到 1648 年才结束。这就是后人所说的“三十年战争”，它是天主教徒和新教徒之间最后的、也是最血腥的冲突。整个中欧和东欧都成了战场，欧洲大陆的主要国家，从西班牙到瑞典都被卷入其中。“现在欧洲所有的战争都被合并成了一个。”瑞典国王古斯塔夫·阿道夫写道。这场战争创造了规模空前的军队，所有人都在移动，留在他们身后的是一个千疮百孔的大陆。当战争最终结束时，中欧损失了三分之一的人口。

这些骚乱使西方基督教世界永久分裂了。各民族不是为了王朝利益，不是为了土地，也不是为了要捍卫统治者主张的权利而发动战争，他们是为信仰而战，这在欧洲历史上尚属首次。确实，冲突经常牵涉比关于上帝恩典的本质的争论，甚至是教会权威的争议更加重要的原因。和绝大多数意识形态一样，不同形式的天主教教义和几种有着细微差别的新教教义强化了原来的矛盾，用为了支持旧有主张而提出的新论点武装了大陆各地的异见团体。

但是即使任何意识形态的冲突都必然会牵扯到犬儒主义和机会主义，真正使欧洲分裂，并且最终通过1648年签订的《威斯特伐利亚和约》在天主教的南方和新教主导的北方（这种分野一直延续到今天）之间降下大幕的，正是宗教。

1644年，200名左右的天主教国家和新教国家的代表聚集在德意志东北省份威斯特伐利亚，商讨签订一份和约。此时天主教代表仍然不愿屈尊和新教徒直接对话，他们把自己的营地设在明斯特，而新教的代表们则待在离这里30英里远的奥斯纳布吕克。事实证明，这是一场马拉松。谈判耗时近四年，双方为了争论议程和礼仪就花费了几个月时间，甚至连谈判桌的形状都难以达成一致。与此同时，战争仍在进行。“我们在冬天谈判，在夏天开战。”一名外交官写道。[4]然后，在1648年1月30日，后来又在10月24日，双方代表最终达成了长期协议。后来所说的《威斯特伐利亚和约》实际上是第一份现代和约。从1648年到1656年，战争在德意志又持续了九年，波兰和立陶宛多次遭到瑞典人、俄罗斯人和乌克兰哥萨克的入侵，三分之一的人口死亡。波兰人至今仍然称其为“大洪水”，依旧将其视为自己多灾多难的历史上最惨重的灾难。

不过尽管如此，《威斯特伐利亚和约》是主权国家第一次为了和平而签订条约，而之前的和约仅仅是为了停战。它也是欧洲国家举行的第一次国际会议，两个新国家首次得到承认，它们分别是尼德兰联省共和国和瑞士联邦，前者实际上早在40年前就已经从西班牙的统治下独立，后者现在成了一个独立于哈布斯堡帝国的共和国。

不过，《威斯特伐利亚和约》最重要的意义在于，宗教被从世界政治的舞台上赶了出去。欧洲国家不会再因为各自对上帝创造人类的目的有不同的理解而开战。唯一的例外可能是爱尔兰。那里的信仰之争导致了过于血腥的结果。不过在爱尔兰，宗教同样是反对殖民主义的象征，他们要推翻的统治者同时是新教徒和英格兰人。

欧洲君主们开始用一种表述方式，即教随国定（*cuius regio eius religio*）来定义教会和国家的关系。其大意是，一国的宗教信仰由它的统治者决定。这是针对使欧洲在近一个世纪里尸横遍野的难题而提出的可被各方接受、本质上是世俗主义的睿智解决方案。不出所料，当时唯一拒绝承认《威斯特伐利亚和约》的是教皇。当提到这份和约时，英诺森十世用了他能想到的所有负面形容词："毫无价值、空洞、无效、不合法，不公正、该死，没有意义、内容空泛，永远不会取得成果。"[5]不过除了他的主教和少数信徒之外，没有人听他的话。甚至连最虔诚的天主教君主西班牙国王和法国国王，也都安静地接受了宗教在未来的国际政治中不会再扮演任何重要角色的事实。

从 1648 年开始，混乱分裂的欧洲君主国开始慢慢演变成现代民族国家，其中绝大多数一直延续至今。正如 1859 年约翰·斯图亚特·密尔所写的那样，宗教改革和它释放出的暴力造成了没有任何一方可以取得胜利的局面，因此"每个教会或教派只希望能保住已经占据的地盘，少数派看出自己没有机会成为多数，他们需要请求那些无法被自己改变信仰的人，允许不同信仰的存在"。据他所知，宗教宽容"在有所保留的条件下得到了承认"，甚至连最不宽容的"宗教人士"也不例外。战场上的失利使欧洲的基督教会放弃了对个人的审判。[6]

基督教世界不可挽回地分裂了，包括英格兰、荷兰、瑞典和德意志等许多地区在内的有实力的新教国家不断增多，但是基督徒对伊斯兰教的态度却鲜有改变。在路德谈论伊斯兰教的威胁，特别是土耳其的威胁的不同作品中，他的语言和观点同之前的天主教人士的差别很小。唯一重要的变化是，现在真正的宗教面前的敌人不再是一个，而是两个。但是这两个敌人经常合二为一，伊斯兰教是敌基督的身体，而罗马教会是它的头。"土耳其人和教皇在宗教形式上没有任何区别，"路德宣称，"他们只是在语言和仪式上有所不同。"

2

宗教战争带来的最深远的影响是，欧洲兴起了一种看待世界的新视角，它也将会给东西方关系带来深远影响。经历过英国内战而且饱受其害的英国哲学家托马斯·霍布斯认为，宗教改革及其后续的战争，都是由于神学家之间，或者用更通俗的说法，“学者”之间的争吵直接造成的。[7]在霍布斯看来，坏哲学是所有意识形态之争的根源，而新教徒和天主教徒的冲突不仅导致欧洲大地被蹂躏了几十年，而且也摧毁了对此前一直维系着天主教会权威的知识体系的信仰。既然再也无法通过宗教获得确定性，人类只能寄希望于从自己的创造物中发现安全的所在。欧洲各界人士都开始得出相同的结论。

不过宗教冲突并不是使欧洲脱离长久以来的谦恭的唯一原因。现在被宽泛地称为“文艺复兴”的持续了一个多世纪的运动，同样在慢慢啃啮着的古老的确定性。文艺复兴这个词的字面意思是“新生”，该运动的目的是要复兴并努力赶上古代世界在艺术和科学上取得的巨大成就。欧洲开始一步步走出 14 世纪伟大的意大利诗人弗朗西斯科·彼得拉克所说的“黑暗时代”。“人文主义”的一个较宽泛的定义是对希腊罗马时代的文学、哲学和科学的研究，它并没有直接挑战既存的学术体系，而是使大学教授们将注意力从晦涩难懂的哲学和神学问题上转移到历史和文学方面。人文主义者坚持认为，哲学著作最重要的前提是文笔出色，作者应该抛弃大学里华而不实的“学术体”，用得体的拉丁文写作，而且它也应该是可以被践行的。真正的哲学应该告诉人们如何在世界上生活。因此，人文主义者主要研究历史、政治、伦理学和形而上学。

与此同时，还有另外一种和上述变化关系不大的发展。在 15 世纪的大部分时间里，欧洲人，特别是意大利人、西班牙人和葡萄牙人，正在逐步探索地理空间的极限。1434 年，一支小规模的葡萄牙舰队成功地绕过了非洲西海岸突入大西洋的博哈多尔角，当时它被认为是可航行大洋的极限。从此以后，葡萄牙人开始定期向南航行到非洲西海岸。到了 1492 年（这段历史连小学生都知道），虽然没能证明向西航行可以到达中国和印度，不过籍籍无名的热那亚水手克里斯托弗·哥伦布偶然发现了一块新大陆，此前没有任何一个欧洲人知道它的存在。

直到去世的那一天，哥伦布仍然坚持认为，自己在 10 月 12 日天亮后不久登上的岛屿乃是位于极东之地的“中国”，或所谓的“大汗之国”。不过绝大多数欧洲人，哪怕是只有一星半点的地理学或天文学知识的人很快就意识到，他是错误的。这件事本身已经足以引起人们的惊慌。但它并不是全部。15 世纪时，欧洲的地理知识严重依赖活跃于公元 2 世纪的希腊天文学家和地理学家托勒密的推算。虽然哥伦布自己也犯了错误，但他显然证明托勒密同样是错误的。1518 年，伊拉斯谟写道，如果古人们在描述地球时会犯下如此严重的错误（欧洲哲学和科学知识的基础是古代的知识），那么他们在其他方面是否也犯下了同样严重的错误？

越来越多的有关新大陆的消息，以及更重要的，有关当地原住民的令人震惊和不安的行为的消息，逐渐传回欧洲。征服阿兹特克和印加帝国的故事成了畅销书，它们证明了存在着超出欧洲人想象的复杂且成熟的文明，和现存文明完全不同。如果不大可靠的旅行者们的记录是真实的，那么在那个世界存在着吃人和以活人献祭的民族，他们的年龄过百，和自己的兄弟姐妹交配，他们不知道任何神明的存在，任由死者的尸体在空气中腐烂。

这些与基督徒的传统观点截然不同，他们认为世界上只能存在一种类型的人和一种社会，虽然风俗、服式、语言，甚至连信仰都可能有所不同，但是毫无疑问，所有人都遵守着某种道德的、性的、宗教的和文化的规范。这些规范形成了“自然法”，自然法是永恒不变的。如圣奥古斯丁所言，在创世时，自然法被刻在“人的心里”。和什么性别的人结婚、是否相信上帝（虽然受到欺骗和人性的弱点可能会让你选择错误的神）、当有陌生人站在你的门口你是要欢迎他们还是吃掉他们，你在这些场合下的行为不是选择做出的，而是自然法决定的。

按照这样的逻辑，以传闻中美洲印第安人的方式行事的民族不可能是真正的人类。不过虽然一些人已经准备好要将他们贬低成仅仅具有单纯的兽性、只适合做奴隶、注定要像其他种族一样灭亡的人，但是他们缺乏人性的事实显然无法和上帝创世时不会犯严重错误的信条相容。“我们认为印第安人身上有着各种缺陷，”后来出任古巴主教的伯纳多·德·梅萨于1512年反驳道，“与造物主的仁慈相矛盾，因为如果因产生的果无法实现其目的，那么因必定有一些错误；也就是说，肯定是上帝犯了错误。”[8]造物的过程可能会有个别的失败案例，如偶尔出现的疯子和侏儒，但是如果说整片大陆上全都是半人类，那就等同于否定了创世的善。

一方面，人们要面对以相互竞争的教派为名进行的无休止的流血冲突；另一方面，又要面对信仰和行为间不可调和的差别。因此，有反思能力的人只能得出一个可能的结论：世间并不存在确定性。上帝可能确实在宇宙中创造了某种模式，但它并不等同于欧洲民族的习俗和实践。假设某些事物是“自然的”，其他的是“不自然的”，这本身就是一个错误。自然法在自然界没有基础，它只是集体的观点。称某些事物是不自然的，只是在谴责它是不同的、外来的和令人害怕的。用法国哲学家和数学家帕斯卡（1623—1662年）的说法就是，对法国人而言，“自然”这个词只是说明某件事在“比利牛斯山脉的这一边”基本被接受了，而在山的另一边，人们接受的是另一种“自然”。如果法国和西班牙无法对“自然”的含义达成一致，谁晓得在中国或锡兰什么才是“自然的”。或者正如霍布斯不无讽刺地评论的那样，“号召要用正确理性解决争端的人，实际上只是让别人遵循他们的理性”。[9]

欧洲人曾经对自己的神学理论确信无疑，至少在信仰的层面上，他们分享着共同的文化，但是现在却仿佛失去了方向感，只能随波逐流。鉴于神学不仅是他们理解自身和上帝关系的基础，也是他们的道德世界的根基，甚至是政治世界的根基，他们不得不重新检视曾经确定无疑的观念，更重要的是，他们必须反思以前的研究方法。1611年，英国诗人约翰·多恩痛心地描述了这一现象，甚至有些绝望：

新哲学让一切受到怀疑，

火元素已被彻底熄灭；
太阳已消失，还有地球，人的智慧
不知道何处把它找回。

万物分崩离析，内在一致烟消云散，
一切只是代理，全部都是关系：
君主、臣民、圣父、圣子，通通忘记，
每个独自思考的人都必须
成为一只凤凰，然后方能
举世无匹，独一无二。[10]

现在，每一个人、每一个个体都不得不像凤凰一样，从旧世界秩序的灰烬中重生；在这个过程中，他孤立无援。多恩知道，这个任务是不可能完成的。如果不想陷入绝望，我们需要指引。但是，如果教会的权威和我们对自己的文化习惯的正确性的信心都无法继续维系一个巨大的政治、道德和知识体系，那么什么可以呢？

答案非常简单：现代科学。

17 世纪初，包括法国的笛卡尔、意大利的伽利略、德意志的莱布尼兹、荷兰的格劳秀斯和英国的霍布斯、培根和洛克在内的一群思想家，开始用各自的方法颠覆所谓的“经院哲学”。这个术语大致是指以圣托马斯·阿奎那的著作为基础的神学研究，16 世纪末之前，欧洲著名大学的绝大多数教师都从事这一领域的研究。在一批多明我会和耶稣会作者的手上，神学研究被转化为对上帝创造的自然世界的全面研究，他们最关心的是人类在其中的地位。根据传统说法，经院哲学是“科学之母”。经院哲学家们使用的方法是以经典文本作为研究基础。他们的科学研究主要是反复、刻苦地阅读权威的经典文本，包括《圣经》、早期教父的著作和古典时代的书籍，特别是亚里士多德的著作。对经院哲学的传统批评主要是他们似乎对琐屑的小问题过于痴迷，其中最著名的但实际上可能是虚构的例子，是关于针尖上可以有多少个天使一齐跳舞的争论。不过对他们的批评者而言，这实际上并不是经院哲学最主要的失败之处。神学家真正的罪过在于，他们用古代文本限制了所有可能的知识的产生，如同霍布斯抱怨的那样，哲学成了他所讽刺的“亚里士多德学”。

因此，多恩所说的“新哲学”的首要任务是将科学从神学和古代思想、古代传统的钳制中解放出来。随着经院哲学的死亡（实际上是神学的死亡），“新哲学”以一个简单的问题开始了，这个问题是：“我是如何知道的？”一个被称为怀疑派的古代哲学流派将这个问题说得最为清楚。怀疑主义也常常被称为“卡涅阿德斯的挑战”，因为其最出名的代表是活跃于公元前 2 世纪到前 1 世纪的演说家昔兰尼的卡涅阿德斯，他主张——而且也常常亲自证明——支持某个观点的理由可以同反对它的理由同样有力、世界的确定性是不可知的。有一件事非常出名。有一次在出使罗马时，他发表了一场振奋人心的赞成司法公正的演说。次日，他在相同的地点发表了同样令人信服的反对司法公正的演说。结果，他被立即驱逐出城，理由是为了维护罗马青年的道德观。

怀疑主义最极端的形式是质疑一个人是否真的可以确定自己存在。笛卡尔问道：如果“我能让自己确信，世界上什么都不存在，没有天空，没有大地，没有心智和身体。那么这是否意味着我也是不存在的”？他给出的答案是否定的，因为“如果我能让自己相信某件事，那么我一定是存在的”。他从这里出发，得出结论：“‘我思，故我在’这个命题任何时候都必然是正确的，无论它是由我提出来的，还是由我的心灵构想出来的。”[11] 这句话后来成了拉丁语词组 *ogito ergo sum*，它是新哲学的试金石之一。并没有很多怀疑主义者会极端到质疑宇宙的存在，不过笛卡尔想表达的意思和约翰·多恩的基本相同，我们唯一可以确定的事情一定来自我们自己。以怀疑主义的推理方式质疑传统世界观将会带来破坏性的影响，即使只是以非常温和的方式质疑。许多个世纪以来，怀疑主义被视为虚无主义的一种隐晦的形式，受到忽视或回避。教会一直用一个简单答案来回应质疑：你之所以知道是因为上帝或上帝的使者是这样告诉你的。需要做的只是相信和服从。现在，这个答案已经失去效力，产生某种程度的怀疑似乎是不可避免的。不过若想让世界的秩序恢复，就必须找出某种可以回应“卡涅阿德斯的挑战”的长久答案。

答案似乎是，只相信直接来自于感官的知识，而不理会在此之前其他人说过什么，不管他们有多么睿智。感官确实常常是不可靠的，但是这可以被修正。来源于上帝的知识被认为是终极的知识，也被称为关于“第一因”的知识，伟大的数学家艾萨克·牛顿曾警告过，区区人类是无法得到它的。而人类知识则是关于“次级原因”的知识，约翰·洛克很好地描述道：“它足以解决我们所有的疑惑。”人类知识只有通过直接的观察和实验才能获得。洛克敦促自己的读者，扔掉所有的书，从感官出发，从基本原则出发。不过这些话基本只是修辞。洛克有一个藏书丰富的图书馆，而且对古代的知识了如指掌。他想说的是，虽然书籍可能会帮助我们改善生活、帮助人类，用他的说法就是“把眼光投向自家烟囱冒出的烟之外”，但是如果想真正理解世界，就必须要从世界本身入手，而不能只关注已经过世的人的想法。[12]

17 世纪发生了一场科学和哲学革命。关于这场革命的本质和外延，以及它的影响和意义的争论不计其数。已经有人指出，当时魔法、炼金术和占星术仍然是受人尊敬的科学，同新生的物理学和天文学并驾齐驱。例如，艾萨克·牛顿既是万有引力定律的发现者和现代科学理论的缔造者，也写过大量神学、占星术和神秘学的文章。虽然新旧思考方式不协调地同时存在，但到了 17 世纪末，曾经被普遍接受的共识已经消失殆尽，只能在欧洲的几个角落里顽抗。取而代之的是若干以对证据的严格检验为基础的研究方法。所有的真实知识必须要从基础开始，接受一步步的检验，无论是理解人类的心智，还是解释行星的运行，都要经过这样的步骤。

到此时为止，科学并没有打算要否定上帝的存在。实际上，它的很多创建者也是基督徒，虽然并不总是那么虔诚，但没有人承认自己是无神论者，只有霍布斯的思想非常接近无神论。但是科学使教会的话语不再具有权威性，可能只有在涉及上帝的本质，也就是最严格意义上的“神学”时除外。现在，世界只能根据通过归纳推理、观察和实验得出的法则来理解。这些法则被写在伽利略所说的“伟大的自然之书”里，它们不是一个犹太教神祇的追随者们乱写乱画的产物。

按照相同的逻辑，所有的人类事务只能通过人类的角度加以理解。道德曾经被认为是神意的结果，现在被视为社会习俗。“世界各地的人，”洛克写道，“把那些值得赞扬的行为称为美德，而把那些应该被指责的称为恶行。”[13]但是他们之所以会认为一些行为是“值得称赞的”，而另一些是“应该被指责的”，现在仅仅被视为由社会习俗所定。在第三代沙夫茨伯里伯爵、哲学家、辉格党政治家和自然神论者安东尼·阿什利·库珀看来（他幼年时曾师从洛克，但对后者没什么好印象），“洛克先生攻击所有的基本原则，他把所有的秩序和美德统统从世间抛了出去，使这些理念（它们与关于上帝的理念相同）变成非自然的，使它们丧失了在我们的头脑里的基础地位”。[14]

沙夫茨伯里伯爵的愤怒可能是可以理解的，但是他错了。洛克确实“攻击所有的基本原则”，但是他对道德法则绝对正当性的否定，并没有使它们的约束力比之前以上帝为中心的法则更小，甚至也没有使它的内容发生实质性的改变。因为关于人性，我们仍然可以知道一件事：在正常的环境下，理性的人会尽可能地希望活得更久。霍布斯说，这条法则“和石头会向下落的事实同样有力”。如果我们接受这一点，那么没有任何一个理性的人——不管他是芬兰人、美洲的印第安人、土耳其人，还是印度人——会认为“一个人拼尽全力保全自己的身体和四肢或是避免死亡，是要遭到谴责的，或是和理性相抵触的。既然它没有违背正确的理性，那么所有人都应该同意，它是正当的和正确的”。[15]这样，原来的“自然法”就被简化成了一条命题，或者按照荷兰的人文学者格劳秀斯的说法——他的结论和霍布斯的基本相同——就是两条：“一个人应该被允许保全自己的生命或是避免受到伤害”和“他应该被允许获得和保有对自己的生活有益的东西”。[16]以此为基础，人们可以证明杀人是错误的，这和诉诸十诫中“不可杀人”的戒律同样容易。现在，关键在于，人们必须接受道德规则只是对问题的解答，而不再是难以捉摸、不容置疑的神的旨意，被上帝直接写入人性之中，就像写在一块干净的石板之上。

不管是洛克、格劳秀斯、霍布斯，还是“新哲学”的其他创建者，都不认为将自然法简化为自保的冲动之后，他们就无法对人类行为做出评判。他们的主张刚好相反。但是沙夫茨伯里伯爵正确地看出了这种做法潜在的致命后果，它会把善变成不过是人性中固有的一部分。现代相对主义思想的根源恰恰蕴含在洛克的主张里，我们实践、思考、信仰和重视的东西——不管这里的“我们”指的到底是什么人——只是相对于其他人所实践、思考、信仰和重视的东西具有正当性。我们不能对不属于我们特定的世界的任何人的行为做出判断，因为我们并不具备可以理解它的资格。他者是他者，只能对其表示尊重。

没有任何一位 17 世纪的哲学家或他们的启蒙主义的继承者，是今天我们所理解的相对主义者。在他们看来，如果为了满足男性焦虑的迷信的表现形式，法律默默允许在违背女性意志的条件下，对她们施行“割礼”（虽然她们的母亲积极支持），这样的行为和容忍杀妻同样令人厌恶。现代相对主义的谬误在于，因为无法假定我们——欧洲和西方——的文化是“自然的”，因此所有其他的模式同样值得追求。这样，所有的文化，无论其具体的惯例如何，都是同等正当的。

17 世纪由新科学提出、18 世纪被启蒙运动继续发展的论点，并不是说如果不存在“自然”的法则，那么所有的一切都是正当的。他们的观点是，除非是以某些原则为基础加以证明，而这些原则应该是所有理性的人都能够同意的，那么没有任何东西是正当的。女性的割礼是一项残忍的惯例，“萨蒂”制度（在印度教里，妻子在死去的丈夫的尸体旁焚身）同样如此，因为它们侵犯了女性的身体和权利。怀疑主义的目的不是给无知和残忍赐予免罪符，无论它们发生在哪里，而是为理解什么是无知和残忍提供基础，无论人们在哪里发现了它们。

现代理性主义还有一个更加深刻的层面，将会给西方的发展带来长远的影响。教会和国家分离是上帝的命令。不过尽管如此，基督徒仍然坚信政治权力——尽管由人掌握——是源自上帝的。国王是半神的存在，他们的权威由神授予。

17 世纪时，一种与此截然不同的关于政治权力来源的理论出现了。

它主张政治权威只能来源于其所施行的群体，也就是人民本身。不仅如此，政治权威只有在获得人民的同意、为人们的利益服务时，才能被行使。这被称为政府的契约理论。该理论最早、也是最有力的支持者是英国人托马斯·霍布斯和后来的约翰·洛克。不过它迅速传到法国，从意识形态上激起了1789年发生的现代世界最伟大的反抗国王的行动：法国大革命。契约论并不完全是新创的，没有任何理论如此。中世纪国王们的权力也得到了臣民的默认，理论上他们也是为了臣民的利益而统治。但是该理论的核心（统治依赖于自愿缔结的、同时约束统治者和被统治者的契约）使现代西方式的自由民主主义成为可能。统治者不再是独裁的慈父，反而成了仆人；人民不再是臣民，而是成为公民。

“科学革命”永远改变了西方世界的本质。它打开大门，使科学知识发挥出自己巨大的潜能。但是现代科学和古代科学不同，它并不仅仅局限于理论知识。它直接地、不可避免地和技术联系在一起。

在旧秩序里，医生坐在大学的书房中，苦读盖伦、希波克拉底、塞尔苏斯和亚里士多德等古人的著作。这些人并不会接驳断肢，也不会把蚂蟥放到人的身体上，或是切开血管以放出可能导致流感或胰腺癌的“坏”血。真正做这些事的人在英国被叫作“理发师外科医生”（因为他们也会帮人弄弯头发或剃胡子），他们几乎完全没有任何医学知识；从他们的诊断和药方来看，他们一直在犯错误。

“科学革命”改变了这一切。17世纪后，医学逐渐成了严谨、受人尊敬的科学。曾经在很大程度上很难和占星术区分开的天文学，在哥白尼和伽利略的手上成了真正的科学；到了18世纪中叶，它彻底改变了诸天的形象以及地球在其中的位置。植物学家和地理学家开始绘制地表。探险——其本身就是新科学激起的求知欲和航海技术的产物——的次数越来越多，范围遍及地球的各个角落。探险家们将样本带回国内供新生代科学家们研究。植物园在欧洲各国的重要城市——巴黎植物园、伦敦邱园和莱顿植物园——建立起来，它们非常奢华，园中的植物品种繁多，以肉眼可见的方式称赞了权力对知识的慷慨赠予。所有这些活动促进了新的学科的诞生，如航海学、地质学、统计学和现代经济学，从而大大增强了人类控制自然界的能力。它们也间接但却不可避免地创造了巨大的财富。更加危险的影响是，它们促进了军事技术的革新，从大口径火炮、膛线枪管、后膛枪到蒸汽战舰，欧洲和美国在很短的时间内就成了世界绝大多数地区的主人。

它也为一场重新观察和理解人性的革命铺好了道路。

3

到了 18 世纪初，绝大多数我们今天所说的科学——既包括自然科学，也包括道德哲学——都已经从教会和教士的掌控中挣脱了出来。欧洲（西方）仍然从基督教汲取灵感。但是在发端于 16 世纪的理性和教义之争中，理性即使没有取得彻底的胜利，也已经占据了压倒性的优势。一场欧洲范围内的思想运动，一次对合理的、良好的理性的普遍强调，也就是后来所说的“启蒙运动”，正是在这样的基础上兴起的，它将改变整个世界（或者说，它的发起者们希望如此）。在 18 世纪最后的 20 年里，几乎每个欧洲国家里都存在着自称“启蒙者”的人和谴责他们的人。甚至连一个居住在欧洲最遥远的岛屿上的苏格兰教士，也可以对文质彬彬的低地人詹姆斯·鲍斯韦尔抗议，声称他们那里——极北之地（*ultima Thule*）——的人要比一般认为的“更加开明”。[17]

已经有很多人对“启蒙运动”下过定义，对它给欧洲历史带来的影响也已经有过大量讨论。启蒙运动可以意味着拒绝偏见的自由，伟大的唯物主义者霍尔巴赫男爵说，“长久以来，人类一直是偏见的受害者”；[18] 它也可以意味着不受拘束的自由，按照 18 世纪最伟大的哲学家伊曼努尔·康德的说法，它代表着人类脱离“自我招致的不成熟”的意愿。[19] 启蒙运动要求社会更加平等。它意味着司法改革。它也意味着更敏锐地认识到其他人的存在和需求。或许最重要的是，它意味着将所有事物以理性的、客观中立的态度进行检视，允许人们自由地批评它们。康德在他最有名的著作《纯粹理性批判》中写道：

> 我们的时代是真正批判的时代，一切都必须经受这种批判。通常，宗教凭借其神圣，立法凭借其威严，想要逃脱批判。但在这种情况下，它们就激起了正当怀疑，并无法要求获得不加伪饰的敬重，理性只把敬重给予能够经得起它的自由的和公开的检验的东西。[20]

康德多少有些气愤地写道，没有一个社会可以“通过使人宣誓效忠于某些不可更改的教义，从而获得对所有成员的永久性的监护资格”。他清楚地知道，绝大多数宗教的教士们正是这样做的。但是对任何一个团体来说——不管它的权力多大，以什么权威为后盾——这种行为都是“对人性的犯罪”，“一个时代不能为它之后的时代订立契约以阻止后世在如此重要的事务上增加和改善其知识，或妨碍他们在启蒙上取得进步”。[21]尽管遭受了多次挫折，而且自身也存在着不少缺陷，但是在未来为西方终结宗教教条主义，开启世俗主义大门的启蒙主义价值观正是以此为基础的。

对“启蒙主义”的支持者们来说，最简单、最深刻的定义或许来自孔多塞侯爵，他曾经是法兰西科学院的常任秘书，也是现代统计学之父。1793年，他待在巴黎塞尔旺多尼街的一个小房间里，躲避号称要改变和启蒙世界的法国大革命。他在那里写下了一篇简短而乐观的叙述人类进步的文章。他说，现代是理性和哲学的时代，是“摆脱宗教教条主义、基要主义和教派主义”的真理占据欧洲人心灵的时代，随之而来的新信条是“每个人都必须从人类的道德宪法中找到他的责任的基础和他关于正义和美德的看法的来源”。[22]

不过，需要做的仍然很多。当时仍然被遍布巴黎大街小巷的雅各宾特务追捕的孔多塞不可能意识不到，启蒙和理性并不总是它们自己最好的主人。由于害怕被发现，他只能在昏暗的烛光下奋笔疾书，不过他对人类不断进步的信心似乎丝毫没有动摇。在未来，人类的进步不会遇到任何绊脚石，不会再出现类似于罗马帝国崩溃后造成文明断裂的障碍。这一天不会太远，他向自己的读者保证，“所有民族都会达到最开明民族的文明程度，偏见会在最大程度上被消除，如同法国人和盎格鲁－美利坚人已经做到的那样”。孔多塞认为兴起于希腊、通过罗马传遍欧洲的理性、自由和科学的文化，现在已经传到大西洋的彼岸，他是最早认识到这一点的人之一（不过南美仍然深陷在旧制度的迷信和专制的泥潭之中），他也是第一个用“西方的”而非仅仅是“欧洲的”来形容这种文化的人之一。他相信，现在需要做的是，等待非洲人和亚洲人欢迎这些启蒙的欧洲人做他们的朋友和解放者，把他们从“圣君”和“愚蠢的征服者”的手里拯救出来；几个世纪以来，他们一直生活在黑暗时代，同曾经受到教士和君主统治的欧洲人一样。[23]

这就是启蒙主义幻想的起源，它一度既高尚又危险。它假定所有人都是独立的个体。宗教或习俗遮住了他们的双眼，使他们不知道自己真正的利益是什么，真正的幸福在哪里，但是不管当地的习俗多么牢固地控制着各个原始的民族，有朝一日它势必会被科学和教育动摇。一旦国王和教士的受害者们开始睁开他们的眼睛，亲眼见到只有经过启蒙的文化——它不可避免的是西方的——才能带来的利益，他们肯定会支持它。欧洲人走过了相同的历史路径。他们也曾在无知和贫穷中度过了很长时间，饱受野心勃勃的独裁者和迷信者的摧残，让自己的理性被愚蠢的天启宗教蒙蔽。但是他们成功地摆脱了这些可怕的镣铐，现在已经准备好要将启蒙主义的好处带给正等着他们到来的世界。

从此以后，科学和人类的理解力携起手来一同前进。二者都被用来解放人类的心智，解放会带来力量和进步，最终会带来更好的生活。

在塞缪尔·约翰逊于1759年出版的简短而古怪的东方故事《拉塞拉斯》里，“阿比西尼亚王子”拉塞拉斯被囚禁在位于“阿姆哈拉王国”的一个峡谷中的宽敞的皇宫里，尽管它的名字是欢乐谷，但实际上是一所监狱。他生活上的所有需求都可以得到满足，唯独不能接触任何知识。来自“戈亚马王国”的诗人伊姆拉克来拜访他，试图向他解释谷外世界的本质。他将自己在印度、阿拉伯、波斯、叙利亚和巴勒斯坦的见闻全都告诉拉塞拉斯。但是，不太出人意料的是，他和拉塞拉斯最关心的是欧洲人。伊姆拉克说他们是无法抗拒的。他们现在“拥有所有的力量和知识”。他们走到哪里，就在哪里建起定居点，他们的舰队“常常到世界最遥远的地方”。“当我把他们和我们自己王国的人以及我们周边的人加以比较时，”伊姆拉克说道，“他们就像是另外一个物种。”疑惑不解的拉塞拉斯问道，这怎么可能？如果欧洲人可以“为了贸易或征服”旅行到世界的尽头，为什么亚洲人和非洲人不可以？为什么他们不能“在欧洲人的港口设立殖民地，对当地的王公发号施令。将欧洲人带回家的风也会把我们送到那里”。伊姆拉克的回答很简单。欧洲人之所以占有优势，是因为他们更聪明，“知识总会战胜无知，如同人类统治着其他动物”。虽然伊姆拉克把知识的最终来源归于“上帝的不可探究的意志”（约翰逊是标准的圣公会托利党人），但是人们也可以通过“人类心智的进步、理性的逐步发展和科学水平的不断提高”来获取知识。[24]

今天，人们可以轻易地嘲笑这种坚信理性和科学必定会造福人类的看法。19世纪和20世纪苦涩、悲哀的欧洲（宽泛的说也是西方）历史已经让我们看到，启蒙主义的愿景过于短命。现在，我们已经知道，取代旧欧洲的国王和教士的，并不是孔多塞这样的信奉启蒙主义的科学家，而是为其他形式的宗教服务的其他类型的教条主义者和其他类型的专制君主。如果非洲人和亚洲人真的不明智地把他们的欧洲兄弟迎接到自己的海岸上，他们只会发现自己更快地沦为强制劳工。

不可否认的是，存在着对西方理性主义和西方科学的背叛式的运用。但是尽管存在着对启蒙主义的大量批判，尽管有被任性的西方知识分子随意地归咎于西方文明的从殖民主义到国家社会主义的那些错误，它仍然比所有试图取代它的体系更吸引人、更富有同理心、更加人道。[25]甚至连有着自由精神的德国哲学家弗里德里希·尼采，都在敦促自己的德国同胞起身反对他从浪漫主义者身上看到的蒙昧主义：

> 我们必须让启蒙运动向前发展：我们不要担心已经发生过“大革命”和反对它的“大反动”，与将会把我们一起卷走的真正的滔天大浪相比，它们只能算是水花。[26]

启蒙运动确实将它们全都卷走了，伴随着它们，纵然西方所有的现代民主国家的价值观受到宗教基要主义者和极端的文化相对主义者的嘲笑、压制和威胁，却仍然幸存到今天，虽然满身疮痍，但仍然可以认得出来。

第九章

启蒙时代的东方学

1

到了 17 世纪初，从博斯普鲁斯海峡到喜马拉雅山脉的“东方”（即曾经属于亚历山大帝国和拜占庭帝国的土地），已经被三个伊斯兰帝国——奥斯曼帝国、伊朗的萨法维王朝和印度的莫卧儿王朝——牢牢掌握在手里。它们虽然是基督教世界确定无疑的意识形态敌人，但都和基督教欧洲的大部分国家保持着有时不太顺利的贸易和外交关系，前往亚洲的欧洲商人、外交官和单纯的冒险家不断增多。一些人将自己的经历记录下来，付梓出版，其中有三本特别流行：保罗·卢考特的《奥斯曼帝国的现状》（1665 年）、让–巴蒂斯特·塔维尼耶的《六次赴土耳其、波斯和印度游记》（1676—1677 年）和夏尔丹的《波斯与东印度游记》（1686 年）。与之前零星的想象作品和耸人听闻的故事相比，它们有了很大的进步，满足了欧洲人对“东方”的想象；虽然这些错误连篇的著作没能改变亚洲之前在欧洲人眼中怪异、危险的形象，但是它们肯定使当时的欧洲人加深了对亚洲的了解。

不过，旅行几乎都是单向的。从 15 世纪后期开始，越来越多的欧洲人前往亚洲各地。与此相反，很少有亚洲人来到欧洲。造成这种现象的主要原因是，一直到 18 世纪，从土耳其直到中国的东方人对西方的兴趣不大。不过也有例外。1715 年，获准觐见路易十四的波斯使节穆罕默德·雷萨贝伊激起了法国宫廷短暂的好奇心。1799 年，一个波斯裔的印度人米尔扎·阿布·塔利布·汗·伊斯法罕访问英国，他写的《塔利布在法兰克人领土游记》于 1810 年被翻译成英语，为他赢得了大量读者。1719 年，著名的奥斯曼大使穆罕默德·萨义德埃芬迪前往西方，探寻他们成功的秘诀，他根据自己的法国经历写成的书，在奥斯曼帝国和法国都很畅销。1766年，波斯人米尔扎·伊蒂萨姆·阿尔丁访问不列颠，他在《英格兰的惊奇之书》里记下了自己的经历。[1]此外，还有1722年从东方更远的中国来到欧洲的不幸的基督徒胡若望，他在那里待了三年，大部分时间待在巴黎郊外沙朗通的精神病院里，然后重返故乡。[2]

不过，到目前为止，最有名的“东方”访客并不是真实存在的人物。1721年，荷兰出版了一本两个波斯人在法国的游记，书以信件的形式写成。作者是郁斯贝克和黎加，波斯人几乎不可能起这样的名字。书名是《波斯人信札》。它的作者选择匿名出版，不过绝大多数的法国文人都知道，他实际上是来自波尔多的小贵族孟德斯鸠男爵，此前人们只知道他对科学和法律感兴趣。《波斯人信札》对性着墨颇多，它为自己人数众多、如饥似渴的读者们描绘了一个完全不同的光彩熠熠的世界。过去和现在，人们对欧洲风尚的想象多少都受到了约束，而这里似乎给他们提供了一个可以无限拓展的场地。它对西方的起源和可能的未来提出了令人不安的质疑。它仿佛将一面黑暗扭曲的镜子摆到欧洲的习俗、道德和自满情绪的面前。

《波斯人信札》取得了惊人的成功，短短一年就再版十多次。后来，孟德斯鸠提到，出版商为了能从他或其他人那里得到一部续集，使尽浑身解数。他写道：“他们会拉住遇到的每一个人的袖子”，对他们说，“为我再写一部《波斯人信札》吧，求求您了”。[3]有些人同意了，不过孟德斯鸠没有。1755年，继《波斯人信札》之后，情色哲学小说《泰蕾兹的哲学》的作者布瓦耶·德·阿尔让出版了《中国人信札》（不过肯定远没有前者有趣）；1762年，奥利弗·哥德史密斯发表了《一个世界公民致他的东方朋友的信》。后两本书的读者也很多，但是作者的才华和它们的流行程度远不及《波斯人信札》。

与德·阿尔让、哥德史密斯和很多不太知名的人一样，孟德斯鸠的东方同样是根据自己的政治倾向有意创造出来的。他并不打算假装自己在写一部准确的民族志。虽然他在1748年写出了第一部影响深远的比较社会学论著《论法的精神》，在书中涉及的众多文明里，确实包含波斯，不过他对波斯人的生活和伊斯兰教的了解，基本上只限于他在夏尔丹和塔维尼耶的作品里读到的内容。在郁斯贝克写给最受他宠爱的妾的信里，孟德斯鸠描述了后宫的情景，不过他实际上意在影射路易十四统治下的法国；他敌视所有宗教，因此对伊斯兰教的描述如同波斯人眼里的基督教会。他笔下的波斯人是虚构的，他以他们的名义，严厉批判了大革命前法国的制度和习俗、欧洲性道德的虚伪和传统宗教的乏味空洞，他视它们为导致人类恐惧、缺乏信任和性生活痛苦的主要原因，它们只反映了信徒们偏颇的世界观。

孟德斯鸠不是东方学家，但是他受益于欧洲对亚洲各民族产生的新态度和大量关于他们的新信息。郁斯贝克和黎加并不完全是作者的虚构。不管看起来多虚假，他们毕竟是来自一个有确定历史的地方，他们所属的世界越来越为欧洲读者所熟悉。当法国人听到黎加是波斯人时，他大叫："啊！啊！多么稀奇啊！怎么会是波斯人！"[4]但是，正是这个黎加，一次次看穿了欧洲习俗的本质。正是这个黎加，睿智地得出结论，所有宗教都是借口，"当我看到人们趴在一个原子上（地球只不过是宇宙的一个点），称自己是上帝创造的典范，我真不知道，这种极度的夸张和极度的渺小如何能够协调起来"。正是这个黎加，做出了著名但有点调侃意味的评论：如果三角形有一个神，那么这个神一定是三条边的。[5]允许一个"东方的"穆斯林——即使他不是真实人物——用这样的语言批评显然受到基督徒重视的习俗和信仰，标志着欧洲已经开始摆脱宗教狂热，不再相信更早之前关于亚洲的大量教条的刻板印象。

在孟德斯鸠开始创作自己的小说时，欧洲人对东方文化的态度明显已经开始改变，和仅仅在一个世纪之前的情况截然不同。现在，欧洲人不再异口同声地高喊"异教徒"和"撒拉森人"，而是开始发出各种声音，那些声音不全是充满敌意的。欧洲和亚洲的接触越来越多。现在，促使两个世界进一步接近的，不全然是因为欧洲宗教信仰的弱化和世俗的启蒙精神的崛起（不过它们明显也发挥了作用），更重要的是，18 世纪出现了促进人类进步的伟大机器：商业。18 世纪时，人们对商业——或者用孟德斯鸠著名的说法，“甜美的商业”——的理解，远远超出了单纯的贸易的范畴。[6]交换商品也意味着交换观点。如同夏尔丹、塔维尼耶和卢考特等人用最温和的方式证明过的，它意味着和那些在第一次见面时可能会感到陌生和危险的民族合作。伟大的“东方学家”威廉·琼斯爵士说：“利润”——他指的是经济利益——“是把它们［指东方和西方］带进同一个圈子的魔棒”。

商业也有更直接、更实际的影响。为了和遥远的民族展开贸易，人们不得不或多或少地了解他们的习俗，而且还要想办法和他们交流。按照琼斯的说法，商业“有足够的魅力，可以使东方语言拥有真实的、确切的重要性”。[7]1453 年时，没有多少欧洲人懂阿拉伯语，会波斯语、梵语或突厥语的更少，汉语或日语就更不用说了。在大约两个世纪以后，尼德兰莱顿大学、剑桥大学、牛津大学和法兰西学院都设有阿拉伯语教席。

现在的一个共识是，欧洲人对东方，对它的语言、文化、历史和文学的兴趣不断增长的原因，主要是因为欧洲殖民主义势力——特别是法国和英国——希望塑造出一个虚弱、千篇一律、顺从的“东方”形象。根据这种说法，“东方”是人为编造出来的，是一种假想出来的从博斯普鲁斯海峡到中国沿海的广大地区共享的文化，是将相互矛盾的旅行家的故事和若干不诚实的学者的论述拙劣地拼凑起来的作品，目的是使欧洲殖民势力可以对完全不同的各个民族施加政治影响。“欧洲对东方的看法”，善辩的文学理论家爱德华·萨义德说道，只是为了强调“欧洲比东方优越，比东方先进，（这种文化霸权）常常会将可能导致不同观点的更独立、更具批判性的思想排除掉”。[8]

这相当于以三言两语描述非常复杂的画面。[9]部分欧洲人对亚洲的描述肯定是不实的，他们的目的显然是为了说明这些民族是多么的懦弱和低级（不过这是否使得征服他们更加容易，则是另外一个问题）。同样地，许多自诩的东方学家和后来的人类学家，特别是那些以印度为研究课题的人，都和帝国的行政管理有着密切的关系。最先对亚洲、非洲和美洲民族感兴趣的欧洲人是士兵、商人、帝国官员和传教士，所有这些人都有着一定的既得利益，经常带着非常明显的个人动机。在 19 世纪旅游业兴起之前，除了他们，很少有人有机会、动机或资源，可以离开家在外面待足够长的时间。

士兵对潜在的敌人的看法常常是扭曲的，商人的眼界通常超出了直接的经济利益，而传教士（有时）会不顾自己的使命，参与帝国的行政，但是这并不意味着他们一定会屈服于它。威廉·琼斯爵士是18世纪最伟大的语言学家之一，今天的人们知道他，是因为他提出梵语——他称这种语言“比希腊语更完美，比拉丁语的表达更丰富，而且比二者更优雅”——和绝大多数现在被我们称为印欧语系的语言有相似性，这说明它们肯定有一个共同的始祖语言。[10]（这个想法后来被发展成一种更容易被恶意使用而且可能性更小的说法：所有使用这种语言的人必定有共同的族源。）琼斯不仅是语言学家，也是受人尊敬的法学家，他于1783年成了加尔各答最高法院的法官，这使他实际上成了东印度公司的雇员。和琼斯一样，立法委员兼语言学家纳桑尼尔·哈尔海德也是它的雇员；声称希腊城邦和印度村庄起源于同一个印欧民族，因此坚定地主张欧洲的民主制起源于亚洲的19世纪伟大的法学家亨利·萨姆那·梅因也曾经受雇于东印度公司。

在这些人中，没有一个沦为殖民主义意识形态的仆人，也绝非帝国主义的宣传工具。他们也不认为“东方人”在任何一个方面比西方人低劣。琼斯曾哀叹道：“欧洲人在绝大多数方面都视东方人为无知的野蛮人。”他抱怨道，这只是“我们的偏见，源于我们的自恋和无知……它使我们相信，我们在所有方面都要优于世界上其他所有人”。[11]

他甚至对欧洲“文明”的进步抱有更深的怀疑。人们可以用很多种方式描述文明，他写道，“每一种都是以本国的习惯和偏见为基准来衡量的；但是，如果举止文雅、彬彬有礼、热爱诗歌和演说、践行广受称赞的美德是衡量一个成熟社会的较为公正的标准”，那么阿拉伯人“在征服波斯的几个世纪之前，就已经非常文明了”，这比现代欧洲人早得多。[12]他认为古代印度的圣人蚁垤、毗耶娑和卡力达沙同柏拉图和希腊诗人品达不相上下。1784年，他对自己的朋友理查德·约翰逊说：“在我眼里，《摩诃婆罗多》里的坚战、阿周那、迦尔纳和其他战士，看上去比我第一次读《伊利亚特》时的阿伽门农、埃阿斯和阿喀琉斯还要伟大。”[13] 他多次提到，波斯人“同样是一个在古代史上非常显赫的民族”，可以同希腊人和罗马人并驾齐驱；波斯诗人哈菲兹的诗不比贺拉斯的逊色。[14] 我们之所以称赞其中一个而贬低另一个，只是因为我们对后者还不够熟悉。

不过琼斯的研究确实不是完全客观的，没有一项伟大的或引人注目的研究能做到这一点。他也并不反感自己在印度服务的机构的最终目的。他希望它被改善，而不是想要看到它被取代。他坚定地相信，感谢我们“美丽、明智的法律，或许还有它们所依据的神圣的宗教，我们绝不会像东方的国王那么暴虐”，这至少使英国的统治在道德上是可以被容忍的。[15] 不过和后来很多在印度的英国官员一样，他也同意，不能简单地把欧洲的法律运用到印度的印度教徒和穆斯林身上。“自由的体系”，他主张，如果被“强加在一个熟悉了相反习惯的民族的身上，将变成残忍的暴政”。[16] 为了协调印度各地不同的法律体系，他于 1788 年肩负起汇集印度教和伊斯兰教法律的艰巨任务。他告诉总督康沃利斯勋爵，这将会给印度人“带来他们应得的司法体系的保护，与查士丁尼带给他的希腊罗马臣民的类似”。[17] 凭借琼斯的法典，康沃利斯本来有可能成为“印度的查士丁尼”。不过琼斯在完成这项工作之前就去世了。

不过琼斯对印度、波斯和阿拉伯文学的称赞，确实不是单纯要为几个博大精深但尚未得到公正评价的文化恢复声誉。[18] 当时的启蒙主义者之所以对亚洲感兴趣，归根结底是想要探究欧洲文明和全人类文明的起源，想要弄清楚文明为什么会有所不同，它们是如何演进的，最重要的是，它们会怎样终结。正是出于这个原因，约翰逊博士给琼斯取了绰号“和谐的琼斯”。[19] 像琼斯、在 1784 年首次翻译出英文版《薄伽梵歌》的查尔斯·威尔金斯、编辑了第一本孟加拉语语法书的纳桑尼尔·哈尔海德这样的人，他们的初衷都是想要了解“西方”是如何一步步发展成今天的样子的。

他们知道，为了完成这项任务，首先要做的是向东看，正如琼斯对加尔各答亚洲学会的成员——他也是学会的创建者之一——所说的：

> 这篇论文里的证据足以让我们假设，而且最终可能也会被证明是正确的，我们现在（在印度）生活在信徒中间，他们崇拜的神祇曾经以不同的名字被希腊人和意大利人崇拜；我们生活在哲学大师中间，爱奥尼亚和阿提卡的作者们曾经用他们悦耳的语言里所有美好的词句解释他们的思想。[20]

日后的古代世界各大文明的根就在这里，在遥远的印度；因为它，琼斯自己所属时代的启蒙的欧洲才有可能存在。

在这篇讨论“东方”文学的（法语）论文的结尾处，琼斯希望“欧洲君主们”能够鼓励人们学习亚洲语言：

> 将你们放在储藏室的珍贵宝藏拿出来，展现在世人面前，在变得有用之前，它们还不能被称为珍宝。让值得人们赞叹的手抄本重见天日，它们装饰着你们的房间，却没有丰富你们的头脑，正如瓷器花瓶上的中国文字，我们欣赏它们美丽的外形，却从来不知道它们的含义。[21]

对于19世纪伟大的“东方学家”马克斯·穆勒来说，发现东西方文化间的联系是人类历史上最伟大的成就之一。现在，对印欧语起源的研究确定无疑地证明，“印度人、波斯人、希腊人、罗马人、斯拉夫人、凯尔特人和日耳曼人的祖先”曾经生活在“同一片区域，可能生活在同一屋檐下”。[22] 他说，可能“还有一些穴居人”不承认希腊文明和印度文明之间的联系，觉得希腊神话是“浮在水面上的荷花，没有茎，也没有根”。能和他们相比的，只有那些仍然坚持认为“地球是平的”的人。[23] 所有“东方学家”都投身于一项颇有野心的项目，他们要书写一部复杂的、相互关联的历史，不是关于欧洲的，而是关于整个印欧世界的。它始于穆勒和梅因，他们声称发现了印度村落、希腊城邦和斯堪的纳维亚的市集之间的正式联系（所有这些都是印欧人的民主实验），该传统一直延续到20世纪中叶的伟大的法国印欧语学者乔治·杜梅斯。此后，由于受到被纳粹滥用的“雅利安”神话的拖累，它的声誉遭到损害。但是现在人们之所以会认为欧洲的历史不能和亚洲主要地区的历史相分离，在很大程度上要归功于启蒙时代的“东方学家们”。

2

讽刺的是，一个认真关注东方学新进展的人却和威廉·琼斯相互憎恨，他就是法国梵语学家亚伯拉罕·亚森特·安克蒂尔－杜伯龙。[24] 他的经历和他如何成为18世纪知识界极具争议的一起事件的中心人物的故事可以很好地说明，进入启蒙时代之后，西方人眼中的“东方”形象发生了多么大的变化；它也从学术的角度，为19世纪和20世纪东西方的最终冲突布置好了舞台。

在琼斯之后，安克蒂尔－杜伯龙可能成了当时最有名的东方学家。他是一个饶舌、自恋的人，最喜欢谈论他自己，在绝大多数方面，安克蒂尔－杜伯龙是一个典型的古董收藏家。正因如此，他在巴黎的学术界和文化界几乎没有朋友，他们一开始会被他的工作吸引，然后因为它们的结果离开。启蒙哲人、拿破仑时期的驻法大使费尔南多·加利亚尼对他的评论是：“具备旅行家的特点，严谨、精确，无法创立任何体系，分不清什么有用什么没用。”[25] 他的评价并不公正。安克蒂尔－杜伯龙的著作确实是长篇大论，里面充斥着无关宏旨的细节（绝大多数与他自己有关）。不过，虽然有令人讨厌的自恋倾向，他确信自己正在构建一个强有力的、令人信服的理解“东方”的体系，通过东方，最终理解他所说的“位于自然界中心的人类，我们最关心的存在”。[26] 他不仅对古代亚洲感兴趣，也开始关心现代亚洲（即使身在美洲安度晚年的时候，他仍然保持着对亚洲的兴趣[27]）。他为土耳其和阿拉伯的统治模式写下了激昂的辩护词。他对东方研究兴趣浓厚，目的是要“完善人类的知识，最重要的是，弄清楚什么是我们的不可被剥夺的人类权利”。[28]

安克蒂尔－杜伯龙于1731年12月7日在巴黎出生。他是一个中等收入的香料商人的第四子。[29] 他最开始在巴黎大学学习神学和希伯来文，随后在荷兰学习波斯语和阿拉伯语。1752 年，他回到巴黎，成为皇家图书馆东方手抄本部的馆员。1754 年，他在那里见到了一份四页的《万迪达德》手抄本拓本，原手抄本是一个英国代理人从苏拉特的帕西人那里取得的，然后又被赠给牛津大学波德林图书馆。盯着当时还不可解的古代手抄本，年轻的亚伯拉罕·亚森特意识到了自己应负的使命。“在那里，在那一刻，”后来他以自己常有的“谦逊态度”回忆道，“我下定决心，要让我们的国家拥有这部杰作。我大胆地定下翻译这部作品的计划，带着这个目的前往古吉拉特邦或克尔曼学习古波斯语。”此时他还完全没有丝毫了解的《阿维斯塔》像是要告诉他，他可以在这里，在“古老的东方”，找到“从拉丁人和希腊人中间无法找到的启蒙”。[30]

那一天，安克蒂尔－杜伯龙在皇家图书馆看到的是 22 章的《万迪达德（祛邪典）》的一部分。《万迪达德》是《阿维斯塔》中关于净化信仰的章节。《阿维斯塔》是用古波斯阿维斯塔语写成的，并由此得名。它是帕西人的圣书，这些人的历史可以一直追溯到 651 年被伊斯兰教征服前不久的萨珊波斯王朝。它包括 21 卷，815 章，其中只有 348 章流传至今。据说它是波斯智者和先知琐罗亚斯德唯一流传下来的作品。[31]

在 18 世纪，人们对琐罗亚斯德或普遍认为由他创建的宗教知之甚少，只能从希腊文本中找到一些帮助不大的零星参考资料，他被同时视为宗教领袖和立法者。不过人们普遍认为他是基督之前，甚至可能是摩西之前的大量古代知识的创造者，这些知识——如果人们能对它们有更多的了解——或许可以证明希腊世界与它的文明起源地亚洲之间的联系。如果安克蒂尔－杜伯龙能够找到一个准确的、原始的《阿维斯塔》文本，并把它翻译成现代欧洲语言，他就能彻底改变当时欧洲人对那个对西方历史影响最为深远的时代的认识。

现在，他有了一个很棒的点子，只要能得到资助，就可以付诸实践。他和巴黎各个学术机构里较知名的几位成员取得了联系。他们对他的想法很感兴趣，把他介绍给当时法国最有声望的学术机构法兰西文学院，并且得到承诺，如若获得成功，他就可以成为院士。他们答应为他向大臣说项，以取得控制着印度南部的印度公司（Compagnie des Indes）的帮助。这些活动的结果是，他“有幸”被西鲁哀特“接见了几次”，后者不仅是国王委任的印度公司专员和法国财政大臣，而且还撰写过讨论中国的道德和统治关系的论文，是公认的“青年才俊的庇护人”，特别是那些对东方有兴趣的年轻人。但是仍然没有任何结果。安克蒂尔－杜伯龙是一个缺乏耐心的人，到了1754年底，他决定由自己来解决问题。11月7日，他只带了两条内裤、两块手帕、一双袜子、一本数学手册、几本《希伯来圣经》、蒙田的《随笔集》和冉森派的皮埃尔·沙朗的《论智慧》，就应征加入了印度公司的陆军。

1755年2月24日，他登上“阿基坦公爵”号轮船（它被称为往来于法国和印度之间的“移动城堡”），前往法属印度。此时，他应征入伍的消息传到西鲁哀特耳中，后者帮他争取到了一间客舱、500里弗尔的薪水（和安克蒂尔－杜伯龙无礼的指责不同，这笔钱足够维持生计），他还可以使用船长的桌子。最后，他体面地到了印度。不过这并不能减轻渡海时的恐惧。疾病带走了几百人，半数船员虚弱地躺在吊床上。随着时间一天天过去，他待在自己的客舱里，听着木质船板断断续续发出的咯吱声，经常能听到放炮的声音，这意味着一些不幸的人的尸体要被抛入大海。他在日记中写道：“到处都是垂死之人发出的恶臭，令人窒息。”

8月9日，这个漂浮的“太平间”抵达印度南部的法国殖民地本地治里。在那里，安克蒂尔－杜伯龙向印度公司请假，踏上了前往贝那拉斯学习梵语的无畏之旅。根据他自己的叙述，在旅途中的绝大多数时间里，他都因为得了这样或那样的热病，一直处于半清醒的状态。刚出发不久，堪忧的健康状况就迫使他进入贝纳戈尔的妓院求助。两个妓女照看了他五个小时，给他喝鼠尾草茶。他“被这些可怜的、放荡的受害者的善意”感动，“给了她们足够多的回报”，不过对于回报是什么，他谨慎地闭口不谈。[32]

但是此时法国人正在和英国人打仗。3月，当安克蒂尔－杜伯龙到达金德讷格尔的法国代办处时，它刚好落入英国人之手。他不得不打扮成印度的穆斯林，马上返回本地治里，然后前往卡利卡特、科钦和芒格洛尔，再到葡萄牙的殖民地果阿。[33] 他对这段经历大书特书，希望能找到愿意倾听的读者。他长篇大论地谈到自己对种姓制度、轮回、马拉巴基督徒的起源，以及马拉塔人和斯巴达人的关系的见解。最后，在 4 月 30 日下午 5 时，他到了苏拉特，“因为得了痢疾，身体极度虚弱”。四年前让他浮想联翩的残页正是出自这里，此后的三年他都是在这里度过的。

在初期遇到一些困难之后，他成功地和一位名为达勒布·索拉布吉·库马那的帕西祭司和他的侄子卡奥斯建立起关系。他从他们那里得到了一份《万迪达德》，至少他们是这样告诉他的。不过，在取得最初的成功之后，他很快遇到阻碍。时间一天天过去，他毫无进展。最后，安克蒂尔－杜伯龙开始怀疑库马那和卡奥斯把他当成了稳定的收入来源，而且开始担心起自己的进度。此外，他也发现自己得到的《万迪达德》包含许多错误。最后库马那似乎对他说了实话，给了他一份正确的《万迪达德》抄本和一本波斯语的巴列维语［通行于 3—10 世纪的中古波斯语］语法书，“以及若干其他的手抄本，既有古代波斯人的，也有现代波斯人的，此外还有一篇用诗体写成的简史，描述了帕西人撤到印度的过程”。[34] 到了 1759 年 3 月底，他可以开启翻译工作了。到了 6 月，《万迪达德》的译本完成了。

接下来遇到的是另一个打击。仿佛一直受痢疾的折磨还不够，9 月 26 日，法国商人让·比卡在光天化日之下，当着四百个人的面袭击了安克蒂尔－杜伯龙。他流着血逃走了，虽然被剑刺中三次，被刀砍了两下（比卡先生似乎是打定主意要杀死他），不过保住了性命。我们不清楚比卡为什么想要杀死他。根据安克蒂尔－杜伯龙的描述，他似乎是无缘无故要这么做的，不过这两个人显然是认识的。其他资料暗示这场冲突是因一个女人而起，安克蒂尔－杜伯龙想要勾引她。实际上，在这起事件之后，他向英国人寻求庇护，这至少说明他没有像自己宣称的那么无辜。虽然性格古板、吹毛求疵，而且健康状况不佳，不过安克蒂尔－杜伯龙在印度似乎享受着类似于流浪汉传奇故事中描写的那种性生活。他在贝纳戈尔的妓院里养病的情况，很可能不像他自己说的那么单纯。

一个月后，在英国苏拉特代办处的保护下，他重新开始翻译《阿维斯塔》剩下的部分。他在（精神和肉体上）享受着这里的快乐的同时，开始收集波斯语、古波斯语、巴列维语和梵语的手抄本，并做出计划打算返回贝那拉斯，然后前往中国，学习汉语。不过此时他已经完成了最主要的任务，仅此一项——皇家图书馆勋章陈列室的保管员、修道院长让-雅克·巴特尔米向他保证——就足以让他“的名字传遍整个欧洲，为他带来名声”。[35]

不过，法国在印度的处境越来越不妙，尽管他和英国苏拉特代办处的总督维持着良好的个人关系，但他还是越来越感到不安。再加上一直都很糟糕的健康状况似乎又进一步恶化，最后，他决定放弃继续东进的计划，返回欧洲。1761年3月15日，他离开苏拉特前往孟买。两个月后，尽管法国和英国的战争还在继续，他搭上了东印度公司的商船“布里斯托尔”号，向朴茨茅斯驶去。

次年，他抵达英国。在得到牛津大学的允许后，他立即前去参观八年前对自己影响巨大的手抄本的原件。多少有些出乎意料的是，它被用链子挂在图书馆的墙上（波德林图书馆收藏的很多稀有书籍现在仍然如此）。根据他的回忆，藏书的房间“很冷”，而且他多少有些气恼，因为他被告知不能将书带回自己的旅馆，以便和自己的版本对照。在阅览室里待了很久以后，他骄傲地得出结论，“总的说来，它完全不如我们的公共图书馆”，然后准备动身离开。[36]

1762年，他平安地返回巴黎，比1754年离开时更穷，但是“带回了大量罕见的古代手抄本，获得了丰富的知识，趁我还年轻（当时我不过只有30岁），可以慢慢钻研，它们是我从印度得到的唯一的财富”。[37]现在，他开始准备将各式各样的手抄本和自己的长篇游记付梓出版。为此，他又花费了九年时间。1771年，安克蒂尔-杜伯龙的《阿维斯塔》的最终译本、他对自己的旅行经历和研究方法的完整记录、一篇讨论帕西人的习俗和宗教惯例的论文，还有一本古波斯语-法语和波斯语-法语词典在巴黎出版，总共有三大卷。他宣称，欧洲知识界将第一次聆听“古代世界第一批立法者之一”的先知琐罗亚斯德真正的话。

结果证明这只是痴心妄想。曾经给所有在文学或文化上有一定重要性的作家写过信的弗里德里希·梅尔基奥尔·格林不友善地评论道，这部作品“根本卖不出去，也没有人读得懂”。[38] 不管其可读性如何，它确实引发了一场大论战，在本世纪剩下的时间里一直在继续，欧洲所有知名的东方学家都在某个时期被卷入其中。

这部著作甫一问世，当时 25 岁的威廉·琼斯马上用法语写了一封致安克蒂尔－杜伯龙的匿名公开信。琼斯后来不无道理地批评自己的对手“满嘴胡言、傲慢自大”，讨厌他在译本前对自己的旅程做出长篇累牍的叙述。“五百页的书充斥着幼稚的细节，”他说道，“令人作呕的描述、野蛮的字眼和讽刺既有失公允，又令人不快。”[39] 他也很讨厌安克蒂尔－杜伯龙对访问牛津大学的经历做出的粗鲁描述。（“你的琐罗亚斯德看到这种不知感恩的做法，将会给你怎样的惩罚？”他问道，“你应该喝多少牛尿［牛尿具有涤除心身污秽和驱除恶灵的功效］？”[40]）最重要的是，他痛恨安克蒂尔－杜伯龙对托马斯·海德的作品做出的刻薄评论（海德是牛津大学的东方学家，曾于 1700 年做过类似的复原琐罗亚斯德教原貌的尝试），后者曾将穆斯林对前伊斯兰时代的伊朗的记述和“古代波斯人真正的遗迹”对应了起来。[41]

但是这场争论不仅仅是因为学术方法的不同和受伤的民族感情而引起的，也不仅仅是英、法学者为了学术地位而进行的无休止的激烈竞争的一部分。欧洲知识界期待琐罗亚斯德以智者的形象出现，而安克蒂尔－杜伯龙的译本则是伏尔泰所说的“令人难以忍受的大杂烩”。伏尔泰质问道，这部集合了愚蠢的故事、可笑的神魔和古怪的法律的作品，怎么可能出自拥有智者之名的琐罗亚斯德之手？安克蒂尔－杜伯龙的译本中存在的“陈词滥调、错误和矛盾”令伏尔泰感到厌恶，而它们恰恰表明他所使用的文本非常古老。“正是因为那个原因，”琼斯指责道，“我们可以得出结论，这是非常晚近的东西，或者它不可能是被历史学家们交口称赞为智者和哲学家的琐罗亚斯德的作品。”这部由胡言乱语堆砌而成的书，真的是古代波斯人的法律和信奉的宗教吗？“值得走那么远去接受其中的教导吗？”[42] 琼斯说，还不如待在家里，好好看看安克蒂尔－杜伯龙用皇室的资助，吹嘘“你认为非常优秀的封建法和看起来很珍重的罗马宗教”，然后自我感觉良好。安克蒂尔－杜伯龙远赴苏拉特找到的手抄本，“本身粗俗空洞，而且你的粗俗空洞的翻译也无法让人有任何收获”。[43] 琼斯说，最后的译本是一个虽然一直在自我吹嘘但明显对现代波斯语知之甚少、对巴列维语几乎毫无所知的人和另一个几乎无法理解他在读什么的人（不怀好意的达勒布・索拉布吉・库马那博士）合谋的产物。若非如此，那它就只能是一部彻头彻尾的赝品。让・夏尔丹同意他的看法，此外还有德意志学者克里斯托弗・迈纳斯和英国语言学家约翰・理查森，后者极力证明《阿维斯塔》充满了阿拉伯语借词，很难相信这部不堪卒读的文本使用的语言会出自古代波斯玛哥斯僧之手。[44] 百科全书派的结论也基本相同。“如果这是琐罗亚斯德的原作，”格林说，“那么这个古代波斯的立法者不过是一个异想天开、胡言乱语的白痴，遵循着他那一类人的例子，将少数荒谬、迷信的观点和一些几乎能从地球上所有法律中找到的普遍的道德法则结合到一起。”显然，可悲的安克蒂尔－杜伯龙“费力而无用地”浪费了自己的一生，“前往地球上最遥远的地方，只找到了一部充斥着无意义的话的集子”。[45]

结果证明，上述所有人都错了。无疑，安克蒂尔－杜伯龙是自负且放纵的，但是他的语言能力并不像琼斯评论的那么不堪。不过，直到1826年丹麦语言学家拉斯姆斯・拉斯克才证明，安克蒂尔－杜伯龙读到的《阿维斯塔》并不是谬误重重的梵语译本，而且它的成书年代不迟于公元前334年。[46] 如马克斯・穆勒所评论的，琼斯和其他人的所作所为，只是证明了“《阿维斯塔》的作者没有读过《百科全书》”。[47] 不过这正是重点。双方争论的焦点不仅仅是语文学家对材料的争论，它也是关于欧洲文明的起源和东、西方可以在多大程度上被截然分离的不同观点的冲突。琐罗亚斯德是印欧人，照这一点来说，尽管他是一个“东方人”，他的作品属于希罗多德的东方，属于由希腊人和波斯人共同拥有的东方，属于作为后来的西方文明的摇篮的东方。而安克蒂尔－杜伯龙的《阿维斯塔》译本所呈现的，几乎完全是充满迷信色彩的胡言乱语的大杂烩，有些人可能会说，和其他一些宗教文本同样荒谬。

3

安克蒂尔－杜伯龙将琐罗亚斯德的作品提供给启蒙时代受教育的欧洲大众，想要以此赢得名声——如果不是财富——的不顺利的尝试，只是18世纪欧洲重新发现亚洲的过程中的一个组成部分。伏尔泰的著作是另外一个。我们已经看到，伏尔泰是不满意安克蒂尔－杜伯龙译本的批评者之一。他有充足的理由感到沮丧。因为，和安克蒂尔－杜伯龙作品的其他批评者一样，他对古代亚洲的形象寄托着极高的希望，认为它的文明足以比肩希腊人、罗马人的文明。1740年，他开始尝试用新方法书写历史，以真正普世的角度回顾欧洲文明和它所有的成就。在此之前，所有的世界历史都是从犹太教徒或基督徒的视角写成的。在伏尔泰看来，这和从威尔士人的角度书写罗马帝国的历史同样荒谬。[48] 为了反驳这种做法，他将描述和比较地球上所有文明的民族，从东到西追寻文明发展的轨迹。他将这部巨著命名为《风俗论》，“风俗”或习俗是区分各个民族的关键，也是决定其性格、行为和信仰的关键。这本书持有世俗的、非宗教的和普世的观点，会使欧洲人“为自己的文明骄傲，这是人类宝贵的经验”。

伏尔泰也希望，自己的作品能够为欧洲人上千年来以各种方式反复自问的一个问题提供答案。用伏尔泰的说法，如果说东方“孕育了所有的人类技艺，西方世界享有的一切都源自那里”，那么为什么是我们，也就是欧洲的、西方的民族“似乎昨天才诞生于世……现在却在不止一个方面比其他任何一个民族走得更远”？[49] 柏拉图曾经问过自己几乎一样的问题，措辞有所不同，但本质上没有差别，伏尔泰无疑意识到了这一点。此后，欧洲人将会继续追问这个问题，直到20世纪初奥斯曼帝国的崩溃使西方的胜利（至少在一段时间内）看起来确定无疑。直到今天，越来越多迷惑不解、感到受到侮辱的穆斯林仍然在问这个问题。自希罗多德的时代起就一直构筑着东西方之间永恒的敌意的整个关系网，就取决于这个问题的答案，直到今天，这个关系网也只是以一种稍微掩饰的方式，继续限定着这份敌意。

孟德斯鸠曾经相信自己找到了一个答案，它实际上是对亚里士多德提出的一个理论的发展。他主张，民族是环境的产物，尤其受到居住地气候的影响。亚洲没有温带，因此那里的民族一直处在两个极端不断的冲突之中，较弱的一方来自炎热的南方，较强的一方来自寒冷的北方。“因此，”孟德斯鸠得出结论，“一方必定被征服，另一方则是征服者。”然而，在欧洲，强者总是面对强者，因此持续的冲突造成了均势。在欧洲，自由是人类意志的产物。亚洲则不同，不管各个民族如何激烈地反对自己专制的统治者，弱者必然会屈服于强者，而他们自己永远不会强大起来。孟德斯鸠总结道：“这就是自由为什么在亚洲从未增加；在欧洲，它根据环境增加或减少。”（大卫·休谟以其独具特色的怀疑主义论调对此做出了评论，他说即使北方人总是劫掠南方人是事实，那么它也和气候完全无关，全部原因都可以归于贫穷。北方贫穷，南方富裕。）

尽管孟德斯鸠骄傲地声称，此前“没有任何一个人发现过”导致东西方差异的这个原因，不过它并没有说服太多人。[50]气候可能是决定“民族性”的因素之一，但是现代希腊和现代埃及人的例子提醒人们，用伏尔泰的话来说，“即使有不可辩驳的证据，证明气候影响人的性格，政府的影响总是大得多”。大卫·休谟的观察与此类似。他不无讽刺地说道：“我相信没有任何一个人会认为，住在威平区和圣詹姆斯区——伦敦最穷和最富的两个区——的人们的行为差异是因为空气或气候的不同造成的。”[51]

不，尽管欧洲人可能比阿拉伯人或波斯人起步晚，但现在已经超过他们，这不是因为气候，或某些使“东方人”懒惰、爱效仿别人的特质。如果人类的本性，用休谟的名言来说就是“在所有的时代和不同的地方有很多共同之处，历史在这方面没有告诉我们特别新颖或奇特的东西”，那么造成世界各个民族之间的差别的原因必定不是因为他们所谓的天性不同。民族可能确实有各自的性格，但那是后天习得的，而非先天固有的。

如果说从君士坦丁堡到德里的所有亚洲民族都死气沉沉，无法摆脱专制统治者以获得自身的解放，甚至无法受益于他们伟大的祖先的成就，那么这必定和他们共享的文化、笃信的宗教有关，最重要的是，和统治他们的政府有关。

到了17世纪末，亚洲的政治体系通常被称为“东方专制主义”。[52]这个术语的出现，或者说，至少它的流行在很大程度上是因为法国哲学家和医生弗朗索瓦·贝尔尼埃（1620—1688），他根据自己在莫卧儿王朝统治下的印度的经历创造了它。不过它也适用于当时全部三个庞大的伊斯兰帝国。而且只需稍做修正，同样可以适用于传统中国。[53]

贝尔尼埃为莫卧儿皇帝奥朗则布当了12年御医。1684年，他出版了《根据地球上的不同人类类别或种族划分地球的新方法》，尽管书里大部分内容讨论的是女性美，但它必定要被归为第一批种族主义著作。不过真正造成深远影响的是他关于土耳其、波斯和莫卧儿印度的长篇论述。他的书肯定给极力主张功利主义的詹姆斯·密尔留下了深刻印象，后者写出了最早的并且无疑也是最辛辣的批评英国占领印度的文章（詹姆斯·密尔是著名的自由主义哲学家约翰·斯图亚特·密尔的父亲）。贝尔尼埃的书也给卡尔·马克思提供了大量证据，后者由此提出了著名的“亚细亚生产方式”的概念。

贝尔尼埃的论点很简单，而且能够得到所谓的直接经验支持。他认为，在穆斯林和“印度人”的统治下，法律是不存在的。立法取决于善变的君主的想法，或是如在伊斯兰教法的例子里所看到的，取决于一个很久以前的统治者的突发奇想，然后被伪装成神圣的经典。东方的专制君主不是在统治国家，而是拥有整个国家。在西方，个人的地位和身份很大程度上取决于他或她获得财产的能力。但在东方，君主拥有一切，这是三个伟大的伊斯兰文明——奥斯曼帝国、波斯和莫卧儿印度——的共同点。贝尔尼埃称，所有这些国家都没有

> 财产权，而财产权是世界上一切美丽的和美好的事物的基础。因此，它们彼此不可能不看起来非常相似。因为拥有相同的缺点，它们迟早必定会遭受所有专制主义国家都无法避免的相同命运：灭亡和沦为废墟。[54]

在东方，奴隶制度非常普遍，这种制度实际上在欧洲很多地方也很

常见，而在欧洲的海外殖民地，这种现象正变得愈加残忍。但是只有东方存在着孟德斯鸠所说的“政治奴隶制”，那些被统治者完全没有独立于统治者意志的行动自由或表达自由。东方统治者贯彻自己的意志的手段，既不是像西方的君主国那样诉诸荣誉，也不是像共和国那样诉诸美德，他们的手段是使人心生恐惧。这就是为什么在专制主义的国家里，特别是在那些亚洲国家里，宗教如此重要，因为宗教总是“在恐惧之上增加恐惧”。[55] 因此，《波斯人信札》中的通信人之一黎加才会声称，除了小亚细亚的几座城市以及可能更难说清楚的迦太基，亚洲对共和制一无所知，而后者在非洲则“总是受专制主义的破坏”。[56]

在东方专制主义国家里确实存在着法律，但是它们非常少见，而且几乎一成不变，因为“当你训练一只野兽的时候，要特别注意使它不变换主人，不更改所教的科目和步法。你通过两三个动作把指令印入它的脑海就够了”。[57] 在孟德斯鸠看来，专制社会不像是国家，更像是一个大家族。他写道：“一切都简化到使政治、民事的管理与（宫廷的）内部管理相一致，使管理国家的官吏和那些管理君主后宫的相一致。”

在这样的新的“东方”的形象里，穆罕默德最终不再成为基督徒妖魔化的对象，但是他的角色却更加没有吸引力（虽然这样的角色更可能是真实的），他成了专制君主的原型，成了一个手腕高超、精明的人类统治者。这正是他在1742年伏尔泰发表的悲剧《宗教狂热，或先知穆罕默德》里的形象。伏尔泰笔下的穆罕默德是一个善使计谋的专制君主。但他也是一个聪明的战略家，热情地谋划着阿拉伯人的未来，他称他们是“慷慨的民族，被历史遗忘太久”。他对统治麦加的“佐庇尔”说道：

> 我只以启示我的神的身份说话，
> 在我手里的剑和《古兰经》，
> 将会让所有其他人安静。
> 他们听到我的声音，将如同听到惊雷，
> 我将眼看他们的前额伏向地面。

> 我有野心。他人必定同样如此。
> 但国王、教皇、族长或公民的野心，
> 肯定无法和我同日而语。
> 每个民族都有在这个地球上荣耀的时刻，
> 通过它的法律、它的艺术，最重要的是，它的武力。
> 属于阿拉伯人的时刻终于到来。[58]

孔多塞、吉本、休谟和卢梭赋予了穆罕默德几乎相同的角色。“为了给到那时为止无法被驾驭的民族一个领袖，”孔多塞小心翼翼地称赞道，“他开始从他们古老信仰的废墟上兴起一个更加完善的宗教。他是立法者、先知、祭司、法官和将军，他知道每一种驾驭人的方法，以能力和威严号令他们”。[59] 这并不是一个特别具有原创性的说法，甚至不是西方独有的说法。四个世纪之前，伊本·赫勒敦已经说过类似的话，尽管在他看来，穆罕默德“封印先知”的地位自然是不容置疑的。他写道：

> 贝都因人只有利用先知身份、圣徒身份这种具有宗教色彩的因素，或者泛泛的某种重大宗教事件才能生成王权。由于贝都因人身上具有的野性，他们是世上最不愿意服从于自己人的民族……但是，当通过先知身份或圣徒身份在［他们之间］生成了宗教，他们就会在自身施加一些限制。[60]

但是，不管是不是原创，穆罕穆德作为完美体现了一个社会的武装先知的形象，是将一个由古希腊人塑造的形象移位至了伊斯兰世界，这个形象就是想要征服古希腊人的阿契美尼德王朝征服者的形象。

这使它变得令人欣慰的熟悉。在古代世界的胜利史里（先是在马拉松，然后是在萨拉米斯），弱小、独立、热爱自由、遵守法律的希腊人成功抵挡住了一个庞大、专制的国家。萨拉米斯海战不仅实际上终结了波斯的威胁，而且一如我们已经看到的，它也是希腊帝国的开端，后者的势力不断增长，直到亚历山大入侵波斯，烧毁它的首都，并着手按照他的理解以单一的文化统一整个世界。存在于18世纪每个欧洲人头脑中的欧洲的成功故事始于萨拉米斯，继而由亚历山大巩固，然后由罗马将其转变为一个世界性的文明，而生活在现代欧洲国家及其海外殖民地的人们则是他们的继承者。在博斯普鲁斯海峡的另一侧，阿契美尼德人被帕提亚人取代，然后是萨珊人，随后阿拉伯人又取而代之，最后他们又被萨法维人、奥斯曼人和莫卧儿人颠覆。

这种看法的问题在于，如果我们更细致、更富同情心地检视萨法维人、奥斯曼人和莫卧儿人，就会发现他们远非欧洲人想象的那么野蛮。君士坦丁堡征服者穆罕默德二世曾受到伏尔泰的赞赏，他被普遍视为极富修养的人，从某种意义上说，是真正体现古代世界的价值观的人，而这些价值观早就被以爱争吵、贪婪的十字军战士——他们是导致拜占庭帝国沦陷的元凶——或腐败堕落的希腊人为代表的基督徒丢弃了。伏尔泰指出，在伊斯坦布尔建立学院、教授人们早已被现代希腊人遗忘的古希腊语和“神学、医学与亚里士多德的哲学”的，正是穆罕默德二世。[61]

至少在这一点上，安克蒂尔－杜伯龙和伏尔泰的看法一致。因为对东方国家千篇一律的刻板印象感到不满，他于1778年写了一篇名为《东方法制》的论文，以此证明——用他的话来说——土耳其、波斯和印度“仍然盛行的专制主义”，“只会使人们对这些地方的政府产生错误的印象”。他抱怨道，大量以东方为主题的文字，不仅充满了对东方的误解，而且还存在着某种倾向，将某种全世界普遍存在的缺陷，甚至是自然因素造成的结果，归咎于人们的意愿，或者如他所指出的，归因于“政府”。他写道：

> 亚洲所有的错误总是政府造成的。蝗虫使一个地区受灾；战争使另一个地区的人口减少；缺雨导致的饥馑逼迫一个父亲卖掉自己的孩子（1755年，我在孟加拉亲眼见过）。下一次发生时，还是政府造成的。旅行家在巴黎、伦敦或阿姆斯特丹写下自己的作品，他们可以随心所欲地说出任何批评东方的话。而当他们自己的国家发生同样的灾难时，他们将其归于天气或人们的恶意。[62]

伏尔泰同样这样认为。他一次又一次问道，波斯或土耳其的编年史作者会如何看待欧洲的封建体系？它看起来比穆斯林中普遍存在的人身依附程度更低吗？经过仔细的审视之后，我们会发现亚洲国家千差万别（就相当于法国和威尼斯之间有所不同），绝大多数人认为其中最极端的是奥斯曼帝国，但即使是它，也不能被真正形容为“专制的”。伏尔泰说：

> 认为臣民是苏丹的奴隶，他们一无所有，他们的财产和他们自身都是属于主人的，这样的假设是非常荒谬的。这样的统治方式只会导致自身的毁灭。如果说被征服的希腊人不是奴隶，征服他们的人反倒是奴隶，这非常奇怪。[63]

在伏尔泰看来，奥斯曼帝国的一项优势（在根本上同样也是其弱点所在）是，土耳其人和阿拉伯人与罗马人不同，他们并未试图将全世界变成单一的国家。他们也不会像蒙古人在中国的情况那样，简单地融入了被征服的民族的文化。他们的做法是，创造出多个社会；绝大多数基督徒曾把那里描绘为恐怖的邪恶之地，但这些地方实际上是热情、宽容和奉行世界主义的。人们只要皈依伊斯兰教，就有机会爬上权力的顶峰。奥斯曼苏丹无疑是最高统治者，但他是通过地方掌权者进行统治的。

意大利探险家马尔西利侯爵在18世纪初到过伊斯坦布尔，他拜访过“高门”，也曾写过一篇名为《论奥斯曼帝国的军事》的论文。他的结论是，苏丹国确实是专制国家，但是在实际运行中，它更像民主国家，而非君主国，因为据他观察，新军才是权力的最终来源，各个地区由自己的统治者加以管理。[64] 征服者刚刚取得胜利，政府就被还给被征服者。[65] 作为阿契美尼德帝国的直接继承者的萨法维波斯，比土耳其和印度更加文明，“那里没有君主制，”伏尔泰写道，“人权状况更好。”[66] 根据这样的说法，奥斯曼人或萨法维人看起来更像是亚历山大的后继者，而非继承自“各民族的君主和各城镇的第一公民”薛西斯。[67]

这些说法只是为了挑战欧洲的统治者，在像伏尔泰这样的人看来，他们的专制程度和亚洲的统治者不相上下。但是即使那些庞大的东方帝国不是真正专制的（或者说并不比旧制度下的绝大多数欧洲君主政权更专制），即使它们在不久之前还能够在军事和文化上与欧洲社会匹敌，在18世纪时，它们明显开始衰落。有一种力量曾经驱使阿拉伯人走出阿拉伯半岛，走向世界，并且一直深入到法国南部；它曾驱使奥斯曼土耳其人从安纳托利亚的山区步入欧亚文明的中心腹地，到了17世纪末，苏莱曼大帝的野心甚至超过了薛西斯，他一直前进到多瑙河才停下脚步。现在，这种力量已经消耗殆尽。

阿拉伯人借鉴了萨珊波斯统治机构的部分元素，他们的军事技术也基本上是从萨珊人和希腊人那里学到的。土耳其人似乎从波斯人和后来被他们征服的拜占庭人那里学到了很多东西。他们利用欧洲人当时闻所未闻的档案资料，建立起一流的中央管理机器。他们采用希腊的建筑技术和装饰风格。但是在绝大多数欧洲观察家看来，阿拉伯人和土耳其人学到的还不够多，尚未脱离人类历史上的劫掠阶段。尽管在最初取得了成功，但它们全是停滞的。它们的军事成就值得敬畏，但是和希腊人与罗马人的征服不同，它们没有同时在艺术和科学上取得进展。阿拉伯人和土耳其人的目的只是攫取土地。奥斯曼国家已经通过使用和前辈阿契美尼德人几乎相同的手段，实现了自己的野心。伏尔泰指出，现代土耳其人对现代经济学、非凡的税收体系或先进的借贷系统一无所知。他们不需要为公共债务或国有银行头疼。“这些统治者，”他表达了自己对苏丹的看法，“只知道如何积攒金子和宝石，自居鲁士时代起一直如此。”[68]萨法维王朝或许多少是个例外，但是即使在那里，“因为国家发生的变化”，曾经和希腊旗鼓相当的科学已经灭亡。[69]在阅读夏尔丹的《游记》时，伏尔泰感慨道，“让人觉得仿佛是薛西斯时代的事”。[70]

但是为什么会这样？16世纪时，奥斯曼帝国和萨法维王朝像曾经的哈里发国一样，比欧洲的基督教国家更先进。他们为何无法保持自己的优势？最简单也最引人注目的答案曾经是，并且将一直是宗教。

欧洲成功地抵挡住了教会侵蚀由区区人类组成的政府的尝试。正如我们所见，在16世纪时，教会的内部纷争使其丧失了纯精神领域之外的所有其他领域的大部分权威。世俗化只是部分完成了，即使到今天仍然如此。但是这足以保证一种独立的、科学的文化的发展。在伊斯兰世界里，情况则完全不同。因为伊斯兰教被视为民法的基础。它被当作身为专制君主和卓越的军事统帅的穆罕默德为了束缚一个难以驾驭、好斗的民族而使用的至高无上的工具。为了继续发挥它的作用，它决不能被像西方的民法那样加以解释。伏尔泰说，认为《古兰经》早已存在于天国，然后被传到人间，这样的解释“几乎等同于劝人不要和智者争论”。他指出，甚至连伊斯兰这个词本身都意味着要顺从、接受神的话语。[71]

4

不过，这个解释只适用于奥斯曼、波斯和莫卧儿世界。到伏尔泰写作的时期，另一种在某些方面和古代近东、中东文化非常相似，在其他方面却有着惊人不同的亚洲文化开始快速出现在欧洲人的想象中，那就是中国。伏尔泰对夏特莱夫人说（他的《风俗论》是为她而作的），如果新的世界史要从东向西追寻文明的发展，那么它必须要从位于亚洲最东端的中国人开始，“早在我们学会如何写字之前，他们已经开始用文字记录历史”。[72]

将中国纳入这种拓展了的东方视野之中，有着极大的困难。同 18 世纪绝大多数有学识的欧洲人一样，伏尔泰认为“中东”的历史在最根本的方面是阿契美尼德帝国的延续。与此类似，位于兴都库什山脉和阿姆河之间的印度北部，或者说至少是巴克特里亚地区（大致相当于现在的阿富汗），在希腊史上一直占有一席之地，从而被纳入欧洲的历史。那里毕竟是孕育出了“天衣派”（Gymnosophists）的半神秘之地，伏尔泰指出，“毕达哥拉斯之前的希腊人曾经到那里寻求指导”；和埃及一样，那里也是公认的波斯和希腊科学与哲学的起源地之一。[73]

但是，想要建立起中国和欧洲的联系要困难得多。自古典时代起，中国人——罗马人称他们为赛里斯人，也就是丝国人——通过所谓的“丝绸之路”直接或间接地和拜占庭的希腊人、波斯人、阿拉伯人展开贸易。经由传说中的“丝绸之路”，不仅是丝绸，象牙、黄金、珍禽异兽和香料也被运出中亚。萨珊人曾经在斯里兰卡建立过贸易据点，拜占庭编年史作家科斯马斯·印第科普莱特斯写道：“许多船从印度、波斯和埃塞俄比亚来到这座岛屿……从更远的地方来，我指的是秦尼斯达（*Tsinista*，即中国）。”[74] 早在 7 世纪时，聂斯脱利派很可能已经在位于缅甸或马来西亚的卡拉港（Qal'ah）建过一座教堂。到了 11 世纪，从位于波斯湾的伊朗海岸城市西拉夫和阿曼海的苏哈尔出发的船只，会定期前往斯里兰卡和更远的中国。这段旅途漫长而危险，到中国的往返旅程大约有 1.6 万公里，途中可能遇到大批海盗，但是获利丰厚。不过尽管如此，有关中国和中国人的消息却很少向西传到拜占庭帝国的边界之外。

第一次让大多数欧洲人注意到中国的并不是中国人自身，而是蒙古人。在 1209 年之前的几年里，一个小部落的首领铁木真统一了居住在阿尔泰山之外的高原上彼此之间冲突不断的突厥 - 蒙古诸部。他自称“成吉思汗”，意思是“拥有海洋四方的王”。成吉思汗对蒙古人做出的贡献和穆罕默德对阿拉伯人做出的相似。在 1227 年去世之时，他已经几乎征服了中国北部，占领了从波斯到阿富汗的大片土地。继承他的窝阔台消灭了金朝，向西经俄罗斯一直到了匈牙利。1492 年，当哥伦布在美洲登陆时，他相信自己到达的正是这个“大汗之国”的东岸。它是有史以来疆域最广的陆地帝国，今天，居住在这片土地上的人口超过 30 亿。

当这些征服活动的消息一点点传到欧洲后，出于对来自草原的野蛮、披头散发的游牧民的恐惧和无知，各种奇谈怪论层出不穷，和之前阿拉伯人激起的反应十分相似。他们是像有些人主张的那样，是被大流士一世消灭的玛哥斯僧政权的后裔吗？他们是被传说中亚历山大大帝——在中世纪，即使是最有学识的人也无法在传说中的亚历山大大帝和真实的亚历山大大帝之间做出区分——囚禁在里海群山之后的巨人歌革和玛各的子孙吗？他们的目的是要征服罗马吗？他们的到来是否预示着世界末日将近？担惊受怕的东欧人在此后 500 年间一直惶恐不安，每天都在担心亚洲异教徒的入侵。他们称蒙古人为“鞑靼人”。讽刺的是，这是一个叫作“鞑靼”的部落的名字，该部落实际上已经被成吉思汗吞并了。不过对于那些生活在恐惧中的人来说，鞑靼（Tartar）正好能激起他们对地府（Tartarus）的想象。到了1295年，情况变得更糟，一个名为马哈茂德·合赞的前佛教徒成了汗，他皈依了伊斯兰教，并且得到了帝国很多地区的服从。

不过在接受伊斯兰教之前，蒙古人曾经宽容和赞助过若干宗教，包括佛教、基督教、犹太教、伊斯兰教和各种形式的异教，表面上对它们是一视同仁的。在整个13世纪，除了犹太教，这些不同信仰的代表相互竞争，想要独自控制蒙古人的灵魂。1245年3月，鉴于蒙古人已经摧毁了统治波斯的伊斯兰教国家塞尔柱帝国，教皇英诺森四世抱着能够说服或劝诱他们成为基督徒的希望，派遣使团前去拜会当时的大汗贵由。使团中的一名成员是著名的意大利方济各会修士普兰诺·柏朗嘉宾。柏朗嘉宾一路到了贵由的“金帐”，并于1246年6月获得觐见大汗的机会。他将教皇的信函交给大汗，要求他和他的人民服从教皇的权威。贵由对此的回答是：

> 你曾经说过：“皈依基督教，则万事大吉。”尔等放肆至极……你怎会知晓长生天会宽恕谁，怎能窥测他会向谁开恩？全能的长生天已把从日出到日落的所有土地赐予我们……我们怎么可能真心诚意地说：“我们愿意降服并成为你的臣民，我们将献出我们的力量。”你应亲自率领所有国王立即向我们臣服。[75]

觐见就这样无果而终，但是在返回欧洲之前，柏朗嘉宾花了一年半的时间参观了大汗的领地，他得到了从近处观察蒙古人的机会。1247年回到欧洲后不久，他写下了《蒙古行纪》。自希罗多德之后，这是欧洲出现的第一部富有洞察力的详细描写一个亚洲民族的作品。和希罗多德一样，柏朗嘉宾的著作既包括准确的民族志，如蒙古人的信仰、婚姻习俗、饮食、服饰、占卜、殡葬仪礼和以火净化的风俗，也有他的观察，如蒙古人的顺从、坚忍、忠贞和诚实，以及他们的自大、缺乏耐心、肮脏的饮食习惯和酗酒的现象，然后，他把它们拼接成一副怪异的画面，一如西方的独脚人、住着雌性怪物和公狗的土地，或是只以气味为食的人。[76]他也提到了汉人，称他们为“Kitayoi”，说他们“友善而且仁慈”，他相信他们都是基督徒，住在“大量出产棉花、酒、金银和丝绸”的地方。但是因为他并没有亲眼见到他们，所以所有这些都是道听途说。

1248 年，两名聂斯脱利派教徒出现在塞浦路斯，自称是蒙古的西亚远征军统帅野里知吉带的使者，当时路易九世正在那里准备率十字军进攻埃及。他们告诉他，贵由汗已经皈依基督教。不仅如此，他的母亲是“祭司王约翰”的女儿。所谓“祭司王”是中世纪民间故事里一个颇受人喜爱的角色，他是一个有着巨大权力和财富的神秘的基督教统治者，他在 1165 年似乎给拜占庭皇帝曼努埃尔写了一封信，承诺要帮助他对抗“撒拉森人”。事实证明，这封信是伪造的，而祭司王约翰那据说用金子造房屋、用银子铺路的王国，不过是根据访问过埃塞俄比亚的科普特王国的旅行者们不太准确的见闻编造出来的。贵由汗皈依基督教的故事和他的母亲的身份的披露，听起来过去完美，以至于难以令人相信是真的。五年后，国王路易九世派方济各会修士卢布鲁克的威廉前往今天已成废墟的蒙古帝国首都哈拉和林，打探蒙古人的首领是否真的已经成为基督徒。如果不是的话，那就劝他皈依罗马教廷。

皈依的故事当然只是一厢情愿。不过大汗（蒙哥汗）显然给了他一个说服自己皈依基督教的机会。1254 年 5 月 30 日，他让东西方不同信仰的代表展开辩论。卢布鲁克没有为神学辩论做准备，发现自己此时不得不在众人面前为罗马公教宣称自己是真正的宗教的主张辩护。他的对手有聂斯脱利教派的信徒、佛教徒和穆斯林。根据他的日记（这是我们关于这场辩论所拥有的唯一资料）的记载，开始时，卢布鲁克联合聂斯脱利派教徒一起对抗穆斯林和佛教徒，这并不太难，因为，虽然聂斯脱利派在他眼里是异端，但是它的信徒仍然可以算是基督徒。然后他又说服穆斯林，令后者相信，基督教和伊斯兰教在大多数涉及与神的本质和存在相关的基本原则上并无二致。他获得巨大的成功，穆斯林在其面前屈服，退出辩论，安心准备皈依基督教。剩下的是佛教徒，和其他三派不同，他们并不熟悉这种口头辩论，已经被复杂的神学谱系绕晕了。他们还一度宣称没有哪个神是全能的，听众中的基督徒和穆斯林爆发出了一阵笑声。[77]

西方拉丁基督教世界似乎是胜利了。不过，即便如此，大汗也不为所动。他睿智地对卢布鲁克说："如同神给了手掌不同的手指，他也赐给人不同的道。"尽管卢布鲁克赢了辩论，却只能空手而归。但是蒙古大汗——同时也是中国的皇帝和乌拉尔山以东所有只有模糊印象的土地的主人——正等着皈依的神话，流传了几个世纪之久。当哥伦布的船只在似乎没有尽头的大西洋的海浪中颠簸时，他坚信自己正在"中国"海岸附近的某个地方，并且抽时间在自己的航海记录中写下："大汗［哥伦布认为他是全"印度"的统治者］多次……派人来到罗马，要求得到我们圣教的教师为他指点迷津，但是教皇从来没有关注过这件事，很多人因此迷失方向，沦为偶像崇拜者，加入那些该受谴责的教派。"

和柏朗嘉宾一样，卢布鲁克也利用大部分闲暇时间观察身边的人。和柏朗嘉宾一样，他也未能前往中国（或"契丹［Catai］"，他是第一个使用这个说法的人），不过他注意到了蒙古人和汉人的区别，而且在蒙古帝国的首都花了不少时间研究中国。卢布鲁克显然对他的蒙古主人正准备征服的这个拥有高度文明的杰出民族非常感兴趣。他笔下的内容让欧洲人获得了有关汉人习俗的最初印象。他描述了一些有关中药和书法的细节（"他们用几个笔画组成一个字，构成一个词"，他充满惊叹地写道），以及欧洲人从未听说过的纸币。他身边的一切都暗示着那是一个更富裕、更奢华的民族，比他在蒙古游牧部落见到的一切都优雅和精致得多。"契丹"的城墙可能不是用黄金制成的，街道也不是用白银铺就的。但是卢布鲁克在皇宫里见到了一棵神奇的银树，在其根部有四只银狮。树梢上有一个吹喇叭的机械天使，当喇叭声响起时，狮头口中会流出包括马奶酒在内的四种不同的酒。尽管这实际上是一个名叫纪尧姆·布歇的巴黎金匠的作品，不过卢布鲁克回忆道，它出现在离欧洲这么远的地方，放置在如此具有异国情调的场景中，这本身就令人惊奇。[78]

不过在所有关于中国的记述中，细节最丰富、流传最广的要数威尼斯商人马可·波罗的书。他宣称自己从1271年到1295年一直住在中国，并且曾经担任过忽必烈汗的大臣。忽必烈可能是最伟大的汗，他统一了中国，实际上成了中国的皇帝，他的新都城的营建地址就是今天的北京。马可·波罗第一次为人们提供了一窥这个看起来不可思议的奇异世界的机会，它比当时的欧洲面积更大、更富裕，也更优雅。今天，不少人严肃地质疑马可·波罗的《对世界之描绘》（有时也被称为《百万》）的真实性。《对世界之描绘》中既有明显来自直接观察的细节描写，也有游记读者们习惯见到的匪夷所思的描写。

但是，在马可·波罗的时代，很少有人——或者说根本没有人——怀疑过它的真实性，其中包括急切的、轻信的克里斯托弗·哥伦布。这是欧洲人第一次从内部观察中国。马可·波罗将中央之国描述为一片广袤的土地，居住着一支由仁慈的专制君主统治的民族，他们有礼貌、成熟、富有、习惯于都市生活、擅长经商、不谙战事、对科学和技术几乎一窍不通，这样的形象将会流传几个世纪。它攫住了英国诗人科勒律治的想象，使他在一次吸食鸦片后写下了《忽必烈汗》：

忽必烈汗驾临上都，
修起富丽的逍遥宫，
那里有神河阿尔浮，
流经深不可测的岩洞，
注入不见太阳的海中。
那儿有十里方圆的沃土，
城墙、高塔四面围绕，
明媚的花园，曲折的小溪，
丁香、豆蔻芳华四溢，
树林像山丘一样古老，
环抱着阳光灿烂的草地。

在从 1368 年到 1644 年的明朝统治期的大部分时间内，中国的“逍遥宫”几乎谢绝了所有的西方访客。不过，继承明朝的清朝对西方要稍微开放一些，允许越来越多的欧洲公使团和大使踏上中国的土地。这带来的重要后果是，各种充满异国风情的物品，包括丝绸、木雕、铜饰、漆器家具、红木茶几和瓷器柜，被稳定地输入西方。尤其是各式各样的瓷器被大量输出到欧洲市场。中国式宝塔成了英国乡村别墅的精心设计的花园里非常时髦的装饰品。建筑师们在瑞典的皇后岛和俄罗斯的皇村建起了整座“中国式”村庄。

无论中国人还有什么其他特点，他们制造的工艺品证明了他们肯定是技艺高超的匠人。不过，虽然来自中国的奢侈品深受消费者的喜爱，绝大多数人对它的历史、宗教和文化却一无所知，甚至都不知道制造了这些商品的人在何方居住。在卢布鲁克的威廉发现了蒙古人和汉人之间的区别后又过了三个世纪，在蒙古帝国变成明帝国后又过去了 253 年，绝不能算是孤陋寡闻的散文作家、《忧郁的解剖》的作者罗伯特·伯顿在 1621 年仍然声称，他需要一台飞行器去看看“耶稣会士利玛窦笔下的中国和契丹是不是同一个国家，鞑靼人的大汗和中国的王是不是同一个人”。[79]

对绝大多数欧洲人而言，中国处于世界的边缘、宇宙的最远端。威尔金斯主教在 1688 年发表的《关于真实符号和哲学语言的论文》里认为，中国人与其他人类完全隔绝，所以他们的语言可能是人类的原始语言，因为他们没有参与巴别塔的建造。德国哲学家、诗人约翰·哥特弗雷德·赫尔德形容中国——他似乎非常讨厌这个地方——是“挤在地球的一角，被命运安排到如此偏僻的地方，孤悬于各民族之外”，因此无法在人类历史上扮演任何重要的角色。[80]

但是，亚洲的两个部分之间却有着一个联系，它有着持久的意义，是由耶稣会传教士在 16 世纪末期建立起来的。连接二者的是宗教，考虑到向蒙古大汗传教的努力一直没有成功，这一点是非常令人吃惊的。

传教士的任务当然是传教。最典型的是利玛窦（他就是罗伯特·伯顿提到的那个耶稣会士）。他于 1583 年来到中国，直到 1610 年去世时一直住在那里，他和中国的学者交好，能够用优雅的中文写作，而且今天我们眼中的儒家形象可能正是由他塑造而成的。[81] 虽然他对中国的大多数事物抱有好感，不过他前往中国的目的是要劝中国人放弃他们自己的宗教（不管那到底是什么），皈依基督教，这也正是他的同僚们（他经常和他们通信）前往印度和美洲的原因。不过中国人既不是美洲的印第安人，也不是印度人。他们的信仰体系——佛教、道教，以及最重要的儒教——都非常复杂，在很多方面和基督徒的道德准则非常接近，难以加以批判，因此不像阿兹特克人、印加人，甚至是印度人的信仰，可以被简单地斥为撒旦的作品。与此相反，它们似乎和基督教从希腊罗马异教那里吸收来的部分内容有着惊人的相似之处。

利玛窦开始着手建立中国的各种信仰和基督教之间的联系。与柏拉图主义有些共同之处的儒教（至少利玛窦是这样解读的），是否反映了一个高度发达的文明对《福音书》里毋庸置疑的真理做出的初步探索？和很多耶稣会同僚一样，利玛窦确信它很可能是这样的。

很多人也同样认为，这些强调德行的异教都是一种甚至在“十诫”之前就已经存在的古代信仰的残余。特立独行的德意志耶稣会士阿塔纳修斯·基歇尔正是这样认为的。他于1667年出版了《中国图说》，它是最早描述中国宗教信仰的著作之一，同时也是最荒诞不经的。这本书还包括了近“印度”和中“印度”，即埃及和印度次大陆，希望以此在“东方”不同地区的宗教和文化之间建立起联系。在基歇尔看来，古代埃及和当时的中国都是根据同一部法典治理国家的，该法典出自传说中的希腊圣人“赫耳墨斯·特里斯墨吉斯忒斯”，一批希腊哲学、占星学、炼金术、宇宙学、医学和其他领域的著作全都被归在他的名下。这些深奥的作品据说出自发明埃及文字、作为艺术和科学的保护神的托特神的口述，是赫耳墨斯本人记录下来的。因此，它们是唯一早于摩西或柏拉图的古老智慧的残存部分（实际上，它们可能是在公元1到3世纪之间成书）。[82] 在基歇尔看来（他提供了一座中国“寺庙”的插图，画着一些跪拜的高官，他们面前是一座神坛，上面有成堆的被砍下的首级，但是面部却保持着不和谐的笑容），孔子只是赫耳墨斯 / 托特神在中国的名字，这意味着埃及人、中国人和希腊人享有共同的文化遗产。另一名耶稣会士白晋（他是北京耶稣会的负责人）试图说明，据传创造了《易经》的神话人物“伏羲”，实际上同琐罗亚斯德、赫耳墨斯和圣经中的以诺是一个人，只是名字不同而已。这样，他就把古代波斯人、希腊人和犹太人的学识与中国人联系了起来。[83]

到了18世纪初，欧洲人广为接受的中国人形象，基本上是由利玛窦、基歇尔、白晋和埃及学先驱保罗·伯里耶与哥特利布·斯皮策的作品塑造的，在接下来的一个世纪里，他们仍将继续影响着欧洲人对远东的看法。他们相信居住在那里的民族技术高超、非常神秘、高深莫测。他们也重视仪式和礼貌，最重要的是，他们的德行和优秀的基督徒不相上下。到目前为止，对推广这种品行高尚的中国人的形象贡献最多，但同时也指出了中国文化中最明显的缺陷的人，正是德意志哲学家、数学家、发明了微积分的戈特弗里德·威廉·莱布尼茨（1646—1716年）。

莱布尼茨说，中国人和世界上的其他民族不同，因为只有他们能够以最接近人类极限的方式，过着合乎自然法则的生活。其中的原因在于，中国显然没有任何单一的、教条的宗教教义，更不用说在16、17世纪大部分时间将欧洲变成杀戮之地的相互竞争的教派，儒教是一个“理性的宗教”。莱布尼茨相信，任何一个有理性的人都不得不承认，中国人的行为体现了神的意愿，而其他的世界性宗教，特别是基督教和伊斯兰教，在这方面都失败了。莱布尼茨是一名纯正的基督徒，但是他认识到，“如果上帝真如将救赎和自己那充满妄想的教派联系起来的教派博士（Sectarian Doctors）所描述的那样，那么中国的政府比上帝的政府要好太多”。[84]

这也是中国人自己的看法。只有细微差异的各个基督教派之间的激烈争吵，和中国人彬彬有礼、温和的辩论形成了鲜明对比，而且也削弱了“西方人”在中国人心目中的理智名望。由于看到爱争吵的传教士们奋力争夺其臣民的灵魂，清朝皇帝康熙被激怒了，他讽刺地说，不同于各有崇敬之神的穆斯林、蒙古人，“或者任何其他国家的人”，

> 于天主教之中，耶稣会之人与白多罗会（the Society of Peter）之人彼此不和，白晋与沙国安不和；在耶稣会之中，佛朗机人只进佛朗机人之教堂，法兰西人只进法兰西人之教堂……朕闻西洋人说，

> 天主［利玛窦对基督教上帝的称谓］常引人行好，魔鬼引人行不善，由不得他矣。[85]

莱布尼茨会同意这种说法。他说，不反对教会派传教士前来中国，但是考虑到欧洲的现状，它自己更需要“来自中国的传教士，我们或许可以从他们那里了解自然宗教的用处和修行”。[86] 对莱布尼茨而言，中国人不仅是伟大的匠人和天才的设计师，他们也是一个非常重视道德的民族。伦理学是他们真正的力量源泉，他们的伦理学中几乎不包含形而上学和神学的空想，而是坚持教育和对话。“真正的实践哲学，”莱布尼茨在给白晋的信中写道，“更多的包含于教育和人与人的对话以及互动的良好秩序之中，而不是关于美德和权利的普遍规则之中。”[87] 后来，伏尔泰坚持认为，中国人是欧洲人反复尝试却一直无法成为的那种人，即真正的斯多葛主义者。“他们的道德准则，”他宣称（不过他实际上对其知之甚少），“非常纯粹和严厉，但同时又和爱比克泰德宣扬的准则同等仁慈。”[88]（爱比克泰德是活跃于公元 1、2 世纪时期的希腊斯多葛主义者，他主张正确处理道德错误的方式是教育，而非惩罚。）

莱布尼茨把中国人变成了苏格拉底天然的继承人。不过，虽然他坚持认为他们在道德哲学方面非常出色，却不认为他们对逻辑学、几何学、形而上学、天文学或自然科学有一星半点的理解。[89] 还有什么比知识的交换更能启迪人类？他富有激情地写道：“通过一种灌输的方式，我们甚至可以立刻把我们的知识给予他们，同时对我们来说，我们也可以立刻从他们那里获得大量新的指导。如果没有他们，不管过多少个世纪，我们都完全无法知悉这些知识。”[90]

事实证明，中国人对这种“灌输”完全不感兴趣。耶稣会士抱着一些不切实际的想法，他们认为科学，特别是科学仪器，可以使中国人相信基督教的优越性，因此他们带去了大批天才的发明，送给皇帝当礼物，包括钟表、星盘、望远镜、古钢琴、威尼斯棱镜和吸泵。怀着相同的目的，利玛窦绘制了一张世界地图，以显示欧洲人在地理学和天文学上的先进程度，他还翻译了欧几里得的《几何学》的部分内容，以证明西方在数学方面的优势。他的主张是，如果欧洲人知道如何发明这些天才的东西，那么欧洲人对宇宙的了解肯定比其他民族更深。除了基督教的上帝，还有什么能从根本上给他们带来那样的理解？“这些人会说什么？”1675 年莱布尼茨给法国财政大臣柯尔培尔的信中写道：

> 当他们看到你制作的这个不可思议的装置［机械钟］，它反映了诸天在任何给定时间的真实状态，我相信，他们会认识到，人的心智里包含了某些神性，而这种神性专门与基督徒进行交流。[91]

但是中国人却不是这样想的。他们对科技与宗教信仰的关系有着截然不同的理解。他们虽然对钟表很满意，但却礼貌而坚决地将《福音书》拒之门外。他们拒绝接受显而易见的道理，利玛窦因此宣称“他们完全没有逻辑的概念”，而中国人则指责传教士滥用“无数难以理解的推理思路”。[92] 他们甚至不同意这些明显更高级的器物——以及它们背后的西方数学——源自某些专属于西方的理性形式。“西洋之法虽与中土殊异，”大体上对西方人抱有好感的康熙说道，“容或有精进可观之处，亦了无新意。凡算法之理，皆出自《易经》，西洋算法原系中国算法。”[93]（后来，埃及民族主义者提出了类似的主张，他们认为西方所有有用的科学发明都是在仔细研读过《古兰经》之后得出的。[94]）在中国，“新的”很快成了侮辱性的词汇，很容易被和“西方的”联系在一起。1640 年 11 月，德意志耶稣会士汤若望写道，“西”字“非常讨人厌，皇帝在他的诏书里只使用‘新’字；实际上，只有那些想要轻视我们的人才会用前一个字”。[95]

被激怒的西方人认为，如果中国人无法运用西方的逻辑体系，那么他们就不可能理解自然界的法则，因此无法理解科学或科技，这是他们和西方人之间的一个关键的不同之处。不管在其他方面他们和阿拉伯人、波斯人或印度人多么不同，这一点使他们成了“东方人”的另一个例子。甚至连威廉·琼斯都没有异议。他说，“（所有东方民族）在道德哲学方面和其他民族相比，不遑多让”，但是在抽象科学方面，“亚洲民族还处在婴儿期”。他们并不是没有“非常有能力的数学家和出色的天文学家”，但是他们的成就从未达到“牛顿、莱布尼茨、沃利斯或伯努利”所达到的完美程度。[96]

从长远来看，这也为欧洲人为什么能够成功地超越他们提供了解释。科学要求理性地面对自然，从而控制自然。而本质上属于寂静主义的体系，如儒家思想，并不鼓励控制世界，而是要根据自然做出合理的调整。对伟大的社会学理论家马克斯·韦伯而言，这正是中国为什么和印度、信奉伊斯兰教的东方国家一样，16 世纪时没能实现北欧经历过的经济起飞，也没能在 19 世纪完成自己的工业革命的原因。[97]

中国社会的另外一个方面乍看起来令人钦佩，但同时也解释了为什么中国——以及其他东方国家——无法赶上西方科技进步的节奏。中国不仅是一个拥有勤劳的民众、技艺精湛的工匠、德高望重的儒家学者的地方，它也是世界上少数几个在多个世纪里几乎不受内战和外敌入侵困扰的国家之一（有些人认为它是唯一一个）。

早在 16 世纪，失败的耶稣会士和政论作家乔万尼·波特若（他是第一个使用“国家理性”这个说法的人）已经指出，中国在文明国家里是独一无二的。只有中国人意识到，“最愚蠢的事莫过于，为了得到别人的东西，反而丢掉自己的东西”，他们据此改造自己的社会。在波特若和后来绝大多数汉学家看来，长城是证明这一点的视觉象征。据说，中国的皇帝在达到了自己扩张的极限之后决定停下脚步。他们在那里立起一道永远伫立的固定屏障，在阻止自己野心勃勃的臣民外出的同时，也使敌人无法进来。

到了 18 世纪，当每个人都开始留意帝国衰落和灭亡的问题时，这样一个被封闭在人类历史上最伟大的工程奇迹之一内的社会，开始被形容为“停滞的帝国”，而至少有一些人对此抱持的是赞赏的态度。如果中国人能够在如此长的时间里保持稳定，而欧洲各个庞大帝国却无力做到这一点，中国为什么不可以成为西方效仿的典范？在那些持赞成意见的人中，有一位是法国“重农学派”的弗朗索瓦·魁奈。魁奈是一名脾气暴躁、性情古怪的医生，曾为路易十五和他的情妇蓬巴杜夫人服务。在自己的后半生里，他成了见解独到的著名经济理论学家，被亚当·斯密称为“极具才华、影响深远的作者”。[98] 魁奈是市场经济原则的奠基人之一，他是第一个使用“自由放任主义”这个术语的人，相信只有在政府废除加诸经济的所有限制（17 世纪时，法国政府在“重商主义”的名义下设置了这些限制）后，国家才能获得真正的繁荣。只有到了那个时候，经济才可能完全受魁奈所说的“自然法则”——也就是今天所说的“市场”——调节，从长远来看，所有人都会从中获益。有一次，法国国王问魁奈，应该如何结束定期困扰法国的谷物短缺问题，据说魁奈两手一摊并回答道：“什么也别做，让自然发挥作用。”魁奈相信，至今只有两个国家真正践行了这种政策。其中之一是印加人的秘鲁，不幸的是，在人们可以从它身上学到宝贵经验之前，它已经被贪婪的西班牙人消灭了。另一个是中国。他说：“中华帝国之所以能够保持长期、连续的高度繁荣，无疑是源自它对自然法则的遵守。”在 1767 年发表的一篇题为《中国的专制主义》的短论文里，他着手解释了其中的原因。

他认为，所有欧洲和“中东”的帝国，先是扩张，然后灭亡，以至于人们现在已经认为“政府的无常变换是自然秩序的一部分”。只有中国是明显的例外。魁奈相信，中国在这方面之所以成功，是因为自然法则在中国占主导地位，所有人都会毫无异议地遵守它。和包括孟德斯鸠在内的很多对中国怀有敌意的人所认为的不同，在那里“专制的”不是政府，而是自然法则。和莱布尼茨所主张的不同，中国人不需要遵守那么多道德规范，他们遵循的是魁奈所谓的“那条使得人类生存和繁衍所需的资料能够不断再生产的物理规律”，也就是经济学。[99] 对魁奈而言，道德和经济实际上是不可分的。只有中国人能够理解，人类的自然目标是繁荣；只有他们成功地以长期的经济增长取代了军事扩张，而所有欧洲国家至今仍然病态地执着于后者。

魁奈相信，中国人之所以能够如此，是因为他们关注农业，从而抵消了发动战争的热情。因为，在魁奈看来，只有真正的农业国家才能“建立起一个受基本不变的政府管理的稳定、长期延续的帝国，它直接服膺永恒不变的自然法则的命令”。这就是为什么中国将农民而不是战士视为楷模，而且因为占主导地位的是自然的法则，而非人为创造的封建秩序，因此农民可以被提升到在欧洲无法想象的显赫地位。和很多欧洲人一样，魁奈对皇帝第一个犁地、播下当季第一颗种子的籍田礼非常感兴趣。甚至连憎恶魁奈的“自由放任主义”的狄德罗，都非常关心这个仪式，“臣民们的君父把手放到耕地上，向他们展示什么是国家真正的财富”。[100]

魁奈主张，成功的农业使中国能够自给自足。所有欧洲国家都不得不依靠对外贸易才能生存，中国几乎不需要依赖任何一个国家。在欧洲君主国或奥斯曼苏丹国，它们的统治者的活动范围被限制在宫廷内，无法和自己的臣民接触，他们的大臣基本都是世袭的，魁奈要求和中国做个对比。在中国，作为法律最高化身的皇帝会定期接受自己的臣民们的批评，任何人只要能够通过科举考试，就有资格成为官吏。没错，那里确实存在着贵族阶层，但是他们并不会自动获得公权力。最重要的是，“在那个国家，所有按照道德规范行事的群体，也可以说是有思想的人民，基本上都了解”经济学。

中国在所有欧洲帝国失败的地方取得了成功，因为它的统治者不是某一个社会群体的代表，而是法律的最高化身。中国的统治阶级是根据他们的学识和道德水准被提拔上去的，因此能够为了大众的福祉无私地工作。在魁奈笔下，中国成了一个能够保持稳定和今天经济学家所说的“可持续增长”的典范，不过不得不说的是，魁奈眼中的中国在很大程度上是虚构的，是戴着有色眼镜对一些已经有倾向性的著述做出的解读。

但是即使是在魁奈那里，中国也无法逃避莱布尼茨所指出的该国最大的潜在弱点。中国的稳定和向心力非常具有吸引力，对那些战乱频仍的欧洲国家来说尤其如此。但是为了获得它们，必须付出代价。因为稳定导致停滞，和平则带来了消极、冷漠以及对任何新鲜事物都疑心重重的结果。中国并不是唯一受此困扰的国家。在整个亚洲，各个顺从的民族对专制的统治者俯首帖耳，他们因此压抑了自身的创造性。土耳其、波斯、印度和中国在政府、法律、习惯和气候上的差异是巨大的，但是它们都被这种或那种的停滞攫住了。伏尔泰说，印度自亚历山大时代起就没有发生任何变化。[101] 在土耳其人、波斯人和阿拉伯人的土地上，自中世纪经历过极度的繁荣之后，文化、艺术和科学几乎没有进步，而之前的繁荣在很大程度上也是建立在希腊的文化遗产上。中国的情况与此类似，在伏尔泰看来，那里的科学“在非常平庸的水平上止步不前，相当于我们中世纪的水准”。[102]

中国人在自然的法则和皇帝的敕令面前非常消极，穆斯林以自身的方式在真主之道面前同样是消极的（根据琼斯和哈尔海德的看法，印度人似乎摆脱了这个诅咒，但是在英国人到来之前，他们是被穆斯林统治着的）。中国人得到了稳定和相对的和谐，但是他们必须为此付出停滞的代价。在他们庞大的帝国里，时间仿佛被冻住了。稳定，却寸步不前。

直到中国的君主制在 1911 年时灭亡，将中国文明视为停滞、过于讲究、过分注重仪式、无力创新或进步的文明的看法，几乎从未发生过改变。1816 年，为了抗议清朝皇帝对待英国臣民的做法，亨利·埃利斯陪同阿美士德勋爵出使中国，他表达了欧洲人对所有这一切的厌烦。他承认，“中国幅员辽阔，产品和人口众多，艺术品富有生气且形式多样”，但是他继续说道：

> 到处都弥漫着千篇一律的单调气息，到处都死气沉沉。就个人而言，我宁愿再次回到阿拉伯的贝都因人和波斯的伊利亚人（Eeliats）中间，体验疲劳和缺衣少食，也不愿像我们即将要做的那样，一直舒适地航行在帝国平静的运河上。[103]

“欧洲的五十年，胜过中国的千百载”，1842 年，桂冠诗人阿尔弗雷德·丁尼生如此写道，当时他正想象着维多利亚时代光明的未来，天空中将满是飞行器，地球将由“所有人的议会和世界的联邦”和平地统治着。东方国家对这样的未来没有任何贡献。有朝一日，它们只会被卷入其中，或被它清扫出局。[104]

但是即使所有这一切都是真的，即使“中国的千百载”不过是单调、无意义的重复，远不如欧洲的五十年有价值，那么到底是什么使一代又一代的中国人消极地接受遥远的祖先定下的诫训和规矩？为什么那里没有像欧洲一样出现类似的科学革命，或是任何形式的革命？

所有形式的专制主义都以恐惧为基础，这已经是老生常谈。中国的皇帝虽然在某些方面可能会表现得很仁慈，但他无疑是专制统治者，而人们无法期待他那受到威胁和管制的臣民会像西方的自由民族那样做出发明和创新。但是，魁奈回应道，虽然皇帝是独裁的，但他们的权力并不是来自恐惧，而是来自他们在臣民心中激起的爱戴。[105]

不过，拥有一个独断专横的父亲的天才狄德罗却看到了魁奈没能理解的东西。爱，或者说至少是父爱，也可以表现为恐惧的形式：害怕冒犯、害怕失宠、害怕不予理会。皇帝可能是以爱而非恐惧来统治，但是结果却完全相同。中国实际上相当于一个大家庭，用伏尔泰的话说，“它的父权从未被削弱”，“有学识的官员被视为城镇或行省的父亲，而皇帝被视为帝国的父亲”。[106] 狄德罗说，在这个大家庭里，每个中国人都要服从双重的暴政，“一是家庭内父权的暴政，一是帝国内君权的暴政”。[107]

因为家庭倾向于保存古老之物并将之神圣化，同时放弃新的、可能造成破坏的东西，因此常常会导致对历史进行过度崇拜，这里要再次引用伏尔泰的说法：“在他们眼里，完美的东西全都是古代的。”[108] 或者如赫尔德所说（这段话里使用的准种族主义词汇将在接下来的一个世纪中充斥在相关的描述中）：

> 这个区域的人类分支永远不可能成为希腊人或罗马人。他们过去曾是并将一直是中国人，自然赋予他们小眼睛、扁鼻子、平额头、稀疏的胡子、大耳朵、长腿和隆起的肚子；这样的民族确实取得了他们所能取得的成就，但不能有更多的要求。[109]

当时的中国是一个专制国家，但与魁奈凭空假想的不同，不是因为自然法则的统治占主导地位，而是因为它的统治者已经学会了用尊崇代替恐惧来确保自己的命令被无条件服从。正如 18 世纪的苏格兰历史学家威廉·罗伯逊所指出的，不一定要“假定，专制君主只有不断做出暴力、不公和残忍的行为才能行使自己的权力”。[110] 专制君主可以全心全意地为臣民的利益服务。欧洲所谓的“开明专制”君主，如腓特烈大帝、托斯卡纳大公彼得·利奥波德和俄罗斯的叶卡捷琳娜大帝，都因为将秩序和进步带给了狭隘、落后的国家而受到启蒙运动领军人物的称赞。狄德罗曾经写过一篇评论凯瑟琳法典的文章，他唯一一次离开法国的远途旅行就是前往圣彼得堡拜访她（他在圣彼得堡和往返的路上抱怨连连）。伏尔泰对腓特烈抱有一腔热情，这使他非常不明智地接受了后者的邀请，前往波茨坦的无忧宫，后来又不得不在半夜穿着内衣从那里逃走。这说明腓特烈不喜欢让一个普通人教育自己应该肩负怎样的政治责任，他只想让伏尔泰指导他如何写诗。伏尔泰对此的评论是：“看看陛下给了我多少脏衣服让我洗。”

但是中国的皇帝与腓特烈和叶卡捷琳娜的区别在于，后两人的顾问（常常来自法国）只是把他们视为走向进步的立宪君主制的临时工具。与此相反，在东方，无论专制君主是否开明，他们都会一直进行统治。只要他们在位，他们治下的国家就会一直处于停滞状态。哈里发国和中国因此从世界上最先进的国家沦为最落后的国家。

进步是和内部冲突息息相关的。如果没有康德所说的“非社会的社会性”，即所有人都有的必须战胜其他人的欲望，就不会有科学进步，实际上也不会有任何进步。最终，欧洲人尝试了很长时间仍然无法逃避的不稳定性，恰恰成了他们最大的优势。他们的战争、无休止的内斗、宗教争论，所有这些都是不幸的，却又是知识发展的必要条件，与亚洲的邻居们不同，知识的增长将会使他们以一种形而上学的探究态度面对自然，这反过来给他们带来了改造和控制他们生活于其中的世界的能力。赫尔德写道：“我们追求崇高的科学和普世知识的神奇景象。我们确实永远都无法实现它，但是只要欧洲的体制仍然存在，我们就会不停地追求下去。”与此相反，即使是最成功的亚洲帝国，也“从未介入这样的竞赛”。“在群山背后，”他继续说道，“自成一体的中国是一个一成不变、与世隔绝的帝国；不管居住在各个行省的人有多大的差别，他们都受到古老的体制原则管理，他们之间不是竞争关系，而是极度服从。”[111]

这不是一个特别新颖的想法。公元 1 世纪的希腊地理学家斯特拉波已经有了类似的看法。公元前1世纪的罗马历史学家萨鲁斯特主张，维系共和国的并不是文明世界的统一，而是罗马内部平民阶层和贵族阶层的斗争。马基雅维利也同意他的看法。他说，那些指责骚乱是罗马共和国政治生活长期特征的人“没有意识到，每个共和国内部都有两种彼此冲突的观点，分别属于统治阶级和一般公民，所有具有自由倾向的法律都是由双方的不统一带来的”。[112] 自由在冲突中繁荣，它会带来进步和人类境况的不断改善。科学、知识和艺术只有在激励竞争、承认辩论的价值、注重理解而非背诵、鼓励人们自由交流的社会里才能够得到发展。希腊人拥有这些品德，在各个重要方面都是希腊人的继承者的罗马人同样如此。这成了欧洲的天赋。在罗马陷落之后，这种自由和创新的能力被或多或少地保存了下来。入侵欧洲的游牧民族——赫尔德称他们为“轻盈的猛禽”——先是摧毁了西方，然后是东罗马世界，欧洲因此倒退了几个世纪。[113] 但是他们有朝一日也会开始罗马化。虽然古老的罗马帝国的行政、军队、建筑，甚至包括法律体系都已被弃置不用，但是引导罗马人创造出它们的那些价值却幸存了下来，在“黑暗时代”之后重获生机。

蒙古人或许发展出了和欧洲人相同的竞争心态。但是他们熟练地接受了被他们征服的停滞、受专制统治的民族的生活方式，他们在中国成了中国人，在波斯成了波斯人，在印度成了印度人，失去了体内与生俱来的活力。在印度那些逃脱了被征服命运的地区，种姓制度发挥了几乎相同的作用。虽然赫尔德认为它比东亚的其他宗教“更有学识、更仁慈、更有用、更高贵”，但是被他称为“婆罗门体系”的种姓制度却把所有的艺术和科学都转变成了“属于一个种姓的秘密科学”，因此不可避免地使它停留在“欺骗和迷信”的阶段。[114]

伏尔泰记录的文明由东向西传播的历史，现在彻底完成了。从中国到埃及的整个“亚洲”（这是一个曾被模糊地用来指代达达尼尔海峡以外地区的古典术语）获得了某种共有的身份。该地区的各个民族差异极大，即使是只对这个地区有一些初步了解的欧洲人也会同意这一点。但是他们有一个共同点：他们都以不同的形式被专制君主统治着，他们的政府系统受宗教的束缚（或者如中国的例子，受准宗教的约束），而宗教的职责是说服大众相信，自然或他们的神只提供了一种生活方式。他们的社会是由群体而非个人组成。只要他们仍然将自己封闭在亲手建起的墙内，就没有人能帮助他们。对他们而言，时间和进步没有任何意义。万物的真理，包括被西方人视为属于科学范畴的东西，都必须援引过去才能建立起来。穆斯林回头看他们的圣书；中国人回头看他们神圣的历史和公元前 6 世纪圣人的著作。因为孔子没有声称自己是绝对正确的，因此他的作品不同于穆罕默德的作品，也正因如此，中国社会比伊斯兰世界更现代。但是从博斯普鲁斯海峡到中国南海的整个亚洲，都将自己的面庞彻底转向过去。1881 年，梅因反思道，在“被我们泛泛地称为东方的那些伟大、尚待探索的地区……现在和过去的界线消失了”。[115]

到了 19 世纪初，除了最悲观的观察家，所有人都清楚，亚洲各国迟早不是灭亡，就是向西方屈服。1822 年至 1823 年的冬天，伟大的德国哲学家黑格尔在柏林大学发表了一系列以历史哲学为主题的演讲。他的目的是要给自己面前的学生勾画出一幅“理性”向前发展、人类精神不断进步的图景。黑格尔说，这就像太阳一样，它一成不变地从“地球的东方，也就是起源之地”升起，运行到西方，在这里，“在未来的时代里，世界历史将会启示它的使命”。[116] 在亚洲的土地上，世界是停滞不前的。自从哈里发国灭亡以后，东方的伊斯兰国家没有任何进步，“被认为世界起源之初就已经存在的印度是一个静止的民族，和中国人一样，它现在如此，过去也一直如此”。在这些地方，没有所谓的“进步”，也不可能有。因此，在印度，“英国人，或者说东印度公司是那片土地的主人；亚洲帝国注定要臣服于欧洲人；相同的命运迟早有一天会降临到中国人的身上”。[117]

5

黑格尔有理由感到自信。这不仅仅因为他是黑格尔，而是因为早在得出这些受人非议的结论之前，欧洲和亚洲伊斯兰世界的实力对比已经开始迅速向西方倾斜。从 18 世纪 80 年代开始，奥斯曼帝国的势力开始衰退。伊朗的阿夫沙尔王朝在 1747 年国王纳迪尔遇刺身亡后，明显陷入混乱。在 1757 年的普拉西之战中，“天才将军”罗伯特·克莱武击败了孟加拉军队，控制了印度西北的大部分地区。此后，曾盛极一时的莫卧儿王朝实际上只能任由英国东印度公司摆布。甚至连清朝皇帝统治下的“自成一体的中国”，也开始向欧洲商人（和传教士）敞开大门。因此，到了 19 世纪末，中国大部分贸易是和欧洲展开的。在很多人看来，亚洲古老秩序的崩溃和他们将被“西方”吞并似乎是不可避免的。在受阻了 2000 余年之后，亚历山大的野心终将实现。现在只需要一个有远见、掌握权力的人来实现它了。

正是在这种野心可能将要实现的环境下，1782 年下半年，一位来自法国西北部马耶讷省的很有活力的 26 岁年轻人康士坦丁 - 弗朗索瓦·沙瑟伯夫动身前往埃及和叙利亚，事后证明这是一次非常重要的旅行。在过去几年里，沙瑟伯夫一直在巴黎学习医学和阿拉伯语，与臭名昭著的无神论者、唯物主义者保尔·霍尔巴赫男爵的小圈子过从甚密。不知从何时起，他意识到自己的姓——大致可以被翻译成“盗牛贼”或“猎牛者”——和为自己规划的文学生涯不符，因此开始称自己为“伏尔尼（Volney）”。这个名字的前半部分取自他崇拜的英雄的笔名伏尔泰（Voltaire）的前三个字母，后半部分取自伏尔泰在瑞士的城堡费尔内（Ferney）的后三个字母。伏尔尼是大革命后法国文坛上的一个主要人物，但只是昙花一现。

1782 年 12 月，改名后的康士坦丁 - 弗朗索瓦·伏尔尼离开马赛，前往埃及。次年 1 月，他到了亚历山大港。和东方的第一次接触让他深感震惊。他后来回忆道，这和自己想象的截然不同。不管阅读过多少本书，不管如何试着去重构“当地的景观、城镇的秩序、居民的衣着和习惯”，都无法让这位欧洲的旅行者准备好面对他将要看到的情景。“他曾经有过的一切念头全都消失不见，只剩下惊骇和困惑”，以及伏尔尼后来发现的恐怖和厌恶。[118]

在亚历山大港待了几周后，他动身前往开罗。在他看来，这座城市不太像人们经常拿来和它作对比的欧洲国家首都，而更像是一座10世纪的城市，一个偏远、混乱的地方，到处尘土飞扬，没有铺柏油的道路上塞满了骆驼、驴子、狗和人。[119]他在这里一直待到9月，研究当地的民族、农业、风和水的影响、不同宗教和社会团体的性质，以及当地居民罹患的疾病。9月，在参观了金字塔之后，令他印象深刻的不是它们的规模和雄伟，而是“整个民族为了修建一座毫无用处的陵墓而被折磨了二十年的想法，这让他感到痛苦”。离开埃及后，他前往叙利亚。[120]然后又到了雅法、阿卡、提尔、贝鲁特、阿勒颇和的黎波里。他在大马士革待了一段时间，然后从那里前往耶路撒冷、伯利恒、耶利哥和死海，再回到亚历山大港，之后返回法国。

1787年回国后，伏尔尼出版了自己的游记，名为《1783、1784和1785年在叙利亚和埃及的旅行》。如果说书的标题平淡而乏味，书中有关埃及人悲惨生活的可怕描述、对曾经非常伟大的近东遗迹做出的尖刻评论则截然相反。和当时的绝大多数游记不同，它刻意以科学的方式描述该地区的各个民族，他认为这是出于“对真实不偏不倚的热爱”。

在伏尔尼的旅途中，有一刻被证明不仅对伏尔尼自己未来的学术发展非常重要，而且对西方理解东方的整个历史更是如此。1784年，经过三天的艰苦跋涉，“感到极度的孤独，我只看到了土匪和废墟、暴君和不幸”，他来到了帕尔米拉城的遗址。和二十年前在罗马的吉本一样，他坐在一根柱子上，用手撑着头，眼睛望向沙漠，思索着文明的兴衰。和吉本一样，伏尔尼的思绪也停留在眼前的一组对比上，在他的例子中，他想到了帕尔米拉之前的壮观，那曾经是善战的武士女王芝诺比娅的首都，而现在包围着它的则是“灰暗、单调的”沙漠。

他很清楚，让自己感到冲击的是曾经的伟大文明的遗址，它经历了罗马、帕提亚、萨珊波斯人的统治，又落到奥斯曼人的手上，然后慢慢沦为废墟。看着眼前的景象，他不禁像吉本一样开始自问，帝国为什么会起起落落，国家繁荣的终极原因可能是什么，而“人类的和平和社会的幸福又该在怎样的原则下才能实现”。为了弄懂这些难解的问题，他的思绪飘到了东西方古代文明的源头——尼尼微、巴勒贝克、巴比伦、波斯波利斯、耶路撒冷、西顿和提尔。所有这些地方现在都是一片废墟。

然后，冥想中的他被一个念头吸引住了，“给我带来了不安和不确定感”。在上述的每一个地方，“当它们享受着荣耀和居民的福祉时”，那里居住的都是“异教徒”，是崇拜嗜血的神摩洛克、在毒蛇前下跪、崇拜火的腓尼基人那样的民族。他们并不认为世上只有自己的神，也不认为不了解那些神的民族应该像他们一样服膺相同的信仰或法律。这些异教徒曾经是伟大的帝国缔造者。不过，随着时间的推移，他们都被某种一神教（基督教、伊斯兰教或犹太教）取代了；随着时间的推移，他们创造的一切都烟消云散。在“异教徒”的统治下，帕尔米拉城和建基于其上的绿洲富庶而繁荣。但是现在，伏尔尼不无讽刺地评论道：“信徒和圣人占据了这里，这里只剩下贫瘠和荒凉。”[121] 这些圣徒和信徒不是自称“授命于天，受神的恩典和奇迹庇护吗”？那么这些受神眷顾的人为什么不能享受和受谴责的可鄙的异教徒一样的生活呢？

环顾四周，这个尚未得到回答、也几乎不可能获得答案的问题使他意识到，他所说的“世界的权杖”现在已经从古代亚洲传到现代欧洲。这个想法让他浑身发抖。因为虽然“我很高兴能在欧洲看到亚洲过去的恢宏气象”，但这种兴衰交替的前景让他好奇，是否未来的游客就不会在某一天于塞纳河、泰晤士河或须德海的水畔找到“无言的遗迹”，一如现在自己身边的这一切；他们是否也会在“诸民族的尘埃和对伟大的回忆中暗自落泪”，就像他现在这样。

怎样才能终止这种令人忧伤的历史进程，使文明不再起起落落？伏尔尼问道。文明的权杖能不能一直留在现在的地方，留在他眼中的地球上最进步的民族的手里？雅里斯底德曾经认为历史将在罗马终结，现在它能不能在现代西方终结？伏尔尼认为可以。他认为现代文明肯定可以让人们的联系更加紧密。不久之后，“整个人类将成为一个大社会，成为同一个家庭并享有共同的精神，遵守相同的法律，所有人都能够享受人类可以享受的快乐”，最终，

> 一个超级强权将在地球上崛起。地球正等着一个民族为它立

> 法……从遥远的河岸发出的要求自由的呼声，回荡在古老的大陆上……新的世纪将要降临，它将让大众震惊，让暴君震骇，让他们受到挑战，它将解放一个伟大的民族，给全世界带来希望。[122]

这一切将会从何处开始？拿破仑·波拿巴称伏尔尼的书是唯一一部“从未说谎”的关于东方的著作，对于他来说，答案显而易见。[123]

第十章

西方的穆罕默德

1

对在帕尔米拉的废墟中沉思的伏尔尼而言，现在整个亚洲似乎都成了废墟。它有历史，却没有现在，而且从现状看，也不会有未来。两个多世纪以来，奥斯曼人用简单和残忍的行为将拦在眼前的一切横扫一空。但是，到了 1780 年，人们清楚地意识到，表面看来不可一世的“高门”的帝国已经不可挽回地踏上急剧衰落之路，现在没有任何力量可以阻止它走向最终的瓦解。和所有帝国一样，土耳其人的帝国也是通过强行将不同的民族捏合到一起而形成的。欧洲人普遍认为，奥斯曼人是通过威胁和压迫的手段维持着帝国的统一的；他们的奴役导致了希腊人、埃及人、保加利亚人、克罗地亚人、塞尔维亚人、部分匈牙利人，以及居住在叙利亚和今日伊拉克地区的历史更悠久、更伟大的阿拉伯哈里发国的后裔们的衰败。解放他们，启蒙的欧洲高呼，他们将重建曾经的伟大国度。伏尔尼预测，所有专制国家都无法逃避的终极命运很快会降临到“新月帝国”的头上，“从帝国的奴役中获得解放的各民族将会恢复他们以前的身份”。伏尔尼宣称，现在只需“一个品德高尚的领导者”和“一个强大而且公正的民族”挺身而出，来完成这项任务。[1] 但是谁会是那个领导者和那个民族呢？

截至 18 世纪中叶，尽管奥斯曼人尝试要实现军事现代化，他们还是分别于 1718 年和 1730 年惨败在波斯人手上。帝国的宿敌奥地利人、俄罗斯人和饥饿的北欧群狼开始从西面迫近跛脚的巨人。1768 年，受到法国怂恿的苏丹为了防卫波兰 – 立陶宛联邦而向俄国宣战。战争的结果对奥斯曼人来说是灾难性的。胜利的俄军通过巴尔干半岛向东行进，在乌克兰的科丁大败土耳其人。1770 年，他们在普鲁特河边的卡胡尔（现属摩尔多瓦）再次获胜。同一年，一支俄国舰队驶入地中海，帮助他们的正教教友反抗奥斯曼统治者。叛乱在黑山、波斯尼亚、黑塞哥维那和阿尔巴尼亚爆发。7 月 5 日，奥斯曼舰队在离伊兹密尔不远的切什梅港附近水域全军覆灭，大约有 5000 名土耳其水手丢掉了性命。欢呼雀跃的基督徒认为这场胜利完全可以和勒班陀海战相提并论，而且在一段时间内，俄国人似乎要剑指伊斯坦布尔。当年晚些时候，一支俄国军队侵入克里米亚半岛。

然后，在 1774 年 7 月 21 日，刚刚在多瑙河以南的苏沃罗沃和舒门的两场战役中惨败的苏丹不得不和沙皇签订《库楚克－凯纳尔吉和约》，合约中的条款甚至比 75 年前的《卡洛维茨条约》更加屈辱。根据合约，俄国人可以自由进出黑海和地中海，可以代表奥斯曼帝国内的俄罗斯正教徒社群发声，直接干涉奥斯曼内政。此外，条约还规定奥斯曼人必须要在接下来的三年里支付战争赔款。

条约更加古怪的后果之一，是将奥斯曼苏丹创造为，或者说再创造为“苏丹－哈里发”。尽管自苏莱曼大帝以来的历任奥斯曼苏丹都同意自己被称为“哈里发”，但是没有哪一任苏丹正式接受过，或好好利用过这个头衔，也没有人试图将奥斯曼帝国重新定义为哈里发国。在法国驻土耳其大使圣普列斯特伯爵弗朗索瓦·伊曼纽尔·吉尼亚尔向土耳其政府提出的建议下，条约增加了一项条款，宣布苏丹对帝国内外的所有穆斯林拥有宗教管辖权，“（他们）要服从……至高无上的哈里发……如同他们的宗教规定的那样”。这样的规定当然是不存在的。但是通过对哈里发和教皇的似是而非的类比，苏丹被确立为整个伊斯兰世界的正式守护者，而且是被他的基督教敌人确立的。

后来的苏丹欣然接受了这个职位，圣普列斯特条款后来又被加入其他几个条约里。从 1808 年马哈茂德二世登基开始，苏丹要在继位仪式上佩戴哈里发欧麦尔的剑，1876 年奥斯曼宪法宣布，“至高无上的哈里发苏丹陛下是穆斯林的宗教的守护者”。

所有这些导致了一场被称为“泛伊斯兰主义运动”的非常有影响力

的政治运动的兴起，它激起了奥斯曼苏丹再度统一四分五裂的伊斯兰世界的野心，希望能以此洗刷败给西方敌人的耻辱。[2]不过，正如我们将要看到的，在1914年第一次世界大战爆发后，它也严重影响了苏丹－哈里发和他的阿拉伯臣民的关系。[3]

《库楚克－凯纳尔吉和约》也规定苏丹必须承认克里米亚汗国“独立”。人们很快就清楚地意识到，该条款不过是随后在1783年发生的俄罗斯全面吞并克里米亚的序曲。对土耳其人而言，正如后来伏尔内所评论的，俄罗斯占领克里米亚，“把他们（指土耳其人）的敌人引入帝国的心脏地带，让他立在首都的大门外”。它使奥斯曼人品尝到了“一个令古老强权感到屈辱的苦果”。[4]

其他欧洲国家正迫不及待地想知道俄土战争会给自己带来怎样的影响，对它们而言，《库楚克－凯纳尔吉和约》和随后的丧失克里米亚半岛，似乎开启了土耳其帝国的末日。身在伊斯坦布尔的圣普列斯特伯爵催促自己的国王，要抢在俄罗斯人、奥地利人之前积极地肢解奥斯曼帝国，尤其不能让英国人领先一步。而他的目光落在了土耳其最富裕、最容易受到攻击和位于最西端的行省：埃及。

几千年以来，埃及一直处于东西方交汇的前沿。古代的法老文明为希腊科学奠定了基础，埃及的神祇和建筑风格通过各种渠道融入西方文明的方方面面。在罗马和东方交往的过程中，“埃及热”是一个反复出现、常常令人生疑的主题。埃及是受古老的、神秘的，有时甚至是令人毛骨悚然的政权统治的土地，这样的形象一直流传到今天。不过，埃及其实并不是法老的半神秘之地，自公元前5世纪以来，它一直是征服者们的战利品，来自东西方的移民一波接着一波涌到这里。它先是被阿契美尼德人占领，然后是亚历山大的短暂统治，接着是他的托勒密王朝继业者，随后是罗马人，再往后是阿拉伯人，最终是土耳其人。在18世纪70年代，统治着它的是马穆鲁克人，他们是在12世纪时随阿尤布王朝的哈里发们进入埃及的突厥、切尔克斯奴隶兵。1250年时，马穆鲁克推翻了之前的主人，建立起一个军事寡头政权。正是他们在1291年最终将十字军赶出阿卡，并最终将十字军彻底赶出伊斯兰之境。1517年奥斯曼人征服埃及后，马穆鲁克保住了权力，只是现在要受伊斯坦布尔任命的帕夏的节制。但是到了18世纪中叶，奥斯曼政权急剧衰弱，帕夏实际上在开罗成了囚徒，苏丹只能时断时续地收到那里的贡金。

整个埃及被划分成24个省，由若干贝伊——奥斯曼帝国的地方总督——治理，他们之间冲突不断。1776年，负责行政的易卜拉欣和统帅军队的穆拉德二人结成同盟，成功地赶走了其他所有人。从1786年到1787年，伊斯坦布尔政府试图再次控制贝伊，但是效果不彰。所有在一旁虎视眈眈的欧洲人都很清楚，苏丹不再拥有控制实质上独立的封地军队的权力，而传统上奥斯曼帝国很多偏远省份都是通过他们来统治的。

1797年，自1795年10月起开始统治法国的由五名督政官组成的督政府派出陆军准将约瑟夫－菲力克斯・拉佐斯基前去土耳其，他的任务是调查当地的实际情况。次年1月，他回到法国，提交了一份报告，敦促法国政府同时占领埃及和希腊诸岛。他建议的出兵理由是，马穆鲁克自17世纪初以来一直骚扰在埃及和整个奥斯曼帝国经商的法国商人。这是一个蹩脚、谋求私利的借口，但是正如法兰西共和国外交部部长夏尔－莫里斯・塔列朗指出的那样，在现阶段，法国人几乎不需要寻找任何借口。向盟友奥斯曼帝国传播法国大革命的价值观，为其提供援助（虽然奥斯曼人并没有提出过这样的要求），足以为他们自己的行动辩护。

对未来奥斯曼帝国可能的命运越来越感兴趣的人中，就包括拿破仑・波拿巴。当他还只是个孩子的时候，拿破仑就开始关注东方。他称自己是狂热的“东方主义者”。大革命爆发前夕，他在科西嘉等待时机。他在那里阅读了马里尼的《阿拉伯人的历史》和托特男爵的《土耳其人和鞑靼人回忆录》，并做了详细的笔记。他还写过一个简短的“阿拉伯故事”《戴面具的先知》，内容是一个名为哈基姆的骗子发动了叛乱，反抗早期阿拔斯王朝的统治。它的文学性不高，大部分内容直接抄袭马里尼的作品，从事后来看，其中有些部分听起来仿佛是预言。拿破仑笔下的“哈基姆”和他自己后来在埃及扮演的角色非常相似。他“自称是神的使者，宣扬一种能够取悦大众的纯粹道德：无论地位和财富有何差别，所有人都是平等的，这是他在传道时常常提到的”。[5]

1795年，拿破仑——或哈基姆——是一个没有正式职务的军官，为法国政府明显拒绝提拔自己而急躁愤怒，他当时确实在认真考虑只身前往土耳其，还曾经给伏尔内写信寻求建议。“只要环境能帮上一点点忙，”伏尔内在回忆和这位年轻的军官见面的情景时说道，“他将成为一个在亚历山大肩上长着恺撒脑袋的人。”[6]

这种痴迷还有另外一个更加严肃的层面。东方是一个庞大的地方，当时人们仍然不太了解它，而波拿巴或许可以在那里实现自己巨大的野心。“对我来说，欧洲太小了，”据说他曾这样说过，“我必须去东方。”前往东方的道路要经过埃及。修道院院长纪尧姆·雷纳尔的《两印度群岛的哲学和政治史》是批判18世纪出现的欧洲殖民主义最猛烈的著作之一，也是拿破仑最爱读的书之一，在他详细记下的读书笔记中，有下面一段话：

> 埃及位于两洋之间，实际上是在东、西方之间。亚历山大大帝曾经打算在那里建都，将其打造成全世界的贸易中心。这位明智的征服者知道，只有通过连接亚非拉的埃及，他才能将自己征服的土地整合成一个国家。[7]

拿破仑总是幻想自己是另一个亚历山大。他也很清楚，如果能以埃及为基地骚扰地中海东部的英国人，它将具有重大的象征意义和战略价值。它也可以被当作跳板，从那里出发，建立起一个新的亚洲帝国。拿破仑可以想象出一次沿着亚历山大的足迹前进的法国人的远征，从埃及到叙利亚，再到波斯和阿富汗，最终将可恨的英国人赶出印度。它将是对1763年七年战争结束时法国遭受的羞辱的合理补偿。1797年8月，在和奥地利签署《坎波福尔米奥条约》四个月后（该条约使法国控制了意大利北部绝大多数地区、奥属尼德兰、爱奥尼亚群岛，事实上结束了欧洲大陆的战争），拿破仑在给督政府的信中写道：“土耳其帝国正在一天天瓦解……如果我们真的想要摧毁英格兰，那么不久之后，我们就必须占领埃及。”[8]

次年2月9日，担任法国驻开罗总领事超过三十年时间的夏尔·马加利翁给塔列朗送去了一份备忘录。他在其中写道，根据他在埃及的长期经验，法国人的征服将会有极大的益处，“而不会遇到丝毫的困难”。他说，之前法国尝试征服东方伊斯兰教国家的十字军运动，实际上是由基督徒对亚洲贸易的欲望推动的，“宗教只是政治的借口”。他们的失败是由于自身的无能。“在小心翼翼地取得几次胜利之后，”马加利翁总结道，“人们本应在埃及和叙利亚的海岸上看到欧洲人的殖民地。”[9]法国人曾经有过这样的机会，但是被浪费掉了；现在，新的机会不应该再被浪费。

塔列朗同意他的看法。五天后，他起草了一份全面入侵埃及的计划。他宣称，法国现在要颠覆东方的历史，正如它之前已经在西方做过的那样。“埃及曾经是罗马的行省，”他对督政府说，“现在它将成为法兰西共和国的一个省份。”他多少有些自相矛盾地补充道，罗马的征服使那个美丽的国家一度衰落，“但是法国的征服将使其走向繁荣”。[10]

1798年3月5日，拿破仑被授予“东方军团”的指挥权，他的任务是入侵埃及，并以奥斯曼苏丹的名义废除马穆鲁克统治者，建立起法国的殖民统治，这一点似乎多少有些暧昧，因为它和法国作为苏丹盟友入侵埃及的借口相抵牾。

一旦这个目标得以实现，拿破仑的下一个任务是将英国赶出红海，占领苏伊士地峡。然后，如果条件允许，他将挥师东进印度，和马拉塔人以及被称为“迈索尔之虎”的提普苏丹的军队会合。

在过去三十年间，提普——之前是他的父亲海德尔·阿里——一直在和势力不断加强的英国东印度公司对抗。尽管提普在1792年成功地击败了英国人，但是他迫切需要帮助，而且已经向法国求援了一段时间。

1788年，路易十六保证他将获得法国人的友谊和军事援助，不过实际上他只得到了98名法国工匠、一些法国植物种子和一次法国塞弗尔瓷器的精彩展示。[11]路易那时由于法国大革命而陷入窘境，只能眼看着提普在1790年的第三次迈索尔之战中失利，却无法施以援手。

现在，督政府接手了。他们送去几封信，鼓励印度人理解“当前我们正在欧洲给予（英国）暴君永久性的打击，这正是你们摆脱加诸亚洲身上的沉重枷锁的大好时机”。[12]

1799 年 1 月 26 日，拿破仑给提普去信，焦急地询问他现在的“政治局势”，并向他做出承诺，随自己前往埃及的“无敌的军队”，“全心全意地希望能够帮助您挣脱英国的铁镣”。[13]

不过，没有一封信被成功地送到提普的手里。它们都被英国人截获，然后被公之于众，以此来揭露法国人的伎俩。这些信件也为东印度公司提供了它所需要的口实，这样它就能撕毁和提普达成的停战协议，并对迈索尔发起最后攻势。印度总督理查德·韦尔斯利对自己的董事会说：“与自大英帝国来到印度之日起的所有阴谋相比，法国人和苏丹的意图都要更加庞大和险恶。”[14]

实际上，法国人和迈索尔的联盟从未像韦尔斯利宣称的那么具有威胁性。提普是穆斯林，虽然他曾于 1798 年 1 月派使团前往法国人在印度洋上的最后一个据点毛里求斯，为获取法国的援助做了最后一次尝试，但是他也有足够的理由对法国人的行为和他们的长期目标保持警觉。法国人抱持的“文明”“平等”“博爱”“人权”这些理念，使他们成了现代西方的代表。相较于更有现实主义精神的英国人，他们才是整个伊斯兰世界真正的敌人。尽管提倡西化的奥斯曼统治者塞利姆三世从即位伊始（和被刺杀前）就是法国坚定的盟友，他也给提普苏丹写信发出警告：拿破仑的军队正在对伊斯兰圣地构成威胁，提普苏丹应当为了帮助“穆斯林兄弟”阻止“物质主义者”破坏伊斯兰世界的完整而与英国人维持和平。和所有的奥斯曼苏丹一样，塞利姆也是“信仰者的统帅”和全体逊尼派穆斯林的领袖。这些都是令人印象深刻的头衔，而且虽然和部分英国人所想的不同，他的话对穆斯林的号召力无法和 14 世纪的教皇谕令对基督徒的号召力相提并论，但是它们也不能被置之不理。

提普多少有些含糊其辞地向塞利姆三世做出保证，答应会尽其所能阻止西方无神论前进的步伐。然后，没到一年，他却发生了不幸。1799 年 5 月 4 日，他在都城塞林伽巴丹的激战中身亡，迈索尔分裂了，部分地区回到了它的前印度统治者手中，成了英国人的附庸。

正如塞利姆三世正确意识到的，拿破仑关心的并不仅仅是战略问题。至少从表面上看，东方军团的目的不是侵略，而是救援。拿破仑接到督政官的命令，要他“尽全力改善埃及当地居民的命运”。作历史类比总是危险的，不过如果要问西方对东方发动的哪一次军事和文化“传教”预示了后来将会遇到的困难和灾难（从 1883 年到 1956 年间英国“占领”埃及，到 2003 年美国主导的入侵伊拉克），那么答案无疑是这一次。1798 年 6 月，时任英国海军大臣的斯宾塞勋爵不无讽刺地评论道，该计划“如此的浪漫和异想天开，以至于让人无法信任”。[15] 后来的绝大多数计划都没有这么浪漫，但同样是异想天开。

不同于从 1883 年占领亚历山大港的加内特·沃尔斯利将军到 2003 年入侵巴格达的小布什（或者说是他的外交政策的制定者们）这些后来的征服东方伊斯兰世界的西方人，拿破仑在 1798 年出发时并不打算单纯依靠武力来达到自己的战略性政治目的，他还要操纵文化和宗教来为自己服务。据随军出征的哲学家和数学家让－巴普蒂斯特·傅立叶所说，拿破仑的目标是“使（埃及）居民的生活环境更加文雅，给他们带去一个成熟文明的所有好处”。但是它不可能单纯通过武力或劝导来实现，甚至加上法律也还是不够。它也需要“不断使用科学和艺术”。[16]

为此，东方军团不仅携带了武器和弹药，还带了一个有上千本书的图书馆，囊括了西方文学经典、被拿破仑称为“我们的伦理学家和小说家的精华”的孟德斯鸠、卢梭、伏尔泰和蒙田的作品，还有《古兰经》（有阿拉伯语版和法语版的）和《吠陀经》（为拿破仑万一成功前往印度而准备的）。随军队一起出发的还有一个完整的学术机构：埃及学院。它“致力于所有有用的知识的进步”。从长远来看，在这次远征留下的遗产中，它产生了最为持久的影响。

拿破仑前往埃及，以其特有的方式去完成由亚历山大开创的事业。幸运的是，当时他 29 岁，而亚历山大征服埃及并开始建立那座拥有他的名字和陵寝的首都时，刚好和他同岁。后来，据拿破仑说，他在基奥普斯大金字塔前和“几名穆夫提与伊玛目”谈话时，他让开罗大穆夫提称呼自己为“亚历山大高贵的继承人”。[17] 在这次远征结束很久以后，当他被流放到圣赫勒拿岛时，拿破仑对克莱尔·德·雷米萨夫人说：

> 我在埃及创建了一种宗教。我看见自己骑着大象，戴着头巾，走在亚洲的大道上，手里拿着本来应该由我按照自己的意愿写成的新《古兰经》。我本应完成自己的事业，将两个世界的经验统一起来，从世界的所有历史里寻找我的目标。[18]

如果这不只是一个已经失去了所有荣誉的征服者的离奇回忆，那么我们或许有理由认为，在 1789 年初，他已经有了类似的想法。

现在，至少伏尔内的问题已经有了清楚的答案。率领奥斯曼帝国一盘散沙、士气不振的各民族摆脱奴役、再造新邦的将会是拿破仑和法国人（当然，这些民族要受法国的监护）。

从 2 月到 4 月，一支超过 3 万人的大军和足以完成运输任务的舰队沿着法国和意大利的地中海海岸集结起来。然后，所有军队连同弹药和补给品一起被运往土伦港。与此同时，一群译员、艺术家、诗人、建筑家、经济学家、天文学家、古物学家、制图员、矿物学家、植物学家、动物学家、化学家、工程师、一位雕塑家、二十二位画家、一位热气球驾驶员和“一位来自巴黎歌剧院的前男中音”在巴黎集合了起来，总共有 167 人。

其中绝大多数学者来自法兰西学院。它创建于 1795 年，目的是要取代王室资助建立的法兰西学术院和铭文与美文学院。1797 年，拿破仑成为学院院士，不过不清楚具体原因（显然不可能是因为他的文学作品）。这本来没有什么实际意义，但是拿破仑自己却非常自得，从来没有忘记在自己的头衔里加上“法兰西学院院士”，即使是在获得远为显赫的“皇帝”称号之后仍然如此。在 18 世纪时，学术机构仍然具有极高的声望，拿破仑一直想要让人们记住，他不仅仅是一位出色的军事统帅。

这些人后来被称为“智者”，他们是在引诱、说服或是威逼之下组成了埃及学院。[19] 一些人坚决拒绝了邀请，如据说“精通巴别塔上每一种语言”的语言学家路易 – 马蒂厄·朗格莱斯，他们从未得到拿破仑的谅解。但是大多数人都十分乐意参与其中。不过，伟大的德国科学家和探险家亚历山大·冯·洪堡婉拒了邀请。

不得不承认，埃及学院的目的多少有些模糊。它显然是要去收集信息和所有可能找到的东西。在欧洲和美国著名的博物馆里，堆满了充满热情但多半是业余出身的探险家们在 18、19 世纪从奥斯曼帝国各地带走的文物。对奥斯曼人而言，特别是那些既缺乏现金又对那些不受欢迎的非伊斯兰历史遗物漠不关心的希腊、美索不达米亚和叙利亚的总督们而言，文物的输出是他们获得额外收入的宝贵途径。但是搜集信息和文物绝非埃及学院的唯一目的。18 世纪的考古既不是简单的抢掠，也不是像今天这样的力图客观的学术研究，它带有明确的政治和文化目的。正如威廉·琼斯、安克蒂尔 – 杜伯龙和其他“东方学家”希望能在印度找到欧洲文明的源头，院士们希望能在埃及做相同的事。伏尔内从 1783 年到 1785 年游历叙利亚和埃及时也抱着同样的目的。他告诉《叙利亚和埃及游记》的读者们，自己之所以前往东方，是因为那里是

> 我们支配自己生活的绝大多数观点的诞生地。对我们的公私行为、我们的法律、我们的整个社会环境有相当大影响的宗教思想正是在那里起源的。因此，去了解这些思想在什么样的地方产生、产生于怎样的风俗习惯中、确立它们的各个民族有着怎样的想法和性格，是一件有趣的事。考察那些思想和那些风俗习惯在多大程度上被改变或保留下来；调查气候的影响、政府的影响，或是习惯给他们造成的结果，也非常有意思。总而言之，通过他们现在的境况，可以判断出他们和过去有多相似。[20]

伏尔内本人没有直接参与远征，不过倒不如说这次远征是他的灵感和拿破仑的计划相结合的产物。

2

1798 年 5 月 19 日清晨，由三百艘载满了人和货物的船只组成的舰队

起锚，缓慢驶入地中海，驶向亚洲的最西端。殿后的是名字恰巧为“东方”号的旗舰，它是当时最大的船。拿破仑站在甲板上，一只脚踩着舷缘，望向自己的未来。

6月10日，舰队抵达马耳他岛，经过短暂的战斗后将其占领。自1530年以来，马耳他岛一直由一个自称圣约翰骑士团的国际武装教团统治。两个多世纪以来，他们乘着私掠船抢劫土耳其人和他们的北非盟友，以此来维持优越的生活条件。到了1798年，虽然他们已经变得腐败、堕落，几乎不会对奥斯曼帝国构成威胁，但他们仍然是伊斯兰教不共戴天的死敌和十字军的活化石，拿破仑希望利用他们为自己打开在埃及的局面。法国人带走了岛上修道院的大部分财产，连同700名左右来自的黎波里、阿尔及利亚、突尼斯、摩洛哥、叙利亚和伊斯坦布尔的穆斯林奴隶。这些不幸的人被正式恢复自由之身，法国人送给他们食物和衣服，让他们登上旗舰，他们成了即将统治埃及的新进步政权的译员和代言人。

两天后，当时正在墨西拿的英国海军上将霍拉肖·纳尔逊接到了法国人攻下马耳他岛的消息。他据此推测，拿破仑现在必定要驶向埃及，于是开始追击。但是在无法使用雷达和卫星定位的年代里，海军的遭遇常常是偶然事件。在这次的例子里，两支舰队错过了。拿破仑庞大的舰队移动缓慢，这反倒成了他的优势。英国人在6月22日和23日之间的夜晚超过了法国人，双方距离22里格，超出了望远镜的可见范围，他们完全没有发现法国人的踪迹。五天后，在平静的海面上快速航行的纳尔逊到达了亚历山大港。他完全不清楚法国人现在的位置，于是向南驶向叙利亚的海岸，然后又前往塞浦路斯。他在那里一无所获，于是回到那不勒斯补充食物和淡水，并在那里等待时机。

与此同时，对这一切毫不知情的拿破仑在6月28日清晨到达亚历山大港。“我主啊，”亚历山大港的谢赫（阿拉伯语中的“族长”）克拉伊姆在给穆拉德贝伊的信中写道，“刚刚出现在这里的舰队首尾相接，不绝千里。为了真主和先知之爱，请派军队来吧。”[21] 穆拉德答应帮忙，但是直到最后也不见援军的踪影。

7月1日晚，法国人开始登陆。拿破仑已经放弃了最初不切实际的希望，他本以为自己会被埃及人视为解放者，受到他们的欢迎。埃及人的抵抗甚至比他预计的还要激烈得多。天气同样如此。东方军团选择发起进攻的时间是一年中最热的几天，因此不仅要和穿着宽大长袍的埃及人战斗，他们神出鬼没，危险至极，还要和此前从未见过的新品种的苍蝇和蚊子战斗。不仅如此，到了7月，气温常常在40摄氏度以上，甚至晚上也是如此。“本地居民无所畏惧地向我们冲来，”一名龙骑兵回忆道，“我们的铜盔在烈日下闪闪发光，我们厚重的制服和塞进高筒靴的皮裤和他们轻便、宽松的毛料外衣形成鲜明对比，与我们的穿着相比，他们的更适合这种炎热的天气。”[22]

等到法国人踏着海浪登上岸时，绝大多数士兵已经被盐水浸透，口渴难耐，极度缺水。其中一人写道：“我们现在必须要找到水，否则必死无疑。”[23]不过到了最后，占据绝对优势的法军战胜了敌人，甚至连埃及毒辣的太阳也无法阻止他们。第二天傍晚，法军完全控制了亚历山大港。伊斯兰世界和西方邻居之间长期的隔离状态突然结束。

拿破仑自己也离船上岸。他可能已经彻底放弃了和平占领的奢望，不过和后来很多踏上这片土地的征服者一样，他期待当地居民能够在不久之后意识到，他和亚历山大一样是作为解放者而非征服者来到这里的。和绝大多数的后来者一样，他意识到，只有当被征服者接受了入侵者带来的政治、意识形态和文化的愿景时（它们也常常被当作入侵的借口），军事胜利才能取得成功，更重要的是才能得以维持。他小心翼翼地标记了《叙利亚和埃及游记》里的一段话。“任何想要控制埃及的人，”伏尔内写道，不得不打三场战役，前两个敌人分别是英国人和奥斯曼人，“第三个则是这个国家的人民，这是最困难的。最后一个将会带来太多的挫折，它或许应该被视为无法克服的障碍。”

拿破仑不认为它是无法克服的。不过他知道，为了赢得人民的支持，绝不能让法国人变成他所谓的“先知的诅咒”（即伊斯兰教）的攻击对象，不能被视为伊斯兰教的敌人。在随行的东方学家的帮助下，他决定因地制宜地践行法国大革命的原则，以达到“赢得穆夫提、乌里玛、谢里夫和伊玛目们的支持，使他们用对军队有利的方式解读《古兰经》"的目标。[24]

在从马耳他到亚历山大港的途中，"法兰西共和国东方语言翻译秘书"帕哈迪坐在"东方"号的客舱里，依照拿破仑的口述起草了一份阿拉伯语和土耳其语的《告埃及人书》(土耳其语版是为了说服苏丹，使他相信法国人是代表他的利益前往埃及的)。这份文件值得细读，因为它不仅总结了法国人对"东方"的期待，而且也预示了最终的失败，双方必定无法相互达成任何理解。

文章开篇引用了人们耳熟能详的伊斯兰教祈祷词："奉至仁至慈的真主之名。万物非主，唯有真主。他没有收养儿女，没有同他共享国权的"，目的是为了清楚地表示法国人不是基督徒。然后，文告向埃及人保证，和马穆鲁克所说的不同，法军统帅拿破仑·波拿巴不是"像十字军一样"为了摧毁伊斯兰政权而来，他是"代表着以自由和平等为基础的法兰西共和国"来到这里的。拿破仑向自己的读者保证，这就是事实：

> 告诉那些造谣的人，我来这里只有一个目的，那就是帮助你们重新获得被压迫者夺走的权利；告诉他们，我比马穆鲁克更忠心侍奉真主——愿他受到称颂和赞扬——尊重他的先知穆罕默德和荣耀的《古兰经》……也告诉他们，在真主的眼里，所有人都是平等的，人和人的不同是由理性、品德和知识的差异造成的。[25]

通过这种方式，他尽可能地将人权的原则（阿拉伯语里并没有直接表示"权利"的词[26]）和东方学家告诉他的伊斯兰教的基本教义融合在一起。这个后来被维克多·雨果形容为"西方的穆罕默德"的人继续说道：

> 你们卡迪斯［法官］、谢赫和伊玛目，你们沙尔巴济亚［骑兵军官］和所有知道原委的人，告诉全国，法国人也是虔诚的穆斯林，证据在于他们入侵了罗马，并在那里摧毁了一直号召基督徒与穆斯林为敌的教廷。然后，他们来到马耳他岛，赶走了那些自称"尊贵

的上帝”要求他们和穆斯林作战的骑士。[27]

对此，沃尔特·司各特爵士不屑地评论道，拿破仑不知厌倦地使用和滥用“东方的夸张言辞”。[28]

7 月 2 日，每一个被拿破仑从马耳他岛解救出来的奴隶都得到了声明的一份副本，他们被催促着去把这个好消息告诉当地居民。

很难说这里面有多少拿破仑真正相信的内容。他手下的一个将军后来在法国图卢兹对自己的一个朋友说：“我们假装喜欢埃及人的宗教，让他们上当。波拿巴和我们相信它的程度和对已故教皇的差不多。”[29] 但是，拿破仑的个人信仰不是重点，重要的是政策。拿破仑总是实施宗教宽容政策，因为他知道，宗教信仰会制造死敌。不过，宽容是一回事，相信，甚或尊重则是另一回事。虽然拿破仑声称尊敬《古兰经》，但是他肯定没有读过多少。如同他对雷米萨夫人所说的那样，唯一能令他感兴趣的圣书一定出自他本人之手。

不过，他读过卢梭的《社会契约论》，正是这部著作为法国大革命提供了意识形态灵感。该书最后一卷的标题恰好是“论公民宗教”，拿破仑可以从中学到，“没有一个国家不是以宗教为基础建立起来的”。即使宗教反映的只是对安全的不成熟的追求，但是几个世纪以来，卢梭所说的“费劲的伪造之物”已经证明自身具有长久的价值，而拿破仑也已经敏锐地意识到了这一点。如卢梭所说，一个以相信“正义的人会幸福，邪恶的人会受到惩罚，惩恶扬善、社会契约和法律具有神圣性”为基础的单一信仰，是唯一能够使社会拥有凝聚力的黏合剂。它是不是真的能实现这些目标并不重要。重要的是，它应该是单一的、不可化约的。卢梭说道，原因在于“凡是承认神学上的不宽容的地方，都不可能不产生某种政治效果。而且只要神学上的不宽容一旦产生了这种效果，主权者即使在世俗方面也就不再是主权者了；从此教士成了真正的主人，而国王则只不过是教士的官吏而已”。[30] 根据这样的前提，拿破仑每进入一座意大利城市，就会开放当地的犹太人聚居区。“通过使自己成为穆斯林，我在埃及建立起统治，”后来他说，“通过信奉教皇至上主义，我赢得了意大利人的心。如果我要统治犹太人，我将重建所罗门圣殿。”[31]

终有一天，已经被纳入法国公民教育的大革命基本原则，将会取代埃及人心中的“先知的诅咒”。到了那个时候，埃及人自然会彻底文明化。不过，为了使这一切成为可能，首先要向他们展示，伊斯兰教的教义和法国大革命的信条是相似的。

正如今天只有极少数的穆斯林同意西方价值可以和伊斯兰教法相容，拿破仑在说服当时的埃及人时，也是困难重重。通过开罗的“迪万”——伊斯兰国家管理机构——的成员阿卜杜·拉赫曼·贾巴提记录下的法国占领后前七个月的情况，我们可以了解到当拿破仑宣称自己热爱伊斯兰教时，当地人做出的一些反应。贾巴提是一个博览群书、有深刻洞察力的人，他对法国人的本领和科技，尤其是他们的独轮手推车印象深刻，大方地称赞法国人在战场上展现的英勇和严明的纪律，热情地将其比作穆斯林圣战士。[32] 尽管如此，他仍然是一个坚定的穆斯林，相信所有的善行和真理都出自通过先知传递的真主之道。

他严厉斥责了拿破仑的声明，斥责它使用的语言、拙劣文风和语法错误，以及散见于文章中的“语无伦次和粗俗用词”，它们常常使拿破仑想要表达的意思变得毫无意义（这些都可以被视为对帕哈迪和随军远行的法国阿拉伯语言学家的批评）。但是贾巴提最激烈的批评针对的是他反复提到的法式虚伪。和拿破仑设想的不同，对于贾巴提来说，这份声明开头的句子并没有使他感到这个宽容的国家尤其钟爱伊斯兰教；相反，它意味着法国人同等地信奉三种宗教：伊斯兰教、基督教和犹太教。也就是说，他们实际上哪一个也不信。对贾巴提这个穆斯林而言，宗教宽容对虔诚的信徒没有任何意义，它只是在纵容错误的思想。现在早已不是犹太教和它的两个主要的异端可以实现某种和解的年代了。现在只能有一个真正的宗教，其他的都是冒牌的。拿破仑不能在宣称“尊重”先知的同时，不相信他传递的启示。这同样适用于《古兰经》。你不能只是“尊重”神的话语。你必须要把它当作唯一的律法，而不是众多律法之一。“这是一个谎言，”贾巴提勃然大怒，“尊重《古兰经》意味着要颂扬它，而颂扬它的唯一方法是信仰其中的内容。”

拿破仑显然是个骗子。更为恶劣的是，他也是一个将要摧毁包括伊斯兰教在内的所有信仰、所有宗教的社会的代理人。贾巴提对自己的穆斯林读者解释道，所谓的“共和国”指的是法国人在背叛和谋杀了他们自己的“苏丹”后，建立起来的无神论国家。杀死路易十六，意味着法国人背叛了曾经被他们真诚地视为神在世间的代表的人（不过因为他们对神的理解是错误的，因此这个人并不是真正的代表）。他们用一个抽象的概念取代了他的位置，以“共和国”的名义前来的拿破仑不是为了谋求和平，他带着一支志在征服的军队，要为“共和国”发声。对穆斯林而言，世俗国家是不可能存在的，除了神的律法，再无法律；法国人坚称人和人的不同只是由于“理性、品德和知识”的差异产生的，这是荒谬的。贾巴提声称，因为“真主已经使一些人比其他人更优秀，居住在天堂和地球上的人就能证明这一点”。

对信徒而言，几乎没有什么比无信仰者更令人厌恶的了，相信圣书具有根本神圣性的信徒们尤其如此。对贾巴提而言，法国人不会皈依伊斯兰教，他们更像是无神论者。穆斯林和基督徒的战争可能已经持续了几个世纪，但是基督教仍然是被他们接受的宗教之一。基督教是“圣书宗教”之一，而基督仍然是先知，虽然不是最后的及最伟大的，但他确实是神的使者。一个基督徒宣布放弃自己的信仰，却没有皈依伊斯兰教，这是所有罪行中最恶劣的。法国人吹嘘自己摧毁了教廷和马耳他的骑士团，不仅不会让穆斯林松一口气，反倒会让他们感到恐惧。

贾巴提正确地看到，暗含在拿破仑的宣言里的，是根本不信任任何所谓的神的话语。他亲身体会到，法国人确实是物质主义者，他们只根据自己的经验理解和控制世界，在这方面，他认为法国人的成功令人担忧。尽管贾巴提很欣赏法国人的科技和勇气，但是他无法想象一种不是以神的启示为起点和终点的科学。在他看来，法国人和以前信仰异教的阿拉伯人一样，同样是无神论者和“物质主义者”；由于穆罕默德被送到世间的目的正是为了要纠正包括无神论和物质主义在内的错误，因此法国人迟早会像在他们之前的那些民族一样，或是皈依伊斯兰教，或是被消灭。入侵者会用他们的各种小玩意儿和独轮车这些奇技淫巧来诱惑埃及人，而埃及人需要做的只是等待，并坚持自己的信仰。

贾巴提不是唯一感到愤怒的人，也不是唯一意识到拿破仑的出现将给伊斯兰教带来意识形态上的威胁的人。奥斯曼苏丹颁布了用阿拉伯语和土耳其语写成的文告，提醒自己的埃及臣民，小心欧洲人带来的新威胁。

> 法国人（愿真主摧毁他们的居地，扳倒他们的旗帜，因为他们是残暴的不信道者、保持异议的恶徒）不相信天地之主的独一，也不相信审判日的代理人的使命，还废除了所有宗教，否认来世及其惩罚……他们断言，先知的天经是明显的伪造，《古兰经》《摩西五经》和《福音书》不过是谎言和废话，那些自称是先知的人欺骗了无知的大众……（法国人）说，所有人在人性上和人的资格上是平等的和相同的，没有人拥有别人不具备的优点，在今生，每个人各管各的灵魂，各谋各的生计。他们凭着这种空虚的信念、荒谬的见解，弄出了新的信条和法律，照着恶魔的耳语，建立新的事物，破坏了宗教的基础，一味干着违背天意的事情，随性而为，诱惑普通人堕入他们的罪恶，使其变成胡言乱语的疯子，在宗教中间散播颠覆言论，造成国王和国家间的不和。[33]

伊斯兰教在历史上第一次面对一个前所未有的、几乎不可想象和无法理解的挑战。几个世纪以来，伊斯兰世界普遍相信，伊斯兰教法很快就会通行于从伦敦到维也纳的每一座城市；欧洲的大教堂将会像君士坦丁堡的教堂一样，被人们盲目崇拜的圣像将被毁掉，它们的钟楼将被宣礼塔取代，全世界的信仰者将会每天五次朝麦加的方向祈祷。

但是现在，不仅事情看起来正在向相反的方向发展，而且原来的敌人似乎突然抛弃了之前的身份。他们不再宣称自己的宗教是唯一的真正信仰，反倒开始说一些不见容于任何真正信仰的话、一些贾巴提和苏丹的文告作者不安地间接提及的话：从此以后，人们不需要服从任何神以及任何自封的神在世间的代表。更糟的是，撒旦蛊惑人心的耳语暗示着，在这个无神的新世界里，在穆斯林（和基督徒）的统治下被轻视的、无权的大众，即使不能真的“随性而为”，至少也将过上多少算是有尊严、安全的生活，以及最重要的，拥有自由选择的权利的生活。

在世俗的欧洲西方世界与从埃及到印度的伊斯兰东方世界的每一次遭遇中（现在是第一次），造成双方沟通不畅的原因都基本相同。双方都主张，自己的价值观，以及更为根本的，自己对宇宙运行规律的理解，适用于全人类。但是，西方人认为，关于宇宙的理解是人类运用理性得到的，没有借助任何神的任何直接帮助；穆斯林则认为，唯一的普世真理，同时也是唯一的真理，出自真主之道。基督徒曾经抱有相同的看法，其中一些人直到今天仍然如此，但是他们不得不和西方社会内部不断增长的要求限定上帝扮演的角色、限制自封的上帝代理人的权威的倾向做斗争。而在伊斯兰世界，历史则朝着相反的方向发展，或者说，按照拿破仑和当时西方人的看法，它完全是静止不动的。

每当西方人提出一种看似完全依靠世俗理性得到的发明，穆斯林就会声称它可以被从圣书中找到，只是人们要知道寻找它的方法。1789 年 12 月，双方上演了一场真正的聋子间的对话。一天，拿破仑和数名乌里玛的成员一起在谢赫萨达特的家里进餐。他对在座的几位谢赫说，以前在哈里发统治时，阿拉伯人的艺术和科学修养很高，但是“现在，他们非常无知，他们的祖先曾经拥有的知识已经不复存在”。萨达特愤怒地答道，他们仍然有《古兰经》，里面包含了所有的知识。拿破仑接着问，《古兰经》能否教人铸炮，“所有的谢赫都断然回答——可以”。[34]（后来，在 1883 年，被西方人称为阿富汗尼的埃及流亡知识分子萨义德·贾马尔·阿尔丁称，《古兰经》已经预见了诸如铁路、现代经济学、税收和细菌理论等知识。[35]）

但是这种观点似乎并不能让拿破仑信服，后来各个世代的传播西方文明的人，包括最近试图通过武力或劝说的手段，将法国大革命原则的正式现代等价物——民主——传播到阿拉伯世界的人，同样如此。和他的很多继承人一样，拿破仑似乎也相信，秘诀在于坚持不懈。当事实证明埃及人不欢迎法国人时，他将此归咎于那些拥有极大权力的少数人的冥顽不化和大众不可避免的无知。在法国人入侵之后，埃及人立即做出抵抗（在今天将被称为“叛乱”）。与 2003 年美国带头入侵伊拉克后的情况类似，发起抵抗的是由当地各民族组成的一个松散的联盟，他们之所以这么做，并不是因为共同的利益或信念，而是因为他们所有人都不喜欢看见非穆斯林的外国人出现在自己的土地上。

埃及学院的另一名院士，画家和雕刻家多明尼卡·威万·德农写道，一些“明智的人”理解了法国人的提议，他们尽力劝自己的同胞不要反抗。但是“大部分人，他们一无所有，习惯了受残忍的统治者驱使，认为我们的平等姿态是软弱的表现，继续受他们的贝伊的欺骗”，而贝伊的手段是“利用宗教的成见”，坚决反对任何为了促使他们文明化而作出的尝试。[36]

拿破仑军中的每一名士兵、每一位学者都知道，埃及人之所以是现在这个样子，不是因为他们是“东方人”，不是因为他们的种族（这样的解释将会在稍后的时期出现），而是因为马穆鲁克残暴、专制的统治。按照伊本·赫勒敦的说法，在 14 世纪时，马穆鲁克可能确实是“真正的信徒”，他们拥有的“游牧民的美德，没有被低级的品行玷污，没有被肮脏的乐趣腐化，没有被文明的生活污染”，但是到了 18 世纪，即使是在穆斯林看来，他们也已经变得残忍、低效和堕落。[37] 法国人知道，这样的专制主义创造了奴隶制，奴隶制把人变成动物，摧毁了曾经辉煌的文明。这是他们当中喜爱阅读的人从古人和最近的孟德斯鸠、伏尔泰、卢梭、孔多塞和伏尔内的著作里学到的。但是即使是普通民众也广泛地将其视为真理。无论如何，它是法国大革命最重要的一个主张，也是拿破仑在欧洲的战役中反复向部队灌输的。望着亚历山大的城市的遗址，望着别人告诉他的曾经的“克里奥帕特拉的宫殿”，负责为军队制作服装的年轻裁缝弗朗索瓦·贝诺耶在给自己的妻子的信中写道，一千多年前的埃及人和现在的埃及人之间的强烈对比让自己不禁想要发问，为什么过去的埃及“能够养育出热爱自己的祖国、创造出这些奇观的人”，而“今天的埃及人虽然在同一片土地上出生，在相同的气候下成长，但是他们的房子却非常简陋，基本上都是由用泥和牛粪混合而成的材料建成的”？“亲爱的，”他总结道，“专制政府注定会带来这样的结果。”[38]

贝诺耶相信，在现在的统治者被消灭之后，只要假以时日，埃及受到恫吓的民众必定会明白，一个世俗的现代社会将给他们带来显而易见的好处，他并不是唯一这么想的人。无论如何，拿破仑代表着一种新的生活方式，它在欧洲已经战胜了与埃及统治者类似的专制君主。如同在法军离开土伦之前他在面向全军发表的简短演讲中所说的那样，“自从自由诞生的那一天开始，它就使共和国成了欧洲的仲裁者，现在我们希望它能成为最遥远的陆地和海洋的仲裁者”。或者如他在其他地方所用的更加简洁的说法：“对法国有益的，对所有人都有益。”[39]

3

今天，拿破仑当初选择在其海滩登陆的亚历山大港是一个萧条的港口，它的大部分设施建于 20 世纪 50、60 年代。当年的世界都市风光不再，它已经不是那个在“二战”前让小说家劳伦斯·达雷尔流连忘返的“伟大的爱的榨酒池”了。甚至在 20 世纪 50 年代初，它就已经沦落成达雷尔在告别时所说的“上千条尘土飞扬的马路”。[40] 在 18 世纪末，它的吸引力肯定更低。1737 年，丹麦海军军官弗雷德里克·路德维希·诺顿在前往苏丹的途中驶经这座阿拉伯城市。根据他的说法，它“不是浴火重生的凤凰，更像是从被《古兰经》污染的泥土里钻出的毒虫”。[41] 法国人从未见过像这样一群人挤在狭小的屋子或是肮脏、吵闹的小巷里的场景。“一大堆不明物体冲击着感官，”1783 年来到这里的伏尔内写道，各种奇怪的人穿着脏兮兮的长袍，街上有很多饿狗，它们的叫声“让人不得安宁”。

这里曾经坐落的是古代的亚历山大大帝、托勒密家族和安东尼的城市，然后慢慢衰落，直到当年的建筑沦为废墟。1806 年，在拿破仑离开五年后，弗朗索瓦 – 勒内·德·夏多布里昂回忆起自己曾经尝试从身边遗址的影子里捕捉一个“曾经足以与底比斯和孟菲斯媲美，曾经有三千名居民和缪斯神殿”的城市的形象，或是试图聆听远处“安东尼和克里奥帕特拉纵欲狂欢”的回声，但是他一无所获。希腊 – 罗马时代的阴影已经一去不返，留在那里的只有一个沉重的警示，再次提醒人们专制统治会造成怎样的破坏性结果。他写道：

> 一个可怕的咒语让新亚历山大港的人们沉默不语，那个咒语是专制主义，它扼杀了所有的欢乐，我不得不发出痛苦的嘶喊。啊！一个人能够期待在这样的城市里听到什么样的声音。有三分之一的市区至少已经被遗弃，另外三分之一成了坟场，有人居住的三分之一夹在这两个可怕的极端之间，在废墟和坟墓之间，仿佛左右摇摆却无力挣脱身上镣铐的躯体。[42]

除此之外，还有完全不受居住地限制的贝都因人。在18世纪末、19世纪初，英国人把沙漠阿拉伯人塑造成了“荒野贵族”，他们“高贵、英勇、优雅、活力十足”，人们仍然能在未来一段时间里看到这样的形象，如鲁道夫·瓦伦提诺于1921年拍摄的电影《酋长》。[43]不过根据工程学家吉尔伯特-约瑟夫·富维克·德·夏布罗尔的说法，法国人在1798年遇到的不过是些行踪不定的劫匪。“他们对农业和商业一窍不通，”他写道，“自愿成为强盗，他们成了贪婪的刺客。”[44]

一天，埃及学院的六名院士由于工作过于投入，发现自己已经离开了法国人的防线。他们被一群武装的游牧民抓住并带回了帐篷。经过一番争论，贝都因人决定把他们交回。从未错过任何一个表现机会的拿破仑在那里迎接他们，感谢贝都因首领的“仁慈”。“只要你对我诚实，”拿破仑向他保证，“我就可以作你的保护人和朋友。”酋长拒绝接受波拿巴给自己的金钱，不过收下了作为礼物的金表。“他们有上好的马匹，”目睹了这短暂一幕的弗朗索瓦·贝诺耶写道，“还有不错的武器，上面镀了银。”不过，他以裁缝的眼光补充道，他们的衣服“品质低劣，穿起来肯定很难受”。[45]

虽然法国人沉浸在令人伤感的“高贵的野蛮人”的形象中不能自拔（18世纪时，他们从南太平洋到非洲四处寻找“高贵的野蛮人”），但是这里有明确的证据可以让人们知道，生活在文明社会之外究竟意味着什么。“他们是最可怕的野蛮人，”拿破仑的弟弟路易·波拿巴写道（他也是卢梭的信徒），“啊，让－雅克！如果你能亲眼看看这些你口中的‘自然人’，你会因为自己曾经称赞过他们而感到羞愧和震惊。”甚至连拿破仑自己——此时他已经到了开罗，不打算再从这些人身上寻找游牧民本应具有的高贵品质——在给督政府的信中也写道：“他们狂暴的性格符合他们恶劣的生活条件：连续几天，顶着烈日，走在被烤得滚烫的沙子上，没有水让自己凉快下来。他们缺乏怜悯心和信仰。这是一个人能够想象得到的最可怕、最野蛮的场景。”[46]

一旦亚历山大港的安全得到保障，拿破仑马上率领东方军团前往开罗，他骑着骆驼，头上覆盖着防蚊的面罩。穿越沙漠比占领亚历山大港艰苦得多。负担过重的部队在烈日下蹒跚前进，为了避免耗尽体力，经常不得不绝望地扔掉食物和水，结果却只是在饥渴中崩溃。甚至连那些有足够的水和食物的人也变得苦不堪言，拿破仑后来回忆道，“由于某种无论如何都难以克服的说不清的忧郁之情……几个士兵试图在尼罗河淹死自己……‘我们为什么要来这里？’”他们问道，“‘督政府把我们放逐了。’”[47]

拿破仑一路继续向开罗行进，未受阻扰。7 月 21 日，在尼罗河西岸现在的因巴巴郊外一块平地上，他遇到了率领着 1.2 万名骑兵和 4 万步兵前进的穆拉德贝伊。

拿破仑将自己的部队排成方阵，这是一种新战术，在世纪初同奥斯曼人作战时，奥地利和俄罗斯军队用这种战术收到过很好的效果。“去吧，并且记住，四十个世纪的历史正在看着你们。”他对自己的士兵说，然后准备好面对人数占绝对优势的马穆鲁克军队。马穆鲁克骑兵以狂暴和勇猛著称。但是他们军纪不良，只有原始的手枪，没有火炮。不到两个小时，法国人依靠整齐的方阵、有序的步枪齐射和他们的大炮击溃了马穆鲁克军队。战斗结束后，只有 29 个法国人战死，而 1 万名埃及士兵或是已经战死，或是在烈日下奄奄一息。穆拉德贝伊带着幸存的 3000 名骑兵向南穿过沙漠，逃往上埃及。开罗的马穆鲁克居民带着所有可以带走的东西，匆匆忙忙地随他而去。这场后人所谓的“金字塔之战”——因为从战场上可以远远望见吉萨的金字塔——使法国人占领了埃及的首都。拿破仑再次向埃及人保证，他们不需要担心自己的家人、房子和财产，“尤其是我热爱的先知的宗教”。[48]

在可以俯视宽敞的阿兹巴克雅广场（一位法国观察家说它比巴黎的协和广场更大）的之前属于阿里贝伊的宫殿里安顿好后，拿破仑开始着手重建自己的新附属国的财政和管理体系。如同他对迪万的主席谢赫扎卡维所说的，他的目的是“建立起单一的政权，以《古兰经》的原则为基础，它们是唯一的真理，仅凭它们就可以给人类带来幸福”。[49]

拿破仑没有说他将如何实现自己的目标，因为他肯定很清楚，虽然自己宣称人权可以和教法和谐相处，但是一旦进入司法实践，二者之间显而易见的差异马上会暴露出来。结果完全依赖于他个人的命运——“疑心多么重的人才会拒绝相信这个广袤的宇宙中的万物终将臣服于天命的帝国”——在他的头脑里，现在自己的命运和整个东方的命运联系了起来。

1798 年 12 月 21 日，他用一种在《圣经》和《戴面具的先知》之间摇摆的语言，对开罗民众发表演说：

> 让人们知道，《古兰经》上面写着，在摧毁伊斯兰教的敌人和十字架之后，我将从西方前来，完成赋予我的责任。让人们知道，在圣书《古兰经》里，超过二十段的文字里的预言已经成了现实，其他的预言也将实现。

那一天将会到来，他继续为自己的演讲主题加码，“我受到上天的命令的指引，任何人类的努力都无法胜过我，全世界将会看到证据。第一批诚心诚意投奔我的人，将享幸福。”[50]

他告诉备感震惊的乌里玛，自己是新的救世主马赫迪。他甚至尝试穿上被很多欧洲人视为土耳其服装的带有“东方”风格的服饰，但是他的头巾和垂下的东方长袍看起来非常笨拙和别扭，当手下的将军们看到他时，他们放声大笑。[51] 后来在流放中，他承认，所有这一切都是“骗术，但属于最高明的那一类”。[52] 拿破仑反复强调法国人现在是真正的穆斯林，而穆斯林现在是真正的法国人，看起来唯一相信这一点的是英国人。最终将在阿卡战胜拿破仑，而且多少把自己视为当代狮心王理查的西德尼・史密斯爵士，提到有必要“彻底摧毁法国在非洲的这个伊斯兰教殖民地”，拿破仑显然已经“东方化”了，而且有传言说他已经皈依了伊斯兰教，再加上他的科西嘉出身，使他给人们留下了充满了异国气息的古怪印象，而他又以残忍和专断闻名，这样的形象一直伴随着他的余生。[53]

不过拿破仑手下的一位将军似乎真的相信了自己主人的声明，至少是其中的一部分。雅克・蒙诺肯定不是最有超凡魅力的人，他既矮又胖，秃顶，而且年过五旬。不过事实证明，他是很有能力的管理者，后来在1799年9月，当时拿破仑已经离开，而他的副手克莱贝尔身亡，蒙诺发现自己成了法军残部的统帅和开罗行政体系的负责人。在战争初期，为了娶一个名为祖拜达的穆斯林妇女，同时也是“出于政治考量”（他自己承认这一点），他皈依了伊斯兰教，改名为“阿卜杜拉・雅克・蒙诺”，这被包括贾巴提在内的很多人视为证据，进一步证明了法国人虚伪且自私自利。[54]蒙诺自己很可能会同意这些人的看法，他对伊斯兰教不会比对基督教有更多的兴趣。不过他显然因为自己的妻子是先知的后裔而自豪。“结果，我成了先知的表亲，”他吹嘘道，“世界上所有戴着绿色头巾的人都是我的亲戚。”拿破仑反对这桩婚事，认为这不符合法国人的传统，这使蒙诺在士兵眼里变得非常可笑，而且很可能会给自己带来麻烦。不过，蒙诺似乎真的希望自己的举动能多少有助于在阿拉伯人和法国入侵者之间制造一些平等。“你们要仁慈地对待埃及人，”有一次他这样对自己的士兵说，“但是瞧我都说了些什么话，如今埃及人就是法国人，他们是你们的兄弟。”[55]

不过，拿破仑试图把埃及变为法国的伊斯兰省，他任命顺从的埃及精英组成迪万，以他的名义管理这座城市，然后对那些在自己的丈夫逃跑后仍然不明智地留在城里的马穆鲁克妻子们课以罚金，这些手段看来很难实现他的想法。沿着法国人的防区，一个很快被当地人憎恨的新税制在法国行政管理人员的监督下建立了起来。强制性借贷被加诸可能的受害者身上，单单是亚历山大港的商人就缴纳了30万法郎。之前为马穆鲁克所有的农地被没收充公，作为“国有土地”重新分配。在这些举措里，拿破仑扮演起了人们不算太陌生的东方专制统治者的角色，即席做出裁决。“每天，”他对蒙诺吹嘘，“我都会在开罗街头砍下五到六个人的头。”我必须让他们服从，他解释道。“想让他们服从，就要让他们感到害怕。”

1798 年 10 月 21 日，由于法国人在做人口普查时没有经过房屋主人的同意就闯入他们的屋子，开罗市民群情激奋，掀起叛乱。负责人口普查的大卡迪（法官）被杀，一些在街上落单的法国军官被叛乱者逮到，也遭到杀害。随后，穆夫提们将街头骚乱转化成反对法国人和穆斯林通敌者的圣战。

拿破仑迅速做出回应，残忍却有效。他炮击叛乱的城区，直到三千多名埃及人死于非命、叛乱首领来到他面前请求宽恕。然后，作为报复，他派出一支队伍洗劫了阿兹哈尔区和那里的清真寺。法国骑兵骑着马进入埃及最神圣的地方，这样的亵渎举动最能清楚地显示法国人是多么不尊重伊斯兰教。贾巴提断言，“绝大多数埃及人，特别是农民，痛恨法国人的政府”，也就不足为奇了。

由于其特有的残忍，拿破仑犯下了错误。三十年后，在阿尔及利亚面对由埃米尔阿卜杜勒·卡德尔领导的武装时，法国人将重蹈覆辙。托克维尔就此事警告巴黎政府，如果法国人表现得像野蛮人，土耳其人“总会利用他们身为穆斯林野蛮人的优势，战胜我们”。[56]

4

与此同时，法国学者们以另一种方式挑动着埃及人的神经。

在纳斯里赫郊外位于开罗市中心以南大约 2 公里的地方，拿破仑在被原来的马穆鲁克主人们遗弃的四座宫殿里正式建立起埃及学院。学者们将自己的图书馆、数学和物理仪器、一座化学实验室、一座天文台、一台印刷机、一座动物园、一座植物园、一座自然史陈列室、一间矿物陈列室和一些考古发掘的文物，连同几间作坊一起搬到这些奢华的宫殿里。

在共和六年果月五日，也就是 1798 年 8 月 22 日，学院正式开始运作，主席是数学家加斯帕·蒙热，拿破仑表现出了少有的谦虚，只担任副主席，让－巴普蒂斯·傅立叶担任常任秘书。学院公布了章程，详细地说明了它的成立目的。它将展开各个领域的研究，对象包括埃及和范围更广的亚洲的自然、人文、历史和政治。它为新政府可能遇到的所有问题提供答案，向它提供建议。不过，它最重要的目的是“在埃及传播启蒙主义，确保它的发展”。[57] 学院有一份正式刊物《埃及年代》，它的第一期以一种恰如其分的宣告胜利的论调收尾。它宣称，“在这个应用科学由于野蛮主义和宗教狂热而被长期放逐的国家里，它们已经通过武装的智慧和对人类的爱被传进来，博学的欧洲人不应该对它们的威力无动于衷”。[58] 拿破仑自己出席了大部分会议，据说只有在这种场合，他才允许人们批评和反对自己的政策。由于他如此热衷这种场合，士兵们都称这些会议是“最受总司令宠爱的情妇”。[59]

学者们的活动让埃及人迷惑不解。这些人是谁，他们到底在干什么？他们不是士兵，也不是法学家（不过他们的部分行动和立法有关）；他们不是行政管理人员，而且由于所有欧洲人都不信神，所以他们的行为也和宗教无关。鉴于学院活动的多样性，更不用说它们的古怪，自然而然地会令当地人感到困惑。在哈桑·卡切夫贝伊的妃子们居住过的房间里，学者们在宣读研究埃及海市蜃楼的形成、铵盐的生产和靛蓝类染料的制备等问题的论文。傅立叶提出了代数方程式的一种新解法，学院的诗人之一弗朗索瓦·帕斯瓦尔朗诵了自己翻译的《被解放的耶路撒冷》，这是塔索以基督徒占领耶路撒冷为主题创作的名诗，非常适合这个场合。最著名的学者之一杰弗里·圣希莱尔朗读了一篇以鸵鸟的翅膀为主题的论文，他希望能证明它们不具备飞行的能力。（佛朗索瓦·贝诺耶旁听了这一节。他说，论文读了差不多三个小时，直到最后也没有回答鸵鸟本来是要奔跑的还是要飞翔的。“我从未听过这么蠢的东西，”他告诉自己的妻子，“即使最无知的人也能指出，既然自然给了鸵鸟粗壮的长腿，那么它显然是要奔跑的。如果它要飞翔，自然就会给它强壮的大翅膀。”[60]）

听过对这些活动的描述之后，埃及人得出结论，它们只是幌子。真正的活动是在化学实验室里进行的，学者们显然是要在那里生产金子。

埃及学院的文化活动是提升“武装的智慧和对人类的爱”的一种方法。不过除此之外，还有其他更直接、更明白易懂的方法。法国大革命已经完善了利用大规模公共庆典来传递政治信息的方法，拿破仑在埃及采取了相同的策略。每一个伊斯兰节日都被拿破仑用来宣传自己最初发布的公告里面的内容，在穆斯林看来，它们是渎神和语无伦次的。1798年9月21日，为了使穆斯林的日历能够和大革命的日历协调，法国人举行了一场庆祝共和国建立的周年典礼。在学院院士们的帮助下，一座高约6英尺、由木头和布制作而成的方尖碑被立了起来，上面刻着在当年的战斗中战死的士兵的名字。在阿兹巴克雅广场的外围，建起了一列廊柱和一座凯旋门，上面刻着金字塔之战的场景。

在节日当天，军队、开罗的乌里玛和迪万的成员、所有的谢赫、土耳其新军的首领和帕夏的代表，都参加了穿过城市的游行。然后是在拿破仑宅邸一楼举行的有150名达官显贵参加的大型午宴，屋子里同时悬挂着法国和土耳其的旗帜，既有象征法国大革命的弗里吉亚无边便帽，也有新月旗，还有引自《人权宣言》和《古兰经》的文字。一些人发表了祝酒词，当加斯帕·蒙热提议“为了人类精神的完善和启蒙主义的进步”干杯时，宴会的气氛达到高潮。最后，典礼以传统的烟火表演结束。

至少军队的正式刊物《埃及信使报》是这样报道的。实际情况多少要逊色一些。和其他的很多活动一样，法国人想同时表现出自己的强大和善意，而埃及人对绝大多数此类活动都抱以冷漠和怀疑的目光。很多受到邀请的客人或者没有现身，或者只是不情愿地出席。很多焰火没被成功点燃。阿拉伯人觉得合唱非常刺耳。著名的方尖碑只有在相当远的距离之外观赏才令人印象深刻。它是匆忙拼凑起来的，因此不足以支撑自身的重量，不久后就开始下沉。典礼刚一结束，士兵们就在它的底座开了一个洞，把它内部变成一个临时妓院。一位用阿拉伯语创作的希腊天主教诗人尼古拉·图尔克为我们留下了另一份对法国占领的目击证词，他看到人们在方尖碑底部来来往往。“法国人声称这根柱子是自由之树，”他评论道，“但是埃及人的回答是，它更像是钉在他们身体上的木桩，象征着对他们的国家的占领。”[61]

法国人希望用法式科学奇观使埃及人敬佩自己，不过这样的尝试同样失败了。拿破仑带来了一个热气球（也被称为“孟高尔费”，因为第一个放飞热气球的是孟高尔费兄弟）和一名气球驾驶员尼古拉斯-雅克·孔蒂，他是一个长着浓密卷发的有色人种，在1795年的一次爆炸中失去了自己的左眼，因此用一块头巾遮在上面。

1798年8月21日，孔蒂和他的人经过精心准备，要公开放飞热气球。长长的布球囊被涂成红白蓝三色，挂在一根杆子上。伴随着隆重的仪式和嘹亮的军号声，孔蒂点燃了燃烧器。根据贾巴提的回忆，“冒出的烟进入球囊，使它鼓起来”。气球慢慢离地，“随风飘了很短的时间，然后风停了，它的碗［燃烧器］熄灭了，球囊也瘪了下去”。掉到地面上的气球开始着火，在场的很多人仓皇逃走，以为这是法国人为了对付他们而准备的新武器。贾巴提写道，法国人曾经吹嘘“这个装置像船一样，人们可以乘坐它到其他国家旅行”。这显然是物质主义者的另一个谎言。在他看来，轻薄、涂上鲜艳颜色的布制成的球囊不过是一个精致玩具，“类似仆人们为节日和其他欢乐的场合制作的风筝”。法国人没有因为这次的失败心灰意冷，他们于1799年1月16日又一次进行了尝试。这次它飞行的距离更长，但最后仍然是在众目睽睽下跌了下来。假如它成功地飞离人们的视野，贾巴提讽刺地评论道，“法国人肯定会宣称它会飞往很远的地方”。[62]

5

不过在这次丢脸的失败发生之前，法国人对埃及的控制已经开始减弱。1798年8月1日，纳尔逊回到亚历山大港，在阿布基尔港遇到了毫无防备的法国舰队。大部分火炮之前已被法国人搬到陆地上，因此英国人在它们的射程之外。法国人的船在防御力量薄弱的浅湾里挤作一团，行动困难。纳尔逊的战舰只遭到了非常有限的反击，它们一小时接着一小时地猛轰被包围起来的法国舰队。晚上 10 点过后不久，“东方”号起火了。它缓慢燃烧了一个小时左右，在夜空下迸发出火花和白色的火焰，然后发生了爆炸，法国舰队司令布吕埃斯和仍然留在船上试图扑灭大火的船员全部葬身海底。爆炸声响彻整个海湾，双方停止射击，海港安静得让人毛骨悚然。贝诺耶回忆道，当时只能听到船骸发出的声音，它们因为爆炸被抛到“惊人的高度”，然后又掉进水里。[63]“接下来，”圣希莱尔写道，“我们的舰队陷入混乱。”[64]

45 分钟后，炮击再次开始。战斗持续了整晚，但是到了次日中午，舰队司令维尔纳夫——他将在特拉法尔加再次遭遇纳尔逊，并将再次战败——决定带着舰队剩下的船驶向欧洲。700 名法军士兵或战死或溺亡，1500 名受伤，3000 人成了俘虏。在阿布基尔之战结束后来到这里的德农“以沉痛的心情”回忆道，他看见贝都因人沿着海岸扎起帐篷，就着火把发出恐怖、闪烁的火光，翻拣战船的遗骸和死人的尸体。[65]

东方军团现在进退维谷。当这个消息传到伊斯坦布尔之后，苏丹向法国宣战。为了防止苏丹全面入侵埃及，拿破仑派代表去阿卡见苏丹的使者、残酷无情的波斯尼亚人艾哈迈德·贾扎尔帕夏。代表再次向他保证，和当下的传言不同，法国人无意收复耶路撒冷。他强调这绝不是新的十字军东征，而是要赶走马穆鲁克，为苏丹收复埃及，现在拿破仑是以苏丹的名义统治埃及。贾扎尔甚至拒绝和拿破仑的代表见面，后者不得不匆忙返回开罗。[66] 9 月 9 日，塞利姆三世号召向法国人发起圣战。“每一个穆斯林都有责任参与对抗法国的战争，”他说，因为从后者的所作所为可以清楚看出，他们“的目的是要破坏全世界的秩序和和谐，割断连接着所有民族和所有国家的纽带”。[67]

不过在巴黎，人们仍然非常希望远征能有良好的结局。1798 年 11 月 21 日，伏尔内为大革命政府的官方刊物《箴言报》写了一篇文章。他告诉读者们：“就像每个人都在写自己关于埃及军队的小说一样，这篇是我的。”拿破仑已经利用科普特人、贝都因人和农民之间的矛盾，将人民争取到自己这一边来。“他接受了他们的很多习俗，他们因此也会接受我们的”，他恭维了他们的自尊心。当他发现他们时，他们“忧郁、易怒、爱争吵，这些都是专制主义造成的”。现在，他利用娱乐、音乐和公共工程，让他们“变得快乐、亲切和善良”。他修复桥梁、道路和运河。他给生活状态与农奴无异的农民带去了财产权。他修改了继承法，不仅孩子们据此可以平等地享有一份遗产，妇女也拥有继承权。他禁止未成年人结婚，温和地反对一夫多妻制。他在亚洲颁布了新的民法，伏尔内预计，它会使亚洲变得更好。他推动经济改革，创建能让阿拉伯人、科普特人和法国人坐在一起学习、同时使用阿拉伯语和法语讲授自然科学的学校。他使阿拉伯人想起了他们的祖先曾经有过的荣耀。“简而言之，他创造了一个国家。”

伏尔内继续想象，在阿布基尔之战失去法国舰队、奥斯曼对法国宣战、俄罗斯舰队进入地中海之后，拿破仑会放弃前往印度的计划。“为什么要到世界的尽头去，”他让拿破仑这样发问，“难道要我把所有的精力都浪费在那个毫无荣誉和利益可言的偏僻、野蛮的地方吗？”不。现在，他必须要把目光转向欧洲。既然“轻率的土耳其人已经举起了［反对我的］旗帜，我将从他的手里夺走君士坦丁堡”。一旦控制了奥斯曼帝国首都，他将集合起库尔德人、亚美尼亚人、波斯人、土库曼人和贝都因人，彻底消灭“我们共同的敌人”。然后，他将重建“新拜占庭帝国”，横扫地中海和欧洲中部。普鲁士将会重新和法国结盟。莫斯科将会挣脱圣彼得堡的束缚（法国的另一个敌人俄罗斯帝国将因此灭亡），英格兰这座岛屿堡垒将重获自由。然后，世界上的所有政府相互之间都能保持和平。

“我能看到那一天的到来，”伏尔内大声疾呼，“只有它配得上被称为荣耀的一天。”在伊斯坦布尔为了庆祝最终击败波斯人而立的大型方尖碑（上面浇筑了三条缠绕在一起的巨蛇）的底座上，将刻下表达谢意的铭文：

致法国军队，获胜于

意大利
非洲
和亚洲
致波拿巴，法兰西学院院士
欧洲的调解人[68]

这样，东方将再次和西方结为一体，文明化的使命（亚历山大的使命）在两千多年之后终于得以完成。

不过，在那个时候，拿破仑本人倒没有这么宏大的目标。他最关心的是，眼看埃及将会日益挣脱他的掌控，他还能在这里捞到什么，然后他就准备启程，带着尽可能多的东方军团的士兵返回法国。1799 年 2 月 6 日，趁土耳其人还没有集结起军队，他带着 1.3 万名士兵离开达米埃塔以东的卡蒂亚，前往叙利亚。他成功地占领了加沙，然后在 3 月 3 日占领雅法。在那里，他犯下了和 1776 年马穆鲁克领主穆罕默德·阿布·达哈卜的大屠杀类似的恶行，伏尔内曾经对后一起事件做过详细的描述。现在看来，和在他之前的马穆鲁克一样，拿破仑也将恐惧作为征服巴勒斯坦的有效手段。[69]

当天，超过 2500 人死于非命。开火的部队甚至用光了所有弹药，不得不靠刺刀完成工作。当屠杀结束后，拿破仑仍在尽自己所能扮演着西方的穆罕默德的角色，对巴勒斯坦人民发表演说。他声称自己不是来这里和他们交战的，他的敌人是贾扎尔。和以往一样，他向他们保证，他们将拥有信仰的自由，而且可以保住自己的所有财产。他警告他们，不要试图反抗一个注定会统治他们的人。“你们应该知道，所有反对我的人类努力都是徒劳的，”他告诉他们，“因为我战无不胜。那些宣称是我的朋友的人都兴旺发达。那些宣称是我的敌人的人都将灭亡。”

不过，真正灭亡的是他自己的士兵。法国人入城后不久就遭到瘟疫的袭击。随着患病的士兵越来越多，疾病传播的消息无法再继续隐瞒下去；拿破仑为了证明自己拥有近于神的能力，亲自前往传染病院。在画家安托万－让·格罗的画里，在一群病人之中，拿破仑正伸出手触摸一个濒死的士兵，仿佛基督一般。颇为讽刺的是，这幅画成了整场战争给人们留下的最为持久的景象。

1799 年 3 月 14 日，拿破仑带领剩下的士兵离开雅法，向贾扎尔的首都阿卡进军。他在这里遭受了第一次失利，但是结果最终证明这是一场具有决定性意义的失利。稍早之前，一支英国军队在西德尼·史密斯的率领下来到海法，给贾扎尔带去了守城需要的弹药和补给品。英国人也截获了拿破仑从亚历山大港海运过来的攻城炮，把它们交给了贾扎尔。到了 5 月 20 日，法国人已经意识到，阿卡显然既不可能被攻破，也不可能会投降。东方军团趁着夜色拔营，开始了漫长而危险的南撤。6 月 14 日，拿破仑举行了精心策划的凯旋式，进入开罗。但是所有人都清楚，他迟早会被迫离开埃及，再也不会回来。

与此同时，欧洲的形势也对法国不利。1799 年 6 月，法国在那不勒斯协助建立的短命的“帕尔瑟诺佩共和国”瓦解了。在接下来的一个月里，法国丢掉了之前在意大利北部获得的大部分领土，一支盎格鲁－俄罗斯军队正朝荷兰挺进。一直有保皇倾向，并且曾经一度发起反对大革命的叛乱的法国西北省份旺代省，似乎正准备再次发动叛乱。总之，督政府要为这些灾难负责，正如一名观察家所指出的，“远征意大利的军队中的精英、最有名的将军和我们最有才能的军事领袖被赶到阿拉伯半岛的沙漠中去送死”。

9 月 10 日，督政府决定不惜一切代价撤走东方军团，他们开始和苏丹谈判。拿破仑不想在任何一片沙漠里送命，也不想留下来商讨屈辱的和平协议。他对蒙诺说，由于无能的督政府，法国正饱受内忧外患之苦。埃及现在是安全的，他不需要继续留在这里。让－巴普蒂斯·克莱贝尔足以控制它，无须更多的协助。到了月底，他已经回到巴黎，克莱贝尔留了下来，承担起吃力不讨好的撤军任务，尽全力把剩下的法国士兵带回国。“他把自己的烂摊子留给我们，然后一走了之。”他抱着一丝怨恨如此评论自己的统帅。克莱贝尔发誓，回到欧洲后，“不会让他有好果子吃”。但是在 1800 年 6 月，克莱贝尔遇刺身亡。蒙诺接替了他的职务。

次年7月，他和剩下的士兵全部被赶出开罗。蒙诺退回到亚历山大港，9月向约翰–希利·哈钦森将军投降，东方军团的残部和埃及学院的成员于1801年9月至10月间离开埃及，前往巴黎。远征至此结束，埃及至少在名义上回归奥斯曼帝国，直到1883年。

作为军事行动，远征是彻头彻尾的失败。拿破仑没能在近东建立起法国的殖民地，没能赢得埃及人的支持，除了极少数人，他没能说服穆斯林认同人权和平等的优点，也没能到达印度。但是它却有很多长期、深远，而且经常是意料之外的影响。

6

在这些影响之中，从某些方面可以说产生了最为持久的影响的，是埃及学院的作品。一回到巴黎，在多米尼克·维万·德农的帮助下，学者们开始公开发表自己的成果。虽然法国没能使埃及成为自己的殖民地，但是从此以后，它将会主导欧洲人对埃及的看法，以及通过埃及对整个"东方"世界的看法。

事实证明，德农拥有一流的宣传能力。他曾经是一名小贵族和外交官，也是一个颇有能力的画家（他曾经在那不勒斯为威廉·汉密尔顿爵士和他有名的太太爱玛画过素描），最后成了卢浮宫（它被重新命名为拿破仑博物馆）的馆长，他使拿破仑从一个天才的军事统帅转而扮演起类似文艺复兴时期资助文化事业的贵族的角色。德农的编辑工作换来了《埃及志》的出版。从1809年到1828年共出版了23卷。这是第一部以长期的个人观察为基础，具体描述现代东方民族习俗的科学调查，书中所传达的埃及人和更普遍的穆斯林形象，深远影响了人们将来对"东方"的理解。

在西方人形成对从地中海东部到中国边境的所有民族的普遍负面印象的过程中，人们常常认为《埃及志》的出版是一个重要阶段。[70]这种看法在部分上是正确的。除了少数例外，在19世纪初，绝大多数欧洲人接收到的对东方伊斯兰世界的看法基本上都是负面的。随着奥斯曼帝国的衰落，伏尔泰等人曾经有过的对“高门”的正面看法已经鲜有人提及。但是与此同时，人们对拿破仑和东方的埃及之间的遭遇怀着一种预先的期待。在学者们看来，甚至在随拿破仑出征的受过教育的士兵们的眼中，埃及是法老、亚历山大和托勒密王朝统治过的土地，是一个拥有古老而神秘的智慧的地方。

即使是在这些传说最终被推翻之后，人们仍然普遍认为，作为希腊文明和后来的西方文明的基础的自然科学和数学，是古代埃及人把相关基本原则传授给希腊人的。欧洲访客本应该很容易地认为，现代埃及人和曾经在尼罗河岸边兴旺发达的古代文明之间的关系很浅，与当代意大利人和古罗马人、当代希腊人和古代希腊人之间的关系类似，这是完全合情合理的。但是欧洲人的历史想象，特别是18世纪时的欧洲人的，很难接受当地人与他们居住的地方没有任何关联的说法。他们自问道，古代埃及文明为什么会变成这个样子？为什么生活在古代恢宏建筑的废墟中的现代埃及人会对古代的荣耀漠不关心？他们为什么对自己祖辈创造的艺术和科学一无所知，而且似乎还引以为荣？举例来说，为什么这些法老的后人现在甚至无法处理简单的数学运算？隶属于东方军团工程部队的路易·瑟曼，给夏布罗尔讲了他某一天和“他们的一位主建筑师”之间的对话内容：

> 他拿出了他的祈祷珠，开始用它们计算，很可能是想向我展示他的学识。计算花费了很长时间，他开始抓耳挠腮。我在他身边坐了下来，粗略看了一下他的工作。我看到当他在计算250乘以30等于多少（或是类似的有很多零的数字）时，把250写了30遍，然后把它们加在一起。我提出要帮忙，他爽快地答应了，认为结果只会使我难堪。当然，你知道，只要动一下笔正确答案就出来了。看到如此神奇的速度，他惊呼：“安拉！你们法国人肯定是魔法师，正如穆罕默德是真主的使者。你知道大天使们的秘密。是他们教你的吗？”我告诉他，身为军官，我必须要知道这些事，而且不仅如此，

> 甚至连我们的上士都会这些。他非常错愕，我听到他默念穆斯林用来驱走恶灵的清真言。[71]

类似的事情很可能会发生在当时的欧洲农民的身上。但是瑟曼——以及夏布罗尔——之所以会对现代埃及人无法处理简单的乘法运算的事实感到震惊，不仅是因为历史知识告诉他数学“诞生”于埃及，也因为他正在使用的数字系统是由阿拉伯人传入欧洲的。

除了最基本的事情，埃及人似乎也不能或不愿意进行思考。德农回忆道，他们从来没有修复过任何东西，如果屋子里的一面墙塌了，对他们来说，只是少了一个房间。如果整座建筑塌了，他们会在废墟旁边重新盖一座房子。[72] 法国人总结道，在一旁闲坐并不只是意味着无所事事，他们的懒惰中带着某种程度的自豪。

埃及社会的一切共同促成了它的静止不动。德农观察道，他们在沙发上“更多的是躺着，而非坐着”；他们的衣服有摆来摆去的长袖子，遮住了手，什么手工活都做不了；在他看来，甚至连他们的头巾的目的都是使他们无须费力就可以让头立起来，“上述一切都阻碍了活动和想象，每天的生活千篇一律，没有乐趣”。一天，“一个高傲无知的土耳其人”向他解释，对穆斯林来说，只有奴隶和被征服者才工作。一个法国艺术家试图说服一个埃及人相信“欧洲人在艺术和工业上要优于阿拉伯人”，而他得到的回答是：“我相信你们异教徒不得不工作，而我们穆罕默德的信徒生来就是要休息和冥想荣耀的《古兰经》的。”[73]

懒惰和缺乏好奇心的现代埃及人对新发生的事件同样无动于衷，不管它们多么令人惊叹或悲伤。这一点给法国人留下的印象，甚至比他们的肮脏和得过且过还要强烈。“他们的冷漠令人难以置信，”一个人写道，“似乎没有任何事情能让他们烦恼。他们对死亡的看法，和英国人对去美洲旅行的看法没什么区别。”[74] 这就是他们为什么对热气球缺乏兴趣的原因之一。

他们不仅对法国人的科技奇观漠不关心，夏布罗尔指出，“不管是感到焦虑或懊悔，或是沉醉于幸福之中，或是因为意料之外的命运逆转而遭受挫折，或是被嫉妒或仇恨折磨，他们总是表现得同样消极”。[75]

他们默默忍受马穆鲁克加诸己身的种种苦难，贝诺耶写道，没有任何一个“受过教育、经受启蒙的人会甘于忍受”这些。这样的观察使他得出了令人意志消沉的结论：或许卢梭的主张确实是正确的，他认为艺术和科学（也就是广义上的“启蒙”）只能给人们带来痛苦，如果它们只是被用来证明人类实际上在过着多么悲惨的生活的话。无论如何，这可能确实是对的，他对自己长期忍受痛苦、远在千里之外的妻子说，人“除非处于自然状态之中，否则不可能真的幸福，换言之，就是野蛮状态之中”。[76]

不过，埃及人并非野蛮人（贝都因人可能是个例外），肯定不是卢梭头脑中的那种野蛮人。他们是一系列曾经辉煌一时的文明的继承者。那么到底是什么使他们处于这样的状态呢？

最直接的答案当然还是专制主义。德农评论道，只要有机会，单个的埃及人可以证明自己是勤劳能干的。虽然“他们像野蛮人一样缺乏工具，但是他们用双手做出来的东西令人惊叹”。他们非常冷静和守纪律，“骑术堪比半人马，游起泳来像蝾螈一样”，至少有成为理想士兵的潜力。但是“一个人口超过百万，而且人人都有这样的能力的民族，却受到分散驻守在 200 个据点的 4000 个孤立无援的法国人的控制”，德农得出结论，这就是习惯性服从的力量。[77]

夏布罗尔的看法与此基本相同。现代埃及人懦弱、被动、“迟疑不决，从来不会反思自身悲惨的处境”。他们曾经拥有生机勃勃的文化和智识生活，但是现在他们的乐趣少之又少：唱歌、讲故事、抚摸自己的胡子和“床笫之欢”。[78]

德农和夏布罗尔都很清楚，专制主义导致了这样的习惯。它使人们想象力匮乏，剥夺了他们天然的创造力。但是，至少夏布罗尔认为自己能够看到埃及人冷漠的外表之下“隐藏着炽热的想象力”。装糊涂和只顾眼下成了他们“和一般来说的东方人逃避暴力的手段”。虽然从表面上看，他们缺乏思考的能力，不过他们的感受能力却得到了提高，而“我们眼里最冷漠的这些人”实际上专注于注意力的集中，而且使他们的记忆力“达到巅峰”。[79] 现在，他们正等待着被欧洲的想象力和个人主义解放，只要他们理解了这些能够给他们带来多大的益处。

半个多世纪以后，约翰·斯图亚特·密尔将该评论适用的区域扩大，覆盖了整个“东方”。他于 1859 年写道：

> 世界上最大的部分，恰当地说，根本没有历史，因为习俗的专制是全面而彻底的。整个东方的情况都是如此。在那里，习俗是一切事物最终的裁判；所谓的正义和正确就是指符合习俗；只要以习俗为论据，除了一些沉醉于权力的暴君，就没有人会想要反抗。

“曾经世界上最伟大、最有权势的那些国家”现在在哪里？他问道。他的答案是，他们已经成了“一些部落［欧洲人］的臣民或依附者，而当他们的祖先已经拥有了雄伟的宫殿和庙宇的时候，这些部落的祖先还在森林里游荡”。之所以会出现如此情形，是因为这些新统治者尽管一度野蛮，但“习俗用自由和进步对他们实施了另一种统治”。[80]

不过，对德农和密尔而言，还有另外一个问题有待解决。在绝大多数法国观察家看来，埃及人在马穆鲁克统治下的懒散状态几乎不可能只是由专制主义造成的，肯定还有其他原因，使他们选择服从自己主人的命令而极少反抗。像往常一样，最有可能的答案是宗教。“这是真主的意愿。真主是伟大的。真主是仁慈的，”夏布罗尔写道，“当他们听到出乎意料的成功或最可怕的不幸时，他们说出的只有这几句话。”[81] 秉持着“宿命论教义”的伊斯兰教告诉埃及人，他们在这个世上将一无所获。

多年以后，从 1825 年到 1828 年，然后是 1833 年到 1835 年作为埃及人在开罗生活的前印刷工人、阿拉伯学家爱德华·雷恩观察到了相同的现象。雷恩对伊斯兰教的看法比当时绝大多数欧洲人都要正面，他将穆斯林“听天由命和坚忍到近乎冷漠的程度”的现象，解读为他们“极有耐心”，而非漠不关心或懒惰。[82] 不过，不管你选择称它是耐心还是冷漠，结果都是一样的。穆罕默德彻底使他们失去了改变或自我改善的能力。穆斯林在接受宿命论时，甚至无法理解自己接受的是什么。他们相信人类自身无法改变任何事情，甚至连诸如传染病之类的事情都是无法避免的。他们将其视为安拉的神秘意志的一部分。[83] 结果，夏布罗尔得出结论，他们因为“无限度的听天由命，而使自己有别于其他所有民族”。

不过在绝大多数欧洲人看来，最能清楚说明伊斯兰教给它的信徒带来负面影响的例子，是埃及人对待妇女的方式。几个世纪以来，欧洲人对自己的东方邻居的性习俗既渴望又鄙视。多妻制和纳妾让他们既反感又着迷。尤其是土耳其人，他们成了不受约束的性欲的代名词，既令人不齿，又惹人羡慕。特别是所谓的后宫，明显引起了欧洲人无限的好奇心，那是名副其实的“淫窟”。尽管在前往土耳其、波斯和莫卧儿印度的旅行者中，没有人真的进入过女性居住的禁区，但是他们不仅对它的存在本身感兴趣，更对它奇异的细节，里面的女奴、阉人、聋哑的仆人和侏儒感到好奇。对孟德斯鸠而言，它是专制社会的完美象征，以恐惧和尊敬为基础进行统治，充斥着只知道敬畏自己的主人、对其他生活方式一无所知的臣民。穆斯林女性视自己的丈夫为主人，因为很多女人确实是奴隶身份，一如臣民们视苏丹为主人。她们只是价值不如骆驼的动产，不过能带来更大的乐趣。

法国入侵者声称这一切令他们非常震惊。实际上，埃及人和法国人的行为并没有太大的差别，特别是他们对待未婚女性的方式。东方军团的士兵基本上都是年轻男性，他们已经对各色女子出入军营的现象习以为常。1798 年 11 月，贝诺耶在给侄子的私信里详细描述了自己如何“在忍耐了很长时间后”找了一个情人，他承认自己几乎不可能把这件事告诉妻子。很多皮条客游走在开罗的法国占领区，其中的一个人给他找了 12 个年轻姑娘，每个人都戴着面纱，全身从上到下罩在“一件蓝色的长布衫”里，因此他只能看到她们的脚。“她们没能激起我的欲望，反倒让我觉得她们很可怜。”他坦白地说。直到其中一人“一下子脱去衣服，赤裸着站到我的面前；她笑了一声，仿佛是在嘲弄我的胆怯”。他立即大喜过望。“她黑色的大眼睛非常迷人，尤其是她只有 14 岁，让我特别着迷，我选她做了我的妃子。”[84]

不久后，因为对“漂亮的孩子”不满意，贝诺耶和一个来自阿维尼翁的上尉卢内尔试图为自己买两个女奴，结果买了两个黑人女奴。（他们明显忘记了东方军团的启蒙任务中恰恰包括废除奴隶制，或是根本对此不在乎。1793 年，国民公会称奴隶制是“对我们的天性最严重的冒犯”。[85]）如果贝诺耶说的是真话，当他问奴隶贩子是否有待售的白人女性时，他被告知只有一个，但是拿破仑已经下令，在他有机会亲自过目之前，不要把她卖掉。按照贝诺耶的说法，听到“如此有分量的理由”，他耸了耸肩膀，然后离开了。不管这件事是真是假，贝诺耶似乎对人权提倡者可以考虑给自己买一个情妇的想法没有提出任何质疑，甚至丝毫也没有感到惊讶。[86]

对法国人而言，他们遇到的东方女人似乎是标准的“玩物”，她们被交换、购买、玩弄、交易，然后被抛弃。她们存在的意义只是供人娱乐或生下子嗣，她们的生命非常廉价，甚至连漫不经心的贝诺耶都对其廉价程度感到震惊。有一次，另一个法国士兵的情妇向他的“妃子”投掷了一块石头，使后者受了重伤，他命令两个被他称为“土耳其政委”的法国燧发枪手将袭击者扔进监狱，让她在那里冷静两周。她马上被抓了起来，手脚被捆住，然后被塞进一个麻袋里。“把人那样关进监狱非常奇怪。”贝诺耶在旁边评论道。“什么？”“政委”答道，“你难道不是想把她扔进尼罗河吗？”贝诺耶吓了一跳，立即下令放开那个可怜的女人。他回忆道，她受到的惊吓已经是足够的惩罚了。

19 世纪时，无数关于后宫和奴隶拍卖的绘画作品里所展现的“东方”的形象是这样的：年轻的半裸女人（有时是男孩）有着悲伤而又暗含放荡的眼神，她们听话、可用金钱购得，和当时古板、穿着束腰衣的欧洲女性截然相反。在几年后的 1849 年，受这样的形象吸引，著名的法国小说家和性旅游的先驱古斯塔夫・福楼拜将会来到同一座城市。他在那里遇到了埃及舞者库加・翰宁，和她同居，他对她既着迷又厌恶（有一段时间，福楼拜无法对这二者做出区分）。

埃及人对欧洲人的性行为的想象，同样耸人听闻。拿破仑的入侵使一些穆斯林可以长时间观察欧洲人的文化行为，在十字军东征之后，这还是头一次。在此之前，穆斯林见到的异教徒外来者无一例外全都是旅行者和外交使节。即使只是为了自身的安全，这些外来者基本上都很谨慎，遵守当地的习俗，特别是和性有关的习俗。随着拿破仑到来，埃及人面对面地接触到了一群即使按最好的说法也只是对他们的敏感之处漠不关心的人，而且至少在当时，处于支配地位的是法国人。更糟糕的是，军官和部分学者带着自己的妻子同行。在此之前，没有穆斯林近距离见过欧洲妇女，或者说埃及人肯定没有近距离见过；即使有机会见到，她们也一定会像穆斯林女性一样躲躲闪闪。与此相反，在拿破仑统治下的埃及，法国女人可以自由行动，仿佛她们还是在法国一样。

埃及男人不喜欢他们看到的景象。这些趾高气扬的女人在公共场所露出自己的头发和脸，说话随便，和她们的男人一起吃饭，这都是对真主的冒犯。贾巴提认为，法国人明显信奉的物质主义显然已经荼毒了他们对宇宙和两性自然关系的理解。"他们的女人不戴面纱，不端庄，"在某段的开头，他这样写道，和很多欧洲人描述令人惊恐的"他者"的叙述类似，都是将简单的观察和同样简单的想象混合起来，将古怪的孤立事件当作古老的习俗。"他们不在乎是否露出了私处，"他写道，"他们和任何取悦自己的女人交媾，反之亦然。有时，一个女人走进理发店，请理发师给自己剃阴毛，如果他喜欢，他可以用其他方式收取费用。"[87]

如果有机会，埃及女人对法国人那可耻、自由的生活方式似乎会表达出不同的看法。至少有一个人，即开罗地位最高的宗教领袖谢赫巴吉里的女儿，深深陶醉于法国人那令人愤怒的习俗，她穿上了欧洲人的衣服，在公开场合也不戴面纱。法国人离开后，土耳其人回来了，为了维护当地的良风美俗，她被公开处死。

自古以来，东西方之间的不理解、不信任和相互反感使双方戴上有色眼镜看待对方的性习俗和女性。几个世纪以来，它集中体现在假想出来的对方的反常性行为，或者说，至少是不正常的性行为上，正如贾巴提对理发店的想象所显示的那样。西方人肮脏、鲁莽、傲慢，他们的女人违反了真主定下的两性秩序。穆斯林淫荡、残忍、虚伪，常常男女通吃，与此同时，令人奇怪的是，他们既软弱又女性化。这样的刻板印象一直存在，其中一部分流传至今。但是当拿破仑到达埃及时，欧洲人已经不太关心伊斯兰社会如何将女人当作性玩物，转而开始关心她们作为人受到的待遇。

直到18世纪初，在伊斯兰教和基督教统治下的女性的地位相差不大。但是随着教会权威的衰落、欧洲启蒙主义的缓慢发展和欧洲各国经济的繁荣，妇女的地位和生活条件得到了极大改善，尤其是女性能够要求得到并且会自信地接受更多的尊重（这至少在某些社会领域实现了）。到了1869年，约翰·斯图亚特·密尔可以公开发表谴责，认为历史上女性一直法定地从属于男性是属于更早时期的奴役形式的最后残余，它已经成了“人类进步的主要障碍之一”。不得不承认，这在当时还是一个激进的说法，在经受启蒙、受过教育的自由主义者的圈子之外，大多数人都会嘲笑他。但是这种说法反映出，在对待女性的态度上，欧洲社会的氛围和伊斯兰社会非常不同。[88]

和当时绝大多数欧洲人一样，贝诺耶的标准不仅是双重的，甚至可以说是多重的。他可以愉快地接受女奴的存在，但是当他发现穆斯林家庭里的母亲和女儿的地位和财产相差不大时（至少他是这样看的），又感到无比震惊。他的结论是，这体现了专制主义另一个败坏风气的方面，而且和专制主义的绝大多数形式一样，它也成功说服受害者接受该体系。在夏布罗尔看来，受害者的顺从进一步证明了任何形式的专制主义都能够粉碎抵抗的力量。在伊斯兰社会，每一个男人都是自己家中的苏丹。“女人和社会隔绝，被穆罕默德的追随者视若无物，被认为是不具有智力和理性的存在。”他愤怒地写道。[89]

穆斯林妇女用各式各样的服装覆盖自己，这成了她们的孤立状况的最好写照，伏尔内在访问埃及时曾经对此感到震惊。在亚历山大港，最让他惊骇的场景是“四处走动的幽灵，只有女性的双眼才让隔着罩袍看她们的人感受到微弱的人性气息”。[90]他写道，一个将女性排除在外的社会“不可能拥有使欧洲诸民族区别于世界各民族的甜蜜和优雅”。在他看来，女性是世界上所有现代民族的创造者。没有她们，18世纪“优雅”的社会风气永远都不会出现；没有她们，曾经不止一次终结了繁荣、稳定的文明的欧洲原始部族永远不可能变成真正的民族。

当然，人们普遍认为错误的根源在于《古兰经》里的女性形象、管理她们行为的法律和将她们排除在穆斯林版本的来世之外。夏布罗尔相信，因为女人被《古兰经》排斥在天堂之外（实际上并不是这样），她们的存在就变得没有意义，因此她们和她们对文明的影响在现世的作用也就得不到认可。[91] 无疑，夏布罗尔讽刺地评论道，“为了维持他畸形的天堂”，和许诺给每个信徒的“天堂里的 72 个妻子”，穆罕默德不得不把真正的女人排除在外。他好奇地问，难道他不能“用更公平的方式，让这个奇迹和理性与正义协调吗？”[92]

7

埃及远征给西方人留下了这样的印象：东方伊斯兰世界深受专制主义荼毒，受一个简单、野蛮的宗教束缚，它不承认半数人口的权利，也因此彻底阻止了启蒙主义的发展。不过这些并不是远征唯一的遗产。

拿破仑在埃及的出现，也打破了奥斯曼世界脆弱的平衡。在整个巴尔干地区，特别是在希腊，法国人似乎承诺要将它们从希腊的革命英雄里加斯·维利斯提里斯所说的“最令人痛恨的奥斯曼暴政”中解放出来，“那个暴君名为苏丹，完全沉溺于肮脏的性欲中”。[93] 拿破仑的入侵也为法国人进入中东开辟了道路，他们先是在 1830 年入侵阿尔及利亚（军队中很多都是参加过埃及远征的老兵），然后在 1918 年，法国势力进入叙利亚、巴勒斯坦、利比亚，并再次进入埃及。每一次，他们都会想起拿破仑在同一地区的成功和失败。1881 年，法国外交大臣巴特尔米 - 圣伊莱尔声称：

> 法国一直维持着这个国家［埃及］和东方整片地区的世俗传统，并因此获得了特权和权威，我们不会容许它有所减损。在上个世纪末，我们发动的半军事半科学的远征，让埃及得以复兴，从那以后，我们一直关注着它。[94]

圣希莱尔称拿破仑“复兴”了埃及，并且使埃及“现代化”，这种说法在 20 世纪后期仍然流行，但是如今看来，它显然不过是最明显的“东方主义”式的幻想。不过，在间接意义上，它包含了部分事实。拿破仑本人，尤其是他曾试图将法国大革命的理念和他对《古兰经》的理解结合在一起这件事，逐渐在被世人忘却。但是他在埃及的出现以及由此给奥斯曼帝国的内部带来的混乱，肯定是导致埃及开始缓慢改革的原因，到了 19 世纪末，即使埃及还没有变成一个现代欧洲国家，但肯定已经成了一个现代国家。

1805 年，被同时视为真主和人民的代言人的开罗乌里玛，请求阿尔巴尼亚裔的土耳其人穆罕默德・阿里取代无能的奥斯曼总督库尔希德帕夏，阿里是 1801 随英军一起登陆的阿尔巴尼亚军队的首领。苏丹塞利姆三世有足够的理由怀疑阿里怀有显而易见的野心，他非常不情愿，但是最后却不得不接受，否则就将面对一场全面叛乱，他既没有足够的兵力，也没有镇压的意愿。于是，阿里成了埃及的护主，他建立起一个王朝，尽管在大多数时间里受到英国人的监督，但几乎毫无间断地一直统治到 1952 年。

无论如何，阿里都是一个出色的人。他在数年内击溃了没有被拿破仑消灭的马穆鲁克残部（屠杀了很多人），使自己不仅成了全埃及的统治者，还包括苏丹地区。他迅速将自己控制的地区从尼罗河谷和红海扩张到地中海东部大部分地区。他声称自己的目标是在奥斯曼帝国的废墟上建立起一个由他担任新哈里发的阿拉伯伊斯兰帝国（这多少有些不现实，因为他本人不会说阿拉伯语）。他也开启了一项野心勃勃的现代化计划。他建立起强有力的中央政府，改革农业，创办了一系列工厂。虽然这些都很原始，但在埃及尚属首次，也是奥斯曼世界里最早这样做的地区之一。在所有这些计划的背后，都能看到法国人的影子。年轻的埃及人被送到法国学习工业、工程学和农业知识。法国顾问协助建立了国家教育体系，法国医生建起医院和基础的公共卫生系统。

作家瑞法・拉法・塔赫塔威是穆罕默德・阿里选派年轻人到法国留学政策的受益者之一。1834 年，他用阿拉伯语——1839 年又用土耳其语——发表了为“文明”辩护的文章，为穆罕默德・阿里的改革政权提供了意识形态方面的支持，同时也是调和伊斯兰教和西方启蒙主义价值观的最初尝试之一。塔赫塔威构想的现代化了的伊斯兰教的形式，在很大程度上源于他从 1826 年到 1831 年在巴黎的经历和他阅读的 18 世纪法国文学作品，特别是孟德斯鸠、伏尔泰和卢梭的著作。不过当他还是学生的时候，当时埃及最著名的学者谢赫哈桑·阿塔尔已经形成了类似的思想，后者曾于 20 年前拜访过开罗的埃及学院，亲眼看到了某些现代欧洲科学的成果，对其赞赏有加。

塔赫塔威（他后来成为埃及第一座国家博物馆的馆长）根据欧洲的重建民族的概念，第一次提出了埃及需要能够将伊斯兰教的现在和未来与法老的过往历史联系起来的民族主义思想。[95]在他叙述的埃及大历史中，对入侵者拿破仑提出了严厉批评。但是他认为法国人的出现，特别是埃及学院的作品，唤起了埃及人的民族意识，向埃及人展示了他们的法老时期历史和伊斯兰时期历史的最荣耀之处（塔赫塔威也将《拿破仑法典》和《法国商法典》翻译成了阿拉伯语）。

穆罕默德·阿里从来不认为自己是埃及人，对法老的兴趣远不如对确保法国人援助自己的现代化计划的兴趣大，不过他仍被说服在 1859 年重开埃及学院。“智者”之一的埃德米－弗朗索瓦·乔马德（他是塔赫塔威在巴黎留学时的资助人之一）年纪轻轻时就曾当选为第一所学院的院士，等到访问第二所学院时，已经垂垂老矣。

在埃及民族主义的后续历史中，相同的主题会再次出现。法国人的占领以失败告终。但是，法国人的出现使埃及人先是从奥斯曼人手里，然后又在 1882 年后从英国人手里夺回了对自己的民族遗产的控制权。法国人的占领也刺激了一种民族主义的诞生，它最终将从埃及一路传播到整个阿拉伯世界。1962 年，曾于 1952 年逼迫穆罕默德·阿里的玄孙法鲁克国王退位、将埃及变为共和国的民族主义领袖纳赛尔，多少有些迟疑地重复了塔赫塔威的论点，称拿破仑的远征给“埃及人民的革命力量带来了新的帮助”。他说，法国人带来了“起源于欧洲之外（特别是法老的文明和阿拉伯人的文明）而由欧洲人加以完善的现代科学的部分成果”。[96]

按照这种说法，拿破仑开启了埃及成为显赫的阿拉伯国家的后续进程。到了 19 世纪末，它的城市比阿拉伯世界任何一个国家的城市都要先进，经济更为强大，而且拥有更丰富的文学作品和智识生活。[97] 它从西方得到了自己需要的一切，但是与此同时，如同塔赫塔威试图证明的，仍然保有伊斯兰教的根。

在历史学家贾马尔·哈姆丹这样的人看来，埃及在阿拉伯－伊斯兰历史发展过程中扮演的角色，甚至能让哈里发国显得微不足道。倭马亚家族的统治崩溃，然后逃到西班牙，阿拔斯王朝在 13 世纪被蒙古人摧毁。埃及为萨拉丁提供了消灭黎凡特十字军王国的基地和军队。在更早以前，这里有罗马人、托勒密家族和亚历山大大帝，然后可以一直追溯到法老。虽然不能说他们在阿拉伯历史上发挥过任何直接作用，但是他们先后在这片土地留下足迹，埃及因此在人类历史的周期中获得了一席之地，其他任何地方都无法与之相比。

这些往往是帝国主义在无意中带来的结果。

8

拿破仑的入侵还产生了另一种长期影响。1799 年 5 月 22 日，《箴言报》发表了一篇简短的通告：

> **君士坦丁堡讯** 波拿巴将军对犹太人发表声明，邀请他们聚集到自己的旗帜下，重建耶路撒冷的城墙。[98]

据我们所知，拿破仑从未发表过类似的声明。然而，一年前，在远征开始前，一篇简单地署名为“L·B”的文章发表在《哲学、文学和政治年代》上，它是伏尔内所属的知识分子团体“理论家”的内部刊物，拿破仑当时和他们往来密切。它详细地讨论了未来通过法国的武力创造出一个巴勒斯坦犹太人国家的可能性。[99] 作者声称，这样的国家不仅会为“超过 18 个世纪的迫害”平反，也会将一群资金充裕的定居者安置在奥斯曼帝国的心脏地区，他们会同时带去在参与“欧洲启蒙运动”的过程中所获得的全部益处。他们会把这些传给处境悲惨的叙利亚人。这和拿破仑声称的自己所肩负的“传播文明”的责任非常相似（我们将会在英国人后来的巴勒斯坦计划中也看到这一点），拿破仑很可能读过这篇文章（“L·B”可能代表拿破仑的弟弟路易·波拿巴）。拿破仑在书信中和后来在圣赫勒拿岛的回忆录里会不时提到，他有创建一个犹太国家的想法，而自己将会是新所罗门王，正如他曾想过作为新穆罕默德二世征服君士坦丁堡，或是作为新阿克巴大帝把英国人赶出印度。

实际上，拿破仑对犹太教——如果不是对犹太人——的态度，与他对伊斯兰教的真实态度（而非对外宣称的态度）十分相似。在上述两个例子里，他都认为宗教篡夺了本该属于民法的地位，这在“处于发展初期阶段的国家”里司空见惯；在这两个例子里，他都希望借由与西方的接触能够逐渐消除他所谓的——在犹太人的例子里——“犹太人中存在的大量同文明和良好的社会秩序相抵触的习惯”。他相信，一旦犹太人被同化，他们将“不再有犹太人的利益和情感，而将会接受法国式的情感和利益”。犹太教将仅仅是他们的宗教，只关乎个人，与公共事务无关，和欧洲的基督教类似，而埃及和叙利亚的伊斯兰教最终也会如此。[100]实际上，拿破仑从未接近过耶路撒冷，法国人被阻止在沿岸地区。只是在1799年3月围攻阿卡时，拿破仑曾经进入巴勒斯坦，但是他的军事行动仅限于加利利地区，而当时的处境使他无法尝试建立和防御一个独立的国家，更不可能让人迁入其中。

不过，拿破仑有意让犹太人重返他们的古老家园的传言似乎在离散犹太人社区中得以快速传播。拿破仑下令，安科纳的犹太人无须继续居住在指定区域，感恩的犹太人种下自由之树，法国人送给他们三色的帽章，让他们佩戴。如果不是因为英国人先是把他赶出巴勒斯坦，然后又赶出埃及，他是否会酝酿更大的计划？在19世纪后期的犹太复国主义者的圈子里，人们普遍认为这就是拿破仑的真实意图。1898年，犹太复国运动（锡安运动）的理论奠基人西奥多·赫茨尔对德国皇帝威廉二世说，在巴勒斯坦建立一个犹太人国家，“吸引住我的这个想法曾经占据了伟大的统治者波拿巴的心。他无法实现的梦想，将由另一位皇帝，也就是您，在今天实现”。1915 年，英国犹太历史学会主席伊斯雷尔·赞格威尔在给时任军需大臣的劳合·乔治的信中写道，英国有一项历史职责，要“循着拿破仑的足迹”，允许犹太人“回归他们的古老家园”。十年后，当时巴勒斯坦的犹太人已经有了一定的规模，但仍然受英国人的委托统治，赞格威尔在某次同样由劳合·乔治主持的学会会议上挺身而起，引用拿破仑在金字塔之战前发表的声明，宣称“拿破仑不顾 40 个世纪的魔咒，在金字塔的注视下宣布自己要让犹太人重返故土”。他继续说道，英国“现在同样站在金字塔脚下”，它会“执行曾经让拿破仑遭受挫折的计划吗”？[101]

在会议的最后，他得到了答案。劳合·乔治当时已经不是政府官员，但是仍然具有强大的政治影响力（据说他“谈起耶路撒冷时非常热情，仿佛是在谈论故乡的群山”），他发表了演讲，比较了 1799 年的情况和第一次世界大战结束后的情况。[102] 他声称，协约国已经开始考虑拿破仑的想法，不过拿破仑是法国人，人们无法相信他会信守承诺，而且事实也正是如此，但是英国人肯定会履行自己的诺言。“犹太人知道拿破仑的签名用处不大，”他大声说道，“但是他们知道英国人从来都是一诺千金。”在劳合·乔治的带领下，在场的所有人都站起身来，唱起后来的以色列国歌《希望》。

不管拿破仑远征的实际影响最终可能是什么，至少有两件事从根本上永远改变了伊斯兰世界以及它与西方世界的相处方式：民族主义播下的种子和像矛一样插入它的侧翼的以色列国。

第十一章

帝国东进

1

1853年1月，在莫斯科的女大公埃莱娜宫廷里举办的一次宴会上，俄国沙皇尼古拉一世对英国大使汉密尔顿·西摩尔爵士说，现在正是两国瓜分一蹶不振的奥斯曼帝国的大好时机。“有一个病人在我们的手上，”据说沙皇是这样说的，“他已经病入膏肓。如果让他在这段时间里从我们手上溜掉，那将是极大的憾事。”他可能还补充说道，这个病人有可能落入法国人、奥地利人或德国人的手里。这种说法变得家喻户晓。在此后的60年里，直到最终灭亡，奥斯曼帝国一直被称为“欧洲病夫”。[1]

实际上，病情已经持续了很长时间。1683年在维也纳战败；签订了被帝国视为奇耻大辱的《卡洛维茨条约》，苏丹被迫承认俄国沙皇和自己平起平坐，而后者只是一支信奉异教的半游牧野蛮民族的统治者；失去克里米亚汗国；签订《库楚克－凯纳尔吉和约》；拿破仑入侵埃及和叙利亚。以上这些只是初期的症状。在整个19世纪，病情丝毫不见起色。1804年，一支塞尔维亚军队在乔治·彼特罗维奇——即卡拉乔治或“黑”乔治——的率领下，成功包围了贝尔格莱德城堡，经过11年断断续续的战争和俄罗斯不时地介入，塞尔维亚人成功获得了准自治的地位。到了1812年，俄罗斯占领了摩尔达维亚的一部分，只是由于不久后拿破仑入侵俄罗斯，沙皇才不得不接受和谈。

欧洲病夫的很多疾患是由外部的基督教敌人带来的，尤其是俄罗斯人。但是他同样也被从内部撕裂。18世纪中期，一个名为穆罕默德·伊本·阿卜杜勒·瓦哈卜的宗教领袖开始在阿拉伯半岛中心地区内志传播一种激进的思想，即“讨黑德”（意为“认主独一”）的教义。

和大多数清教徒一样，瓦哈卜声称世界当下的不幸是由于信仰的倒退造成的，人们的虔诚程度远不及他们应该达到的标准，而懈怠、道德败坏的伊斯坦布尔政权助长了这种风气的蔓延，或者至少是在默默纵容这种趋势的发展。和路德一样，如果不是因为得到了某个政治势力的庇护，瓦哈卜很可能也会无声无息地度过余生。支持他的是强大的部落酋长阿卜杜勒·阿齐兹·伊本·穆罕默德·沙特，后者在瓦哈卜的帮助下，建立起一个延续至今的王朝，统治的地区就是今天的沙特阿拉伯。

到 1792 年伊本·沙特去世时为止，他建立的国家已经不再效忠于腐败、不虔诚的奥斯曼苏丹。此后，瓦哈比战士开始向北方的波斯湾扩张，随后进入美索不达米亚，并于 1802 年攻下什叶派的圣地卡尔巴拉和纳杰夫。次年，他们占领麦加，剥下了大清真寺卡巴圣殿的所有装饰品。他们在 1805 年被麦加的谢里夫赶走，不过翌年又重新夺回麦加，而且趁势攻下了麦地那。两年后，伊本·沙特的继承人沙特·伊本·阿卜杜勒·阿齐兹在主麻日聚礼时将苏丹的名字换成了自己的名字，这样他就在众目睽睽之下正式断绝了和伊斯坦布尔的所有联系。现在，沙特掌握了整个阿拉伯半岛和伊斯兰教最神圣的土地。从战略和经济的角度看，阿拉伯地区无关紧要，但是它在宗教上非常重要，因此也就在政治上非常重要。苏丹对自己的臣民的统治，很大程度上依赖于他作为伊斯兰世界毋庸置疑的最高领袖的身份。通过将苏丹的代表赶出麦加和麦地那，篡夺苏丹在聚礼上的地位，沙特·伊本·阿卜杜·阿齐兹实际上使塞利姆三世“信仰者的统帅”这个头衔变得没有意义，更不用说哈里发了。

病情下一次发作时更加严重。病源在西方，而且不是别处，正是所有西方文明曾经的心脏地带：希腊。

奥斯曼帝国是一个庞大的多民族国家，但是它的行政不是以民族而是以宗教为基础的。帝国臣民中不仅有穆斯林（分属不同教派），还有犹太教徒、几个教派的基督徒（正教、罗马公教、亚述教派、亚美尼亚教派和聂斯脱里派）。苏丹治下的非穆斯林臣民的生活很少像西方描述得那么悲惨。我们已经看到，根据伊斯兰教法，只要“顺民”（*dhimmah*）如期支付适当的税金，他们就可以保持一定的信仰自由和自治的权利。他们确实是二等臣民，但即便如此，他们仍然可以过上不受骚扰的富足生活，有时甚至能加官晋爵，在国家各个官僚等级成为重臣。[2]

奥斯曼人由此发展出了米利特（*millet*）制度，它制造出半自治的地区，设置不同法庭审理涉及非穆斯林的案件，每一个少数族群（其中最主要的三个分别是希腊东正教徒、犹太人和亚美尼亚人）都会选出一个首领，这些首领以个人身份为自己的米利特居民的行为直接对苏丹负责。在帝国的大部分历史时间里，基督徒和犹太教徒主要与自己的宗教权威打交道，不太需要直接面对奥斯曼的民事行政机构。

米利特制度为帝国的非穆斯林臣民带来了一定程度的独立和所谓的"仁慈的忽视"，不过我们也不能把忽视当作仁慈，而过于夸大后者的程度。爱德华·萨义德说："他们［中东的各个民族］当时所拥有的比我们现在的更加人道。"不过很难保证受奥斯曼统治的绝大多数少数族群会同意这种观点（当然，这实际上取决于他所说的"他们"和"我们"到底指的是什么人）。[3]

在苏丹所有的非穆斯林臣民中，从人数和实力上看，最重要的是希腊人。帝国都城在很多方面仍然是一座希腊城市。（1918 年，希望对伊斯坦布尔实行委任统治的人主张它不是，而且也从未成为穆斯林的城市，因为城中只有 45.8 万名穆斯林，而非穆斯林人口则达到了 68.5 万人，而且穆斯林中只有很少一部分是真正的土耳其人。[4]）

幸存的希腊贵族住在伊斯坦布尔金角湾的法纳尔区，他们因此被称为法纳尔人。他们出自 11 个关系紧密的家族，自称是古代拜占庭贵族的后裔。他们组成了一个富裕而有权势的群体，全心全意地和他们的奥斯曼主人合作。有几位甚至成了苏丹派往西方的大使和巴尔干地区的总督。当时忝列最显赫人物之列，后来成为独立的希腊共和国首位总理的贵族亚历山德罗斯·马夫罗科扎托斯曾经说过："我们遵守《福音书》的指示，'恺撒的归恺撒'。我们基督徒不习惯将容易腐朽的俗世事物和永恒的神圣事物混为一谈。"[5]

这种值得称赞的务实主义经常被外人视为单纯的机会主义。1791 年，满怀不屑的评论家威廉·伊顿爵士说，这些人如此痴迷于得到苏丹的政治庇护，看起来真是别扭。“尽管自诩出身高贵，自诩比其他希腊人更优秀，”他写道，“在所有希腊人中，唯有他们彻底抛弃了古代希腊精神；他们似乎不像岛民那么渴望自由，却热衷于虚假的荣耀和土耳其宫廷的小把戏。”[6]

米利特制度也使希腊正教牧首和主教们拥有了一些他们的拜占庭前辈从未享有过的权力。尽管马夫罗科扎托斯熟练地引用基督关于不要混淆上帝和皇帝的角色的诫命，但是在基督徒社区（它们被称为“异教徒的土地”），米利特制度最终打破了长期受到尊重的政教分离传统，使教会获得了有利的地位。

为了保护自己的权威和性命，很多教会人士劝自己的教众要唯命是从，甚至有人将奥斯曼土耳其人征服拜占庭帝国视为上帝对罪孽深重的正教会的惩罚。1798 年，耶路撒冷牧首安提莫斯对信徒们说，“这个强大的奥斯曼帝国”被擢升到“高于其他一切王国”的地位，目的是要确保可怜的希腊正教徒避免落入异端的西方拉丁教会的手中。苏丹因此赐给“我们东方民族一种获得拯救的方法”。他也极力保护自己的基督徒臣民免受另一个正四处蔓延的邪恶之物的荼毒，那就是恶魔和法兰西共和国传播的“被大肆吹捧的自由体制”。实际上，它只不过是一个“诱人堕落、使人混乱”的陷阱。[7]

如果说教士和法纳尔人确实通过伊顿所说的“无法阻止的欺骗、忘恩负义、残忍和阴谋”而兴旺发达，随着 18、19 世纪苏丹逐渐丧失对行省总督的控制，希腊的农民和商人却日益苦不堪言。腐败、匪患和海盗行径迫使越来越多富裕的希腊人移民海外。同奥斯曼帝国其他地区一样，希腊的贸易同样落入敢于冒险的西方欧洲人之手。

流亡法国、英国、德国，甚至是俄国的希腊知识分子和商人阶层见证了欧洲国家对生命、秩序和财产的尊重，而与此形成鲜明对比的是，奥斯曼帝国国内治理不善、混乱状况日益加剧，苏丹“随意将人杀死、溺死或绞死，他的意志是唯一的法律”，他是政治权力的唯一来源。[8]1768 年，流亡到阿姆斯特丹的扬尼斯·普兰戈斯大声疾呼：“起来吧，另一个亚历山大，像你曾经将波斯人赶出希腊一样，驱逐这个暴君，基督教将再次在希腊的土地上闪耀，与旧日无异。”[9]

18 世纪后期的欧洲经过了启蒙运动，欣欣向荣，政治环境相对稳定，这些是促使受过教育的希腊人放弃自己麻烦不断、腐朽堕落的奥斯曼统治者的一个诱因。法国大革命则是另外一个。1797 年，一个来自色萨利的希腊化了的瓦拉几人、诗人、小册子作者和希腊独立的第一位烈士里加斯·维利斯提里斯（或里加斯·费拉奥斯）号召希腊人效仿法国 1793 年和 1795 年宪法，建立一个多元文化的希腊共和国（也同样欢迎热爱自由的土耳其人）。实际上，维利斯提里斯的新希腊将会是一个以共和制取代帝制的拜占庭帝国。

他的这个想法以及其他所有与革命相关的设想，最终都只是流于纸面。1798 年，维利斯提里斯起身前往威尼斯，希望能与拿破仑会面，并且承诺后者将会得到一个暗中活动的希腊革命团体的支持，而这个团体可能只存在于维利斯提里斯的想象中。不过在他抵达之前，他就遭到背叛并被交给贝尔格莱德帕夏，后者下令将其吊死并把他的尸体扔进多瑙河。在被处死前，据说他对抓捕自己的人说：“这是勇者的死法。我已经播下种子，终有一天，我的国家会收获果实。”[10] 事实证明，他的话如同预言，虽然直到 20 世纪后期，一个重现了雅典民主光辉和拜占庭伟大文明的希腊共和国才最终成立，但是他舍生取义的行为大大激励了大约在 20 年后开始的希腊革命的领导者们（作为纪念，现在希腊 10 欧分硬币上有他的头像）。

1814 年 9 月，为了将新波斯人从自己的土地上赶走，希腊人迈出了重要的第一步。三个流亡海外的希腊人，共济会成员伊曼纽尔·桑瑟斯、尼古拉斯·斯科法斯和阿桑纳西奥斯·扎卡洛夫在俄国的敖德萨港创立了“友谊社（*Philiki Etairia*）”。

在此之前，也有人创建过以实现希腊人的目标为目的的团体。1807 年，“希腊旅社（*Ellinoglosson Xenodocheion*）”在巴黎成立；1814 年，“缪斯之友社（*Philomousos Etairia*）”在雅典和维也纳成立。不过，它们只是想通过教育、考古学和语文学让希腊人记住自己独一无二的文化遗产，并没有公开的政治目的。

和它们不同，友谊社致力于以暴力手段完成民族自主和“祖国”解放大业。不久之后，在1821年举行的正教神圣宗教会议上，这种做法受到强烈谴责，被视为对“我们共同的、慷慨的、关怀备至的、强大的和所向披靡的帝国”的毫无必要、“邪恶和肆意的”攻击。[11]尽管受到教会的非难，或者说正是因为教会的攻击，在随后几年里，友谊社的成员数量大幅增加。由于该团体的目标只是推翻奥斯曼的统治，而不涉及任何意识形态，也没有对取代帝国的希腊社会形态提出任何愿景，因此它得到了社会各阶层的支持，甚至包括一些地位较低的教士，不过早期成员中超过半数都是各行各业的商人，绝大多数穷困潦倒、地位低下。尽管友谊社和大多数秘密会社一样，以言论、仪式和鲁莽的计划为主，缺乏策略和目标，而且取得的成果寥寥无几，不过它确实成功地帮助勇于献身的爱国者们建立起联系，为即将到来的起义提供了大部分组织基础。

燎原的大火始于1821年3月25日的火星。老帕特雷主教杰尔马努斯不顾穆斯林关于“顺民”不得展示任何宗教象征的禁令，在伯罗奔尼撒平原北部的卡拉夫里塔悬挂起十字架。这就是希腊独立战争的起源（或者传说如此）。一个月后，在复活节前一天4月22日，正教牧首格里高利五世和他的两个牧师被当众吊死在伊斯坦布尔牧首宅邸的门梁上。他是希腊人米利特的首领，因此必须要为治下所有希腊基督徒的行为负责。一名英国目击者回忆道，他的尸体“被一直挂在门口，每个人进出时，都不得不将其推到一边”。

三天后，尸体被取下，扔给一个由奥斯曼官方选定的犹太平民处理，他拽着尸体的脖子穿过大街，“各种脏器流得遍地都是”，然后把尸体抛进港口，“那里的水将其淹没”。[12]格里高利死后，牧首官邸的大门被关闭，直到今天仍然没有打开。可以追溯至征服者穆罕默德时代的一项协定就这样被打破了。

在西方人看来，在奥斯曼帝国漫长的历史上，在从博斯普鲁斯海峡到里海岸边的各个不同民族为了独立而进行的所有战争中，这是最激动人心的一次。不过，3月21日的叛乱并不是以古希腊之名，而是以希腊正教会的名义发起的，因此它并没有立即获得西方的同情。姑且不论正教高层的那些即使在很多希腊人看来也算是恭顺、谄媚的行为，绝大多数欧洲人对希腊教会的看法和15世纪时几乎没什么不同。一个英国旅人在起义前夕写道，没有什么东西比希腊基督徒那“愚蠢空洞的仪式和令人作呕的迷信行为”更加令他厌恶。[13]

而希腊人本身也不是一个令人激动的民族，他们无知、爱争吵、举止粗鲁，似乎为伏尔泰的一个观点提供了鲜活的例证：专制主义能将一个热爱自由的民族变成区区奴隶。1820年，俄罗斯诗人亚历山大·普希金写下了为希腊起义辩护的《自由颂》（他为此受到了不那么热爱自由的沙皇的奖赏，被关进比萨拉比亚监狱），呼吁土耳其人退出希腊，把它留给“荷马和地米斯托克利的合法继承人”。不过后来他在敖德萨和基什尼奥夫偶然遇到了几个希腊商人，大受震惊。他厌恶地写道，这些“新列奥尼达斯”不是自己曾寄予厚望的英雄，而是一个“由土匪和小店主组成的下流民族”。

尽管现代希腊人有着毫无前途的秉性，不过将争取现代希腊独立的斗争转化为解放古代世界的全部遗产的斗争并不困难。这里是“西方文明的摇篮”，对抗的是东方最专制、最残暴的君主国。1821年2月，在杰尔马努斯于伯罗奔尼撒挂起十字架前的一个月，早已加入俄国军队并担任沙皇侍从武官的法纳尔贵族亚历山德拉斯·伊普西朗蒂斯已经率领一支几乎完全是在俄国人的资助下建立起来的军队渡过普鲁特河。24日，他在摩尔达维亚首都雅西发布公告，号召自己的希腊同胞“邀请自由回到希腊故土”。他继续说道，让我们“在马拉松和温泉关之间战斗。让我们在父辈的坟墓之上战斗，为了将自由留给我们，他们在这里厮杀、殒殁”。他回忆起所有为自由献身的希腊人，然后以“列奥尼达斯和三百勇士，斩杀无数波斯蛮族；如今，我们将不费吹灰之力尽灭波斯人最野蛮、最残忍的后裔”结尾。

不过，事实证明斩杀土耳其人的任务远没有他预想的那么轻松。经过几次无关紧要的小冲突后，伊普西朗蒂斯的军队和由希腊学生组成的“圣军”在7月发生的德拉伽萨尼之战中被消灭。不过伊普西朗蒂斯至少在其他西方欧洲人关心的地方清楚地表达了自己的观点。争夺希腊的战争将会是一场捍卫整个西方世界的美德的战争，而西方世界诞生于希腊，“欧洲开明的诸民族”应该对此“感激不尽”，或者说至少伊普西朗蒂斯是这样认为的。[14]

1821年4月9日，格里高利五世被杀前不久，革命领袖、伯罗奔尼撒南部美塞尼亚议会首领和“斯巴达军队总司令”马夫罗米查利斯·佩特罗贝向欧洲各国统治者致信，他告诉他们：“希腊，我们的母亲，是照亮你们的明灯。因此，她寄望于诸位积极的资助。她希望能得到你们的武器、金钱和建议。”[15]不过他得到的回馈并不多。在听到支持希腊独立的呼吁时，绝大多数的西方统治者都疑心重重，小心翼翼地盘算着奥斯曼帝国的崩溃可能会给后拿破仑时代欧洲的力量对比带来怎样的影响。奥地利首相梅特涅认为，希腊只是地理概念，而非民族身份，后来他也以同样的理由驳回了意大利的请求。希腊牧首被处死以后，沙皇亚历山大一世召回了驻伊斯坦布尔大使。但是和今天绝大多数这样的举动一样，它并没有产生什么实际影响。

不过，欧洲和美国受过教育的自由主义者——绝大多数是中产阶级精英——很快对希腊革命做出回应。“我们都是希腊人。”1821年秋，听到最初的消息后，热情洋溢的雪莱如此写道：

> 文明世界的统治者们，对缔造了他们的文明的那个民族的后裔所处的令人震惊的环境的冷漠……使那些仅仅作为这一致命场景的旁观者的人们感到难以理解……我们的法律、文学、宗教和艺术源自希腊。要不是希腊……我们可能仍然是野蛮的和盲目崇拜的；或者更糟，可能已经达到了与中国和日本一样的静止和可悲的状态。

> 又一个雅典即将崛起，
> 把遥远的年代留给后裔，
> 恰似日落之于天际，
> 光辉灿烂的晨曦；
> 走吧，倘若生活毫无乐趣，
> 大地能索取或上帝会赐予。

几个月后，革命最早的倡导者之一、流亡巴黎的古典学者阿扎曼蒂奥斯·科拉伊斯对古希腊人的新继承者“美国公民”发表了一封公开信。“自由在你们的土地上扎下了根，”他对他们说，“你们已经享受了自由和繁荣，渴望所有人受到同样的祝福；所有人都应该平等地享有与生俱来的权利。”现在，希腊能否恢复它在世界上赢得的地位，将由美国人决定。[16]

尽管美国人可能因为科拉伊斯相信新的自由之地同样有责任废除奴隶制而感到尴尬，不过他很快得到回应。1821 年 7 月，一些美国人在巴黎举行了一场宴会，出席人员包括华盛顿·欧文和拉法叶，有一份祝酒词如下：“敬密涅瓦［罗马的智慧女神、战神、艺术家和手工艺人的保护神，与希腊神话中的雅典娜对应］之地，艺术、诗歌和自由的诞生地。在其衰落之时，她教化了自己的征服者；在其沦陷之际，欧洲获得了新生。愿她的子嗣重建自由的故土。”[17] 爱德华·埃弗雷特（他是第一次葛底斯堡演说辞的作者，1815 年 21 岁时成为哈佛大学希腊语教授，担任发行量很大的《北美评论》的编辑）利用自己的影响力将科拉伊斯的信印在报纸上，传遍了整个国家。人们纷纷捐款。从 1821 年冬到 1822 年，单是来自南卡罗来纳州查理斯顿的私人捐助者，就给叛乱者送去了 50 桶肉干。

在 1821 年的最后几天，国民大会在埃皮达鲁斯附近召开，宣布希腊是一个独立的共和国，以法国 1799 年宪法为基础，制定了自己的宪法，选举贵族亚历山德罗斯·马夫罗科扎托斯为总理，宣称：“天地明鉴，希腊民族虽然受到奥斯曼人野蛮的奴役，受到死亡的威胁，但是它仍然屹立不倒。”

现在，希腊人开始屠戮土耳其人，土耳其人则以同样的方式报复希腊人。最后，显然是希腊人占了上风。超过 2.5 万名土耳其人，包括女人和孩子，其中一些世代居于希腊，被手持棍棒和镰刀的人群追逐，带领后者的经常是仅仅在数月之前还发誓坚决效忠“受祝福的苏丹”的同一批教士。革命爆发后几个星期之内，伯罗奔尼撒的土耳其和阿尔巴尼亚穆斯林社区就不复存在。幸存者涌入土耳其在海岸仅存的领地寻求保护，但是它们同样处于包围之中。按照希腊人的说法，月亮已经将他们全部吞噬。当

▲《波斯人信札》第一版中描绘郁斯贝克和黎加的插画。

▲ 波斯波利斯遗址上的法拉瓦哈形象。这是琐罗亚斯德教最知名的一个标志。

▲ 比奇特尔：《贾汉杰皇帝的寓意画》，17 世纪。1616 年，英国国王詹姆斯一世派使臣托马斯 · 罗爵士携带礼物到印度阿格拉城拜见莫卧儿皇帝贾汉杰，为英国东印度公司在印度西海岸的苏拉特争取了一个贸易港口。两个国家的命运自此直到 20 世纪中叶始终交织在一起。

▶ 大卫·当热：东方学家亚伯拉罕·亚森特·安克蒂尔－杜伯龙奖章，19世纪。

安－路易·杰罗德特：《1798 年 10 月 21 日开罗起义》，1810 年。虽然这幅画是受法国委托创作的庆祝胜利的作品，但拿破仑士兵的脸是在阴影中的，而真正在光亮中的是那位裸身的起义者。

▲ 安托万－让·格罗：《拿破仑视察雅法传染病院》，1804 年。在一群病人之中伸出手触摸一个濒死士兵的拿破仑仿佛基督一般。

▲ 欧仁 · 德拉克洛瓦:《希俄斯岛大屠杀》，1824 年。

اقدام

اوچ پاشا دها قاچدی

آوستریا ـ مجارستانده

◀ 奥斯曼的一家新闻报纸《勇敢》在 1918 年 11 月 4 日的头版报道了青年土耳其党的恩维尔帕夏、杰马尔帕夏和塔拉特帕夏逃离出国。

▼ 身着阿拉伯服饰的 T. E. 劳伦斯。

▲ 1919 年 1 月，一支英军部队在伊斯坦布尔城内等待艾伦比将军。

▲ 伊朗于 1979 年转变成一个伊斯兰神权政体国家。

▲ 美军入侵伊拉克后，独裁者萨达姆 · 侯赛因的一尊雕像被拆毁。

希腊和欧洲谈到古老自由的英勇解放者时，他们选择忘掉这次屠杀。[18]

尽管发生了这些事情，各国民众也在大声疾呼，欧洲各国政府仍然无动于衷。不过在1822年4月，一支土耳其远征军攻陷了希俄斯岛，在当地展开大屠杀，幸存者沦为奴隶。整个欧洲大陆对此感到恐惧和厌恶。[19]1823年3月，伦敦希腊委员会正式成立，它开始为希腊独立事业筹措资金。同一个月，外交大臣乔治·坎宁正式承认希腊人是交战方，给予他们利用中立船只运输武器的权利。

欧洲各国政府逐渐开始倾向于承认希腊独立，即使它们并没有提供实际帮助。不过官方的迟疑不决被个人的热情抵消。来自西方世界的志愿者纷纷投入到从“可怕的奥斯曼王朝”手里夺回孕育文明的摇篮的事业中。[20]

他们称自己为“希腊之友（*Philhellenes*）”；他们来自英国、法国、意大利、德意志邦国、西班牙、葡萄牙、匈牙利、波兰、瑞士、瑞典、丹麦、美国，甚至有一个人来自古巴。他们绝大多数都是理想主义者。其中一些人是寻找工作的退伍军人，一些人是投机者和间谍，还有一些纯粹是机会主义者。甚至连英国和美国的传教士都来到这里，试图使希腊正教徒皈依清教诸多教派中的一种，不过他们显然失败了。在所有与此类似的不同寻常的冲突中，都会见到少数怪人：一个希望在希腊建厂的巴伐利亚陶瓷工匠、一个失业的法国演员、一个背着石版印刷机旅行的冒牌丹麦伯爵、一个来自罗斯托克的舞蹈老师、一个女扮男装的西班牙女孩。[21]此外还有爱伦·坡，他称自己动身时“身无分文，长途跋涉加入希腊人的队伍，为自由而战”。但事实上，他最远只到了波士顿。[22]

这些人中最有名的要数乔治·戈登·拜伦勋爵，不过他从来没有得到拔枪怒射的机会。

1823年4月7日，前爱尔兰船长、伦敦希腊委员会成员爱德华·布拉基埃和负责筹措战争资金的希腊人安德烈亚斯·卢尔蒂拜访了当时住在热那亚郊外的阿尔瓦罗的拜伦。不久前，拜伦和主张意大利要从奥地利统治下独立的烧炭党人有过一次不太令人满意的短暂接触，和特蕾莎·古琪奥丽伯爵夫人有过时间稍长、令他满意得多的联系；他躁动不安，用他的话说，无法决定是要去南美度过自己“简单而有用的一生”，还是前往希腊。

布拉基埃和卢尔蒂帮助他下定了决心。“我已经决定要去希腊，”两个月后他写道，“这是唯一一个能让我满意的地方。”[23]他筹到了9000英镑，这在当时是一笔巨款。“金钱是战争的关键，”拜伦曾经这样写道，“实际上是最重要的——除了爱之外，有时候甚至比爱更重要。”他卖掉了自己的“玻利瓦尔”号大帆船（船名是为了表达自己对南美的抱负而取的），租了一艘排水量120吨的圆底肥首三桅帆船，船的名字是“赫拉克勒斯”号，恰好与他新生的对希腊的雄心形成呼应。[24]7月16日，它载着拜伦、布拉基埃、卢尔蒂以及他们的朋友和侍从，向南驶向利沃诺，然后抵达凯法利尼亚岛。拜伦在这里上岸，住在位于阿戈斯托利以南的海岸城市米达萨达，思考着下一步的计划。在四个月间，他回避了现在为控制希腊而战的各个派系无穷无尽的要求，然后决定动身前往迈索隆吉翁，虽然那里位于一个蚊虫滋生的巨大潟湖边，不过它在当时是希腊西部最繁荣的城市。1821年，当地的土耳其人或被杀死，或被驱逐，它很快成了叛乱的中心。

这将被证明是一个致命的错误。拜伦富裕、有名、地位显赫。他接受了二十礼炮致敬和人们的欢呼，据说他像弥赛亚——穿着他自己设计的花哨的红色军装，有着一系列金色头盔—— 一样。（最终他并没有穿过这些服饰，不过在画师为他画像时，他把它们堆在自己的脚下。）

不久之后，拜伦开始组建自己的私人武装“拜伦旅”，主要由阿尔巴尼亚难民和伪装成土耳其暴行受害者的雇佣兵组成。每天早晨，英国老爷都会骑马带着这支由各色人等组成的匪帮出游；下午，他们会在岸边的房子里举行闭门会议。拜伦也做了一些其他希腊首领没有做，或者说无法做的事：他给自己的部下发薪水。没过多久，欧洲各地的人纷纷投奔这里。现在，条条大路似乎都通向迈索隆吉翁。陪拜伦从热那亚来到这里的特蕾莎·古琪奥丽的弟弟佩特罗·甘巴伯爵对“希腊之友”做出了生动评价：“我们来自各个民族，有英国人、苏格兰人、爱尔兰人、美国人、德意志人、瑞士人、比利时人、俄罗斯人、瑞典人、丹麦人、匈牙利人和意大利人。我们是某种微缩版的十字军。”[25]但是这个由各色人等组成的群体除了内斗之外一无所成，他们等待的战斗永远没有发生。“希腊之友”为了级别和地位争吵不断。阿尔巴尼亚人因为要求支付更多薪水而哗变，他们和希腊人都试图抢劫军械库。

随后，1824 年早春 2 月，拜伦在暴风雨中骑行后染上了某种热病，很可能是由狗蚤传播的“蜱热”，卧床不起。然后，医生们让他一命呜呼。他们不仅几乎放干了他的血（根据计算，即使他的健康状况良好，放出的血量仍然足以使他丧命），而且还绝望地使用了一系列偏方，包括硝酸银、泻药和一种名为“皇帝的柠檬水”的鞑靼人的膏剂，所有这些只是进一步降低了他早已虚弱不堪的身体的免疫力。他病逝于 1824 年 4 月 19 日晚 6 时左右。在他死后，他的私人医生，同时也是造成了绝大多数伤害的朱利叶斯・米林根寄出了一张 200 金币的账单，后面附上了一句评语：“不是每天都会有勋爵去世。”[26]

当拜伦在迈索隆吉翁独自战斗时，希腊其他地区的形势急转直下，实际上陷入了内战。1821 年 12 月，贵族亚历山德罗斯的兄弟迪米特里奥斯・伊普西朗蒂斯成功地在阿尔戈斯召开了一次国民大会。大会为一个独立的新希腊起草了宪法，和里加斯・维利斯提里斯一样，它也效仿法国 1793 年和 1795 年宪法。两年后，另一次国民大会在阿斯特罗斯召开。尽管二者都在某种程度上为未来的希腊奠定了基础，它们并没有减轻各派之间的敌意。到了 1823 年夏，伯罗奔尼撒和希腊本土的东西两部分被从奥斯曼人的统治下解放了出来。

但是现在没有人知道接下来他们将会由谁统治。到 1823 年底，希腊同时存在着两个声称代表希腊叛军的政府，没有哪个能够独自控制任何一个地区，战争很快在它们之间爆发。所有的派系都必须面对的一个难题是，尽管每个人都知道，或者说都认为自己知道古代希腊和拜占庭时期的希腊是怎样的，但是没有人清楚未来的希腊会是，或者说应该是什么样子。对绝大多数希腊人——特别是那些参战的人——而言，里加斯、伊普西朗蒂斯和其他来自世界各地的爱国者们用来形容新希腊的“祖国”（*patrida*）不是一个民族，而是一个地区，有时甚至只是一个村庄。奥斯曼人——还有梅特涅——声称希腊并不存在，他们的主张多少有些道理。和很多从帝国主人的长期统治下独立的民族一样，它必须被发明出来。在当前的例子里，问题在于发明的过程耗时耗力，而且非常血腥。

1824 年，苏丹马哈茂德二世说服半独立的埃及统治者穆罕默德·阿里（我们在上一章里见过他）出兵平叛，而叛军当时仍然忙于自相残杀。作为交换，阿里可以得到克里特岛的统治权，他的儿子易卜拉欣将会得到伯罗奔尼撒。穆罕默德·阿里的部队比士气低落的奥斯曼军队壮观得多，可能也更有实力，他还拥有一支由前法国海军军官指挥、由法国军舰组成的现代海军。6 月，他先是攻下了克里特岛，然后攻下了塞浦路斯。次年，易卜拉欣在伯罗奔尼撒登陆。1826 年 4 月，他攻陷并摧毁了迈索隆吉翁，只有三栋建筑逃过一劫，其中之一是拜伦故居。曾加入拜伦旅、在城市沦陷后不久重返迈索隆吉翁的冒险家爱德华·特里洛尼说，它“宛如独自立于沙漠中的石柱”。[27]

到了 8 月，易卜拉欣已经进入雅典。公元前 480 年的情景再现，当地居民逃到雅典卫城，老弱妇孺从那里逃往萨拉米斯避难。可是这一次没有希腊舰队在那里等待他们。扮演地米斯托克利角色的英国海军将领科克伦勋爵直到次年春天才到达那里。当他驶过仍然被围困的雅典卫城时，科克伦以贫乏的词汇在日记里写道：“那里是科学和文学之地。在这一刹那，野蛮的土耳其人正在用飞在空中的炮弹摧毁雅典卫城曾经雄伟的神殿仅存的遗址。”[28]

易卜拉欣在伯罗奔尼撒登陆后的蛮行迫使欧洲列强不得不采取行动。1827 年 7 月 6 日，法国、英国和俄罗斯签订了《伦敦条约》，宣布希腊是一个自治国家，不过没有主权；三国为希腊和土耳其的交战各方提供了某种形式的调停。希腊各派至少在原则上都接受了，奥斯曼苏丹则不太出人意料地拒绝接受调停。但是易卜拉欣和他的父亲都很清楚，三国的介入使他们的处境大为恶化。易卜拉欣对自己在伊斯坦布尔的代表说，先知曾经许诺信仰者终将在全世界获得胜利，但那也可能是为了避免采取孤注一掷的行动的说辞。现在最好的选择是撤退，然后等待有利的时机再卷土重来，而不是冒着损失整支舰队和船上 4 万名穆斯林的生命的风险，和强大得多的敌人开战。

不过他的谨慎来得太迟，没能挽救他的性命。10 月 20 日，拥有 89 艘战舰和 2240 门火炮的埃及 - 土耳其联合舰队停泊在纳瓦里诺湾。上午，三国的舰队在英国海军将领科丁顿的率领下进入海湾，他乘坐的船的名字是多少有些不吉利的“亚洲”号。到了晚上 6 点，战役结束了。奥斯曼舰队损失了 81 艘战舰以及 4000 到 6000 人。三国部队仅损失 174 人，没有损失任何一艘战舰。纳瓦里诺之战实际上确保了未来希腊的独立。

不过它没有保住革命先驱们曾经设想过的自由共和国宪法。列强的牢固控制给希腊人带来了另一个君主国。经过一系列围绕着谁将成为新国王的争吵之后，英国、俄罗斯、法国和巴伐利亚于 1832 年 5 月选定巴伐利亚国王路德维希 17 岁的儿子维特巴哈的奥托为新的“君主制的独立国家”希腊的继承人。他的继承人们在接下来的一个半世纪里忐忑不安地掌握着权力，其间发生过内战、外敌入侵、军事政变和反政变，直到 1967 年最后一任希腊国王流亡海外。讽刺的是，他和拜占庭最后一位皇帝同名，同样是君士坦丁。

希腊是奥斯曼帝国内第一个被承认为独立国家的行省，希腊独立是有史以来奥斯曼人经历的最为严重的打击（1918 年它将再次遭受相同的打击）。但它只是开端。1814 年，英国人占领了科孚岛。1882 年，他们回到开罗，尽管多次声明不久后就会离开，但是他们一直待在那里直到 1922 年埃及正式独立。直到第一次世界大战爆发前，埃及在名义上是一个半独立的国家，由一名赫迪夫统治（所有的赫迪夫都是穆罕默德·阿里的后裔），他承认奥斯曼苏丹的权威。但实际上，用在很大程度上要为这样的局面负责的英国首相索尔兹伯里勋爵的话来说，埃及的独立是“一出可笑的闹剧”。[29] 英国人尽可能采取间接统治的方式。正如埃及和苏丹总督基奇纳勋爵的“东方事务大臣”（或“东方事务”专员）雷纳德·斯托尔斯于 1914 年以经过精细校准的外交部式修辞所指出的：“我们不使用命令语气，多用虚拟语气，甚至是热切的祈愿语气。”[30] 但是不管英国人选择以何种语气进行管理，虽然苏丹维持着名义上的统治权，埃及实际上成了英国的保护国（另一个帝国代理领事米尔纳勋爵称它是一个“戴着面纱的保护国”），赫迪夫和他的内阁发布的命令出自他们的英国顾问之手。在回顾英国是如何成功地从奥斯曼帝国手中夺下这片阿拉伯世界最重要地区的控制权时，在 24 年间一直担任索尔兹伯里在埃及的“代理人”的克罗默勋爵伊夫林・巴林满意地评论道：“所有的历史都证明，一旦一个文明的强权把手伸向一个处于半文明状态的弱国时，它基本上不会松手。”[31]

2

两个多世纪以来的耻辱对奥斯曼苏丹在所有穆斯林中的地位的影响是巨大的。如果西方的异教徒敌人对真主的子民取得了如此决定性的、不可逆转的胜利，那么显然一定是哪里出错了。但是到底是哪里呢？在几乎所有类似的情况下，答案通常被限定为两个：失败或者是由胜利者的技能和美德造成的，或者是由失败一方的某些内在弱点造成的。如果是前者，那么就要找到使敌人成功的原因，然后效仿它；如果是后者，唯一的方法是找到出错的地方，然后尝试加以改正。后者一贯会被归结为社会的腐败和衰退，或是犯下的某种罪过，更常见的是，二者兼而有之。解决的方法或是净化社会，或是以激烈的方式，通常是按照字面意思执行神的意愿，以此来安抚愤怒的神（净化社会和实现神的意愿经常被视为同一件事）。自 18 世纪后期开始，伊斯兰世界面对持续不断遭到西方蚕食而做出的反应，一直在这两个极端之间摇摆，有时是非常激烈的。

伊斯兰世界各大强权对此的第一反应是，试图找出使此前混乱不堪、效率低下的法兰克人突然变得如此强大的原因。

早在 15 世纪末，奥斯曼苏丹已经开始引进欧洲大炮、手枪和水雷，也雇用了若干欧洲人教自己制作和使用这些武器。土耳其人和希腊人在边境上已经以一种或另一种方式合作了几个世纪。他们在服装、饮食、说话方式，甚至宗教仪式方面都对彼此产生过影响（希腊基督徒和土耳其穆斯林有为数不少的共同的圣徒、圣地和节日）。

将这种交流拓展到科学和技术领域并非难事。1560 年，皇帝斐迪南驻伊斯坦布尔的大使比斯贝克男爵写道："世界上没有一个民族比土耳其人更愿意接受有益的外国发明，比如他们引进了大炮和臼炮，以及基督徒发明的很多其他事物。"[32] 奥斯曼人也模仿欧洲人的造船术，先是威尼斯人的，然后是英国人和法国人的。到了 1682 年，奥斯曼的船坞已经能够造出可以装载很多门大炮的三层甲板横帆战船，与英国人和荷兰人使用了一个多世纪的船型相似。

不过所有这些行动都是有限度的，而且土耳其人肯定对使得造出更好的武器、更大更快的船舶、更准确的地图成为可能的那种文化不感兴趣。比斯贝克对奥斯曼人的评论是，"他们到现在还不能引进印刷术，或是立起公共时钟，因为他们认为如果印刷自己的圣书，那它们就不再神圣了，如果引进公共时钟，他们的宣礼员和古老仪式的权威就会受到损害"。[33] 明显有益而且明显与宗教无关的事物可以被引进，尽管那些更加虔诚的人对这些也心存疑虑，但是那些即使只是对伊斯兰教的地位和《古兰经》的纯洁性构成稍许威胁的东西，都是不可接受的。

现代印刷术和钟表并不是唯一经过认真检视后因为具有潜在的颠覆性而被拒绝的欧洲发明。例如，虽然欧洲的医药知识将会使伊斯兰世界的每个人受益，但是它鲜有机会传入那里（奥斯曼人倒是间接地将接种引入西方，这可能是 18 世纪最伟大的医学发现[34]）。导致欧洲医学被拒之门外的那种对所有西方事物、所有明显属于基督教的事物的仇视，使得所有其他欧洲科学都遭到拒绝。在穆斯林的头脑中，笛卡尔、开普勒和伽利略的作品与路德和加尔文的著作一样，都是错误的和无关紧要的。[35]

继《卡洛维茨条约》之后，土耳其人和奥地利人于 1718 年在帕萨洛维茨签订了一份同样屈辱的条约。它实际上使匈牙利和克罗地亚的边界恢复到被苏莱曼大帝征服之前的状态。土耳其政府开始认真思考，现在基督徒在科技和组织上具有的无法否认的优势，是否和他们组织、管理社会的方式有关。

1719 年，大维齐达马德・易卜拉欣帕夏任命穆罕默德・萨义德埃芬迪为驻巴黎大使，要他“仔细研究关于文明和教育的各项措施，并汇报其中可资利用之处”。[36] 这是一个不错的开端，在随后的几十年间，一些欧洲人——绝大多数是法国人——来到伊斯坦布尔，协助改革陈旧、运转不灵的奥斯曼国家机器。1727 年 7 月，苏丹艾哈迈德三世颁布诏书，命令在“受到真主保护的君士坦丁堡”建立一座印刷厂，它可以印刷各种土耳其文书籍（当然不包括《古兰经》）。土耳其人开始进口欧洲钟表，引进钟表匠，其中之一是伊萨克·卢梭，也就是让·雅克·卢梭的父亲，如果他的儿子说的是真的，那么他就是官方的“宫廷制表匠”。[37]

1731 年，一个变节的法国贵族克劳德 - 亚历山大·德·博纳瓦尔伯爵被委任负责改革——实际上是创建——炮兵，苏丹为表感激任命他为帕夏。1720 年，另一个法国人大卫（他皈依了伊斯兰教并且改名为盖尔切克）成功地组织起了伊斯坦布尔的首支消防队。更重要的是，他于 1734 年在于斯屈达尔创办了一座新的培训中心和几何学校，目的是向奥斯曼人传授西方的基础数学知识。其中一名讲师穆罕默德·萨义德设计了一种帮助远射程大炮瞄准的“二弧象限仪”，还写了一篇三角学方面的论文。1773 年，在匈牙利裔法国人巴郎·德·托特的帮助下，一所数学学校为满足海军的需要而开办，他也帮助苏丹训练军队和管理他的军械库，并且写下了《土耳其人和鞑靼人回忆录》，拿破仑对奥斯曼帝国的了解基本都来自这本书。有一段时间，伊斯坦布尔较富裕的居民们谨慎地接受了绝大多数欧洲事物，特别是法国的东西。甚至连法式花园和家具也曾在宫廷成员中短暂流行过。在穆罕默德二世之后，第一次有奥斯曼苏丹允许欧洲画家为自己画像。

不过这只是硬币的一面。另一面可以从 1774 年穆斯塔法三世去世前不久所做的一首描写本国形势的诗里看出。它充满了自怜和绝望的情绪。“世界在腐朽，”他写道，“不要以为它会适合我们。”

> 国家沦入粗鄙和低俗，
> 宫中的每个人都在想着享乐，
> 我们一无所有，除了真主的怜悯。[38]

在穆斯塔法看来，堕落的是世界，而非奥斯曼帝国；导致奥斯曼失去克里米亚和大败于俄罗斯异教徒之手的是苏丹臣民的轻浮。唯一的解决之道是遵从安拉的意志，希望能得到他的怜悯，改善宫廷的道德风气，增强教法的力量，换句话说，就是抱着曾经足够强大的古老之物能够最终抵抗新事物的渺茫的希望，重回古道。和所有这样的回应相似，他们提出的问题不可避免的是错误的那一个。他们没有问欧洲人因为做了什么而变得强大，而是自己由于做了什么而变得虚弱。

穆斯塔法英年早逝，完全没有机会实践自己的抱负。不过，即使他有所作为，也不大可能会逆转改革的趋势。俄罗斯人的战场表现无时无刻不在提醒着苏丹，自己的军队在武器上存在技术缺陷。但是，犹豫不决的有限改革诉求和以宗教为基础的对重建道德和精神的大声疾呼（相当于拒绝所有的“西方”事物）之间的拉锯战，一直持续到帝国灭亡。

穆斯塔法没能活到1774年《库楚克－凯纳尔吉和约》签订之日。这个不愉快的任务落到他的兄弟阿卜杜勒·哈米德一世的头上，他眼睁睁地看着叶卡捷琳娜穿过新获得的克里米亚领土，似乎她的目标是要复兴拜占庭帝国，而她自己将会成为新皇帝。1779年，为了纪念孙子的出生（他的名字君士坦丁·帕夫洛维奇很有挑衅意味），她下令铸造刻着圣索菲亚大教堂的硬币。1789年，她在乌克兰赫尔松城外的营地同皇帝约瑟夫二世会面。精心安排的入城式意在唤起人们关于罗马皇帝的记忆，两位君主从刻着希腊文铭文“前往拜占庭的路”的穹顶下入城（两人都不会说希腊语）。不管他们是不是虚张声势，阿卜杜勒·哈米德非常介意，俄罗斯和奥斯曼帝国再次开战。结果，后者于1792年1月在雅西又一次签下屈辱的和约。

现在，改革的需求比以往更加迫切。1791年，塞利姆三世已经清楚地知道和俄罗斯的战争将会结局如何，他命令一个由22名士兵、官员、教士组成的委员会想出一个快速有效的方式，消除有可能导致帝国灭亡的威胁。这群人中有两名基督徒，他们是法国官员贝特朗和瑞典驻伊斯坦布尔大使馆的亚美尼亚译员穆拉德热亚·多桑。他们以备忘录的形式上呈自己的答复，可能是效仿招致法国大革命的1789年陈情书。[39]同预期相符，委员会的回应是混合的结果。一些人建议回归传统，恢复古老的价值，复兴曾经的军事荣耀，再次回到老路，他们认为它并没有被西方优秀的军事技术压倒，而只是被腐化了。一些人建议即使不引入西方的理念，也要（谨慎地）采纳西方的技术、训练方式和武器装备。一些人甚至建议以西方的方式训练和武装新的军队，彻底取代原来的军队。[40]

塞利姆比他的前任们更加大胆，他倾向于同意最后一条建议。他于 1792 年到 1793 年间开始施行一系列改革，它们被统称为“新秩序（*Nizam-i Cedid*）”。他制订了有关行省总督、税收、谷物贸易的新法规，目的是使帝国的经济实现现代化，强化苏丹对离心力越来越强的各行省的控制。（与此类似的是，同为古老君主国统治者的西班牙的查理三世在 30 年前已经尝试过类似的改革，他的目的同样是要阻止一个正在解体的古老帝国走向分崩离析。欧洲启蒙运动激发的改革力量尽管非常温和，但被证明是不可阻挡的。）

最激烈的政策是建立新的陆军和海军学校，不仅教授西方炮术、防御工事建筑学和航海术的基础原理，而且还教授掌握它们所必需的西方科学。教师都是法国军官，法语成了所有学生的必修语言。这些学校不顾伊斯兰教对所有非伊斯兰知识和作品的禁令，提供了一个藏有 4000 册欧洲书籍的图书馆，其中包括同时被保守的穆斯林和基督徒所诟病的《百科全书》。

所有这些都因为 1798 年拿破仑入侵埃及而被突然打断。不过，尽管塞利姆以伊斯兰普世主义为依据，要求重新获得埃及的统治权，但是他决意要做一个欧洲式的君主。如同我们已经看到的，有一段时间，他反对西方的无神论、邪恶的平等思想和具有潜在破坏能力的理性主义。但是一旦法国撤出埃及，他再次开始施行西化政策。（他甚至原谅了拿破仑的埃及远征，并于 1806 年正式承认他为皇帝，而且送去了一幅自画像。）

但是，事实证明新秩序无法被旧势力容忍，尤其是耶利切尼（“新军”）。1806 年夏，伊斯坦布尔各处发生了一系列反对塞利姆改革的骚乱。根据极端保守的皇家编年史作者艾哈迈德·阿西姆埃芬迪的记载，愤怒而虔诚的穆斯林起身反抗“邪恶的法兰克人和可恶的法兰克团伙”，他们

“通过鼓励和引诱人们按照他们的方式思考”，损害了“圣法的原则”。[41] 不到一年，反对势力就取得了胜利。1807 年 5 月 28 日，塞利姆三世被废，“新秩序”被中止。

不过中止的时间并不长。塞利姆短命而无能的继承人穆斯塔法继位仅一年即被暗杀，他的继承人马哈茂德二世开始着手进行一场比塞利姆更加激进的改革，不过他很明智地选择没有给它取一个具有暗示性的危险名字，特别是完全没有使用可能会遭到他的敌人集中攻击的“新”字。行省的贵族逐渐失去原有的权力。新的行政体系被创造出来，帝国的财政体系被革新。新的税收制度被引入，为了确定谁应该缴税和缴税的方式，帝国展开了有史以来的第一次人口普查。奥斯曼苏丹在 19 世纪初重复做着西班牙的腓力二世和法国的路易十六在 16 世纪和 17 世纪时做过的事。

1826 年 6 月 14 日，经过一次短暂而血腥的冲突（很多人被烧死在军营里，试图逃亡的人遭到追捕），耶利切尼被镇压了。一支由欧洲人武装和训练的新式部队取而代之。他们被称为“穆罕默德的胜利之师”，换上新军服和新军帽，不再穿戴传统的头巾。苏丹自己开始穿上一种由欧洲君主的传统礼服和裤子改良而成的伊斯坦布尔装。

马哈茂德小心翼翼地让教士们积极参与所有改革（虽然常常要采取强迫的手段），把它们都说成是宗教责任。他也谨慎地避免做出任何可能暗示自己的改革会发展成更为系统的西方化进程的行为。但是尽管他言之凿凿，外部的观察者们清楚地意识到，这些是将一个部落式的伊斯兰帝国转化为一个现代绝对君主国而迈出的前途未卜的第一步。

不过，直到十年后另一位苏丹统治时，西方化才真正开始。1839 年，苏丹阿卜杜勒·迈吉德一世开启了坦齐马特（*Tanzimat*），也就是整顿（Re-ordering）。这个谨慎的名字暗示阿卜杜勒·迈吉德的目的是要复兴传统。不过，坦齐马特实际上比马哈茂德的改革或塞利姆流产的“新秩序”走得更远。马哈茂德和塞利姆的政策只限于改变既有制度，但是基本上可以说是无功而返，只有军队是明显的例外。坦齐马特针对的是奥斯曼帝国伊斯兰社会的基础内容，因为处于其核心的是广泛、激进的取代伊斯兰法律体系的企图，整个社会因此发生了意义重大的世俗化，如果说这种变革仍然只限于部分领域的话。

1839 年 11 月 3 日，阿卜杜勒·迈吉德颁布了《古尔汗法令》（也被译为“玫瑰厅敕令”），其中包含若干此前不存在于奥斯曼法律中的概念：臣民的生命、尊严和财产的原则（虽然不完全等同于“权利”），所有人都应该得到公平、公开的审判。次年出台的新刑法典宣称“山间的牧民和朝堂上的大臣”在法律面前平等（不过苏丹不受它的约束）。[42]

引起最多争议的地方在于，它建立起了所有宗教平等的原则，因此实际上废除了所有穆斯林自认为理应享有的财政和法律上的特权地位。“受保护宗教”的信徒无须再支付特殊的税金，不过所有的改革都会给某些人带来副作用，少数族群的米利特失去了以他们自己的法律进行统治的权利。改革的顶峰是制订出了所有伊斯兰国家中的第一部民法典《麦加拉》，不过直到四十多年后，这部法典才最终完成。

《古尔汗法令》还有另一个激进的面向。它公开承认这些原则是创新，而在传统的穆斯林用语里，“创新（*Bid'a*）”是与逊奈——即先知之道——相对立的。“最糟糕的东西是新东西，”《圣训》里有这样一条，“每一个新东西都是一项创新，每一项创新都是错误，而每一个错误都会将人引向火狱。”此前，除了塞利姆三世短暂的新秩序之外，绝大多数改革都尽可能地伪装成要复兴现在已经被腐化了的古道。《古尔汗法令》不是这样。对很多穆斯林而言，它是对宗教的正面挑衅，是一种异端行为。[43]

坦齐马特暗示了法律和宗教的不同，因此也就意味着政治和宗教存在着差别。它实际上违背了伊斯兰教最神圣的教义：法律只能是由真主通过最后的先知传递给人类的命令。1841 年，大臣穆斯塔法·雷希德帕夏向最高委员会上呈了一部新的商法典，内容几乎是照搬法国的商法典。乌里玛问他，它是否符合教法。“教法与此无关。”他回答道。“亵渎！”乌里玛喊道。接下来的骚动迫使苏丹不得不将雷希德帕夏解职（不过他后来得以复职，被任命为外交大臣，然后又成了大维齐）。改革暂时中断，但是它无法被终止。1847 年，苏丹下令成立了民事刑事混合法庭，欧洲法官和奥斯曼法官人数相同，采取欧洲的——再一次，基本上是法国的——取证和程序规则，而非伊斯兰教的惯例。

司法权并不是乌里玛唯一被慢慢剥夺的权力。他们也失去了对教育的控制。1846 年，一些学校成立了，虽然它们也教授“宗教加诸人身的责任和义务”，但是显然是在为最终引入完全世俗的教育系统铺路。1868 年，奥斯曼帝国高级中学在加拉塔萨雷创办。课程是西方式的，以法语授课，穆斯林和基督徒学生在同一间教室里并排而坐。文官学院（*Mulkiye*）和战争学院（*Harbiye*）规模大增，而且进行了现代化。延宕多时的建立伊斯坦布尔大学的计划被付诸实践，它是伊斯兰世界第一所真正的大学，不过直到 1900 年，它才开始招收第一批学生。

1871 年，乌里玛再次尝试阻止改革，苏丹不得不对压力屈服。不过这一次反对势力同样只是暂时占了上风。帝国内的基督徒被解职（稍后再次复职），民法典《麦加拉》被丢到一边，不过时间不长。现在，帝国在改革的路上已经走得太远，无法回头。现代土耳其是所有伊斯兰国家中最西方化、最现代化、最世俗和最进步的国家。今天，很多土耳其人有充足的理由宣称自己的国家本来就是欧洲的一部分，而且以此为依据，认为土耳其很可能会在不久后加入欧盟。几个世纪以来，土耳其一直是最令欧洲头疼的敌人的心脏地带，如今它之所以可以寻求同欧洲融合，很大程度上是因为由塞利姆三世、马哈茂德二世和阿卜杜勒·迈吉德一世开启的改革计划。

不过现代化并不完全是使人们受益的。苏丹的首要目标是加强自己的军队，保证帝国的存续。作为实现这些目标的手段，阿卜杜勒·迈吉德花了很长时间才将宗教和政治分离，使帝国的所有臣民在法律面前享有平等的地位。但是尽管坦齐马特为创造一个西方式的社会铺平了道路，它采取的方式却是强化中央集权。在这个过程中，人们本来享有的一些由来已久的、非正式的自由消失了。

针对马哈茂德二世的改革，曾在 19 世纪 30 年代多次访问土耳其的英国海军军官阿道弗斯·斯莱德做过如下一番评论：

> 到目前为止，奥斯曼人根据习俗享受着自由人最宝贵的一些特权，而长久以来基督教国家一直在为之奋斗。除了适度的土地税，他无需向政府缴纳其他东西，不过确实有义务缴纳可以被归为税收的摊派。他无需向伊斯兰教士支付什一税。他可以四处旅行，而无须通行证；没有冒犯他们的眼睛或是用手指戳他们的背囊的海关官员；没有警察盯着他的一举一动，或是听他说了什么。他的儿子不会被士兵从他的身边带走，除非爆发了战争。他的野心不因出身或财富而受到限制：即使出身最底层的人也可以有成为帕夏的野心；如果他识字，可以梦想成为大维齐；这样的意识，受到数不胜数的先例的灌输和支持，使他的头脑变得高贵，使他可以毫无愧色地接受最高职位。这难道不是备受自由国家赞赏的优点吗？[44]

他多少对早期奥斯曼世界的社会环境有些美化，但并不全是虚言。伊斯兰教诞生于一个部落社会，伊斯兰教法和惯例保留了一些部落中的平等主义特征，不过某些现代学者试图将其等同于“民主”的做法，必定是错误的。此外，奥斯曼人从未忘记自己最初的身份是圣战士。同先知和哈里发一样，苏丹是唯一、不容置疑的统治者（毕竟“苏丹”这个词正是这个意思），他的臣民从未享有过西方意义上的“权利”。不过，虽然“出身最底层的人”可以立志成为大维齐的说法很可能不是事实，奥斯曼帝国庞大的官僚体系确实为很多人提供了晋升的机会，而旧制度下的欧洲社会不可能给他们这样的机会。

改革在某些方面取得的成就，与17世纪时西欧发生的变化没有什么不同。当时，一直保留到中世纪，后来又在法国宗教战争期间复兴的日耳曼部落带有平等主义色彩的古老传统正在慢慢消失，取而代之的是由绝对君主行使的不容置疑的国家权力。在英国和斯堪的纳维亚半岛部分地区之外的绝大多数欧洲国家里，皇帝查士丁尼的成文罗马法，即“不受拘束的立法者”的法律，取代了更古老的日耳曼习惯法，正如《麦加拉》不仅取代了教法，也取代了较早的突厥武士部落的惯例。多少有些讽刺的是，以欧洲为模版改革后的奥斯曼，将自己变成了一直以来它在欧洲最严厉的批评者们眼中的样子。如同斯莱德所评论的，马哈茂德使“欧洲习俗屈服于亚洲习俗，而不是相反”。[45] 改革为他提供了之前并不具备的工具。斯莱德反思道：“在此之前，君主发现自己的权力受到各种限制（虽然他被称为专制君主），因为即使他有意愿他也没有真正的镇压手段，通过科学的帮助，他找到了一件利器，用自己的权杖换来一把剑。”[46]

在 19 世纪初的几十年里，奥斯曼人选择了一种西方的政治体制：绝对君主制，而在西方，当时正是它慢慢地被另一种体制——自由民主制——取代的时候。甚至直到 1876 年，苏丹阿卜杜勒·哈米德才不情愿地答应给予自己的臣民一部宪法，不过和所有欧洲宪法是从君主那里夺取来的权利不同，它并非统治者和被统治者之间的契约。相反，正如一位现代的评论家所指出的，“它是一位绝对君主对臣民们的‘恩赐’，与其说它是欧洲先例的类似物，倒不如说是对其拙劣的模仿”。[47] 如果奥斯曼人想使恩赐变成契约，唯一的方法是放弃奥斯曼人的身份，成为土耳其人，而阿拉伯人至今仍然需要做出这种转变。

从苏丹的角度来看，现代化还引发了一个影响更加深远和更为不幸的后果。大体上算是世俗的新学校创建后不久，一个新的受过教育的中产阶级出现了，他们很快就对苏丹毫无限制的权力深恶痛绝。19 世纪后期，一个成员之间自称“奥斯曼青年党”的革命组织同时要求重新回到奥斯曼社会的伊斯兰教传统根源上和采取更加自由的政府形式。1876 年 12 月 23 日，为了维持和平而不惜采取一切代价的阿卜杜勒·哈米德二世同意了绝大多数要求。奥斯曼帝国第一次有了西方式的宪法，还组织了一个议会，不过它没有任何权力，而且议员是以间接选举的方式产生的。但是阿卜杜勒·哈米德并不是“开明专制君主”。他因为在 33 年的统治期间做出的一系列残忍恶行而被西方称为“该死的阿卜杜勒”或“血腥苏丹”。他非常保守，猜忌多疑，几乎到了妄想的地步。他并不想建立“奥斯曼青年党”要求的那种自由的西方社会，而是想要回到自己祖先们建立的那种泛伊斯兰主义专制政权。1877 年 2 月，他暂时中止宪法；一个月后，命令议会休会。此后，他退回到“伊斯兰的梵蒂冈”（这是法国人的说法），尽可能地以武力而非策略维持着对自己日渐缩小的帝国的统治。

但是和坦齐马特一样，向立宪政府前进的步伐不可能这么轻易被逆转。1894年，另一个革命组织在在萨洛尼卡成立，该组织秉持着促进帝国内所有民族和所有信仰的团结与平等的自由理念，自称“团结和进步委员会”（CUP），而更为人所熟知的名字是“青年土耳其党”。在阿卜杜勒·哈米德采取一系列倒行逆施41年后的1908年，该组织的成员发动叛乱反对苏丹，要求恢复立宪政府。[48] 叛军领袖陆军少校恩维尔贝伊在政府大楼的阶梯上宣称：“从此以后，我们都是兄弟。不再有保加利亚人、希腊人、罗马尼亚人、犹太人和穆斯林。在同一片蓝天下，我们都是平等的，都以身为奥斯曼人为荣。”阿卜杜勒·哈米德让步了。7月24日，他颁布诏书，下令恢复宪法，定下选举的日期。人群在伊斯坦布尔沿街高呼：“苏丹万岁！宪法万岁！”[49]

不过，阿卜杜勒·哈米德作为立宪君主的时间很短。向青年土耳其党屈服使他不再被人信任，而青年土耳其党也不满足于仅仅是分享权力，它要的是权力本身。1909年4月，苏丹被废，然后遭受流放，同行的有他的两个儿子和若干妃子。他的余生在萨洛尼卡的私人别墅里度过，讽刺的是，他的厄运正是从那里降临的。继位的是他64岁的弟弟，顺从、举止温和的穆罕默德五世。当年夏天，宪法被修改。苏丹的权力遭到削减，比当时绝大多数欧洲君主拥有的权力都要小。他不能统治，只能批准议会实际上已经做出的决定。

现在，仍然专制的西欧政府遇到了一个有些意想不到的新的“土耳其威胁”。这让人不安地联想到法国大革命的颠覆性的激进主义，“东方专制主义”似乎突然之间就被取代了。在这二者之间，西欧强权更倾向于专制主义。1910年5月29日，英国驻伊斯坦布尔大使杰拉德·劳瑟爵士写到，青年土耳其党人将自己视为“觉醒了的亚洲的先锋”，他们现在决心要“效仿法国大革命和它的无神的、平准化的手段”。[50]（在英国，“青年土耳其党人”这个词仍然被用来形容头脑发热、破坏公共治安的人。）奥匈帝国害怕青年土耳其党人会把议会制传入波黑地区（自从1878

年，奥匈帝国就对那里实行了某种控制），然后再从那里传到布达佩斯和维也纳，于是快速地直接吞并了那个省份。[51] 这为一系列巴尔干危机揭开了序幕，它们最终不仅终结了奥匈帝国，而且造成了对我们至今仍有影响的后果。

不过，掌权后的青年土耳其党人并没有像还是反对派时那样开明。不久后，他们就将恩维尔在萨洛尼卡高声宣示的团结不同宗教和民族的理想变成了远非普世的目标——“土耳其化”。他们宣布所有拥有宗教和民族目标的团体都是非法的。他们命令所有中学和法庭都必须使用土耳其语，而在此之前它们一直使用当地的语言。这招来了人们的不满，特别是引起了作为最大的非土耳其少数族群阿拉伯人的愤怒，因为他们和伊斯兰教有着特殊的关系，因此最激烈地保护自己的语言和文化。对于整个中东地区来说，曾经被用于将所有穆斯林统一在单一统治者旗下的伊斯兰教，从长远来看将会造成灾难性的后果。

1912 年 3 月，塞维利亚和保加利亚再加上希腊和黑山组成了巴尔干联盟。它第一次提出要在仍然处于奥斯曼统治下的地区推行广泛改革的要求，当这项要求被拒绝后，它便对奥斯曼帝国宣战。几个月内，联盟的军队占领了奥斯曼帝国在欧洲所剩无几的领土。到了年底，奥斯曼军队不得不退到距离伊斯坦布尔不到 50 公里的地方。1913 年 1 月 23 日，恩维尔贝伊和其他军官闯入内阁会议室，射杀了战争大臣纳齐姆帕夏，强迫大维齐卡米尔帕夏辞职，解散了政府。奥斯曼人的自由主义实验结束了，随它而去的是奥斯曼帝国未来全部的希望。

3

1914 年夏，“一战”爆发，协约国最初竭力劝说奥斯曼人保持中立。1914 年 8 月 18 日，在开战一个多月后，英国外交大臣爱德华·格雷爵士向奥斯曼驻伦敦大使保证，如果“高门”能置身事外，帝国的领土完整“绝对不会受损，不管战事如何影响近东”。[52] 但是当时统治帝国的是由青年土耳其党的恩维尔帕夏、杰马尔帕夏和塔拉特帕夏组成的“三雄”寡头政权，他们相信恩维尔帕夏的判断，认为德国将赢得胜利，而奥斯曼将会至少获得部分失去的欧洲领土。

恩维尔之所以坚信德国军队战无不胜，要归咎于普鲁士从 19 世纪 30 年代中期开始对土耳其产生影响。到了 19 世纪后期，普鲁士军事顾问取代了法国人，奥斯曼官员定期访问普鲁士（和传统的旅行方向截然相反）。在推翻阿卜杜勒·哈米德统治的过程中出了一把力的大维齐马哈茂德·谢夫凯特帕夏，年轻时甚至有十年的时间是在那里度过的。1885 年，英国自由党首相威廉·格莱斯顿撤销了英国对伊斯坦布尔的援助，德意志帝国“铁血首相”俾斯麦非常乐意填补英国留下的空白。自从 1888 年女王维多利亚的侄子威廉二世继位后，俾斯麦开启了一项所谓的“东进”政策，其目的是在苏丹阿卜杜勒·哈米德不经意的协助下，使奥斯曼帝国心甘情愿地成为崛起中的德意志帝国的附庸。在苏丹看来，德国是唯一明显不受危险的自由主义和立宪主义理想影响而取得成功的西方国家。

由于对德国的效率和制造能力非常有信心，名义上的国家领袖苏丹穆罕默德五世于 1914 年 11 月 11 日对协约国宣战。两天后，苏丹 – 哈里发在满是先知遗物的托普卡帕宫里宣布即将打响的战争是圣战，号召所有穆斯林参战。“我们的参战体现了我们的国家理念，我们的国家和人民的理念领导着我们……获得我们的帝国的自然疆界，它应该包含和团结我们的种族的所有分支”，“三雄”用夹杂着新近发明的种族主义言辞如此宣称，而这又是另一个不祥的西方舶来品。[53] 西亚病夫即将自取灭亡。

奥斯曼人卷入“一战”，最终导致帝国崩溃，然后转变成现代土耳其共和国。它也在中东创造出了几个基本上是人为划分的、得到西方支持的总督辖地，伊斯兰世界陷入无可逆转的自相残杀之中。现代伊斯兰国家和西方之间的冲突，以一个伊斯兰国家同一个异教国家结盟并与另外三个异教国家陷入殊死搏斗为开端，这是个不小的讽刺。

在几个世纪以来组成帝国的各个不同的穆斯林集团之间，参加“一战”使奥斯曼以一种前所未有的方式制造了裂痕。同苏丹、他的大臣和德国顾问设想的完全不同，“一战”没有发展成圣战，而是在一个西方化的伊斯兰国家和一些希望重回先知正道的保守伊斯兰领袖——现在他们被称为“基要主义者”，这个词在一定程度上被误用了——之间引发了一系列冲突。

苏丹和穆斯林臣民于 1915 年 2 月第一次发生冲突。当时英法舰队封锁了叙利亚的绝对统治者、统帅奥斯曼第四军的杰马尔帕夏的港口，他确信自己治下的阿拉伯人阴谋发动叛乱。作为事先预防的手段，他处决了一批阿拉伯领袖，把他们的家族成员赶到安纳托利亚，并且再次积极执行本已偃旗息鼓的“土耳其化”政策。不难想见，所有这些行动使疑神疑鬼的惊恐一触即发。

英国一直无视阿拉伯人，现在开始把他们视为潜在的盟友。难道他们身上没有那种曾经导致奥斯曼人丢掉巴尔干半岛的民族感情？难道无法说服他们拥有这种感情？英国战争大臣基奇纳勋爵坚信这是可能的。他的方下巴、凶狠的蓝眼睛和浓密的大胡子出现在了人们非常熟悉的征兵广告里，下面写有那句不祥的、带有威胁语气的名言：“你的国家需要你。”

基奇纳职业生涯的大部分时间都在东方度过。在 1898 年 9 月 2 日著名的恩图曼之战中（热情的年轻人温斯顿·丘吉尔参加了这场战斗），他最终摧毁了自诩马赫迪的穆罕默德·伊本·阿卜杜拉的政权，后者的军队曾于 1885 年在喀土穆的总督府阶梯上杀死了国家英雄查理·乔治·戈登将军。1911 年，基奇纳成了英国的埃及和苏丹总督。在此期间，和绝大多数“东方的”英国军官一样，基奇纳对与自己为敌和受自己统治的诸民族所知甚少。他对伊斯兰教的了解程度和对天主教的相差无几（尽管更同情前者）；同 1774 年和阿卜杜勒·哈米德一世接触过的俄国人一样，他也相信哈里发的地位等同于教皇，或者更准确地说，是英国圣公会教徒想象中的教皇的地位。

和绝大多数英国军官类似，对于苏丹－哈里发号召穆斯林对英国及其盟友发起圣战可能会对英国统治下的埃及、苏丹，以及最为重要的印度（世界上半数的穆斯林居住在那里）会造成怎样的影响，基奇纳有些过度紧张。马赫迪的例子可能还没有使英国人理解伊斯兰教的复杂性，但是肯定已经让他们知道了穆斯林具有真正的宗教热忱的潜能。基奇纳相信，只要将哈里发的头衔从奥斯曼苏丹身上转移到更倾向于英国人的某个人身上，或许就可以避免类似于1885年在苏丹爆发的宗教骚乱。

实际上，他的观点并不新鲜。早在1877年，出身哈希姆家族的汉志统治者和先知的直系后裔、唯一有资格可以取代哈里发的麦加谢里夫已经向开罗的英国政府提出了一项很有前途但是并不确定的提议。当时英国并不想看到奥斯曼帝国进一步分裂，于是礼貌地回绝了，不过为了以防万一，并未完全排除实施这个计划的可能性。现在，苏丹－哈里发已经成了一个异教国家的傀儡，而麦加的新谢里夫侯赛因·伊本·阿里正急于实现先辈们的野心。[54]

不过，侯赛因之所以希望和协约国合作，似乎并不是出于宗教的纯洁性，而是因为他自己特有的“东方专制主义”和改革后的奥斯曼政府的新专制主义之间产生了冲突。英国驻麦加代理领事阿布杜拉曼写道：“大谢里夫自然而然地反对任何改革，他希望一切都保持原样。”[55]土耳其政府正在谋划要废黜他，这在当时已是公开的秘密。最受侯赛因宠爱的儿子阿卜杜拉于1914年2月和4月两次前往开罗，试图说服英国人，让他们相信阿拉伯半岛上相互敌视的阿拉伯埃米尔们，包括阿西尔的伊德里西（直到最后，他一直保持着亲土耳其的态度）、内志的伊本·沙特（他是谢里夫不共戴天的敌人，斯托尔斯说谢里夫对“他的感觉，就像是罗马方面对以便以谢教堂的感觉”），可能还有哈伊勒的统治者伊本·拉希德，全都准备暂时搁置他们之间的分歧，和侯赛因站在一起，为“阿拉伯人的阿拉伯半岛”奋斗。[56]

10月31日，基奇纳勋爵回复阿卜杜拉，协约国竭尽全力避免奥斯曼帝国卷入战争，但是因为“德国用黄金收买了土耳其政府”，也就是暗示着土耳其在背叛英国，因此他们不得不出手。他继续写道，在此之前，大不列颠“对伊斯兰教的捍卫和亲善之举一直表现在土耳其人身上；此后，它应该转移到高贵的阿拉伯人身上”。他在信件的结尾写下了如下的祝福语：“希望听到阿拉伯人获得自由的喜讯，愿阳光普照阿拉伯半岛。”[57]

1915年11月，侯赛因说服英国驻埃及高级专员亚瑟·亨利·麦克马洪爵士，让他相信自己现在代表着“整个阿拉伯民族，没有任何例外”。不过事实并非如此。当时根本不存在阿拉伯“民族”，想象中属于这个“民族”的800万到1000万操阿拉伯语的人，甚至包括麦加的绝大多数居民，仍然效忠于伊斯坦布尔的苏丹－哈里发。劳伦斯于1915年在一份报告里写道：

> 在城镇和城镇、村庄和村庄、家庭和家庭、信仰和信仰之间，存在着秘而不宣的猜忌心理，在土耳其人不遗余力的煽动下，他们不可能自发地统一。叙利亚最大的本土政治实体，只不过是谢赫治下的村庄和酋长统治下的部落……在他们之上的所有组织，都是土耳其人设置的官僚机构。[58]

但是麦克马洪没有读过劳伦斯的报告；即使有机会读，无疑也不会留意。经过短暂的犹豫之后，他于1915年10月24日给侯赛因去信，保证“大不列颠准备承认和支持麦加谢里夫提议中的所有地区的阿拉伯人独立”，除了“大马士革、胡姆斯、哈马和阿勒颇以西地区”（这意味着除了叙利亚大部分内陆地区，整个西海岸也被排除在外），以及“巴格达州和巴士拉州”，因为它们“并非真正属于阿拉伯的一部分，因此必须要被划在边界之外”。[59]侯赛因当时没有提出异议，但是在回信中像是做预言般提到，这些地区，特别是巴格达和巴士拉，曾经属于“纯粹的阿拉伯王国”，“几乎不可能说服和迫使阿拉伯民族放弃与它们之间的高贵联系”。

侯赛因在和英国人对话时，显然乐于使用民族国家式的语言，但是他也肯定知道当时并不存在什么阿拉伯民族，而且“民族的哈里发国”本身就是一个自相矛盾的说法。哈里发国必定要包含所有穆斯林，如果先知的诫律和预言成为现实，那么它将包含全人类。即使是在侯赛因最初提议的从阿勒颇到亚丁组成统一的阿拉伯国家的领土，也不仅包含土耳其人、亚美尼亚人、库尔德人、叙利亚人、车臣人和切尔克斯人，还包含了各派基督徒和犹太人。而侯赛因的哈里发国从未受欧洲的民族概念的限制。协约国在战后迫使他和所有阿拉伯军阀仿照西方建立现代的民族国家，这并非他的本意。他的愿望是能够复兴哈里发国和从前所有属于帝国的荣耀。正如 1917 年 5 月阿卜杜拉对劳伦斯所说的，“以这样的阿拉伯王国取代奥斯曼帝国……是英国政府决定的”。[60] 作为第一步，1916 年 11 月 2 日，侯赛因的追随者们拥戴他为“阿拉伯国王”。英国和法国很快表示拒绝承认。斯托尔斯简洁地评论道：“我们无法欺骗自己（也很难欺骗他），他的主张近于一出悲喜剧。”到了次年 1 月，他被说服接受了更加温和也更合理的“汉志国王”的头衔。[61]

与此同时，幻想自己是“中东”事务专家、即将在未来的阿拉伯起义中起到关键作用的英国议员马克·赛克斯爵士开始和法国展开一系列交涉，商讨战后如何瓜分奥斯曼帝国的领土。从 1915 年 11 月 23 日到次年 1 月 3 日，经过几个月的争吵，赛克斯和法国谈判代表弗朗索瓦·乔治·皮科最终达成协议。法国和英国以直接或间接的方式，分割统治叙利亚和此前属于奥斯曼的巴士拉州、巴格达州和摩苏尔州（它包括从俄罗斯到波斯湾的大片土地，当时被称为“美索不达米亚”，现在是伊拉克加上土耳其南部的一大块领土）。法国获得的土地相当于现在的叙利亚和黎巴嫩，而英国得到了伊拉克和外约旦。内陆地区由两国间接统治，但是它们准备“承认和支持由一位阿拉伯酋长掌握宗主权的独立的阿拉伯国家，或者是阿拉伯国家联盟”，涉及范围从阿勒颇到赖万杜兹（位于现在的伊拉克境内），从埃及－奥斯曼边境到科威特。

后来臭名昭著的《赛克斯－皮科协定》一直被视为赤裸裸的欧洲殖民主义行径，是十字军运动的遗产，之后又被美帝国主义继承，阿拉伯世界尤其支持这种观点。1968 年 8 月，当巴勒斯坦领袖阿拉法特说“我们的先辈和十字军奋战了一个世纪，然后是奥斯曼帝国主义，后来又年复一年地和英法帝国主义作战”，他只是在表达一种已经被普遍接受了的史观。[62] 实际上，尽管协约国并没有打算支持侯赛因的设想，以一个新的哈里发国代替奥斯曼帝国，协定里最终分给“阿拉伯酋长”的领土却并不比他要求的少。直到 1919 年因流感在巴黎洛蒂饭店病逝之前，赛克斯似乎一直认为自己信守了英国对侯赛因做出的承诺。[63]

与此同时，为了能从两边得到更多的贿赂，侯赛因想方设法尽可能长时间地保持中立。到 1916 年 6 月为止，伊斯坦布尔已经给了他 5 万磅黄金，一厢情愿地以为这会使他继续抵抗英国，而英国也给了相当数量的援助，帮助他组织一场推翻土耳其人的叛乱。后来，劳伦斯评论道："在爱情、战争和同盟中，做什么都不为过。"[64]

不过土耳其政府越来越怀疑他。1916 年 4 月，他得到消息，一支足以摧毁他的奥斯曼军队将要经过他的领地。他迅速下定决心，现在除了采取行动，别无他选。在 6 月 5 日到 10 日间的某一天，他起兵反叛苏丹-哈里发，并于 6 月 16 日从一支小规模的土耳其驻军的手上夺下麦加。他现在等着自己和儿子费萨尔预计的 10 万名左右的阿拉伯叛军集合到自己的旗下。除了受到英国人的金子的诱惑的数千贝都因人之外，无人前来。叛乱没有引起太多的注意。随后被归到叛军身上的军事胜利，包括占领红海的吉达港、拉贝港和延布港，都是英国舰队和英国控制的埃及舰队攻下的。但是英国人无法再进一步，因为侯赛因拒绝让英国基督徒的军队驻扎在拥有伊斯兰圣所的土地上。他相信，如果允许英军这么做，将会有损他在整个伊斯兰世界的身份。如果考虑到他的沙特继承人因为允许非穆斯林军队——这次是美国——在阿拉伯半岛驻军而引发的问题，他的看法很可能是正确的。

与此同时，侯赛因继续尽其所能两面下注，他向伊斯坦布尔的青年土耳党领导人提议，如果能给出合适的价码，他可以重返土耳其阵营。看起来内志埃米尔阿卜杜拉·阿齐兹·伊本·沙特可能是对的，他声称自己的仇敌直接的政治目的是"挑拨英国人对付土耳其人，以使土耳其人允许他获得德国人保证过的独立"。[65]

不管侯赛因有何打算，在负责监督叛乱的开罗阿拉伯局看来，谢里夫那支小部队训练不足、武器匮乏，不会给土耳其人造成多大的麻烦。贝都因局的一个成员写道："他们更喜欢战争那可供夸耀的一面，如果缺乏有吸引力的报酬和口粮，很难把他们聚集起来。"事实证明，报酬和口粮是至关重要的，尤其是报酬。[66]

劳伦斯恰好在此时介入其中。他身材矮小（斯托尔斯称呼他为"我的小天才"），非常敏锐，"龙胆蓝色的眼睛炯炯有神"，因为是私生子而遭受不幸，因为同性恋倾向而更加不幸。他是一个有潜力的出色的考古学家、平庸的诗人和才华横溢的语言学家。[67]他也是一个说谎的惯犯和一个成果丰硕的自我宣传家。由于得到来自俄亥俄州的报人托马斯·罗威尔的帮助（他的新闻速报夸大了劳伦斯的成就，从前线送回的照片——当时还属于非常新颖的新闻手段——突出了他的英雄形象），劳伦斯从一个声誉不佳的爱尔兰准男爵之子一跃成为“阿拉伯的劳伦斯”。这正是越来越消沉的英国大众最需要的形象：一位英国英雄远离正打着悲惨的堑壕战的欧洲战场，正身处远方极度富有浪漫色彩的战场上。当时，欧洲战场上已经牺牲了太多生命，而他们的名字却不为人知，这被小说家约翰·布坎形容为“令人不舒服的血腥勾当”。战后，罗威尔先是于1919年在纽约世纪剧院一个拥挤的房间里用照片讲述自己版本的阿拉伯的劳伦斯反对奥斯曼人的叛乱故事，后来又搬到伦敦。不出意料，这故事被他称为“最后一次十字军东征”。

劳伦斯同情贝都因人。他对“东方”的看法，受到诸如查尔斯·道提（他于1888年出版了《阿拉伯沙漠游记》，劳伦斯为该书1922年版作序）或理查德·伯顿爵士（著名的花花公子、击剑手、探险家、外交家，翻译了《印度爱经》和《一千零一夜》，是继1503年的巴塔玛之后第二位进入麦加大清真寺的异教徒）等浪漫主义一代的影响。在这些人看来，贝都因人不是拿破仑军队遇到的毫无怜悯心的匪帮，而是秉持着古代战士信条的人，他们的社会井然有序、等级分明，而这样的社会在民主制和工业化的影响下，已经迅速从欧洲消失。换句话说，他们就是坚毅的英国自由民。[68]

不过，和道提与伯顿一样，劳伦斯同样以高人一等的态度看待阿拉伯人。他们是“了不起的人”，忠诚、凶狠、骄傲、真实。但是他们同样不可靠、优柔寡断，对战利品的兴趣超过对民族命运的关怀。后来，他对自己的朋友、为他写过传记的诗人罗伯特·格雷夫斯说：“我们的战斗只是奢侈品，只有在为了挽回阿拉伯人的尊严时，我们才会战斗。”[69]（当我在20世纪70年代初遇到格雷夫斯时，他回忆说劳伦斯对沙漠阿拉伯人的兴趣似乎从未有他所说的那么大。在所有类似的故事里，残酷的现实从来都是和想象有差距的。费萨尔和普通游牧民必然是非常不同的。）

在劳伦斯看来，阿拉伯人永远都将是以劫掠为生的沙漠游牧民，除非有一个欧洲人——最好是劳伦斯自己——带领他们走上建立民族国家之路。1926 年，他以一种类似脾气暴躁的校长的口吻对格雷夫斯说："我对阿拉伯人的目标"是"使他们能够自立"。[70] 尽管在战争开始时，劳伦斯似乎认为阿拉伯民族并不存在，也不可能存在，但是到了 1916 年 11 月，他显然已经不这么想了。在他协助创办的阿拉伯局的刊物《阿拉伯简报》上，他从汉志发回报道说，部落民的看法"让我觉得他们非常成熟并具有民族精神，和他们的外貌使人预想的完全不同"。他将其中的原因归于曾经试图宣扬圣战的德国人，"直到他们看到那种想法受到挫败"，然后利用民族主义"想使（在他们看来）蛰伏的奥斯曼情感在各个行省觉醒"。但是它却激起了阿拉伯民族主义，而非奥斯曼民族主义。"不管出于何种原因，"劳伦斯总结道，"汉志的阿拉伯民族情感从仅限于受过教育的谢里夫的爱国主义发展为未受教育者的民族狂热。"[71]

在他看来，阿拉伯人的这种感情正是由他自己激发出来的，并把他们塑造成了一支有战斗力的部队，使其从一盘散沙的各个部落变成一个民族。正如他在自述这些事件的《智慧七柱》开篇的诗里所写的（他有意以这本书使自己成为 20 世纪初期的希罗多德），"我用双手拉住了那如潮的人群，在繁星闪烁的天穹上写下了我的心愿"。[72]

1916 年 12 月，他成了费萨尔王子的联络官，负责利用贝都因人毋庸置疑具有的游击战能力、对沙漠环境的熟悉来挽救起义。劳伦斯为这个职位而感到兴奋（他可以单独行动），而且对费萨尔着迷（他形容费萨尔"非常像丰特伏罗修道院的理查一世纪念碑"，"绝对是一个好人"），他骑上骆驼，穿上据说比费萨尔的还要贵的宽大白色长袍，"入乡随俗"。[73] 不过在他参与的军事行动中，唯一取得了重要战果的是攻陷位于巴勒斯坦南端的港口城市亚喀巴。亚喀巴位于红海的出海口，它的海岸火炮使皇家海军无法将阿拉伯部落民运到聚集着土耳其主力部队的巴勒斯坦。当时陆上交通被土耳其驻麦地那的军队切断，麦地那的居民基本无意加入侯赛因的起义，而且实力远胜于费萨尔的贝都因部队。因此，占领亚喀巴可能会改变整个起义的局面。

1917 年春，劳伦斯再次进入沙漠。他以 1 万镑金币的代价与东霍威塔谢赫奥达·阿布·塔耶结成联盟，并且极力说服后者进攻亚喀巴。亚喀巴的后方是汉志沙漠，它是世界上最不适合居住的地方。由于土耳其人完全没有想到自己会受到来自那个方向的进攻，因此他们所有火炮的炮口都朝向大海。

奥达打算做的正是土耳其人认为不可能，但是贝都因人认为可能的事情：穿过沙漠，从后方攻下城市。在劳伦斯对这件事做出的扣人心弦的复述中，这完全是他的想法，不过早在12个世纪之前，阿拉伯人正是使用这种标志性的贝都因战术在卡迪西亚战胜了萨珊帝国的皇帝雅兹底格德。劳伦斯还想模模糊糊地给人留下实际上是他指挥了这次袭击的印象。"到目前为止一直是公众的领袖"的费萨尔决定留在后方的沃季，劳伦斯写道，"把烦人的北征重担抛给了我"。[74] 只有在劳伦斯的想象里，奥达这样的人才会不管他的马鞍袋里装着多少黄金，同意被孤身一人的英国联络官"用双手拉住"。劳伦斯据说可能会说流畅但不准确的阿拉伯语，或许可以大段大段地背诵《古兰经》的章节，甚至可能用《智慧七柱》里描述的男人间的情谊赢得了奥达和其他贝都因首领的支持，但是他仍然是一个异教徒，没有任何一个贝都因谢赫会同意由一个异教徒率军进入战场。和贝都因人的每一次突袭一样，参加这次袭击的贝都因人也来自若干不同的部落，他们都听命于自己的首领，基本上都以自己的部落为单位行动，奥达负责统筹大局。除了和土耳其人谈判，劳伦斯几乎不可能在军事行动中发挥太大的作用。

7月6日，奥达的军队从沙漠中杀出，亚喀巴的小规模驻军毫无准备，惊慌失措。只花了几个小时，亚喀巴即落入协约国之手。随后是大规模的劫掠，不过可能多亏了劳伦斯的交涉技巧，死者相对较少。（或许多少有些讽刺的是，2002年6月，这里被选作乔治·W.布什、以色列总理沙龙和巴勒斯坦领袖马哈茂德·阿巴斯举行首脑会议的地方。）

劳伦斯立即启程，单身匹马穿过敌人控制的领土，前往苏伊士，通知获胜的消息，这可能是为了阻止其他人在他之前将更准确的故事汇报给英军总部。他的故事版本确实引人入胜，他的上司们也非常乐意相信胜利是由他们中的一人带来的，甚至有人提到应该授予他维多利亚十字勋章，这是奖励在面对敌人时表现出的英勇行为的最高荣誉。不过，授予勋章的提议最终遭到否决，因为根据规定，必须有英国军官见证英勇行为的经过，但是似乎没有人——不管是英国人还是其他人——亲眼看到劳伦斯自己描述的英雄壮举。随着“二战”结束和《智慧七柱》的出版，劳伦斯穿着宽大白袍、骑着骆驼，率领多疑、听天由命、谦顺的霍威塔人走向胜利的故事被当成历史事实，展现在全球观众的眼前，从罗威尔·汤姆斯的《最后的十字军》到 1962 年大卫·里恩引起轰动的电影《阿拉伯的劳伦斯》都是如此。

不过，除了在士气低落的英国大众面前扮演战争英雄，劳伦斯最重要的任务是将英国人的黄金交给阿拉伯人，无数的金币被装进炸药包，由骆驼驮运穿过沙漠。战争结束后，斯托尔斯计算出，侯赛因效率低下的起义大约一共花掉了英国人 1100 万英镑，相当于今天的 4 亿美元。将近半个世纪后，当劳伦斯由于发生在牛津郡郊区的一起摩托车事故而丧生时，一个贝都因谢赫被问到他是否还记得劳伦斯。他简洁地答道，是的，“他是那个带着黄金的人”。[75]

1917 年 3 月 11 日，由英国人和印度人组成的“底格里斯军团”几乎未遇抵抗就攻陷了巴格达。虽然这场胜利的象征意义要大于它的战略意义，但是它为马克·赛克斯爵士提供了一个以华丽但又不失谨慎的言辞向阿拉伯人宣示英国人对他们的未来的看法的机会。他提到了他们遭受的专制统治和贫穷。“自从旭烈兀的时代以来，”他说，“你们的宫殿沦为废墟，你们的花园一片荒芜，你们的先祖和你们自己在奴役中呻吟。”现在，他向他们许诺：“在适当的时间，你们将会和来自四方的同胞团结在一起，你们将会知道自己的民族的抱负。”1965 年，那时战争已经结束很久，赛克斯也已经去世，基奇纳在苏丹的继承人、年迈的雷纳德·温盖特爵士仍然记得这份宣言，他愤怒地称它是一些像马克·赛克斯爵士一样“洋洋自得的东方学家”的“胡言乱语”，是“根据《一千零一夜》或是在战前很红的戏剧《基斯梅特》”写成的。[76]

赛克斯也更加谨慎和现实地敦促伊拉克人做好准备，“当时机到来时，英国人（可能）会给予那些已经证明值得在自己的制度和法律下享有自己的财富和财产的人以自由”。他模模糊糊地指向一个由现在已经从谢里夫和埃米尔升任国王的侯赛因统治下的未来的中东联邦。[77]

虽然赛克斯使用的是外交部的慎重语调（“热切的祈愿语气”），而且对于阿拉伯人什么时候可能做好自治的准备或是意识到他们民族的抱负（假设确实存在这样的抱负）甚至没有给出大致的日期，但是他的宣言完全没有顾及当时巴格达州和巴士拉州的住民以什叶派穆斯林为主的事实（现在同样如此）。侯赛因当然是逊尼派教徒。实际上，作为麦加谢里夫和现在的“阿拉伯国王”，他是所有逊尼派穆斯林的领袖，他和什叶派之间的矛盾，以及他们两派和当时巴格达州最有经济实力的少数族群犹太人之间的矛盾，已经存在了几个世纪。在南方的山谷，也就是现在土耳其、伊拉克、伊朗和俄罗斯的交界处，住着随季节迁徙放牧的库尔德人，他们虽然也属于逊尼派，但不是阿拉伯人，而且和周围所有的邻居交恶，尽管在 1917 年，他们的人数和政治影响力还无法和今天相比。

尽管在这个阶段还没有反对英国人的起义，由仁慈的异教国家的征服者发起的入侵和从西方输入的对新的自由的承诺（君主立宪制而非民主制，但仍然是外来的），以及完全无视持续了数世纪的宗教和种族差异（此前的帝国，先是阿拔斯王朝，然后是奥斯曼人，都成功地包容了这些差异），不祥地预示了 2003 年美国（和英国）入侵同一片地区的结局。难怪“底格里斯军团”总司令斯坦利·毛德将军要尽力隐瞒这份文件，他十分清楚赛克斯宣言中模棱两可的部分可能会造成的影响。“在阿拉伯外立面可以被添加到大厦上之前，”他对自己在英国的上司们说，“似乎有必要打好法律和秩序的地基。”[78]

与此同时，赛克斯爵士正忙着为侯赛因的新阿拉伯“国”设计国旗。它包括黑白绿红四色，象征着穆斯林——虽然不全是阿拉伯人的——辉煌的过去。现在，几乎一样的旗帜飘扬在哈马斯控制的巴勒斯坦政府大楼之上，这是个不小的讽刺。

12 月 11 日，英国和阿拉伯联军在将军埃德蒙·艾伦比爵士（绰号“公牛”）的率领下，从雅法门进入耶路撒冷。为了避免被错误地认成后世的坦克雷德，他步行入城。后来，陪在他身边的少校维维安·吉尔伯特写下了描述战役经过的回忆录，非常受欢迎。在穿过几乎空无一人的街道时，他想到了“这座美丽的城市交织着三大信仰的爱和恨，这真是一个奇怪的讽刺。清真寺、教堂、长屋顶的修道院、犹太会堂和圆顶建筑交错并置；它们都是白色的，在中午明亮的光线下闪耀着和平之光”。如今，一支新十字军占领了耶路撒冷，它不是以信仰或荣誉的名义，而是为了解放受压迫的大众。吉尔伯特认为，最能体现“英国人在巴勒斯坦的意图”的是，“总司令下令不得在这座被攻占的城市上空展开英国旗帜，不得挥舞任何旗帜，只有象征救济劳苦大众的红十字旗除外，这面骄傲的旗帜来自美国人的医院”。[79]

现在，伊斯兰世界最有代表性的两座重要城市实际上落到了异教徒手里。1918 年 10 月 1 日，艾伦比攻下大马士革。至此，除了他们无意占领的伊斯兰教圣地麦加和麦地那，英国掌握了奥斯曼帝国中所有说阿拉伯语的地区。大马士革曾经是古代的倭马亚哈里发国的首都，虽然它和耶路撒冷一样，并不具备战略上的重要性，但是在政治上仍然有着莫大的意义。正因如此，这座城市被交给费萨尔，他和劳伦斯一起入城（如果《智慧七柱》中的叙述可以相信，入城式也是由劳伦斯负责的），以“阿拉伯国王”的身份正式接管城市。[80]

将大马士革交给费萨尔可能有助于平复阿拉伯人的情绪，却违背了《赛克斯－皮科协定》。根据协定，法国是叙利亚的“保护国”，而且可以直接控制贝鲁特，现在至少在名义上，两地都在费萨尔手里。很多英国人，包括无处不在的劳伦斯，反对这项他们曾经为之背书的协定，转而支持费萨尔对叙利亚和黎巴嫩的膨胀的野心。[81]

后来又有另外一个关于劳伦斯的神话，把他塑造成了后殖民主义战士，为建立自由、独立的阿拉伯世界而斗争，起身对抗妄图瓜分它、觊觎它的丰富石油资源的冷酷无情的帝国主义者。劳伦斯确实批评过英国在美索不达米亚的政策，不过主要是因为他觉得该政策对法国人不够强硬。实际上，劳伦斯并不想建立一个新的“阿拉伯国”，更不是侯赛因梦寐以求的新哈里发国，而是一个自由的阿拉伯自治领（多少有点阿拉伯人的澳大利亚的味道），它不会是大英帝国的一部分，不过会是英联邦的成员。他的一句话被人反复引用："我自己的野心是，阿拉伯将会是我们的第一个棕色人种的自治领，而不是我们最后一个棕色人种的殖民地。"[82]为达成这个目标，首先必须把将叙利亚视为另一个阿尔及利亚的法国人排除在外。

伦敦绝大多数的权力掮客倾向于同意劳伦斯的看法，至少是要免除赛克斯对法国人做出的承诺。时任东方委员会主席的令人敬畏的纳撒尼尔·寇松勋爵声称，《赛克斯－皮科协定》"完全不可行"，希望把法国人彻底赶出叙利亚。[83]

让本来已经非常复杂的情况更加复杂的是，美国人在此时介入进来，伍德罗·威尔逊总统提出了新的、令人不安的"民族自决原则"。此前，英国人曾经在理论上同意该原则，但是从未认真地考虑过要将其付诸实践。

威尔逊迫使英国人和法国人同意，未来所有由阿拉伯人解放的阿拉伯领土（不得不说，这个概念多少有些模糊）都必须在取得"被统治者的同意"的条件下才能加以统治。在1918年1月8日威尔逊对美国国会发表的著名的"十四条"演说里，他宣称在随后关于被殖民人民的未来的讨论中，不管他们被谁殖民，要优先考虑"当地人民的利益"。[84]这也是他在六个月后提出的"和平四目标"中的一条，后来被纳入国联宪章。

1918年11月7日，英法达成共识，同意完全解放受奥斯曼人"压迫"的所有民族建立能够表达他们的意愿的政府。中东不会被"让渡"给另一个帝国。各民族将可以自由地追求自己的目标，不管他们如何定义它。不过，不管是协约国还是美国，都对如何实践该共识忧心忡忡。他们认为，这可能会耗费一些时日，肯定比威尔逊预想的更加费时。米尔纳勋爵在19世纪和20世纪之交写过一篇想象中的对话，对话双方是一个埃及人和一个英国人，对话内容很好地概括了英国在民族自决原则上的暧昧立场。"我们不能让你们继续走老路，"他让自己笔下的英国人对埃及人解释道，"因为你们已经证明那是行不通的……但是另一方面，我们英国人也不想永远待在你们的国家。我们仍然希望你们可以学会如何管理自己的国家……我们要向你们展示如何做，但是你们也需要亲自实践。你们要有主动性，要自力更生。如果我们一直手把手指导你们，你们怎么可能发展出这些品质呢？”[85]米尔纳的态度肯定是傲慢和居高临下的，但是他也敏锐地意识到，只要双方达成共识，都相信英国的目的只是要教“当地人”学会如何管理自己的事务，他竭力维护的帝国就会幸存下去，而且也只有这样，它才有可能幸存下去。

不过，对威尔逊而言，“民族自决”标志着欧洲帝国主义旧秩序的终结。中东地区首开先河，世界其他地方马上将会效仿，或者更准确地说，威尔逊希望能够如此。所有被殖民的地区将共同遵从民族自决原则（然而，非洲是重要的例外）。当然，事情并不是这样发展的。但是结果已经注定，只是还需要再等待四十年。到了 1945 年，当西班牙著名的政治家萨尔瓦多·德·马达里亚加所说的欧洲三十年内战结束时，除了极少数执迷不悟者，所有人都意识到帝国主义已成为过去，即使是英国人偏好的不直接介入的“间接统治”也不例外。[86]当然，威尔逊和在他之后的美国总统们从来没有想到，那些现在可以选择自己命运的人，可能会走上某种和现代民主制完全不相容的道路。在偏好君主统治的绝大多数欧洲统治者看来，民主仍然是一种令人不悦的妥协，但是在威尔逊看来，从此以后，民主将会是一种新的普世价值，他信心十足地认为，民主将是不可阻挡的。

1918 年 11 月 13 日，一支英国部队进入伊斯坦布尔，法国人和意大利人紧随其后。和耶路撒冷与大马士革的情况非常不同（至少在名义上，它们仍然是由阿拉伯人拿下的），在很多穆斯林看来，一支完全由异教徒组成的军队以武力占领伊斯坦布尔，象征着十字军最终回到了伊斯兰教的土地上。

伊斯坦布尔曾经是伊斯兰世界最伟大的城市。在三个多世纪里，他一直是“纯洁的城市（*Belde-I Tayyibe*）”、“快乐家园（*Der-I Saadet*）”，以及最为重要的“伊斯兰之家（*Darül'l Islam*）”。到目前为止，它是协约国占领的最重要的伊斯兰城市。“想想君士坦丁堡对于东方意味着什么，”1915年丘吉尔在灾难性的加里波利战役期间写道，“这比伦敦、巴黎和柏林加在一起对西方的意义还要大。想想它如何统治着东方。想想它的沦陷将意味着什么。”

他没有夸张。君士坦丁堡是历史上穆斯林从西方手里夺取的最重要的战利品。近五百年后，它被重新夺回，这标志着一个帝国的覆灭。虽然在很多前臣民看来，这个帝国已经是一个衰弱、腐败的国家，但它仍然是“信仰者的统帅”哈里发–苏丹的都城。它的陷落也意味着伊斯兰之境的独立和维持了一千三百年的伊斯兰帝国传统的终结。

曾经是强大无比的“世界的恐惧”，现在沦落到要向此前受它威胁的人苦苦哀求。1876年，威廉·格莱斯顿曾愤怒地称奥斯曼人是“一个反人类的人类样本”，现在他们变得懦弱而且贫穷。[87]

对很多人来说，现在正是拨乱反正的大好时机。有一些人，诸如弗吉尼亚·伍尔芙那位思想解放、务实的丈夫雷纳德主张，由于1453年土耳其人是以外来征服者的身份进入君士坦丁堡的，因此这座城市应该一直由国际社会管理，直到有一天，或许会有一个新的拜占庭皇帝将其收回。[88]英国人，特别是寇松，急着想把土耳其人赶出他们的首都，如果不是为了别的目的，那就是要彻底清除奥斯曼人仍然残存的伟大帝国身份和由此身份带来的对整个伊斯兰世界的想象。[89]

在一个被称为“梵蒂冈提议”的计划里，哈里发–苏丹将会保留“所有穆斯林的精神领袖”的地位，但是城市本身将会由一个来自包括美国在内的大量非伊斯兰国家的代表组成的委员会管理，甚至有人建议日本和巴西也要参与其中，以证明它是一个真正的“国际”区域，而不仅仅是一个西欧的区域。面对该提案，法国总理乔治·克列孟梭辛辣地评论道，要是不在东方创造一个教皇，“而西方却有一个，那就实在太糟糕了”。[90]

伊斯坦布尔的占领时间尽管相对短暂（协约国于1923年10月再度离开），但是它是一个不断解体、吸收、恢复、再解体的过程中的一环，这个过程一直持续到今天，恰如战争永不停歇。从另一个角度来看，这是最后一个伟大的伊斯兰帝国——同时也是最后一个伟大的东方帝国，莫卧儿帝国和统治着古代波斯地区的多个王朝早已灭亡——遭受的一长串屈辱中最大的一个。这也是在“高门”的废墟上建设一种全新的国家的过程的开端，它不仅会塑造伊斯兰世界的未来，也会在可预见的将来影响着西方。

被卷入这个帝国解体过程中的大大小小的所有国家，现在正在无精打采地猜测着 1919 年初的巴黎将会发生什么。

1 月 18 日，巴黎和会开幕。此前从未有过类似的会议。正如英国首相大卫·劳合·乔治对下议院所说的，终结了拿破仑战争的维也纳会议开了 11 个月，但是它只需解决欧洲事务。在巴黎，“牵涉的不是一块大陆，而是每一块大陆”。[91] 它意图带来一种新的世界秩序，以确保第一次世界大战确实是“结束所有战争的战争”。不幸的是，结果证明，它只是为另外一连串的冲突铺平了道路，在某些方面，其影响一直持续至今。正如陆军元帅韦弗尔伯爵在和会结束后所做出的苦涩评论，“在‘结束所有战争的战争’之后，他们在巴黎似乎非常成功地实现了‘终结和平的和平’”。[92]

关于中东的未来，协约国之间最重要的分歧与阿拉伯人的民族自决的意愿（这是威尔逊所希望看到的，英国也宣称支持）无关，而是英国人试图使叙利亚脱离法国人的控制，把它交给听命于英国的费萨尔。乔治·克列孟梭一方面要阻止劳合·乔治的阴谋，另一方面又不得不忍受持民族主义立场的法国媒体发出的愤慨批评，后者要求在叙利亚得到另一块伊斯兰殖民地。最后，满腔怒火的克列孟梭彻底爆发了。“我不会改变主意，”他在 3 月对前总理雷蒙·普恩加莱说，“我不会再做让步。劳合·乔治是一个骗子。”[93]

这时，伍德罗·威尔逊提出，解决这个问题的最好的办法是询问阿拉伯人他们自己想要什么，这让英法两国大吃一惊。法国人和英国人以为这是反映美国政治家特有的天真的典型例子，拒绝参与。公众意见是议会制国家的特色之一，而在阿拉伯人中间根本不存在。但是威尔逊对此置之不理，坚持要派一个委员会前往叙利亚和巴勒斯坦，调查阿拉伯人希望由谁来统治。委员会由威尔逊的两个亲信组成，分别是俄亥俄州欧柏林大学校长、基督教青年会宗教工作主任亨利·金博士和芝加哥的百万富翁 C. R. 克兰。这次调查成了一场闹剧。金和克兰都仇视法国，他们早早得出结论，在阿拉伯人看来，“美国人接受的教育和盎格鲁－撒克逊人的文学与文明使他们在道德上要优于法国人”。带着对阿拉伯人新生的民主热情的赞赏，他们结束了精心筹备的旅行。在敏感的女性地位和待遇的问题上，他们相信“穆斯林已经意识到要让他们的妇女受教育”。不过，他们报告称，阿拉伯人不太喜欢法国人处理这个问题的方式，因为“他们说那些接受法国教育的女性容易变得无法控制”（可能来自关于拿破仑占领时期的记忆）。最好是由美国人打理一切。他们也得到费萨尔的保证，如果美国人能提供援助，他将“在麦加建一所女子大学”。

金和克兰回国后，他们建议将叙利亚交给美国人，如果威尔逊不接受，就把它交给英国人。参加巴黎和会的美国代表团成员远非像他们的总统那样那么天真，他们对这些胡言乱语感到羞愧，根本没有把报告交给协约国。[94]

最后，经过大量争吵之后，英国人放弃了他们的主张，不再要求把叙利亚交给费萨尔。7 月，心怀不满的费萨尔被赶出大马士革，他刚刚在四个月前自行加冕为叙利亚国王费萨尔一世。他逃到海法，在那里受到英国高级专员的厚待。伦敦《泰晤士报》的一篇文章称赞他是现代版的萨拉丁，不过没有提到他是如何被新的一群法兰克人赶出大马士革的。

英国带着伊拉克、埃及、波斯（作为非正式的受保护国）、巴勒斯坦、外约旦和对波斯湾地区的酋长国的控制，离开了和会。有人认为劳合·乔治欺骗了法国人和阿拉伯人，没有兑现承诺，他激烈地予以否认。“没有哪个和平解决方案像 1919 年的那一个，将如此多的臣服民族从外来的专制君主手中解放出来，”后来，他在回忆录中写道，“在所有被压迫民族中，阿拉伯人最为忠诚，凭着这份忠心，协约国履行了对他们做出的承诺。”[95] 无须多言，后世的阿拉伯人对此肯定有着不同的看法。

4

在西方欧洲的科技和帝国野心无情扩张的进程中（美国后来居

上），奥斯曼并不是唯一的受害者。在它的东方，伊斯兰世界的另一个强权——波斯——同样饱受其苦。

到了 18 世纪的第二个十年，就算有所反复，此前两个世纪中力抗俄罗斯人和奥斯曼人的萨法维王朝还是稳步衰落了。1722 年，彼得大帝夺取了它的部分领土，奥斯曼人紧随其后。两国随后瓜分了位于二者之间的波斯北部和西部的土地，萨法维王朝仅能掌握帝国东部的核心地区。但是在 1736 年，最后一任萨法维国王阿巴斯三世被出身于土库曼阿夫沙尔部落的纳迪尔废黜，后者自立为纳迪尔一世。1739 年，在成功赶走奥斯曼人和俄罗斯人之后，他穿过著名的开伯尔山口侵入印度，击败了莫卧儿王朝的皇帝穆罕默德·沙，并于 3 月胜利进入德里。一位印度历史学家写道："积累了 348 年的财富瞬间易手。"其中一件战利品是沙贾汗于 1635 年命人制作的孔雀宝座，泰姬陵也是他下令修建的。让 - 巴普蒂斯特·塔沃尼曾于 1676 年见过它，称其表面镶满了宝石，而孔雀则栖息在它的华盖之上，"高高翘起的尾巴由蓝宝石和其他彩色石头组成，身体是黄金的，上面镶嵌了宝石，前胸是一块很大的红宝石，上面挂着一块 50 克拉的梨形珍珠"。[96] 纳迪尔得意扬扬地把它带回伊斯法罕。虽然真正的宝座毁于 1747 年，不过后来的国王命人制作出各种仿制品，而直到 1979 年被推翻之前，"孔雀宝座"一直被用来指称伊朗君主。

然后，纳迪尔回到波斯，将这个洗劫了一番的帝国还给穆罕默德·沙（后者是帖木儿的后裔，纳迪尔宣称二人是亲戚），只留下印度河南岸的土地，理由是大流士大帝曾统治过那里。纳迪尔是一个出色的将领，到 1740 年时，他已经使波斯再次成为一个军事强国。但是他也是一个粗心大意、残忍无道的统治者，以把死者的头颅堆成金字塔形闻名，据说他的头骨金字塔是历史上第二大的，只略逊于 350 多年前帖木儿的。1747 年，苦不堪言的臣民终于忍无可忍，纳迪尔被自己手下的一批军官刺杀身亡。

1794 年，阿迦·穆罕默德继承王位，他创建的恺加王朝一直延续到 1925 年。波斯这时变成了所谓的"大博弈"的中心地带，吉卜林在 1901 年出版的小说《吉姆爷》里第一次使用了这个词，恰如其分地表现了法国、英国、俄罗斯和后来的德国为了争夺从地中海东岸到印度河之间的伊斯兰诸国而展开的斗争。[97]

在博弈过程中，波斯在东边控制着印度的英国、西边的俄罗斯和奥斯曼，以及在拿破仑统治时偶尔介入的法国的相互竞争的野心之间左支右绌、夹缝求生。[98]在这个过程的绝大多数时间里，它一直是一个落后的专制社会。波斯国王统治着富裕的地主（其中大多数是不在地的地主）和贫穷、不识字的农民（尽管他们在法律上是自由的，但是实际上相当于俄国的农奴）。什叶派的宗教贵族阶层由毛拉和穆智台希德（伊斯兰教法的权威学者）组成，他们的人数和权势超过了逊尼派的乌里玛。但是因为君主政权并未对其构成威胁，它对君主政权也不构成威胁。尽管恺加王朝治下的波斯几乎不间断地与一个或另一个邻居作战，而且总是败给技术上占优势的欧洲人，特别是俄国人，但这却并没有引发任何长久的改革诉求。国王纳赛尔丁的大维齐阿米尔·尼扎姆非常有进取心，曾经试图引入某种类似坦齐马特的改革，但是坦齐马特在土耳其的最终失败和1870年阿卜杜勒·哈米德重新回到专制统治，使波斯的改革无果而终，而且在国王强势的母亲的坚持下，不幸的大维齐被处死。

波斯宫廷奢侈、浮夸、腐败。纳赛尔丁想要维持自己奢华的生活方式，但是国内没有可以支撑它的现代制造业，甚至农业也没有机械化（实际上，波斯唯一的出口商品是毛毯和纺织品），于是他开始逐步将范围越来越广的商业利益让渡给外国势力。1873年，著名的路透社的创办者、入籍英国的冒险家朱利叶斯·德·路透男爵，得到了70年间垄断经营波斯所有铁路和有轨电车（不过，这些在当时并不存在）、开采所有矿山、开发政府拥有的森林和所有未开垦土地的权利。他还得到了其他各种特许权，包括在25年间征收波斯所有关税。作为交换，路透要将铁路利润的20%和其他资源所得的15%交给波斯国王。寇松勋爵说，这是“一个人能想到的最彻底、最不同寻常的将一个国家的工业资源交到外国人手上的案例”。[99]

在波斯国内，看起来好像没有人在乎把如此多的国家资源交给一个突然闯入的外国异教徒。但是1892年的另一次大规模利益让渡却激起了极大的骚乱，这一次是将烟草垄断权授予一家英国公司（波斯人嗜好烟草）。这起事件预示了87年后将会发生的事。领头的人是一位教士，他带着怒气冲冲的人群向王宫行进。胆战心惊的国王招来了自己的哥萨克旅，它创建于十年前，由俄罗斯军官指挥。国王本以为他们会坚定不移地效忠于自己，但是却发现他们已经投靠了教士。于是他“出于对自己的子民的爱”选择投降，在后宫闭门不出，余下的惨淡统治生涯中，养了许多猫，娶了很多妻子。教士们心满意足地回去了。这一次的抗议时间很短，而且从长远来看，他们的行动大体上也是徒劳无益的。但是烟草骚乱证明毛拉有实力捍卫自己和人民的利益，反抗高层试图引入的任何创新之举。他们不会忘记这次的经验。[100]

波斯的资源继续外流。纳赛尔丁的兄弟说，波斯就像是“一杯水中的糖块”，在慢慢溶化。1896年5月1日，国王遭遇刺杀，继位的是更糟糕的穆扎法尔丁。他唯一的想法似乎只是一直在欧洲旅行，为了筹措资金，他送出了波斯更多的资源。1906年，终于有人试图对他施加某种议会的控制。议会成立，随后国王颁布宪法，该事件后来被称为立宪革命。尽管后来的政府都想要推翻或废除它，而且最后一任国王在其执政的大部分时间里对其视而不见，但是它一直存在，并且以某种形式保留在现在的伊朗伊斯兰共和国的机构中。

不过改革并没有使国家资源不再外流。1901年，更戏剧性的事发生了，威廉·诺克斯·达西得到了整个波斯帝国60年的油气开采权。

到了19世纪末，人们已经清楚地知道，石油将会是未来主要的燃料。当时，90%的石油出自美国和俄罗斯，两大石油公司——标准石油公司和荷兰皇家壳牌石油公司——主导着世界市场。英国人，尤其是皇家海军，迫切需要自己能够直接控制的独立的石油产地。1905年，海军部说服英国伯马石油公司和达西一起在波斯开采石油。唯一的问题在于，虽然达西已经在波斯勘探了五年，但是到此时为止，他还没有找到石油。后来，在1908年的某一天，就在他灰心丧气、打算放弃整个勘探事业时，他的钻井采到了石油。他在波斯西南的马斯吉德苏莱曼发现了油田，这是世界最大的油田之一。1909年4月，盎格鲁－波斯石油公司在伦敦成立，并且迅速挂牌上市。1914 年，在“一战”爆发前两个月，时任海军大臣的温斯顿·丘吉尔说服英国政府控股盎格鲁－波斯石油公司。后来，这家公司成了盎格鲁－伊朗石油公司，再后来又成了英国石油公司（改名都是因为政治因素的影响）。

1907 年 1 月 8 日，穆扎法尔丁去世，新国王穆罕默德·阿里反对任何形式的宪政改革，尽其所能抛开议会，颠覆宪制，不过基本上没有什么效果。与此同时，鉴于波斯潜在的石油储量可能非常丰富，英国和俄罗斯焦急地关注着它看起来越来越快的衰落进程。“波斯正处于危难之秋，”后来，英国外交大臣爱德华·格雷勋爵如此回忆道，“波斯政府的无能和他们的财务状况，不仅使波斯易受外国的干预，而且是在积极地邀请和吸引它们进行干涉。”[101]

1907 年 8 月 31 日，英国和俄罗斯在圣彼得堡达成协议。两国虽然承诺维护波斯帝国的“完整和独立”（至少在原则上如此），不过划分了各自的势力范围，俄罗斯在北，英国在南。格雷勋爵后来承认，同英国在该地区的诸多政策一样，“首要的目标”不仅在于石油，同样也要确保“印度边境的安全”。[102] 至少在一段时间内，两大目标都得以实现。

至少在当时，和阿拉伯人与奥斯曼人一样，波斯实际上已经被西方蚕食殆尽。但是在 1907 年，英国驻德黑兰大使塞西尔·斯普林－赖斯爵士给格雷写了一份备忘录：

> 我认为欧洲民族应该准备好要面对将在波斯出现的和其他国家类似的民族和宗教运动。它可能是无形的、迷失方向的，但是会很有活力，非常激烈。可能是由于波斯民族取得的伟大成就，我认为这里的运动领袖……会在伊斯兰各民族未来的民族运动和立宪运动中占据优势，甚至可能占据主导地位。[103]

后来的事实证明，这番话极具预见性，只不过最终在伊朗发生的绝不是斯普林－赖斯认为的那种温和、自由的宗教运动，而且伊朗在“伊斯兰各民族”的发展过程中占据的优势地位也几乎和“波斯民族取得的伟大成就”无关。

5

随着巴黎和会落幕，协约国开始了重建和重新分划奥斯曼帝国在现代土耳其之外的剩余领土的进程。准确地说，划给英国和法国的中东领土并不是它们的殖民地，而是国联的托管地。“托管地”是一个新概念，其目的是将世界上的某个欠发达地区委托给某个发达的西方强权管理，不过在绝大多数情况下，这些欠发达地区都曾经是其他帝国的殖民地，负责托管的国家要使它们尽快做好独立和加入国联的准备。

托管国每年都要提交关于托管地的报告，国联也接收托管地居民的请愿，以监督自立的进展状况。但是在伦敦和巴黎，有人却以负面的、怀疑的目光看待这个新概念，认为它只有理论上的意义，实际执行起来必定困难重重。正如1920年6月25日英国外交大臣寇松勋爵对上议院所说的，“不应该认为……委托统治权的授予取决于国联……巴勒斯坦和美索不达米亚的托管权被交给我们，我们接受了；叙利亚的托管权被交给法国，法国也没有异议”。已经给予和接受的权利此后根本不受国联或它的继承人联合国监督或干涉，它们无法在任何重大事项上实际干预托管国。

因此，按照自己的意愿，英国人开始着手在自己的托管领土上建立起几个能够独立发展的新国家。经验丰富的“东方”旅行家、在1918年成为英国美索不达米亚民政专员阿诺德·威尔逊助手的格尔楚德·贝尔将此形容为“造王”政策。[104]英国人知道如何驾驭国王（法国人与此不同，他们在大革命时期似乎已经忘掉了这个窍门）。独断专行、无须对自己的人民负责的国王高居王座之上，英国士兵拱卫左右，他们比民选的议会更容易控制。温斯顿·丘吉尔形容侯赛因的次子是“最有修养、最讨人喜欢的人”，后者因此被立为外约旦——即现在的约旦——的酋长。劳伦斯说，阿卜杜拉可以成为一个理想的英国特工，因为“他的权力不大……依靠英王政府，而非外约旦居民，来维系自己的统治”。他的继承人们继续依赖英国国王或女王的政府，以及现在的美国政府来维系自己的统治。

在美索不达米亚，一连串的阿拉伯人骚乱、部落世仇和多次刺杀英国军官在 1920 年夏引发了阿拉伯人的全面叛乱。相互争斗的什叶派和逊尼派一起反抗英国人，这看起来很像是现在的伊拉克战争的预演。与现在的谨言慎行相比，当时言辞更加犀利的《泰晤士报》批评它反映了“政府愚蠢的中东政策”。8 月 7 日的社论问道：“为了维系一个强加在阿拉伯人头上的脆弱而昂贵的政府（更不要说他们从没有要过，也不想要它），我们还要白白牺牲多少宝贵的生命？”[105]

1921 年被任命为殖民地事务大臣的温斯顿·丘吉尔提出的解决方案是，立费萨尔为新伊拉克王国的国王，它由之前属于奥斯曼帝国的巴士拉州、巴格达州和摩苏尔州组成。

在短暂统治叙利亚之后，费萨尔一直在树立自己作为现代民族领袖的形象。“我们是同一个民族，”1919 年 5 月，他说，“生活在东面、南面、西面临海、北方以托鲁斯山为界的土地上。”蹂躏整个地区长达数世纪之久的显而易见的种族差别和更为重要的宗教差别，如今将会被泛阿拉伯主义的清流冲走。“在成为穆斯林之前，我们是阿拉伯人，”费萨尔重复道，“穆罕默德在成为先知之前是阿拉伯人。”这可能是事实，但必然会让真正的穆斯林极为反感。但是即使费萨尔赞同或宣称赞同世俗、西方的民族概念，他也是一个阿拉伯人，而且其出身的家庭拥有无可指责的忠诚于部落的名声。[106]

1921 年 7 月 11 日，巴格达国务会议宣布费萨尔为伊拉克的立宪君主。随后，伊拉克“人民”被征询他们是否同意该决定（不过，费萨尔在 1932 年去世前不久承认，并不存在所谓的伊拉克“人民”）。[107]8 月 18 日，内政大臣宣称，公民投票的结果表明同意的人占压倒性多数。五年后，费萨尔加冕为王，古老的单词“伊拉克”——意思是“已经扎下根的国家”——成了新王国的正式国名。不久后，阿拉伯大起义因为费萨尔的加冕而暂时宣告结束，但是事实证明，伊拉克的土地尽管毋庸置疑无比丰饶，但伊拉克在任何政治意义上都远非“已经扎下根的”。1918 年，一个美国传教士睿智地对格尔楚德·贝尔说，英国人企图建立一个从未存在过的国家，这是对四千年历史的否认，和它意图解决的问题相比，它制造了一个更为棘手的难题。而到目前为止，还没有人能找到解决的办法。

为了圆满完成这个造王过程，穆罕默德·阿里的后裔福阿德一世于1922年被立为独立的埃及的统治者。除了巴勒斯坦，英国控制下的三个地区现在安全地转变为几个较小的王国，它们的国王对英国政府俯首帖耳。在一段时间内，它非常成功，但是并未持续太久。如同劳伦斯曾经警告过丘吉尔的，这是一个暴烈的民族，以帝国的历史为荣，他们现在志在复兴那段历史。费萨尔的统治持续到1933年，伊拉克哈希姆王国持续到1958年。埃及王国随着1952年纳赛尔发动的民族主义革命而灭亡。委任统治叙利亚和黎巴嫩的法国人利用依附于法国本土的附庸们来统治，该传统可以以某种方式追溯到17世纪。但是在1930年，叙利亚也摆脱了自己受欧洲操纵的主人，变成一个独立的议会制共和国，只有安全和外交仍由法国控制。

不过，对中东而言，英国和法国围绕着它们各自的托管地而产生纷争导致的后果，并不是巴黎和会唯一的结果，甚至不是最重要的结果。到目前为止，引发了最重要的后果的，是在被世界称为巴勒斯坦（即非利士人的土地）而犹太人称以色列的地方创建一个犹太民族国家的决定。

如我们在上一章所看到的，早在18世纪末，犹太人聚居区就流传着拿破仑打算建立一个以圣城耶路撒冷为首都的犹太国家的传言。在19世纪30年代和40年代，英国首相帕默斯顿勋爵支持建立一个犹太人家园的想法。这部分是因为他相信在英国和法国争夺控制中东和通向印度的路线时，一个由英国支持的中东犹太附庸国将会是一个有用的盟友；另外一部分原因在于，它可以复兴一个可以一直追溯到17世纪的信念——奥利弗·克伦威尔坚信信奉清教的英国是上帝选定的将犹太人带回圣地的工具。

1868年，英国有了它的第一个，也是到那时为止唯一的一个犹太人领袖：本杰明·迪斯雷利（他的昵称是“Dizzy”）。1847年，迪斯雷利写了一部名为《坦克雷德》或《新十字军东征》的小说，讲的是一个年轻的贵族前往圣地的故事，他到那里不是为了征服，而是要寻求三大亚洲宗教犹太教、基督教和伊斯兰教的精神启示。这部小说很长，多少还不太成熟，对“欧洲的失事的喜悦”做出了清醒、保守的论述。和很多这样的“西方主义”的例子类似，坦克雷德为了寻求救赎而转向亚洲。在一个段落里，他说道：“亚洲的沉睡比世界上其他地方的清醒更加重要。”[108]《坦克雷德》实际上反映的是当时英国的状况。不过，在他笔下，东方相互敌视了几个世纪的三大亚伯拉罕宗教最终和解了，对那些犯了思乡病的浪漫主义者来说，仇恨的化解提供了他们眼中现代工业化的欧洲所缺乏的东西：精神。

在19世纪末期，锡安主义（犹太复国主义）吸引了欧洲自由主义者的广泛关注。1876年，小说家乔治·艾略特（她的本名是玛丽·安·伊万斯）发表了晦涩的长篇小说《丹尼尔·德龙达》，讲的是一个年轻的英国贵族发现自己实际上是犹太人。他深受打击，但也因此被深深触动，立即放弃了一般英国绅士所追求的目标和那个将其视为救命稻草的可怜女人，投身到在巴勒斯坦建立犹太人家园的事业中。这本书激起了某种情绪（即使在英国自由主义者的圈子里，也很少有以犹太人担当主人公的小说），遭到了很多文坛权威人士的非难。但是它也激起了很多人秘而不宣的对犹太人事业的同情，激励了很多后来的锡安主义者。参与以色列建国谈判的阿巴·埃班称艾略特是“我们的一位先驱”。今天，以色列的每个主要城市都有以她的名字命名的街道。不过直到19世纪结束，在巴勒斯坦建立犹太人家园的理想（当时还没有人说犹太人“国家”）仍然只存在于这种预言式的小说里，而且非常晦涩，一如克伦威尔想要通过让犹太人重返犹地亚以加速审判日的到来，或者据说是拿破仑的目标的“重建耶路撒冷的城墙”。

1894年，维也纳《新自由日报》驻巴黎通讯员西奥多·赫茨尔接到命令，要求他报道德雷福斯案。阿尔弗雷德·德雷福斯是一个忠心耿耿的犹太军官，却遭到向德国人泄密的指控，因此被流放到臭名昭著的魔鬼岛，那是一个位于法属圭亚那的监狱，几乎没有人能从那里活着回来。后来，人们发现，对他不利的证据非常薄弱，而且都是间接的，警觉到这有可能成为一起丑闻的军方催促军事法庭做出判决，包括著名小说家左拉在内的很多人都相信该法庭受到了操控。

让这个案件变得敏感的，并不是一场不可靠的军事审判，而是德雷福斯犹太人的身份。这起案件动摇、撕裂着法国社会，赫茨尔的人生也因此改变。他是一个已经彻底同化了的犹太人。在此之前，对他而言，犹太教无关紧要。但是现在，他震惊于德雷福斯案揭示出的普遍存在的反犹主义情绪。用他自己的话来说，他意识到了“对抗反犹主义”的“空虚和徒劳”。两年后，他出版了《犹太国》。他主张，犹太人的困境是国际性的，解决的方法也只能是国际性的，即建立一个独立的犹太人的国家。他写道，犹太人“在他们历史的漫漫长夜里”一直做着建立单独的犹太国家的“高贵梦想”。“明年在耶路撒冷”是我们古老的祈祷词。现在的问题是，“要让人们知道，这个梦想能够变成活生生的现实”。[109]

这本书迅速取得成功，出版当年即再版两次，它激起了被称为“政治锡安主义”的运动。1897 年 8 月，赫茨尔召集人们在瑞士巴塞尔召开了第一届锡安主义大会，该运动因此有了组织基础。随后，世界锡安主义组织成立，赫茨尔当选主席。

赫茨尔本人对犹太人家园的想象，和 1948 年后的“活生生的现实”大相径庭。在他的想象中，他的新国家将会是平等、跨民族、跨种族、多元文化、超越教派的，这是自 18 世纪伟大的德国大公主义犹太哲学家门德尔松以来，所有经启蒙的犹太人的理想。它不会拥有国家语言，肯定不是希伯来语。（赫茨尔问道：“我们之中有谁能用希伯来语买一张火车票？”）相反，组成这个国家的若干群体将会保留“自己的语言，那是他的思想的宝贵家园”。后来与以色列人生活息息相关的军队将会被限制在兵营里，只有在发生紧急事件时例外；“每个人都应该自由地、不受干扰地践行自己的信仰，或是拒绝自己不相信的，一如他在原先自己的国家里”。它将是一个真正的国际性都会，换句话说，就是中东的瑞士。[110]

创建一个犹太人的国家，将会解决即便不是由于民族主义而起，也必定因其而进一步恶化的“犹太人问题”。数个世纪以来一直是欧洲顽疾的反犹主义，从 19 世纪前期开始出现了新的形式。如果说现在有了“欧洲各国”，那么犹太人应该属于哪个国家？德国的犹太人真的是德国人吗，是否能在1871年俾斯麦创造的新德国中占据一个可以得到承认的位置？法国的犹太人是大革命后形成的新社会中的真正的公民吗？甚至连犹太人自己都不清楚这些问题的答案。创建一个犹太国家将会一劳永逸地回答上述所有问题。但是“犹太家园”并不是一个带有种族意涵的新民族主义的简单表述方式。自从公元70年罗马皇帝提图斯摧毁耶路撒冷，当时被称为犹地亚人的犹太人被迫远走他乡之后，他们一直期待着重返应许之地的那一天。每年的逾越节，全球的犹太人社区都会重复那句祈祷词：“明年在耶路撒冷。”他们的期望似乎将会很快实现，这在一千多年的流亡史上尚属首次。

令人不安的是，自从公元1世纪开始，以阿拉伯人为主的移民一波接着一波不断迁徙到这片土地上，而现在几乎没有人关注他们。1897年，维也纳的拉比们被派往巴勒斯坦调查当地状况，他们发回了非常有名的报告：新娘“非常漂亮，但已嫁作他人妇”。但是这句揶揄的评论之语的言外之意，即锡安主义者应该娶别人为妻，却遭到了忽视。1901年，赫茨尔为了实现自己的计划，向苏丹阿卜杜勒·哈米德提议，租赁巴勒斯坦的部分地区来实现自己的计划。刚开始时，苏丹认为富裕的犹太人到此投资可能会带来繁荣，因此有意让步，但是当他的大臣们告诉他这种做法会对他的泛伊斯兰主义野心造成致命打击时，他最终选择了拒绝。

不过，对赫茨尔而言，真正重要的并不是巴勒斯坦。虽然它无疑是“我们无法忘记的故土”，但是它绝非世界上最富饶或最吸引人的地方。只要能够远离反犹主义盛行的欧洲，任何地方都可以成为选项。比如在19世纪时就已经有大量犹太移民的阿根廷，那里的气候、富庶和丰饶程度显然都要优于巴勒斯坦。1903年，时任殖民地大臣的约瑟夫·张伯伦给他提供了当时属于英属东非的内罗毕附近的毕瓦辛吉苏高原上的一处地点。他倾向于接受，至少作为权宜之计。[111] 但是该提议在次年召开的第六届锡安主义会议上遭到否决。新的犹太国家必须建在原址，除了犹地亚，别无他选。

“一战”爆发给锡安主义运动带来了新的动力。如果奥斯曼帝国被肢解（从当时的情况看，这很可能成为现实），他们就非常有机会在协约国的帮助下在巴勒斯坦建立一个犹太人的国家。从战争开始，英国人就想要对巴勒斯坦实施某种形式的控制。对于殖民部的很多人来说，在现阶段，达成该目标的最佳方案似乎并不是建立一个由英国人主导的阿拉伯国家，而是建立一个英国监管下的犹太国家。1917 年 4 月，《星期日纪事报》声称："锡安主义运动使大英帝国在巴勒斯坦的扩张成为骄傲的源泉和力量的支柱，否则的话，（这样的扩张）只是令人生厌的不得不为之事。"

随着战争的推进，协约国逐渐达成共识，他们可以在对当地人的生活不造成任何威胁的情况下，在巴勒斯坦建立犹太人家园。最终的宣言发表于 1917 年 11 月。此前，它已经得到法国和美国的批准，并且咨询了意大利和心怀不满的梵蒂冈的意见。它以外交大臣亚瑟・贝尔福致函罗斯柴尔德勋爵的形式被公布出来，后者虽然不是锡安主义者，却是英国犹太人社群里最有名的成员。1917 年 11 月 2 日，伦敦《泰晤士报》刊布了这封信：

> 尊敬的罗斯柴尔德勋爵：
>
> 我很荣幸能代表女王陛下政府向您传达，下面有关同情犹太锡安主义者的宣言已经呈交内阁，并已获得批准。"女王陛下政府赞成犹太人在巴勒斯坦建立一个民族之家，并会尽力促成此目标的实现。但要明确说明的是，不得伤害已经存在于巴勒斯坦的非犹太民族的公民和宗教权利，以及犹太人在其他国家享有的各项权利和政治地位。"若您能把宣言的内容转送到锡安主义联盟，我将感到十分欣喜。

劳合・乔治的外交大臣贝尔福在信的末尾签上了自己的名字。1918 年 2 月 14 日，法国政府表示支持《贝尔福宣言》（后来它被如此称呼）；5 月 9 日，意大利政府表示支持；1922 年 6 月 30 日，美国以共同决议案的形式表示赞成。尽管宣言的言辞似乎非常平和（在英国锡安主义联盟主席哈伊姆・魏茨曼看来，它过于平和），它被称赞为"犹太国家的政治宪章”。自公元前 538 年居鲁士大帝允许犹太人返回耶路撒冷以来，没有比它更重要的事。

英国人这一步的行为动机非常复杂，常常令人感到不解。一方面，建立一个犹太人的家园被视为可能使人们在战争的最后阶段支持协约国的手段。1922 年，丘吉尔解释道：“全世界的犹太人，特别是美国和俄罗斯的犹太人，对我们的支持将会成为我们显而易见的优势。”[112] 另一方面，当时人们担心德国人可能会在巴勒斯坦建立起一个寇松所说的“条顿化的土耳其”，它将“对大英帝国构成极端、永久的威胁”。[113]

不过，除了这些，该举措还存在着一个更有野心的长期目标。随着奥斯曼帝国不可避免的瓦解，该地区势必会陷入混乱，在其心脏地带建立一个犹太人定居地，将会成为维持秩序和稳定的力量。犹太人在教育和科技方面占据优势，他们似乎可以因此改变巴勒斯坦，不仅可以使其成为英国政府的有用的总督区，而且也可以使其成为一个繁荣的现代社区。这非常类似于法国人在 1798 年提出的流散犹太人将把“欧洲的启蒙运动”（犹太人在这场运动中发挥了重要作用）传给在巴勒斯坦和叙利亚过着悲惨生活的大众。[114] 赫茨尔也抱着同样的想法。“对欧洲而言，”他写道，“我们将代表着抵抗亚洲的一部分屏障；我们将位于文明对抗野蛮的最前哨。”[115] 换句话说，它将作为西方的一部分安全地楔入东方的侧翼。

东方将再次被西方化。只不过这次承担这个任务的不是西方人，而是一个曾经确定无疑属于“东方”，但是随着时间的推移，吸收了启蒙后的所有技术和思想的民族。在勤劳的犹太人的帮助下，将出现一个新的巴勒斯坦，一个阿拉伯人——丘吉尔称他们是“少数的哲学化的民族”——绝对不可能创造出来的巴勒斯坦。[116]

后来的事实证明，《贝尔福宣言》将两个互不相容的目标合并到了一起。不过在当时，说服犹太人和穆斯林——以及一些基督徒——和谐地生活在一片由犹太人控制的土地上（主权属于英国）的想法，似乎并非不可能，肯定没有今天这么悲观。参与起草宣言的利奥波德·埃默里后来写道，他自己和他那一代人相信，“整个中东地区的再造……将会变得更有效率，有人希望，如果施行改造的是一个具有西方知识和能量，但仍然以中东为他们的家园的民族，那么它就能够更容易被接受……我们之中较年轻的人，如马克·赛克斯，就既亲阿拉伯人，也亲锡安主义者，看不出两种理念之间有什么不可调和的根本矛盾”。[117]

并不是所有人都同意这样的说法。内阁中唯一的犹太阁员埃德温·塞缪尔·孟塔古指责整个计划类似于重建巴别塔。他说：“巴勒斯坦将成为整个世界的隔都。”寇松也指责这是“感情用事的理想主义”行为，并且还辛辣地评价道，犹太人对巴勒斯坦领土提出的主张，甚至不如英国“对法国部分领土提出的主张更有道理”。但是不管反对者出于何种动机，他们的主张被否决了。甚至连贝尔福自己也以对国际法和他本应坚决维护的民族自决原则极端不屑的语气对劳合·乔治说，自己无意“询问当地居民的意愿”。他继续说道，“不管是对是错”，欧洲强权都应该致力于锡安主义运动，因为它“出于古老的传统、现在的需要和未来的希望”，而这些“显然比现在居住在这片古老的土地上的 70 万名阿拉伯人的渴望和成见重要得多”。[118]

起初，乐观主义者的主张似乎是合理的。甚至连阿拉伯人反对《贝尔福宣言》的行动（及其所暗示的内容）都进展得极为缓慢。开始时，阿拉伯人似乎并没有将日渐增多的犹太移民和他们从不在地的阿拉伯地主手里购买土地的行为视为一种威胁。1919 年 1 月，费萨尔为了保住叙利亚甚至和哈伊姆·魏茨曼签订了一项协议，宣誓支持宣言，同意采取“所有必要的措施……促进和鼓励大量犹太人进入巴勒斯坦”。[119] 不过他没有承诺支持建立一个犹太人的国家。但是这正是导致随后必然发生的冲突的主因。

在整个 20 世纪 20 年代和 30 年代，犹太人和阿拉伯人继续在不安的状态下生活在一起。但是早先让赫茨尔寄望如此之深的享有多元文化的共同社区的幻想迅速消失不见。犹太移民不断增加，而阿拉伯人对他们的敌意也与日俱增。从 1922 年到 1939 年，犹太人在巴勒斯坦的定居点从 47 个增加到 200 个，犹太人拥有的土地增加了一倍以上。截止至第二次世界大战爆发时，巴勒斯坦的犹太人实际上已经是自治的了。他们于 1925 年在斯科普斯山建起了自己的大学，而且还组建了自己的军队“哈加纳”，虽然它是私自成立的，但却得到了官方的容忍，甚至还帮助英军镇压了 1936 年到 1938 年间的所谓的阿拉伯人的叛乱。

纳粹的大屠杀改变了一切。到了 1945 年，第二次世界大战的胜利者不再将建立一个犹太国视为仅仅是为了实现多少有些不现实的圣经预言，也不再是单纯地将启蒙后的欧洲的理想偷偷搬到东方伊斯兰世界的手段。它成了一种道德责任。对犹太人而言，这是确保他们能够继续生存下去的唯一保障。犹太难民的涌入，以及定居者开始针对他们曾经的保护人发起残忍的恐怖主义袭击，使英国很快丧失了对这片土地的实际控制。[120] 这时，以色列已经完全不可能加入某种范围较广的处于英国保护下的新“英联邦”，人们本来寄望于用它来替代已经过时的大英帝国。现在，在由独立、自决的民族国家组成的战后新世界里，以色列必须是一个真正的国家。1948 年 5 月 14 日，锡安运动领袖戴维・本 – 古里安站在赫茨尔的画像下，宣布建立“犹太国，国名定为‘以色列’”。[121] 在数小时之内，他得到了杜鲁门总统事实上的承认和苏联法律上的承认。

在很多方面，英国在 20 世纪初支持以色列的理由，和今天的美国没有什么区别。在过去和现在，两国国内都存在着一个很有影响力的富裕犹太人群体。两国认为位于落后、不稳定、不民主地区的以色列具有成为现代、稳定、接受启蒙的——现在要加上民主的——国家的潜能。除此之外，在未来可能发生的同阿拉伯人的冲突中，它将会是一个有价值的盟友。英国人将以色列视为缓冲区，住在那里的“是一个具有强烈爱国主义情感的民族”，支持英国的利益。与此类似，美国人也将以色列视为缓冲国，先是对抗苏联的蚕食，然后是对抗越来越难以捉摸的伊斯兰恐怖分子和他们的阿拉伯国家、伊朗支持者。

6

巴黎和会实际上使喜马拉雅山以西的亚洲地区都被置于某种形式的西方控制之下，只有一个明显的例外。1922 年，经过和希腊展开的一场血腥苦战之后，一个名为穆斯塔法·凯末尔的青年土耳其党人掌握了权力。他开始着手将奥斯曼帝国转变成一个西方式的民族国家。

1922 年 11 月 1 日，苏丹制被废除，存在了 500 多年的帝国最终解体。两年后，被凯末尔称为“在世界上真正文明和有文化的民族眼里只不过是笑柄”的哈里发制度也被废除。[122] 一部以欧洲各国法典为基础编纂而成的新法典取代了伊斯兰教法；政权还俗主义成了这个新国家的六大主要原则之一；妇女被禁止在公共场合佩戴面纱。所有这些措施迅速摧毁了乌里玛的权力。一种议会民主制被引入国内，同时颁布了新的宪法，保证法律面前人人平等，赋予了人们思想自由、言论自由、出版自由和集会自由的权利，经选举产生的大国民议会为最高权力机构（不过军队仍然握有实权，有些人可能认为直到今日仍然如此）。

现在，这个国家被称为土耳其，它的人民——不管他们原先属于那个族群，信仰何种宗教——将会获得全新的民族认同：土耳其人。协约国撤出伊斯坦布尔 11 天后，土耳其首都被迁到看起来没什么前途的小城安卡拉。颇有些讽刺意味的是，1402 年，蒙古的帖木儿汗在这里几乎扼杀了新兴的奥斯曼帝国。[123] 阿拉伯字母遭到废弃，取而代之的是一种改良过的拉丁字母。每个土耳其人都必须要有名和姓。凯末尔自己取了“阿塔图克”的名字，意为“土耳其人之父”。1923 年 10 月 29 日，一个神权统治的帝国正式变成了一个世俗的现代共和国。

土耳其成了其他伊斯兰国家的表率。如果西方式的民族主义能帮阿塔图克保住他的国家，使其免遭吞并和肢解的命运，它或许也可以帮助其他伊斯兰国家。最有可能复兴的国家是埃及。埃及是第一个被“现代化”的伊斯兰国家（虽然非常短暂），先是由拿破仑发起，然后是穆罕默德·阿里，最后是英国人。现在，通过接受阿塔图克的亚洲民族主义，它或许可以转变成一个现代国家。

埃及人有充足的理由憎恨法国人和英国人，把他们视为外来者和篡权者。但不可否认的是，正是由于他们的干涉，在一次世界大战结束时，埃及是所有伊斯兰国家中最富裕、最强大的。和其他中东国家相比，埃及人受到了更好的教育，军队接受了更好的训练、装备更加出色，城市更大、更亮丽，农业和手工业也更有效率。因此，当新阿塔图克那时在埃及出现时，人们完全没有觉得意外。这位新阿塔图克的名字是迦玛尔·阿卜杜尔·纳赛尔，他是一个住在偏远小城的邮政人员的儿子。和包括阿塔图克在内的很多“第三世界”的民族主义领袖一样，纳赛尔也是通过在军队中步步晋升最终掌握大权的。1952 年 7 月 23 日，在后来被称为“七月革命”的政变中，纳赛尔推翻了法鲁克国王软弱的政权，把肥胖的国王和他的侍从们赶出国外。

纳赛尔是一个民族主义者，在他最开始采取的措施中，其中一项是将一座法老拉美西斯二世的雕像运至开罗。但是他意识到，如果不能在某种程度上将整个阿拉伯世界团结起来，就永远无法彻底摆脱旧殖民主义政权，他认为这是导致中东衰弱、落后的根源。[124] 在 1955 年发表的革命宣言中，他号召阿拉伯人不要再哀叹可恨的西方背叛并且算计了自己。现在是反击的时间。“我们很强大，”他告诉他们，“不是因为我们在等待救援或是大声求救时声音洪亮，而是因为我们保持沉默，评估自己的能力后采取行动。”[125]

他说到做到。次年，他不顾英法的反对，将苏伊士运河收归国有。苏伊士运河是香港以西最显著的殖民主义象征。共同拥有运河所有权的英法两国在巴黎郊外的塞夫勒与以色列进行了秘密协商。他们达成了一项协议。以色列人将入侵埃及，他们预计自己不会遭遇多少抵抗，而事实也正是如此。英法将趁机对埃及施压，强迫它同意双方军队都撤到运河区 10 英里以外的地方，这样英国和法国就可以重新获得对运河的控制。整个行动被取了一个多少有些古怪的名字：“火枪手行动”。

10 月 29 日，以色列军侵入加沙地带和西奈半岛。英国和法国按计划介入，强迫埃及同意联合国的停火要求。但是纳赛尔拒绝接受英法的条件。随后英法联军占领了运河。这一切显然都和计划如出一辙。但是就在此时，美国由于担心苏联会站在纳赛尔一边，而且当时它正在谴责苏联军事干预匈牙利，如果对同时发生的类似的行动过于温和，那么美国的立场将变得十分尴尬，因此它对自己的盟国施加经济压力，最终迫使它们撤军，运河再次回到欢呼雀跃的埃及人手里。在“苏伊士危机”（西方的说法）或“三国入侵”（阿拉伯世界普遍接受的名称）中，纳赛尔虽然在军事上吃了败仗，但却意外地取得了意识形态上的胜利。[126]

法国 – 英国 – 以色列联盟的耻辱并不是埃及军队造成的，而是美国施加经济压力的结果，但是这个事实几乎被阿拉伯世界彻底忽视了。阿拉伯人的着眼点在于，一个阿拉伯的大卫敢于面对西方的歌利亚，而且取得了胜利。纳赛尔的革命民族主义现在成了建立新阿拉伯、开展后帝国主义时代复兴运动的希望之所在。“我们进行的是反对帝国主义的战争，”从英国人和法国人手里夺回运河的纳赛尔说道，“我们的战争是反对以色列的战争。以色列是帝国主义的产物，就像它曾经破坏了巴勒斯坦一样，它的目标是摧毁我们的泛阿拉伯主义运动。”措辞是十分重要的。敌人是帝国主义，这个词是纳赛尔从列宁主义的词典里搬来的，不过它现在指的是欧洲和美国，换句话说，就是“西方”。纳赛尔的目标不仅是要摧毁西方在伊斯兰之境心脏地带建立的总督区，还要建立起一个“从大西洋到波斯湾”的团结的、基本上是世俗的阿拉伯世界（由纳赛尔自己领导）。[127]

纳赛尔成了阿拉伯世界的英雄、照亮未来的灯塔，他证明了团结的阿拉伯人不仅拥有消灭以色列的能力，也可以凭靠自身的能力抗衡整个西方世界。早在一个世纪之前，瑞法・拉法・塔赫塔威已经得出结论，西方的力量并不来源于它的科技成就或世俗化的科学，他认为这些很容易就能被一个伊斯兰国家复制，而真正的力量源泉是它的爱国主义。他主张，只要穆斯林能够学会西方式的爱国主义，他们就会获得“克服伊斯兰世界和欧洲国家的差距的手段”。[128] 这将是一个极能打动人的说法，但是它也意味着对在几个世纪以来维系着伊斯兰世界统一——虽然并不稳定——的东西的否认。瑞法・拉法・塔赫塔威不再承认穆斯林社区乌玛的特殊地位，这样，他和受他启发的新的阿拉伯领袖们也背离了曾经使哈里发国成为一个伟大文明的普世主义和世界主义理想。这将会是一个悲剧性的灵感。20 世纪中期的伊斯兰世界最不需要的就是廉价的欧洲民族主义。

但是主要的阿拉伯国家接连不断地受到它的迷惑，而苏联则因势利导地从旁提供帮助。20 世纪 50 年代，阿拉伯复兴党在叙利亚势力大增，该党是由两名年轻的叙利亚知识分子萨拉赫丁·比塔尔和留学巴黎的基督徒米歇尔·阿弗拉克于 1947 年创建的，后者迅速成为党的主要理论家，后来担任总书记一职。与纳赛尔类似，阿弗拉克宣扬一种新的泛阿拉伯民族主义、一个“不可分割的阿拉伯国家”。他不仅诉诸所有阿拉伯社会的穆斯林根基，而且诉诸更能引起共鸣的伊斯兰教的阿拉伯根基。他曾经说过，“穆罕默德是所有阿拉伯人的缩影……所以让现在的所有阿拉伯人成为穆罕默德”。这就是阿拉伯复兴运动。我们将会看到，它和为 20 世纪 70 年代之后的绝大多数伊斯兰复兴运动提供灵感的“伊斯兰复兴主义”理想形成了多么鲜明的对比。[129] 为了追求阿拉伯统一的理想，阿拉伯复兴党不仅和埃及形成了关系更紧密的联盟，而且实际上和埃及统一了。1958 年 2 月 1 日，叙利亚和埃及组成了阿拉伯联合共和国。（但是它存在的时间并不长。1966 年 2 月，一些更加激进的复兴党成员通过军事政变迫使米歇尔·阿弗拉克流亡海外，然后一直执政到今天。）[130]

1958 年 7 月，亲西方统治者中硕果仅存的伊拉克国王费萨尔二世被纳赛尔主义者阿卜杜勒·卡里姆·卡塞姆领导的一群军官驱逐出境。至此，阿拉伯世界最强大的国家都落入宣称支持现代化的民族主义领袖的手里，他们都得到了苏联的支持，并且决心要将西方殖民势力永久驱逐出境。不过，五年之后卡塞姆失势，他的职位被阿卜杜勒·萨拉姆·阿里夫占据，阿里夫去世后，又被交给了他的兄弟阿卜杜勒·拉赫曼·阿里夫。但是在 1968 年，阿拉伯复兴党通过政变控制了国家；到了 1979 年，萨达姆·侯赛因和他的家族与亲信掌握了权力。

萨达姆开始着手将一盘散沙的国家统合到一起。他是逊尼派穆斯林，他的手段是尽可能地残酷镇压什叶派穆斯林和库尔德反对派，不过这并不是出于宗教信仰的原因，而是因为逊尼派穆斯林是他唯一能够信任的群体。在 20 世纪 70、80 年代，他也开始展开一场意识形态方面的斗争，意在使伊拉克各民族相信，他们可以共享某种更古老、更吸引人的身份，而不是由英国人捏合而成、现在由一个逊尼派领导人统治的逊尼派、什叶派和库尔德人的联盟。和伊朗国王相似，萨达姆将目光转向伊斯兰教之前的历史。古代巴比伦人、阿卡德人、亚述人和苏美尔人都被重新定义为“伊拉克人”，根据19世纪不太可靠的语言学成果，这些消失已久的民族成了“闪族”的，因此也就是阿拉伯人的先民，他们被赞誉为“我们的祖父”和“我们的祖先”。[131]

除了多少有些不同的土耳其，所有这些国家全都追求着大体相同的目标。它们全都抛弃了纯粹的伊斯兰历史，不过并没有像阿塔图克那样，彻底摧毁乌里玛的权力。所有社会都将现代化和西方化视为复兴的手段（只不过现在它们接受苏联的指导，而非美国或欧洲）。虽非有意，不过这种做法和18、19世纪改革派奥斯曼苏丹的举措非常相似，后者同样接受了西方的改革观念。奥斯曼苏丹同样是为了能够击败西方的敌人而实施了现代化和在一定程度上世俗化的政策。如同我们已经看到的，在奥斯曼的例子里，最后建立的并不是19世纪的英法自由主义者极力鼓吹的政体。与此相反，事实上建立的是18世纪后期的欧洲人已经竭力摆脱的绝对君主国，或者说是不太开明的君主专制。

现在，新的民族主义者们也遭受了相同的命运。阿拉伯人得到的并不是使西方强国成功的自由民主制，而是某种同样来自西方的新形式的统治者。正如1877年英国立宪主义者托马斯·厄斯金·梅所评论的，“西方文明无法在东方的统治者手里开花结果，它不仅无法复兴摇摇欲坠的国家，看上去反倒使它更快沉沦”。这肯定是一条居高临下的维多利亚时期的评论，但是反复的实验带来的令人沮丧的结果似乎证明了它的正确性。[132]

波斯的命运同样不如意。1921年2月21日，在英国人的鼓励下，波斯哥萨克旅指挥官礼萨汗废黜了恺加王朝最后一任国王。四年后，在议会压倒性的支持下，他选自己为波斯国王，将国号由波斯改为伊朗，以一种古代语言为新王朝命名，他成了礼萨沙·巴列维。

礼萨沙对阿塔图克赞赏有加。同后者相似，他也开始着手让新伊朗变得现代化、西方化和世俗化。他师从法国，引进了新的法律制度；和土耳其一样，他也以此取代了伊斯兰教法。1936年，法律禁止佩戴面纱，无论男女都必须放弃波斯的传统服装，穿戴欧洲服饰。他引入了西方的教育体系，创办了一所新大学。但是和阿拉伯世界的统治者们相似，伊朗新国王很快生活腐化，在他的政府中享受着不受限制的权力。

1941年，英国和苏联强迫礼萨沙退位，他的儿子穆罕默德·礼萨·巴列维于1941年登上王位，他同样继承了自己父亲的上述两个特点，甚至可能有过之而无不及。受惠于石油业的繁荣，新国王开始推动意在使伊朗成为“亚洲的德国”的“白色革命”。他大力改进教育、卫生和农业水平。但是真正受益的只是一小撮人，而先王统治时的裙带主义、腐败和声色犬马则有增无减。

这些新民族主义穆斯林统治者的终极目标是彻底摧毁以色列国（只有伊朗国王除外，他不是阿拉伯人，而且在绝大多数穆斯林眼里，甚至不是穆斯林）。到了20世纪50年代末，以色列已经被视为黎凡特十字军国家的继承人。几个世纪以来，基督徒“十字军”和犹太人在穆斯林眼中是截然不同的两个敌人，现在开始合二为一了。几个世纪以来，犹太人一直得到伊斯兰国家的宽待，甚至获得过晋升职位的机会。但是既然犹太人已经成为西方的工具，越来越多的人开始重新提起关于要消灭他们的诫命，并且予以强化，而这些诫命几乎已被遗忘了几个世纪。当本·拉登于2001年10月被问到他是否同意由美国政治科学家亨廷顿普及的“文明冲突”概念时，他的回答如下：

> 当然。［圣］书已经说得很清楚了。犹太人和美国人发明了世界和平的神话。那不过是一个童话故事……先知说过：“末日不会来，除非穆斯林战胜犹太人。”当一个犹太人躲在石头后面或树后，它就会说：“穆斯林，安拉的仆人，我后面有犹太人，来杀了他吧！”那些声称我们和犹太人可以保持长期和平的人是不信教者，因为他们不认同圣书和它的内容。[133]

当然，并不是所有的穆斯林都以本·拉登的方式解读他引用的——或者更准确地说，是误引的——《圣训》的内容，或是《古兰经》里意义更为不明确的句子："这是他们［犹太人］信口开河，仿效从前不信道者［即多神论者］的口吻。愿真主诅咒他们。他们怎么如此放荡呢!"（《古兰经》第 9 章，第 30 节）甚至不是所有的伊斯兰激进主义者都因为反对以色列人而号召消灭所有犹太人。例如，穆斯林兄弟会的谢赫·卡拉达维就一直主张，要厘清作为"圣书民族"之一的犹太人和作为伊斯兰之境圣地征服者的以色列人之间的区别。但是至少对包括本·拉登在内的很多阿拉伯人而言，以色列人、犹太人和西方的"十字军"已经不知不觉地融为一体，成了共同的敌人。[134] 本·拉登协助建立和资助的基础广泛的基地组织的前身，就称自己为"世界伊斯兰反犹太人和十字军圣战阵线"。

阿拉伯人一开始相信自己可以轻而易举地击败这个新十字军国家。据说有些人的依据是，没有任何一个十字军国家能够维持一个世纪以上，因此以色列也不会持续更长时间。在穆斯林的脑海中，历史总是在自我重复。

1948 年，在以色列宣布建国的第二天，阿拉伯人发起了第一次进攻。5 月 15 日清晨，由叙利亚、约旦、伊拉克和埃及正规军组成的联军越过边境，进入巴勒斯坦。信心满满的埃及国王法鲁克甚至发行了纪念邮票，以庆祝注定要取得的胜利。但实际上，兵力占绝对优势的阿拉伯联军军纪涣散、组织混乱。（一个阿拉伯人尖锐地批评道，他们只适合参加阅兵式。）

当 1949 年 1 月战争结束后，除了一片沿海的狭长区域（加沙地带），以色列已经占领了远至此前埃及－巴勒斯坦边境的内盖夫地区。此时巴勒斯坦只有 21% 的土地仍然掌握在阿拉伯人手里，大约有 70 万到 75 万人被迫流亡。犹太人也损失了 1% 的人口，但是这场日后所说的以色列"独立战争"证明，这个新国家在面对具有压倒性优势、仇恨感和绝望感与日俱增的邻居时，足以幸存下来。这就是阿拉伯人所说的"灾难日（*al-Naqba*）"的开始。

第二次打击发生在 1967 年，是一场更大的灾难。这一次率先发动进攻的是以色列，因为叙利亚支持的恐怖分子持续对其边境发动攻击。战争爆发于6月5日，结束于10日，仅仅持续了六天，但是战争的死伤者却多达5万，其中绝大多数是阿拉伯人。战争导致阿拉伯人彻底失去了对巴勒斯坦的控制，约30万巴勒斯坦人无家可归。以色列统一了此前一直处于分治状态的耶路撒冷，夺取了叙利亚的戈兰高地和约旦河西岸地区。

“六日战争”（西方的称呼）或阿拉伯人所谓的“挫败（*al-Naksah*）”也摧毁了叙利亚的军事能力，破坏了纳赛尔自诩为新阿拉伯世界领袖的形象。它几乎彻底毁掉了建立泛阿拉伯联盟的希望和激进民族主义的声誉，前者本应奉后者之名成立。后来，保守的沙特人称它是真主对忘记宗教的人们的惩罚。[135]

这次惨败也迫使整个伊斯兰世界以一种新角度看待伊斯兰教和西方之间的斗争。新的历史观开始浮现，而奥萨马·本·拉登及其追随者们是其最终的受益者。故事梗概如下：

历史上曾有过三次十字军东征。第一次，举着十字旗的武装基督徒通过发动他们自己的圣战（虽然邪恶但可以理解）进入圣地。但是他们最终被萨拉丁和他的继承人们赶了回去。第二次发生在欧洲帝国主义时代，以1789年拿破仑入侵埃及为开端。第三次和第二次的界限实际上很难划分，不过它不是军事战争（虽然它一直没有止息），而是思想和语言的战争。它同样由拿破仑发起，目的是使东方各民族认识到西方在科技、文化、法律和政治体制方面具有压倒性的优势。从13世纪开始到东方军团在亚历山大港登陆，普通穆斯林几乎没有接触过“法兰克人”。因此，他们自然而然地认为西方同他们一样落后和贫穷。当1798年他们面对面见到那些异教徒时，他们发现这些人显然更加富裕、装备更精良、训练得更好，而且更加自信。他们并未如预期的那样被无所不能的伊斯兰教横扫，而是一直在取胜，后续的浪潮使他们一步步深入伊斯兰之境。

作为回应，如哲马鲁丁·阿富汗尼、穆罕默德·阿布笃（他和阿富汗尼一起在巴黎为伊斯兰革命杂志《牢不可破的关系》工作，并于1899

年成为埃及的大穆夫提）、阿布笃的弟子拉希德·里达（他于1919年成为叙利亚国民大会主席）、摩洛哥的阿拉尔·法西、突尼斯的阿卜杜勒·阿齐兹·萨拉比、阿尔及利亚的阿卜杜勒·哈米德·伊本·巴迪斯、印度的穆罕默德·伊克巴尔等19世纪的改革者们主张从内部使伊斯兰教现代化。[136]他们的思想被称为萨拉菲主义，因为他们主张现代化的基础蕴含在伊斯兰教先人（萨拉菲）的传统之中，寻求将宗教和新输入的欧洲民族主义结合起来，如阿富汗尼所指出的，“伊斯兰教在仍然是伊斯兰教的同时，某一天将会成功地突破自身的限制，仿效西方社会的例子，毅然踏上文明之路”。[137]

但是，他们光明、生机勃勃的民族主义理想却遭到了背叛，这些理想主义者变成了施虐者和杀人犯，后来又被其他人折磨或谋杀。这个向火狱堕落的过程的顶点，是在背叛了奥斯曼苏丹–哈里发的同时仍然称自己是穆斯林的青年土耳其党人发起的灾难性革命，它实际上摧毁了伊斯兰世界的传统秩序。可怜、被欺骗了的阿拉伯人相信西方盟友会信守承诺，将他们从腐败、不敬神的奥斯曼统治者的手中解救出来，但是在第一次世界大战结束后，他们发现自己“像奴隶一样被出卖”，而异教徒使阿拉伯世界支离破碎，并且按照自己的利益把它分成了几个总督区：犹太人在巴勒斯坦，异端的阿拉维派——他们和什叶派有关——在叙利亚，马龙派基督徒在黎巴嫩。[138]

下一个世代的民族主义领袖们并没有因为这样的经验停下脚步，但是这一次他们效仿的不是自由主义或民主制，而是各种马克思列宁主义。他们马上走上了前辈已经走过的路。结果证明，在1918年抛弃了沙皇的帝国主义的苏联并不是真正的朋友。虽然马克思主义对无产者极具吸引力，但它实际上仍然是西方的信条。1969年，与穆斯林兄弟会有联系的多产的作家穆罕默德·贾拉尔·基希克写道：“马克思并没有呼吁建立一个新文明，他是西方文明忠诚的孩子……马克思相信西方文明的历史和价值；他以那段历史为荣，认为它是通向人类最终胜利的道路上的一项成就。”[139]当然，他基本上是正确的。

这段历史的下一个阶段，亦即最后一个阶段，将会是伊斯兰教的重生，它是唯一能够统合伊斯兰世界、抵抗西方新殖民主义持续不断发动攻击的力量。伊斯兰教决不能像在改革者手中那么虚弱。它必须是纯粹的，必须彻底去除几个世纪以来为了迎合不信神的西方而加在它身上的附加物。它必须承载伊斯兰教法的全部力量。在穆斯林兄弟会（它在埃及内部长期维系着一个独立的社会，为人们提供很多国家不能或不愿提供的东西，如医院、学校、工厂和社会福利）的创始人哈桑·班纳看来，西方意义上的世俗民主政府是渎神的。

虽然他是穆罕默德·阿布笃的弟子，而后者反对一切拘泥于文字的直译主义，但是班纳坚持认为，只有伊斯兰教充分理解了一点，即神希望他的创造物只服从他的命令，而不是区区人类多变的念头。“伊斯兰的本质是要统治，而不是被统治，”他说，“是将它的律法加诸所有国家，将它的权力扩张到整个地球。”[140]

这种对东方伊斯兰世界和先是基督教的然后是世俗的西方之间的关系的看法，虽然过于简略，但绝非简单的扭曲。当周围的世界慢慢解体时，陷入绝望的穆斯林和曾经的奥斯曼人一样，将目光转向历史。伊斯兰国家失败的原因，不是它们遗憾地无法将西方模式和西方科技转化为自身的优势，而非伊斯兰国家的亚洲国家却做到了这一点，最明显的是中国和日本，它们在经历了短暂的西方主导的时期后，重新取得了胜利。它们之所以失败，是因为放弃和背弃了传统，也就是说偏离了先知给它们指明的道路。当他们试图成为立宪君主、世俗民族主义者、自由主义者或马克思主义者时，他们就不再是穆斯林。

到了 20 世纪 60 年代后期，本来已经几乎退出世界各地公共领域的神突然再次现身，而他的创造物必须为他有所行动。如同阿富汗尼在 19 世纪 80 年代对埃及人做出的警告：

> 如果有人问：“如果伊斯兰教真的像你所说的那样，那么穆斯林的处境为什么如此悲惨？”我将回答：当他们是真正的穆斯林时，他们将如其所是，世界将见证他们的卓越。就现状而言，我会满足于下面这条神圣的经文：“真主必定不变更任何民众的情况，直到他们

变更自己的情况。”[141]

他的逻辑并非无可指摘，但是后来从埃及到伊朗的迷茫的穆斯林却将其牢牢记在心里。不过，对他们而言，内在改变远没有外在改变重要。1907 年塞西尔爵士在波斯隐约预见的“民族和宗教运动”，在一个接一个的现代化实验失败的岁月里，成了曾辉煌一时的伟大文明为了抹去已经把自己吞噬的羞辱和绝望的最后一搏。

这样看来，最先受到打击的是伊斯兰新民族国家中看似最安全、唯一没有遭受六日战争耻辱的伊朗，是合情合理的。伊朗国王建立“亚洲的德国”的野心使该国大多数民众迷失了方向，心怀不满。他不遗余力地限制宗教群体的权力和财富，却没有给大众提供任何可以替代的福利制度，而在传统上，清真寺一直为有需要的人提供财物和帮助。他奢华的生活风格和经常被西方小报披露的令人难以容忍的细节使很多人反感他，甚至包括可能成为他的支持者的中产阶级。很多想要成为他的盟友的西方国家也因此望而却步，他们逐渐把他视为和那些毁掉了很多非洲和拉美国家的不计其数的独裁者同一类的人。从 20 世纪 60 年代后期开始，一个同时吸引了世俗的马克思主义者和伊斯兰基要主义者的反对运动愈演愈烈。令人难以置信的是，这场运动是由一位在巴黎流亡的愤愤不平的老迈的阿亚图拉鲁霍拉·霍梅尼指导的。

伊朗国王严重低估了自己发起的“白色革命”招来的敌意，尤其是仍然拥有非常大的影响力的乌里玛成员的敌意。当一个来访的外国人问他德黑兰皇宫外的示威者在抗议什么时，他简单地答道：“不过是几个毛拉在怀念 11 世纪。”这个回答可谓机智，但是它也揭示出国王的漫不经心，而这正是最终令他垮台的原因。到了 1978 年，怀念 11 世纪的伊朗人越来越多。不仅是农民和不满的无产者（他们没什么可失去的，却可以从霍梅尼许诺的伊斯兰革命中得到一切），甚至连作为政权支柱和主要受益者的中产阶级和军人也越来越多地投身反对运动。

不管是他们，还是认为这位阿亚图拉是新列宁的欧美左翼知识分子，都完全不理解霍梅尼将伊斯兰教和民粹主义结合后想要创造出怎样的产物。不管在伊朗还是在西方，几乎没有人读过霍梅尼的演讲集《伊斯兰政府》。即使有人读过，他们也不会相信，在20世纪下半叶，一个广受欢迎和敬仰的政治领袖（即使他同时也在为一个难以理解、被人忽视的信仰服务）会认真地建议利用自己的影响力，去复兴属于一个原始沙漠社群的法律和习俗。但是那恰恰是霍梅尼打算去做的。

1979年1月16日，经过一年的骚乱之后，伊朗国王和王后匆忙出国（亨利·基辛格说他们像“飞翔的荷兰人”），再也没有回来。结束流亡生活的霍梅尼受到热烈欢迎。他迅速着手将伊朗国王西方化的新阿契美尼德帝国转化为一个神权共和国。新伊朗将会以“教法学家的监护”为基础，由先知的真正继承人——教士阶层，他们的权力一直比伊斯兰世界其他国家的教士大——严格按照伊斯兰教法进行统治，除了可以为其所用的石油和现代武器，在20世纪后期尽其所能地模仿穆罕默德在世时的穆斯林社群，而毛拉们将不必再怀念11世纪。

同样地，伴随着宗教复兴的还有伊斯兰教的世界抱负。它现在采取的形式不是对抗一个令人痛恨的西方化的专制君主，而是代表所有穆斯林（世界各地的什叶派和逊尼派穆斯林）对抗所有西方人的世界性的吉哈德运动。现在，全球都回荡着新伊斯兰革命的普遍信息。从波斯尼亚和车臣到索马里和菲律宾发生的每一次冲突，即使只是地方性的，都成了真主支持的伊斯兰普世力量和霍梅尼所说的“大恶魔”之间永不停歇的善恶之战的组成部分。霍梅尼所谓的“大恶魔”指的是美国，但是美国在他的头脑里只是西方十字军的最新化身。

这场大战的核心仍然是巴以冲突。不过现在它不只是对一片土地展开争夺。它成了一场所有穆斯林无论是何民族出身都必须参加的圣战，是一场夺回异教徒手里的伊斯兰之境重镇的战役。如同巴勒斯坦激进组织哈马斯的宪法所说的，“当我们的敌人窃取了伊斯兰之境的部分领土时，吉哈德就是所有穆斯林的责任”。[142] 对民族主义者来说，曾经被视为对阿拉伯人的背叛，要通过建立泛阿拉伯统一体来解决，现在这种背叛成了对世界各地穆斯林的背叛，其中绝大多数人并非阿拉伯人，很多人甚至居住在“伊斯兰之境”之外。巴勒斯坦、阿富汗和伊拉克并非彼此毫不相干的战场，冲突不再是独立的几个（如果此前确实是这样的），而是只有一个。现在，某个出生在英国、只会说英语的巴基斯坦后裔，可以为了远在他从未去过的遥远土地上的他一无所知的人所遭受的侮辱，于 2005 年 6 月 8 日明媚的午后在伦敦发动自杀式袭击进行报复，将自己和其他数人炸成碎片。

1979 年，在伊朗国王踏上短暂、艰辛的流亡之路后，另一个“西方”强权苏联为了帮助一个虚弱、不受欢迎的政府对抗巴基斯坦支持的伊斯兰叛乱者，入侵了伊斯兰之境的另一个地区：阿富汗。整个伊斯兰世界被激怒了。苏联称自己将会“尊重大众的宗教感情”，也将“向所有穆斯林伸出团结和友善之手，帮助他们对抗帝国主义势力”。[143] 但是列宁式的反帝语言已经不能吸引任何人，至少“伊斯兰主义者”完全不为所动，他们仅仅将其和可憎的世俗化政权失败了的民族主义联系起来。苏联的武装干涉只是使人们更加相信，它只是在重复着沙俄在此前数百年间一直在做的事，即为了加强对中亚的控制而对穆斯林发动战争。

阿富汗战争吸引了来自世界各地的伊斯兰武装分子。亲西方的阿拉伯国家，如沙特阿拉伯和埃及积极参与（沙特为想要参加圣战的人提供沙特航空公司飞机飞往巴基斯坦白沙瓦的三折优惠机票），原因如当时的埃及总统萨达特所说，“他们是我们的穆斯林兄弟，现在遇到麻烦了”。[144]（不过这些人取得的成果极为有限。他们的主要贡献是在苏军离开后，于 1981 年 3 月把囚禁着的持“无神论”的阿富汗人砍成碎片，然后扔进箱子里，这使阿富汗圣战分子大为震惊。[145]）这场战争同样得到了美国和以色列的支持。前者将其视为削弱苏联政权的手段（事实证明这个目的确实达到了）；后者之所以提供支持，部分原因在于它要取悦美国，另外也在于它希望以此使当地的一些反对势力离开巴勒斯坦。

1989 年 2 月，苏军撤离阿富汗。在当时的伊斯兰世界看来，这是一场重大的胜利。一支由缺乏经验、训练不足但装备精良——感谢 CIA 的帮助——的非正规军组成的松散联盟击退了一个异教徒的世界超级强国。1994 年，在各圣战组织自相残杀了五年之后，塔利班掌握了权力（它是由一些久经沙场的毛拉和神学生组成的，奉行的是瓦哈比主义最极端的形式）。他们在不久后以伊斯兰的纯洁性为名，在不满的阿富汗人民身上强加恐怖统治，很多穆斯林对此予以谴责。虽然很多伊斯兰武装分子都不太喜欢塔利班，但是在他们眼中，后者取得的令人震惊的胜利，为通向使全世界都处于伟大的伊斯兰国家的统治下的那一天指明了道路。至少在伊斯兰武装分子看来，善恶之战、东方伊斯兰世界和十字军帝国主义西方之间的战争开始得到解决，而且情况对他们有利。

第十二章

结语：面向未来

1

由苏军在阿富汗失利而激起的希望很快就消散了。1991 年，海湾战争爆发，以西方国家为主的联军入侵了一个阿拉伯国家，这在苏伊士战争后还是第一次。尽管沙特阿拉伯和其他阿拉伯国家与伊斯兰国家也加入了联军，而且这次行动的目的是要把被很多穆斯林视为叛教者的萨达姆政权赶出另一个阿拉伯国家，但它仍然是西方和一个穆斯林人口占绝对多数的国家之间的战争。没有一个伊斯兰激进组织对科威特政权有好感。本・拉登的精神导师之一、著名的埃及医生艾曼・扎瓦赫里称它不过是“被美国人掠夺的石油油管”。[1] 包括参加过阿富汗战争的谢赫・塔米尼在内的一些伊斯兰领袖，甚至支持 1990 年 8 月萨达姆对科威特发动的入侵，理由是这可以被视为反美战争。但是包括本・拉登在内的很多人，都谴责这是一个伊斯兰国家对另一个伊斯兰国家发动的战争，而这正是先知本人曾经严厉批评过的。“要知道，每一个穆斯林都是另一个穆斯林的兄弟，”据说他曾在去世前这样说过，“穆斯林皆兄弟，应当避免他们之间的冲突。”[2]

海湾战争也很快被视为美国和以色列为了占领整个中东地区而策划的更大的阴谋的一部分。本・拉登在 1998 年 2 月 23 日发布的法特瓦（教令）中写道，美国人和“十字军 – 犹太复国主义者联盟”在中东的野心是要“帮助犹太人的小国，使人们不再注意他们占领耶路撒冷并在那里屠杀穆斯林的事实”，他们显然急着要“消灭附近最强大的阿拉伯国家伊拉克”。[3]

开始时，萨达姆以维护领土完整为由，为自己的侵略行为辩护，不过他没有提到，所谓的渴望回归祖国的科威特埃米尔国，在英国人构想成立现代国家伊拉克之前，已经存在了两个多世纪。不过，随着战况转而开始对自己不利，他开始越来越频繁地宣称自己是伊斯兰普世主义的捍卫者。他称自己是虔诚的穆斯林、犹太复国主义者的头号敌人（说这话的人 1985 年时曾向以色列人保证："没有哪个阿拉伯领导人想要摧毁以色列。"）、坚定的泛阿拉伯主义者和使伊斯兰圣地免遭异教徒摧残的新萨拉丁，我们在前文已经提到过这一点。

很少有穆斯林相信这些说辞，其中更加激进的那些人不大可能忘记他于 1980 年处死了经济学家巴克尔·萨德尔，后者是什叶派重要理论家，坚决反对阿拉伯复兴党的民族主义思想。大部分人认为萨达姆发动战争的目的是显而易见的：在自己国家的经济因为腐败、管理不善和同伊朗之间漫长、难分胜负的战争逐渐崩溃时，想把手伸向一片石油资源丰富的土地。

西方也可以利用萨达姆自己的民族主义主张来反对他。科威特从来都不是伊拉克的省份。因此，伊拉克的入侵构成了一个主权国家对另外一个主权国家的侵略，而联合国和更广泛的"国际社会"不可能只是袖手旁观、视若无睹。（不过美国"沙漠风暴行动"的指挥官诺曼·斯瓦茨科普夫说过一句名言，如果科威特只有胡萝卜而没有石油，那么他永远都不会被派到这里。）

不过，西方人似乎没有意识到，虽然"伊拉克"作为国家大体上是西方凭空捏造的产物，但是它位于过去哈里发帝国的心脏地带。尽管多国部队在距离巴格达 150 英里处停下了脚步，然后开始撤退，但是在伊斯兰主义者看来，这次入侵似乎只是另一个在伊斯兰之境的腹心之地扶植十字军国家的计划的开端，而后来由美国主导的第二次入侵伊拉克则意味着计划的完成。更糟糕的是，海湾战争刚刚结束，沙特就允许美国部队在距离整个伊斯兰世界最神圣的地域麦加和麦地那不远的地方驻军。在像本·拉登这样的人看来（他自己就是沙特阿拉伯人），这是一个家族的终极背叛行为，自从 18 世纪这个家族同宗教领袖瓦哈卜结盟以来，它一直被很多穆斯林视为自己的宗教最纯洁形式的守护者。

到了 1991 年，西方似乎夺回了主动权。曾经信心满满的伊斯兰武装分子现在开始相信，自己需要做更多的事情来统一所有穆斯林，让他们远离那些琐屑的纷争，重新投身于建立“伊斯兰国”的大业，有朝一日把全世界纳入自己的版图。另一个阿富汗或许不容易找到，但是如果能以敌人的核心区为目标，发动一些具有轰动效应的恐怖主义袭击，同样可以制造出几乎相同的效果。隐藏在暗处的各个组织，现在开始酝酿一系列以西方或被认为是“十字军－犹太复国主义者联盟”的支持者为目标的恐怖活动。1993 年 2 月，一个年轻的半巴勒斯坦半巴基斯坦裔工程师拉姆齐·优素福在纽约世贸中心的停车场安置了一枚炸弹，把这座建筑炸出一个 150 平方英尺的大坑，造成 6 人丧生。1996 年，一枚炸弹摧毁了驻沙特美军的霍巴塔军营，19 名美军士兵死亡。两年后，美国驻肯尼亚首都内罗毕和坦桑尼亚首都达累斯萨拉姆的大使馆先后遭到汽车炸弹袭击，两起事件发生的时间相距不超过 4 分钟。然后，2000 年 10 月 12 日，美国海军的“科尔”号驱逐舰在亚丁港例行停泊补给燃料时，一艘满载爆炸物的小船未受任何阻碍地驶来。半英寸厚钢板制成的船壳上被炸出一个近 40 英尺宽的大洞，船上的食堂发生爆炸，17 名正在排队领午餐的船员丧生。

然而，最致命的袭击发生在 2001 年 9 月 11 日。世界第一高塔、被很多穆斯林视为西方的侵略和惊人经济实力的象征的纽约世贸中心遭到袭击。本·拉登口中的“象征着自由、人权和博爱的了不起的标志性建筑”轰然倒下。[4]《古兰经》承诺过，“你们无论在什么地方，死亡总要追及你们，即使你们在高大的堡垒里”（第 4 章，第 78 节）。事实正是如此。一个位于“遥远敌境”腹地的目标，被少数几个“殉道者”成功摧毁，数千名异教徒——还有一些穆斯林——失去了生命。

本·拉登和他的同伙们欣喜若狂。[5]有记录显示，他曾经说过，从未想到能取得这么大的成功。在伊斯兰世界，很多人同他一样高兴，其中甚至包括一些在其他场合下会担心牵连无辜的人（当然，不管是伊斯兰教还是其他宗教，都禁止杀戮无辜者）。一个当时正坐在开罗麦当劳餐厅里阅读《华尔街日报》的大学生回忆道，当消息传来时，“每个人都在庆祝。人们涌上街头，为美国人终于自食其果而欢呼雀跃”。[6] 他们绝不是唯一这么做的人。

全球上百万台电视反复播放着双塔在浓烟中慢慢倒下并砸向下面的民众的场景。当西方世界挣扎着从这样的画面中恢复过来时，扎瓦赫里在互联网上发表了一篇文章，题目为《先知旗帜下的骑士》。扎瓦赫里向读者们解释，这次袭击是为了激励在海湾战争后变得气馁、消极的穆斯林大众，向他们证明伊斯兰武装分子有能力打击美国，后者是全球伊斯兰世界最强大的敌人，同时也是中东和北非那些背叛信仰的政权们的帮凶。这次袭击证明，西方的自由民主是软弱的，道德上是腐化的，最终将落得和双塔一样的下场。身处战争之境内外的穆斯林现在需要做的是，同时在全球范围内复兴吉哈德运动。恐怖活动是最受青睐的手段，因为双子塔的倒塌证明，这是“唯一能让西方理解的语言”。

10 月 7 日，阿拉伯半岛电视台收到了袭击发生后的第一份录像，扎瓦赫里现身了，和本·拉登一起坐在一个山洞的入口，可能是在阿富汗的山区。他戴着头巾（对一个埃及儿科医生来说，这不太寻常），身上穿着经常可以在以先知和他的时代为主题的埃及肥皂剧里见到的装束。他想表达的不过是伊斯兰主义者已经不厌其烦地重复过无数次的内容：新的恐怖主义活动，实际上只是从十字军东征，甚至更早之前就已经开始的战争的另一个阶段。他称“9·11 事件”是“真正的一天、诚挚的一天、挑战的一天：你们荣耀的一天到来了”。“伊斯兰历史进入了新纪元，”他对着镜头说道，“这场为了信仰而打响的新战役与哈丁之战、艾因·贾鲁之战［1260 年击败蒙古人的胜利］和征服耶路撒冷同样重要。新时代开始了，现在我们要加紧捍卫伊斯兰的荣光。”[7]

尽管“9·11 事件”没能带来期待中的天启，但是西方的报复，主要是美国摧毁塔利班政权和对伊拉克的实际占领，却有助于伊斯兰武装分子宣传自己的观点，他们相信伊斯兰教现在正在和西方以及西方所代表的价值观——世俗政府、民主、人权、自由选择权和性别平等——进行着一场殊死搏斗，整个世界都为之震动。温和的伊斯兰团体与较为世俗的伊斯兰政权，更准确地说，至少是那些亲西方的政权，如也门、苏丹、沙特阿拉伯、阿尔及利亚、埃及、约旦、巴基斯坦、菲律宾和印度尼西亚，越来越多地受到伊斯兰极端主义的影响。吉哈德主义者继续“深入十字军欧洲”，袭击那里的目标，如 2004 年 3 月在马德里、2005 年 7 月在伦敦发生的恐怖主义袭击事件。[8]

每发起一次袭击，他们脑海中的敌人的范围就会随之扩大，变得更加宽泛。敌人曾经是某个宗教——基督教或犹太教，然后是某个特定的强权国家——英国、法国或美国，而现在仅仅是“西方”。西方对此做出的回应是复杂的。连续的袭击使人们对伊斯兰极端主义者和伊斯兰整体的敌意越来越强。这种敌意不可避免地使穆斯林，甚至包括温和穆斯林，开始相信，西方文明——不管其形式如何——希望看到伊斯兰教最终灭亡。但是很多西方知识分子继续坚持认为，曾经存在于伊斯兰世界和基督教世界交界处的共通的宗教感情，和伊斯兰社会愿意对基督徒、犹太人采取的宽容政策，证明共存的世界是可能的，东西方分野的强化只是晚近的现象，而且很大程度上是由西方和西方殖民主义的错误引起的，因此只要人们抱有善意，这样的局面很容易被扭转过来。[9]

很多穆斯林，甚至包括处于战争前线的国家的穆斯林居民，都抱着类似的想法或希望，认为世俗的（或基督教的）西方和伊斯兰世界之间的敌意可以通过对话、相互尊重和相互理解而得到化解。但是对于其他人，通常是那些最想让自己的声音被听见的人而言，这样的对话和相互理解不过是另一种形式的西方化。什么样的人认为宽容、对话和理解是美德？答案总是固定不变的：世俗的西方人。先知的宗教不是一种客气协商的宗教，而是要求顺服的宗教（毕竟，“伊斯兰”和“穆斯林”这两个词的本义如此）。不这样想的话，很容易堕入试图将伊斯兰教和《人权宣言》结合在一起的陷阱，就和拿破仑曾经希望为埃及人设下的那种一样。外面是《古兰经》的糖衣，但里面包裹的却是现代无神论。一旦穆斯林被说服支持平等、个人自由、自我表达的权利和其他西方社会的黑话，他们就会将曾经的生活方式视为原始和残忍的。1941 年，印度伊斯兰促进会的创建者之一、被现代伊斯兰主义者尊为导师的阿卜杜拉·马杜迪曾经写道：“所有这些人以其受到误导的热情，为他们自己深信不疑的伊斯兰事业服务。他们总是煞费苦心地证明，伊斯兰教已经包含了当代各式各样的社会和政治思想与行为的全部要素。”

他认为，这些人荒谬的做法不是源自信仰，而是源于“自卑情结”，它使穆斯林同胞相信，“我们……无法得到荣誉或是被人尊重，除非能够证明，我们的宗教和现代思想非常相似，符合绝大多数现代意识形态”。[10] 2003 年 5 月，在巴格达的一次集会上，伊玛目卡齐姆·伊巴迪·纳塞里以更加强硬的口吻说道：“西方人想用诸如自由、民主、文明和公民社会等闪亮的口号来转移你们的注意力。”不要听他们的，他大声疾呼，因为“异教徒已经在通过这些概念侵蚀我们的社会”。[11]

不过，在马杜迪看来，如果西方的民主只是意味着民选政府，那么就不需要拒绝它，因为人们普遍相信它曾经存在于先知生前的麦地那。[12] 需要拒绝的是西方的世俗主义，以及与它相伴产生的现代自由民主国家——在绝大多数穆斯林看来，前者是后者的结果，而非其产生的条件。实际上，真正要拒绝接受的是从古至今各种民主政治的前提：统治权来自人民，而非神。在马杜迪的设想中，未来的伊斯兰国家是以合适的方式选举出来的领袖为基础的。但是国家不受当选者制订的法律的束缚，而要受制于真主的律法，也就是伊斯兰教法。他称其为“敬神的民主哈里发国”（这似乎是一种矛盾的修辞），称这种政体为“神权民主制”。[13] 他构想的国家形态和现在的伊朗多少有些类似（和很多基督教基要主义者理想中的美国也很相似，只是他们不可能通过《福音书》建构出类似于伊斯兰教法的基督教教法）。

赛义德·库特卜尤其赞同马杜迪的观点。在很多方面，库特卜都可以被视为现代吉哈德运动的守护圣徒。他是一个思想家，对伊斯兰极端主义的影响不亚于霍梅尼；他写于 20 世纪 60 年代的极端主义作品《里程碑》一直是伊斯兰世界的畅销书。（赛义德·库特卜的兄弟穆罕默德曾经在沙特阿拉伯吉达市的阿卜杜勒·阿齐兹国王大学教过本·拉登《伊斯兰研究》的课程。）

对库特卜而言，首要的敌人是阿拉伯民族主义者的国家，特别是纳赛尔的埃及。先知得到的启示是“自然的创造，是新生，是唯一的事实”，它取代并抹去了包括希腊罗马异教、基督教和犹太教在内的此前的所有传统。[14] 在这些传统中，一项在很多方面都最为重要的传统是政教分离的概念，它先是包含在基督教的教义里，然后盛行于范围更广的西方。20 世纪 40 年代，库特卜在美国亲身经历了西方的失败，他将其归咎于没能采纳一种“对所有生命负责，将天上的王国和尘世间的王国联系起来的体系”。[15] 在库特卜看来，阿拉伯民族主义者同样将人的统治和神的诫命区分开来，他们使阿拉伯人回到了先知到来之前的时代，使阿拉伯人习惯了受现代“西方文明”约束的生活。

纳赛尔和他的助手们是这个退化过程的直接帮凶。他们和其他乐于通融的穆斯林“发明了自己版本的伊斯兰教，与真主和他的信使规定和解释的版本大相径庭，他们称其为‘进步的伊斯兰教’”。[16] 这种做法使他们成了西方的傀儡，特别是美国的，而且已经成功荼毒了所有伊斯兰社会，人们不再理会先知所教导的纯洁的生活，对西方的商品、娱乐和道德规范——特别是性伦理——趋之若鹜。（库特卜在前往美国的途中和一个半醉的女人有过一次不幸的遭遇，他既惊恐又着迷地写道：“我清楚地知道她的身体、她的面庞、她迷人的双眼、她的嘴唇、她隆起的胸部、她的臀部和她光滑的大腿的美丽。”[17]）

就其自身而言，库特卜对西方科学的敌视程度较轻。没有一个伊斯兰主义者像他走得那么远。他乐于承认，“欧洲的天才们”已经“在科学、文化、法律和制造业上取得了令人惊叹的成就，人类因此在创造性和物质享受上有了极大的进步”。他承认，很难给“这些了不起的事物的发明者”挑刺。但是问题在于，他们全都是基于“人为的传统”，缺乏“真正的进步”所必需的“至关重要的价值”，而这些只能在伊斯兰教中找到。他主张，现代版的“蒙昧体系（*Jahiliyyah* system）”的价值在于它给人类带来了物质财富，但是它“和伊斯兰教存在本质区别”，它在“武力和压迫的协助下，使我们无法过造物主要求的那种生活”。[18]（在美国支持的伊朗国王在位时，这个腐化过程被称为“西方毒化［*gharbzadegi*］”，而不是“西方化”。[19]）

库特卜主张，现在需要一个像曾经的圣门弟子那样的“新《古兰经》

世代”，他们可以在西方民族主义的废墟上重建伊斯兰教，正如穆罕默德在阿拉伯异教的废墟上建立起第一个乌玛。[20] 为了实现这个目标，有必要重新回归对原始文献《古兰经》本身、《圣训》和“记载了先知模范行为的圣传”的纯粹理解。这就是库特卜和他的追随者们所理解的“过去的事物（*Salaf*）”的真正含义，而不是阿富汗尼、阿布笃和里达的自由主义的、背教的、迎合西方的解释。所有不符合经典本义的理解——不过这并不总是等于严格按照字面意思理解——都要予以摒弃。在库特卜看来，甚至可以把这样的批判方法应用到中世纪伟大的穆斯林作者身上，“伊斯兰哲学家”伊本·西纳、伊本·路世德和法拉比所教授的，“不过是受希腊哲学影响的东西，它们的精神与伊斯兰的精神大相径庭”。[21]

这个“新《古兰经》世代”的任务是“唯真主是尊”，“将权力从人类篡夺者手里夺回，把它还给真主”，宣扬“神法独一无二的主导地位，废除人类的法律”。[22] 这将成为“伊斯兰复兴”的根本。年轻的伊斯兰世代需要花一定的时间才能取得可以和西方相媲美的物质和科学成就，但是它必将发生。“伊斯兰教的复兴可能与取得世界主导权还有很长的距离，”他警告道，“而且可能困难重重，但是第一步必须是复兴伊斯兰教。”[23]

不出所料，已经基本世俗化了的埃及政权对废除纯粹由人制定的法律不感兴趣，1966 年 8 月 29 日，他们对库特卜施以绞刑，他的遗言是：“感谢真主，我从事吉哈德运动已有 15 年，现在终于赢得了殉道的机会。”[24]

对真正的信徒而言，库特卜的观点既不极端，也不荒谬，和很多基督徒反驳他们自己的世俗政府或反对他们眼里的背教行为和世俗化的说辞属于同一类。[25] 马杜迪和库特卜在很多方面都是基要主义者，但是他们和塔利班所代表的武装伊斯兰基要主义者不同，后者相信如果先知留胡子，所有好的穆斯林都必须留胡子，如果先知睡在右边，所有好的穆斯林也必须如此。不过马杜迪和库特卜确实相信，伊斯兰教唯一的出路是重新回到古道，彻底消除西方的影响；他们确实相信，对先知最初的启示做任何修改或刻意淡化，都是对它的背叛。

从某种意义上说，马杜迪、库特卜和包括基地组织首领在内的那些比他们更激进的信徒，在不同程度上都属于更早的两位法学家和神学家的追随者。其中之一是瓦哈卜，此前我们已经提到过他，不过更有影响力的是伊本·泰米亚。他的著作经常被人引用，其中包括由年轻的电气工程师阿布德萨兰·法拉吉和他的同伙们领导的在1981年刺杀埃及总统萨达特的团体，以及在20世纪90年代中期号召推翻沙特阿拉伯政权的极端主义者们，他们把它当作辩护理由和战斗口号。[26]

伊本·泰米亚于1263年出生在哈兰（位于现代土耳其境内），距蒙古人摧毁巴格达为时不远。他的父亲和祖父都是著名的神学家，他自己则是罕百里教法学派有名的法学家。他是正统主义者，主张只能以最严格的方式解读圣书，曾撰文批评希腊哲学违背伊斯兰教义。他也和蒙古人打过仗，参加过一些针对与黎凡特十字军国家结盟的小亚细亚王国亚美尼亚发起的战役。他最终成了毫不妥协的正统主义者，坚信哈里发国已经堕落，偏离了伊斯兰教的正道，只有净化所有穆斯林的生活，才能使乌玛重新获得真主的恩宠。和绝大多数正统主义者一样，他由于自己的愤怒、不妥协的观点而遇到麻烦，被关进大马士革的监狱，最终在那里病逝。在狱中，他不得接触任何书写工具，以此来防止从他的笔下流出无穷无尽的小册子。

如今，伊本·泰米亚因为曾经发布过讨伐蒙古人的教令而为激进的穆斯林所熟知。伊利汗国的蒙古人于1295年皈依伊斯兰教，但是在伊本·泰米亚看来，他们肆意而为的残忍行径、对待穆斯林臣民的方式、酗酒的习惯、没能恰当遵守五功、没能遵循教法规定的生活方式，使他们成了“偏离正道的人”和叛教者。[27] 如果蒙古人实际上是叛教者，那么等待他们的只有死亡的惩罚。不过伊本·泰米亚又向前迈出了关键性的一步，他主张针对叛教者的战争同样属于吉哈德；不仅如此，叛教者的概念可以扩展到那些帮助异教徒或异教徒政权的人，而无须理会他们的私德如何。如果结果证明他们并非有意如此，那么他们确实是不幸的，但是他们将在来世得到真主的救赎。[28]

伊本·泰米亚显然对本·拉登和他的追随者们有相当程度的影响力。2001年2月，背叛基地组织成为美国联邦调查局线人的贾马尔·艾哈迈德·法德勒用糟糕的英语对盘问自己的人说：“他［本·拉登］说，伊本·泰米亚发布过教令。他说，你可以杀死任何从鞑靼人——即蒙古人——那里买东西或卖给他们东西的人……如果你杀了他，你无须为这件事担心。如果他是好人，他会上天堂；如果他是坏人，他会下火狱。”[29]这段混乱的回忆可以被解读为，尽管伊本·泰米亚和所有的伊斯兰法学家都禁止杀害真正的非武装人员，但是“9·11事件”中也没有无辜的受害者，甚至包括那些葬身火海的穆斯林，他们当时在世贸中心里这件事本身就意味着他们同样是叛教者。那些帮助西方的政权更是如此，特别是一贯如此的沙特阿拉伯。

与伊本·泰米亚、瓦哈卜、赛义德·库特卜和马杜迪类似，现代“吉哈德主义者”相信，吉哈德同时针对异教徒和叛教的穆斯林帮凶，这是每一个真正的信徒的义务。不管西方人是基督徒还是世俗主义者，伊斯兰世界和西方世界的矛盾无法调和，如同先知曾经预言过的那样，其中一个必定会吞并另一个。

所有的伊斯兰武装分子和激进主义者都分享着一个基本相似的观点。在马杜迪的一些追随者那里，东方作为一个地理概念似乎和18世纪后期西方所说的“东方”非常接近。亚洲的所有部分，不仅是伊斯兰教发源地的中东，也包括中国和日本（远东），共同构成了一个即使不是完全同质的，但也是可以相容的文明世界。为了支持这种说法，1969年，穆罕默德·贾拉尔·基希克让自己的读者思考中国和苏联之间的积怨。他声称，它们的情况和伊斯兰世界非常相似，一种欧洲的意识形态——在这个例子里是马克思主义——暂时掩盖了一个西方文明和一个东方文明之间不可调和的矛盾。但是到了最后，事实证明，由来已久的敌意更加强大，中国和自己的西方支持者翻脸，通过“文化大革命”重新回到了它的“东方”之路。[30]

这样的看法显然是非典型的。伊本·泰米亚和瓦哈卜都是受到他们所处年代的正统乌里玛谴责的极端主义者。他们的很多追随者，包括本·拉登和塔利班精神领袖们的看法则更加激进。和基督徒类似，有数百万穆斯林尽可能默默地放弃了他们宗教中军事层面的内容和千禧年信条。但是除了若干有名的例外，如土耳其、摩洛哥、突尼斯（所有这些国家至少在名义上都是伊斯兰国家），似乎只有伊斯兰世界无法使传统的生活方式和宗教信仰与现代自由主义的政府形式相协调。为什么会这样呢？

对很多西方人而言，答案是一成不变的。归根结底，造成东西方不同的，不是宗教、历史或文化，而是政府，或者从更宽泛的角度说，是政治。如同我们已经看到过的，这也是希罗多德的看法。不是种族或气候——尽管它们可能会起一些作用——导致了波斯人和希腊人之间有所差异，而是一种特殊的政治体制，也就是“法律面前人人平等”。它的基本原则（现在已经融入现代自由民主主义之中）为穆斯林和非穆斯林共同定义了“西方”。那些西方人认为，穆斯林社会的问题并不是伊斯兰教导致的，很多人认为后者和基督教一样，大体上都是和平的宗教。问题在于不代表人民的专制政府，除了很少的例外，比如伊朗，它们很难被称为真正的伊斯兰政府。如果能够把它们转变成民主政府，伊斯兰武装组织将不会再有吸引力。

根据这种或许过于乐观的对伊斯兰历史的解读，穆斯林社会应该和基督徒社会曾经经历过的一样，没有任何理由不使自身适应民选政府。支持在全世界范围内推行民主的人，都假定每一个人不论种族、信仰或历史，最渴望的是个人自由。它是几个世纪以来欧洲文明始终不变的原则。它很容易得到辩护。不过，由它推出的假设通常不那么容易站得住脚。其中之一是，一旦自由民主主义的制度和机构就位（这常常被等同于一次成功的选举，如最近伊拉克的例子），一些可以被宽泛地称为“自由”的东西必然会随之而来。而且，一旦一个民族品尝过自由的滋味，他们绝不会走回头路。这种逻辑并不完全是错误的。如今，在世界上的很多地区，人们要求拥有某种形式的代议制政府和个人的政治自由，他们拒绝当前的制度，不管它被证明曾经多么成功地创造了财富和稳定的秩序。

不过，绝大多数政权在尝试民主转型时遇到的问题是，它们如果说不是总是也是经常以过于简化的方式理解民主。除了能够带来的切实利益，民主的核心修辞几乎没有意义。没有人会仅仅从抽象的意义上珍视“自由”或其他任何事物。民主给西方带来了更好、更安全、更富裕的生活和几乎不受约束的选择空间（但绝不是没有限制的）。民主德国可能是苏联卫星国中管控最严的国家。但是它的居民有机会接触联邦德国的电视节目，很多人有亲戚住在西方，尽管受到严格限制，他们仍然能够定期保持接触。和苏东集团的其他国家相比，他们可以看到现代自由民主制度能够带来什么。正因如此，民主德国迈出了第一步，并且最终导致了东欧共产党政权垮台。[31]

在几乎所有中东民族的眼中，自由民主带来的好处就是美国消费主义的产品。尽管这些商品显然非常吸引人，它们和使其得以生产的政治经济制度并没有明显的联系。毕竟，它们可以很容易地在一个像中国这样的信奉共产主义的国家中生产出来（其中很多确实是在中国制造的）。有一件事并非完全不重要。当 2004 年美军第一次抵达巴格达时，成群的小男孩在他们的悍马汽车旁边跑来跑去，兴奋地对军人大喊，不过喊的不是“自由，自由”，而是“威士忌，威士忌”。或许，如果美国满足了他们的要求，当然不是给他们威士忌，而是医院、基本的安全保障和社会福利制度，那么民主可能会成为比延续了几个世纪的逊尼派、什叶派和库尔德人之间的争斗更加吸引人的选项，值得人们为它战斗。

西方的基本假设是，自由民主是普世的政治制度，因此是已知的唯一能够在社会成员之间实现平等和自由的制度。但事实并非如此。尽管和早期伊斯兰社会的某些方面有一定的相似性，但是归根结底它必然是对一种政治传统，即古希腊及其自诩的继承人的政治传统的不完美、不完善的再现。自由民主制是（我在本书里所说的）“西方”的产物。

这并不是否认民主的支持者们所宣称的民主制是现在可能的最好的政府形式；在共产主义未能实现之前，它看起来是最能公平分配权力和财物的制度之一，至少现在如此。错误在于做出假设，认为这个事实必定是显而易见的，即使是对那些此前没有现代民主经验、将其等同于西方帝国主义和无神论，而且第一次接触它时通常是在枪口下的人也是如此。

正如马杜迪和其他无数自由派穆斯林所指出的，伊斯兰教可以和某些形式的集体统治相协调。现代的伊朗共和国可能不是现代美国意义上的民主国家，但是它和雅典人对这个概念的理解相去不远，而且和 1792

年法国大革命后雅各宾派建立的政府也非常相似。不过伊朗在伊斯兰世界也是新鲜事物。早期穆斯林社会具有的“民主”性质作为一个概念虽然对西方和穆斯林的知识分子有吸引力，但是很难让巴格达的穷人提起兴趣。先知去世后，所有穆斯林社会的实际经验和西方一样，都是一种或另一种的专制统治。西方经历了一连串的革命，才使自身摆脱了孔多塞所谓的“国王们和教士们”长久以来的荼毒。而在绝大多数穆斯林社会里，他们仍然存在。伊朗已经废黜了自己的国王，但是它仍然是由教士阶层掌控的。

欧塔涅斯没能说服自己的同胞相信法律面前人人平等的价值，不是因为他的辩才不足，而是因为波斯人无法理解他说的是什么。最后，主张保留君主制的大流士之所以能够取得当天的胜利，是因为他提出了一个简单而又具有压倒性优势的论点：“我们不应该改变古道。”[32]

有一件事，大流士肯定是知道的。民主制——以契约和被统治者的同意为基础的统治——决不像西方人普遍认为的那样，是“自然的”治理模式。历史上绝大多数社会，包括延续了几个世纪的西方社会，一直是等级制的，以父权和血缘为基础，而且常常包含了同等程度的神权统治的成分。在一个从未听说过权威来自统治者和被统治者之间的契约、完全无法想象有人会自愿交出手中的权力的社会里，选举及其背后的价值有什么意义？正如一位尽全力要给前殖民地设计出一套行得通的宪政体制的英国外交官所说的，议会政治的关键在于所谓的“忠诚反对派”这个概念。他问道，对于那些长久以来一直被灌输权力由高层授予、一旦掌权就要尽全力保住权力，而且有责任利用职位为家庭、朋友和亲信谋利的人，该如何说服他们，使他们相信符合公平正义观念的良政要求你不仅不能从自己的职位中谋求个人利益，而且也不能为那些有求于你的人谋利，有时还要自愿地把权力交给自己的敌人？

即使在其起源地，民主制也经历了漫长、多灾多难的历史。古希腊最初的民主形式（实际上，它和我们今天所理解的民主相去甚远）被亚历山大的军事扩张主义压制，现代西方耗费了几个世纪的时间，经历了多次有时十分血腥的革命，才重建起和它有些相似的制度。直到 19 世纪末，它仍然被欧洲的独裁统治者们视为法国大革命和美国革命致命的遗产。温斯顿·丘吉尔曾评论道，在所有已知的政府形式里，民主是最不坏的选项，这多少有一些妥协的意味。即使是在今天最发达的现代民主国家里，仍然有很多人虽然不敢真的指责它，但明显对其嗤之以鼻。

那么，这样的概念怎么可能会被轻而易举地“引”入那些不曾有过类似历史、事先缺乏准备，而且常常受到外国武力逼迫的国家呢？认为人类天生渴望自由的观点，忽略了他们在生活中同样强烈渴望秩序和方向感的事实。宗教假设在明显的混乱中存在着某种组织原则（某种“智能设计”），存在着某种可以指导我们的生活的终极、公正的正义源泉，如果宗教不能提供秩序和方向感，它的吸引力会小得多。相对于抽象的自由理想，很多人，甚至包括来自民主社会的人，更关心如何在天堂或世间找到一个可以扮演父亲角色的存在。几个世纪以来，欧洲人视自己的国王为父，而今天的很多美国人以同样的目光看待他们的总统。

民主的“政权更替”的支持者们还有另外一个认识误区，即民主化进程必然会导致现代中产阶级的自由民主政府的出现。但实际上，民选政府完全可以与自由民主原则彻底分离。自 1979 年革命成功以来，伊朗一直定期举行选举。尽管一些温和的政治人物因此上台，但没有任何一个人对霍梅尼创建的政权做出过重大改革。而根据现代民主理论，这种事早就应该发生了。巴勒斯坦现在由一个通过定期选举产生的神权政府统治，自由仍然遥不可及。如果我们认为这些都是在东方伊斯兰世界才会出现的某种偏差，我们只需记住，希特勒最初也是通过选举上台的。

正是出于这个原因，绝大多数温和的、亲西方的伊斯兰国家拒绝举行普选。他们知道，随着各地伊斯兰武装分子的崛起，自由选举必将导致奉行伊斯兰主义的政府掌权，就像巴勒斯坦已经发生过的、1991 年本来有可能在阿尔及利亚发生的那样（伊斯兰拯救阵线在第一轮中获胜，但是军方将其解散）。如果军方彻底交出权力，巴基斯坦和埃及等国也会遭受相同的命运。

在定期举行选举的土耳其，穆斯林占压倒性优势，一个伊斯兰政党（不过并非公开支持伊斯兰主义）已经通过选举获得权力。到目前为止，和之前的很多届政府相比，它在公共领域似乎更温和，在世俗化方面也不相上下。它同样为了使土耳其取得欧盟候选国的资格而大费周章，这意味着它必须要废除酷刑和死刑（少数案件除外），赋予人民更大的言论自由权，不再骚扰库尔德人和其他少数族裔。但是和伊斯兰世界的其他地方一样，这里能够真实感受到“东方”和“西方”之间的对立日益加剧，这使伊斯兰教的影响力显著增强。从 1999 年到 2006 年，认为自己是伊斯兰教徒的土耳其人从 36% 增长到了 46%。尽管这种统计数字必然靠不住，但是在一个奉行极度世俗化的政治文化的国家里，这可以说是一个很大的增幅。[33] 不仅如此，原本人数就不算太少的伊斯兰主义者开始让自己的声音被大众听到，他们令人不安地提出要强化宗教仪式。坚持禁止穿戴浮夸的宗教服饰的法官们多次受到威胁，其中一人遭到谋杀。有一次，国家电视台取消播放动画片《小熊维尼》，理由是其中的一个角色“皮杰”是一头猪，因此冒犯了穆斯林。

另一个唯一在近期成功举行选举的伊斯兰国家，当然是西方占领的后萨达姆时代的伊拉克。除了那些盲目相信正当民主程序会产生自由化影响的人，几乎所有人都可以预测得出选举的结果：一个和伊朗关系密切的什叶派政府将会上台。只要美国和联军部队继续留在伊拉克，它仍然会表现得像一个温和的西方式的政府，代表所有“伊拉克人民”的利益（这里的“伊拉克人民”甚至比“美国人民”是更加空洞的抽象概念）。但是如果他们离开，伊拉克很可能会陷入混乱，并最终成为另一个神权政体国家，和它现在受人敬佩的反西方的强大邻居一样。在笔者写作本书时（2007 年 3 月），伊拉克的状况正在慢慢恶化，现在很少有人会否认那里正在进行着一场内战（实际上，现在的情况和 1920 年夏的美索不达米亚平原非常相似）。

2

和所有普世信仰一样，今天的民主也假定未来不会有更好的制度取代它。与此相似的“历史终结论”比比皆是。正如我们已经看到过的，希腊演说家雅里斯底德相信，以“混合宪制”为基础的罗马帝国集民主制、贵族制和君主制之所长，给历史画上了圆满的句号。其他人，包括柏拉图、罗素、马克思等，则更加谨慎，将自己想象的历史的终结定在未来。不过所有人都认为，终有一天，人类将停下演化的步伐，达到完美的境界，或者所有一切将一起灭亡。当然，事实证明，真正终结的或许只是这些理论。

世界上的宗教信仰讲述的故事，在某些方面和这些世俗的故事有异曲同工之处。但是人们更难放弃它们。政治体系都是人造物，而即使是那些狂热赞美它们的人也不得不承认，所有的人类产物最终很可能被证明是错误的，或者说至少需要经过大幅度的修正。这并不适用于宗教。宗教并非出于人，而是出自神。因此，它们的故事是不可能错误的，也不能有其他的结局。三大一神教，犹太教、伊斯兰教和基督教，全都在讲述同一个故事的略有不同的版本。每一个都为自己的信徒定下了严格的行为规范，而且都不承认其他规范的合法性。每一个都有着强烈的救世主倾向，至少基督教和伊斯兰教都相信，有朝一日，它们将战胜世界上所有其他信仰。

不过，随着时间的推移，基督教变得惊人的灵活和适应环境，因为唯有如此，它才能在一个主要敌人并非另一个宗教，而是对所有宗教都漠不关心的世界里存活下去。它也有自己的基要主义者，但是他们的人数相对较少，而且至少到目前为止，事实证明他们基本上也难兴波澜。

伊斯兰教曾经也是如此。但现在已经改变了。温和的穆斯林或许仍然是主流，但是各地的“基要主义者”都在茁壮成长。部分原因要归结到现在伊斯兰世界的政治环境；另一方面则如我们所见，这是对西方新殖民主义沉寂多时、积郁已久的回应。

伊斯兰教和基督教的神学理论也存在着根本不同。它们的不同之处并不在于支撑二者的道德体系，也不是神的概念，也不在于善恶观念，而是如所有伊斯兰武装分子所坚持的，宗教和法律是不可分的。2002 年 11 月，一篇署名本・拉登（很可能是假的）、题为《致美国的信》的文章在互联网上流传，它指责美国犯下的主要罪行正是将宗教和世俗分离：

> 你们的国家，没有按照安拉的律法统治，反倒按照自己的意愿发明了你们自己的法律。你们将宗教从政治中分离，与表明造物主最高权威的纯粹本性相抵触……你们是人类历史上最糟糕的文明。[34]

我们已经看到，库特卜说的基本上与此相同，而绝大多数穆斯林神学家和法学家都不得不同意他的看法。他们可能选择不那么直接的表达方式，但是这是西方和绝大多数伊斯兰世界社会以及伊斯兰主义者之间的本质区别。伊斯兰社会的根基并不是人类的意愿或契约，而是神的法令。与此相反，在西方社会，生活的各个方面都被视为人类选择的结果。对虔诚的穆斯林而言，这是——而且只能是——对神的冒犯。因为“这样的社会”，库特卜抗议道，“否认或怀疑真主对世界的权威，而真主说得很明白：‘他在天上是应受崇拜的，在地上也是应受崇拜的。’（《古兰经》第 43 章，第 84 节）”[35]

政教分离原则（它的历史和教会一样长）使西方的世俗化最终得以实现。它像一扇门，正是通过它，先是予以改革，然后削弱了影响力的宗教才被允许进入日常生活。而世俗主义在西方的经验表明，这是可行的。即使考虑到上个世纪和这个世纪它们的信徒犯下的所有罪行、所有以现代化和自由民主之名发动的战争、发达国家和发展中国家间仍然存在的不平等、虽然已经被证实有明显的益处但也要为一些严重的不公不义之事负责的全球化，尽管有上述这些不如意的地方，和一百年前相比，世界上大部分人的生活还是直接或间接地受益于世俗化的西方。人们的寿命更长、生活更自由，可能也更幸福。与此相反的主张，或者为消失的部落或群体垂泪，都只是感情用事的表现。当然，全新的现代世俗世界并不完美。它也永远不会是完美的。但那只是人类境况的一部分。这个世界的错误永远都不可能因为求助于神而得到改善。在历史的终点，并不存在伊甸园，这个世界没有，想象中的来世也不会有。

笃信者不会接受上述观点。他们认为，如果人的作品是不完美的，那么我们就必须要求助于神，我们要遵从神的命令，他能够赐予信徒的，绝不是靠区区人类的力量可以成就的。并且，由于我们只能通过他给先知们的只言片语来了解他的命令，它们必将成为我们要遵守的法律，无论其结果多么令人不快。

2006 年 6 月，拒绝承认纳粹大屠杀的伊朗总统艾哈迈德·内贾德以信教者间交流的口吻，给乔治·W. 布什写了一封公开信。他宣称，无论穆斯林还是基督徒，现在真正的信徒不可能看不到“自由主义和西方式的民主无法实现人类的理想”。他继续写道，如今“这些理念已经失败了。有洞察力的人已经可以听到自由民主主义的意识形态和思想破碎、倒塌的声音”。之所以不会有其他可能情况是因为——布什想必也十分清楚——这些只是人类的创造物，而一个去魅的世界现在“越来越受全能的神和正义的吸引，神的意志将战胜一切”。[36] 这封信的目的显然是要使美国总统难堪，暗示尽管他花了很多时间谈论上帝，他的行为和其他的西方异教徒毫无差别，勉力支撑的自由主义已是风中残烛。但是它传递的信息不仅完全符合伊斯兰主义者的信条，而且也被越来越多的温和的穆斯林接受。

尽管在某些西方国家，基督教基要主义者（政治右翼）和多元文化主义者（政治左翼）正在以不同的方式，希望能给予宗教和被密尔形容为“阻碍了人类进步”的各种根深蒂固、未经省察的习俗以特权地位，但是启蒙主义价值观仍然在西方民主社会里占主导地位，仍然在决定着他们的政府的行为。[37] 如果不是这样，医疗器材就不会被送到贫穷、饱受疾病折磨的非洲，不会有援助计划，不会有无国界医生组织，西方政府也不会耗费大量资源和牺牲本国公民的生命，来阻止发生在跟他们没什么关系的地区的大屠杀或内战了。

启蒙主义的价值观之所以仍然存在，是因为宗教机构和教法的力量被严格限制在政治和宗教的分界线的另一端。这并不是说，基督教“基要主义”不会对欧洲构成严重的威胁。但是，即使是乔治·W. 布什这样自认的“再生”基督徒（每当被问到对他影响最大的政治哲学家是谁时，他总是回答“耶稣基督”），也不会尝试推翻现代代议制政府，颠覆其背后的价值观，代之以严格的神权政体。（如果布什是认真的，那么他确实注意到了耶稣唯一的政治主张："恺撒的归恺撒。"）

总统的其他一些评论确实更加令人费解。2000 年，他对各基督教福音派组织说，上帝让自己出来竞选总统，不过并没有谈到具体的方式。"我知道，对我或我的家人来说，这并不容易，"他虔诚地承认，"但是上帝让我这么做。"当时的检察总长、五旬节派基督徒约翰·阿什克罗夫特更加露骨地攻击现代民主制的基础原则，他在包伯·琼斯大学对一名听众说："我们没有国王，只有耶稣"，而政教分离是"压迫宗教的墙"。[38] 另外还有一些令人不安的迹象，例如干细胞研究，基督徒的反对足以使美国中止可能是自发现抗体以来最重要的医学突破。上帝可能已经在西方死去，但是仍然躺在水晶棺里。

如我们所见，在 19 世纪的某段时期里，类似的政教分离似乎也可能在伊斯兰世界实现。1883 年，穆罕默德·阿卜杜拉主张，启示完全可以和人类的理性共存，伊斯兰教应该谴责对传统的盲从，因为这违背了《古兰经》的教义，应该修改从收取利息、结婚到离婚无所不包的教法。[39] 他坚持认为，与信仰相关的法律是神圣的，不能用任何方式加以修改，但是和人类行为相关的法律却不是，因此如果环境需要，可以加以修正。最引人注目的是，他在发表这样的主张的同时，还可以继续担任埃及大穆夫提，这是该国地位最高的三大宗教职务之一。[40]

但是这样的日子已经一去不复返。如今，没有哪一位伊斯兰神学家打算采取这样的立场。虽然仍然有一些自由主义倾向的神学家，但是除了在已经半西方化的温和穆斯林中产阶级的小圈子内，他们可能很难吸引到听众。对大多数外人而言，这似乎只是另一个迎合西方理念的举动。

在穆罕默德·阿卜杜拉奋笔疾书的年代，未来的伊斯兰教似乎有可能成为一个成功的现代国家的信仰体系。到了 20 世纪 60 年代，它已经是世界各地抵抗各种帝国主义的工具。如同美国人类学家克利福德·格尔茨在 1968 年指出的，当阿尔及利亚战争即将迎来其血腥的结局时，尽管伊斯兰教自己也有帝国扩张的历史，但它仍然被视为反对帝国主义的信仰，因为"除了几个暧昧的个例，殖民地精英们唯一不具备的身份正是穆斯林，而且他们也不可能成为穆斯林”。[41] 这也是当时它为什么强烈地吸引着非裔美国人的原因。今天，在世界上的很多地方，它成了表达不满和仇恨的宗教，其中大部分是可以理解的，一些是正当的，但是从总体上讲，不会有任何结果。

这不仅是伊斯兰武装力量在贫穷、阶层分化严重的中东伊斯兰国家茁壮成长的原因，同时也是西方，特别是欧洲的穆斯林移民尽力使自己和周围被他们视为威胁的世俗的或“基督教”世界分开的原因。他们居住在外国人的土地上，在战争之境，因为伊斯兰之境无法在经济上满足他们的需求。但是他们并不是心甘情愿移民的，他们痛恨自己为了生存必须依赖自己眼中的敌人的事实，希望有朝一日伟大的伊斯兰革命能席卷西方。

抱有这种想法的人，必然是那些认为自己在移民后获得的利益远低于预期的人。决不能说所有穆斯林都是这样的。绝大多数的欧洲社会都有成千上万彻底融入其中的穆斯林。常常被人们遗忘的是，在当前穆斯林移民大规模涌入欧洲之前，曾经有过一次规模较小、少有人注意的移民，他们主要来自巴基斯坦、印度和孟加拉，对他们而言，宗教完全是私事。在 20 世纪 60 年代和 70 年代，英国的失业白人与更有前途的“巴基斯坦佬”（他们经常被这样称呼）发生冲突时，问题的焦点一直是种族，从来都不涉及宗教。

但是对于那些被困在西欧和北美的工业城市郊区的前途渺茫的人来说，西方骗了他们。憎恨和厌恶让我们失望的事物正是人类的弱点之一，不过这绝不意味着 2005 年在巴黎市郊纵火的暴徒（并不全是穆斯林）没有受到他们移居的国家和政府的不公待遇。伊斯兰教对欧洲新的被剥夺阶层的吸引力在于，它不仅为他们提供了精神家园和一套确定的价值体系，而且还正当化了仇恨，很容易使人落入善恶之战的窠臼中。对渴求确定性的被剥夺阶层而言，即使只是以无法被证实的启示为前提的确定性，也具有压倒性的和完全可以理解的吸引力。对于很多过着贫穷、不安定生活的穆斯林而言，有关来世的信条，即使是其中最极端的通过自杀快速上天堂的例子，看上去似乎也要比放弃真主之后得到的遥远、无法预期的利益更加实际。

“先知啊！”天使哲布依勒命令穆罕默德，“你应当鼓励信士们奋勇抗战，如果你们中有二十个坚忍的人，就能战胜二百个敌人；如果你们中有一百个人，就能战胜一千个不信道的人。”（《古兰经》第 8 章，第 65 节）坚忍的人仍然在耐心等待。

东西方之间的长期斗争似乎不太可能很快结束。23 个世纪之前的希波战争划定的战线，几乎丝毫没有发生变化。

注　释

前　言

1. Edith Hall, 'Asia Unmanned, Image of Victory in Classical Athens', in John Rich and Graham Shipley (eds.), *War and Society in the Greek World* (London and New York: Routledge, 1993), 109–133.
2. 不过第一个使用“中东”这个词的人似乎是美国人阿尔弗雷德·马汉（他当时用这次词形容波斯湾附近地区）。
3. Quoted in J. G. A. Pocock, 'Some Europes in their History', in Anthony Pagden (ed.), *The Idea of Europe: From Antiquity to the European Union* (Cambridge: Cambridge University Press, 2002), 55–71,at 58.
4. David Gress, *From Plato to Nato: The Idea of the West and its Opponents* (New York: Free Press, 1998), 24–25.
5. 教皇引用14世纪拜占庭皇帝曼努埃尔二世·帕列奥列格的话，称伊斯兰教没有带来任何新事物，那里只有“邪恶的和非人道的”东西，穆罕默德命令他的信众“用剑传播信仰”，因此遭到很多人的抗议。他的这句引言是被断章取义地拿了出来，没有考虑到上下文的背景。不过，由于曼努埃尔的评论和当时正在讨论的内容（教皇希望强调用理性来引导宗教的必要性，想要说服正在聆听教皇演讲的科学家群体接受信仰是理性的）关系不大，因此他的发言很难不被认为是在批评伊斯兰教，而绝大多数穆斯林确实是这样认为的。*Faith, Reason and the University: Memories and Reflections* (Vatican City: Libreria Editrice Vaticana, 2006).
6. *De lingua latina*, VI, 3, 1.
7. Herodotus, *Histories*,VII, 10–11. 我用的是由 Aubrey de Sélincourt 翻译、John Marincola 校对的译本（有时略加修改），*The Histories* (London: Penguin Books, 1996)。
8. 'On the Uses and Disadvantages of History for Life', in *Untimely Meditations*, trans. R. J. Hollingdale (Cambridge: Cambridge University Press, 1983), 59.
9. The most recent account of the genocide is Taner Akcam, *A Shameful Act: The Armenian Genocide and the Question of Turkish Responsibility*, trans. Paul Besser (New York: Metropolitan, 2007).

第一章

1. *Metamorphoses*, II, 862–864.
2. 关于该神话的出色记述，见 Roberto Calasso, *The Marriage of Cadmus and Harmony* (New York: Vintage Books, 1993)。
3. 'Note ou L'Européen', in Varieté: *Essais quasi politiques* (Paris: Gallimard, 1957).
4. 该神话的这个版本和其他版本，见 Luisa Passerini, *Il mito d'Europa: Radici antiche per nuovi simboli* (Florence: Giunti, 2002)。

5. 见 J. A. S. Evans，'Father of History or Father of Lies? The Reputation of Herodotus', *Classical Journal*, 64 (1968)，11–17。波斯铭文只提到了希腊国王统治的领土和民族，见 Pierre Briant，*Histoire de l'Empire Perse: De Cyrus à Alexandre* (Paris: Fayard，1996)，9。
6. *Histories*, VII, 104. 希罗多德所理解的世界的划分，既复杂，有时又相互矛盾，见 Rosalind *Thomas, Herodotus in Context: Ethnography, Science and the Art of Persuasion* (Cambridge: Cambridge University Press, 2002)，80–86。
7. 关于这场战役的详细生动的描述，见 Victor Davis Hanson，*Carnage and Culture: Landmark Battles in the Rise of Western Power* (New York: Anchor Books, 2001)，27–59。
8. *Histories*, I, 209.
9. *The Persians*, 270–311, trans. Janet Lembke and C. J. Herington (New York and Oxford: Oxford University Press, 1981), 45–46. 我对译文做了些轻微的修改。
10. 波斯帝国的早期历史，见 Richard N. Frye，*The History of Ancient Iran* (Munich: C. H. Beck'sche Verlagsbuchhandlung, 1984)，91–96。
11. 《以赛亚书》第 45 章和《以斯拉记》第 1 章都让居鲁士说出上天的神将地上万国交给了他。
12. A. Kuhrt, 'The Cyrus Cylinder and Achaemenid Imperial Policy', *Journal for the Study of the Old Testament*, 25 (1983), 83–94.
13. *Histories*,I, 205–214.
14. Plato, *Laws*, II, 694 中称冈比西斯因为酗酒和放荡丢掉了王位。
15. *Histories*, III, 27–29.
16. 这至少是希罗多德讲述的版本。现在绝大多数的学者不完全相信杀神牛的故事。那头牛似乎是在公元前 524 年自然死亡的，而当时冈比西斯正在埃塞俄比亚。按照先例，冈比西斯把自己的名字刻在神牛的石棺上，还制作了花岗石石碑，石碑上的冈比西斯穿着埃及法老的服饰，戴着神圣的蛇冠（象征埃及王权），跪在神兽前行礼。不管冈比西斯的真实作为如何，我们确实知道他于前 522 年 3 月 11 日死在卡尔迈勒山附近的埃克巴坦那，他的兄弟巴尔迪亚——希腊人称其为斯梅尔迪斯——自立为王。公元前 522 年 9 月 29 日，他被大流士杀死在米底尼赛亚的西卡亚乌瓦提什，见 A. T. Olmstead，*History of the Persian Empire* (Chicago and London: University of Chicago Press, 1959)，107–118。
17. *Histories*, III, 79–83. 这场辩论已经被广泛讨论过，比如见 Norma Thompson，*Herodotus and the Origins of the Political Community* (New Haven and London: Yale University Press，1996)，52–78 and Giulia Sissa，'The Irony of Travel，Herodotus on Cultural Diversity' (frothcoming)。
18. Pierre Briant 认为，希罗多德的波斯资料实际上可能不是在描述一场关于最好的政体的辩论，而是关于王朝继承问题的争论，见 *Histoire de l'Empire Perse*，121。
19. 引自 Olmstead，*History of the Persian Empire*，107。对大流士的主张的进一步讨论，见 Briant，*Histoire de l'Empire Perse*，121。
20. 不过 *isonomia* 并不能被等同于民主（*demokratia*），尽管希罗多德在后面第 5 卷第 43 章中提到这场辩论时，同时使用了 *demokratia* 和 *plethos*（多数人统治），见 Gregory Vlastos，'*Isonomia politike*'，in *Platonic Studies* (Princeton: Princeton University Press, 1981)，164–203。
21. 见 J. Peter Euben, 'Political Equality and the Greek Polis', in M. J. Gargas McGrath (ed.)，*Liberalism and Modern Polity* (New York: Marcel Dekker, 1959)，207–229。
22. *Histories*, I, 132.
23. 波斯人表示尊敬的方法和对外国人的轻视，见 *Histories*，I，134。
24. *Histories*, I, 153.
25. *Histories*, IX, 16.
26. *Histories*, III, 86. 有人认为希罗多德的故事是对波斯的一项仪式的误解和歪曲。同样也有证据（特别是 Plato，*Laws*，III，695c）可以证明，大流士可能被迫与五名同伙共享权力，见 Briant，*Histoire de l'Empire Perse*，140–142。
27. 这可能是在暗指他的经济政策。大流士似乎是第一位于在位期间统一了度量衡的波斯统治者，见 Olmstead，*History of the Persian Empire*，185–194。

28. 关于摩尼教，参见下文 127–129 页。
29. 对波斯波利斯的生动描述，见 Olmstead，*History of the Persian Empire*，172–184。
30. *Histories*, V, 97. 与 *Iliad*，V, 62 和 XI，604。
31. *Histories*, VI, 43. 见 P. Briant，'La Vengeance comme explication historique dans l'œuvre d'Hérodote'，*Revue des études grecques*，84 (1971)，319–335。
32. *Histories*, VI, 100–102.
33. *Histories*, VI, 106. 斯巴达人在卡尔涅亚祭期间不能打仗。
34. Quoted in Nicole Loraux, *The Invention of Athens: The Funeral Oration in the Classical City* (Cambridge, Mass. and London: Harvard University Press, 1986), 162.
35. *Histories*, VI, 111–118.
36. Briant, *Histoire de l'Empire Perse*, 170–172.
37. 至少阿卡德文资料是这样记载的。R. A. Parker and W. Dubberstein, *Babylonian Chronology* (Princeton: Princeton University Press, 1956), 17.
38. *Histories*, VII, 8.
39. *Histories*, V, 78.
40. Gress, *From Plato to Nato*, 1.
41. *Histories*, VII, 10–11.
42. 'The Roman Oration' in James H. Oliver, *The Ruling Power: A Study of the Roman Empire in the Second Century after Christ through the Roman Oration of Aelius Aristides,* Transactions of the American Philosophical Society, NS, 23 (1953), 5. 参见下文 58–60 页。
43. *Histories*, VII, 42–44, and see Olmstead, *History of the Persian Empire*, 249–250.
44. *Histories*, VII, 33–36.
45. *Funeral Oration*, 29. On Xerxes' bridges see L. J. Roseman, 'The Construction of Xerxes' Bridge over the Hellespont', *Journal of Hellenic Studies*, 116 (1996), 88–108.
46. *Histories*, VII, 56–100.
47. *Panegyricus*, 150.
48. *Histories*, VII, 101–105.
49. Plutarch, *Parallel Stories*, 306. 4.
50. Paul Cattedge，*Thermopylae: The Battle that Changed the World* (London: Pan Books, 2006)，194–195 是现在对这场战役、它的历史背景和后果的最好的叙述。See also Sarah B. Pomeroy, Stanley Burstein, Walter Donolan, and Jennifer Tolbert Roberts, *Ancient Greece: A Political, Social and Cultural History* (New York and Oxford: Oxford University Press, 1999), 195–196.
51. *Histories*, VIII, 51–55.
52. *Persians*, 630–642.
53. *Persians*, 670–697.
54. *Histories*, VIII, 85–96.
55. *The Peloponnesian War*, 1. 138.
56. *Laws*, IV, 707c2–8.
57. *The Philosophy of History*, trans. J. Sibree (Dover Publications: New York, 1956), 257–258.
58. 薛西斯可能也不得不回去镇压爆发于公元前 479 年的巴比伦叛乱。See Pierre Briant, 'La Date des révoltes babyloniennes contra Xersès', *Studia Iranica*, 21 (1992), 12–13.
59. 'The Roman Oration', 16.
60. *Funeral Oration*, 47. 不过 Lysias 声称是雅典人独自将蛮族赶出欧洲的，见 Loraux，*The Invention of Athens*，53–54.

第二章

1. *Histories*, IV, 177; IV, 183–184; V, 5.
2. *Politics*, 1252 b 4.
3. *On the Fortunes of Alexander*, 329b.
4. *Statesman*, 262d. 不过柏拉图反对这种做法的原因是，他认为只有一种区分人类的方法，即性别。人类被分成男人和女人。所有其他的分类法都取决于地理和环境等偶然因素，它们当然很重要，但却不是决定性的。
5. 'Kant on the Metaphysics of Morals: Vigilantius's Lecture Notes', in Immanuel Kant, *Lectures on Ethics*, ed. Peter Heath and J. B. Schneewind (Cambridge: Cambridge University Press, 1997), 406.
6. *The Elementary Structures of Kinship*, trans. James Hare Bell (London: Eyre and Spottiswoode, 1968), 46.
7. *Persians*, 331–335.
8. *Persians*, 827.
9. See A. W. H. Adkins, *Moral Values and Political Behaviour in Ancient Greece* (New York: Norton, 1972), 100.
10. *The Peloponnesian War*, 1. 96.
11. *The Peloponnesian War*, 1. 74. 1.
12. *The Peloponnesian War*, 1. 75.
13. Diodorus Siculus, *Bibliotheca*, 15, 93. 1. 波斯在这几年里的情况，见 Briant, *Histoire de l'Empire Perse*，668–694。
14. *To Philip*, 40.
15. *History*, 3. 2. 8.
16. Daniel 7: 7.
17. *Panegyricus*, 157–158.
18. 我对腓力的统治和生平以及亚历山大远征的叙述，严重依赖于 A. B. Bosworth, *Conquest and Empire: The Reign of Alexander the Great*（Cambridge: Cambridge University Press, 1988）和 Peter Green, *Alexander of Macedon 356–323 BCE: A Historical Biography*（Berkeley, Los Angeles, and London: University of Californian Press, 1991），以及 Robin Lane Fox，*The Search for Alexander* (Boston, and Toronto: Little Brown, 1980).
19. Diodorus Siculus, *Bibliotheca*, 17, 17. 2. 对该行动的意义的讨论，见 Bosworth, *Conquest and Empire*，38。
20. 对这场战役的详细叙述，见 Green，*Alexander of Macedon*，172–181。
21. Cited in N. G. L. Hammond, 'The Kingdom of Asia and the Persian Throne', in Ian Worthington (ed.), *Alexander the Great: A Reader* (London and New York: Routledge, 2003), 137.
22. See the description in Peter Green, *Alexander of Macedon*, 213–215, and Paul Cartledge, *Alexander the Great: The Hunt for a New Past* (London: Macmillan, 2004), 114–115.
23. Green, *Alexander of Macedon*, 234–235.
24. Plutarch, *Life of Alexander*, 34. 1–4.
25. Green, *Alexander of Macedon*, 315–316.
26. 这个故事已经被重述过多次。我的版本主要依据 Green，*Alexander of Macedon*，318–321 和 Lane Fox，*The Search for Alexander*，244–254。
27. Quoted in Efraim Karsh, *Islamic Imperialism: A History* (New Haven and London: Yale University Press, 2006), 198.
28. *Histories*, VII, 42–44.
29. *Life of Alexander*, 43. 3–4.
30. *Geschichte Alexanders des Grossen*, vol. i of *Geschichte des Hellenismus* (Basel: Schwabe, 1952), 83.
31. Arrian, *Campaigns of Alexander*, 519. 4–5.

32. Strabo, *Geographia*, xv. 1. 6.
33. Lane Fox, *The Search for Alexander*, 407–418.
34. Green, *Alexander of Macedon*, 483–484. Seneca, *Quaest, Nat.* VI, 23 and *Epistolae*, 91. 17.
35. Victor Davis Hanson, ‘Take me to my leader’, *The Times Literary Supplement*, 2 October, 2004, 11–27.
36. *Florida*, VII.
37. W. W. Tarn, *Alexander the Great* (Cambridge: Cambridge University Press, 1948), i. 145–148.
38. Cartledge, *Alexander the Great*, 14.
39. 关于亚力山大的神性的详细讨论，见 Bosworth，*Conquest and Empire*,，278–290。
40. *Panegyricus*, 151.
41. Tarn, *Alexander the Great*, i. 145–148.
42. Cartledge, *Alexander the Great*, p. ix.
43. *The Fortunes of Alexander*, 329.
44. 关于斯多葛主义的重要性，参见下文 98–101 页。Plutarch, *The Fortunes of Alexander*, 329.
45. *L'Esprit des lois*, X, 14.
46. Tarn, *Alexander the Great*, i. 145–148.

第三章

1. ‘The Roman Oration’, 1.
2. 对雅里斯底德的演讲和它的重要性的出色论述，见 Aldo Schiavone，*The End of the Past: Ancient Rome and the Modern West*，trans. Margaret J. Schneider (Cambridge，Mass. and London: Harvard University Press，2000)，3–15。
3. Paul Veyne, *L'Empire gréco-romain* (Paris: Seuil, 2005), 245–247.
4. *De Consulatu Stilichonis*, III, 150–155.
5. 人们普遍认为是 16 世纪的意大利诗人卢多维科 · 阿里奥斯托在谈到查理五世的帝国时创造了这样的形象。雅里斯底德的修辞没有那么有力，但是表达了相同的意思：“您统治的领土等同于太阳升落的极限，太阳经过您的土地。”‘The Roman Oration’, 10.
6. ‘The Roman Oration’, 104.
7. ‘The Roman Oration’, 90–91.
8. *Decline and Fall of the Roman Empire*, III.
9. *Aeneid*, XII, 808–842. 我要感谢 Maurizio Bettini 让我注意到了那一段和它的重要性。
10. *Ep*. 2. 1. 156–157.
11. Ramsay MacMullen, *Romanization in the Time of Augustus* (New Haven and London: Yale University Press, 2000), 2–3.
12. 基本情况，见 Fergus Millar，‘Taking the Measure of the Ancient World’，in *Rome, the Greek World and the East*，i. *The Roman Republic and the Augustan Revolution*（Chapel Hill, NC and London: The University of North Carolina Press, 2002），25–38。
13. ‘The Roman Oration’, 96.
14. 参考 Suetonius, *Lives of the Twelve Caesars*，V，42，trans. Robert Graves（New York: Welcome Rain，2001）。
15. Michael Grant, *The World of Rome* (London: Weidenfeld and Nicolson, 1960), 37–39.
16. *Tusculanae Disputationes*, 4. 70.F.P.V.D.Balsdon, *Romans and Aliens* (London: Duckworth, 1979), 33, 225. cf. Polybius 31. 25. 3–5. 他声称同性恋是在公元前 167 年战胜马其顿的珀尔修斯之后传到罗马的。

17. 9. 17. 16.
18. R.A.Gauthier, *Magnanimité: L'idéal de la grandeur dans la philosophie païenne et dans la théologie chrétienne* (Paris: Vrin, 1951), and Georges Dumézil, *Idées romaines* (Paris: Gallimard, 1969), 125–152.
19. Dumézil, *Idées romaines*, 48–59.
20. *De Republica*, 3. 35 Peter Garnsey, *Ideas of Slavery from Aristotle to Augustine* (Cambridge: Cambridge University Press, 1996), 40–43.
21. *Satyricon*, 119. 19, 24–27.
22. *Phars.* 7, 442; 8, 362. Balsdon, *Romans and Aliens*, 61.
23. Juvenal, *Sat.* III, 60–85. See Mary Gordon, 'The Nationality of Slaves under the Early Roman Empire', in M. I. Finley (ed.), *Slavery in Classical Antiquity* (Cambridge: W. Heffer and Sons, 1960), 171–189.
24. *Sat.* III. 6–72.
25. *Catilinae coniuratio*, 11. 5.
26. *Odyssey*, 13. 271–286.
27. F. Mazza, 'The Phoenicians as seen by the Ancient World', in Sabatino Moscati (ed.), *The Phoenicians* (London: I. B. Tauris, 2001), 548–567.
28. Arnaldo Momigliano, *Alien Wisdom: The Limits of Hellenization* (Cambridge: Cambridge University Press, 1975), 4.
29. 22. 6I.
30. 对这场战役做出的生动、出色的叙述，见 Hanson，*Carnage and Culture*，99–111。
31. Ibid. 110.
32. 罗德岛的安提斯泰尼也这样说过。See Jean-Louis Ferrary, *Philhellénisme et imperialisme: Aspects idéologiques de la conquête du monde héllenistique* (Rome: Bibliothèque des Écoles d'Athènes et de Rome, 1988), 362, where the dream is attributed to Scipio Africanus.
33. Polybius, 38. 21, 1, quoted in Momigliano, *Alien Wisdom*, 22.
34. Momigliano, *Alien Wisdom*, 4.
35. Quoted in Benjamin Isaac, *The Invention of Racism in Classical Antiquity* (Princeton and Oxford: Princeton University Press, 2004), 377.
36. Yves Albert Dauge, *Le Barbare: Recherches sur la conception de la barbarie et de la civilisation* (Collection Latomas 176) (Brussels: Revue d'études latines, 1981), 99–261.
37. *De Constantia*, 13. 4.
38. 这个故事参考 Aulus Gellius，*Noctes Atticae*，iv，8。
39. Plutarch, *Julius Caesar*, 60.
40. Plutarch, *Mark Antony*, 26.
41. Plutarch, *Mark Antony*, 54.
42. Cassius Dio, 50. 24. 6.
43. *Aeneid*, VIII, 685–688.
44. *Mark Antony*, 66.
45. *Clide Harld's Pilgrimage*, xlv.
46. *Lives of the Twelve Caesars*, II, 17–18.
47. Claude Nicolet, *The World of the Citizen in Republican Rome*,trans. P. S. Falla (Berkeley, Los Angeles, and London: University of California Press, 1980), 21.
48. *Historia*, I, xvi.
49. *Lives of the Twelve Caesars*, V, 41.
50. Tacitus, *Annals*, xv. 41–42.
51. 'The Roman Oration', 103.
52. 'The Roman Oration', 15–26.
53. 关于这个以及其他的帝国形象的例子，见 Andrew Lintott，'What was the *Imperium Romanum*?'，*Greece and Rome*，28（1981），53–67。
54. *De Republica*, 3. 15. 24.
55. *Naturalis historia*, 3. 39.

56. 见 Clifford Ando 的杰出的研究，*Imperial Ideology and Provincial Loyalty in the Roman Empire* (Berkeley, Los Angeles, and London: University of California Press, 2000), 67.
57. Quoted in P. A. Garnsey, 'Laus Imperii', in P. A. Garsney and C. R. Whittaker (eds.), *Imperialism in the Ancient World* (Cambridge: Cambridge University Press, 1978), 168.
58. Quoted in Schiavone, *The End of the Past*, 5.
59. 8. 13. 16.
60. 'The Roman Oration', 22–23.
61. 'The Roman Oration', 34.
62. 'The Roman Oration', II, 104; Schiavone, *The End of the Past*, 7–8.
63. Veyne, *L'Empire gréco-romain*, 166.
64. 见 Peter Brown 在 *The World of Late Antiquity*（New York and London: W. W. Norton and Company, 1989），11 中的优美描述。
65. Millar, 'Taking the Measure of the Ancient World', 31–33.
66. *Digest*, 50. 1. 33.
67. Quoted in Brown, *The World of Late Antiquity*, 123.
68. 'Lectures on Law: XI Citizens and Aliens' (1790–1971), in *The Works of James Wilson*, ed. Robert Green McCloskey, 2 vols. (Cambridge, Mass.: Harvard University Press, 1967), ii, 581.
69. M. I. Finley, *Ancient Slavery and Modern Ideology* (Harmondsworth and New York: Penguin Books, 1983), 107.
70. Ibid. 93.
71. Quoted in Nicolet, *The World of the Citizen in Republican Rome*, 39.
72. 下一条"把它赐给仍然存在的……部分降服人"的意思引发了相当大的争议。降服人指的是通过在战争中正式投降而成为罗马臣民的行省人。See A. N. Sherwin White, *The Roman Citizenship* (Oxford: Oxford University Press, 1973), 380–386.
73. Quoted in Sherwin White, *The Roman Citizenship*, 435. 不过和绝大多数基督徒一样，德尔图良对帝国的态度也有模糊的地方，他有能力想象出一种超越罗马世界的人类共同体。
74. Tacitus, *Annals*, II, 23–24. 对这些事件和它们的影响的详细描述，见 Sherwin White, *The Roman Citizenship*，237–250。（元老院暗指的）高卢国王韦辛格托里克斯和恺撒的冲突发生在将近一个世纪之前的公元前 52 年，发动攻击的是恺撒，而不是相反。
75. Ando, *Imperial Ideology and Provincial Loyalty in the Roman Empire*, 41.
76. *De Officiis*, II, 27.
77. 'The Roman Oration', 59–60.
78. Nicolet, *The World of the Citizen in Republican Rome*, 22.
79. Acts 21: 37–39.
80. Acts 22: 25–29.
81. Acts 25: 10–12.
82. 对这些事件的进一步讨论，见 Nicolet，*The World of the Citizen in Republican Rome*，18–20。
83. Petrus Baldus de Ubaldis, quoted by Luigi Prosdocimi, ' "Ex facto oritur ius": Breve nota di diritti medievale', *Studi senesi* (1954–1955), 66–67; 808–819.
84 Quoted in Donald R. Kelley, *Historians and the Law in Postrevolutionary France* (Princeton: Princeton University Press, 1984), 45.
85. *Decline and Fall of the Roman Empire*, XLIV.
86. Cf. Cicero, *De Officiis*, I, 34–35. "冲突有两种类型：一种是以辩论，另一种是以武力。因为前一种是适合人类的方式，而后一种是野兽的方式，人们只有在无法使用前者的情况下，才可以诉诸后者。"
87. *De Republica*, 3. 34. See Jonathan Barnes, 1986. 'Cicéron et la guerre juste', *Bulletin de la société française de philosophie*, 80 (1986), 41–80.
88. *De Legibus*, I, x, 29; xii, 33.

89. Aristotle, *Rhetoric*, 1. 12 1373b, and see P. A. Garnsey, 'Laus imperii', in Garnsey and Whittaker (eds.), *Imperialism in the Ancient World* (Cambridge: Cambridge University Press, 1978), 159–191.
90. *De Finibus*, III, 63.
91. *The Meditations of the Emperor Marcus Aurelius Antoninus*, vi. 50, 58.
92. *On the Fortune of Alexander*, 329.
93. 'The Roman Oration', 102.
94. Ernest Barker, 'The Conception of Empire', in Cyril Bailey (ed.), *The Legacy of Rome* (Oxford: Oxford University Press, 1923), 53.
95. 'The Roman Oration', 104, 99.
96. 'The Roman Oration', 12–13.
97. *Decline and Fall of the Roman Empire*, X.
98. Paul Veyne, *L'Empire gréco-romain*, 306–311.

第四章

1. *De bello Getico*, 78f.
2. Peter Brown, *Augustine of Hippo: A Biography* (London: Faber and Faber, 1976), 298.
3. ibid. 289.
4. *De Civitate Dei*, IV, 7.
5. Daniel 7: 14.
6. *Hakluytus Posthumus* or *Purchas his Pilgrimes*, *contayning a History of the World, in Sea Voyages and lande-Travells by Englishmen & others*, 5 vols. (London, 1625), i, 45.
7. Quoted in Ando, *Imperial Ideology and Provincial Loyalty in the Roman Empire*, 63.
8. Quoted in Brown, *Augustine of Hippo*, 291.
9. MacMullen, *Christianizing the Roman Empire A.D. 100–400*, 134 n. 14.
10. W. H. C. Frend, *Martyrdom and Persecution in the Early Church* (Oxford: Oxford University Press, 1965) , 413. 殉道者的人数是数百人，而非数千人。
11. Henry Chadwick, 'Envoi: On taking leave of Antiquity', in John Boardman, Jasper Griffin and Oswyn Murray (eds.), *The Oxford History of the Classical World* (Oxford and New York: Oxford University Press, 1986), 808.
12. 'In hoc signo vinceris', *Eusebius: Life of Constantine*, trans. A. Cameron and S. Hall (Oxford: Oxford University Press, 1999), 1, 28–32.
13. Paul Veyne, *Quand notre monde est devenu chrétien (312–394)* (Paris: Albin Michel, 2007), 28.
14. See Charles Freeman, *The Closing of the Western Mind: The Rise of Faith and the Fall of Reason* (New York: Alfred A. Knopf, 2003), 170–172.
15. The phrase is Brown's , *The World of Late Antiquity*, 87.
16. A. H. M. Jones, *Constantine and the Conversion of Europe* (London: Hodder and Stoughton, 1948), 92–93.
17. Quoted in Veyne, *Quand notre monde est devenu chrétien*, 22.
18. F. E. Peters, *The Monotheists: Jews, Christians, and Muslims in Conflict and Competition* (Princeton and Oxford: Princeton University Press, 2003), i, 248.
19. *De Civitate Dei*,V, 15.
20. Jacques Heers, *Chute et mort de Constantinople 1204–1453* (Paris: Perrin, 2005), 20.
21. The description is Steven Runciman's, *The Great Church In Captivity: A Study of the Patriarchate of Constantinople from the Eve of the Turkish Conquest to the Greek War of Independence* (Cambridge: Cambridge University Press, 1968), 7.
22. Ibid. 59.
23. Carl Erdmann, *The Origin of the Idea of Crusade*, trans. Marshall W. Baldwin and

Walter Goffart (Princeton: Princeton University Press, 1977), 296–297.
24. Norman Davies, *Europe: A History* (Oxford and New York: Oxford University Press, 1997), 341–342.
25. *The Prince*, ed. David Wootton (Indianapolis: Hackett, 1995), 5 (Chr. 18).
26. Quoted in Freeman, *The Closing of the Western Mind*, 176.
27. Gomes Eanes de Zurara, *Crónica dos feitos na conquista de Guiné*, ed. Torquato de Sousa Soares (Lisbon: Academia Portuguesa da Historia, 1978), i, 145–148. 对亨利的事业的叙述，见 Peter Russell, *Prince Henry 'The Navigator': A Life* (New Haven and London: Yale University Press, 2000).
28. Quoted in Karen Ordahl Kupperman, *Settling with the Indians: The Meeting of English and Indian Cultures in America, 1580–1640* (Totowa: Rowman and Littlefield, 1980), 166.
29. F. E. Peters, *The Monotheists: Jews, Christians, and Muslims in Conflict and Competition*, ii, 138–139.
30. *De Civitate Dei*, XI, 13.
31. See Peter Brown, *Augustine of Hippo*, 58–59.

第五章

1. 现在已经有了多部描述阿拉伯诸帝国兴衰的优秀著作。在下文的叙述中，我主要参考了 Michael Cook，*Muhammad*（Oxford: Oxford University Press, 1983）; J.-Cl. Garcin（ed.），*États*，*sociétés et cultures du monde musulman médiéval*，*X^e^-XVe siècles*（Paris: PUF, 1995–2000），3 vols.; Albert Hourani, *A History of the Arab Peoples*（London: Faber & Faber, 1991）; Richard Fletcher，*The Cross and the Crescent: Christianity and Islam from Muhammad to the Reformation*（New York: Viking, 2003）; Bernard Lewis，*The Arabs in History*（Oxford: Oxford University Press，1993）。
2. 对信使的记载，见 *The Life of Muhammad: A Translation of Ishaq's* Sirat Rasul Allah, introd. and notes by A. Guillaume（Karachi: Oxford University Press，1955），652–669。
3. *Res Gestae*, XIV. 4.
4. *The Life of Muhammad*, 181–187.
5. 在其他地方也可以见到类似的主张，如“这是一部节文详明的天经，是为有知识的民众而降示的阿拉伯文的《古兰经》”（41:3）；“我确已以此为阿拉伯文的《古兰经》，以便你们了解”（43:3）。参见 13:37; 16:103; 20:113; 39: 28; 42: 7。
6. 一月（穆哈兰姆月）的第一天相当于儒略历的 7 月 15 日或 16 日。
7. Cook, *Muhammad*, 41.
8. Patricia Crone, *God's Rule: Government and Islam* (New York: Columbia University Press, 2004), 13.
9. See Michael Cook, *Forbidding Wrong in Islam* (Cambridge: Cambridge University Press, 2003).
10. By Bernard Lewis, 'Politics and War', in Joseph Schnact and C. E. Bosworth (eds.), *The Legacy of Islam* (Oxford: Oxford University Press, 1979), 156.
11. Quoted in Bernald Lewis, *The Crisis of Islam: Holy War and Unholy Terror* (New York: Random House, 2003), 34. See the same author's *The Political Language of Islam* (Chicago and London: University of Chicago Press, 1988), 71–90.
12. 这通常被称为“积极的”宽容；“消极的”宽容通常和漠视紧密相关，源自对所有信仰的合法性的怀疑。
13. Patricia Crone and Marin Hinds, *God's Caliph: Religious Authority in the First Centuries of Islam* (Cambridge: Cambridge University Press, 1986), 19.
14. Quoted in Hourani, *A History of the Arab Peoples*, 19.
15. *The Muqaddimah: An Introduction to History*, trans. Franz Rosenthal (Princeton:

Princeton University Press, 1967), 330.
16. 参见波斯历史学家 Ahmad ibn Yahya al-Baladhuri，*Kitâb Futûh al-Buldân*（*The Origins of the Islamic State*），trans. Philip Hitti（New York: Columbia University Press, 1916），187。
17. Quoted in John Tolan, *Saracens: Islam in the European Medieval Imagination* (New York: Columbia University Press, 2002), 40.
18. Patricia Crone, *Medieval Islamic Political Thought* (Edinburgh: Edinburgh University Press, 2004), 334.
19. Lewis, *The Political Language of Islam*, 75.
20. *Mohammed and Charlemagne* (Cleveland and New York: Meridian Books, 1957), 152–153.
21. *Spanish Ballads*, ed. C. Colin Smith (Oxford and London: Pergamon Press, 1964), 55.
22. Quoted in *A Short Account of the Destruction of the Indies*, trans. Nigel Griffin (London and New York: Penguin Books), p. xxxviii.
23. Quoted in Derek W. Lomax, *The Reconquest of Spain* (London and New York: Longman, 1978), 26.
24. 基本情况，见 Richard W. Bulliet，*Conversion to Islam in the Medieval Period: An Essay in Quantitative History*（Cambridge，Mass. and London: Harvard University Press，1979），114–127。
25. Quoted in Lewis, *Arabs in History*, 134.
26. *The Travels of Leo of Rozmital*, trans. and ed. Malcolm Letts (Cambridge: Cambridge University Press, 1957), 91–92.
27. Fletcher, *The Cross and the Crescent*, 22–23.
28. Colin Smith (ed.), *Christians and Moors in Spain* (Warminster: Aris & Philips, 1988), i, 65–67, and see Jessica A. Coope, *The Martyrs of Córdoba: Community and Family Conflict in an Age of Mass Conversion* (Lincoln, Nebr. and London: University of Nebraska Press, 1995), 67–69.
29. Quoted in Bernard Lewis, *The Muslim Discovery of Europe* (New York and London: W. W. Norton and Co., 1982), 19, and 'Europe and Islam: Muslim Perceptions and Experiences', in *From Babel to Dragomans: Interpreting the Middle East* (Oxford: Oxford University Press, 2004), 124。他把它和“与此相反的，在 19 世纪，在阿富汗的荒原被部落民抓住的英属印度的一些侦查人员”做了对比。
30. *Decline and Fall of the Roman Empire*, LII.
31. S. D. Goiten, 'The Origin of the Vizierate and its True Character', in *Studies in Islamic History and Institutions* (Leiden: Brill, 1966), 168–196.
32. Quoted in Richard Hodges and David Whitehouse, *Mohammed, Charlemagne and the Origins of Europe* (Ithaca, NY: Cornell University Press, 1983), 126–127.
33. Quoted in Lewis, *Arabs in History*, 131.
34. G. Levi Della Vida, 'La corrispondeza di Berta di Toscano col Califfo Muktafi', *Rivista storica italiana*, 66 (1954), 21–38.
35. Lewis, *Muslim Discovery of Europe*, 76.
36. Quoted in Sanjay Subrahmanyam, 'Taking Stock of the Franks: South Asian Views of Europeans and Europe 1500–1800', *Indian Economic and Social History Review*, 42 (2005), 6–100, at 69.
37. Fletcher, *The Cross and the Crescent*, 50.
38. Patricia Crone, *Medieval Islamic Political Thought* (Edinburgh: Edinburgh University Press, 2004), 171–172.
39. H. Fradkin, 'The Political Thought of Ibn Tufayl', in E. Butterworth (ed.), *The Political Aspects of Islamic Philosophy* (Cambridge, Mass.: Harvard University Press, 1992), 234–261.
40. *Inferno*, iv. 36–39.
41. *Fasl Al-Maqâl,* para. 5: *Averroès Discours décisif*, trans. Marc Geoffroy (Paris: Flammarion, 1996), 107.
42. *Fasl Al-Maqâl*, para. 7: *Averroès Discours décisif*, 109.

43. 'L'Islamisme et la Science', in *Œuvres complètes de Ernest Renan*, ed. Henriette Psichari, 4 vols. (Paris: Calmann-Lévy, 1947), 954–956.
44. Ibid. 947–949.
45. *Averroès et l'Averroïsme* (1852), in *Œuvres complètes de Ernest Renan*, iii, 23.
46. Quoted in Franco Cardini, *Europe e Islam: Storia di un malinteso* (Rome and Bari: Laterza, 2002), 130.
47. Trans. John Lamoreaux, 'Early Eastern Christian Responses to Islam', in John Tolan (ed.), *Medieval Christian Perceptions of Islam: A Book of Essays* (New York: Garland Press, 1996), 14–15.
48. *Adversus haereses*, I, xxvi, 3.
49. James Kritzeck, *Peter the Venerable and Islam* (Princeton: Princeton University Press, 1964), 17–18.
50. Migne, *Patrologia Latina*, CXLVIII, 450–452. 同见 Hourani 的评论 , *Islam in European Thought*, 9.
51. *De Haeresibus*, in Daniel J. Sahas, *John of Damascus on Islam: The 'Heresy of the Ishmaelites'*(Leiden: E. J. Brill, 1972), 133.
52. Ibid. 139.
53. Migne, *Patrologia Latina*, CLXXXXI, 671.
54. Quoted in James Kritzeck, *Peter the Venerable and Islam*, 142–143.
55. Quoted in Norman Daniel, *Islam and the West: The Making of an Image* (Edinburgh: Edinburgh University Press, 1960), 68.
56. *De Haeresibus*, 32–48.
57. *Chanson de Roland*, v. 3164.
58. *The Prince*, ed. and trans. David Wootton (Indianapolis: Hackett, 1995), 55.
59. Quoted in Anthony Pagden, *European Encounters with the New World* (New Haven and London: Yale University Press, 1993), 36.

第六章

1. 或者说是从他同时代人的记录或听众的反应中看出来的。不幸的是，他真正说的话没有被记录下来。
2. Quoted in Jonathan Riley-Smith, *The First Crusaders, 1095–1131* (Cambridge: Cambridge University Press, 1997), 61.
3. Ibid. 20.
4. Jonathan Riley-Smith, *The First Crusade and the Idea of Crusading* (London: Athlone Press, 1986), 26.
5. Mathew 16: 24.
6. *Gesta Francorum et aliorum Hierosolimitanorum* [*The Deeds of the Franks and the other Pilgrims to Jerusalem*], ed. Rosalind Hill (London and Edinburgh: Thomas Nelson, 1962), 17.
7. *Epist*. 189. 6 [to Bonifatius], *Patrologia Latina*, XXXIII, 856.
8. From *La Chanson d'Antioche*, in Louise and Jonathan Riley-Smith, *The Crusades: Idea and Reality, 1095–1272* (London: Edward Arnold, 1981), 72.
9. From Baldric of Bourgueil's *Historia Jerosolimitana*, 引自 J. Riley-Smith, *The First Crusade*, 48–49.
10. Peter Partner, *God of Battles: Holy Wars in Christianity and Islam* (London: Harper Collins, 1997), 82.
11. From the *Historia*, in L.and J. Riley-Smith, *The Crusades: Idea and Reality*, 54.
12. Carole Hillenbrand, *The Crusades: Islamic Perspectives* (Edinburgh: Edinburgh University Press, 1999), 295–296.
13. J. Riley-Smith, *The First Crusade*, 92.
14. Ibn al-Qalânisî, *The Damascus Chronicle of the Crusades*, extracted and trans. H. A.

R. Gibb (London: Luzac and Co., 1932), 48.
15. Sir Steven Runciman, 'The First Crusade: Antioch to Ascalon', in Kenneth M. Setton (ed.), *A History of the Crusades* (Madison, Milwaukee, and London: University of Wisconsin Press, 1969), i. 308–342.
16. *Gesta Francorum et aliorum Hierosolimitanorum*, 92.
17. Quoted in J. Riley-Smith, *The First Crusade*, 77.
18. *Crusader Castles*, a new edn. with introd. and notes by Denys Pringle (Oxford: Oxford University Press, 1988), 77.
19. Usamah Ibn Munquid, *An Arab-Syrian Gentlemen and Warrior in the Period of the Crusades* (New York: Columbia University Press, 1929), 29.
20. Ibn al-Qalânisî, *The Damascus Chronicle of the Crusades*, 269.
21. From *De consideratione*, in L.and J. Riley Smith, *The Crusades: Idea and Reality*, 62.
22. Partner, *God of Battles*, 93.
23. Quoted in Sir Hamilton A. R. Gibb, *The Rise of Saladin 1169–1189*, in Setton (ed.), *A History of the Crusades*, i. 567.
24. Quoted in Marshall W. Baldwin, *The Decline and Fall of Jerusalem, 1174–1189*, in Setton (ed.), *A History of the Crusades*, i. 612.
25. Quoted in Hillenbrand, *The Crusades: Islamic Perspectives*, 180.
26. Geoffrey Hindley, *Saladin: A Biography* (London: Constable, 1976), 49.
27. *Storici arabi delle crociate*, ed. Francesco Gabrieli (Turin: Einaudi, 1957), 86–87.
28. Quoted in E. Karsh, *Islamic Imperialism: A History*, 83.
29. 关于萨拉丁更有批判性的观点，见 M. C. Lyons and D. E. P. Jackson, *Saladin: The Politics of Holy War*（Cambridge: Cambridge University Press, 1982）。
30. *Essai sur les mœurs*, ed. R. Pomeau, 2 vols. (Paris: Bordas, 1990), i. 581. 参见下文 282–283 页。
31. *Decline and Fall of the Roman Empire*, LIX.
32. *The Talisman*, cap. VI.
33. Hillenbrand, *The Crusades: Islamic Perspectives*, 593.
34. Elizabeth Siberry, *The New Crusaders: Images of the Crusades in the Nineteenth and Early Twentieth Centuries* (Aldershot: Ashgate, 2000), 67–68.
35. Described by Hillenbrand, *The Crusades: Islamic Perspectives*, 594–601.
36. *Decline and Fall of the Roman Empire*, LX.
37. *Essai sur les mœurs*, i. 585.
38. *History of England*, I, xiv.
39. *Decline and Fall of the Roman Empire*, LXI.
40. *This Too a Philosophy of History for the Formation of Humanity* (1774), in *Herder: Philosophical Writings*, ed. Michael N. Forster (Cambridge: Cambridge University Press, 2002), 306.
41. *Itinéraire de Paris à Jérusalem*, ed. Jean-Claude Berchet (Paris: Gallimard, 2003), 445–446.
42. Siberry, *The New Crusaders*, 67.
43. Ibid. 407.
44. Quoted by Elizabeth Siberry in 'Images of the Crusades in the Nineteenth and Twentieth Centuries', in Jonathan Riley-Smith (ed.), *The Oxford Illustrated History of the Crusades* (Oxford and New York: Oxford University Press, 1997), 565–585.
45. *Social Justice in Islam* [*Al-'adalat al-ijtima'iyya fi'l-Islam*], in William E. Shepard, *Sayyid Qutb and Islamic Activism: A Translation and Critical Analysis of Social Justice in Islam* (Leiden, New York, and Cologne: E. J. Brill, 1996), 286–287. 关于库特卜出色的生动描述，见 Lawrence Wright，*The Looming Tower: Al-Qaeda and the Road to 9/11*（New York: Alfred Knopf, 2006）, 7–31.
46. Todd S. Purdum, 'Bush Warns of a Wrathful Shadowy and Inventive War', *New York Times*, 17 September 2001, A2.
47. Gilles Kepel, *The War for Muslim Minds: Islam and the West* (Cambridge, Mass.: and London: Belknap Press, 2004), 117.

48. Ofra Bengio, *Saddam's Word: Political Discourse in Iraq* (New York and Oxford: Oxford University Press, 1998), 82–84.
49. 来自一个匿名小册子，题目是 *Nationalist Documents to Confront the Crusader Attack on the Arab Homeland*，引自 Hillenbrand，*The Crusades: Islamic Perspectives*，609–610。

第七章

1. 奥斯曼人的早期历史，见 Caroline Finkel，*Osman's Dream: The Story of the Ottoman Empire, 1300–1923*（New York：Basic Books，2006），1–47；Heath W. Lowry；*The Nature of the Early Ottoman State*（Albany，NY：State University of New York Press，2003）；Paul Wittek，*The Rise of the Ottoman Empire*（New York：B. Franklin，London，1971）；Halil Inalcık，'The Question of the Emergence of the Ottoman State'，*International Journal of Turkish Studies*，2（1980），71–79。
2. *The Travels of Ibn Battuta*, trans. H. A. R. Gibb (Cambridge: Cambridge University press, 1962), ii. 453, and quoted in Caroline Finkel, *Osman's Dream*, 13–24.
3. Quoted in Steven Runciman, *The Fall of Constantinople 1453* (Cambridge：Cambridge University Press，1965), 21. 这仍然是对这座城市的陷落最生动、最形象的描述。
4. Michael A. Sells, *The Bridge Betrayed: Religion and Genocide in Bosnia* (Berkeley, Los Angeles, and London: University of California Press, 1996), 38–45.
5. Quoted in Runciman, *The Fall of Constantinople 1453,* 1.
6. Ibid. 10.
7. Kristovoulos, *History of Mehmed the Conqueror*, trans. Charles T. Riggs (Princeton: Princeton University Press, 1954), 29.
8. Ibid. 58–59.
9. Jacques Heers, *Chute et mort de Constantinople 1204–1453* (Paris: Perrin, 2005), 247.
10. Kristovoulos, *History of Mehmed the Conqueror*, 60–61.
11. Michele Ducas, *Historia turco-byzantina*, in Agostini Pertusi, *La caduta de Costantinpoli*, ii. *L'eco nel mondo* (Milan: Mondadori, 1976), 167.
12. Quoted in Finkel, *Osman's Dream*, 52.
13. Kristovoulos, *History of Mehmed the Conqueror*, 72–73.
14. Quoted in Gustave Schlumberger, *Le Siège, la prise et le sac de Constantinople en 1453* (Paris: Plon, 1935), 330.
15. Kristovoulos, *History of Mehmed the Conqueror*, 76. 他还提到俘虏达 5 万人，这肯定言过其实。
16. Isidore of Kiev to Cardinal Bessarion, Candia, 6 July 1453, in Agostino Pertusi, *La caduta di Constantinopli*, i. *Le testimonianze dei contemporanei* (Milan: Mondadori, 1976), 76.
17. Quoted in Runciman, *The Fall of Constantinople 1453*, 149. 阿甫拉昔牙卜是图兰传说中的英雄 – 国王。
18. Quoted in James Hankins, 'Renaissance Crusaders: Humanist Crusade Literature in the Age of Mehmed II', *Dumbarton Oaks Papers*, 49 (1995), 111–207, at 122.
19. Agostino Pertusi, *Testi inediti e poco noti sulla caduta di Constantinopoli* (Bologna: Patron, 1983), 74, 76.
20. 在阿卜杜勒 · 哈米德一世（1774—1789 年在位）、他的继承人塞利姆三世（1789—1807 年在位）和马哈茂德二世（1808—1839 年在位）统治期间，硬币上"君士坦丁堡"的字样被"伊斯坦布尔"取代，参考 Finkel，*Osman's Dream*，383。
21. Finkel, *Osman's Dream*, 53.
22. 这很可能是个传说。但是穆罕默德的图书馆里肯定有希腊语书籍，而且他略懂希腊语，见 J. Raby, 'Mehmed the Conqueror's Greek Scriptorium', *Dumbarton Oaks Papers*, 37 (1983), 15–34.

23. Kristovoulos, *History of Mehmed the Conqueror*, 181–182.
24. James Hankins, 'Renaissance Crusaders: Humanist Crusade Literature in the Age of Mehmed II', 139.
25. Steven Runciman, *The Great Church in Captivity: A Study of the Patriarchate of Constantinople from the Eve of the Turkish Conquest to the Greek War of Independence* (Cambridge: Cambridge University Press, 1968), 182–185.
26. Quoted in Heers, *Chute et mort de Constantinople 1204–1453*, 263.
27. 关于此事的描述，见 Runciman，*The Fall of Constantinople 1453*，166–167。
28. Ibid. 166.
29. *The Memories of a Renaissance Pope: the Commentaries of Pius II*, trans.F. A. Gragg (New York: Capricorn Books, 1962), 237.
30. *Lettera a Maometto II (Epistola ad Mahumetem)*, ed. Giuseppe Tofanin (Naples: R. Pironti, 1953).
31. Finkel, *Osman's Dream*, 72–73.
32. 关于这幅画的这一种以及其他解释，见 M.-P. Oedani-Fabris，'Simbologia ottoman a nell'opera di Gentile Bellini'，*Atti dell'Istituto veneto di scienze, lettere ed arti*，155（1996–1997），1–29。
33. Isidore of Kiev to the 'Faithful of Christ', Candia, 8 July 1453, in Pertusi, *La caduta di Constantinopli,* 84, 82.
34. Anon., *The Policy of the Turkish Empire* (London, 1597), A3[v].
35. Quoted in Bernard Lewis, *Islam and the West* (Oxford and New York: Oxford University Press, 1993), 72.
36. Norman Housley, *The Later Crusades 1272–1580* (Oxford: Oxford University Press, 1991).
37. *Commentario delle cose dei Turchi* (Venice, 1538), f. diii[r].
38. Cornell H. Fleischer, 'The Lawgiver as Messiah: The Making of the Imperial Image in the reign of Süleymân', in Gilles Veinstein (ed.), *Soliman le Mgnifique et son temps* (Paris: École du Louvre, 1992), 159–178. 早在 1421 年，已经有人称穆罕默德为"哈里发"，但是苏莱曼是第一个从 16 世纪 40 年代的正式文件里（'Law Book of Buda'）被称为哈里发的。See Colin Imber 'Süleymân as Caliph of the Muslims: Ebû's-Su'ûd's formulation of Ottoman dynastic ideology', in Veinstein (ed.)，*Soliman le Manifique et son temps*, 176–184.
39. Quoted in Finkel, *Osman's Dream*, 115.
40. *The Turkish Letters of Ogier Ghiselin de Busbecq*, trans. Edward Forster (Oxford: Clarendon Press, 1927), 112.
41. 关于这场战争的军事与战略细节，见 Hanson，*Carnage and Culture*，233–239。
42. *Discours politiques et militaires*, ed. F. E. Sutcliffe (Geneva: Droz, 1967), 439.
43. 对向维也纳行军的生动叙述，见 John Stoye，*The Siege of Vienna*（New York and Chicago: Holt, Rinehart and Winston, 1964），15–23。
44. Ibid. 52.
45. Quoted in Bernard Lewis, *What went Wrong? The Clash between Islam and Modernity in the Middle East* (London: Weidenfeld and Nicolson, 2002), 16.
46. Quoted in Runciman, *The Fall of Constantinople 1453*, 178.
47. Mark Mazower, *The Balkans: A Short History* (New York: Modern Library, 2002), 69.
48. *L'Esprit des lois*, III, 14.
49. Quoted in Lindsey Hughes, *Russia in the Age of Peter the Great* (New Haven and London: Yale University Press, 1998), 296.
50. *L'Europe: Genèse d'une civilisation* (Paris: Perrin, 1999), 176.

第八章

1. 根据历史学家与宣传家雷蒙德。Quoted in Donald Kelley, *The Beginning of Ideology:*

Consciousness and Society in the French Reformation (Cambridge: Cambridge University Press, 1981), 28.

2. Quoted in Euan Cameron, *The European Reformation* (Oxford: Clarendon Press, 1991), 1.
3. *First Tract on Government*, in Mark Goldie (ed.), *Political Essays* (Cambridge: Cambridge University Press, 1997), 48–49.
4. Quoted in Strobe Talbott, *A Gathering of Tribes: The Story of a Big Idea* (forthcoming).
5. Quoted in Theodore K. Rabb, *The Struggle for Stability in Early-Modern Europe* (New York: Oxford University Press, 1975), 81.
6. *On Liberty*, in *On Liberty and Other Writings*, ed. Stefan Collini (Cambridge: Cambridge University Press, 1989), 11.
7. *Leviathan*, ed. Richard Tuck (Cambridge: Cambridge University Press, 1991), I, 3, p. 24.
8. Quoted in Anthony Pagden, *The Fall of Natural Man: The American Indian and the Origins of Comparative Ethnology* (Cambridge: Cambridge University Press, 1982), 67.
9. *The Elements of Law, Natural and Political*, 2.10.8, ed. Ferdinand Tönnies 2nd. edn. (London Frank Cass & Co., 1969), 188–189.
10. *An Anatomie of the World: The First Anniversary*, ii. 205–208, 213–218.
11. *Second Meditation*, 7. 25.
12. *An Essay Concerning Human Understanding*, I, iii, 2.
13. Ibid. II, xxviii.
14. Letter to Michael Ainsworth in 1709, in *Life, Unpublished Letters, and Philosophical Regimen of Anthony, Earl of Shaftesbury*, ed. Benjamin Rand (London: S. Sonnenschein & Co., 1900), 403–405.
15. *De Cive*, 1. 7: *On the Citizen*, trans. and ed. Richard Tuck and Michael Silverthorne (Cambridge: Cambridge University Press, 1998), 27.
16. See Richard Tuck, 'The "Modern" Theory of Natural Law', in Anthony Pagden (ed.), *The Languages of Political Theory in Early-Modern Europe* (Cambridge: Cambridge University Press, 1987), 99–119.
17. James Boswell, *Journal of a Tour to the Hebrides with Samuel Johnson, 1733*, ed. Frederick A. Pootle and Charles H. Bennet (New Haven: Yale University Press, 1961), 189.
18. *Système de la Nature*, in *Œuvres philosophiques complètes*, ed. Jean-Pierre Jackson, 2 vols. (Paris: Éditions Alive, 1999), ii. 165.
19. 'An Answer to the Question: What is Enlightenment?', in *Political Writings*, ed. Hans Reiss, trans. H. B. Nisbet (Cambridge: Cambridge University Press, 1991), 56.
20. A. xii.
21. 'An Answer to the Question: What is Enlightenment?', 57.
22. *Esquisse d'un tableau historique des progrès de l'esprit humain*, ed. Alain Pons (Paris: Flammarion, 1988), 74.
23. Ibid. 208, 266.
24. *The Prince of Abissinia: A Tale* (London, 1759), 47, 116, and see Jack Goody, *The East in the West* (Cambridge: Cambridge University Press, 1992), 2–4.
25. 见 Ian Buruma 和 Avishi Margalit 对这些反西方的刻板印象的扼要而中肯的叙述，*Occidentalism: The West in the Eyes of its Enemies* (New York: Penguin Press, 2004).
26. *Daybreak: Thoughts on the Prejudices of Morality*, trans R. J. Hollingdale (Cambridge: Cambridge University Press, 1993), 118.

第九章

1. Sanjay Subrahmanyam, 'Taking Stock of the Franks: South Asian Views of Europeans

and Europe 1500–1800', *Indian Economic and Social History Review*, 42 (2005), 6–100: 88.
2. Jonathan Spence, *The Question of Hu* (New York: Vintage Books, 1989).
3. 'Some Reflections on the Persian Letters', in *Persian Letters*, trans. C. J. Betts (New York, Viking-Penguin Inc., 1973), 283.
4. Ibid. 83, Letter 30.
5. Ibid. 124, Letter 59.
6. *L'Esprit des lois*, XX, 1.
7. *A Grammar of the Persian Language*, in *The Collected Works of Sir William Jones* (1807) facs. edn. 13 vols. (New York: New York University Press, 1993), v. 165.
8. *Orientalism* (New York: Vintage Books, 1979), 7.
9. For an account of just how crude see Bernard Lewis, 'The Question of Orientalism', in *Islam and the West* (Oxford and New York: Oxford University Press, 1993), 99–118.
10. 'The Third Anniversary Discourse, delivered 2 February, 1786' [to the Asiatic Society of Calcutta], in *The Collected Works of Sir William Jones* (1807) facs. edn. (New York: New York University Press, 1993), iii. 34.
11. William Jones, *Disssertation sur la littérature orientale* (London, 1771), 10–11.
12. 'The Fourth Anniversary Discourse, delivered 15 February, 1787' [to the Asiatic Society of Calcutta], in *The Collected Works of Sir William Jones*, iii. 50.
13. *Letters*, in *The Collected Works of Sir William Jones*, ii. 652.
14. *A Grammar of the Persian Language*, in *The Collected Works of Sir William Jones*, v. 167.
15. William Jones, *Disssertation sur la littérature orientale*, 50.
16. 'The Best Practicable System of Judicature for India', in *The Collected Works of Sir William Jones*, vol. i. p. cxxxiii.
17. Quoted in Bernard Cohn, 'The Command of Language and the Language of Command' in Ranajit Guha (ed.), *Subaltern Studies* (Delhi, 1985), iv. 295.
18. See S. N. Muherjee, *Sir William Jones: A Study in Eighteenth-Century British Attitudes to India* (Cambridge: Cambridge University Press, 1968).
19. James Boswell, *The Life of Samuel Johnson* (Oxford: Oxford University Press, 1983), 159.
20. 'The Fourth Anniversary Discourse', 36.
21. William Jones, *Disssertation sur la littérature orientale*, 52.
22. Max Müller, *Lectures on the Science of Language* (London: Longman, 1864), 219–220.
23. Max Müller, *Theosophy or Psychological Religion*, in *Collected Works of the Right Hon. F. Max Müller*, 18 vols. (London: Longman, 1898), iv. 73.
24. Arnaldo Momigliano, *Preludio settecentesco a Gibbon* (1977), in *Fondamenti della storia antica* (Turin: Einaudi, 1984), 312–327.
25. Quoted by Girolamo Imbruglia, 'Tra Anquetil-Duperron e *L'Histoire de Deux Indies*: Libertà, dispotismo e feudalismo', *Rivista storica italiana*, 106 (1994), 141.
26. *Discours préliminaire ou introduction au Zend-Avesta*, in Abraham Hyacinth Anquetil-Duperron, *Voyage en Inde 1754–1762*, ed. Jean Deloche, Manonmani Filliozat, Pierre-Sylvain Filliozat (Paris: École française d'Extrême-Orient, 1997), 64.
27. *Considérations philosophiques et géographiques sur les deux mondes* (1780–1804), ed. Guido Abbatista (Pisa: Scuola Normale Superiore, 1993).
28. *Législation orientale* (Amsterdam, 1778), 181.
29. 唯一一本关于安克蒂尔 – 杜伯龙的传记是 Raymond Schwab, *Vie d'Anquetil-Duperron* (Paris: Libraire Ernest Leroux, 1934)，但是它基本是引用安克蒂尔 – 杜伯龙自己在 *Discours préliminaire ou introduction au Zend-Avesta* 里对 1754 年到 1762 年间的经历的叙述。
30. *Discours préliminaire ou introduction au Zend-Avesta*, 74–75.
31. 关于琐罗亚斯德及其创造的宗教的更多内容，请参考前文 127–129 页。

32. *Discours préliminaire ou introduction au Zend-Avesta*, 95.
33. Ibid. 255.
34. Ibid. 342.
35. Quoted by Schwab, *Vie d'Anquetil-Duperron*, 85.
36. *Discours préliminaire ou introduction au Zend-Avesta*, 449.
37. Ibid. 462.
38. Quoted in Schwab, *Vie d'Anquetil-Duperron*, 98–99.
39. 'Letter to the University of Oxford' in *The Collected Works of Sir William Jones*, i. 367; 'Lettre à Monsieur A....Du P....dans laquelle est compris l'examen de sa traduction des livres attributés à Zoroastre [23 November 1771]', in *The Collected Works of Sir William Jones*, x. 410–413.
40. 'Lettre à Monsieur A....Du P...', 417.
41. *Discours préliminaire ou introduction au Zend-Avesta*, 74.
42. 'Lettre à Monsieur A....Du P...', 408–409.
43. Ibid. 438.
44. *A Dissertation on the Languages, Literature and Manners of the East* (Oxford, 1777), 126.
45. Quoted in Schwab, *Vie d'Anquetil-Duperron*, 99.
46. See Garland Cannon, *The Life and Mind of Oriental Jones: Sir William Jones, the Father of Modern Linguistics* (Cambridge: Cambridge University Press, 1990), 44.
47. *The Sacred Books of the East* (1887; Delhi: Motilal Banarsidass, 1992), IV. 1; XVI.
48. *Le Pyrrhonisme de l'histoire*, in *Œuvres complétes de Voltaire*, 52 vols. (Paris: Garnier fréres, 1877–1885), xxvii. 237.
49. *Essai sur les mœurs*, ed. Pomeau, i. 268.
50. *L'Esprit des lois*, XVII, 3–2.
51. 'Of National Characters', in *Essays, Moral Political and Literary*, ed. Eugene F. Miller (Indianapolis: Liberty Classics, 1985), 204.
52. 关于这个术语的历史，见经典文章 Franco Venturi，'Oriental despotism'，*Journal of the History of Ideas*，24（1963），133–142 和 Richard Kroebner，'Despot and Despotism: Vicissitudes of a Political Term'，*Journal of the Warburg and Courtauld Institutes*，14（1951），275–302，以及最近出版的 Joan-Pau Rubiés，'Oriental Despotism and European Orientalism: Botero to Montesquieu'，*Journal of Early-Modern History*，92（2005），109–180。
53. See Jürgen Osterhammel, *Die Entzauberung Asiens: Europa und die asiatischen Reiche im 18. Jahrhundert* (Munich: C. H. Beck, 1988), 284–306.
54. *Evenemens particuliers, ou ce qui s'est passé de plus considerable après la guerre pendant cinq ans...dans les etats du Grand Mongol* (Paris, 1670), 256–257.
55. *L'Esprit des lois*, I, 14.
56. *Persian Letters*, 234, Letter 131. 孟德斯鸠对导致三种政体——君主制、共和制和独裁制——的原则做出的出色区分，见 *L'Esprit des lois*, III。
57. *L'Esprit des lois*, I, 3.
58. *Le fanatisme, ou Mahomet le prophète: Tragédie en cinq actes*（1741 年 4 月在里尔首次演出）, Act I，scene 5。
59. *Esquisse d'un tableau historique des progrès de l'esprit humain*, ed. Alain Pons (Paris: Flammarion, 1988), 172.
60. *The Muqaddimah: An Introduction to History*, trans. Franz Rosenthal (Princeton: Princeton University Press, 1967), 120–121.
61. *Essai sur les mœurs* , i. 821–822.
62. *Législation orientale*, 32.
63. *Essai sur les mœurs*, i. 832.
64. Ibid. i, 835.
65. Ibid. ii, 415–416.
66. Ibid. 773.
67. Montesquieu, *L'Esprit des lois*, X, 14.

68. *Essai sur les mœurs*, ii. 767.
69. Ibid. i. 231.
70. Ibid. ii. 772.
71. Ibid. i. 271.
72. Ibid. 203.
73. Ibid. 59.
74. David Whitehouse and A. Williamson, 'Sasanian maritime trade', *Iran*, 11 (1973), 29–49.
75. Quoted in John Larner, *Marco Polo and the Discovery of the World* (New Haven and London: Yale University Press, 2001), 22.
76. Ibid. 20.
77. This is described by Richard Southern in *Western Views of Islam in the Middle Ages* (Cambridge, Mass.: Harvard University Press, 1962), 47–49.
78. Quoted in Larner, *Marco Polo and the Discovery of the World*, 24.
79. *The Anatomy of Melancholy*, ed. T. Faulkner et al. (Oxford: Clarendon Press, 1989–1990), ii, 34, 38.
80. 'Reflections on the Philosophy of History', in *On World History: An Anthology*, ed. Hans Adler and Ernst A. Menze Armonk (New York and London: M. E. Sharpe, 1997), 235.
81. Lionel Jensen, *Manufacturing Confucianism: Chinese Tradition and Universal Civilization* (Durham, NC: Duke University Press, 1997).
82. See A. J. Festugière, *La Révélation de Hermés Trismegéste* (Paris: Les Belles Lettres, 1981).
83. Franklin Perkins, *Leibniz and China: A Commerce of Light* (Cambridge: Cambridge University Press, 2004), 8–9.
84. *New Essays*, quoted in Franklin Perkins, 'Leibniz and Chinese Morality', *Journal of the History of Ideas*, 63 (2002), 447–464, at 460.
85. Quoted in Jonathan Spence, *Emperor of China: Self-Portrait of K'ang-Hsi* (New York: Knopf, 974), 80–81, and in Perkins, *Leibniz and China*, 124.
86. Preface to the *Novissima Sinica* (196–199) in Gottfried Wilhelm Leibniz, *Writings on China*, ed. and trans. Daniel J. Cook and Henry Rosemont Jr. (Chicago and La Salle, Ill.: Open Court, 1994), 10.
87. Quoted in Perkins, 'Leibniz and Chinese Morality', 455.
88. *Essai sur les mœurs*, i. 220.
89. *Novissima Sinica*, 2–3.
90. Perkins, *Leibniz and China*, 122.
91. Quoted in David Landes, *Revolution in Time: Clocks and the Making of the Modern World* (Cambridge, Mass.: Harvard University Press, 1983), 45.
92. Quoted in Jacques Gernet, *China and the Christian Impact: A Conflict of Cultures*, trans. Janet Lloyd (Cambridge: Cambridge University Press, 1982), 242–243.
93. Quoted in Spence, *Emperor of China: Self-Portrait of K'ang-His*, 74.
94. 参见下文 321 页。
95. Quoted in Landes, *The Wealth and Poverty of Nations*, 341.
96. William Jones, *Disssertation sur la littérature orientale*, 8–9.
97. W. Schluchter, *The Rise of Western Rationalism: Max Weber's Developmental History* (Berkeley and Los Angeles: California University Press, 1981), 61–67.
98. *An Inquiry into the Nature and Causes of the Wealth of Nations*, II, 672.
99. *Despotisme de la Chine*, in *Ephémérides du citoyen, ou bibliothéque raisonée des sciences morales et politiques* (Paris, 1767), I, 3.
100. *État de la Chine selon ses détracteurs*——对魁奈的观点做出了逐条驳斥——见 Guillaume-Thomas Raynal, *Histoire philosophique et politique des etablissemens et du commerce des Européens dans les deux Indes*, in *Œuvres*, ed. Laurent Versini (Paris, Robert Laffont, 1995), iii. 652.
101. *Essai sur les mœurs*, ii. 783.

102. Ibid. i. 231.
103. *Journal of the Proceedings of the Late Embassy to China* (London, 1817), 491.
104. *Locksley Hall*, ll. 127–128; 184.
105. *L'Esprit des lois*, VII, 21.
106. *Essai sur les mœurs*, i. 216.
107. *État de la Chine selon ses détracteurs*, 652.
108. *Essai sur les mœurs*, i. 215.
109. 'Reflections on the Philosophy of History', 232.
110. *The History of the Reign of the Emperor Charles V* (1769; London, 1802), i. 471.
111. 'Reflections on the Philosophy of History', 247.
112. Quentin Skinner, 'Machiavelli's Discorsi and the Pre-Humanist Origins of Republican Ideas', in Gisela Bock, Quentin Skinner, and Maurizio Viroli (eds.), *Machiavelli and Republicanism* (Cambridge: Cambridge University Press, 1990), 121–142.
113. 'Reflections on the Philosophy of History', 169.
114. Ibid. 241–243.
115. *Village Communities in the East and the West* (London: John Murray, 1881), 7.
116. *The Philosophy of History*, trans. J. Sibree (New York: Dover Publications, 1956), 99.
117. Ibid. 142–143.
118. *Voyage en Syrie et en Égypte* (1787–1799), ed. Anne Deneys-Tunney and Henry Deneys in *Œuvres* (Paris: Fayard, 1998), iii. 15–16.
119. Ibid. 161–162.
120. Ibid. 194.
121. 伏尔内对帕尔米拉的描述，见上书，第474—480页。他的思考见 *Les Ruines ou méditation sur les révolutions des empires*, in *Œuvres*, ed. Anne and Henry Deneys, 2 vols.（Paris: Fayard, 1989），i. 171–173，232–234。该书英译本的书名为 *The Ruins: or a Survey of the Revolutions of Empires*。他认为帝国（实际上，伏尔内指的是所有文明）只有在今天所说的“自由民主制”繁荣、所有宗教都禁止出现在公共领域时才能兴旺发达。它在全欧洲和新生的美国都非常流行（在美国出版的英译本的译者可能是托马斯·杰斐逊）。
122. *Les Ruines ou méditation sur les révolutions des empires*, i. 245–256.
123. *Moniteur, 5 brumaire* An viii.

第十章

1. *Les Ruines ou méditation sur les révolutions des empires*, i. 245–246.
2. Jacob M. Landau, *The Politics of Pan-Islam: Ideology and Organization* (Oxford: Clarendon Press, 1990), 10–11.
3. Bernard Lewis, *The Emergence of Modern Turkey* (London: Oxford University Press, 1961), 317.
4. 'Considerations sur la guerre des Turks en 1788', in Volney, *Voyage en Syrie et en Égypte*, 641–643.See Lewis, *What Went Wrong?*, 21.
5. Text in Fréderic Masson and Guido Biagi, *Napoléon: Manuscrits inédits 1789–1791*, 8 vols. (Paris: P. Ollendorf, 1907), iii. 17–19.
6. Quoted in Henry Laurens, *Les Origines intellectuelles de l'expédition d'Égypte: L'Orientalisme islamisant en France (1698–1798)* (Istanbul: Éditions Isis, 1987), 190–192.
7. Quoted in Yves Laissus, *L'Égypte, une aventure savante 1798–1801* (Paris: Fayard, 1998), 18.
8. Quoted in Georges Lacour-Gayet, *Talleyrand* (Paris: Éditions Payot, 1990), 321.
9. *Mémoires du Prince de Talleyrand*, 5 vols. (Paris: C. Lévy, 1891–1892), i. 77–78.

10. 引自 Lacour-Gayet, *Talleyrand*, 321.
11. Maya Jasanoff, *Edge of Empire: Conquest and Collecting in the East 1750–1850* (London: Fourth Estate, 2005), 160–162.
12. Quoted in Henry Laurens, *L'Expédition d'Égypte, 1798–1801* (Paris: Éditions de Seuil, 1997) 48.
13. Quoted in Jasanoff, *Edge of Empire*, 163–164.
14. Ibid. 166.
15. Quoted in Edward Ingram, *Commitment to Empire: Prophecies of the Great Game in Asia 1797–1800* (Oxford: Oxford University Press, 1981), 52.
16. *Description de l'Égypte, ou Recueil des observations et des recherches qui ont été faites en Égypte pendant l'expédition de l'armée française, publié par les ordres de Sa Majesté l'empereur Napoléon le Grand*, 2nd edn., 24 vols. (Paris: C. L.-F. Pankoucke, 1821–1830), vol. i. pp. cxlii–cxliii.
17. *Réimpression de l'ancien Moniteur depuis la réunion des États-Generaux jusq'au Consulat* (mai 1789–novembre 1799), xxix (Paris, 1893), 501.
18. *Mémoires de Madame de Rémusat*, 3 vols. (Paris, Calmann Lévy, 1880), i. 274.
19. 完整的名单请见 Laissus, *L'Égypte, une aventure savante 1798–1801*, 524–525.
20. *Voyage en Syrie et en Égypte*, 11–12.
21. Quoted by Niqula al-Turk, *Histoire de l'expédition des Français en Égypte par Nakoula-El-Turk, publiée et traduite par Desgranges aîné* (Paris: Imprimerie royale, 1839), 19.
22. Quoted in Laissus, *L'Égypte, une aventure savante*, 75–76.
23. Ibid. 76.
24. Laurens, *L'Expédition d'Égypte, 1798–1801,* 131.
25. 这一段摘自阿拉伯文版的 *Al Jabarti's Chronicle of the First Seven Months of the French Occupation of Egypt*，ed. and trans. S. Morhe (Leiden: Brill, 1975)，41。
26. 拿破仑用的是 *huqûq* 这个词，它更接近“资格”，而非“权利”，而且基本上都是和神连用，如“神的权利”，不过它也可以指个人向社群要求的权利。
27. *Al Jabarti's Chronicle of the First Seven Months of the French Occupation of Egypt*, 41. Victor Hugo, *Orientales*, XL.
28. *The Life of Napoleon Buonaparte*, 9 vols. (Edinburgh: Cadell and Co., 1827), iv. 83.
29. Quoted in Laurens, *L'Expédition d'Égypte, 1798–1801*, 158.
30. *Du contrat social*, IV. 8 in *Œuvres complètes*, ed. Bernard Gagnebin et Marcel Raymond (Paris: Bibliothèque de la Pléiade, 1964), iii. 462–463.
31. Quoted in C. A. Bayly, *The Birth of the Modern World 1780–1914* (Malden and Oxford: Blackwell, 2004), 108.
32. *Al Jabarti's Chronicle of the First Seven Months of the French Occupation of Egypt*, 20–21.
33. Quoted in Lewis, *Muslim Discovery of Europe*, 183.
34. Laurens, *Les Origines intellectuelles de l'expédition d'Égypte*, 184.
35. Elie Kedourie, *Afghani and 'Abduh: An Essay on Religious Unbelief and Political Activism in Modern Islam* (London: Frank Cass, 1966).
36. *Voyage dans la Basse et la Haute Égypte, pendant les campagnes du général Bonaparte* (Paris: P. Dinot l'ainé, 1802), 174.
37. Quoted in Hillenbrand, *The Crusades: Islamic Perspectives*, 226.
38. *Avec Bonaparte en Égypte et en Syrie 1798–1800*, ed. Christian Tortel (Paris: Éditions Curandera, 1981), 46–47.
39. Quoted in Clement de la Jonquière, *L'Expedition d'Égypte 1798–1801* (Paris: Lavauzela, 1899–1907), i. 462.
40. Michael Haag, *Alexandria: City of Memory* (New Haven and London: Yale University Press, 2005).
41. Quoted by Laurens, *Les Origines intellectuelles de l'expédition d'Égypte*, 96.
42. *Itinéraire de Paris à Jérusalem*, ed. Jean-Claude Berchet (Paris: Gallimard, 2003), 459–460.

43. David Cannadine, *Ornamentalism: How the British saw their Empire* (London: Penguin Books, 2002), 78–79.
44. *Essai sur les mœurs des habitans modernes de l'Égypte,in Description de l'Égypte*, xviii. 26.
45. *Avec Bonaparte en Égypte et en Syrie*, 48.
46. Quoted in Laurens, *L'Expédition d'Égypt, 1798–1801*, 172.
47. Ibid. 124.
48. Ibid. 128.
49. Ibid. 163.
50. *Réimpression de l'ancien Moniteur*, xxix, 654–655.
51. Quoted in Laissus, *L'Égypte, une aventure savante 1798–1801*, 129.
52. *Mémorial de Sainte-Hélène*, ed. Gérard Walter, 2 vols. (Paris: Bibliothèque de la Pléiade, 1956), i. 504.
53. Quoted in Maya Jasanoff, *Edge of Empire: Conquest and Collecting in the East 1750–1850* (London: Fourth Estate, 2005), 201.
54. Ali Bahgat, 'Acte de marriage du General Abdallah Menou avec la dame Zobaidah', *Bulletin de l'Institut egyptien*, 9 (1899), 221–235.
55. Laissus, *L'Égypte, une aventure savante 1798–1801*, 350–351.
56. 'Travail sur l'Algérie', in *Tocqueville sur l'Algérie* (1847), ed. Seloua Luste Boulbina (Paris: Flammarion, 2003), 112.
57. Laissus, *L'Égypte, une aventure savante 1798–1801*, 106–111.
58. Quoted in Laurens, *L'Expédition d'Égypte, 1798–1801*, 160.
59. Ibid. 74.
60. *Avec Bonaparte en Égypte et en Syrie 1798–1800*, 131.
61. *Histoire de l'expédition des Français en Égypte par Nakoula-El-Turk*, 52.
62. *Al Jabarti's Chronicle of the First Seven Months of the French Occupation of Egypt*, 112, and Laurens, *L'Expédition d'Égypte, 1798–1801*, 235.
63. *Avec Bonaparte en Égypte et en Syrie, 1798–1800*, 71.
64. *L'Expédition d'Égypte*, 40.
65. *Voyage dans la Basse et la Haute Égypte*, 39.
66. Laurens, *L'Expédition d'Égypte, 1798–1801*, 165.
67. Ibid. 196.
68. *Réimpression de l'ancien Moniteur*, xxix. 492–493; 497–498.
69. *Voyage en Syrie et en Égypte*, iii. 109.
70. 参见上文 271–272 页。
71. Quoted in Yves Laissus, *L'Égypte, une aventure savante 1798–1801*, 195.
72. *Voyage dans la Basse et la Haute Égypte*, 64–65.
73. Ibid. 64.
74. Quoted in Laissus, *L'Égypte, une aventure savante 1798–1801*, 82.
75. *Essai sur les mœurs des habitans modernes de l'Égypte*, 31.
76. *Avec Bonaparte en Égypte et en Syrie 1798–1800*, 86.
77. *Voyage dans la Basse et la Haute Égypte*, 168.
78. *Essai sur les mœurs des habitans modernes de l'Égypte*, 68.
79. Ibid. 31–34.
80. *On Liberty*, in *On Liberty and Other Writings*, 70–71.
81. *Essai sur les mœurs des habitans modernes de l'Égypte*, 32.
82. *The Manners and Customs of the Modern Egyptians* (New York: Dutton, 1966), 291.
83. *Essai sur les mœurs des habitans modernes de l'Égypte*, 213–214.
84. *Avec Bonaparte en Égypte et en Syrie 1798–1800*, 95.
85. Benjamin Frossard, *Observations sur l'abolition de la traité des nègres presentées a la Convention Nationale* (n.p. 1793); 125. 不过只要奴隶制远离欧洲的边界，拿破仑似乎就不会感到困扰。1802 年，他在妻子马提尼克岛甘蔗种植园主的女儿约瑟芬的催促下，试图在法属圣多米尼克岛恢复奴隶制，从而带来了灾难性的、血腥的后果。

86. *Avec Bonaparte en Égypte et en Syrie 1798–1800*, 99.
87. *Al-Jabarti's Chronicle of the First Seven Months of the French Occupation of Egypt*, 43–47.
88. *The Subjection of Women*, in *On Liberty and Other Writings*, 119.
89. *Essai sur les mœurs des habitans modernes de l'Égypte*, 95–96.
90. *Voyage en Syrie et en Égypte*, 16.
91. Cf. Lane，“很多基督徒断言，穆斯林相信女性没有灵魂”，因此不会有来生，见 *The Manners and Customs of the Modern Egyptians*，67–68。实际上，《古兰经》许诺天堂向所有信者开放，而不论他们是何性别。
92. *Essai sur les mœurs des habitans modernes de l'Égypte*, 90, 95–96, 117.
93. 'Revolutionary Proclamation for Law and Fatherland', in Richard Clogg (ed.), *The Movement for Greek Independence, 1770–1821: A Collection of Documents* (London: Macmillan, 1976), 149.
94. Quoted in Henry Laurens, 'Le Mythe de l'expédition d'Égypte en France et en Égypte aux XIXe et XXe siècles' in Michel Dewachter and Alain Fouchard (ed.), *L'Égyptologie et les Champollion* (Grenoble: Presses Universitaires de Grenoble, 1994), 321–330.
95. Albert Hourani, *Arabic Thought in the Liberal Age 1798–1939* (Cambridge: Cambridge University Press, 1962), 67–102;Laurens, *L'Expédition d'Égypte, 1798–1801*, 471.
96. *Congrès national des forces populaires, La Charte* (Cairo, 1962), 24. Quoted in Henry Laurens, 'Bonaparte a-t-il colonisé l'Égypte?', *L'Histoire*, 216 (1997), 46–49.
97. Fouad Ajami, *The Arab Predicament: Arab Political Thought and Practice since 1967* (Cambridge: Cambridge University Press, 1992), 92–94.
98. *Réimpression de l'ancien Moniteur*, xxix. 681. 还有一个不见于《箴言报》的非常不同的版本，见 Nahum Sokolow，*History of Zionism*（London: Longmans, 1919），i. 63–79 and ii. 220–225，被引用于 Franz Kobler, *Napoleon and the Jews*（New York: Schocken Books, 1975），72。它的内容是：“政治，土耳其，君士坦丁堡，播种月 28 日［4 月 17 日］讯 波拿巴发表宣言，邀请亚洲和非洲的所有犹太人来到这里，集合在他的旗帜下，以重建古老的耶路撒冷。很多人已经武装了起来，他们的军营威胁着阿勒颇。”
99. Henry Laurens 也引用 Sokolow 和 Kobler 的版本，认为作者是吕西安•波拿巴。'Le Projet de'État juif en Palestine, attribué à Bonaparte', *Orientales* (Paris: CNRS Éditions, 2004), i. 123–143.
100. Ibid.
101. Jacques Derogy and Hesi Carmel, *Bonaparte en Terre sainte* (Paris: Fayard, 1992), 25; Laurens, 'Le Projet de'État juif en Palestine, attribué à Bonaparte'.
102. Quoted in John Darwin, *Britain, Egypt and the Middle East: Imperial Policy in the Aftermath of War 1918–1922* (London: Macmillan, 1981), 171.

第十一章

1. Quoted in Lewis, 'The "Sick Man" of Today Coughs Closer to Home', in *From Babel to Dragomans*, 364.
2. 参见上文 157–159 页。
3. Quoted in Karsh, *Islamic Imperialism: A History*, 104–105.
4. Nur Bilge Criss, *Istanbul under Allied Occupation, 1918–1923* (Leiden, Boston, and Cologne: Brill, 1999), 7.
5. Quoted in Mazower, *The Balkans: A Short History*, 51.
6. *A Survey of the Turkish Empire*, in Richard Clogg (ed.), *Movement for Greek Independence, 1770–1821: A Collection of Documents* (London: Macmillan, 1976), 46–47.
7. 'The Paternal Exhortation of Patriarch Anthimos of Jerusalem', in Clogg (ed.),

Movement for Greek Independence, 59–60.

8. The quotation comes from 'Greece under Ottoman rule' (1791), in Clogg (ed.), *Movement for Greek Independence*, 3.
9. 'The Journal of Ioannis Pringos of Amsterdam', in Clogg (ed.), *Movement for Greek Independence*, 42–43.
10. Quoted in David Brewer, *The Flame of Freedom: The Greek War of Independence, 1821–1833* (London: John Murray, 2001), 20.
11. The Holy Synod Anathematises the *Philiki Etairia'*, in Clogg (ed.), *Movement for Greek Independence*, 203.
12. Robert Walsh, *A Residence in Constantinople*, in Clogg (ed.), *Movement for Greek Independence*, 207–208.
13. Thomas Smart Hughes, *Travels in Greece and Albania*, 2 vols. (London: H. Colburn and R. Bentley, 1830), ii. 81, 97.
14. 'Fight for Faith and Motherland', in Clogg (ed.), *Movement for Greek Independence*, 203, 201.
15. Reported in Thomas Gordon, *History of the Greek Revolution*, 2 vols. (London: T. Cadell, 1832), i. 183，and see Clogg, *Short History of Modern Greece*, 47–49.
16. Quoted in William St Clair, *That Greece Might Still be Free: The Philhellenes in the War of Independence* (London: Oxford University Press, 1972), 59.
17. Ibid. 60.
18. William St Clair 有力地描述了大屠杀，ibid. 1–2。
19. Thomas Smart Hughes, *An Address to the People of England in the cause of the Greeks, occasioned by the late inhuman massacres on the Isle of Scio* (London: Simpkin and Marshall, 1822).
20. From the provisional constitution of 1821, quoted in Clogg, *Short History of Modern Greece*, 58.
21. Brewer, *The Flame of Freedom: The Greek War of Independence*, 139.
22. St Clair, *That Greece Might Still be Free*, 177.
23. Quoted in Douglas Dakin, *The Greek Struggle for Independence 1821–1833* (Berkeley and Los Angeles: University of California Press, 1973), 107.
24. Quoted in Brewer, *The Flame of Freedom*, 198.
25. St Clair, *That Greece Might Still be Free*, 174–175.
26. Quoted in C. M. Woodhouse, *The Philhellenes* (London: Hodder and Stoughton, 1969), 116.
27. Quoted in Dakin, *The Greek Struggle for Independence 1821–1833*, 186.
28. Ibid. 202–203.
29. Quoted in Niall Ferguson, *Colossus: The Price of America's Empire* (London: Penguin Books, 2006), 217.
30. *The Memoirs of Sir Ronald Storrs* (New York: G. P. Putnam and Sons, 1937), 206.
31. Quoted in Peter Mansfield, *A History of the Middle East* (New York and London, Penguin Books, 2003), 99.
32. Quoted in Lewis, *The Emergence of Modern Turkey*, 41.
33. Ibid. 222.
34. 1717 年，驻奥斯曼大使的夫人 Mary Wortley Montagu 在伊斯坦布尔看到了预防接种，而且让大使馆的外科医生先后为她 5 岁的儿子和 4 岁的女儿做了预防接种。不过，它似乎起源于中国。
35. Lewis, *Emergence of Modern Turkey*, 53.
36. Ibid. 46.
37. Lewis, *Muslim Discovery of Europe*, 222–223. 不过，虽然乌里玛表示反对，少数钟表匠在 17 世纪时被引入伊斯坦布尔的加拉塔区。
38. Quoted in Finkel, *Osman's Dream*, 376.
39. Lewis, *Emergence of Modern Turkey*, 57.
40. Virginian Aksan, 'Ottoman Political Writing, 1768–1808', *Journal of Middle-Eastern Studies*, 25 (1993), 53–69.

41. Lewis, *Emergence of Modern Turkey*, 71–72.
42. Paul Dumon, 'La Période des *Tanzimât* (1839–1878)', in Robert Mantran (ed.), *Histoire de l'empire ottoman* (Paris: Fayard, 1989), 459–522.
43. Lewis, *Emergence of Modern Turkey*, 106.
44. *Record of Travels in Turkey and Greece etc. and of a Cruise in the Black Sea with the Capitan Pasha, in the years 1829, 1830, and 1831*, 2 vols.(Philadelphia:E.L. Carey, 1833), i. 275–276.
45. Ibid. 277.
46. Ibid. 271.
47. Elie Kedourie, *Arabic Political Memoirs and Other Studies* (London: Frank Cass, 1974), 2.
48. See Feroz Ahmed, *The Young Turks: The Committee of Union and Progress in Turkish Politics 1908–1914* (Oxford: Clarendon Press, 1969).
49. Quoted in Mansfield, *History of the Middle East*, 126, and see Finkel, *Osman's Dream*, 510–518.
50. Kedourie, *Arabic Political Memoirs and Other Studies*, 260.
51. Mazower, *The Balkans*, 101.
52. Quoted in E. Karsh, *Islamic Imperialism*, 101–102. 不过，苏丹刚一宣战，协约国确实迅速达成协议，明确了每个国家在战后会得到奥斯曼帝国的那个部分，并通过 1915 年 3 月到 4 月签订的《君士坦丁堡协定》和次月的《伦敦条约》最终确认。
53. Quoted in E. Karsh, *Islamic Imperialism*, 103, quoting Arnold Toynbee, *Turkey: A Past and a Future* (New York: George H. Dorn, 1917), 28–29.
54. S. Tufan Buzpinar, 'The Hijaz, Abdülhamid II and Amir Hussein's Secret Dealings with the British 1877–1880', *Middle Eastern Studies*, 31 (1995), 99–123.
55. Elie Kedourie, *The Anglo-Arab Labyrinth: The McMahon-Husayn Correspondence and its Interpretations 1914–1939* (Cambridge: Cambridge University Press, 1976), 5.
56. Ibid. 13; *The Memoirs of Sir Ronald Storrs*, 168.
57. Kedourie, *The Anglo-Arab Labyrinth*, 19; *The Memoirs of Sir Ronald Storrs*, 192.
58. Quoted in Efraim Karsh and Inari Karsh, *Empires of the Sand: The Struggle for mastery in the Middle East 1789–1923* (Cambridge, Mass. and London: Harvard University Press, 1999), 173.
59. Kedourie, *Anglo-Arab Labyrinth*, 113–116.
60. Quoted in E. Karsh, *Islamic Imperialism*, 129.
61. *The Memoirs of Sir Ronald Storrs*, 168; David Fromkin, *A Peace to End All Peace: The Fall of the Ottoman Empire and the Creation of the Modern Middle East* (New York: Henry Holt and Company, 1989), 221.
62. Quoted in E. Karsh, *Islamic Imperialism*, 180.
63. Ibid. 187–188.
64. Quoted in E. Karsh and I. Karsh, *Empires of the Sand*, 197.
65. 1916 年 10 月 7 日。Quoted in Fromkin, *A Peace to End All Peace*, 221.
66. Quoted from the *Arab Bulletin*, the official publication of the Arab Bureau, by Fromkin, *A Peace to End All Peace*, 222.
67. *The Memoirs of Sir Ronald Storrs*, 202, 238.
68. Cannadine, *Ornamentalism*, 72.
69. Quoted in Elie Kedourie, *England and the Middle East: The Destruction of the Ottoman Empire, 1914–1921* (Hassock, Sussex: The Harvester Press, 1978), 118.
70. Ibid. 101.
71. 'Nationalism amongst the tribesmen', *Arab Bulletin*, 26 November 1916, in *Secret Despatches from Arabia by T. E. Lawrence* (Cambridge: The Golden Cockerel Press, n.d.), 38–39.
72. *The Seven Pillars of Wisdom: The Complete 1922 Text* (Fordingbridge: Castle Hill Press, 1997), p. i.
73. 'Personal Notes on the Sherifial Family', *Arab Bulletin*, 26 November 1916, in *Secret Despatches from Arabia by T. E. Lawrence*, 35.

74. *The Seven Pillars of Wisdom* , i. 239.
75. Fromkin, *A Peace to End All Peace*, 312.
76. Quoted in Briton Cooper Busch, *Britain, India and the Arabs, 1914–1921* (Berkeley, Los Angles, and London: University of California Press, 1971), 137 n. 57.
77. Ibid. 137–138.
78. Ibid. 139–140. 给赛克斯贴上"洋洋自得的东方学家"标签的，是美索不达米亚民事专员阿诺德·威尔逊专员。
79. *The Romance of the Last Crusade with Allenby to Jerusalem* (New York and London: D. Appleton and Co., 1925), 176–179.
80. 我们不清楚攻占大马士革和劳伦斯自我吹嘘在其中扮演的角色是在什么样的环境下发生的。See Elie Kedourie, 'The Capture of Damascus 1 October, 1918', in *The Chatham House Version and Other Middle Eastern Studies* (New York: Praeger 1970), 48–51.
81. Kedourie, *England and the Middle East*, 97.
82. *The Letters of T. E. Lawrence*, ed. David Garnett (London and Toronto: Jonathan Cape, 1938), 291.
83. Fromkin, *A Peace to End All Peace*, 343.
84. *The Public Papers of Woodrow Wilson*, ed. Ray Stannard Baker and William E. Dodd, 6 vols. (New York and London: Harper and Bros., 1925–1927), v. 159–161.
85. Quoted by Kedourie, from 'England in Egypt', in *England and the Middle East*, 25–26.
86. Salvador de Madariaga, *Portrait of Europe* [*Bosquejo de Europa*](NewYork: Roy Publishers, 1955), 23.
87. Quoted by Finkel, *Osman's Dream*, 488.
88. Leonard S. Woolf, *The Future of Constantinople* (London: George Allen and Unwin, 1917).
89. Darwin, *Britain, Egypt and the Middle East*, 171–172.
90. Bilge Criss, *Istanbul under Allied Occupation*, 7–9.
91. Christopher M. Andrew and A. S. Knaya-Forstner, *The Climax of French Imperial Expansion 1914–1924* (Stanford, Calif.: Stanford University Press, 1981), 180.
92. 这个说法引自 Fromkin，*A Peace to End All Peace*。当然，这本杰作的名字正是来自于它。
93. Andrew and Knaya-Forstner, *Climax of French Imperial Expansion*, 189.
94. Ibid. 203.
95. Quoted in Fromkin, *A Peace to End All Peace*, 401.
96. *Travels in India*, trans. V. Ball (London: Macmillan and Co., 1889), i. 381–384.
97. 第一个使用这个词的是 Colonel Charles Stoddart，他于 1842 年死于"大博弈"之中。See Peter Hopkirk, *The Great Game: The Struggle for Empire in Central Asia* (New York, Tokyo, and London: Kodansha International, 1994).
98. 参见上文 319 页。
99. George Nathanial Curzon, *Persia and the Persian Question* (London: Longmans, 1892), i. 480.
100. Nikki R. Keddie, *Religion and Rebellion in Iran: The Tobacco Protest of 1891–1892* (London: Cass, 1966).
101. Viscount Grey of Fallodon, *Twenty-Five Years 1892–1916* (London: Hodder and Stoughton, 1925), 153.
102. Ibid. 165–166.
103. Quoted in E. Karsh, *Islamic Imperialism*, 125–126.
104. Quoted in Canadine, *Ornamentalism*, 77.
105. Quoted in Fromkin, *A Peace to End All Peace*, 452.
106. Mansfield, *History of the Middle East*, 228.
107. Quoted in E. Karsh and I. Karsh, *Empires of the Sand*, 288.
108. *Tancred or the New Crusade* (London: Longman Green, 1894), 309.
109. *The Jew's State: An Attempt at a Modern Solution to the Issue of the Jews*,critical

Eng. trans. by Henk Overberg (Northvale, NJ and Jerusalem: Jason Aronson, 1991), 134, 145.
110. Ibid. 196.
111. Ibid. 148.
112. Quoted in Ronald Hyam, *Britain's Declining Empire: The Road to Decolonisation 1918–1968* (Cambridge: Cambridge University Press, 2006), 51.
113. Quoted in Isaiah Friedman, *The Question of Palestine: British-Jewish-Arab Relations: 1914–1918* (New Brunswick and London: Transaction Publishers, 1992), 285–286.
114. 参见上文 359 页。
115. *The Jew's State*, 147.
116. Quoted in Hyam, *Britain's Declining Empire*, 55.
117. Quoted in Friedman, *The Question of Palestine*, 126–127.
118. Hyam, *Britain's Declining Empire*, 53–54. 他评论道："很难找到比这个更令人震惊的例子，可以说明在 20 世纪初，西方对假定的伊斯兰的衰落的坚信不疑和对穆斯林利益的无视。"
119. Walter Laquer, *The Israeli-Arab Reader* (London: Penguin, 1970), 37.
120. Michael Cohen, *Palestine and the Great Powers 1945–1948* (Princeton: Princeton University Press).
121. 'Declaration of the Establishment of the State of Israel', in David Armitage, *The Declaration of Independence: A Global History* (Cambridge, Mass. and London: Harvard University Press, 2007), 240.
122. Quoted in E. Karsh, *Islamic Imperialism*, 190.
123. 参见上文 213–214 页。
124. John Darwin, *After Tamerlane: The Global History of Empire* (London and New York: Penguin Allen Lane, 2007), 457.
125. Gamel Abdel Nasser, *Egypt's Liberation: The Philosophy of Revolution* (Washington DC: Public Affairs Press, 1955), 108.
126. 基本情况，见 Keith Kyle，*Suez*（London: Weidenfeld and Nicolson, 1991）。
127. Quoted in E. Karsh, *Islamic Imperialism*, 145.
128. Quoted in C. Ernest Dawn, 'The Origins of Arab Nationalism', in Rashid Khalidi et al. (eds.), *The Origins of Arab Nationalism* (New York and London: Columbia University Press, 1991), 5.
129. Leonard Binder, *The Ideological Revolution in the Middle East* (New York: John Wiley and Sons, 1964), 154–197.
130. 在阿拉伯联合共和国建立前不久，伦敦国际事务协会的一份独立报告将"阿拉伯语世界"比作"俾斯麦之前的德语世界"，预测地方忠诚和竞争"对统一的阿拉伯国家来说过于强大"。See *British Interests in the Mediterranean and Middle East: A Report by a Chatham House Study Group* (London: Oxford University Press, 1958), 54.
131. Amatzia Baram, 'Mesopotamian Identity in Ba'thi Iraq', *Middle Eastern Studies*, 19 (1983), and 'A Case of Imported Identity: The Modernizing Secular Ruling Elites of Iraq and the Concept of Mesopotamian-Inspired Territorial Nationalism', *Poetics Today*, 15 (1994), 279–319.
132. *Democracy in Europe* (London: Longman Green, 1877), 29.
133. "文明的冲突"的说法当然出自萨缪尔·亨廷顿那本引起广泛讨论的著作 *The Clash of Civilizations and the Remaking of World Order*（New York：Simon and Schuster，1996）。
134. Both cited in Gilles Kepel, *The War for Muslim Minds: Islam and the West* (Cambridge, Mass. and London: Belknap Press, 2004), 123–124.
135. Gilles Kepel, *Jihad: The Trial of Political Islam*, trans. Anthony F. Roberts (Cambridge, Mass.: Belknap Press, 2002), 63.
136. Elie Kedourie, *Afghani and 'Abduh: An Essay on Religious Unbelief and Political Activism in Modern Islam* (London: Frank Cass, 1966), and see Albert Hourani, 'Abduh's Disciples: Islam and Modern Civilization', in *Arabic Thought in the*

Liberal Age 1798–1939, 161–192.

137. Quoted by Elie Kedourie, *Islam in the Modern World and Other Studies* (London: Mansell, 1980), 26. 阿富汗尼回应了欧内斯特 · 勒南关于伊斯兰教和科学不相容的看法。参见上文 170–173 页。
138. Fouad Ajami, *The Arab Predicament: Arab Political Thought and Practice since 1967* (Cambridge: Cambridge University Press, 1992), 50–56. 描述了阿拉伯复兴党的创建者之一 Sami al-Jundi 的思想。
139. Quoted ibid. 63–64.
140. Quoted in Wright, *The Looming Tower*, 25.
141. Nikki R. Keddie, *An Islamic Response to Imperialism: Political and Religious Writings of Sayyid Jamâl ad-Dîn 'al-Afghânî'* (Berkeley and Los Angeles: California University Press, 1968), 81.
142. Quoted in E. Karsh, *Islamic Imperialism*, 214.
143. Quoted in Yossef Bondansky, *Bin Laden: The Man who Declared War on America* (Roseville, Calif.: Prima Publishing, 2001), 8–9.
144. Ibid. 12.
145. Kepel, *Jihad*, 147–148.

第十二章

1. Quoted in Bondansky, *Bin Laden*, 382.
2. 参见上文 146 页。
3. Quoted in Daniel Benjamin and Steven Simon, *The Age of Sacred Terror* (New York: Random House, 2002), 149.
4. Quoted in Wright, *The Looming Tower*, 176.
5. Gilles Kepel, *Fitna: Guerre au cœur de l'Islam* (Paris: Gallimard: 2004), 99–105.
6. Benjamin and Simon, *Age of Sacred Terror*, 167.
7. Quoted ibid. 104–105.
8. 这个词出自声称对马德里爆炸案负责的马斯里旅发表的公告。Quoted in Kepel, *War for Muslim Minds*, 145.
9. See e.g. Richard W. Bulliet, *The Case for Islamo-Christian Civilization* (New York: Columbia University Press, 2004). “根据‘文明的冲突’的假设，犹太教 – 基督教的西方总是会和伊斯兰教发生冲突。根据伊斯兰教 – 基督教的文明模式，伊斯兰教和西方是历史的双胞胎，即使在它们踏上各自不同的发展路径之后，它们的相似性仍然存在。”
10. *Political Theory of Islam*, in John Donohue and John L. Esposito (eds.), *Islam in Transition: Muslim Perspectives* (Oxford: Oxford University Press, 1982), 252.
11. Quoted in Nader A. Hashemi, 'Change from Within', in Khaled Abou El Fadl, *Islam and the Challenge of Democracy* (Princeton and Oxford: Princeton University Press, 2004), 53.
12. See Crone, *Medieval Islamic Political Thought*, 334–335.
13. Seyyed Vali Reza Nasr, *Mawdudi and the Making of Islamic Revivalism* (New York, Oxford: Oxford University Press, 1996), 84, 88.
14. Olivier Carré, *Mysticism and Politics: A Critical Reading of Fi Zilal al Qur'an by Sayyid Qutb (1906–1966)*, trans. Carol Artigues (Leiden and Boston: Brill, 2003), 153.
15. *Social Justice in Islam*, 4.
16. *Milestones* (Dar al-Ilm, Damascus, n.d.), 93.
17. Quoted in Wright, *The Looming Tower*, 15.
18. *Milestones*, 21.
19. James P. Piscatori, *Islam in a World of Nation States* (Cambridge: Cambridge University Press, 1986), 22.

20. Kepel, *Jihad*, 25–26.
21. *Social Justice in Islam*, 24–25. And see *Milestsones*, 17.
22. Quoted in Nazih N. Ayubi, *Political Islam: Religion and Politics in the Arab World* (London and New York: Routledge, 1991) , 140.
23. *Milestones*, 7, 11–12.
24. Quoted in Wright, *The Looming Tower*, 31.
25. 教皇于 2006 年 9 月 12 日发表的引起争议的演讲，以呼吁基督教和现代科学协调共存收尾。不过，非常清楚的是，教皇认为广义的伦理和道德属于神学，而非他所说的“人文科学”。不仅如此，他想到的基督教是圣托马斯 · 阿奎那的理性化的希腊主义（他的说法），而不是新教的“直译主义（literalism）”，更不是现代福音派的愚蠢的基要主义。See *Faith, Reason and the University: Memories and Reflections*.
26. Kepel, *Jihad*, 72.
27. Emmanuel Sivan, *Radical Islam Medieval Theology and Modern Politics* (New Haven and London: Yale University Press, 1985), 97.
28. 对伊本 · 泰米亚和他的学说做出的简洁而出色的叙述，见 Benjamin and Steven Simon，*Age of Sacred Terror*，38–94，同见 Gilles Kepel, *Le Prophète et Pharaon: Aux sources des mouvements islamistes* (Paris: Seuil, 1993), 216, 250.
29. Quoted ibid. 42.
30. Fouad Ajami, *The Arab Predicament: Arab Political Thought and Practice since 1967* (Cambridge: Cambridge University Press, 1992), 63–65.
31. Albert Hirschman, ‘Exit, Voice and the Fate of the German Democratic Republic’, in *A Propensity to Self-Subversion* (Cambridge, Mass. and London: Harvard University Press, 1995), 9–44.
32. 参见上文 11–12 页。
33. *New York Times*, 28 November 2006, A12, no sources given.
34. Quoted in Bernard Lewis, *The Crisis of Islam: Holy War and Unholy Terror* (New York: Random House, 2003), 159.
35. *Milestones*, Cap. 7.
36. http: //www.Washingtonpost.com/wrp-srv/world/documtns/ahmadinejad0509.pdf.
37. *On Liberty*, in *On Liberty and Other Writings*, 70.
38. Gary Wills, ‘A country ruled by faith’, *New York Review of Books*, 53/18 (16 November, 2006), 8.
39. George Hourani, *Reason and Tradition in Islamic Ethics* (Cambridge: Cambridge University Press, 1985), 210.
40. John L. Esposito, *The Islamic Threat: Myth or Reality* (New York and Oxford: Oxford University Press, 1999), 55.
41. *Islam Observed* (New Haven: Yale University Press, 1968), 64.

参考文献

这是一份在脚注中提到的所有著作的名单，但不包括古典文献和存在于多种版本中的大多数作品。

This is a list of all those works cited in the endnotes. It does not, however include classical sources or most works which exist in multiple editions.

Adkins, A. W. H., *Moral Values and Political Behaviour in Ancient Greece* (New York: Norton, 1972).

Aeschylus, *The Persians*, trans. Janet Lembke and C. J. Herington (New York and Oxford: Oxford University Press, 1981).

Ahmed, Feroz, *The Young Turks: The Committee of Union and Progress in Turkish Politics 1908–1914* (Oxford: Clarendon Press, 1969).

Ajami, Fouad, *The Arab Predicament: Arab Political Thought and Practice since 1967* (Cambridge: Cambridge University Press, 1992).

Akcam, Taner, *A Shameful Act: The Armenian Genocide and the Question of Turkish Responsibility*, trans. Paul Besser (New York: Metropolitan, 2007).

Aksan, Virginia, 'Ottoman Political Writing, 1768–1808', *Journal of Middle-Eastern Studies*, 25 (1993), 53–69.

Al-Jabarti, Abd–al Rahman, *Al-Jabarti's Chronicle of the First Seven Months of the French Occupation of Egypt*, ed. and trans. S. Morhe (Leiden: Brill, 1975).

Al-Turk, Niqula ibn Yusuf, *Histoire de l'expédition des Français en Égypte par Nakoula-El-Turk, publiée et traduite par Desgranges aîné* (Paris: Imprimerie royale, 1839).

Ando, Clifford, *Imperial Ideology and Provincial Loyalty in the Roman Empire* (Berkeley, Los Angeles, and London: University of California Press, 2000).

Andrew, Christopher M., and Knaya-Forstner, A. S., *The Climax of French Imperial Expansion 1914–1924* (Stanford, Calif.: Stanford University Press, 1981).

Anon., *The Policy of the Turkish Empire* (London, 1597).

Anquetil-Duperron, Abraham Hyacinth, *Législation orientale* (Amsterdam, 1778).

——*Considérations philosophiques et géographiques sur les deux mondes* (1780–1804), ed. Guido Abbatista (Pisa: Scuola Normale Superiore, 1993).

——*Voyage en Inde 1754–1762*, ed. Jean Deloche, Manonmani Filliozat, Pierre-Sylvain Filliozat (Paris: École française d'Extrême-Orient, 1997).

Aristides, Aelius, 'The Roman Oration', in James H. Oliver, *The Ruling Power: A Study of the Roman Empire in the Second Century after Christ through the Roman Oration of Aelius Aristides*, Transactions of the American Philosophical Society, ns 23 (1953).

Armitage, David, *The Declaration of Independence: A Global History* (Cambridge, Mass. and London: Harvard University Press, 2007).

Averroes (Abû al-Walîd Muhammad ibn Rushd), *Averroès: Discours décisif* trans. Marc Geoffroy (Paris: Flammarion, 1996).

Ayubi, Nazih N., *Political Islam: Religion and Politics in the Arab World* (London and New York: Routledge, 1991).

Bahgat, Ali, 'Acte de marriage du General Abdallah Menou avec la dame Zobaidah', *Bulletin de l'Institut égyptien*, 9 (1899), 221–35.

Bailey, Cyril (ed.), *The Legacy of Rome* (Oxford: Oxford University Press, 1923).

al-Baladhuri, Ahmad ibn Yahya, *Kitâb Futûh al-Buldân* (*The Origins of the Islamic State*), trans. Philip Hitti (New York: Columbia University Press, 1916).

Balsdon, F. P. V. D., *Romans and Aliens* (London: Duckworth, 1979).

Baram, Amatzia, 'Mesopotamian Identity in Ba 'thi Iraq', *Middle Eastern Studies*, 19 (1983).

—— 'A Case of Imported Identity: The Modernizing Secular Ruling Elites of Iraq and the Concept of Mesopotamian-Inspired Territorial Nationalism', *Poetics Today*, 15 (1994), 279–319.

Barnes, Jonathan, 'Cicéron et la guerre juste', *Bulletin de la Société française de philosophie*, 80 (1986), 41–80.

Bayly, C. A., *The Birth of the Modern World 1780–1914* (Malden and Oxford: Blackwell, 2004).

Benedict XVI (pope), *Faith, Reason and the University: Memories and Reflections* (Vatican City: Libreria Editrice Vaticana, 2006).

Bengio, Ofra, *Saddam's Word: Political Discourse in Iraq* (New York and Oxford: Oxford University Press, 1998).

Benjamin, Daniel, and Simon, Steven, *The Age of Sacred Terror* (New York: Random House, 2002).

Bernier, François, *Evenemens particuliers, ou ce qui s'est passé de plus considerable après la guerre pedant cinq ans . . . dans les états du Grand Mongol* (Paris, 1670).

Bernoyer, François, *Avec Bonaparte en Égypte et en Syrie 1798–1800*, ed. Christian Tortel (Paris: Éditions Curandera, 1981).

Binder, Leonard, *The Ideological Revolution in the Middle East* (New York: John Wiley and Sons, 1964).

Boardman, John, Griffn, Jasper, and Murray, Oswyn (eds.), *The Oxford History of the Classical World* (Oxford and New York: Oxford University Press, 1986).

Bondansky, Yossef, *Bin Laden: The Man who Declared War on America* (Roseville, Calif.: Prima Publishing, 2001).

Boswell, James, *Journal of a Tour to the Hebrides with Samuel Johnson, 1733*,ed. Frederick A. Pootle and Charles H. Bennet (New Haven: Yale University Press, 1961).

Bosworth, A. B., *Conquest and Empire: The Reign of Alexander the Great* (Cambridge: Cambridge University Press, 1988).

Brewer, David, *The Flame of Freedom: The Greek War of Independence, 1821–1833* (London: John Murray, 2001).

Briant, Pierre, 'La Date des révoltes babyloniennes contra Xersès', *Studia Iranica*, 21 (1992), 12–13.

—— 'La Vengeance comme explication historique dans l'œuvre d'Hérodote', *Revue des études grecques*, 84 (1971), 319–35.

——*Histoire de l'Empire Perse: De Cyrus à Alexandre* (Paris: Fayard, 1996).

British Interests in the Mediterranean and Middle East: A ReportbyaChatham House Study Group (London: Oxford University Press, 1958).

Brown, Peter, *Augustine of Hippo: A Biography* (London: Faber and Faber, 1976).

——*The World of Late Antiquity* (New York and London: W. W. Norton and Company, 1989).

Bulliet, Richard W., *Conversion to Islam in the Medieval Period: An essay in Quantitative History* (Cambridge, Mass. and London: Harvard University Press, 1979).

Burton, Richard, *The Anatomy of Melancholy*, ed. T. Faulkner et al. (Oxford: Clarendon Press, 1989–90).

Buruma, Ian, and Margalit, Avishi, *Occidentalism: The West in the Eyes of its Enemies* (New York: Penguin Press, 2004).

Busbecq, Ogier Ghiselin de, *The Turkish letters of Ogier Ghiselin de Busbecq*, trans.

Edward Forster (Oxford: Clarendon Press, 1927).
Busch, Briton Cooper, *Britain, India and the Arabs, 1914–1921* (Berkeley, Los Angeles, and London: University of California Press, 1971).
Calasso, Roberto, *The Marriage of Cadmus and Harmony* (New York: Vintage Books, 1993).
Cameron, Euan, *The European Reformation* (Oxford: Clarendon Press, 1991).
Cannadine, David, *Ornamentalism: How the British saw their Empire* (London: Penguin Books, 2002).
Cannon, Garland, *The Life and Mind of Oriental Jones: Sir William Jones, the Father of Modern Linguistics* (Cambridge: Cambridge University Press, 1990).
Cardini, Franco, *Europe e Islam: Storia di un malinteso* (Rome and Bari: Laterza, 2002).
Carré, Olivier, *Mysticism and Politics: A Critical Reading of Fi Zilal al Qur'an by Sayyib Qutb (1906–1966)*, trans. Carol Artigues (Leiden and Boston: Brill, 2003).
Cartledge, Paul, *Alexander the Great: The Hunt for a New Past* (London: Macmillan, 2004).
——*Thermopylae: The Battle that Changed the World* (London: Pan Books, 2006).
Chabrol, Gilbert-Joseph Volvic de, *Essai sur les mœurs des habitans modernes de l'Égypte*, in *Description de l'Égypte, ou Recueil des observations et des recherches qui ont été faites en Égypte pendant l'expédition de l'armée française, publié par les ordres de Sa Majesté l'empereur Napoléon le Grand*, 2nd edn. (Paris: C. L.-F. Pankoucke, 1821–30), vol. xviii.
Chateaubriand, Francois-René, Vicomte de, *Itinéraire de Paris à Jérusalem*,ed. Jean-Claude Berchet (Paris: Gallimard, 2003).
Clogg, Richard (ed.), *The Movement for Greek Independence, 1770–1821: A Collection of Documents* (London: Macmillan, 1976).
——*A Short History of Modern Greece* (Cambridge: Cambridge University Press, 1979).
Cohen, Michael, *Palestine and the Great Powers 1945–1948* (Princeton: Princeton University Press).
Cohn, Bernard, 'The Command of Language and the Language of Command', in Ranajit Guha (ed.), *Subaltern Studies* (New Delhi: Oxford University Press, 1985), iv. 286–301.
Condorcet, Marie Jean Antoine Nicolas Caritat, marquis de, *Esquisse d'un tableau historique des progrès de l'esprit humain*, ed. Alain Pons (Paris: Flammarion, 1988).
Congrès national des forces populaires, La Charte (Cairo: Administration de l'information, 1962).
Cook, Michael, *Muhammad* (Oxford: Oxford University Press, 1983).
——*Forbidding Wrong in Islam* (Cambridge: Cambridge University Press, 2003).
Coope, Jessica A., *The Martyrs of Córdoba: Community and Family Conflict in an Age of Mass Conversion* (Lincoln, Nebr.: University of Nebraska Press, 1995).
Criss, Nur Bilge, *Istanbul under Allied Occupation, 1918–1923* (Leiden, Boston, and Cologne: Brill, 1999). Crone, Patricia, *Slaves on Horses: The Evolution of the Islamic Polity* (Cambridge: Cambridge University Press, 1980).
——*God's Rule: Government and Islam* (New York: Columbia University Press, 2004).
——*Medieval Islamic Political Thought* (Edinburgh: Edinburgh University Press, 2004).
——and Hinds, Marin, *God's Caliph: Religious Authority in the First Centuries of Islam* (Cambridge: Cambridge University Press, 1986).
Curzon, George Nathanial, *Persia and the Persian Question* (London: Longmans, 1892).
Dakin, Douglas, *The Greek Struggle for Independence 1821–1833* (Berkeley and Los Angeles: University of California Press, 1973).
Daniel, Norman, *Islam and the West: The Making of an Image* (Edinburgh: Edinburgh University Press, 1960).
Darwin, John, *Britain, Egypt and the Middle East: Imperial policy in the Aftermath of War 1918–1922* (London: Macmillan, 1981).
——*After Tamerlane: The Global History of Empire* (London and New York: Penguin Allen

Lane, 2007).

Dauge, Yves Albert, *Le Barbare: Recherches sur la conception de la barbarie et de la civilisation* (Collection Latomus 176) (Brussels: Revue d'études latines, 1981).

Davies, Norman, *Europe: A History* (Oxford and New York: Oxford University Press, 1997).

De la Noue, François, *Discours politiques et militaires*, ed. F. E. Sutcliffe(Geneva: Droz, 1967).

Della Vida, G. Levi, 'La corrispondeza di Berta di Toscano col Califfo Muktafi', *Rivista storica italiana*, 66 (1954), 21–38.

Denon, Dominque Vivant, *Voyage dans la Basse et la Haute Égypte, pendant les campagnes du général Bonaparte* (Paris: P. Dinot l'ainé, 1802).

Derogy, Jacques, and Carmel, Hesi, *Bonaparte en Terre sainte* (Paris: Fayard, 1992).

Diderot, Denis, *Œuvres*, ed. Laurent Versini, 3 vols. (Paris: Robert Laffont, 1995).

Disraeli, Benjamin, *Tancred or the New Crusade* (London: Longman Green, 1894).

Donohue, John, and Esposito, John L., *Islam in Transition: Muslim Perspectives* (Oxford: Oxford University Press, 1982).

Droysen, Johann Gustav, *Geschichte Alexanders des Grossen*,vol.iof *Geschichte des Hellenismus* (Basle: Schwabe, 1952).

Dumézil, Georges, *Idées romaines* (Paris: Gallimard, 1969).

El Fadl, Khaled Abou, *Islam and the Challenge of Democracy* (Princeton and Oxford: Princeton University Press, 2004).

Ellis, Henry, *Journal of the Proceedings of the Late Embassy to China* (London, 1817).

Erdmann, Carl, *The Origin of the Idea of Crusade*, trans. Marshall W. Baldwin and Walter Goffart (Princeton: Princeton University Press, 1977).

Esposito, John L., *The Islamic Threat: Myth or Reality* (New York and Oxford: Oxford University Press, 1999).

Euben, Peter, 'Political Equality and the Greek Polis' in M. J. Gargas McGrath (ed.), *Liberalism and Modern Polity* (New York: Marcel Dekker, 1959), 207–29.

Eusebius of Caesarea, *Eusebius: Life of Constantine*,trans.A.Cameron andS.Hall (Oxford: Oxford University Press, 1999).

Evans, J. A. S., 'Father of History or Father of Lies? The Reputation of Herodotus', *Classical Journal*, 64 (1968) 11–17.

Febvre, Lucien, *L'Europe: Genèse d'une civilisation* (Paris: Perrin, 1999).

Ferguson, Niall, *Colossus: The Price of America's Empire* (London: Penguin Books, 2006).

Ferrary, Jean-Louis, *Philhellénisme et imperialisme: Aspects idéologiques de la conquête du monde héllenistique* (Rome: Bibliothèque des Écoles françaises d'Athènes et de Rome, 1988).

Festugière, A. J., *La Révélation de Hermés Trismegéste* (Paris: Les Belles Lettres, 1981).

Finkel, Caroline, *Osman's Dream: The Story of the Ottoman Empire, 1300–1923* (New York: Basic Books, 2006).

Finley, M. I., *Ancient Slavery and Modern Ideology* (Harmondsworth and New York: Penguin Books, 1983).

Fletcher, Richard, *The Cross and the Crescent: Christianity and Islam from Muhammad to the Reformation* (New York: Viking, 2003).

Fradkin, H., 'The Political Thought of Ibn Tufayl', in E. Butterworth (ed.), *The Political Aspects of Islamic Philosophy* (Cambridge, Mass.: Harvard University Press, 1992), 234–61.

Freeman, Charles, *The Closing of the Western Mind: The Rise of Faith and the Fall of Reason* (New York: Alfred A. Knopf, 2003).

Frend, W. H. C., *Martyrdom and Persecution in the Early Church* (Oxford: Oxford University Press, 1965).

Friedman, Isaiah, *The Question of Palestine: British-Jewish-Arab Relations, 1914–1918* (New Brunswick and London: Transaction Publishers, 1992).

Fromkin, David, *A Peace to End All Peace: The Fall of the Ottoman Empire and the*

Creation of the Modern Middle East (New York: Henry Holt and Company, 1989).

Frossard, Benjamin, *Observations sur l'abolition de la traité des négres presentées à la Convention Nationale* (n.p., 1793).

Frye, Richard N., *The History of Ancient Iran* (Munich: C. H. Beck'sche Verlags-buchhandlung, 1984).

Gabrieli, Francesco (ed.), *Storici arabi delle crociate* (Turin: Einaudi, 1957).

Garcin, J.-Cl. (ed.), *États, sociétés et cultures du monde musulman médiéval, X^{e} –XVe siècle*, 3 vols. (Paris: PUF, 1995–2000).

Garnsey, Peter, *Ideas of Slavery from Aristotle to Augustine* (Cambridge: Cambridge University Press, 1996).

—— and Whittaker, C. R. (eds.), *Imperialism in the Ancient World* (Cambridge: Cambridge University Press, 1978).

Gauthier, R.A., *Magnanimité: L'Idéal de la grandeur dans la philosophie païenne et dans la théologie chrétienne* (Paris: Vrin, 1951).

Geertz, Clifford, *Islam Observed* (New Haven: Yale University Press, 1968).

Gesta Francorum et aliorum Hierosolimitanorum [The Deeds of the Franks and the other Pilgrims to Jerusalem], ed. Rosalind Hill (London and Edinburgh: Thomas Nelson, 1962).

Gernet, Jacques, *China and the Christian Impact: A Conflict of Cultures*,trans.Janet Lloyd (Cambridge: Cambridge University Press, 1982).

Gilbert, Vivian, *The Romance of the Last Crusade with Allenby to Jerusalem* (New York and London: D. Appleton and Co., 1925).

Giovio, Paolo, *Commentario delle cose dei Turchi* (Venice, 1538).

Goiten, S. D., 'The Origin of the Vizierate and Its True Character', in *Studies in Islamic History and Institutions* (Leiden: Brill, 1966).

Goody, Jack, *The East in the West* (Cambridge: Cambridge University Press, 1992).

Gordon, Mary, 'The Nationality of Slaves under the Early Roman Empire', in M. I. Finley (ed.), *Slavery in Classical Antiquity* (Cambridge: W. Heffer and Sons, 1960), 171–89.

Gordon, Thomas, *History of the Greek Revolution*, 2 vols. (London: T. Cadell, 1832).

Grant, Michael, *The World of Rome* (London: Weidenfeld and Nicolson, 1960).

Green, Peter, *Alexander of Macedon 356–323 BCE: A Historical Biography* (Berkeley, Los Angeles, and London: University of California Press, 1991).

Gress, David, *From Plato to Nato: The Idea of the West and its Opponents* (New York: Free Press, 1998).

Grey, Edward (Viscount Grey of Fallodon), *Twenty-Five Years 1892–1916* (London: Hodder and Stoughton, 1925).

Haag, Michael, *Alexandria: City of Memory* (New Haven and London: Yale University Press, 2005).

Hall, Edith, 'Asia Unmanned, Image of Victory in Classical Athens', in John Rich and Graham Shipley (eds.), *War and Society in the Greek World* (London and New York: Routledge, 1993).

Hankins, James, 'Renaissance Crusaders: Humanist Crusade Literature in the Age of Mehmed II', *Dumbarton Oaks Papers*, 49 (1995), 111–207.

Hanson, Victor Davis, *Carnage and Culture: Landmark Battles in the Rise of Western Power* (New York: Anchor Books, 2001). 'Take Me to my Leader', *The Times Literary Supplement*, 2 Oct. 2004, 11–27.

Heers, Jacques, *Chute et mort de Constantinople 1204–1453* (Paris: Perrin, 2005).

Hegel, Georg Friedrich, *The Philosophy of History*,trans.J.Sibree(NewYork: Dover Publications, 1956).

Herder, Johann Gottfried von, *On World History: An Anthology*, ed. Hans Adler and Ernst A. Menze Armonk (New York and London: M. E. Sharpe, 1997).

——*Philosophical Writings*, ed. Michael N. Forster (Cambridge: Cambridge University Press, 2002).

Herodotus, *The Histories*, trans. Aubrey de Sélincourt, rev. John Marincola (London:

Penguin Books, 1996).
Herzl, Theodore, *The Jew's State: An attempt at a Modern Solution to the Issue of the Jews*, a critical English trans. by Henk Overberg (Northvale, NJ and Jerusalem: Jason Aronson, 1991).
Hillenbrand, Carole, *The Crusades: Islamic Perspectives* (Edinburgh: Edinburgh University Press, 1999).
Hindley, Geoffrey, *Saladin: A Biography* (London: Constable, 1976).
Hirschman, Albert, *A Propensity to Self-Subversion* (Cambridge, Mass. and London: Harvard University Press, 1995).
Hobbes, Thomas, *The Elements of Law, Natural and Political*, ed. Ferdinand Tönnies (2nd edn., London Frank Cass & Co., 1969).
——*Leviathan*,ed. Richard Tuck (Cambridge: Cambridge University Press, 1991).
——*On the Citizen*, trans. and ed. Richard Tuck and Michael Silverthorne (Cambridge: Cambridge University Press, 1998).
Hodges, Richard, and Whitehouse, David, *Mohammed, Charlemagne and the Origins of Europe* (Ithaca, NY: Cornell University Press, 1983).
Holbach, Paul Henri Dietrich, baron d', *Œuvres philosophiques complètes*,ed. Jean-Pierre Jackson, 2 vols. (Paris: Éditions Alive, 1999).
Hopkirk, Peter, *The Great Game: The Struggle for Empire in Central Asia* (New York, Tokyo, and London: Kodansha International, 1994).
Hourani, Albert, *Arabic Thought in the Liberal Age 1798–1939* (Cambridge: Cambridge University Press, 1962).
——*A History of the Arab Peoples* (London: Faber & Faber, 1991).
——*Islam in Western Thought* (Cambridge: Cambridge University Press, 1991).
Hourani, George, *Reason and Tradition in Islamic Ethics* (Cambridge: Cambridge University Press, 1985).
Housley, Norman, *The Later Crusades 1272–1580* (Oxford: Oxford University Press, 1991).
Hughes, Lindsey, *Russia in the Age of Peter the Great* (New Haven and London: Yale University Press, 1998).
Hughes, Thomas, Smart, *An address to the People of England in the cause of the Greeks, occasioned by the late inhuman massacres on the Isle of Scio* (London: Simpkin and Marshall, 1822).
——*Travels in Greece and Albania*, 2 vols. (London: H. Colburn and R. Bentley, 1830).
Hume, David, *Essays, Moral Political and Literary*, ed. Eugene F. Miller (Indianapolis: Liberty Classics, 1985).
Huntingdon, Samuel, *The Clash of Civilizations and the Remaking of World Order* (New York: Simon and Schuster, 1996).
Hyam, Ronald, *Britain's Declining Empire: The Road to Decolonisation 1918–1968* (Cambridge: Cambridge University Press, 2006).
Ibn al-Qalânisî, *The Damascus Chronicle of the Crusades*, extracted and trans. H. A. R. Gibb (London: Luzac and Co., 1932).
Ibn Battuta, Muhammad, *The Travels of Ibn Battuta*,trans.H.A. R.Gibb, 2 vols. (Cambridge: Cambridge University Press, 1962).
Ibn Ishaq, Muhammad, *The Life of Muhammad: A Translation of Ishaq's Sirat Rasul Allah*, with introd. and notes by A. Guillaume (Karachi: Oxford University Press, 1955).
Ibn Khaldûn, Abd Al-Rahman, Ibn Muhammaq, *The Muqaddimah: An Introduction to History*, trans. Franz Rosenthal (Princeton: Princeton University Press, 1967).
Ibn Munquid, Usamah, *An Arab-Syrian Gentlemen and Warrior in the Period of the Crusades* (New York: Columbia University Press, 1929).
Imbruglia, Girolamo, 'Tra Anquetil-Duperron e *L'Histoire de Deux Indies*:Libertà, dispotismo e feudalismo', *Rivista storica italiana*, 106 (1994), 140–93.
Inalcik, Halil, 'The Question of the Emergence of the Ottoman State', *International Journal of Turkish Studies*, 2 (1980), 71–9.

Ingram, Edward, *Commitment to Empire: Prophecies of the Great Game in Asia 1797–1800* (Oxford: Oxford University Press, 1981).

Isaac, Benjamin, *The Invention of Racism in Classical Antiquity* (Princeton and Oxford: Princeton University Press, 2004).

Jasanoff,Maya, *Edge of Empire: Conquest and Collecting in the East 1750–1850* (London: Fourth Estate, 2005).

Jensen, Lionel, *Manufacturing Confucianism: Chinese Tradition and Universal Civilization* (Durham, NC: Duke University Pres, 1997).

Johnson, Samuel, *The Prince of Abissinia: A Tale* (London, 1759).

Jolivet, J., et al. (eds.), *Multiple Averroès* (Paris: Les Belles Lettres, 1973).

Jones, A. H. M., *Constantine and the Conversion of Europe* (London: Hodder and Stoughton, 1948).

Jones, Sir William, *Dissertation sur la littérature orientale* (London, 1771).

——*The Collected Works of Sir William Jones* (1807), facs. edn., 13 vols. (New York: New York University Press, 1993).

Kant, Immanuel, *Political Writings*, ed. Hans Reiss, trans. H. B. Nisbet (Cambridge: Cambridge University Press, 1991).

——*Lectures on Ethics*, ed. Peter heath and J. B. Schneewind (Cambridge: Cambridge University Press, 1997).

Karsh, Efraim, *Islamic Imperialism: A History* (New Haven and London: Yale University Press, 2006).

——and Karsh, Inari, *Empires of the Sand: The Struggle for Mastery in the Middle East 1789–1923* (Cambridge and London: Harvard University Press, 1999).

Keddie, Nikki R., *Religion and Rebellion in Iran: The Tobacco Protest of 1891–1892* (London: Cass, 1966).

——*An Islamic Response to Imperialism: Political and Religious Writings of Sayyid Jamâl ad-Dîn 'al-Afghânî'* (Berkeley and Los Angeles: California University Press, 1968).

Kedourie, Elie, *Afghani and 'Abduh: An Essay on Religious Unbelief and Political Activism in Modern Islam* (London: Frank Cass, 1966).

—— 'The Capture of Damascus 1 October, 1918', in *The Chatham House Version and Other Middle Eastern Studies* (New York: Praeger 1970), 48–51.

——*Arabic Political Memoirs and Other Studies* (London: Frank Cass, 1974).

——*The Anglo-Arab Labyrinth: The McMahon-Husayn Correspondence and its Interpretations 1914–1939* (Cambridge: Cambridge University Press, 1976).

——*England and the Middle East: The Destruction of the Ottoman Empire, 1914–1921* (Hassock, Sussex: Harvester Press, 1978).

——*Islam in the Modern World and Other Studies* (London: Mansell, 1980).

Kelley, Donald R., *The Beginning of Ideology: Consciousness and Society in the French Reformation* (Cambridge: Cambridge University Press, 1981).

——*Historians and the Law in Postrevolutionary France* (Princeton: Princeton University Press, 1984).

Kepel, Gilles, *Le Prophète et Pharaon: Aux sources des mouvements islamistes* (Paris: Seuil, 1993).

——*Jihad: The Trial of Political Islam*, trans. Anthony F. Roberts (Cambridge, Mass.: Belknap Press, 2002).

——*Fitna: Guerre au cœur de l'Islam* (Paris: Gallimard, 2004).

——*The War for Muslim Minds: Islam and the West* (Cambridge, Mass. and London: Belknap Press, 2004).

Khalidi, Rashid, et al. (eds.), *The Origins of Arab Nationalism* (New York and London: Columbia University Press, 1991).

Kobler, Franz, *Napoleon and the Jews* (New York: Schocken Books, 1975).

Kristovoulos, *History of Mehmed the Conqueror*, trans. Charles T. Riggs (Princeton: Princeton University Press, 1954).

Kritzeck, James, *Peter the Venerable and Islam* (Princeton: Princeton University Press,

1964).
Kroebner, Richard, 'Despot and Despotism: Vicissitudes of a Political Term', *Journal of the Warburg and Courtauld Institutes*, 14 (1951), 275–302.
Kuhrt, A., 'The Cyrus Cylinder and Achaemenid Imperial Policy', *Journal for the Study of the Old Testament*, 25 (1983), 83–94.
Kupperman, Karen Ordahl, *Settling with the Indians: The Meeting of English and Indian Cultures in America, 1580–1640* (Totowa: Rowman and Littlefield, 1980).
Kyle, Keith, *Suez* (London: Weidenfeld and Nicolson, 1991).
Lacour-Gayet, Georges, *Talleyrand* (Paris: Éditions Payot, 1990).
Laissus, Yves, *L'Égypte: Une aventure savante 1798–1801* (Paris: Fayard, 1998).
La Jonquière, Clement de, *L'Expedition d'Égypte, 1798–1801*, 5 vols. (Paris: Lavauzelle, 1899–1907).
Landau, Jacob M., *The Politics of Pan-Islam: Ideology and Organization* (Oxford: Clarendon Press, 1990).
Landes, David, *Revolution in Time: Clocks and the Making of the Modern World* (Cambridge, Mass.: Harvard University Press, 1983).
Lane, Edward, *The Manners and Customs of the Modern Egyptians* (New York: Dutton, 1966).
Lane Fox, Robin, *The Search for Alexander* (Boston and Toronto: Little Brown, 1980).
Larner, John, *Marco Polo and the Discovery of the World* (New Haven and London: Yale University Press, 2001).
Laquer, Walter, *The Israeli-Arab Reader* (London: Penguin, 1970).
Las Casas, Bartolomé de, *A Short Account of the Destruction of the Indies*,trans.Nigel Griffn (London and New York: Penguin Books, 1992).
Las Cases, Marie Joseph Emmanuel Auguste Dieudonné, *Mémorial de Sainte-Hélène*, ed. Gérard Walter, 2 vols. (Paris: Bibliothèque de la Pléiade, 1956).
Laurens, Henry, *Les Origines intellectuelles de l'expédition d'Égypte: L'Orientalisme islamisant en France (1698–1798)* (Istanbul: Éditions Isis, 1987).
—— 'Le Mythe de l'expédition d'Égypte en France et en Égypte aux xixe at xxe siècles', in Michel Dewachter and Alain Fouchard (eds.),
——*L'Égyptologie et les Champollion* (Grenoble: Presses universitaires de Grenoble, 1994), 321–30.
——*L'Expédition d'Égypte, 1798–1801* (Paris: Éditions de Seuil, 1997).
—— 'Bonaparte a-t-il colonisé l'Égypte?', *L'Histoire*, 216 (1997), 46–9.
—— 'Le Projet d'État juif en Palestine, attribué à Bonaparte', *Orientales* (Paris: CNRS Éditions, 2004), i. 123–43.
Lawrence, Thomas Edward, *The Letters of T. E. Lawrence*, ed. David Garnett (London and Toronto: Jonathan Cape, 1938).
——*Crusader Castles*, a new edn. with introd. and notes by Denys Pringle (Oxford: Oxford University Press, 1988).
——*The Seven Pillars of Wisdom: The Complete 1922 Text* (Fordingbridge: Castle Hill Press, 1997).
Lawrence, Thomas Edward, *Secret Despatches from Arabia by T. E. Lawrence* (Cambridge: Golden Cockerel Press, n.d.).
Leibniz, Gottfried Wilhelm, *Writings on China*, ed. and trans. Daniel J. Cook and Henry Rosemont Jr. (Chicago and La Salle, Ill.: Open Court, 1994).
Levene, Mark, *Genocide in the Age of the Nation State*, 2 vols. (London and New York:I. B.Tauris, 2005).
Levi-Strauss, Claude, *The Elementary Structures of Kinship*, trans. James Hare Bell (London: Eyre and Spottiswoode 1968).
Levy, Reuben, *A Baghdad Chronicle* (Cambridge: Cambridge University Press, 1929).
Lewis, Bernard, *The Emergence of Modern Turkey* (London: Oxford University Press, 1961).
—— 'Politics and War', in Joseph Schnact and C. E. Bosworth (eds.), *The Legacy of*

Islam (Oxford: Oxford University Press, 1979).
——*The Muslim Discovery of Europe* (New York and London: W. W. Norton and Co., 1982).
——*The Political Language of Islam* (Chicago and London: University of Chicago Press, 1988).
——*Islam and the West* (Oxford and New York: Oxford University Press, 1993).
——*The Arabs in History* (Oxford: Oxford University Press, 1993).
——*What went Wrong? The Clash between Islam and Modernity in the Middle East* (London: Weidenfeld and Nicolson, 2002).
——*The Crisis of Islam: Holy War and Unholy Terror* (New York: Random House, 2003).
——*From Babel to Dragomans: Interpreting the Middle East* (Oxford: Oxford University Press, 2004).
Lintott, Andrew, 'What was the *Imperium Romanum*?', *Greece and Rome*, 28 (1981), 53–67.
Locke, John, *First Tract on Government*,in *Political Essays*, ed. Mark Goldie (Cambridge: Cambridge University Press, 1997).
Lomax, Derek W., *The Reconquest of Spain* (London and New York: Longman, 1978).
Loraux, Nicole, *The Invention of Athens: The Funeral Oration in the Classical City* (Cambridge, Mass., and London: Harvard University Press, 1986).
Lowry, Heath W., *The Nature of the Early Ottoman State* (Albany, NY: State University of New York Press, 2003).
Lyons, M. C., and Jackson, D. E. P., *Saladin: The Politics of Holy War* (Cambridge: Cambridge University Press, 1982).
Machiavelli, Nicolò, *The Prince*, ed. David Wootton (Indianapolis: Hackett, 1995).
MacMullen, Ramsay, *Christianizing the Roman Empire A.D. 100–400* (New Haven and London: Yale University Press, 1984).
——*Romanization in the Time of Augustus* (New Haven and London: Yale University Press, 2000).
Madariaga, Salvador de, *Portrait of Europe* [*Bosquejo de Europa*] (New York: Roy Publishers, 1955).
Maine, Henry Sumner, *Village Communities in the East and the West* (London: John Murray, 1881).
Mansfield, Peter, *A History of the Middle East* (New York and London: Penguin Books, 2003).
Mantran, Robert (ed.), *Histoire de l'empire ottoman* (Paris: Fayard, 1989).
Masson, Frédéric and Biagi, Guido, *Napoléon: Manuscrits inédits 1789–1791*, 8 vols. (Paris: P. Ollendorf, 1907).
May, Thomas Erskine, *Democracy in Europe* (London: Longman Green, 1877).
Mazower, Mark, *The Balkans: A Short History* (New York: Modern Library, 2002).
Mazza, F., 'The Phoenicians as seen by the Ancient World', in Sabatino Moscati (ed.), *The Phoenicians* (London: I. B. Tauris, 2001), 548–67.
Mill, John Stuart, *On Liberty and Other Writings*, ed. Stefan Collini (Cambridge: Cambridge University Press, 1989).
——*The Basic Writings of John Stuart Mill* (New York: Modern Library, 2002).
Millar, Fergus, *Rome, the Greek World and the East*,i. *The Roman Republic and the Augustan Revolution* (Chapel Hill, NC and London: University of North Carolina Press, 2002).
Momigliano, Arnaldo, *Alien Wisdom: The Limits of Hellenization* (Cambridge: Cambridge University Press, 1975).
——*Fondamenti della storia antica* (Turin: Einaudi, 1984).
Montesquieu, Charles-Louis de Secondat Baron de, *Persian Letters*,trans.C.J.Betts (New York: Viking-Penguin Inc., 1973).
Müller, Max, *Lectures on the Science of Language* (London: Longman, 1864).
——*Collected Works of the Right Hon. F. Max Müller*, 18 vols. (London, Longman, 1898).

——*The Sacred Books of the East* (1887; Delhi: Motilal Banarsidass, 1992).

Muherjee, S. N., *Sir William Jones: A Study in Eighteenth-Century British Attitudes to India* (Cambridge: Cambridge University Press, 1968).

Nasr, Seyyed Vali Reza, *Mawdudi and the Making of Islamic Revivalism* (New York and Oxford: Oxford University Press, 1996).

Nasser, Gamel Abdel, *Egypt's Liberation: The Philosophy of Revolution* (Washington DC; Public Affairs Press, 1955).

Nicolet, Claude, *The World of the Citizen in Republican Rome*,trans.P.S.Falla (Berkeley and Los Angeles: University of California Press, 1980).

Nietzsche, Friedrich, 'On the Uses and Disadvantages of History for Life', in *Untimely Meditations*, trans. R. J. Hollingdale (Cambridge: Cambridge University Press, 1983).

——*Daybreak: Thoughts on the Prejudices of Morality*, trans. R. J. Hollingdale (Cambridge: Cambridge University Press, 1993).

Oedani-Fabris, M.-P., 'Simbologia ottoman nell'opera di Gentile Bellini', *Atti dell'Istituto veneto di scienze, lettere ed arti*, 155 (1996–7), 1–29.

Olmstead, A. T., *History of the Persian Empire* (Chicago and London: University of Chicago Press, 1959).

Osterhammel, Jürgen, *Die Entzauberung Asiens: Europa und die asiatischen Reiche im 18. Jahrhundert* (Munich: C. H. Beck 1988).

Pagden, Anthony, *The Fall of Natural Man: The American Indian and the origins of comparative ethnology* (Cambridge: Cambridge University Press, 1982).

——(ed.), *The Languages of Political Theory in Early-Modern Europe* (Cambridge: Cambridge University Press, 1987).

——*European Encounters with the New World* (New Haven and London: Yale University Press, 1993).

Parker, R. A., and Dubberstein, W., *Babylonian Chronology* (Princeton: Princeton University Press, 1956).

Partner, Peter, *God of Battles: Holy Wars in Christianity and Islam* (London: Harper Collins, 1997).

Passerini, Luisa, *Il mito d'Europa: Radici antiche per nuovi simboli* (Florence: Giunti, 2002).

Perkins, Franklin, 'Leibniz and Chinese Morality', *Journal of the History of Ideas*, 63 (2002), 447–64.

——*Leibniz and China: A Commerce of Light* (Cambridge: Cambridge University Press, 2004).

Pertusi, Agostini, *La caduta di Constantinopli*,i *Le testimonianze dei contemporanei* (Milan: Mondadori, 1976).

——*La caduta de Costantinopoli*, ii. *L'eco nel mondo* (Milan: Mondadori, 1976).

——*Testi inediti e poco noti sulla caduta di Constantinopoli* (Bologna: Patron, 1983).

Peters, F. E., *The Monotheists: Jews, Christians, and Muslims in Conflict and Competition*, 2 vols. (Princeton and Oxford: Princeton University Press, 2003).

Piccolomini, Aeneas Silvius (Pope Pius II), *The Memories of a Renaissance Pope: The Commentaries of Pius II*,trans.F.A.Gragg (New York:CapricornBooks, 1962).

——*Lettera a Maometto II (Epistola ad Mahumetem)*, ed. Giuseppe Tofanin (Naples: R. Pironti, 1953).

Pirenne, Henri, *Mohammed and Charlemagne* (London: George Allen and Unwin, 1968).

Piscatori, James P., *Islam in a World of Nation States* (Cambridge: Cambridge University Press, 1986).

Pocock, J. G. A., 'Some Europes in their History', in Anthony Pagden (ed.), *The Idea of Europe: From Antiquity to the European Union* (Cambridge: Cambridge University Press, 2002), 55–71.

Pomeroy, Sarah B., Burstein, Stanley, Donolan, Walter, and Roberts, Jennifer Tolbert, *Ancient Greece: A Political, Social and Cultural History* (New York and Oxford: Oxford University Press: 1999).

Prosdocimi, Luigi, ' "Ex facto oritur ius": Breve nota di diritti medievale', *Studi senesi* (1954–5), 66–7; 808–19.

Purchas, Samuel, *Hakluytus Posthumus or Purchas his Pilgrimes, contayning a History of the World, in Sea Voyages and lande-Travells by Englishmen & others*, 5 vols. (London, 1625).

Purdum, Todd S., 'Bush warns of a wrathful shadowy and inventive war', *New York Times*, 17 Sept. 2001,A2.

Quesnay, Francois, *Despotisme de la Chine*,in *Ephémérides du citoyen, ou bibliothéque raisonée des sciences morales et politiques* (Paris, 1767).

Qutb, Sayyid, *Milestones* (Dar al-Ilm, Damscus, n.d.).

——*Social Justice in Islam* [*Al-'adalat al-ijtima'iyya* fi *'l-Islam*], in William E. Shepard, *Sayyid Qutb and Islamic Activism: A Translation and Critical Analysis of Social Justice in Islam* (Leiden, New York, and cologne: E. J. Brill, 1996).

Rabb, Theodore K., *The Struggle for Stability in Early-Modern Europe* (New York: Oxford University Press, 1975).

Raby, J., 'Mehmed the Conqueror's Greek Scriptorium', *Dumbarton Oaks Papers*, 37 (1983), 15–34.

Réimpression de l'ancien Moniteur depuis la réunion des États-Generaux jusq'au Consulat (mai 1789-novembre 1799) (Paris, 1893).

Rémusant, Claire-Élisabeth-Jeanne Gravier de Vergennes, comtesse de, *Mémoires de Madame de Rémusat*, 3 vols. (Paris: Calmann Lévy, 1880).

Renan, Ernest,*œuvres complètes de Ernest Renan*, ed. Henriette Psichari, 4 vols. (Paris: Calmann-Lévy, 1947).

Richardson, John, *A Dissertation on the Languages, Literature and Manners of the East* (Oxford, 1777).

Riley-Smith, Jonathan *The First Crusade and the Idea of Crusading* (London: Athlone Press, 1986).

——*The First Crusaders, 1095–1131* (Cambridge: Cambridge University Press, 1997).

——(ed.), *The Oxford Illustrated History of the Crusades* (Oxford and New York: Oxford University Press, 1997).

Riley-Smith, Louise and Jonathan, *The Crusades: Idea and Reality, 1095–1272* (London: Edward Arnold, 1981).

Robertson, William, *The History of the Reign of the Emperor Charles V* (London, 1802).

Roseman, L. J., 'The Construction of Xerxes' Bridge over the Hellespont', *Journal of Hellenic Studies*, 116 (1996), 88–108.

Rousseau, Jean-Jacques, *Du contrat social*,in *œuvres complètes*, ed. Bernard Gagnebin et Marcel Raymond (Paris: Bibliothèque de la Pléiade, 1964), iii. 279–470.

Rubiés, Joan-Pau, 'Oriental Despotism and European Orientalism: Botero to Montesquieu', *Journal of Early-Modern History*, 9/2 (2005), 109–80.

Runciman, Steven, *The Fall of Constantinople 1453* (Cambridge: Cambridge University Press, 1965).

Runciman, Steven, *The Great Church in Captivity: A Study of the Patriarchate of Constantinople from the Eve of the Turkish Conquest to the Greek War of Independence* (Cambridge: Cambridge University Press, 1968).

Russell, Peter, *Prince Henry 'The Navigator': A Life* (New Haven and London: Yale University Press, 2000).

Sahas, Daniel J., *John of Damascus on Islam: The 'Heresy of the Ishmaelites'* (Leiden: E. J. Brill, 1972).

Said, Edward, *Orientalism* (New York: Vintage Books, 1979).

St Clair, William, *That Greece Might Still be Free: The Philhellenes in the War of Independence* (London: Oxford University Press, 1972).

Schiavone, Aldo, *The End of the Past: Ancient Rome and the Modern West*, trans. Margaret J. Schneider (Cambridge, Mass. and London: Harvard University Press, 2000).

Schluchter, W., *The Rise of Western Rationalism: Max Weber's Developmental History*

(Berkeley and Los Angeles: California University Press, 1981).
Schlumberger, Gustave, *Le Siège, la prise et le sac de Constantinople en 1453* (Paris: Plon, 1935).
Schwab, Raymond, *Vie d'Anquetil-Duperron* (Paris: Libraire Ernest Leroux, 1934).
Scott, Sir Walter, *The Life of Napoleon Buonaparte*, 9 vols. (Edinburgh: Cadell and Co., 1827).
Sells, Michael A., *The Bridge Betrayed: Religion and Genocide in Bosnia* (Berkeley, Los Angeles, and London: University of California Press, 1996).
Shaftesbury, Anthony Ashley Cooper, Third Earl, *Life, Unpublished Letters, and Philosophical Regimen of Anthony, Earl of Shaftesbury*, ed. Benjamin Rand (London: S. Sonnenschein & Co., 1900).
Shaw,S.J., *Ottoman Egypt in the Age of the French Revolution* (Cambridge, Mass.: Harvard University Press, 1966).
Sherwin White, A. N., *The Roman Citizenship* (Oxford: Oxford University Press, 1973).
Siberry, Elizabeth, *The New Crusaders: Images of the Crusades in the Nineteenth and Early Twentieth Centuries* (Aldershot: Ashgate, 2000).
Sissa, Giulia, 'The Irony of Travel: Herodotus on Cultural Diversity' (forthcoming).
Sivan, Emmanuel, *Radical Islam Medieval Theology and Modern Politics* (New Haven and London: Yale University Press, 1985).
Skinner, Quentin, 'Machiavelli's Discorsi and the Pre-Humanist Origins of Republican Ideas', in Gisela Bock, Quentin Skinner, and Maurizio Viroli (eds.), *Machiavelli and Republicanism* (Cambridge: Cambridge University Press, 1990), 121–42.
Slade, Adolphus, *Record of Travels in Turkey and Greece etc. and of a Cruise in the Black Sea with the Capitan Pasha, in the Years 1829, 1830,and 1831,* 2 vols. (Philadelphia: E. L. Carey, 1833).
Smith, Colin (ed.), *Spanish Ballads* (Oxford and London: Pergamon Press, 1964).
——(ed.), *Christians and Moors in Spain* (Warminster: Aris & Philips, 1988).
Sokolow, Nahum, *History of Zionism*, 2 vols. (London: Longmans, 1919).
Southern, Richard, *Western Views of Islam in the Middle Ages* (Cambridge, Mass., Harvard University Press, 1962).
Spence, Jonathan, *Emperor of China: Self-Portrait of K'ang-Hsi* (New York: Knopf, 1974).
——*The Question of Hu* (New York: Vintage Books, 1989).
Storrs, Sir Ronald, *The Memoirs of Sir Ronald Storrs* (New York: G. P. Putnam and Sons, 1937).
Stoye, John, *The Siege of Vienna* (New York and Chicago: Holt, Rinehart and Winston, 1964).
Subrahmanyam, Sanjay, 'Taking Stock of the Franks: South Asian Views of Europeans and Europe 1500–1800', *Indian Economic and Social History Review*, 42 (2005), 6–100.
Suetonius, Gaius Suetonius Tranquilus, *Lives of the Twelve Caesars*, trans. Robert Graves (New York: Welcome Rain, 2001).
Talbott, Strobe, *A Gathering of Tribes: The Story of a Big Idea* (forthcoming).
Talleyrand-Périgord, Charles Maurice Camille, prince de, *Mémoires du Prince de Talleyrand*, 5 vols. (Paris: Calmann Lévy, 1891–2).
Tarn, W. W., *Alexander the Great* (Cambridge: Cambridge University Press, 1948).
Tavernier, Jean-Baptiste, *Travels in India*, trans. V. Ball, 2 vols. (London: Macmillan and Co., 1889).
Thomas, Rosalind, *Herodotus in Context: Ethnography, Science and the Art of Persuasion* (Cambridge: Cambridge University Press, 2002).
Thompson, Norma, *Herodotus and the Origins of the Political Community* (New Haven and London: Yale University Press, 1996).
Tocqueville, Alexis de, *Tocqueville sur l'Algérie* (1847), ed. Seloua Luste Boulbina (Paris: Flammarion, 2003).
Tolan, John, *Saracens: Islam in the European Medieval Imagination* (New York: Columbia University Press, 2002).

——(ed.), *Medieval Christian Perceptions of Islam: A Book of Essays* (New York: Garland Press, 1996).
Toynbee, Arnold, *Turkey: A Past and a Future* (New York: George H. Dorn, 1917).
Tufan Buzpinar, S., 'The Hijaz, Abdülhamid II and Amir Hussein's Secret Dealings with the British 1877–1880', *Middle Eastern Studies*, 31 (1995), 99–123.
Valéry, Paul, *Variété: Essais quasi politiques* (Paris: Gallimard, 1957).
Veinstein, Gilles (ed.), *Soliman le Magnifique et son temps* (Paris: École du Louvre, 1992).
Venturi, Franco, 'Oriental Despotism', *Journal of the History of Ideas*, 24 (1963), 133–42.
Veyne, Paul, *L'Empire gréco-romain* (Paris: Seuil, 2005).
——*Quand notre monde est devenu chrétien (312–394)* (Paris: Albin Michel, 2007), 28.
Vlastos, Gregory, *Platonic Studies* (Princeton: Princeton University Press, 1981).
Volney, (Constantin-François Chassebœuf), *Les Ruines ou Méditation sur les révolutions des empires*, ed. Anne Deneys-Tunney et Henry Deneys, in *œuvres* (Paris: Fayard, 1989), vols. iv-v.
——*Voyage en Syrie et en Égypte* (1787–1799), ed. Anne Deneys-Tunney and Henry Deneys, in *œuvres* (Paris, Fayard, 1998), vol. iii.
Voltaire (François-Marie Arouet), *œuvres complétes de Voltaire*, 52 vols. (Paris: Garnier frères, 1877–85).
——*Essai sur les mœurs*,ed. R. Pomeau, 2 vols. (Paris: Bordas, 1990).
Whitehouse, David, and Williamson, A., 'Sasanian maritime trade', *Iran*, 11 (1973), 29–49.
Wills, Gary, 'A Country Ruled by Faith', *New York Review of Books*, 53/18 (16 Nov. 2006).
Wilson, James, *The Works of James Wilson*,ed. Robert Green McCloskey, 2 vols. (Cambridge, Mass.: Harvard University Press, 1967).
Wilson, Woodrow, *The Public Papers of Woodrow Wilson*,ed. Ray Stannard Baker and William E. Dodd, 6 vols. (New York and London: Harper and Bros., 1925–7).
Wittek, Paul, *The Rise of the Ottoman Empire* (New York and London: B. Franklin, 1971).
Woodhouse, C. M., *The Philhellenes* (London: Hodder and Stoughton, 1969).
Woolf, Leonard S., *The Future of Constantinople* (London: George Allen and Unwin, 1917).
Worthington, Ian (ed.), *Alexander the Great: A Reader* (London and New York: Routledge, 2003).
Wright, Lawrence, *The Looming Tower: Al-Qaeda and the Road to 9/11* (New York: Alfred Knopf, 2006).
Zurara, Gomes Eanes de, *Crónica dos feitos na conquista de Guiné* ed. Torquato de Sousa Soares, 2 vols. (Lisbon: Academia Portuguesa da Historia, 1978).

出版后记

“9·11”事件发生后，不少曾经信奉历史终结论的人转而拥抱文明冲突论，有关基督教和伊斯兰教历史上曾经发生的冲突的著作日益增多。本书作者以此为背景，广泛收集历史资料，认为这两个宗教之间的冲突其实还有着更深远的背景，远比伊斯兰教出现的时间——公元7世纪——久远的多。一定程度上，西方从基督教世界上溯到罗马再到希腊，东方——在这里是指喜马拉雅山以西的亚洲地区——从伊斯兰世界上溯到波斯，二者之间的交流与冲突可以在希腊神话和圣经故事中找到痕迹。虽然“西方”-“东方”这对概念更多地属于历史性和文化性的建构，很难在地理上找出确切的分隔界线，但是2500年来积累下来的沉甸甸的历史记忆，无论是准确的还是虚假的，仍然对当下的世界产生着实实在在的影响。因此，为了了解当今世界许多地区冲突不断的局势，这样的历史梳理还是有其参考价值的。

但需要指出的是，正如作者在前言里说明的，“不想假装只是在讲一个故事，也不准备隐藏我对启蒙的、自由的世俗社会的偏爱，而且也不打算掩盖我认为一神教（实际上是所有的宗教）造成的持久伤害比其他任何单一信仰都要大的看法，但是本书并不是另一本关于西方如何主宰东方以及已知世界大部分地区的历史书”，可是，作者却总是把所谓东西方冲突归结为价值观的冲突，书中不少地方的史料剪裁以及相关评论都是戴着有色眼镜做出的，具有一定的误导性，而有意无意地忽略了更加重要的一点，即，如今的中东乱局正是西方的殖民主义、霸权主义造成的。但是，作者的论辩风格能让我们对书中所提出的问题有更加敏锐的意识，这种不同理念的碰撞能为读者打开进一步思考的空间，希望读者能在阅读本书的过程中有所收获。

本书的内容时间跨度大，涉及的地理范围广，不少人名地名在目前国内的出版物中没有固定译法，难免有舛漏，读者如果在阅读过程中发现错误，希望不吝指出，帮助我们改正。

服务热线：133-6631-2326　188-1142-1266

服务信箱：reader@hinabook.com

后浪出版公司

2018 年 1 月

图书在版编目（CIP）数据

两个世界的战争 / (美) 安东尼·帕戈登著；方宇译. -- 北京：民主与建设出版社, 2018.7（2023.12重印）
书名原文: Worlds at War:the 2500-Year Struggle between East and West
ISBN 978-7-5139-2198-5

Ⅰ.①两… Ⅱ.①安… ②方… Ⅲ.①世界史 Ⅳ.①K1

中国版本图书馆CIP数据核字(2018)第135312号

两个世界的战争
LIANGGE SHIJIE DE ZHANZHENG

著　　者　[美] 安东尼·帕戈登
译　　者　方　宇
责任编辑　王　颂　袁　蕊
封面设计　墨白空间·陈威伸
出版发行　民主与建设出版社有限责任公司
电　　话　（010）59417747　59419778
社　　址　北京市海淀区西三环中路 10 号望海楼 E 座 7 层
邮　　编　100142
印　　刷　北京盛通印刷股份有限公司
版　　次　2018 年 9 月第 1 版
印　　次　2023 年 12 月第 7 次印刷
开　　本　655 毫米 × 1000 毫米　1/16
印　　张　32
字　　数　480 千字
书　　号　ISBN 978-7-5139-2198-5
定　　价　110.00 元

注：如有印、装质量问题，请与出版社联系。